성과예술 :
인간존중경영

| 나 기 현 지음 |

부산외국어대학교 출판부

성과 예술 : 인간존중경영

2013년 8월 30일 초판1쇄 발행
2015년 8월 25일 초판2쇄 발행
2019년 8월 30일 초판3쇄 발행

저 자/ 나 기 현
발행인/ 정 기 영
발행처/ 부산외국어대학교 출판부
등 록/ 제 14-11-15호
주 소/ 46234 부산광역시 금정구 금샘로485번길 65
전 화/ 051) 509-6465, 6448 팩스/ 051) 509-6468
인터넷/ http://press.bufs.ac.kr

편 집/ 주간 · 박영구, 디자인 · 진은혜
인쇄처/ 세종문화사 (051) 463-5898
공급처/ 한국출판협동조합 (02) 716-5616~9

ISBN 978-89-8312-388-6 93320

정가 23,000 원

머리말

경영이란 무엇인가? "공동의 성과창출을 가능하게 해주는 규율"이다. 이러한 경영이라는 규율은 "조직을 제대로 돌아가도록 하는데 필요한 사고와 경험을 집적한 체계인 사고방식 및 행동양식"을 의미한다. 그러므로 "경영의 진정한 본질은 복잡한 것이든 특수한 것이든 성과를 창출해 낼 수 있도록 바꾸는 일"이다. 그러면 성과창출은 누가하는가? 성과창출의 주체는 바로 사람이다. 기업을 끌고 가는 것도 사람, 혁신의 주체도 사람, 그리고 기업의 비즈니스를 완성시키는 것도 사람이다. 특히 지식과 창의성기반경제라 불리는 오늘날의 경영환경에서는 자본을 넘어서 한 조직의 구성원을 보면 그 조직의 장래를 내다볼 수 있다. 따라서 희소한 우수인력의 확보와 그들의 역량발휘 여부 즉 사람을 어떻게 관리하는가에 따라 조직의 성과와 경쟁력차이를 유발하기 때문에 조직 경쟁력의 핵심요소로 자리 잡게 되었다.

사람중심경영 또는 인간존중경영은 "구성원을 존엄성을 가진 존재로서 존중할 뿐만 아니라 구성원 스스로가 이성을 갖고 자율적인 행위를 할 수 있으며 동시에 조직공동체발전을 위해 기여할 수 있다는 신뢰(믿음)를 가지고 기업을 이끌어 나가는 경영방식"을 일컫는다. 즉 사람을 조직경영의 중심축에 놓음으로서 조직의 경쟁력도 높이고 구성원들의 삶의 질도 높이는 조직유효성을 제고하려는 조직경영방식이다. 인간존중경영은 기존 경영패러다임에 대한 반성으로부터 출발하여 새로운 패러다임으로 경영인본주의에 기초하고 있다. 그렇기 때문에 개인과 조직, 더 나아가 사회의 상생발전과 조직의 성과창출을 가능케 하는 인간존중경영을 개별조직 안에서 어떻게 실현할 것인가? 이것이 본서의 핵심 질문이다.

본서는 총 4부 17개의 장으로 구성되어 있다.

제 I 부는 두 개의 장으로 구성되어, 성과예술과 인간존중경영에 대해 알아본다. 제1장에서는 경영이란 무엇인가를 알아보고, 기존 경영패러다임인 문헌 및 연구에서 제시된 성과창출방안 그리고 초일류기업 지향방안에 대해 살펴본다. 제2장에서는 새로운 패러다임으로 경영인본주의에 기초하고 있는 인간존중경영이 무엇인지 살펴보고, 인간존중경영의 실현을 위한 주요 키워드이자 골격인 실행목표와 세부실천과제에 대해 알아본다.

제Ⅱ부는 여섯 개의 장으로 구성되어, 개인차원에서 인간존중경영을 실현하기 위한 과제들을 다룬다. 여기서는 특히 개인차(Individual Difference)를 존중하고 관리하여 개인의 개발을 촉진하는 인재경영의 실행방안에 초점을 둔다. 제3장에서는 개인행동상의 차이를 유발하는 요인들인 성격과 가치관에 대해 살펴보고, 개인특질과 직무특질 그리고 개인가치와 조직가치의 적합화 방안에 대해 알아본다. 제4장에서는 고정관념이나 편견에도 개인차가 존재함으로 개인 및 조직에 대해 조직구성원들이 갖는 고정관념이나 편견을 제거하고, 일과 조직에 대해 프로다운 태도를 갖도록 개인과 조직이 어떤 노력을 기울여 나가야 하는지에 대해 살펴본다. 제5장에서는 동기에도 개인차가 발생함으로 동기부여방안도 개별화 되어야 하기 때문에 기존 동기부여 이론과 원칙들을 살펴본다. 제6장에서는 동기부여이론과 원칙들을 적용하여 신뢰, 자부심, 동료애를 느끼는 훌륭한 일터(GWP)를 만들고 근로의욕 증진, 열정적이고 역동적인 구성원을 통해 탁월한 경영성과를 창출시킬 수 있도록 심리적 계약 준수방안과 임파워먼트 증진방안에 대해 알아본다. 제7장에서는 능력과 역량에서도 개인차가 발생함으로, 이를 이해하고 성과창출을 위한 조직구성원들의 역량개발을 위해 고성과자들이 갖는 역량에 대해 알아본다. 제8장에서는 창의성과 스트레스에서도 개인차가 발생한다. 이를 이해하고 조직구성원들이 창의적으로 일 할 여건을 어떻게 만들어줄 것인가? 그리고 일과 조직생활의 과정에서 나타날 수 있는 스트레스 관리방안을 살펴본다.

제Ⅲ부는 여섯 개의 장으로 구성되어, 집단(팀)차원에서 인간존중경영을 실현하기 위한 과제들을 다룬다. 특히 여기서는 집단 활성화를 통한 자율기반을 구축할 수 있도록 자율경영 추진방안에 초점을 둔다. 제9장에서는 집단/팀에 대한 이해를 돕기 위해 집단의 구조적 특성을 살펴보고, 자율기반구축을 위한 집단 활성화방안에 대해 알아본다. 제10장에서는 조직구성원 간에 상호이해증진과 정보공유를 통한 효과적인 업무수행을 할 수 있도록 소통을 어떻게 활성화할 것인가에 대해 살펴본다. 제11장에서는 집단이 직면하게 되는 다양한 문제들을 효과적으로 해결할 수 있는 방안을 선택하기 위한 집단의사결정의 질을 어떻게 향상시킬 것인지를 알아본다. 제12장에서는 조직 내 정치행위에 대해 알아보고, 집단 및 부문 간에 발생하는 갈등을 조정할 수 있는 방안과 협력적 관계구축을 위한 협상방안에는 어떤 것이 있는지 살펴본다. 제13장에서는 리더가 조직구성원들이 집단목표를 자발적으로 추구할 수 있도록 영향력행사를 하기 위해 기존 리더십이론들을 살펴본다. 제14장에서는 기존 리더십이론을 적용하여 새로운 패러다임의 리더십 이론들을 살펴보고, 효과적인 리더십을 어떻게 개발할 것인가에 대해 알아본다.

제Ⅳ는 세 개의 장으로 구성되어, 조직 전체차원에서 인간존중경영을 실현하기 위한 과제들을 다룬다. 특히 여기서는 참여경영을 실천하는 방안에 초점을 둔다. 제15장에서는 참여경영이 왜 중요한지 알아보고, 조직변화를 통해 참여경영을 실현할 수 있도록 변화에 대해 저항을 최소화 하면서 혁신을 지속적으로 추구하는 선제적인 조직변화방안을 알아본다. 제16장에서는 참여경영을 실현할 수 있도록 경영환경변화에 능동적으로 대응할 수 있는 유연하고 탄력적인 조직구조 설계방안에 대해 알아본다. 제17장에서는 일하고 싶은 일터, 일할 맛 나는 일터, 일하기 좋은 일터인 훌륭한 일터(GWP)를 만들고 개인과 조직이 조화를 이루면서 고성과를 창출할 수 있는 성과지향적인 조직문화 구축방안에 대해 알아본다.

이 책이 조직 내의 인간행동을 이해하고 예측하여 실제에 적용함으로서 조직이 지속적인 성과창출을 통해 생존할 수 있도록 인간존중경영을 실천하는 조직관리의 지침서로서 좋은 길잡이가 되었으면 하는 마음이 간절하다. 이 책의 체계를 구성하는 데는 저자의 독창적인 연구보다는 이론적인 측면과 실천적인 측면에서 국내외 여러 학자들의 개념, 원리 그리고 전략적 접근방법 등을 종합 정리하였다. 그러나 실제로 기업에 적용할 수 있도록 이론과 실천적인 측면의 균형을 맞추려고 시도 및 노력을 하였지만 아직 미흡한 부문과 분야가 많이 있어, 더 깊고 넓은 연구와 통찰을 통해서 차후 보완해 나갈 것이다.

이 책이 나오기 까지 많은 분들로부터 격려와 도움을 받았다. 먼저 어머니의 만수무강을 바라며, 가장 가까운 곳에서 나의 무력감과 게으름을 질책하며 동시에 용기를 북돋아준 사랑하는 나의 가족- 아내 희진과 딸 보령과 윤미-에게 고마움을 전한다. 또한 이 책을 작업하는 동안 아이디어제공 등 많은 격려를 해준 특성화 교육원 임동우 교수에게 감사드린다. 그리고 그림 작성과 원고교정을 도와준 조교 차정숙 선생과 김재한 선생에게 감사의 뜻을 전한다.

2013년 7월

지은이 씀

목 차

제Ⅱ부 개인수준: 개인차를 존중하라 / 53

제Ⅲ부 집단(팀)수준: 활성화를 촉진하라 / 213

제Ⅳ부 조직 전체수준: 참여경영을 실현하라 / 397

제 I 부

성과예술과 인간존중경영

제 I 부는 두 개의 장으로 구성되었다.

- 제1장에서 경영이 왜 성과예술인지를 살펴보고, 기업은 생존을 위해 지속적으로 성과창출을 하여야 하기 때문에 기존 문헌과 연구에 나타나 있는 성과에 대한 개념과 성과창출방안을 살펴보도록 한다. 또한 기업경영자의 로망인 초일류기업으로 거듭나기 위한 방안들을 살펴보도록 하겠다.
- 제2장에서는 글로벌 경영환경변화에 대해 살펴보고, 기업이 지속적인 성과창출을 위해 글로벌 환경변화에 대한 선제적인 대응방안의 일환으로 인간존중경영이 왜 필요한지 그리고 인간존중경영의 실현을 위한 실행목표와 실행방안은 무엇인지에 대해 알아보고자 한다.

제1장 경영: "성과예술"

글로벌 경쟁과 불확실한 환경 속에서도 기업들은 궁극적인 목적인 생존을 위해서 그리고 지속적으로 성장·발전하는 초일류기업을 지향하기 위해서는 뛰어난 성과창출이 일회성이 아니라 장시간 지속적으로 이루어져야 한다. 초일류기업으로 거듭나고 지속적인 고성과 창출을 위해서는 무엇보다도 경영자와 조직구성원들이 성과가 무엇인가를 정확히 이해하고, 그 바탕위에서 기존연구에서 제시된 뛰어난 성과창출방안들을 벤치마킹할 수 있어야 한다. 따라서 본장 제1절에서는 경영이란 무엇인가?, 기업에서 경영을 제대로 하고 있는가를 파악할 수 있는 방법은 무엇인가?, 제2절에서는 기존 연구 및 문헌에 나타나 있는 성과창출방안은 무엇인지? 그리고 제3절에서는 초일류 기업으로의 지향방안은 무엇인지에 대해 알아보도록 한다.

제1절. 경영에 대한 이해

1.1. 경영이란 무엇인가?

경영이란 말은 우리 주변에서 흔히 듣고 있기 때문에 아주 친숙한 느낌이 들지만 정작 경영이 무엇이냐고 질문을 받으면 제대로 설명하기가 쉽지는 않다. 그 이유는 경영학의 발전과 더불어 경영이론이 속속 등장하고, 이에 따라 학자들의 다양한 견해가 수없이 제시되고 있기 때문이다.

현대 경영학에서는 경영이란 "조직이 경영목표를 효과적으로 달성하기 위하여 환경조건과 관련하여 계획, 조직, 지휘, 통제하는 연속적인 과정을 통하여 인적, 물적, 재무적 자원을 효율적으로 배분하고 운용함으로써 최종 생산물을 만들어 가는 순환과정"으로 정의한다. 즉 경영이란 "조직목표를 효과적으로 달성하기 위하여 환경조건을 고려한 조직이 갖고 있는 제 자원을 통합하고 조정하는 과정"으로 설명하고 있다.

그러나 조안 마그레타(J. Magretta, 2002)는 "경영의 진정한 본질은 복잡한 것이든 특수한 것이든 성과를 창출해 낼 수 있도록 바꾸는 일"이기 때문에 "경영이란 공동의 성과창출을 가능하게 해주는 규율"이라고 설명하고 있다. 이러한 "경영이라는 규율"은 "조직을 제대로 돌아가도록 하는데 필요한 사고와 경험을 집적한 체계인 사고방식 및 행동양식"을 의미한다. 19세기 이후에 나타난 "경영이라는 규율"은 모든 혁신들이 빠르고 넓게 퍼질 수 있게 만들었을 뿐만 아니라 우리의 삶을 분명히 바꿔놓았다. 즉 지난 1세기 동안 일의 개념을 바꾸었고, 생산성을 몇 배나 높였으며, 이 덕분에 회사나 조직들이 생겨나 우리의 삶의 구조를 더 나아지게 하는 세계가 가능해진 것이라고 설명하고 있다.

세계경제가 지식기반화가 되고 글로벌화 되면 될수록 직무 및 조직 환경은 더 전문화되고 복잡해져 다른 사람들의 힘을 빌려 성과를 올려야 할 일이 더 많아지기 때문에 성과창출을 위한 경영은 앞으로 더 중요한 역할을 수행하게 될 것이다. 그러므로 "경영은 성과의 예술이다." 그래서 행위예술처럼 경영도 실시간으로 이루어지고, 끊어지지 않는 시간의 연속인 현재에서 이루어지고 있는 것이다. 이처럼 기업들은 지속적으로 성과를 창출하기 위하여 혁신을 통한 다양한 경영기법들을 동원하고 있다. 물론 경영전략, 전략적인 계획, 앞을 내다보는 변화 예상 등 여러 경영기법들을 통해 환경변화에 능동적으로 대응하고 조직이 직면한 복잡한 관리의 문제들(질과 생산성, 구조 등)에 대한 적극적인 해결도 필요하지만, 그보다는 이러한 것들을 해결해낼 수 있는 유능한 인력을 어떻게 확보하고, 얼마나 보유하고 개발하고 있는가, 그리고 그들이 만들어내는 성과를 어떻게 관리하고 있는가 하는 인간적인 요소가 조직의 생존을 위하여 더 중요하다는 사실을 알아야 한다. 또한 일할 맛 나는 회사, 애정과 자부심을 느낄 수 있는 조직의 환경에서 구성원들의 창의성이 더 발휘되고 생산성과 효율성도 높아진다는 것을 인식하여야 한다.

1.2. 경영을 제대로 하고 있는가?: 질문들

어느 기업이든 간에 최고경영자 및 경영진들은 제대로 돌아가는 조직을 만들고, 경영을 제대로 수행하여 세계 초일류 기업으로의 성장발전은 물론 오랜 기간 동안 생존하는 장수기업이 되기를 기대하고, 이를 충족하려고 노력한다. 그러나 개별기업의 최고경영자들은 자신들이 실행하고 있는 경영방안들이 초일류기업지향 또는 장수기업 등의 기대를 충족하기 위한 방향으로의 제대로 된 경영인지에 대한 끝이 없는 의심과 회의를 갖게 될 것이다. 이러한 의심과 회의에 대한 문제를 해결하기 위해서는 현재 실행하고 있는 경영방안들이 제대로 된 경영이냐를 판단할 수 있어야만 한다. 그러기 위해서는 최고경영자가 수행하고 있는 경영에 대하여 몇 가지의 질문들이 이루어져야 하고, 질문의 응답을 토대로 평가가 이루어져야 할 것이다. 질문은 다음과 같이 3가지 차원으로 구분하여 할 수 있을 것이다(Magretta, 2002).

1.2.1. 목적이 먼저

경영의 사명은 가치를 창출하여 내·외부 고객들에게 제공하는 것인데, 그 가치란 조직 바깥(고객, 주주 등)에서 안쪽(조직)으로 정해주는 즉 요구하는 것이다. 또한 경영이란 공동의 성과(Joint Performance)를 가능하게 해주는 규율이므로, 경영은 창출하려고 하는 가치와 함께 시작됨은 물론 모든 성과의 기본이 되는 공통요소는 바로 '목적을 명확히 하는 것'이다. 따라서 목적과 관련하여 제대로 된 경영이냐 아니냐를 판단하는 첫 번째 질문(테스트)은 이런 것이어야 한다.

질문 1:

'조직이 성취하려는 것이 무엇인지에 대하여 명확하게 이해하고 있는지, 조직 내의 모든 구성원들이 그 목적을 제대로 알 수 있도록 효과적인 의사소통을 했는가?' 여부이다.

이와 관련하여 살펴보아야할 것은 경영자가 제시하는 기업의 비전과 미션, 이의 실현을 위해 추구해야할 기업의 가치들 및 성과목표(조직전체, 부서 및 팀, 그리고 개인수준)들일 것이다. 또한 기업의 이러한 것들을 조직의 구성원들이 얼마나 공유하고 이해하고 있는가? 와 이를 구성원들이 이해하도록 효과적인 의사소통을 하고 있는가? 등에 대하여 살펴보아야 할 것이다.

1.2.2. 그 목적에 맞는 디자인

성공기업이 되기 위해서는 무엇보다도 '조직이 그 목적을 달성하기 위해 어떻게 해야 하는지'에 대해 또박또박 설명할 수 있어야 한다. 어떻게 해야 할지에 관해 설명을 또박또박 할 수 없을 경우에는 실행방안을 제대로 알지 못함으로 인해 실패기업으로 전락할 수밖에 없다. 그러므로 '그 목적에 맞는 디자인' 관련하여 성공기업들에 대해 보다 구체적으로 세부사항들을 살펴보면 다음과 같다.

모든 성공적인 기업들은 창출하려는 가치에 대한 이해 및 통찰을 밑바탕에 깔고서:

1) 먼저 좋은 비즈니스 모델이 하는 일인 즉 일하는 전체 안에서(정합적인 시스템) 그런 통찰력을 발휘하고 있는가?
2) 한 기업이 다른 기업들과 어떻게 차별화할 것인지가 정해지는 명확한 전략을 갖고 중요단계로 더 나아가기위해 경쟁 환경이라는 현실을 공략하고 있는가?
3) 전략수행도구를 창조하는 조직구조를 제대로 디자인하고 있는가와 관련하여 회사의 활동

범위를 어디까지로 정할 것인가? 명령체계를 어떻게 그을 것인가? 등에 대해 구체적으로 또박또박 설명을 하고 있어야 한다. 반면에 실패한 기업들은 이러한 부분과 관련하여 명확하거나 구체적이지 못하고, 이에 대해 제대로 설명도 하지 못하고 있다.

따라서 제대로 된 경영인지를 알아보는 두 번째 질문(테스트)은 이런 것이어야 한다.

질문 2:

'회사를 위한 디자인이 목적에 부합될 뿐만 아니라 외부적 경쟁상황, 회사가 갖고 있는 능력에 대한 내부적 현실, 그리고 가치를 전달하기 위해 실행해야 할 조치들이 조화를 이루고 있는가?' 여부이다.

1.2.3. 실행하는 일

경영에 있어 아주 중요한 '실행하는 일'은 실제로 인정을 받아야 하는 것보다 훨씬 인정을 받지 못하고 있다. 그 이유는 경영에 있어 전략이 항상 훨씬 주의를 끄는 주제가 되기 때문이다.

'실행하는 일'은 목표를 설정하고 그 진척도를 측량하도록 추적하는 것이며, 오늘의 성과를 내일의 성과와 조화가 되게 만드는 혁신활동이기도 하다. 또한 실행에 있어서의 실패는 대개 내부적인 정합성, 적합성, 신뢰 등이 붕괴된 결과인 경우가 많다.

실행이 하는 일을 구체적으로 살펴보면 다음과 같다.

1) 먼저 우선순위를 정하고, 그에 따라 자원을 배분하는 것.
2) 책임을 부여하고, 직원들에게 책임감을 부여하는 것.
3) 공통된 사명을 추구하기 위해 사람들에게 에너지를 불어넣고 고무시키는 일 등이다.

만일 실행의 몫인 이런 모든 것들을 제대로 하지 못한다면 경영은 성공할 수 없다. 따라서 제대로 된 경영인지를 알아보는 세 번째인 질문(테스트)은 실행하는 일과 관련되어진 것이어야 한다.

질문 3:

'약속한 대로 결과를 내놓고 있는가?' 여부이다.

경영관련 모든 일들을 인간이 하는 만큼 오류를 범할 수밖에 없다. 특히 성장이나 성과압박에 시달리는 경영자들은 한꺼번에 여러 가지 목적을 추구하려는 유혹에 빠지기 쉽다. 이러한 유혹은 자기인식을 제대로 하는 데 있어 실패한다. 즉 이런 실패는 현실을 직시하지 못하게 만든다. 자기 인식을 제대로 하지 못한 예로, 지금 회사가 하고 이는 일이 바로 핵심역량(Core Competence)인 경쟁우위원천이라고 경영자는 주장하지만 실제로는 다른 회사들이 훨씬 잘할 수 있는 것을 잘못 붙잡고 있는 경우가 대부분이다. 또한 조직을 이끄는데 필수적인 낙관주의나, 경영에서 필요한 '할 수 있다'는 정신은 바라는 대로 모든 것이 될 것 같은 착각으로 빠트리기도 하고, 최악의 경우는 스스로의 능력을 과신한 나머지 자기기만의 결과를 낳기도 한다.

따라서 경영이 다루는 범위는 대부분의 인간능력 범위를 넘어서는 것이기 때문에 대부분의 조직들을 경영하는 데는 한 사람이 아닌 경영진이 필요한 것이다. 그러므로 전체 경영진 팀의 문맥에서 개별 경영자들을 지속적이고 주기적으로 평가하여야 한다.

제2절. 성과창출방안은 무엇인가?: 기존연구를 중심으로

시장 환경이 고객중심의 고도경쟁, 저성장 구도로 변화함으로써 이에 대응하기 위해 우리기업의 경영자들은 서구의 성과경영 중요성을 인식하고 연봉제와 인센티브 등과 같은 성과중심의 경영혁신기법들을 너도나도 서둘러 도입하고 있다. 그러나 정작 문제는 많은 기업조직의 경영자나 구성원들이 정작 성과가 무엇인지를 제대로 이해하고 있지 못하고 있다는데 있다. 물론 성과라는 용어는 통상 아주 광범위하게 사용되는 말이기 때문에 우리는 이 용어를 구체적인 이해 없이 아무렇게나 사용하고 있는지도 모른다. 따라서 이번 절에서는 성과란 무엇인가와 기존 연구와 문헌에서 제시되어 있는 성과창출방안에 대하여 살펴보고자 한다.

2.1. 성과란 무엇인가?

성과(performance)개념이 경영학분야에서 언제부터 등장했는지를 정확하게 언급하기는 어렵지만 전통적 조직이론에서 현대 조직이론에 이르기까지 각종 조직연구와 개혁 그리고 조직혁신 전략개발의 궁극적인 관심 및 목적은 조직의 산출이나 결과를 향상시키고 극대화하는데 있다고 해도 과언이 아니다. 특히 1980년대 이후 조직성과가 이러한 개념들을 어우르는 개념으로 산출과 결과를 대변하고, 이를 평가하는 기준으로 일반화되어 널리 사용되면서부터 성과는 어떤 조직에서나 강조되고 있으며, 많은 사람들이 고민하고 있는 주제이다.

그렇다면 최근 더욱 강조되고 있는 성과란 도대체 무엇인가? 성과(performance)의 사전적 의미는 '조직이 특정한 것을 실행하여 이루어 내거나 최종적으로 이루어진 결과'이다. 하지만, 이러한 성과는 사회과학의 다른 개념들과 같이 매우 다의적인 의미를 내포하고 있어서, 명확한 개념정의를 내리기가 쉽지 않다.

성과에 대한 개념은 매우 다양하고 복합적이라는 것은 대부분의 성과를 다룬 연구에서 언급하는 부분이다(Brewer &Selden, 2000). 그 이유는 정의는 범위나 대상에 따라 다양하게 인식될 수밖에 없기 때문이다. 이는 성과를 개념정의하기가 매우 어렵다는 것을 말하기 위한 전주곡이기도 하다. 간단히 성과를 '일이 이루어진 결과'로 볼 때 이 결과를 어떻게 규정하느냐에 따라 성과의 측정대상이 변하게 된다. 따라서 성과의 개념을 명확하게 정의한 연구는 그리 많지 않으며, 그 대신에 많은 연구에서 구성요소나 측정변수를 중심으로 성과를 정의하는 경우를 많이 볼 수 있다. 성과는 효과성이나 능률성, 생산성, 직무만족이나 조직몰입 등 여타 개념들의 최상위 개념으로 사용되기도 하고, 이들과 동일한 개념으로 파악하는 경우도 있으며, 많지는 않지만 여타 개념들의 하위개념 차원으로 정의하기도 한다.

이상에서 살펴보았듯이, 학자들 간에도 성과에 대한 합의가 이루어지지 않고 있어 다른 용어나 다른 개념을 빌어 정의되는 수준으로 명확한 개념정의를 하지 못하고 있다는 점, 이로 인해 성과의 고유한 측정변수들이 개발되지 못하고 구성요소들의 측정 지표 또는 변수들(효과성, 생산성, 효율성, 직무만족, 조직몰입 등)을 성과변수로 사용하고 있다는 점 등이 문제로 지적되고 있다. 이러한 문제점들을 해결하고 성과를 제고하기 위한 여러 가지 실효성 있고, 적합한 대안들을 제시하기 위해서는 학자들 간에 활발한 논의를 통해 성과에 대한 개념의 합의와 연구내용과 연구범위, 대상에 따른 적합한 측정지표의 개발을 통해서만이 가능할 수 있을 것이다.

류량도(2006)에 의하면 성과를 '물리적 시스템에서의 성과'와 '업무에 있어서의 성과' 두 가지의 측면에서 설명하고 있다.

1) '물리적 시스템에서의 성과'는 일반적으로 투입요소(Input)가 어떠한 변환과정(Process)을 거쳐 나타난 결과물(Output)을 의미함으로 투입대비 산출물의 비율(Input/Output)이 성과가 된다는 것이다. 즉 효율성(Efficiency)의 측면에 초점이 맞추어져 있다.
2) 그러나 '업무에 있어서의 성과'는 업무수행의 결과가 원래 의도한 업무목적을 달성한 정도를 의미함으로 효율성을 포함한 효과성(Effectiveness)에 초점이 맞추어져 있다고 한다. 즉 효율성의 측면에서 아무리 훌륭한 결과물을 내놓았다 하더라도, 효과성의 측면에서 원래

의도한 목적을 달성하지 못하였다면 성과는 적은 것도 아닌 아예 제로(0) 또는 투입요소들을 낭비했으니 마이너스(-) 일수도 있다는 것이다.

탁월한 성과를 내는 기업의 경영자나 구성원들은 자신이 목표로 하는 바로 그 탁월한 성과가 무엇인지 알고 있고, 늘 그것을 염두에 두고 업무를 수행한다. 내가 지금 무슨 일을 하고 있는가, 내가 업무수행을 통해 달성하는 결과물의 최종고객은 누구인가, 결과물은 무엇으로 평가받는가를 항상 생각하면서 업무를 수행한다는 말이다. 그러나 아무리 업무를 열심히 수행하더라도 성과라는 목적의식이 불충분하면, 실제 구체적인 성과로 연결될 수 없다. 이처럼 성과란 철저히 결과지향적인 개념이다. 해당업무를 수행함으로써 목적한 결과를 제대로 달성해야 한다. 그렇게 달성한 결과가 통상적인 경우와 달리 탁월하게 창출되었을 때 그것을 성과라고 부르지, 하고 있는 일을 정해진 시간 내에 해내거나 평소 하는 것보다 조금 더 일을 했다고 성과라고 하지는 않는다는 것이다.

위의 내용을 정리해보면, 성과란 크게 두 가지 요건을 갖추어야 한다. 첫째는 지금 하고 있는 일이나 업무의 상호작용을 통해 질적으로 변화된 다른 모습의 결과, 즉 고객을 만족시키는 '가치'를 창출할 수 있어야 한다는 것. 그리고 둘째는 그렇게 이루어낸 결과가 통상적인 수준이 아니라 '평균이상'의 탁월한 것이어야 한다는 것이다.

2.2. 성과창출 방안

기존 연구나 경영서 등을 통해 연구자들이 제시하는 초일류기업으로의 지향을 위한 성과창출방안 등이 일부는 공통점을 갖기도 하지만 대부분이 다르다. 특히 초일류기업을 대표하는 개별경영자 한 사람 한 사람의 성과창출방안이 다르고, 현실 및 현장에서 수행하는 경영이 완전히 다르다는 사실을 알고 보아왔다.

오늘날의 기업에서는 생존을 위한 성과창출의 방안으로 구성원들에게 경영자처럼 생각할 것을 주문하고 있다. 즉 주인의식을 요구하는 것이다. 그 이유는 개인들이 더욱더 주체성을 갖고 책임감을 느낄 것을 강요하고 있기 때문이다. 어떻게 하면 더 나은 성과를 낼 것인지, 성공하기 위해서 무엇을 할 것인지 등 경영자처럼 생각하는 방법을 배워 자신에게 적용할 수 있어야 한다. 따라서 기업이 성과를 지속적으로 창출할 수 있도록 최근의 경영관련 베스트셀러들에서 제시된 성과창출방안을 살펴보도록 하자.

2.2.1. 조안 마그레타(J. Magretta, 2002)의 연구

그는 성과창출의 경영을 효과적으로 수행하기 위한 경영진의 가장 어려운 책임중의 하나는 변화를 감당하는 것으로, 특히 변화를 효과적으로 다루기 위해서는 변해서는 안 될 것이 무엇인지를 제대로 알고 있어야 한다고 주장한다. 변화를 위해 변해서는 안 될 무엇을 크게 두 가지로 보고 있다. 하나는 우리는 왜 함께 일하고 어떻게 일 하는가에 대한 답을 다루는 경영의 핵심과 관련된 것이고, 다른 하나는 구성원들 간의 공통적인 성과를 만들어 내기위한 방안으로 계획을 성과로 옮기는 경영의 실행과 관련된 것이다.

우선 경영의 핵심과 관련하여 변하지 말아야 하는 것은 [그림 1-1]에서와 같이 1) 내부 경영자의 눈이 아닌 외부 고객의 눈으로 바깥에서 안을 보고 알아낸 가치를 창출하는 것. 2) 가치창조를 위해 구성원들에게 어떤 시스템을 만들어주어야 할지에 대한 세밀한 계획과 관련된 즉 사업을 통찰화하기인 비즈니스모델을 갖는 것. 3) 회사 스스로의 생존 및 고객만족의 가치창출에 대한 남과 다르게 어떻게 잘 할 것인가에 대한 차별화된 방법(시스템 구성 및 대안적용 등)을 다루는, 즉 탁월한 성과를 내는 차별화된 논리인 전략을 수립하는 것. 4) 같은 목표를 향해 구성원들을 정렬시키는 참여규칙을 확립하기 위한 즉 어떤 모습으로 조직을 만들어야 할까와 관련된 어디에 선(경계선, 조직도상의 선, 권한의 선 등)을 어떻게 그릴 것인가는 전략과 연계된 유연한 조직디자인을 하는 것 등의 4가지를 제시하고 있다.

[그림 1-1] 경영의 핵심과 실행 각 4가지

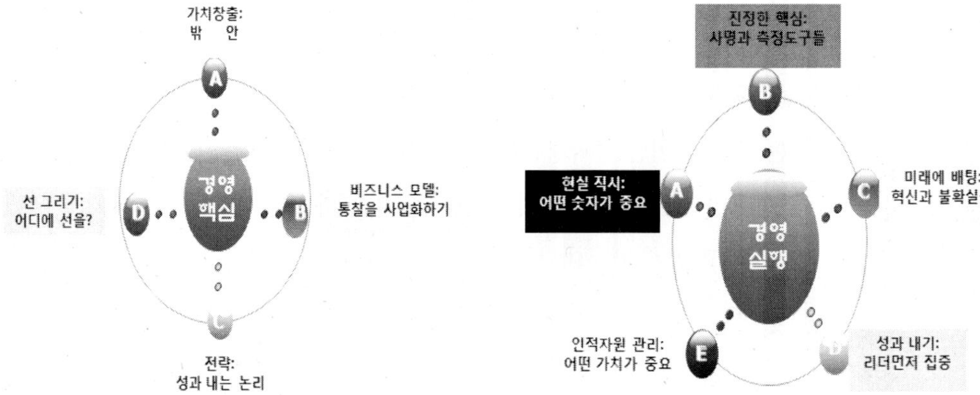

다음으로 모든 구성원들이 조직의 성공에 공헌하는 방식으로 일(실행 또는 적용)하기를 원한다면 무엇이 조직의 성공이며 그러기 위해 무엇을 해야 하는지에 대해 제대로 이해하고 공유해야 한다고 주장한다. 따라서 경영의 실행과 관련하여 변하지 말아야 하는 것은 1) 구성원들이 같은 방향으로 가고 그들의 노력이 성공으로 매듭지기 위해서는 목표를 구체적인 것으로 만들어야함은 물론 어떤 숫자가 왜 중요하고 성공한 경영자들이 어떤 숫자에 집중하고 있는지 등과 관련하여, 직관보다는 조직의 성과와 관련되어 결정적인 역할을 하는 숫자(수입, 비용, 수익, 현금흐름 등)로 나타나는 조직 내의 현실을 직시할 것. 2) 목적을 구체화하고 조직원들의 노력을 결집하는데 성과 매트릭스가 어떤 역할을 하는지, 그래서 조직의 핵심을 어떻게 명확하게 만들 수 있을지 등과 관련하여 사명과 이를 측정할 수 있는 도구들의 진정한 핵심에 초점을 둘 것. 3) 경영의 과제인 단기 및 장기성과를 어떻게 하면 제대로 조화를 시킬 수 있는지에 대한 방법론과 관련하여, 경영자들이 단기적인 성과에 집중하는 것을 지양하며 불확실성을 이겨내며 미래를 창조하기 위해 어떻게 투자하고 혁신을 할지에 관한 미래의 장기적인 성과에 베팅을 할 것. 4) 경영자들이 자원을 필요한 곳에 배분하고 조직을 쉬지 않고 전진하게 만들면서 자신을 비롯해 모든 구성원들이 지금 가장 중요한 우선적 과제에 집중하도록 만들기 위해서는, 당신이 먼저 경영의 성과내기에 집중하는 솔선수범에 초점을 둘 것. 5) 경영자들은 모두가 독특한 개인 각자인 구성원들의 에너지와 재능이 최대한 발휘될 수 있도록 하기 위해 어떠한 가치가 왜 중요하고 어떻게 활용하고 있는가와 관련하여, 인간존중의 경영을 실현하기 위한 개인차 인정 및 자율성과 개성을 존중하는 인적자원의 관리에 초점을 둘 것 등의 5가지를 제시하고 있다.

2.2.2. 윌리엄 조이스, 니틴 노리아, 브루스 로버슨((2003) 등의 연구

이들은 에버그린 프로젝트를 통해 영원히 변치 않는 비즈니스의 성공열쇠를 찾기 위해 주주총수익률(TRS: Total Return to Shareholder)을 기준으로 각 기업의 성과를 측정분석 하는 통계조사를 실시하였다. 이를 토대로 기업의 성과와 직접적으로 관련이 있는 경영 프랙티스(경영방식 및 경영기법)를 [그림 1-2]와 같이 발견했는데, 이는 4가지 일차적 프랙티스(목적과 핵심이 명확한 전략, 고객을 만족시키는 완벽한 실행, 성과지향적인 문화조성, 그리고 단순하고 유연한 수평적 조직구조)와 4가지 이차적 프랙티스(유능한 인재의 개발과 유지, 회사성공에 대한 리더들의 열정적 헌신하는 리더십, 업계판도를 뒤집는 혁신적 변화추구, 그리고 합병과 파트너십을 통한 지속적 성장)로 구성되어 있다.

[그림 1-2] 4 + 2 조직관리 원칙

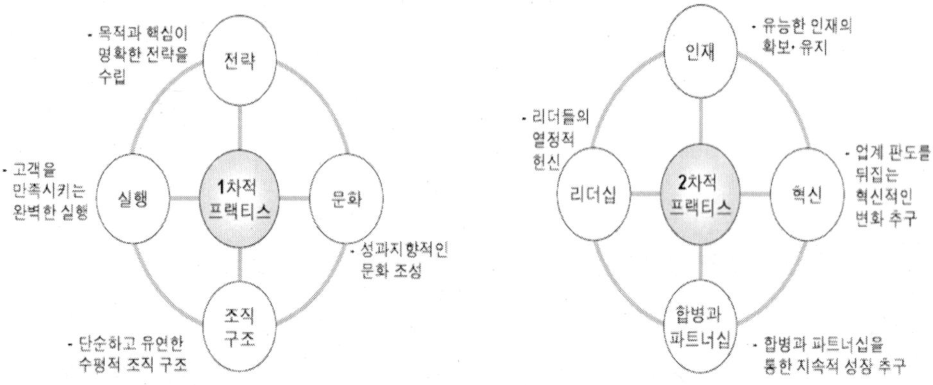

또한 각각의 프랙티스가 성공한 기업들에서 찾아볼 수 있는 특정 행동지침 즉 실행하고 강화하기 위한 실질적 기준 제공과 관련이 있다는 것을 밝혀냈다. 또한 성공하는 기업들은 4가지 일차적인 프랙티스들 모두와 이차적 프랙티스들 중 2가지의 실행에 있어 탁월한 능력을 발휘했다고 설명한다.

2.2.3. 렌시오니(2006)의 연구

그는 조직의 생존과 초일류기업의 지향을 위해서는 탁월한 성과창출을 해야 되며, 이를 위한 뛰어난 조직을 만들고 구축하기 위해서는 [그림 1-3]과 같이 4가지 원칙을 지켜야 한다고 주장한다. 그가 제시한 4가지 원칙은 1) 경영진간 신뢰구축과 단결 2) 명확한 비전구축 3) 조직구성원들과의 의사소통을 통한 비전전파 4) 조직비전강화를 위한 적절한 인력시스템 구축 등이다. 이러한 4가지 원칙을 지키면서 조직을 구축할 때, 탁월한 성과창출이 이루어질 수 있다고 설명하고 있다. 또한 파도가 심한 험난한 바다에서 탁월한 조직이라는 배를 이끌고 목적지로 항해하기 위해서는 두 가지 사항을 반드시 명심해야 한다고 주장한다.

첫째, 조직을 건강하게 만드는 것 이상으로 중요한 목표는 존재하지 않는다는 사실이다. 탁월한 경영자는 항상 조직의 건강에 초점을 맞춘다는 것이다.

둘째, 원칙에는 그 어떤 강력한 대체물이 없다는 점이다. 제 아무리 머리가 좋고 카리스마가 뛰어난 사람이라 해도, 몇 가지 단순한 원칙을 정해놓고 그 원칙에 항상 충실하지 못하면 만사가 물거품이 되고 만다고 것이다. 그러므로 적지만 몇 가지 원칙을 심사숙고하여 설정하고, 그 원칙에 일관되게 따라야 한다는 점이다.

[그림 1-3] 탁월한 조직구축 4가지 원칙

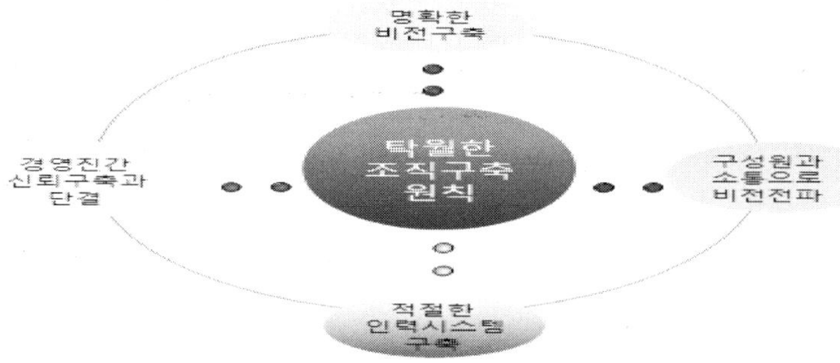

2.2.4. 애플 스티브 잡스(2010)에 대한 연구

애플사는 매킨토시개발을 통해 마우스나 윈도, 아이콘을 통한 조작 등 당시로는 획기적인 기술을 보유하였음에도 불구하고 이런 기술이 널리 확산되는 것을 막고 애플에만 적용하게끔 독선과 고집을 부리다가 경쟁사인 IBM에 무너져 버렸다. 이로 인해 1985년 자신이 만든 애플에서 자신이 영입한 존 스컬리 회장에게서 쫓겨났다. 추출 후 애플은 위기의 연속으로 PDA 제품의 시초인 뉴턴PDA의 실패, MS와의 운영체계 경쟁패배, 주력인 컴퓨터시장에서 밀려나는 등 미래가 불투명하고, 누가 봐도 회생불능에 빠져버렸다. 그러나 1997년 거의 망가진 회사로 재입성하여 잡스가 지휘봉을 다시잡고 2011년 11월 사망하기 전까지 경영을 해온 결과, Amazing Apple 임에 틀림없다. 그 이유는 12년 동안 애플의 시가총액은 1,283억 달러 약 24조로 커지고 미국기업 중 시가총액 3위에 해당하는 성과를 창출하였기 때문이다. 또한 2002년에는 글로벌 IT 톱10 기업에 이름도 올리지 못했던 애플이 2012년에는 시가총액 5,638억$로 1위 IT기업으로 등극하였음은 물론 엑슨 모빌을 제치고 미국 내 시가총액 1위 기업으로도 등극한 적도 있다. 특히 잡스의 유작 '아이폰 4S'가 폭발적인 인기를 끌면서 애플의 파죽지세는 당분간 지속될 전망이다(블룸버그 대신증권). 또한 <표 1-1, 1-2>와 같이 2011년 4분기의 경우 매출이 52조 3천억으로 출하량과 점유율에서 삼성전자를 제치고 세계 1위에 오르는 어닝서프라이즈를 기록하기도 하였다. 특히 애플은 무엇보다도 영업이익에서 삼성전자를 무려 4배 가까이 압도하면서 외형과 실속 모두 완승을 거뒀다. 이는 삼성전자 무선 사업부의 연간 영업이익 갑절에 속한다. 이처럼 이익에서 큰 차이가 나는 것은 애플은 강력한 콘텐츠 생태계를 구성해 제품의 부가가치를 높였기 때문이다. 즉 애플은 생태계 덕분에 제품 라인업을 단순화하고 판매비용을 줄일 수 있는 구조이기 때문에 삼성전자가 지금처럼 다양한 라인업에 마케팅비용을 지불하면서 애플의 이익을 따라잡기는 힘들 것이다. 따라서 삼성전자의 향후과제는 장기적으로 콘텐츠 생태계를 갖추어야 한다.

〈표 1-1〉 주요업체 스마트폰 출하량과 점유율 추이 (단위: 백만 대, %) 자료: [SA, 2013,1]

주요업체	2012년 전체		2012년 4분기		2011년 전체		2011년 4분기	
	출하량	점유율	출하량	점유율	출하량	점유율	출하량	점유율
삼성	213.0	30.4	63.0	29.0	97.4	19.9	36.5	23.2
애플	135.8	19.4	47.8	22.0	93.0	19.0	37.0	23.6
노키아	35.0	5.0	6.6	3.0	77.3	15.8	19.6	12.5
기타	316.3	45.2	99.6	45.9	222.8	45.4	63.9	40.7
합계	700.1	100.0%	217.0	100.0%	490.5	100.0%	157.0	100.0%

〈표 1-2〉 삼성 vs. 애플 2011년 4분기(10~12월) 실적비교

구 분	삼성전자	애 플
매출	47조원	52조 3천억 원
영업이익	5조 2천억 원	19조 6천억 원
애플 2011년 4분기 주요 실적		
구 분	판매량(실적)	성장률(전년 동기대비)
아이폰	3,704만대	73.3%
아이패드	1,543만대	111%
맥	520만대	25.8%
아이팟	1,540만대	-22.9%
순이익	130억 6천만 $	118%
매출이익률	44.7%	40.3%P

이러한 탁월한 성과를 창출한 원인이 어디에 있는가를 조안 마그레타(J. Magretta, 2002)의 경영핵심과 연계하여 살펴보면 다음의 [그림 1-4]와 같다.

[그림 1-4] 경영의 핵심과 연계한 애플사의 조직관리 방식

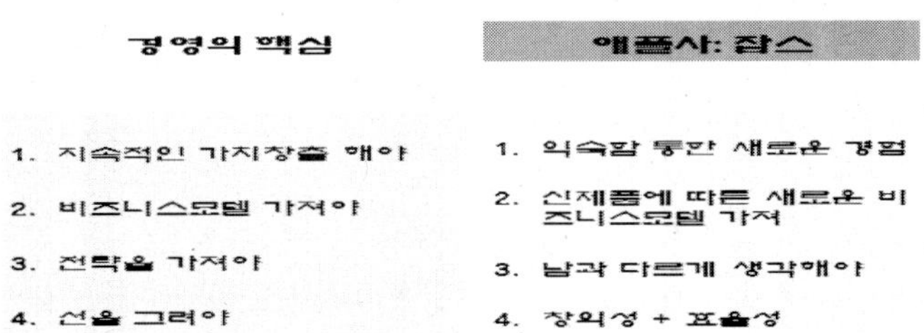

2.2.5. 삼성 이건희(2013)의 신 경영에 대한 연구

국내에서 낮은 원가우위에 기반을 둔 OEM 단순제조사에 불과했던 삼성(경공업, 노동집약적)이 고부가가치 제품을 생산하고 강한 브랜드, 뛰어난 디자인을 갖춘 기술집약적 기업인 글로벌 기업으로 변신하고 있다. 비약적인 발전을 하고는 있지만 여전히 수직계열화 및 다각화되어 있으며, 하드웨어(제조)중심인 삼성의 현재위상을 다음의 [그림 1-5]와 같이 정리할 수 있다(송재용 & 이경묵, 2013).

[그림 1-5] 삼성의 현재위상

삼성그룹 : 10조원(1987) → 380조원(2012)
삼성전자 : 201조 매출 → 29조5천억원 영업이익(2012)

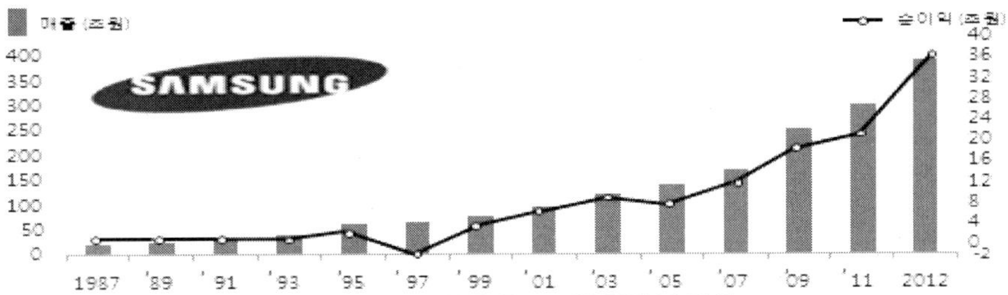

• 26개의 세계 1위 제품 생산(스마트폰, 디지털TV, 메모리 반도체, TFT-LCD...)
  - 2010년 Business Week 선정 '가장 혁신적인 기업' 세계 11위
  - 2006년 이래로 USPTO특허 랭킹 2위

• 브랜드 가치

연도	2000	2002	2004	2006	2012
랭킹	43	34	21	20	9
브랜드 가치(bill. US$)	5.2	8.3	12.6	16.2	32.9

• '가장 존경 받는 기업'35위 선정(*Fortune*,2013)

1980년대 까지만 하여도 국내시장을 주 무대로 했던 삼성은 1987년 매출액이 10조원에 불과한 회사였지만 2세 경영자 이건희의 취임을 계기로 2012년에는 38배로 늘어난 380조원을 기록했고, 시가총액은 1조원에서 2013년 4월 기준 335조원으로 무려 300배 이상 커졌다. 지난 25년동안 삼성의 수출은 25배 증가했으며, 한국의 총수출에서 차지하는 비중도 13%에서 28%로 높아졌다. 2012년 삼성이 보유한 세계 시장점유율 1위 제품은 메모리 반도체 등 총 26개에 달하며, 무형자산 측면에서도 눈부시다. 미국 내 특허등록 건에서 삼성전자는 2012년에 연간 5,081건을 등록해 2006년 이후 IBM에 이어 2위를 유지하고 있다. 삼성의 브랜드가치도 2000년 이후 상승을 거듭하여 2012년 글로벌 브랜드 랭킹 9위로 도요타(10위)를 제쳤다. 또한 삼성전자는 2012년 매출 201조를 돌파하여 HP, 지멘스, 애플 등을 제치고 세계 최대 전자/IT기업이 되었으며, 영

업이익도 29조를 넘어 제조업체 중 세계 최고수준의 실적을 기록하였다. 특히 휴대폰부문에서 노키아를 제치고 세계 1위에 올랐다.

이와 같은 높은 성과를 창출하는 글로벌기업으로 비약적인 변신을 할 수 있었던 삼성의 경영방식 즉 삼성 경영시스템이 가지는 중요한 특징은 무엇일까? 1993년 이건희 신 경영 이후의 삼성 대변신은 3가지 핵심역량에 바탕을 둔 경영시스템 및 경영방식의 변화에서 그 원인을 찾고

[그림 1-6] 삼성의 신 경영 이후 핵심역량

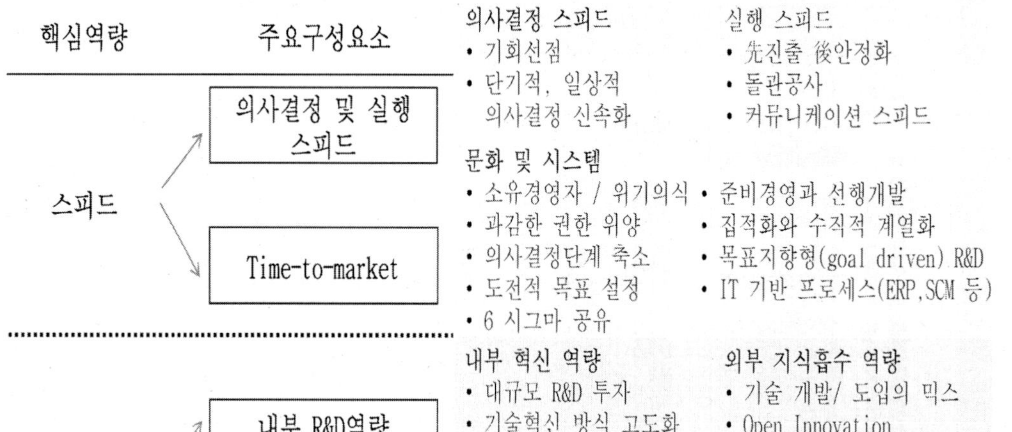

있다(송재용, 2013). 삼성의 신 경영 이후 핵심역량 [그림 1-6]과 경영시스템 및 경영방식의 변화 [그림 1-7]을 다음과 같이 정리할 수 있다.

[그림 1-7] 삼성의 신 경영 이후 경영시스템 및 경영방식 변화

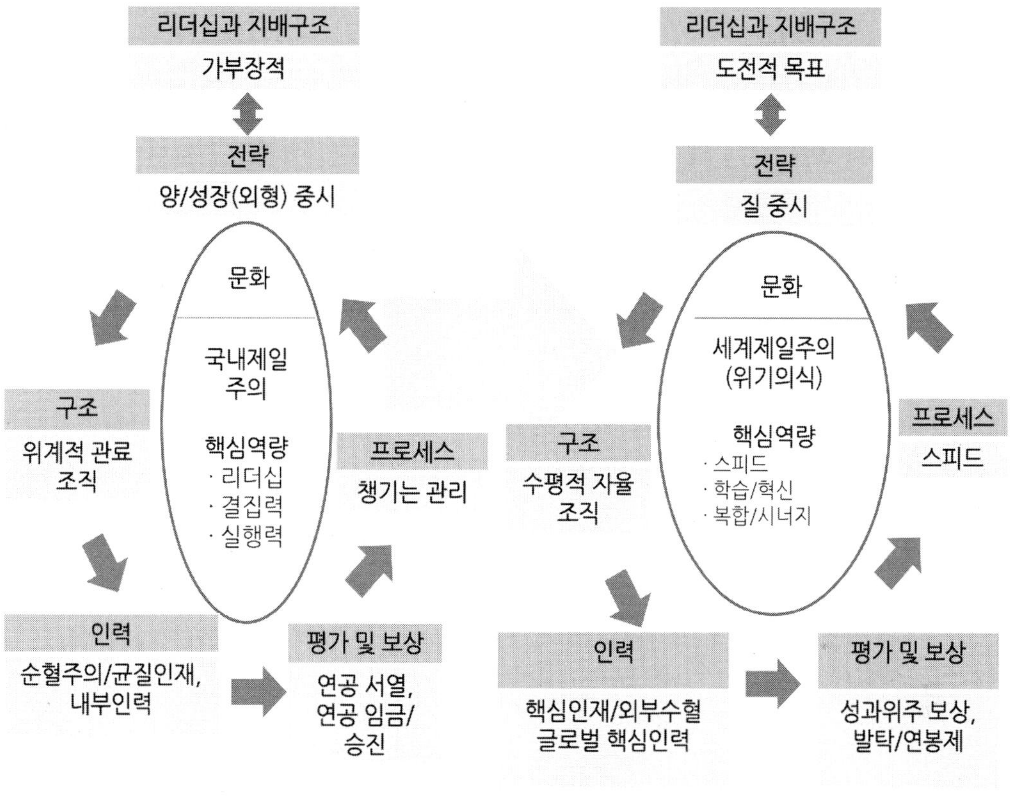

자료: 송재용 & 이경묵(2013), 이건희 경영학 SAMSUNG WAY, 21세기북스.

제3절. 초일류 기업과 지향방안

3.1 초일류 기업이란?

21세기 대부분의 글로벌 기업들은 "경영의 규율"을 통해 끊임없이 혁신과 성과관리를 추구하며 초일류 기업을 지향하고 있다.

초일류 기업이란 "진정한 인재를 바탕으로 초일류 경쟁력을 갖추고 계속적인 생존을 추구하는 기업"을 의미한다. 서구의 기업들은 오래 전부터 기업의 생존과 초일류 기업에 관한 지속적

인 관심을 갖고 활발한 연구가 지속되어왔지만, 우리 기업들은 IMF(1998)를 경험한 이후부터 이에 대해 적극적 관심을 갖기 시작하였다. 그러나 외환위기 극복이후 10년 뒤 글로벌경제위기(2007)로 인한 기존질서가 허물어지는 급변하는 대변혁으로 인해 또다시 위기의 함정에 빠지게 되고, 세계에서 수 십년이상 생존해오던 많은 글로벌 초일류기업들(리먼브러더스와 AIG 등)이 파산하는 것을 지켜보았다. 그리고 1980~90년대 세계시장을 제패했던 소니와 도요타 등 글로벌 초일류기업들이 영원한 세계최고의 기업으로 마냥 존재할 것으로 보았으나, 최근 무너지거나 추락하는 모습을 보면서 성공의 역설인 영원한 승자는 없다는 사실을 새삼 인식하게 되었다. 따라서 우리가 위기 속 초일류기업으로 대약진의 기회를 잡기위한 연구가 적극적으로 진행되기 위해서는 파산원인에 대한 철저한 분석이 이루어지고 그 바탕위에 대안이 제시되어야할 것이다.

일본이 1980년대 세계정상에 올라서자 자만심에 빠져 한순간에 잃어버린 10년을 맞은 것처럼 세계정상에서 고꾸라진 일본을 반면교사로 삼아야 할 것이다. 세계최고의 글로벌기업들인 도요타자동차는 리콜사태로 인한 최악의 위기를 맞았고, GE, 소니 등 수익성 악화에 쩔쩔매고 있다. 좀처럼 무너지지 않을 것처럼 보였던 세계전자업계의 대표인 소니의 영업이익률은 2000년 3.3%, 2005년 0.4%, 2009년 -0,3% 등 이런 추세로 고꾸라져가고 있고, 니혼게이자신문에 의하면 일본 대표전자업체 9개사의 2009년 영업이익 합계전망은 6400억 엔에 그쳤다. 이는 삼성전자의 연결영업이익(약 8700억 엔)보다도 못한 실적이며, LG전자 영업이익(3300억 엔)의 두 배에 불과하다. 도요다자동차 최고경영자의 눈물로 상징되는 도요타의 추락은 국가와 업종을 떠나 '상승기 위기관리'가 얼마나 중요한지를 극명하게 보여주는 사례이다. '우리가 세계최고'라는 오만이 싹트는 순간 무너져 내리는 것은 국가나 기업이나 마찬가지일 것이다.

독일 경제학자 게오르크 호이젤은 저서 '승자의 뇌구조'(유영미 역, 2009)에서 '승자의 곡선(winner's curve)'과 '패자의 함정'을 제시한다. 이들의 개념을 살펴보면 다음과 같다. '승자의 곡선'은 엄청난 노력으로 승리를 맛보게 되면 남성계 호르몬인 테스토스테론과 통증을 잊게 해주는 엔도르핀의 농도가 높아져 계속된 승리를 이끌게 되고 상승곡선을 타게 된다. 반면에 '패자의 함정'은 계속된 승리는 행복, 안정감을 느끼게 된다. 그 결과 모든 정보를 유리하게 해석한다. 위기의 경고등을 무시하고 패배하게 되면 함정을 빠져나오기 위해서는 배전의 노력이 필요하다. 따라서 "승자의 곡선을 지속적으로 타기 위해서는 마약 같은 도취감에서 벗어나야 한다."고 지적한다. 칭찬으로 인한 도취가 위기를 제대로 보는 눈을 가린다는 것이다. 위기극복과정에서 얻은 '더한 어려움도 극복할 수 있다는 자신감이 이어지며 계속된 승리를 가져오지만 행복과 성취감에 도취된 결과는 필연적인 추락이다.

짐 콜린스(김명철 역, 2010)는 '추락의 5단계'를 다음의 [그림 1-8]과 같이 제시한다.

[그림 1-8] 짐 콜린스는 '추락의 5단계'

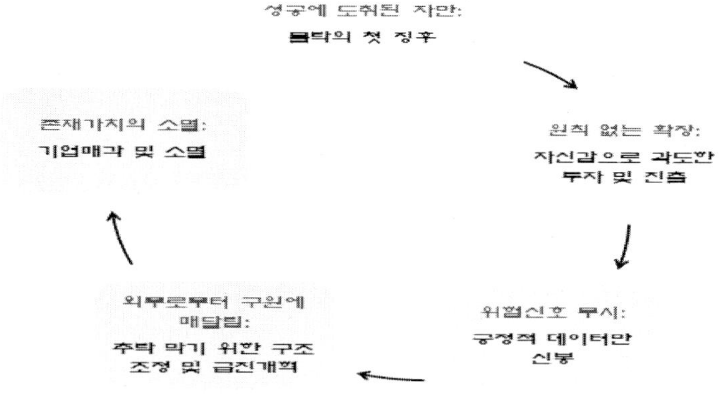

이는 글로벌 경쟁 현장에서 '달콤한 찬사'는 '강력한 견제'의 예고편이나 다름없기 때문에 찬사에 우쭐거릴 때가 아니라는 것이다. 즉 과거의 성공체험에 도취한 채 예전 강점만을 밀고가다가는 정상의 자리를 내줘야 한다. 그러므로 절대강자의 위치에 있는 기업도 지속적인 새로운 기술을 연마해야 한다. 지속적인 성장을 위해서는 '승자의 곡선'을 타야 되는데 그러려면 늘 긴장하고 위기를 점검하고 새로운 생각과 새로운 상품, 새로운 서비스로 혁신하지 않으면 안 된다. 또한 '패배의 함정'은 심리적 안도감에 빠진 국가·기업은 다가오는 위기의 경고등을 외면하고 점차 현실에 안주하게 된다는 것으로 한번 빠지면 좀처럼 빠져나오기가 힘들다고 주장한다.

3.2. 초일류기업 지향방안?

글로벌경제위기로 인한 기존질서가 허물어지면서 새 틀 짜기가 마무리될 때까지 극심한 고통은 불가피해 보인다. 변화의 쓰나미가 휘몰아치는 전례가 없는 대변혁의 시기에 살아남을 기업과 도태될 기업이 냉정히 가려지고, 생존해 승리하는 기업에게는 일찍이 경험해보지 못한 무대가 제공될 것이기 때문이다.

3.2.1. 토마스 피터스와 로버트 워터먼(1982)의 연구

토마스 피터스와 로버트 워터먼(1982)은 '최고의 성과를 내는 기업은 무엇이 다른가?'에 대한 연구를 통해 너무도 명확히 드러내 주는 8가지 초우량기업의 조건(In Search of Excellence)특성을 제시하고 있다. 이 특성들을 구체적으로 요약·정리하면 다음의 <표 3>과 같다.

〈표 1-3〉 초우량기업의 8가지 조건 및 내용

특 성	내 용
1. 실행 중요시	과학의 경우, 실험하지 않으면 아무것도 배울 수 없는 것처럼 비즈니스에서는 시도, 실패, 그리고 재시도하는 과정 없이는 아무것도 배울 수 없다. 합리적인 분석만이 모든 것을 해결할 것이라는 믿음을 버려라. 아무리 많은 분석도, 그 어떤 시장조사도 실행이 전제되지 않을 경우 진정한 혁신을 이끌어 낼 수 없다.
2. 고객에게 밀착	이는 가장 이루기 힘들고, 어려운 일이다. 만일 유통업체가 비합리적인 이들을 고객으로 두었다면, 그들을 이해하는데 최선을 다해야 한다. 놀라운 혁신 능력과 함께 조직 내 모든 이들이 고객과의 접촉을 유지하도록 하는 P&G의 기술은 그들이 오랫동안 성공을 거두어온 이유를 설명할 수 있을 것이다.
3. 자율성과 기업가 정신	조직이 크다고 해도 행동은 작게 하라. 조직은 어찌되었든 사람들의 모임이고 그들은 규율에 얽매이기보다는 자존감을 갖고 스스로 움직이길 원한다. 존슨 앤 존슨, 3M, 월마트 그리고 초기HP는 비교적 독립적인 소단위로 나누고, 공통의 목표와 문화적인 규범으로 함께 묶음으로서 성공을 이룰 수 있었다.
4. 사람을 통해 생산성 향상	많은 이들이 사람의 중요성에 대해서 말로는 떠들고 있지만 일부 소수는 사람을 소모품이 아닌 자율성을 지닌 존재로 대해주고 있다. 사람보다 더 무엇이 중요하겠는가? 1982년 델타항공 종업원들은 스스로 연합해 자신의 임금에서 총 3천만$를 삭감했고, 회사는 이 금액으로 '델타정신'이라고 명명된 첫 번째 보잉 767기를 구입했다.
5. 가치에 근거해서 실천	회사가 지향하는 바를 구성원들이 이해하도록 만들고, 그들 스스로 자부심을 느끼도록 해야 한다. 그러고 나서 이러한 가치시스템을 지향하는 능동적인 경영을 하는 것이다. 성공적인 기업경영을 원한다면 최고의 기업들은 단지 돈을 버는 것에만 관심을 기울이지 않는다는 것을 명심하라. 그들은 그 외의 의미도 만들어나갈 줄 안다.
6. 핵심 사업에 집중	일부예외(워렌버핏의 벅셔 헤더웨이아, 잭 웰치의 GE)를 제외하고는 비즈니스의 다각화는 거의 효과가 없다. 누구들 시너지효과를 원하지 않겠는가? 그러나 그토록 찬탄하던 '시너지'라는 단어도 의심해보아야 한다. 대규모 인수합병이 거의 시너지를 내지 않으며, 효과가 없음을 보아왔기 때문이다. 시너지를 얻는 가장 좋은 방법은 핵심 사업에 집중하는 것이다.
7. 단순 조직과 작은 본사 지향	조직이란 본질적으로 꽤나 복잡하지만 사실상 간결하고 능률적인 게 좋다. 간결하고 능률적인 구조를 만들면 나머지는 사람들이 처리할 수 있을 것이다. 조직은 최소한으로 유지하고, 필요인력은 아웃소싱하거나 프로젝트 성격의 테스크 포스를 운영해 한시적인 조직들을 활용하도록 하라.
8. 엄격함과 온건함 동시에 지닌다.	잘 운영되는 조직들은 집권화와 분권화가 완벽하게 조화를 이루고 있다. 대부분의 초우량 기업들은 느슨한 면을 지니고 있어서, 사람들에게 그들이 가진 방법으로 일할 수 있는 자유를 준다. 동시에 소수의 아주 중요한 부분에서는 매우 중앙집권적이다. 그들의 문화를 형성하는 핵심가치 또는 전략적 우선순위에 배치된 사항들, 그리고 소수의 핵심적인 재무 지표 등이 그것이다.

3.2.2. 매일경제의 연재물

매일경제(2009, 01, 01) 연재물 '대변혁시대-승리의 길'에서 생존(survival)을 넘어 승리(winning)하는 기업이 되기 위해서는 다음의 [그림 1-9]와 같이 위기를 기회로 바꾸기 위한 기업들의 노력이 필요하다고 주장한다.

[그림 1-9] 대변혁, 생존, 승리의 길

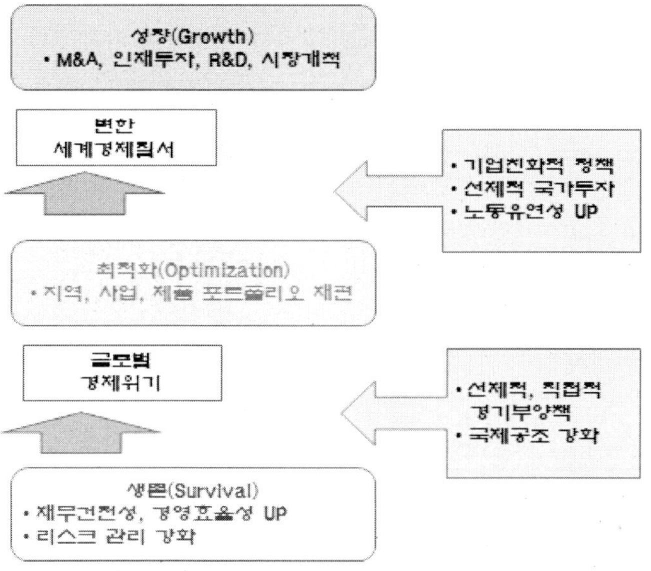

1) M&A 기회포착

작은 기업이라도 핵심역량에서 시너지효과를 발휘할 수 있는 기업을 인수하기 위해서 우선 충분한 실탄을 보유하고 M&A에 적극 나서야 한다. 이유는 간단하다. 외환위기 경험에 비춰볼 때 좋은 매물이 싼 값에 나올 것이고 이를 잘 잡아놓으면 위기가 끝난 후 시장에서 우월한 위치를 차지할 수 있기 때문이다. 예를 들어 2008년 11월을 기준으로 한 달 사이에 3개회사를 LS그룹의 우산 속으로 새로 편입하였다. LS산전은 전력선통신 분야에서 총49건의 지적재산권을 보유하고 있는 전력선통신업체인 플래닛을 인수, LS엠트론은 국내 자동차용 스위치와 릴레이제품시장에서 최고 점유율을 자랑하는 대성전기공업을 인수, 그리고 LS니꼬동제련은 자원재활용 전문업체인 휘닉스엠엔엠을 인수하였다.

2) 적극적 R&D 투자

외환위기 때 비용을 절감하겠다며 R&D 예산부터 삭감하던 게 우리기업들이었지만 이제는 미래기회를 잡기위해 사고방식의 전환이 필요하다. 이유는 비용을 절감하는 중에도 R&D 투자는 유지하거나 상향하여야 앞선 기술력으로 미래수요를 준비할 수 있기 때문이다. 예를 들어 제너럴모터스(GM) 등 세계적인 자동차업체들이 휘청거리고 있지만 현대모비스의 연구소는 활기차다. 이유는 자동차산업이 불황이지만 08년 1200억 원이었던 R&D 투자를 09년 2000억 원 안팎으로 66%경우 정도 늘렸으며, R&D 인력도 확충하였다. 또한 가장 힘을 쏟고 있는 연구는 하이브리드카 핵심부품으로 2012년까지 하이브리드카 부품개발에만 총 1000억 원 이상 투자하였으며, 08년 60여 명인 하이브리드카 부품 연구개발 등 관련인원을 200명 수준으로 확충하였다.

3) 시장선점을 위한 인재개발

위기 이후에 기회를 잡기 위해서는 기업을 축소시키는 비용감소 개혁보다는 인력투자 등을 통한 기업의 효율성을 높이는 방안이 필요하다. 경제위기로 인한 사회적 고용감소로 좋은 인재를 더 뽑을 수 있는 기회가 증가하고 있어 채용을 줄이기보다는 오히려 늘려 교육을 강화하여야 앞선 인적자원으로 미래시장을 적극적으로 공략할 수 있기 때문이다. 예를 들어 LG CNS는 해외시장을 선점하기 위해 중국 선양 글로벌센터 신규설립 등을 통해 해외법인 직원을 08년 1000여명에서 2011년까지 2000여명으로 늘렸으며, CJ그룹은 07년 채용인력보다 69%늘어난 2008년 총 420명의 대졸신입사원을 채용하였다. 또한 STX는 08년 하반기에만 1250명을 채용했는

[그림 1-10] 위기이후를 준비하는 기업

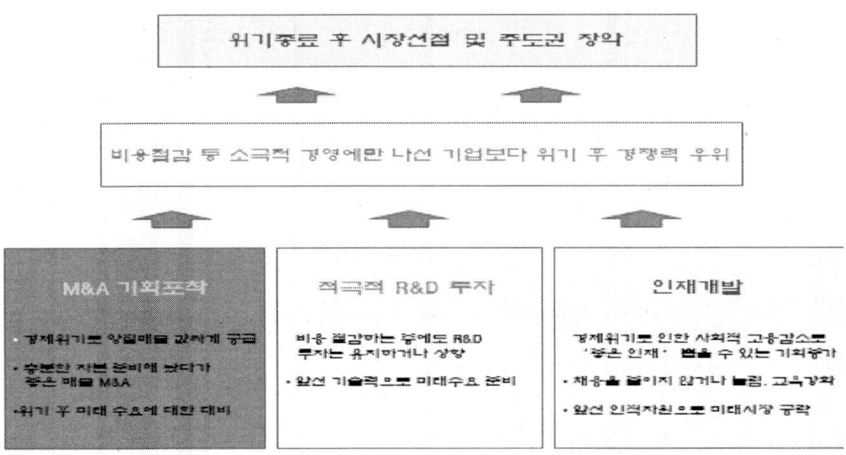

데 이는 07년 하반기 채용인력보다 71%나 증가한 것이다.

이와 같이 위기이후를 준비하는 기업들은 그렇지 않은 기업들과 비교하여 [그림 1-10]과 같이 3가지(M&A 기회포착, 적극적 R&D 투자, 그리고 시장선점을 위한 인재개발)가 달라 비용절감 등 소극적 경영에만 나선 기업들보다 위기 후 경쟁력 우위를 점해 위기 종료 후 시장을 선점하고 주도권을 장악할 수 있게 됨으로서 생존을 넘어 승리(Winning)하는 기업이 될 수 있다.

승리하는 기업의 조건을 요약·정리하면 다음의 <표 1-4>와 같다.

〈표 1-4〉 승리하는 기업의 조건 및 내용 요약

W	Will	- 강인한 의지(Will)는 위기극복의 첫 단추다. - 때론 막연한 비관론이 근거 없는 낙관론보다 더 해롭다. - 어려운 때일수록 '이겨낼 수 있다'는 의지를 세우라.
I	Improvement	- 위기는 개선(Improvement)의 기회다. - 기본으로 돌아가 모든 것을 뜯어 고쳐라. - 과거타성은 떨쳐버려라. 이번 위기가 지난 후 더욱 강해질 것이다.
N	New	- 새로운(New)것과 변화에 익숙해져라. - 싫든 좋든 세상은 빠른 속도로 변하고 있다. - 변화에 겁먹지 마라. - 적응을 넘어서 변화주인공이 되라.
N	Network	- 네트워크(Network)를 만들어 끊임없이 소통하라. - 혼자만 잘하는 시대는 끝났다. - 탄탄한 네트워크와 소통에서 국가, 조직, 개인의 경쟁력이 생긴다.
I	Initiative	- 주도권(Initiative)을 잡고 놓지 마라. - 위기에 직면했을 때는 기선제압이 무엇보다도 중요하다. 그래야 기회에 가장먼저, 제대로 반응할 수 있다.
N	What's Next?	- '다음은 뭐지?(What's next?)'를 항상 생각하라. - 살아남아 성공하려면 남보다 먼저 생각하고 행동해야 한다. - 현실에 안주하지 말고, 멈춰 서지마라.
G	Great	- 한국과 한국인, 한국기업은 위대(Great)하다. 과거에 그러했고 앞으로도 그러할 것이다. - 고통이 다하면 기쁜 일이 오게 마련. '선진국 진입'이 눈앞이다.

IMF이후 경영환경의 복잡화, 불확실성의 증대, 구성원들의 개성 및 다양성 추구, 구조조정 등 기업환경이 급격하게 변화됨에 따라 기업들은 이에 적극적으로 대처하기 위하여 한정된 자원의

배분을 결정하는 전략, 조직체계, 인재의 개발과 관리, 커뮤니케이션과 모티베이션, 창의적인 아이디어의 개발, 혁신등과 관련된 새로운 여러 경영기법(학습조직, 매트릭스 경영, 목표관리, 팀경영, TQM)들을 기업경영에 동원하였지만 성공이란 것이 왜 그렇게 무지개처럼 잡기 힘들며, 장기적인 성공은 왜 오직 몇 안 되는 기업들에게만 가능한 것인지 생존과 초일류 기업의 지향은 결코 쉬운 문제가 아니었다. 그 이유는 시간이 지나도 인간의 본성이 쉽게 변하지 않듯이 인간들이 움직이는 조직의 본성 또한 쉽게 변하지 않는다는 근본적인 사실을 망각한 채 경영자들이 근본으로 돌아가서 현상을 통합적으로 파악하기 보다는 눈에 보이는 단편적인 현상만을 보고 이를 치유하려는 노력만을 해왔기 때문일 수도 있다.

유행처럼 왔다가는 경영개념과 기법들이 난무하며 경영자들을 혼란스럽게 만드는 현 상황에서도 기업의 생존과 초일류 기업을 지향하는 기업들은 끊임없이 변해야 한다. 변하지 않으면 과거의 강점은 반드시 미래의 약점으로 돌변할 수 있으며, 변하지 않고서는 이 세상에 영원한 승자란 없기 때문에 그렇다. 그러나 변하긴 변하되 어떤 틀 안에서 변할 것인가? 이와 관련하여 지속적인 생존 기업과 초일류기업의 분석을 토대로 시간이 지나도 변하지 않을 기업경영의 성공요소를 찾아내어 그 안에서 변화를 시도한다면 경영자의 입장에서도 훨씬 효과적인 기업경영을 수행할 수 있을 것이다.

제 2 장 인간존중의 경영

오늘날의 국내외 기업들은 새로운 경영환경의 변화에 능동적으로 대처하기 위해 이전까지 해오던 경영방식과는 근본적으로 다른 새로운 경영방식인 조직에서 구성원들을 중시하는 인간존중의 경영을 수행해 나갈 것을 요청받고 있다. 또한 초우량 기업으로 나아가기 위해서는 무엇보다도 인간존중의 경영이 전제되고 실현되어야 한다. 그 이유는 기존연구와 문헌들에서 고성과 창출방안이 다양하게 제시되었지만 결론은 기업을 끌고 가는 것도 사람, 혁신 및 성과창출의 주체도 사람, 그리고 기업의 비즈니스를 완성시키는 것도 사람이기 때문이다.

따라서 본장 제1절에서는 글로벌 경영환경의 변화에 대해 살펴보고, 제2절에서는 글로벌 환경변화에 선제적 대응방안의 일환으로 인간존중경영에 대해 알아본다. 인간존중경영에 대한 이해를 돕기 위해 왜 인간이 존중받아야 하는가?, 인간존중경영의 개념을 구성원의 측면과 조직의 측면에서 알아보고, 그리고 제3절에서는 인간존중경영의 실현을 위한 전제는 무엇이고 실행목표 및 방안은 무엇이지에 대해 알아보고자 한다.

제1절. 글로벌 경영환경의 변화

1.1. 불확실성이 지속되는 글로벌 경영환경

[그림 2-1] 글로벌 경영환경변화의 영향

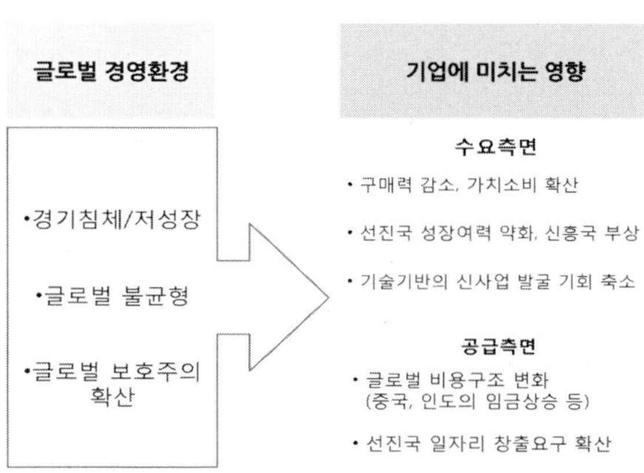

세계경제의 활력이 저하된 가운데 국가 간 환율전쟁 분위기가 고조되고 각국의 자국기업 보호노력이 확산되면서 글로벌 경영환경의 불확실성이 더욱 커지고 있다. 다음의 [그림 2-1]과 같이 이러한 글로벌 환경변화는 기업 수요와 공급측면의 변화를 초래함은 물론 글로벌 기업의 실적을 악화시

키고 있다. 글로벌 경영환경의 변화를 정리하면 다음과 같다(강한수 외 3인, 2013).

1.1.1. 글로벌 경기침체와 불균형

금융위기이후 글로벌 경기침체 속에서 경영환경의 불확실성이 지속되고 있다. 그 이유는 세 가지의 측면에서 볼 수 있다. 1) 최근 IMF가 2013년 세계경제성장률을 1월 3.5%에서 4월 3.3.%로 하향 전망하는 등 글로벌 경제의 활력이 약화되고 있다. 2) 위기이후 경제의 회복속도도 신흥국, 미국, 유로존 등 지역별로 3원화(Three-Speed)되면서 글로벌 불균형이 심화되고 있다(IMF, 2013). 특히 신흥시장은 5.3% 수준의 경제성장이 예상되는 반면, 미국은 1.9%, 유로존은 △ 0.3%로 전망하고 있다. 여기서 상대적으로 더딘 유로존 회복이 경제성장의 발목을 잡을 위험이 크다. 3) 향후 경기에 대한 글로벌 기업 경영자들의 전망도 불투명하다. 미국의 컨설팅사인 PwC의 설문조사를 보면, 기업경기에 대한 경영자의 신뢰가 2년 연속 4%씩 하락해 2013년 36%를 기록하고 있다(PwC, 2013).

1.1.2. 글로벌 보호주의 확산

자국기업을 우선시하는 각국의 보호주의 경향이 확대되고 있다. 먼저 일본과 유로존 등의 공격적인 양적완화 정책과 신흥국의 외환개입으로 '환율전쟁' 재현에 대한 우려가 확대되고 있다(Knowledge@Wharton, 2013). 또한 정부 그리고 미디어 등이 주도하는 해외 글로벌기업에 대한 압박이 강화되고 있다. 그 예로 미국정부는 사이버 보안 등을 이유로 중국산 IT 장비 구매제한 법안을 통과시키면서 화웨이, ZTE 등을 견제하고 있다. 또한 중국의 CCTV, 인민일보 등 주요 미디어는 애플, MS 등 글로벌 IT 기업에 공세를 지속하고 있다.

1.1.3. 기업 수요와 공급측면의 변화초래

글로벌 환경변화는 기업 수요와 공급측면의 변화를 초래하고 있다. 이를 구체적으로 살펴보면 다음과 같다.

1.1.3.1. 수요측면

소비심리 위축 등으로 기존 사업과 시장에서 기업성장 가능성이 크게 약화되고, 글로벌 소비파워의 중심축이 이동 중이다. 그 이유로는 다음과 같은 3 가지를 근거로 제시할 수 있다. 1) 경기 불확실성 확대로 소비자의 구매가 신중해지고, 저가격·고품질을 추구하는 '가치소비'가 증가하면서 글로벌기업의 매출성장세가 약화되고 있다(The Wall Street Journal, 2012, 8, 19). 따라서 스마트해진 최근의 소비자를 만족시키기 위해서는 낮은 가격과 함께 고품질, 차별화 요소의 확보가 필수이다. 또한 2) 선진국시장 소비자는 구매여력이 상대적으로 약화되는 반면 성장잠재력이 높은 신흥국 소비자는 중요성이 상승되고 있다. 2001~2011년 사이 개발도상국의 중산층 비중이 23%에서 42%로 높아졌으며, 2017년 까지는 절반을 넘어설 전망이다(Financial Times, 2013, 4,15). 그리고 3) 기술·제품혁신 등 기존방식에 의존하는 신 성장동력 창출기회가 축소되면서, 기업성장을 위한 새로운 돌파구의 필요성이 증가되고 있기 때문이다.

1.1.3.2. 공급측면

글로벌 비용구조와 각국의 정책변화 등으로 기업의 생산거점 전략, 공급망 관리에 수정이 필요하다. 그 이유로 두 가지를 근거로 제시할 수 있다. 먼저 1) 중국, 인도 등 기존 글로벌 생산거점의 급격한 임금상승 등으로 글로벌 비용구조가 달라지고 기업의 해외진출 전략에도 변화가 요구되고 있다(The Economist, 2013, 1,19). 또한 2) 선진국의 일자리 창출요구 확산 및 이에 대응한 각국의 정책변화도 기업의 글로벌 투자와 인력운용 전략에 영향을 미치기 때문이다. 특히 2013년 3월 유로존 실업률은 12.1%로 사상 최고치를 기록하고 있다.

1.1.4. 글로벌 기업의 실적악화

글로벌 경영환경이 약화됨에 따라 글로벌기업의 실적도 나빠지는 추세에 있다. 그 이유로는 글로벌 경제위기 이후 회복세를 보이던 기업실적이 2011년부터 다시 악화되고 있기 때문이다. 특히 '포춘 글로벌 500' 기업의 평균수익률은 다음의 [그림 2-2]와 같이 위기이전 6.7%에서 5.5%에 그쳤으며, 전체의 10%가 넘는 58개 기업이 적자를 기록했다. 또한 2013년에 발표한 2012년에도 '포브스 글로벌 2000' 기업의 매출과 자산은 전년대비 6~7%대 증가에 그치고, 순이익 규모는 7% 축소되었다.

글로벌 경영환경의 불확실성 확대에 글로벌기업이 다양한 전략으로 맞섬으로서 글로벌 경쟁판도가 크게 변하고 있다. 이러한 가운데 특히 한국기업은 글로벌 경기침체하에서 설상가상으로 원고·엔저의 파고에 직면하고 있어 위기대응방안을 선제적으로 마련해야 하는 상황이다. 따라서 한국기업은 경영전략적인 측면에서 '열린' 쇄신노력으로 외부역량을 적극 수혈해 차별화 역량을 확보해야 한다. 또한 특정 사업이나 글로벌 지역에서 일전불사를 외치고 있는 글로벌기

[그림 2-2] '포춘 글로벌 500' 기업의 순수익률과 적자기업의 수 추이

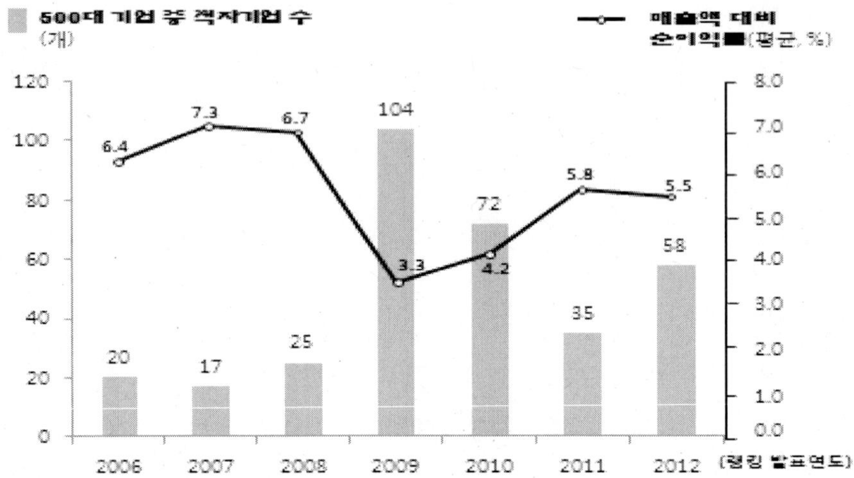

업의 공세에 대응하기 위해 '사실과 분석에 기반을 둔 위험감수'로 사업위험을 통제 가능한 수준에서 관리하면서도 도전적 자세를 견지할 필요가 있다. 그러나 이보다 더 중요한 것은 기업이 생존을 위해 지속적으로 성과창출을 할 수 있도록 효율관리와 통제중심의 과거 경영방식과는 근본적으로 다른 조직구성원의 자발적 몰입과 충성심을 이끌어 내고 열정을 키워 무한한 상상력을 자극할 수 있는 인본주의에 바탕을 둔 새로운 경영방식인 인간존중경영이 필요하다.

제2절. 인간존중경영에 대한 이해

인간존중경영에 대한 이해를 돕기 위해 인간은 왜 존중받아야 하는가? 인간존중경영이란 무엇인가? 구성원의 측면과 조직의 측면에서 살펴본다.

2.1. 인간은 왜 존중받아야 하는가?

인간을 존엄한 존재로 존중해야 하는 가장 큰 이유는 동물이나 사물들과 달리 이성을 갖고 있기 때문이다. 이성은 '인간이 합리적인 사고와 판단을 할 수 있도록 하는 능력'이다. 이성에 기초하여 인간은 동물과는 달리 논리적인 사고를 할 수 있음으로 1) 어떤 문제에 대해 자신의 판단에 따라 의사결정을 할 수 있으며, 2) 스스로 옳다고 믿는 바나 자신이 세운 목표에 따라서 행동하

는 자율적 또는 자주적 존재가 될 수 있다. 그리고 인간은 이성에 기초하여 3) 도덕과 규범, 올바른 가치와 의미를 추구하고, '아니요'라고 말할 수 있는 양심과 의지를 갖고 찬반의사를 개진할 수 있는 존재가 될 수 있다. 또한 4) 인간은 집단, 조직, 사회를 이루며 살아가면서 복잡한 사회생활을 할 수 있으며, 다른 사람들과 상호작용하여 공동체 발전에 기여할 수 있는 협동적이고, 사회적인 존재가 될 수 있다. 많은 이유가 있겠지만 이러한 이유들로 인해 인간은 존중받아야만 한다.

2.2. 인간존중경영의 개념

인간존중(human respect)이란 사전적 의미는 "인간의 기본적 가치와 존엄성을 인정하여 사람을 높이고 중하게 여김"을 말한다. 여기서 인간의 기본적 가치는 인간이 간직하고 있는 고유의 특성 또는 본성(본질)을 의미하며, 그러한 본성을 지닌 인간은 존엄성을 갖고 있는 존재로서 존중한다는 것이다. 이런 개념에 입각하여 볼 때, "인간존중의 경영(Management for Human Respect)이란 조직에서 구성원들을 인간으로서의 존엄성을 가진 존재로서 존중할 뿐만 아니라 구성원들 스스로가 이성을 가지고 자율적인 행위를 할 수 있으며 동시에 조직공동체의 발전을 위해 기여할 수 있다는 믿음을 가지고 기업을 이끌어 나가는 경영방식을 일컫는다"(신유근, 1997).

인간존중경영의 의미를 조직구성원의 측면과 조직에 대한 측면에서 보다 구체적으로 살펴볼 수 있다.

2.2.1. 조직구성원의 측면에서 볼 때

인간존중경영은 '조직구성원 개개인을 존중하는 경영'을 의미한다. 여기서 개인을 존중한다는 의미는 개인의 삶 자체를 존중하며 특히 개인의 특성, 능력, 사고방식의 차이를 인정하고 이에 대한 이해를 바탕으로 구성원들이 자신의 의지와 목표에 따라 행동하는 주체로서, 자기 자신의 성장과 발전을 위해 살아갈 수 있도록 하는 경영방식인 것이다. 즉 인간존중경영은 조직구성원 개개인을 존중함으로써 개인이 갖고 있는 잠재력을 개발하고 개인의 창의성을 촉진하여 개인성과를 향상시키며 성공적인 조직생활을 영위하도록 한다.

- **세계적인 컴퓨터 제조업체인 IBM사:** 창업자 왓슨(T. Watson)은 "개인에 대한 존중"을 가장 중요시하였으며, 오늘날에도 조직구성원을 가장 존중하는 기업의 하나로 인정받음.
- **일본의 마에 가와 제작소:** 세계적인 압축기 제조업체로 '사람이 사는 보람과 일하는 보람을 충족시키는 곳이 회사'라는 기치아래 종업원에게 보람을 주는 기업경영을 하는 대표적인 회사의 하나이다.

또한 인간존중경영은 '종업원들에게 자신감과 활력을 불어넣는 경영'을 의미한다. 즉 인간존중경영은 현대조직에서 발생하고 있는 인간소외, 무력감, 과로, 스트레스와 같은 인간적 문제점을 치유할 뿐만 아니라 조직구성원들이 경제적·사회적·정신적 욕구충족을 통해 만족하고 신명나게 일하며 생활할 수 있도록 함으로써 개인행복을 증진시켜 주는 기업경영방식인 것이다.

2.2.2. 조직에 대한 측면에서 볼 때

현대기업이 영구존속체로서 지속적으로 발전하려면 구성원과 조직모두가 상호 균형적으로 발전할 수 있도록 해야 한다(Thibaut & Kelly, 1965). 그러므로 인간존중경영은 조직의 성장과 발전문제를 떠나 개인의 문제를 생각할 수 없다고 보고, 여러 사람들이 공동의 목표를 달성하고자 모인 조직의 발전을 중시하는 경영방식을 의미한다.

또한 인간존중경영은 "사람을 통한 기업경쟁력 제고(competitive advantage through people)"를 실행하는 기업경영방식을 의미한다. 그 이유는 조직에서 발생하는 많은 문제가 근본적으로 사람과 관련되며, 이러한 문제를 어떻게 해결하느냐 하는 것이 조직의 유지·발전에 관건이라고 보기 때문이다. 즉 "조직성공의 열쇠는 인간", "인간자원이야말로 가장 위대한 자산"(Drucker, 1950), "기업에서의 경영은 사람을 다루는 일"이라는 말들이 의미하듯이 기업경영의 성과는 사람을 얼마나 잘 관리하는가의 여하에 달려 있다고 보는 것이다.

따라서 인간존중경영은 우수한 인재를 확보하고 육성하여 구성원들의 자율적인 업무수행역량을 배양함으로써 조직의 성장잠재력을 내성적으로 확보하고자 하며, 조직구성원들이 상호존중하고 협력적인 인간관계를 형성하도록 하여 조직목표달성을 촉진하는 시너지효과를 창출하게 한다.

이처럼 인간존중경영이란 경영자가 구성원들로 하여금 자기를 계발하고 자율적으로 그리고 협동적으로 행동할 수 있는 여건을 만들어 주며, 보다 적극적으로 구성원들이 조직의 양적·질적 발전에 기여할 수 있도록 노력을 기울여 나가는 경영활동과정인 것이다.

제3절. 인간존중경영 실현을 위한 실행방안

동서양에서는 시공을 초월해 인본주의사상이 보편적인 사상으로 받아들여져 왔다. 특히 동양에서는 수많은 현자들을 통해 국가경영에 있어 인본주의, 인간존중을 피력하였고, 서양에서는 르네상스운동이후 본격화된 휴머니즘(humanism)을 통해 인간중심, 인간존중, 인간가치의 실현을 주시해 왔다. 따라서 본 절에서는 휴머니즘 즉 인본주의사상에 기초를 둔 경영패러다임인 경영인본주의란 무엇인가? 인간존중경영의 실현을 위한 전제는 무엇인가? 그리고 인간존중경영의 실현을 위한 실행목표 및 실행과제는 무엇인가에 대해 보다 구체적으로 살펴보고자 한다.

3.1. 경영인본주의란 무엇인가?

인본주의는 "인간을 신뢰하고 존중하는 사고방식과 생활방식" 이라고 집약할 수 있다(정해창, 1995). 이러한 인본주의적 가치와 이념을 기업경영방식에 원용하여 기업이 인간적인 경영을 수행하도록 지도하는 패러다임을 경영인본주의라고 할 수 있다. 그러므로 인본주의가 보편적인 인간에 대한 신뢰를 전제로 한다면, 경영인본주의는 핵심적인 기본가치인 조직구성원에 대한 신뢰를 지양한다. 신뢰의 개념에 대해 살펴보면 다음과 같이 정리할 수 있다.

- **신뢰(trust)의 사전적 의미**: 어떤 사물이나 사물의 정직함, 언행일치, 약속의 이행, 거짓이나 위선이 아닐 것이라는 기대, 어떤 일(역할)을 제대로 수행할 수 있으리라는 기대를 말한다.
- **학술적 의미의 신뢰개념**: "안정적·사회적 관계를 지속하도록 하는 데 필수적인 것"(Blau, 1964), "(당사자 간) 거래가 원활하게 이루어지도록 하는 가장 효율적인 메커니즘", 가장 일상적이고 반복적인 상호작용의 기초로서 역할 하는 것"(Garfinkel, 1963), "다른 사람이나 사물을 잘 믿는 개인의 성향 또는 기본적인 지향성"(Barder, 1983; Lewis & Weight, 1985).

3.2. 조직에서 신뢰가 중요한 이유

조직에서의 신뢰(trust in organization)란 '조직구성원들 서로가 공동의 목표를 효과적으로 달성하고자 할 때, 자신이 맡은바 역할을 자율적으로 잘 해낼 수 있으리라는 믿음을 가지며 동시에 실제 필요한 능력과 자질, 자율성, 자발적 참여의사를 구성원 스스로가 개발하고, 이를 조직이 지원하며 조성하려는 기업경영의 패러다임' 인 것이다.

경영환경이 불확실하고 복잡할수록 조직구성원들의 조직에 대한 신뢰의 중요성은 더욱 커진다. 이는 조직이라는 공동체를 유지·발전시키는 기초가 되는 것으로 다음과 같은 중요성을 갖는다.

1) 신뢰는 조직이 높은 성과를 달성하도록 촉진한다(Boss, 1978).

신뢰관계형성은 구성원간의 개방적 커뮤니케이션통한 정보교환 및 공유를 유도하여 효과적으로 문제해결을 함으로써 조직유효성을 제고시키기 때문이다(Boss, 1978). 또한 신뢰는 상호작용하는 상대의 행동을 예측가능하게 하고 당사자 간에 믿음을 갖게 함으로 집단이나 조직목표달성을 위한 협력행위를 가능하게 한다(Tyler & Kramer, 1995: Burt & Knez, 1995).

2) 신뢰는 조직의 장기적인 안정성과 구성원의 행복을 달성하는데 있어 매우 중요한 요소이다(Cook & Wall,1980). 그 이유는 조직사회에서 신뢰관계형성이 개인에게 안정감을 주지만, 형성돼있지 않으면 불안과 정체성에 대한 자신감을 잃게 되어(조동기, 1996), 결국 그 조직은 붕괴하게 될 것이기 때문이다.

3) 신뢰는 조직구성원들이 강한 공동체의식 또는 조직에 대한 일체의식을 갖고 조직운영문제에 자율적·자발적으로 참여하도록 함으로써, 공식적인 규정과 절차위주의 조직운영에서 벗어나 유기적이고 인간중심적인 탄력적 조직운영을 가능하게 한다. 구성원이 조직·상사 동료에 대해 신뢰하면 조직목표달성을 위해 행사하는 권한 및 역할을 자발적·적극적으로 수용하여 일을 처리할 수 있다(Graham, 1991).

3.3. 인간존중경영의 전제

조직에서 인간에 대한 신뢰라는 경영인본주의 패러다임에 입각하고 있는 인간존중경영은 인간에 대해 자율적인 인간과 복합인관을 전제로 하고 있다.

3.3.1. 자율적 인간

인간존중경영은 일에 대한 태도나 자율성 측면에서 조직 내 인간을 자율적인 존재로 바라본다. 즉 인간은 자기 동기유발적이며 자기통제적인 능동적·자주적 존재라고 보는 것이다.

자율적 인간관(Y이론적 관점: McGregor, 1960)에서는 인간을 조건만 주어진다면 일을 놀이처럼 즐겁게 생각하고, 자발적으로 무엇인가 새로운 것을 만들고자 자기지시나 자기통제를 하며, 맡은 바를 기꺼이 책임지려는 창조적인 존재로 파악한다. 따라서 Y이론적 시각을 가진 경영자는 좋은 여건을 마련해서 종업원이 잠재력을 개발하고 자기계발과 자아실현을 위해 노력하도록 촉진하여야 한다고 믿는다.

오늘날처럼 경쟁이 격화된 상황에서 기업경영이 성공적으로 이루어지기 위해서는 구성원 개개인이 자발적이고 적극적인 참여와 창의성이 절대적으로 필요하다. 또한 근로자의 교육수준이 향상되고 민주적인 시민의식이 성숙됨에 따라, 이들을 자율적인 존재로 보아 개성을 존중하고 능력을 개발하며 자기 스스로 일을 알아서 하도록 하는 경영방식을 실행하여야 할 것이다.

3.3.2. 복합인의 관점

인간존중경영에서는 조직에서의 인간을 복합적인 존재로 바라본다. 그 이유는 인간은 단순히 한 가지의 동기에 의해 움직이는 존재가 아니라 여러 가지 복합적인 동기에 의해 행동하는 존재하기 때문이다.

인간 동기의 여러 측면을 강조하는 복합인(complex man) 관점은 경제인의 관점과 사회인의 관점을 포함하면서, 사람을 복합적이고 매우 변동적인 존재이며 조직생활이나 업무경험을 통해 새로운 욕구를 배울 수 있는 존재로 본다. 특히 복합인의 관점에서 중시하는 것은 인간이 자신의 모든 능력을 최대한 발휘하려는 자아실현인(self-actualizing man)이라는 것이다. 사람들은 성숙되기를 바라고 또 그렇게 될 수 있으며, 장래에 대한 전망과 관심을 갖고 보다 높은 이상을 지향하는 일에 관심을 갖고 있다고 보는 것이다(Tannenbaum & Davis, 1969; Friedlander, 1976; Schein, 1980).

이처럼 인간존중경영의 인간관이 자율적 인간, 복합인으로서의 인간에 기초하는 이유는 기본적으로 인본주의사상에 그 뿌리를 두기 때문이며, 기업현장에서 그러한 인간본성에 대한 믿음을 갖는 것이 필요하기 때문이다.

3.4. 인간존중경영의 실행목표 및 실천과제

인간존중경영의 실행목표들로는 신유근(1997)이 제시한 인간존중경영의 패러다임을 그대로 원용하여 1) 조직구성원이 현재보다 더 나은 상태로 성장·발전할 수 있도록 하는 '개발'지향 목표, 2) 조직구성원이 인간으로서의 본연의 모습을 발현하기 위해서 다른 사람의 자유를 해치지 않는 범위 내에서 자유를 누릴 수 있도록 하는 '자율'지향 목표, 그리고 3) 조직구성원으로서 누구에게나 평등한 대우와 기회가 주어지며 차별 없이 조직공동체에 참여할 수 있도록 하는 '참여'지향목표의 세 가지를 들 수 있다. 이를 다음의 [그림 2-3]과 같이 요약·정리할 수 있다.

[그림 2-3] 인간존중경영의 실행목표 및 실행과제

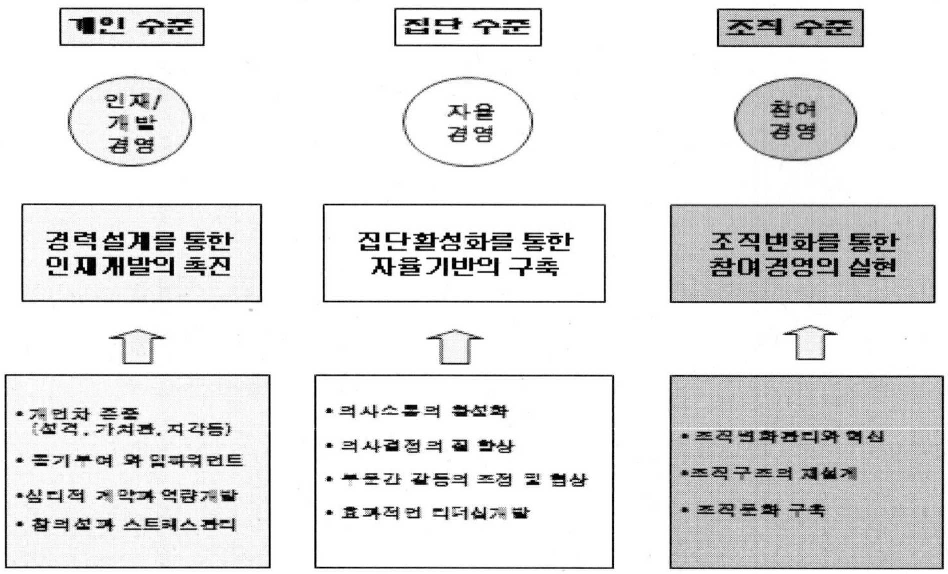

3.4.1. 인재/개발경영을 실행목표로 삼은 것은?:

조직이 활용할 수 있는 여러 자원 중에서 사람을 가장 근본적이고 중요한 자원으로 전제하고, 조직에서 개인차관리를 통해 사람을 개발하고 활용하는 문제가 흥망성쇠를 좌우하는 관건이라고 인간존중경영은 여기고 있기 때문이다.

- **개발(development):이란?**: 사물이나 사람의 진보적인 변화를 통한 발전과 성장을 촉진하는 활동을 의미함. 그러므로 사람을 대상으로 할 때의 의미하는 바는 사람의 창의성과 자발성을 자극하고 자주적인 태도와 습관을 길러주는 활동을 말한다.

그러므로 인간존중경영은 조직구성원을 저마다 독특한 개성과 욕구, 능력을 가진 인간으로서 존중하며, 동시에 개발 가능한 존재로 보아 조직에서 사람을 키우면서 그 사람이 능력을 발휘할 수 있는 기회를 공정하게 제공하여 조직의 성장과 발전을 추구해 나가야 한다.

이를 실현하기 위한 실천과제로는 무엇보다도 인재개발의 촉진을 위한 개인차의 이해 및 존중이 전제되어야만 한다. 이를 위해서는 1) 개인이 보유하고 있는 성격, 욕구, 역량과 직무가 요구하는 특성, 역량 등의 연계가 이루어져야 하며, 이를 통한 구성원 개개인의 직무만족 및 성과창출을 유도하여야만 한다. 2) 조직구성원들이 한 방향을 바라보고 성과창출노력을 할 수 있도록 그리고 서로가 협력적 조직생활을 할 수 있도록 조직의 가치와 개인의 선호가치들의 연계를 통한 가치경영이 이루어져야 한다. 3) 조직구성원들에 대한 공정한 지각과 평가가 이루어질 수 있도록 편견과 고정관념을 제거할 수 있는 방안이 제시되어야 한다. 또한 4) 구성원들이 업무현장에서 높은 근로의욕을 갖고 자발적으로 열심히 일을 하도록 구성원 스스로가 자기 동기유발을 함과 동시에 조직도 모티베이션을 증진시킬 수 있도록 하는 방안들을 실시해야 한다. 5) 상호간 심리적 계약의 준수를 통한 신뢰구축과 충성심제고, 그리고 구성원들에게 임파워먼트를 통해 구성원들이 문제해결 및 성과창출을 창의적으로 할 수 있도록 하는 조직여건과 분위기가 만들어져야 한다. 또한 조직의 지속적인 혁신활동과정에서 구성원들에게 발생되는 스트레스를 적절히 관리할 수 있는 방안들이 제시되어야만 한다.

3.4.2. 자율경영을 실행목표로 삼은 것은?:

인간존중경영은 조직에서 구성원들이 각자의 분야에 있어서 인간이 타고난 자질을 연마하여 훌륭한 업적을 남길 수 있도록 하기 위해서는 자유로운 활동이 있어야 한다고 보고 있기 때문이다. 그러므로 조직구성원들이 자신이 맡은바 일을 스스로 알아서 자신의 책임 하에 성공적으로 수행하며, 책임이 뒤따른다는 점에서 개인과 조직 모두의 균형적인 발전에 기여하는 구성원간의 선의의 경쟁이 필수적이다.

- **자율(autonomy):이란?**: 스스로 만든 규칙에 따라서 행동하는 것을 말하는데, 개인의 자유와 집단적 자치는 물론 그에 따른 책임까지 포함하는 개념이다.

- **휴렛팩커드(Hewlett Packard)사**: 인간존중의 경영을 표방-경영철학: HP Ways: “회사의 경영목표를 달성하기 위해 구성원 각자가 스스로 제반 계획을 수립하고 창의성을 발휘하도록 한다.”라고 명시하고 있음.

이를 실현하기 위한 실천과제로는 무엇보다도 집단의 역학적 제 특성을 밝혀내고, 이를 토대로 집단활성화를 통한 자율기반이 구축되어야만 한다. 이를 위해서는 1) 집단 간 및 집단내의 구성원들 간에 상호이해를 증진하고 업무수행에 유용한 정보공유토록 커뮤니케이션이 원활하게 이루어질 수 있도록 소통활성화방안이 제시되어야 한다. 2) 집단구성원들이 참여하여 정보를 공유하고 효과적인 의사결정을 할 수 있도록 의사결정의 질 향상방안이 제시되어야 한다. 3) 부문 간에 발생하는 갈등을 해소하고 조정·관리하는 방안들 및 갈등을 협력적으로 해결하는 협상관행이 정착되도록 협상방안을 마련해야 한다. 그리고 4) 부하들이 집단목표달성을 위한 노력을 기울일 수 있도록 하는 효과적인 리더십을 개발하기 위한 방안들을 리더가 실행해야 한다.

3.4.3. 참여경영을 실행목표로 삼은 것은?:

조직이라는 공동운명체에 참여하는 사람들 모두가 평등한 인격체로서 기업경영의 과정에 주체적으로 참여할 수 있으며, 또 그렇게 함으로서 조직의 성장과 발전이 가능하다고 보고 있기 때문이다. 그러므로 인간존중경영은 공동체번영속에서 개인의 뜻을 이룰 수 있는 것이기 때문에 조직을 구성하고 있는 주체들의 참여와 공존의 원칙에 바탕을 두어, 모두에게 공평한 기회가 주어지도록 하고 누구나 노력과 성과에 정당한 평가 및 대가를 받도록 하여야 한다.

- **참여(participation):란?**: "일부분을 가지다"라는 라틴어에서 유래한 것으로 '어떤 성과를 나누어 가진다든가, 어떤 결정을 같이한다든가, 혹은 고통을 분담하는 것"을 가리킨다. 이처럼 참여의 의미는 이익의 공유와 고통의 분담이라는 측면과 함께 조직 내 구성원들이 권력을 공유하는 것을 의미한다.

- **휴렛팩커드(Hewlett Packard)사**: 인간존중의 경영을 표방-경영철학: HP Ways: "사원들이 이룩한 회사의 성공과실은 모두가 공유한다."라고 명시하고 있음.
- **월마트(Wal Mart)**: 근로자들을 종업원이라 부르지 않고 동료(associate),라고 칭함.

이를 실현하기 위한 실천과제로는 무엇보다도 조직변화를 통한 참여경영의 실현이 전제되어야만 한다. 이를 위해서는 1) 변화하는 환경에 적극적으로 대응하도록 조직변화와 혁신을 지속적으로 이끌어낼 수 있는 방안들이 제시되어야만 한다. 그리고 2) 향후 경영환경변화에 대응할 수 있는 유연하고 탄력적인 조직구조로 재설계하기 위해 조직설계의 지침을 확립하고 구성원들의 능력이 발휘되는 조직들로 변화시켜 나가야 한다. 3) 개인과 공동체가 조화되어 존중되는 자율공동체 문화와 성과지향적인 문화를 구축할 수 있는 방안들이 제시되어야만 한다.

참 고 문 헌

[국내]

강대석(2009), 성과향상 Skill Up, 경문사.

강한수, 이성혁, 김지윤, 이동준(2013), 글로벌 기업경영의 7대 트렌드, CEO Information, 제896호, 삼성경제연구소

게오르크 호이젤(유영미 역, 2009) '승자의 뇌구조', 갈매나무.

김언수 역(2004), 비즈니스 성공을 위한 불변의 공식 4+2, 더난출판사.

권영설 & 김홍열 역(2002), 경영이란 무엇인가? 김영사.

류랑도(2006), 하이퍼포머: 성과로 말하는 핵심인재, 쌤앤파커스.

______(2004), The Performance: 통합 성과관리시스템, 한언.

______(2006), 성과중심의 리더십: 1 Mission 3 Role, 웅진윙스.

______(2007), 하이퍼포머 팀장매뉴얼, 쌤앤파커스.

______(2010), 일을 했으면 성과를 내라, 쌤앤파커스.

매일경제신문(2009, 01, 01), 승리하는 기업의 조건, 매일경제신문사.

송경모 역(2000), 탁월한 조직을 만드는 4가지 원칙, 위즈덤하우스.

송재용 & 이경묵(2013), 글로벌 일류기업 삼성을 만든 이건희 경영학 SamSung Way, 21세기북스.

신유근(1997), 인간존중의 경영, 다산출판사.

이동현 역(2008), 초우량기업의 조건, 더난출판사.

조동기(1996), "정보화 사회에서의 개인의 정체성과 프라이버시의 문제: 전자공동체의 가능성과 관련하여," 한국 사화학회 추계심포지엄, 정보통신 기술발달과 현대사회(한국 사회학회), pp. 41-57.

정해창(1995), "합리적 정신과 현대의 위기," 정해창 편, 인간성 상실과 위기극복(철학과 현실사), pp. 11-49.

짐 콜린스(김명철 역, 2010), 위대한 기업은 다 어디로 갔을까?, 김영사.

[국외]

Asia's Shopping Passion Cools.(2013, 8.19.), The Wall Street Journal.

Barder, B.(1983), The Logic and Limits of Trust(Rutgers University Press).

Blau, P .M.(1964), The Dynamics of Bureaucracy: A Study of Interpersonal Relation in Two Government Agencies(Chicago, IL,; University of Chicago Press).

Boss, R. W.(1978), "Trust and Managerial Problem Solving Revisited," *Group and Organization Studies*, Vol. 3, No. 3, pp.331-342.

Burt, R. S. & Knez, M.(1996), "Trust and Third-party Gossip," in R. M. Karmer & T. R. Tyler(eds), Trust in Organization: Frontiers of Theory and Research(Sage Publications).

Drucker, P. F.(1950), The New Society: The Anatomy of the Industrial Order(NY: Haper & Brothers)

Friedlander, F.(1976), "OD Research Adolescence: An Exploration of Its Underlying values," *Journal of Applied Behavioral Science*, Vol. 12, No. 1, pp.7-21.

Here, There and Everywhere.(2013, 1.19.), The Economist.

IMF(2013, 4.), World Economic Out look.

Knowledge@Wharton(2013, 3.13.), Global Currency Battles: A Waiting Disaster or a Win for All?

Lencioni, P. M.(2006), Obsessions of an Extraordinary Executive: The Four Disciplines at the Heart of Making Any Organization World Class.

Lewis, J. D. & Weight, A.(1985), "Trust as a Social Reality," *Social Forces*, Vol. 64, No. 3, pp. 969-985.

McGregor, D.(1960), The Human Side of Enterprise(NY; McGraw-Hill).

PwC(2013, 1.), 16th PwC Annual Global CEO Survey.

Rise of Middle Class in Developing World's Workforce.(2013, 4.5.), Financial Times.

Schein, E .H.(1980), Organizational Psychology, 3rd. ed.(Englewood Cliffs, NJ: Prentice-Hall).

Tannenbaum, R. S. & Davis, S. A.(1969), "Values, Man and Organization," *Industrial Management Review*, Vol. 10, No2, pp.67-83.

Thibaut, J. W. & Kelly, H. H.(1965), The Social Psychology of Groups(NY: Wiley).

Thomas, J. P. & Robert, H. W.(1982), In Search of Excellence, Warner Books.

Tyler, R. M. & Kramer, T .R.(1995), Trust in Organization: Frontiers of Theory and Research(Sage Publications).

William F .J. & Nitin, N. & Bruce R.(2003), What Really Works: The 4+2 Formula for Sustained Business Success, Mckinsey & Company.

제Ⅱ부

개인수준: 개인차를 존중하라

제II부는 총 6개의 장으로 구성되어 있다.

인간존중경영은 조직구성원을 저마다 독특한 개성과 욕구, 능력을 가진 인간으로 존중하며, 동시에 개발 가능한 존재로 보아 조직에서 사람을 키우면서 그 사람이 능력을 발휘할 수 있는 기회를 공정하게 제공하여 조직의 성장과 발전을 추구해 나가야 한다. 따라서 제 II부에서는 개인수준에서의 인간존중경영을 실현하기 위한 과제들을 다룬다. 실천과제들은 조직구성원들의 행동차이를 유발하게 하는 원인들과 관련되어 있기 때문에 개인차에 대한 이해가 선행되어야 한다.

- 제3장에서는 먼저 조직에 참여하는 개인들의 행동차이를 유발하는 원인들이 무엇인가를 살펴보도록 한다. 그리고 행동차이 유발원인중의 하나인 성격과 관련한 연구결과들을 살펴보고, 조직에서 개인차관리를 통한 성과창출방안을 알아보도록 한다. 또한 개인간, 세대간, 조직 및 개인 간에 차이를 보이는 가치관부분에 대해서도 살펴보고, 바람직한 가치관경영방안에 대해 알아보도록 한다.
- 제4장에서는 바람직한 행동을 할 수 있도록 지각에 대한 올바른 이해와 지각상의 장애(편견과 고정관념 등) 제거방안, 그리고 지각과 관련된 태도에 대한 이해를 통해 진정한 프로로 거듭나기 위한 태도형성방안에 대하여 살펴본다.
- 제5장에서는 기존 동기부여의 제 이론들을 살펴보고, 구성원들의 의욕을 불러일으킬 수 있는 동기부여 증진방안에 대하여 살펴보도록 한다.
- 제6장에서는 동기부여적용의 일환으로 심리적 계약과 임파워먼트를 살펴보고, 심리적 계약 준수방안과 임파워먼트 증진방안에 대해 알아본다.
- 제7장에서는 능력과 역량의 차이, 고성과자와 저성과자의 차이의 원인인 역량에 대하여 구조를 살펴보고, 고성과자들이 갖추어야 할 역량들과 그 역량들의 개발방안에 대하여 알아보도록 한다.
- 제8장에서는 구성원들이 문제해결 및 성과창출 실행을 창의적으로 할 수 있도록 창의성 증진방안과 이러한 과정에서 발생되는 스트레스를 관리할 수 있는 스트레스관리방안에 대하여 살펴본다.

제 3 장 개인차의 이해 그리고 성격과 가치관

인간존중은 개인차를 이해하고 존중하는 것이다. 개인들은 특성의 차이로 행동의 차이를 유발한다. 조직 관리자들은 구성원들을 존중하는 차원에서 그리고 구성원 개개인들의 직무상에서 최고의 성과를 창출할 수 있도록 행동상의 차이를 유발하는 특성들을 이해하고, 그 특성을 직무와 연계시키는 노력이 요구된다.

제1절에서는 먼저 조직에 참여하는 개인들의 행동차이를 유발하는 요인들이 무엇인가를 살펴보도록 한다. 제2절에서는 조직구성원들의 행동상의 차이를 유발하는 요인 중의 하나인 개인특질(성격) 관련하여 관리자들이 알아두어야 할 연구결과들을 살펴본다. 제3절에서는 행동차이를 유발하는 요인인 가치관에 대하여 개념 및 역할 그리고 개인가치 및 조직 가치에 대해 살펴본다. 또한 가치관의 차이로 인해 발생될 수 있는 개인간 그리고 개인과 조직 간의 갈등과 조직 부적응을 극복하고 "다양성으로부터의 하나"를 이끌어 낼 수 있는 방안은 무엇인지 알아보도록 한다.

제1절. 개인차(Individual Difference)에 대한 이해

개인들은 태어나면서부터 행동하고, 조직에 참여하면서는 조직목표달성을 위해 부단하게 특정행동들을 하게 된다. 이러한 목표달성행동들을 통해 최고의 성과를 창출해내는 개인도 있지만 어떤 개인은 낮은 성과를 창출해내고 있다. 이러한 행동상의 차이는 무엇 때문에 유발되는 것이고, 그 원인은 어디에 있는 것인가? 이에 대한 해답을 찾기 위해서는 개인차분석을 위한 프레임웍(틀)을 살펴볼 필요가 있다.

1.1. 개인행동차이 분석프레임웍(틀)

행동(behavior)이란 '관찰 가능한 인간의 활동'으로서, 이는 외부에 드러나는 외재적 활동뿐만 아니라 표출된 행동에 수반되는 내재적(생각하고, 지각하며, 의사결정 하는) 활동을 포함한다. 이러한 인간의 행동은 개인적· 사회적· 환경적 요인에 의해서 복합적으로 나타난 결과이다. 인간의 행동결정과 관련하여 선행연구를 살펴보면 다음과 같이 정리할 수 있다.

1.1.1. 르윈의 장이론(the field theory):

르윈(Lewin, 1951)은 B = f(P· E)라는 등식을 제시하고 있는데, 인간의 행동(Behavior)은 개인(Person)특성과 그 사람을 둘러싼 환경(Environment)요인의 함수관계라고 가정하고 설명하고 있다. 즉, 개인과 환경이 행동에 직접적으로 영향을 미치고 그 둘의 상호작용의 효과가 행동에 간접적으로 영향을 미친다고 볼 수 있다. 그러므로 환경이 일정하다고 볼 때 개인행동은 그 사람이 갖는 특성변수에 의해 좌우된다고 볼 수 있다. 이를 정리하면 다음의 [그림 3-1]과 같다

[그림 3-1] 개인특성과 행동

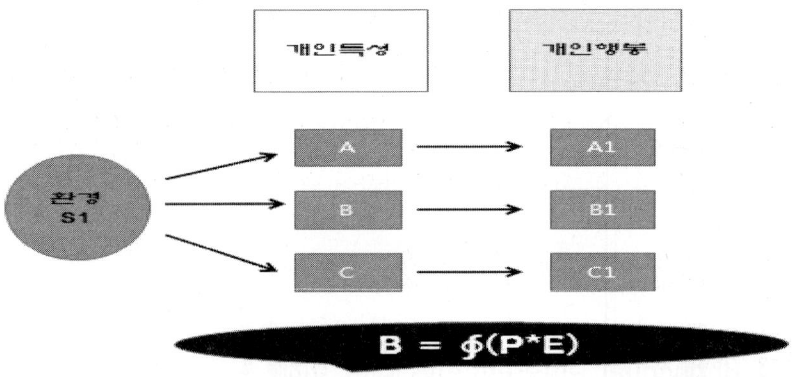

1.1.2. 깁슨(Gibson)과 동료들

깁슨(Gibson)과 그의 동료들(1982)은 개인행동에 영향을 미치는 여러 변수와 개인행동의 관계를 아래 [그림 3-2]와 같이 묘사하고 있다.

[그림 3-2] 개인특성과 행동

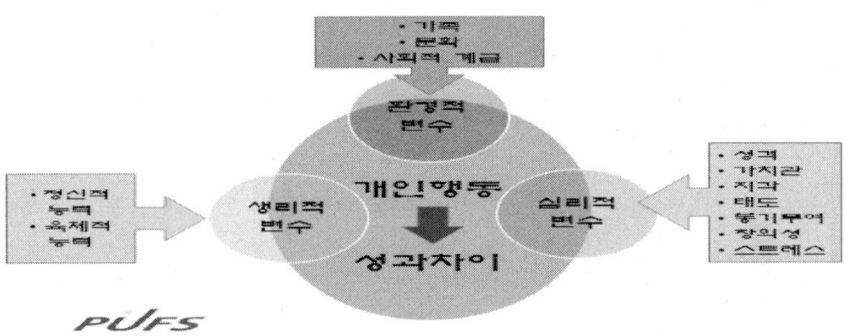

개인행동에 영향을 미치는 특성변수는 여러 가지가 있을 수 있겠으나 일반적으로 [그림 3-2]에 나타나 있는 여러 변수(심리적, 생리적, 그리고 환경적)를 들 수 있다. 개인행동의 차이는 조직 내에서 여러 가지 형태로 나타나고 있는데, 그 원인은 개인의 성격과 능력, 문화적 배경, 환경적 요인, 신체적 요인, 그리고 심리적 요인 등 여러 가지가 있다.

1.1.2.1. 심리적 차이

선천적으로 주어진 심리적 특성과 후천적인 사회 환경과의 상호작용을 통하여 이루어진 성격, 지각, 욕구, 동기 등은 개인고유의 독특한 행동을 형성시키는 요소이다.

1.1.2.2. 성격과 능력의 차이

조직에 있어서 어떤 구성원은 직무수행에 필요한 유능한 자질과 능력을 가지며, 근면하고 적극적·협조적인 태도를 보이면서 자기직무에 대한 도전과 자율적인 문제해결을 하는 반면에 어떤 구성원은 능력과 기술이 부족하며, 업무처리에 태만하고 소극적·배타적 태도를 보이면서 새로운 변화에 저항하고 안정된 직무와 경제적 보상만을 추구하는 행동을 취한다. 이처럼 개인들은 다양한 형태의 차별적 행동을 취하게 된다.

1.1.2.3. 문화적 배경의 차이

사회 또는 조직의 문화적 차이에 따라 구성원들의 가치관(신념, 가치, 도덕, 윤리, 관습 등)이 달라지기 때문에 문화적 차이가 사람들의 차별적인 행동을 취하도록 유도하게 된다. 경영자나 관리자들은 구성원들의 다양한 가치를 조직의 가치와 연계·통합하여 구성원들이 한 방향으로 나아가게 하고, 조직의 효율적인 업무수행과 문제해결행동을 지휘·통제할 수 있다.

1.1.2.4. 환경적 차이

가족관계·사회관계 등의 거시적 사회체계 내의 규범, 윤리, 도덕, 관습 등은 사회의 공통된 행동을 형성하도록 하는 요소들이다. 따라서 상이한 환경 속에서 사는 개인은 차별적 행동을 나타내게 된다.

1.1.2.5. 신체적 차이

개인의 선천적 유전에 의하여 전수된 신체적 또는 지능적 특성은 개인의 독특한 자질과 행동을 형성하는 요소이다.

개인은 어려서부터 여러 변수들에 의하여 영향을 받고 있기 때문에 개개인의 행동패턴은 조직에 참여하기 전에 결정된다고 볼 수 있다. 또한 인간은 환경의 변화에 따라 행동패턴을 변화시키는 경향이 있으므로 조직은 구성원들의 행동을 변화시키도록 영향력을 행사할 수 있다. 조직이 영향력을 행사할 수 있는 변수는 지각· 태도· 성격· 학습 등의 심리적 변수이다. 그러나 모든 사람의 심리적 변수를 변화시킬 수 있는 일반적으로 인정된 방법은 아직 개발되지 않고 있는 것이 현실이다. 그것은 행동의 심리적 요인인 지각·태도·성격·학습 등에는 개인차이가 존재하기 때문이다.

따라서 산업 및 조직심리학자들은 조직구성원의 행동이나 성과를 이해하기 위해서는 개인차에 주목하여 연구하는 것이 중요하다고 주장하고 있다. 개인행동의 차이는 조직을 관리하는데 있어서 많은 문제의 원천이 되고 있을 뿐만 아니라, 개인 간의 차이가 주어진 상황을 고려하여 집단이나 조직관리에 성과를 높일 수 있는 좋은 기회를 제공하기도 한다. 즉 조직체는 상황에 따라 구성원이 요구하는 특성이 모두 다르기 때문에 구성원의 개인적 특성과 그들의 행동을 잘 이해하고 주어진 상황에 구성원을 잘 활용함으로서 성과를 높일 수 있는 동시에 그들의 만족감도 높여줄 수 있다.

제2절. 개인차관리를 위한 성격관련 연구들

조직을 관리하는데 있어 개인의 특질관련 성격이 크게 주목을 받지 못했던 이유는 개념이 복잡하고 추상적 이였기 때문이다. 그럼에도 불구하고 경영자들이나 관리자들이 효과적인 조직관리의 실행을 위하여 관심을 두고 연구해야하는 중요이유는 무엇인가? 그 이유는 바로 성격부분이 행위를 설명하는데 있어 영향요인이거나 상호작용요인이기 때문이다. 즉 성격연구를 통하여 조직구성원의 행동을 이해하고 예측함으로써 개인특성과 직무특성 간의 비교를 통해 적합관계를 유지하는데 도움을 주기 위한 것이다.

성격은 타인과 구별되는 독특성과 환경조건에 관계없이 장기간 지속적인 일관성 등 두 측면을 띄고 있다는 것이다. 또한 성격이 독특한 특질로 구성되어 있다고 보고 이를 체계화시킨 이론이 특질이론(trait theory)인데, 여기서 특질이란 '한 개인의 행위를 시간과 상황에 걸쳐 일관성이 있으면서 또 개인별로 독특성을 갖게 하는 결정적 소질'을 의미한다. 그리고 이들의 총체가 성격이 된다. 따라서 성격(personality)의 개념은 "환경의 조건에 관계없이 비교적 장기적으로 일관되게 행위특성에 영향을 미치는 한 개인의 독특한 심리적 자질들의 총체어"로 정리할 수 있다 (Greenberg, 1996; Johns, 1996).

개인차 관리를 위해 개인의 특질(성격) 관련하여 조직 관리자가 알아두어야 할 연구결과들을 살펴보면, 통제의 위치, 핵심자기평가, 주도성, A/B Type 차원, 마키아벨리 성향, 성취·권력·친교 욕구, 문제해결스타일, 모호성에 대한 수용력, 위험성 선호 등이 있다.

2.1. 통제의 위치(Locus of Control)

통제의 위치는 '한 사람이 삶에서 얻는 결과에 자기행동이 얼마나 영향을 줄 수 있다고 믿는가를 측정하는 개념'으로, 통제의 위치가 자신에게 있다고 보는 내재론자 즉 자신을 자율적 존재로 보고 운명, 생활의 결과 및 상황을 자신이 통제할 수 있다고 믿는 자들과 외부에 존재한다고 보는 외재론자 즉 자신은 아무런 힘이나 영향력이 없어 운명과 삶의 결과가 외부의 여러 요소에 의해 결정된다고 믿는 자들로 구분할 수 있다. 대부분의 연구결과가 내재론자에 호의적이지만 경영자나 관리자가 우수한 성과와 능력 등을 인정해주고 보상해주는 관리시스템을 확립하게 되면 외재론자들 까지도 내재론 쪽으로 변화되어 성과, 생산성, 사기 등에 긍정적 효과가 발생할 수 있다. 내재론자와 외재론자들의 특성차이를 다음의 [그림 3-3]과 같이 정리할 수 있다.

[그림 3-3] 내재론자와 외재론자들의 특성차이

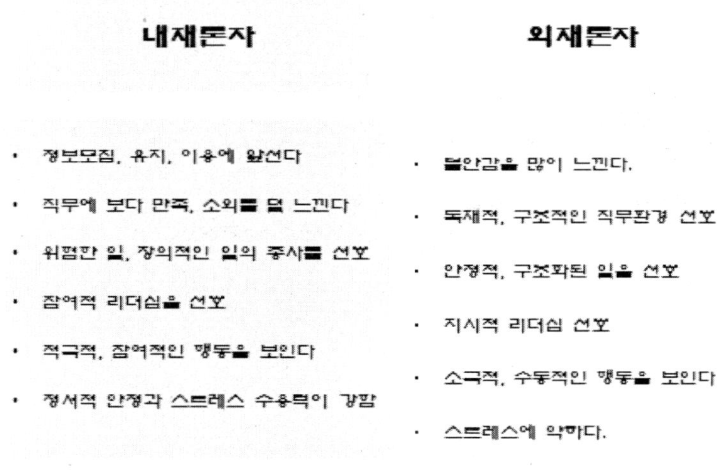

2.2. 핵심적 자기평가

핵심적 자기평가는 Judge 등(1997)에 의해 연구되어진 개념으로 "개인이 자신의 역량에 대한 믿음과 확신 또는 타인들과 현실세계 등 주위 모든 환경에 대하여 잠재의식적으로 평가 혹은 결정한 감정적 상태"를 의미한다. 핵심적 자기평가의 구조는 4개의 특성인 자기존중, 일반 자기효능감, 통제의 위치, 정서적 안정성으로 구성되어졌으며, 이에 대한 평가결과에 따라 개인의 감정상태의 차이를 보인다. 즉 이는 특정한 상황에서 태도나 행동을 다르게 한다고 볼 수 있다.

핵심자기평가가 긍정적일 경우의 행동특성은 다음과 같다.

1) 개인이 자신감과 신념을 갖고 스스로 목표를 설정하고 목표지향성을 보임.

2) 도전적이고 복잡한 직무를 선호.

3) 이를 주도적으로 수행하고 흥미, 가치, 등과 같은 감정의 일치를 보임.

4) 다양한 정보습득을 통한 자신의 직무를 창의적으로 수행.

5) 환경변화에 능동적으로 대처하는 등 개인 및 조직유효성에 긍정적 영향을 미침.

핵심자기평가가 긍정적일 경우 직무만족, 성과, 삶의 만족, 변화 등과 관련하여 영향을 미치는 정도를 다음의 [그림 3-4]와 같이 정리할 수 있다.

[그림 3-4] 직무만족, 성과, 삶의 만족, 변화 등과 관련 핵심자기평가의 영향

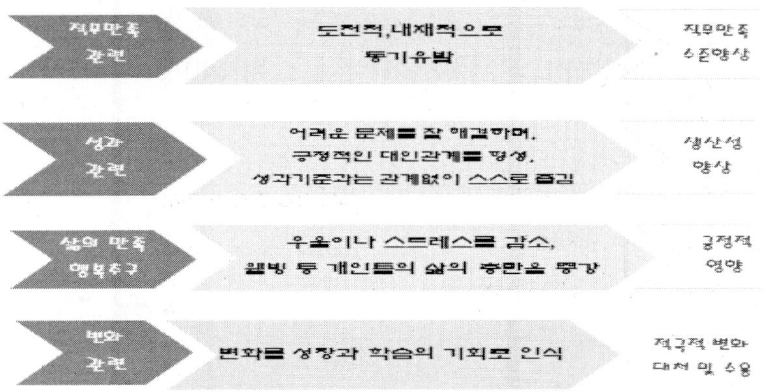

2.3. 주도성

Bateman & Crant(1993)의 연구에 의하면, 사람들이 상황적 요인에 의해 상대적으로 구속받지 않고, 의도적이고 직접적으로 그들이 현재 처해있는 환경을 변화시킬 수 있다. 이러한 행동을

취하는 경향에서도 개인차가 존재한다고 주장한다. 이런 개인차를 주도성(proactive personality)이라는 개념으로 설명하고 있다.

주도성은 기질적 구성개념으로 주도적 행동을 취하는 정도에 있어 개인차를 나타내는 그리고 장기적인 미래관점과 연관되어 있다고 한다. 높은 주도성을 가진 사람은 기회를 파악하고, 행동하며, 적극성을 보여주고, 의미 있는 변화가 나타날 때까지 인내하는 경향이 있는 반면에 주도성이 낮은 사람들은 소극적이고, 빨리 포기하며, 변화시키기 보다는 환경에 적응하려는 경향이 더 있다고 한다. 이를 다음의 [그림 3-5]로 정리할 수 있다.

[그림 3-5] 주도성이 높은 사람과 낮은 사람의 행동특성차이

주도성이 높은 사람:	주도성이 낮은 사람:
• 기회를 파악하고,	• 소극적이고,
• 행동하며,	• 말로하고,
• 적극성을 보여주고,	• 빨리 포기하며,
• 의미 있는 변화가 나타날 때까지 인내하는 경향.	• 변화시키기 보다는 환경에 적응하려는 경향이 더 있다.
• 경력성공 가능성이 높음.	• 경력성공가능성이 낮음.

Tag(1997)의 연구에 의하면, 주도성이 경력성공의 가능성을 높일 수 있다고 한다. 왜냐하면 주도적인 사람들은 그들의 경력을 발전시킬 수 있도록 기회를 제공하는 작업환경을 선택하고, 만들고 영향을 주는데 있어 주도성을 가지기 쉽기 때문이다. 실제로 개인의 주도성은 장기적인 미래관점과 연관이 되어 있다는 점에서, 높은 주도성을 가진 사람은 낮은 주도성을 가진 사람보다 더 명확한 경력계획을 가지며, 해당 경력계획을 실행하는 빈도와도 정적인 관계를 가지는 것으로 나타났다(Frese, Fay, Hailburger, Leng & tag, 1997). 또한 Thomas 등(2005)의 연구에 따르면, 주도성은 객관적 경력성공보다는 주관적 경력성공을 더 잘 예측하는 것으로 밝혀졌다. 이는 개인이 의도적이고 직접적으로 그들의 환경에 영향을 줄 수 있고, 이를 통해 더 쉽게 성공적인 직무수행을 달성할 수 있기 때문으로 보인다.

2.4. 정서성(Affectivity)

정서(affect)는 '일시적이고 단기적인 상태적 느낌(feeling state) 뿐만 아니라 일정한 방향으로 느낌을 가져가려고 하는 안정적인 성향인 특성적 느낌(feeling traits)을 포함'한다. 상태적 느낌은 하위개념으로 두 가지 정서 감정과 무드를 포함하고 있다. 또한 특성적 느낌은 소질적 정서를 포함한다. 이를 다음의 <표 3-1>로 정리할 수 있다.

〈표 3-1〉 정서의 개념과 하위개념

		하위 개념	내 용
정 서	상태적 느낌	감정(emotions)	• 특정대상이나 원인으로 촉발되며, 보통 생리적인 반응과 함께 일련의 행동을 동반한다. 또한 그 느낌이 상대적으로 강하며 시간이 지나면서 무드로 바뀌게 된다.
		무드 (mood)	• 감정보다는 좀 더 확산적이며 어떤 구체적인 대상에 초점이 맞추어져 있지 않으면서 즐겁다거나 불쾌하다는 일반적인 느낌의 형태를 취한다. 일상생활에서 자주 사용하는 기분과 유사한 용어이다(Frijda, 1986)
	특성적 느낌	소질적 정서 (dispositional affect)	• 이는 한 개인이 비교적 안정적으로 긍정적 또는 부정적인 감정과 무드를 경험하는 기본적인 성향을 의미하는 성격적 특성을 의미하는데, 정서성이라는 용어를 사용한다(Watson & Clark, 1984).

정서에 관한 연구는 유쾌함의 차원과 활동성 차원으로 구성된 원둘레 위에 나열한 원주모형 [그림 3-6]을 제시하면서 연구의 전기를 맞게 되었다(Russell, 1980). 이 원주모형의 가장 큰 공헌은 긍정적 정서와 부정적 정서가 동일한 차원에 놓인 반대상태가 아니라 서로 독립적인 별개의 차원이라는 점을 제시했다는 것이다. 많은 연구와 논의를 통해 이 두 가지의 별개의 개념임을 대부분의 연구자들이 받아드리고 있다.

정서성은 '비슷한 감정과 느낌을 안정적으로 반복하여 경험하는 소질적 성향'을 말한다. 긍정적 정서성이란 긍정적 정서를 안정적으로 반복하여 경험하는 성향을 일컬으며, 마찬가지로 부정적 정서성이란 부정적인 정서를 안정적으로 반복하여 경험하는 성격적 경향을 의미한다. 정서성에 대한 연구 대부분은 정서성의 두 묶음(긍정적과 부정적)을 중심으로 수행되고 있다. 특히 그중에서도 2000년 이후 관심을 끌기 시작한 긍정심리학의 영향으로 긍정적 정서성에 대한 연구가 활발하다.

[그림 3-6] 정서의 원주모형

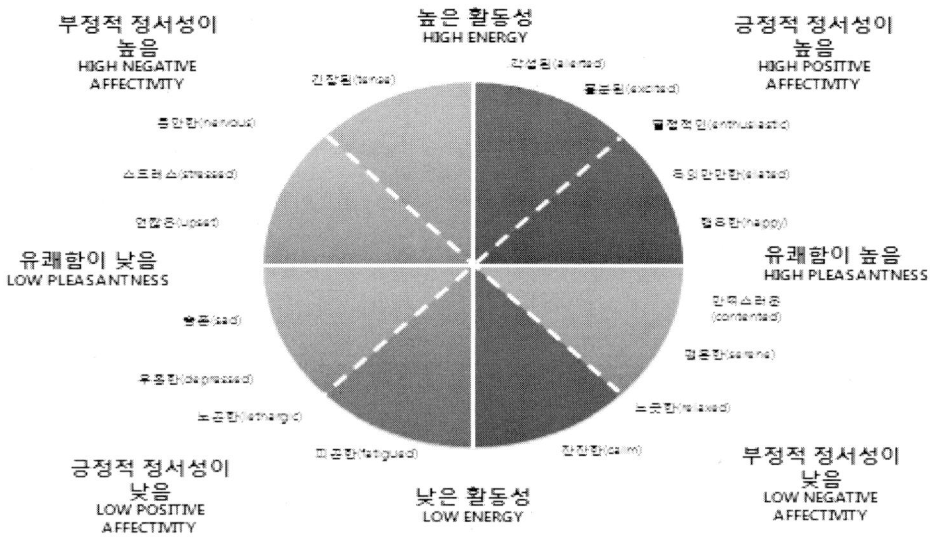

자료: Feldman B. F. & Russell, J.A.(1998), Independence and bi-polarity in the structure of current affect, *Journal of Personality and Social Psychology*, 74, pp.967-984.

긍정심리학이란 심리학이 과거처럼 인간의 병적인 측면이나 문제점을 파악하고 이를 고치고자 하는 수선자의 입장에서 벗어나, 희망이나 행복, 좌절을 딛고 다시 일어나는 복원력, 낙관성, 창의성 등과 같은 인간의 긍정적인 측면에 더 주목하여 이러한 긍정성을 육성하는 쪽으로 방향을 잡을 것을 주문하는 심리학의 흐름을 말한다. 이러한 긍정적 심리학의 흐름을 향후에는 조직행동이나 조직심리학의 연구영역에 포함 및 적용되어야 한다고 주장한다(Luthans, 2002).

긍정심리학 또는 긍정적 조직심리학의 흐름에 핵심적으로 자리하고 있는 개념이 긍정적 정서이다. 이와 관련하여 최근 활발히 연구되는 주제는 주관적 안녕(subjective well-being)과 행복이다. 긍정적 정서를 빈번하게 경험하고 부정적 정서를 적게 경험하는 것으로 정의되는 주관적 안녕(행복)은 성공의 결과물로 얻어질 뿐 아니라 그 반대로 행복이 성공을 이끌어 낸다는 연구결과도 있다(Lymbomirsky & King, 2005).

긍정적 정서는 직무만족, 낙관성을 매개로 업무성과, 창의성, 회복력, 스트레스 관리, 의사결정 과정상의 정보탐색과 결정안의 질, 의사소통과 협상의 질 등 조직행동의 모든 분야에 걸쳐서 긍정적인 영향을 미치고 있는 것으로 나타나고 있다(Barsade & Gibson, 2007). 특히 업무의 성과와 상사의 평가 모두에 긍정적인 영향을 미친다는 연구결과 잇따르면서(김주엽, 2009) '행복한 근로자가 생산성이 높은 근로자'라는 인간관계론의 명제가 80년을 넘어선 현재에 새롭게 조명을 받고 있다. 또한 긍정적 정서가 창의성의 전 과정(발휘이전, 수행과정, 결과 후 과정)에 작용하고 있다고 보고하고 있다(Amabile 외, 2006). 그 이유는 창의성은 인지요소들 사이의 새로운 조합을 통해서 창출되는 것인데, 긍정적 정서는 관련된 인지들의 항목들을 증가시켜서 이들이 서로 연결될 수 있는 기회를 증대시키기 때문이라는 것이다(Frederickson, 2001).

결론적으로 말해서 긍정적 정서는 조직행동분야의 미개척지로서, 앞으로 조직을 관리하는 경영자나 관리자들에게 새로운 사고와 이론을 제공해 주는 분야가 될 것이다.

2.5. A/B 타입과 마키아벨리 성향

A/B 타입은 서로 반대되는 성격유형으로, 심리검사와 면접 그리고 관찰에 의하여 측정되는데, 이들은 직무성과와 관련하여 서로 다른 행동의 특성을 보인다는 것이다.

A 타입의 행동특성은 참을성이 없고, 성취에 대한 갈망이 크며, 완전주의로 특정 지워지는 형이다. 반면에 B 타입은 A 타입에 비해 세상사에 태평하며, 덜 경쟁적인 행위특성을 보여준다. A 타입의 행동특성을 요약하면 다음의 <표 3-2>와 같다.

〈표 3-2〉 A 타입의 행동특성

A 타입 행동 특성	· 항상 움직이고, 걸으며, 빠르게 먹는다. · 사물속도에 조급함을 느끼고, 타인을 서두르게 하고, 기다리는 것을 싫어함. · 한꺼번에 여러 가지 일을 한다. · 아무것도 안하고 몇 시간, 몇 일을 보내면 죄책감을 갖는다. · 적은시간에 더 많은 일을 하려고 계획을 세운다. · 삶을 즐길 시간을 갖지 않는다.

마키아벨리 성향은 자신의 목표를 달성하기 위해 다른 사람을 이용하거나 조작하려는 경향과 관련된 성격특성으로, 개인직무와의 적합관계는 크다고 볼 수 없다. 그러나 그 성향이 조직에 역기능을 만들어 낼 수 있기 때문에 중요하다.

많은 사람들이 이 성향을 부정적으로 보고, 자신의 이 성향을 타인들이 낮게 보기를 원하지만 경쟁이 심한 기업조직에서는 오히려 높게 나타나는 경향이 많다. 마키아벨리 성향이 강한사람과 약한 사람의 행동특성을 요약·정리하면 다음의 <표 3-3>와 같다.

〈표 3-3〉 마키아벨리 성향의 행동특성

강한사람	약한 사람
· 인간관계에서 냉정한 패턴을 보여주며, · 철저하게 자기목적만을 위해서 움직이고 · 자기이해 방해되는 충성심·우정·약속 무시 · 타인의 영향력에는 결사적으로 저항하고 · 영향력을 행사하는데 온갖 수단을 동원.	· 타인들과 좋은 관계가 유지를 원하며, · 도덕적으로 정당한 경우에만 행동하고, · 정직한 수단에 의해서만 목적을 달성하려함.

2.6. 성취 · 권력 · 친교욕구와 그 외 연구들

성취 욕구는 강력한 목표지향, 직무를 수행하려는 욕구를, 권력 욕구는 타인에게 통제력을 행사하거나 영향을 미치려는 욕구, 그리고 친교욕구는 타인과 유쾌한 감정관계를 확립, 유지, 회복하려는 욕구를 의미한다. 이들의 욕구가 강한사람들의 행동특성을 요약하면 다음의 <표 3-4>와 같다.

〈표 3-4〉 성취 · 권력 · 친교욕구가 강한사람들의 행동특성

성취 욕구	· 자신의 기술, 문제해결능력에 도전감을 주는 과업에 끌린다. · 성과가 개별노력에 좌우되는 과업을 선호한다. · 신속하고 구체적인, 계량적인 형태의 피드백을 수시로 원한다. · 목표설정을 하면 성공적으로 끝날 때까지 과업에 몰입하고 승진이 빠르다.
권력 욕구	· 타인의 감정에 민감하지 못하고 · 자신에 의해 좌우되는 과업이나 직무에 오래있기를 바란다. · 자기 확대, 자기사단 형성 등 조직내부에 초점을 둘 경우 집단생산성을 방해, 자신의 방침과 모순되는 정보흐름을 막아 효과적 결정을 방해할 가능성이 있다.
친교 욕구	· 타인이 자기를 좋아해 주길 바란다. · 타인의 감정에 민감하고, 집단과업에 끌린다. · 정서적, 사회적 갈등을 유발하는 과업결정을 피한다. · 동료와 잘 지내는 것이 성과보다 중요하게 생각한다.

다음으로 문제해결스타일은 문제해결과 의사결정을 함에 있어 정보를 수집하고 평가하는 방식으로 여기에서도 차이가 있다. 정보모집(일상적 질서와 잘 정의된 상세를 강조한 감각형과 전체윤곽 선호와 새로움을 선호하는 직관형)은 한 사람이 자료, 자극을 어떤 목적을 위해 조직하

는 과정이며, 정보평가(감정우선의 감정형과 논리사고 중시의 사고형)는 수집된 정보를 처리하는 방식에 관한 판단을 내리는 것으로, 이 두 축으로 2X2 매트릭스를 만들어 4가지 유형의 문제해결스타일을 나누어 볼 수 있다.

개인의 문제해결스타일에 대한 연구가 갖는 시사점은 어떤 특정의 스타일이 다른 것보다 특정 직무에 더 적합한가를 알려준다는 점이다. 문제해결스타일과 직무의 정보처리 및 평가의 요건이 적합관계를 유지하게 되면 그것이 결여될 때보다 직무를 맡고 있는 구성원은 보다 생산적이고 만족스럽게 될 것이다.

모호성에 대한 수용력 즉 상황의 명확성과 모호성에 대한 반응이 개인마다 차이가 있다. 어떤 사람은 새로운 직무환경, 낯 설은 상황, 복잡한 업무 등 자신의 역할과 상호관계가 애매하고 분명치 못할 때, 불안감이나 위협 등을 많이 느껴 업무성과에 좋지 못한 결과를 초래하는 반면에 어떤 사람은 모호성을 잘 받아드리고 이를 잘 활용해 좋은 성과를 거두기도 한다.

위험성에 대한 선호도도 사람마다 차이가 있다. 불확실한 상황 아래에서 어느 정도의 모험을 택할지는 개인의 성격과 관련이 있으며, 이는 개인의 행동에 영향을 미친다. 모험을 좋아하는 사람들의 특징은 의사결정을 신속하게 처리하며, 정보자료를 많이 사용치 않고 비교적 제한된 양을 사용한다. 의사결정시 모험을 좋아하는 사람들의 결정이 비모험적인 사람들의 결정보다 정확도에서 떨어지지 않는 이유는 그들이 높은 수준의 정보소화능력을 보유하고 있기 때문이다.

이상과 같이 성격과 관련하여 경영자나 관리자들이 알아두어야 할 연구결과들을 살펴보았다. 조직구성원들은 통제위치, 핵심자기평가, 주도성, 정서성, 성격유형, 위험부담 성향, 성취·권력·친교욕구, 문제해결스타일, 모호성에 대한 수용력 등의 연속선상 개념에서 저마다 위치의 차이를 보이고, 이는 행동의 차이를 유발하는 원인으로 볼 수 있으며, 행동상의 차이는 성과창출의 차이로 연계됨을 알 수 있었다.

2.7. 개인특질과 직무특질간의 적합화

조직 내 구성원 각자가 저마다 성격이 다른 것처럼 직무도 각기 차이가 난다. 이와 같은 사실을 바탕으로 성격과 적합한 직무를 연결시키려는 노력이 간헐적으로 있어 왔다. 우리는 개인차 존중을 통한 인간존중경영의 실천방안의 일환으로 또한 효과적인 조직관리 차원에서 성격과 관련하여 개인특질과 직무특질간의 적합화(매치)를 보다 구체화할 필요가 있다.

개인과 직무간의 매치(person-job match)는 개인과 특정 직무간의 일치를 나타내는 것으로서,

개인의 능력과 직무요구 특성간의 부합(fit) 또는 개인의 요구와 직무특성간의 부합이라고 정의된다(Edward, 1991). Edward(1991)에 따르면, 개인-직무간의 부합은 수요(demand)-공급(supplies)과 요구(demands)-능력(abilities)의 관점으로 구분된다고 주장한다. 수요-공급 부합의 관점은 직무가 개인의 욕구, 욕망, 또는 선호를 충족시킬 때, 개인과 직무가 부합한다고 간주한다. 반면에 요구-능력의 관점은 개인이 직무에서 요구하는 능력을 지니고 있을 때, 개인과 직무가 부합한다고 본다.

2.7.1. 개인특질과 직무특질간의 적합화 중요성

인간존중경영의 실현과 최고의 성과창출을 위한 조직의 관리를 수행하는데 있어 개인-직무 부합은 인사선발에서 가장 기본이 되는 전통적 관점을 나타내는 것으로, 경험적 연구들에 따르면 높은 수준의 개인-직무 부합은 선택, 충원, 배치의 기준으로 활용되어 여러 가지 긍정적인 결과를 가져다주는 것으로 나타났다.

조직 관리자들은 개인적 특질과 직무특질간의 적합관계가 주는 긍정적 효과를 충분히 이해하고, 이를 연계시키려고 노력하여야 한다. 이를 다음의 [그림 3-7]로 정리할 수 있다.

[그림 3-7] 개인적 특질과 직무특질간의 적합관계

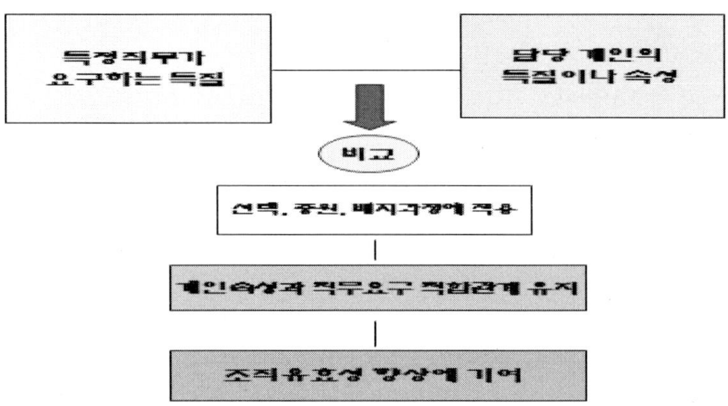

개인적 특질과 직무특질간의 적합관계는 직무스트레스(Beehr & Bhagat, 1985), 직무수행(Lauver & Kristof-Brown, 2001), 이직의도(O'Reilly et al., 1991), 그리고 직무만족 및 조직몰입(Lauver & Kristof-Brown, 2001; Vancouver & Schmitt,1991)과 같은 작업관련 태도와 긍정적

상관이 있으며, 조직유효성 향상에 기여한다고 밝혀졌다.

조직을 관리하는데 있어 개인적 특질과 직무특질간의 적합관계가 긍정적 효과를 촉진하는 원인 및 이유들을 다음과 같이 제시할 수 있을 것이다.

1) 이는 직무에 신규배치나 재배치의 기준으로 작용되기 때문이며,
2) 이는 직무를 통한 즐거움과 만족에 영향을 미쳐 조직구성원들의 근로생활의 질(QWL)의 향상을 유도할 수 있기 때문이며,
3) 이는 성과창출을 위한 바람직한 행동을 유도할 수 있고, 이는 조직유효성을 향상시키는데 기여할 것이기 때문이다.

2.7.2. 홀랜드(Holland)의 성격-직무 적합이론(personality-job fit theory)

홀랜드의 성격-직무 적합이론에 의하면 조직구성원의 직무만족과 이직성향은 그 작업자의 성격과 직무환경의 적합화 정도에 달려있다고 한다(Holland, 1973). 홀랜드의 성격분류와 특징, 그리고 그에 적합한 직업을 다음의 <표 3-5>에 제시하였다(백기복, 2011).

〈표 3-5〉 홀랜드: 성격과 직무의 적합화

성격유형	특 징	적합한 직업
예술적	자기표현에 능하고 예술적 창조 및 정서적 활동을 선호함.	예술, 음악, 작가 등과 관련된 직업
진취적	타인에게 영향을 미치고 권력과 지위를 얻는 활동을 선호	법률이나 공중관계 및 소규모 기업 경영과 관련된 직업
인습적	규칙에 의해 조절되는 행동이나 개인의 욕구 또는 조직에서 얻는 위치중시	회계나 재무 및 회사의 경영과 관련된 직업
현실적	공격적 행동, 기술, 힘, 조화를 필요로 하는 신체적 활동과 관련	임업이나 농업, 건축업
탐구적	감정이나 정서보다는 사고와 이해를 필요로 하는 활동을 중시	생물학이나 수학, 뉴스보도와 관련된 직업
사교적	대인간의 활동에 능함	해외봉사나 사회사업 또는 임상심리학 등과 관련된 직업

제3절. 가치관에 대한 이해와 조직가치

개인이 조직에 들어오게 되면 개인의 가치와 조직의 가치가 서로 마주치게 되고 이때 서로 조화와 적합성을 이루게 되면 조직에 잘 적응하고 성공을 거둘 것이다. 그러나 갈등이 심하게 있는 경우에는 구성원의 사기저하는 물론 직무불만족, 성과하락, 이직률 증가 등을 경험하게 될 것이다. 그러므로 조직 관리자는 종업원 개개인의 가치관에 대한 이해를 기초하여 조직의 가치와 연계하여 관리할 필요가 있다.

3.1. 개인가치의 개념 및 중요 역할

인간은 살아가면서 어떤 종류의 것이든 직면하게 되는 사상에 대해 순간순간마다 가치관을 통해 평가를 할 것이며, 이러한 평가결과 가치가 있다고 판단되는 것을 선호하며 행동하게 된다. 그러므로 가치관은 개인행동에 영향을 미칠 뿐만 아니라 상호작용을 통해 다른 개인이나 집단의 행동에도 영향을 미칠 수 있다. 따라서 한 개인의 가치관 유형에 대한 인식은 개인의 행동을 설명하거나 예측하는 데는 물론이고 집단행동의 이해에도 도움이 된다.

가치(value)는 '개인의 선호에 바탕을 두고 선택된 규범적인 기준이 포함된 것으로 오랜 시간동안 지속되는 규범적인 신념의 체계'라 할 수 있다. 여기서 신념(beliefs)이란 '나는 ~라고 믿는데' 라는 사물, 사건과의 관련성에 대해 개인의 마음속에 있는 확신이라고 할 수 있다. 그러므로 신념은 사실일수도 있지만 반드시 사실일 필요는 없다.

가치는 개인의 의식구조 속에 내면화 되어 다음과 같은 여러 중요역할을 수행한다.

1) 개인의 행동방향을 결정지어주는 역할을 수행하며,

2) 일정한 형태의 행동을 유발하는 동기에 영향을 미치는 중요요소이며,

3) 개인이 갖는 만족감 또는 사물에 대하여 갖는 의미의 내용을 좌우한다.

3.2. 행동차이와 젊은 세대의 가치

가치체계(value system)는 '가치들의 확신정도를 순서대로 나열한 것'으로, 여러 사안에 대해 내리는 판단에 대한 확신은 사안별로 다르다. 또한 가치시스템의 차이는 행동에 있어서 개인차를 설명하는데 중요한 역할을 한다.

가치관이 개인에 미치는 영향은 어떠한가? 다음의 [그림 3-8]에서 보는 바와 같이 가치관은

태도와 행동에 영향을 미친다.

〈그림 3-8〉 가치관과 그 영향

가치관 ⟶ 태 도 ⟶ 행 동

그 외 가치관의 영향에 대해 정리하면 다음의 <표 3-6>와 같다.

〈표 3-6〉 가치관의 그 외 영향

가치관 영향	• 동기와 포부를 결정함. 무엇을 원하고, 어디를 가야할 것인가를 결정한다. • 가치관의 여하가 우리의 지각과 해석을 크게 좌우한다. 이것은 세계를 보는 눈이라 할 수 있다. • 우리가 인생어디에서 만족과 의의를 얻느냐 하는 문제를 결정한다. • 옳다, 그르다, 참되다, 거짓이다, 아름답다, 추하다, 정당하다, 부당하다 등의 여러 가지 평가의 기준을 준다. • 개인/각종 사회활동을 영위하는데 큰 영향을 주는 불가결한 요소이다.

우리 모두가 알고 있듯이 조직은 다양한 개인들로 구성되어 있으며 개인들 또한 다양한 가치를 가지고 있다. 그렇기 때문에 다른 가치를 갖고 있는 관리자의 눈에 아래의 [그림 3-9, 3-10]과 같이 공통적인 가치관을 보유한 X세대나 신세대 직장인의 행동이 못마땅하게 여겨질 수 있고, 이는 세대 간에 또는 상사와 부하 간에 갈등을 유발할 수 있다. 그러나 조직이 발전하려면 서로 다른 가치를 보유하고 있는 이색인재가 필요하다. 그 이유는 비슷한 가치관을 가진 동질적(homogeneous)인력으로 구성된 집단에서는 도전적이고 창의적인 아이디어가 나오기 어렵기 때문이다.

[그림 3-9] X세대들의 공통적인 가치관

- **X세대들의 공통적인 가치관(사회학자들이 지적):**

1. 유연성(flexibility)을 선호
2. 자신만의 Life-style의 추구
3. 열심히 일해 직무로부터 만족을 추구
4. 여가시간의 다양, 충실하게 보냄으로써 행복과 쾌락을 추구하는 경향이 강하다
5. 회사나 조직을 위해 개인이 희생되는 것을 단호히 거부한다

- **P세대?**: 사회 전반에 걸친 적극적인 참여 속에서(Participation), 열정(Passion)과 힘(Portential Power)을 바탕으로 사회 패러다임의 변화를 일으키는 세대(Paradigm-shifter)라는 의미를 담고 있다. 17~39세 젊은이들을 모두 융합돼 나타나는 집단으로 일컫는다.
386세대의: 사회의식, X세대의: 소비문화, n세대의: 라이프 스타일, W세대의: 공동체의식과 행동

[그림 3-10] 신세대 직장인의 특성: BRAVO

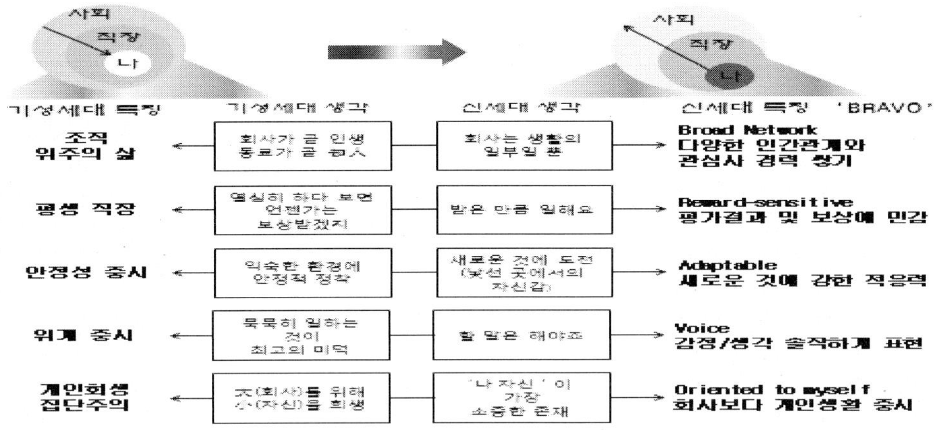

자료: 예지은 외 4인, 신세대의 특성과 조직관리 방안, Issue Paper, 삼성경제연구소.

3.3. 가치관의 갈등

개인행동은 목적 지향적이며 또한 개인의 목적은 가치관과 밀접한 관계가 있기 때문에 가치관은 개인행동에 있어서 여러 가지의 갈등요소를 내포할 수 있다. 조직 내에 흔히 나타나는 가치관의 갈등을 다음과 같이 세 가지 측면에서 설명할 수 있다.

첫째는 개인 자신의 내적 갈등(intra-personal value conflict)이다. 이는 개인의 가치관에 중요성이나 우선순위에 혼돈이 일어나서 느끼게 되는 갈등이다. 예로 독립성과 자율성을 소중히 여기는 구성원에게 상급자가 복종을 강요하는 경우, 또는 인화를 선호하는 구성원에게 상급자가 독립성을 강요하는 경우에 구성원은 내적갈등을 느끼게 된다.

둘째는 개인 간의 가치관 갈등(inter-personal value conflict)이다. 이는 구성원 간 또는 상사와 부하 간에 흔히 경험하게 되는 갈등으로서 가치관의 차이에서 일어나고 있다.

셋째는 개인과 집단 간의 가치관 갈등(individual-organization value conflict)이다. 이는 개인의 가치관과 조직의 공식적 가치체계가 일치하지 않음으로서 구성원이 느끼게 되는 갈등이다. 예로 조직의 경영방침이나 임금정책과 개인의 가치관간의 차이에서 오는 갈등으로 흔히 구성원의 저항이나 이직현상을 유발하는 경우이다.

3.4. 조직의 가치

기업의 본질은 무엇일까? 기업은 공장, 기술, 돈, 건물, 특허권, 사람 등으로 구성되어 있지만 사람이 빠지면 더 이상의 기업이 아니다. 그렇다면 사람의 본질은 무엇인가? 물외에 26가지 원소로 구성되어 있지만 생각이 빠지면 더 이상의 사람이 아니다. 그러므로 '기업의 본질은 사람이고, 사람의 본질이 생각이다.' 즉 기업을 구성하는 사람들의 생각이 그 기업의 본질이다. 이때 기업의 본질, 즉 구성원들의 생각을 '가치관'이라고 한다. 생각은 다양하지만 모든 생각을 가치관이라 하지 않고, 세 가지 질문에 대한 대답이 개인의 가치관이고 기업의 가치관인 것이다. 그렇다면 세 가지 질문이 무엇이고, 사람과 기업의 가치관을 비교해 보면 다음의 <표 3-7>와 같이 정리할 수 있다(IGM세계경제연구원, 2012).

〈표 3-7〉 사람과 기업의 가치관

사람의 가치관	기업의 가치관	공통점	
나는 왜 사는가?	우리 회사는 왜 존재하는가?	**존재 이유**	**사명**
어떻게 살 것인가?	어떤 방식으로 사업할 것인가?	**가치 기준**	**핵심가치**
앞으로 무엇이 될 것인가?	앞으로 어떤 회사가 될 것인가?	**미래의 꿈**	**비전**

인생에서 가치관이 중요하듯이 기업도 지속성장을 하기 위해서는 가치관이 가장 중요하다. 기업의 가치관경영이 바로 이 지점에서 출발한다. 만일 조직구성원들이 기업과 관련하여 이 세 가지 가치관을 다르게 생각한다면 어떤 일이 벌어질까? 존재하는 이유, 가치 기준, 미래의 꿈에 대한 생각이 다르면 갈등을 일으킬 수밖에 없다. 회사가 엉망일수록 이 세 가지에 대한 구성원들의 생각은 모두 다르다는 것이다.

따라서 가치관경영은 한마디로 조직구성원들이 이 세 가지 질문에 대하여 같은 생각을 하는 가치관을 갖도록 하고, 그 가치관을 활용해 경영하는 것이다. 가치관경영의 3요소(사명, 비전, 핵심가치) 중에서 가장 중요한 요소가 핵심가치이다. 군대가 한 방향으로 움직일 수 있는 비결은 명확한 기준, 즉 '승리'와 '상명하복'이라는 절대기준이 있기 때문이다. 기업도 마찬가지로 어느 회사에나 우리 회사만의 일하는 기준이 필요한데, 이것이 바로 핵심가치이다.

3.5. 조직의 핵심가치와 기능

핵심가치란 무엇인가? 조직구성원이 함께 공유하는 우선순위와 행동의 기준이다. 즉 수많은 가치 중에서 업무를 처리할 때 무엇을 가장 먼저 고려할 것인지 정의하는 것이다. 예컨대 '승리'와 '상명하복'이 핵심가치인 조직이 있는 반면에, '소통'과 '양보'가 핵심가치인 조직도 있다. 또한 '도전'과 '혁신'이 중요한 조직이 있는 반면에 '공동체 의식'이 우선인 조직도 있다. 이처럼 회사에 따라서 다 다르다. 우리는 가치를 좋다거나 나쁘다고 따질 수는 없다. 단 중요한 것은 '회사의 핵심가치가 얼마나 명확한가?, 구성원이 이를 잘 알고 동의하여 실천하는가?' 하는 점이다. 즉 좋은 핵심가치는 그 기준과 근거가 명확해야 한다. 구구절절하게 설명하지 않아도 구성원들을 움직이게 할 정도로 구체적이고 명확해야 한다. 모호하면 사람마다 제각각 다른 해석이 나오게 되고, 그러면 일관된 기준으로서의 역할을 제대로 하기 어렵기 때문이다.

회사의 핵심가치가 명확하지 않을 때 어떤 부작용이 발생할까? 반대로 핵심가치가 명확하고, 이를 제대로 실행한다면 어떨까? 예상되는 결과를 다음의 <표 3-8>와 같이 요약할 수 있다.

〈표 3-8〉 회사의 핵심가치가 명확할 때와 그렇지 않을 경우의 예상결과

구 분	예상 결과
1. 핵심가치가 명확하지 않을 때	• 직원들은 회의 때마다 서로의 생각이 옳다고 우기며 논쟁할 것이다. • 논쟁이 많다보면 갈등이 생기고, 갈등이 깊어지면 팀워크는 깨져 화합이 어려워진다. • 조직에 시너지가 발생하기는커녕 구성원들이 뿔뿔이 흩어질 것이다. • 사장이 조직의 중요한 일을 하나하나 다 결정해야 하니 너무 바쁘고, 의견이 다른 구성원들을 끌고 가느라 힘이 든다.
2. 핵심가치가 명확할 때	• 모두 같은 기준 갖고 의사결정을 내리니 모든 결정에 갈등이 적어진다. • 이렇게 하다 보니 단순히 함께 일하는 동료가 아니라 뜻과 꿈을 함께하는 동지로 발전하게 됨. • 구성원들이 가치를 중심으로 똘똘 뭉쳐 결속하게 됨으로 조직의 에너지가 커진다. • 조직이 한마음 한뜻으로 일하니 사장의 부담이 줄어들고, 그렇게 해서 생긴 시간에 사장만이 해야 하는 다른 중요한 일을 할 수 있게 된다.

서로 다른 생각을 하는 구성원들을 한 방향으로 나아가게 하려면 무엇보다도 핵심가치가 명확해야 한다. 또한 이를 전 구성원들이 확실히 알고 업무 속에서 실천할 수 있도록 공유와 공감이 충분히 이루어져야 한다. 그 이유는 핵심가치의 힘이 구성원들의 마음을 하나로 모아서 조직의 에너지를 높여주고, 덤으로 사장 본연의 업무에 더욱 집중할 수 있도록 해주기 때문이다.

경영이란 망망대해에서 파도를 가르며 배를 운항하는 일과 같다. 거센 파도를 헤치고 나가야 하는 상황에서 여기저기 물이 새고 엔진은 망가져 배가 표류하고 있다면, 서로 힘을 모아야 할 선원들이 제각각 흩어져 딴 일만 하고 있다면 항해를 할 수 없다. 회사가 강력한 엔진을 달고 하나의 방향으로 힘차게 나아가게 해주는 것이 핵심가치이다. 혹시 직원들이 하나로 뭉치지 않는

다고, 각자가 딴 생각만 한다고 속상해한다면, 무엇보다도 회사의 핵심가치부터 점검해보아야 할 것이다.

이상의 가치관 관련한 내용을 토대로 조직 관리자의 숙제는 '다양성으로부터의 하나'를 이끌어내는 것이다. 즉 이는 다양한 가치관을 지닌 조직구성원을 한 방향으로 이끌어 나가야 하는 것이 관리자나 경영자의 영원한 숙제임을 우리는 명확히 인식할 필요가 있다. '동종번식(inbreeding)'이 나쁘다는 것은 경영조직에도 예외는 아니다. 조직구성원 개개인들이 서로 다른 가치를 선호하고 같은 가치에 대해 우선순위가 다르더라도, 조직 관리자는 구성원들이 최소한 조직의 가치(미션, 비전, 핵심가치 등)에 대해서만큼은 같은 생각을 갖도록 노력함으로서 구성원을 한 방향으로 유도해야 한다. 그럴 경우 이는 엄청난 힘을 발휘할 수 있다.

조직의 가치에 대해 구성원들이 같은 생각을 갖게 될 때의 중요성은 다음의 <표 3-9>와 같이 정리할 수 있다.

〈표 3-9〉 조직 가치에 대해 구성원들이 같은 생각을 갖게 될 때의 중요성

• 첫째, 무엇보다도 서로 다른 생각을 하는 구성원들을 한 방향으로 나아가게 한다는 것이다. 이는 구성원들의 마음을 하나로 모아서 조직의 에너지를 높여주는 힘으로 작용한다는 것.
• 둘째, 회사가 강력한 엔진을 달고 하나의 방향으로 힘차게 나아가도록 구성원들이 하나로 뭉치기 때문에 어떠한 어려운 난관도 극복할 수 있는 위기대응능력 커지고, 구성원들 간의 공유와 공감을 통한 변화와 혁신을 주도적으로 이끌어낼 수 있다.
• 셋째, 구성원들이 가치를 중심으로 똘똘 뭉쳐 결속하게 됨으로 단순히 함께 일하는 동료가 아니라 뜻과 꿈을 함께하는 동지로 발전하게 된다.
• 넷째, 조직에서 권한위임이 제대로 이루어지지 않은 이유는 경영자의 의사결정과 권한위임을 통해 이루어진 의사결정 사이에 차이가 발생하기 때문이다. 그러나 조직구성원 모두가 핵심가치아래 같은 기준을 가지고 의사결정을 내리게 되면 모든 결정에 갈등이 적어짐은 물론 구성원들에게 임파워먼트 즉 권한위임이 적극적으로 이루어질 수 있다.
• 다섯째, 구성원들의 다양성을 존중하면서 하나의 방향으로 가도록 유도하기 때문에 비슷한 가치관을 가진 동질적(homogeneous)인력으로 구성된 집단보다도 훨씬 도전적이고 창의적인 아이디어를 이끌어 낼 수 있기 때문에 구성원들의 만족도 증진은 물론 성과향상과 적극적 참여를 유도하는 조직분위기를 구축할 할 수 있다.

■ 다음은 성격유형 A/B를 알아보기 위한 설문이다. 각 항목에 대해 당신의 행동을 잘 묘사하고 있는 정도를 표시하시오.

1. 약속에 늦을 수 있다	1 2 3 4 5 6 7 8	결코 늦어서는 안 된다
2. 경쟁적이지 않다	1 2 3 4 5 6 7 8	매우 경쟁적이다
3. 서두르지 않는다	1 2 3 4 5 6 7 8	항상 바쁘다
4. 한 번에 한 가지씩 일을한다	1 2 3 4 5 6 7 8	한꺼번에 많은 일들을 한다
5. 모든 일을 천천히 한다	1 2 3 4 5 6 7 8	빠르다(식사, 걸음걸이, 등)
6. 감정을 느긋하게 표현한다	1 2 3 4 5 6 7 8	감정을 격정적으로 표출한다
7. 많은 것에 관심을 가진다	1 2 3 4 5 6 7 8	일 이외에는 관심사가 없다

[해 석]

■ 7가지 질문에 표시한 수의 합에 3을 곱한다. 아래 분류에 따라 자신의 유형을 평가한다.

점 수	성격 유형
120점이상	A+
106-119	A
100-105	A-
90-99	B+
90점 이하	B

제 4 장 지각(Perception)과 태도(Attitude)

인간은 자기가 접하는 환경 즉 사물이나 대상에 대하여 어떻게 의미부여를 하였는가와 관련된 지각여부에 따라 태도와 행동에 영향을 미치게 된다. 바람직한 태도와 행동을 하기위해서는 인간의 지각세계를 이해할 필요가 있다. 따라서 제1절에서는 먼저 조직구성원들의 행동상의 차이를 유발하는 원인 중의 하나인 지각에 대한 이해를 돕기 위해 지각의 개념 및 역할 그리고 지각과정, 지각의 오류제거방안을 살펴본다. 제2절에서는 고정관념과 편견에 대한 이해를 돕기 위해 이들의 문제점과 고정관념의 징후들을 살펴보고, 이를 제거할 수 있는 방안을 알아보도록 한다. 제3절에서는 태도에 대한 이해를 돕기 위해 태도의 개념과 중요성, 기업에서의 태도변화 관리방안을 살펴보고, 프로다운 긍정적 태도를 유지할 수 있는 방안을 알아보도록 한다.

제1절. 지각에 대한 이해

조직에서 활동하는 조직구성원들은 조직 내에서 자신에게 주어진 업무를 처리하는 동안 수많은 환경과 끊임없이 접촉하면서 일을 하게 된다. 이때 조직구성원들이 접하는 사물, 사건, 또는 다양한 사람들을 어떻게 지각하고 있는가는 매우 중요하다. 현재 자신이 몸담고 있는 직장, 조직의 목표나 정책, 자신이 담당하고 있는 과업, 함께 일하는 상사나 동료 또는 부하나 고객, 수많은 정보, 업무처리절차나 방법 등을 어떻게 생각하고 있는지는 직무태도와 인간관계 그리고 의사결정에 직접적인 영향을 미치고, 이는 조직의 성과와 밀접한 관련을 갖게 한다. 따라서 조직관리자가 구성원들의 긍정적인 직무태도, 생산적 인간관계, 합리적인 의사결정유도, 그리고 조직성과향상을 이끌어내기 위해서는 지각의 개념과 과정 즉 의미를 부여하는 과정을 올바르게 이해하고, 공정한 평가를 할 수 있도록 지각의 오류제거방안을 살펴볼 필요가 있다.

1.1. 지각(Perception)의 개념 및 특정 의미부여 이유

지각이란 쉽게 설명하면 '개인이 처한 환경에 의미를 부여하는 과정'이다. 즉 개인이 자기가 처한 환경을 이해하기 위하여 감각적으로 획득한 정보를 선택(select), 조직화(organize), 그리고 해석(interpret)하는 과정(Robbins, 1994)으로 인지과정의 중요한 부분을 차지할 뿐만 아니라 개인의 행동형성에 중요요소로 작용하고 있다. 또한 설령 같은 상황이나 환경일지라도 개개인들이 의미를 어떻게 부여했는가에 따라 개개인들의 행동이 달라질 수 있다. 즉 행동의 차이가 발생할 수 있다. 사람들은 왜 같은 상황이나 환경일지라도 달리 의미부여를 하는가? 그 이유는 사람들은 자극에 대해 단순하고 자동화된 방식으로 반응하는 것이 아니라 스키마가 작용하기 때문이다. 즉 사람마다 자극이나 정보의 선택과 인지적 처리(process)에 스키마가 중요한 영향을 미치어, 이에 도출된 해석(interpretations)에 따라 반응(행동)한다. 스키마(schema)란 '타인이나 어떤 사건에 대한 정보를 보다 경제적이고 간편하게 처리하도록 하는 머릿속의 구조화된 사전지식'을 말한다(Taylor & Crocker, 1981). 사회적으로 여러 사람들이 공통적인 스키마를 갖고 있기도 하지만 개인적인 경험 등이 다르기 때문에 개인마다 다른 스키마를 가질 수 있다. 외부세계를 이해하는 인지적인 틀인 스키마의 과정 그리고 지각과정과 행동차이를 다음의 [그림 4-1]과 같이 정리할 수 있다.

[그림 4-1] 스키마의 과정 그리고 지각과정과 행동차이

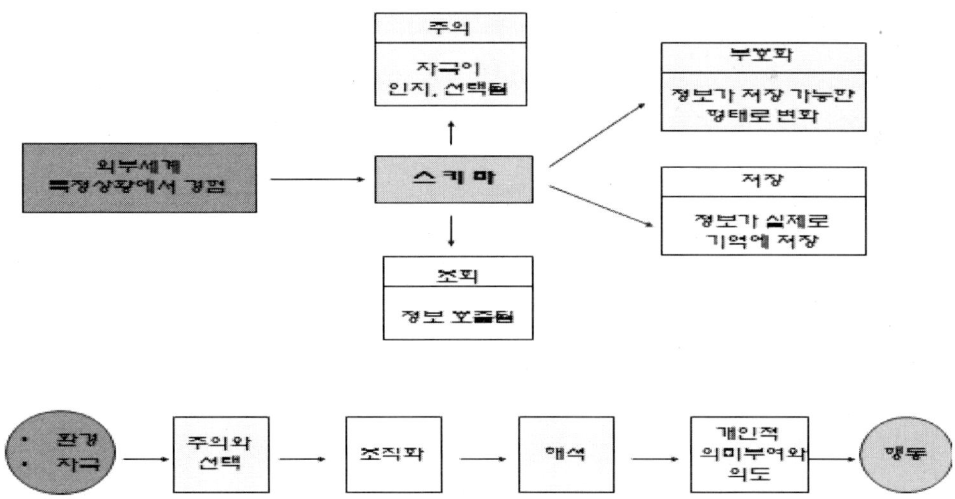

이러한 지각이 왜 조직관리 분야에서 중요요소로 다루어지고 있는 것인가? 그 이유는 특정조직을 포함한 어떤 상황에서도 인간의 행동은 개개인이 환경에 대한 해석의 일부이기 때문이다. 여기서 조직 관리자들은 개개인들이 왜 같은 상황이나 환경에 대하여 서로 다른 의미를 부여해

성과창출행동이 다른지 그 원인을 살펴보고 이해할 필요가 있다. 먼저 개인들이 같은 상황이나 환경에 대해 왜 각기 다른 특정한 의미를 부여하는지를 살펴보면, 다음의 <표 4-1>와 같이 4가지 이유로 정리하여 설명할 수 있다.

〈표 4-1〉 개인들이 같은 상황/환경에 다른 의미를 부여하는 이유들

• 개인의 내적요인(욕구와 동기, 가치관, 흥미, 과거의 경험, 직업 등)이 어떤 사건이나 자극을 알아차리게 하는 주의(attention)와 관련이 있기 때문이다. 그러므로 개개인들의 내적요인이 다르기 때문에 어떤 사건이나 자극에 주의 및 관심의 정도가 달라질 수 있다. 또한 외적요인(주위로부터 두드러진 정도와 크기 움직임, 신기함 등)도 알아차리게 하는데 영향을 미칠 수 있다.
• 사람들은 일반적으로 주어진 자극을 모두 감지하기보다는 이들을 선택하여 감지하는 경향이 있다. 특히 자기에게 관련된 자극이나 자기에게 유리한 자극만을 선택하여 감지하는 경향 때문이다.
• 선택된 자극 및 정보를 의미 있는 형태로 결합하고 조직화하는데 있어 개개인의 스키마속에 각기 달리 저장되어 있는 정보를 활용하기 때문이다.
• 감지되고 선택되어 조직화된 정보는 개인의 준거체계(성격, 욕구, 과거의 경험, 가치관 자아개념 등)에 의하여 해석되기 때문이다. 특히 개개인들은 자신을 보호하고 유지하며 향상시키는 방향으로 감지된 자극 및 조직화된 정보를 해석하고 평가하는 경향이 있음을 주지할 필요가 있다.

1.2. 지각관련 공정한 평가의 중요성

지각은 심리적 평가과정이라 할 수 있기 때문에 개개인들이 사상에 대하여 지각할 때 올바르게 지각하고 있다고 생각하지만 자신도 모르게 오류를 범하게 된다. 조직 관리자들은 조직을 관리함에 있어 편견과 고정관념 등 지각상의 오류를 제거한 공정한 평가가 이루어져야 한다. 조직에서 공정한 평가가 갖는 중요성을 살펴보면 다음의 <표 4-2>와 같이 정리할 수 있다(신유근, 1997)

〈표 4-2〉 조직에서 공정한 평가가 갖는 중요성과 그 이유

중요성	이 유
1. 경영자나 관리자로 하여금 기업의 인적자원의 질을 향상시키고, 이를 효과적 활용할 수 있도록 해준다.	조직에서 개개인의 능력과 자질, 업적을 올바르게 평가할 수 있을 때 인적자원의 효과적 관리와 인적자원의 질 향상이 가능하기 때문.

2. 조직 구성원들의 성공적인 경력 설계를 위한 기초를 제공해준다.	자신의 생애와 직장생활에서 어떤 위치의 무엇이 되고자 하는지에 대한 평가를 통해 사람과 업무를 적합하게 결합함으로서 능력발휘를 할 수 있는 기회를 제공함은 물론 성공적인 경력개발을 촉진할 수 있기 때문.
3. 유능한 조직구성원이 되도록 하기 위해서 어떠한 능력 및 자질을 개발해야 하는지에 대한 정확한 기초자료를 제공한다.	평가를 통해서 인적자원의 자기계발과 그들을 관리·육성하는데 중요자료를 얻을 수 있기 때문.
4. 구성원들의 인간관계에도 큰 도움이 된다.	공정하지 못한 평가는 평가자와 피 평가자 간에 갈등관계가 형성되기도 하고, 평가결과를 받아드리지 않아 단기적으로 상호불편한 관계가 만들어질 수도 있기 때문.
5. 다른 조직행위를 바람직하게 개발할 수 있는 기초행위가 된다.	공정한 평가를 통해 모티베이션, 커뮤니케이션, 의사결정, 리더십, 갈등해결 및 협력, 공정한 보상 등이 가능해지기 때문.

1.3. 지각 오류제거방안

감지된 자극 및 정보 등은 개인의 성격과 욕구, 과거경험, 그리고 가치관과 자아개념 등 자신의 준거체계에 의하여 해석되어 어떤 의미를 부여하게 된다. 해석뿐만 아니라 자신의 준거체계를 중심으로 자극된 상황을 평가까지 하며 자극의 의미를 한층 높이게 된다. 그럼으로 상황이나 환경에 대해 개개인이 각기 다른 특정한 의미부여로 행동상의 차이를 보일 수 있음으로 조직 관리자들은 개개인들의 바람직한 목표지향적인 행동을 유발 및 구성원들의 공정한 평가를 하기 위해서는 의미부여 또는 해석 및 평가를 하는데 있어 고정관념이나 편견 등의 지각상의 장애요인들을 제거하여야만 한다. 대표적인 지각상의 오류와 이의 제거방안들을 다음의 <표 4-3>와 같이 정리하면 다음과 같다.

〈표 4-3〉 대표적 지각상의 오류와 이의 제거방안

지각상의 오류	영향	제거방안
현혹효과(halo effects): 지엽적인 또는 일부특성만 갖고 그 사람의 모든 측면을 평가하려는 경향	구성원의 인사고과	• 평가요소 분명히, 평가를 뚜렷한 행동과 연계. • 중요사건법, 행위기준고과법, 목표관리법강화
스테레오 타입(stereo typing): 특정집단의 일원이라는 이유로 특정집단이 지닌 모든 특성을 다 가지고 있을 것이라는 가정을 하고 평가를 하는 오류	인간관계, 조직단결 저해	• 지연·학연에 입각한 정실주의 타파 • 평가업무 담당자 충분한 교육 및 훈련

자존적 편견(self-serving bias): 자신의 자존심이나 자아를 높이는 방향으로 행위자의 행위원인 귀속 즉 성공은 내적요인으로 실패는 외적요인으로 귀인	책임회피	• 자기이해와 자기인정이 필요. • 자신은 완전한 인간이 아니어서 항상 지각오류를 범할 수 있다는 것을 인정
행위자-관찰자효과(actor-observer effect): 자신의 일관성은 과소평가 타인의 일관성은 과대평가 즉 자신의 행위는 외적으로 타인의 행위는 내적으로 귀속	신뢰저해	• 의식적 정보처리와 객관성 테스트 필요; 지각과정에서 사실을 신중히 의식적으로 검토. • 타인과 자신의 지각비교 등 지각과정을 보다 정확/명확하게

제2절. 고정관념 및 편견에 대한 이해

헤이틀리와 슈미트(2000; 신해철역, 2003)는 '펭귄나라의 비둘기'라는 저서에서 개인과 조직이 부딪히는 변화에 대한 심각한 문제의 본질은 편견과 고정관념이라고 주장한다. 고정관념은 개인의 의식이나 조직체계 속에 끈질기게 뿌리박혀 있다. 또한 빙산처럼 무의식적사고 속에 깊이 감추어져 있으면서 인간관계에 미묘한 영향을 미치고, 나아가 우리의 목표와 고귀한 의도를 타이타닉호처럼 종종 난파시킨다. 또한 고정관념에 젖어있는 조직은 편협한 시각으로 구성원들을 보게 되어 그들의 성품, 배경, 능력, 재능 등 많은 측면을 놓쳐버려 조직에 커다란 손실을 초래한다. 이처럼 자신에 대한 고정관념은 자신을 제한된 범주나 틀에 억지로 집어넣고 마치 그것이 영혼불변의 진실인양 행동을 하게 되어, 타인을 속이고 새로운 경험, 도전할 수 있는 기회, 그리고 아직 계발되지 않은 잠재능력의 실현을 빼앗기게 된다. 그러므로 자신의 안에 감추어진 고정관념을 발견하고 흑백논리나 이분법적 사고 등의 편협한 사고방식의 옷을 벗어던져야 한다.

2.1. 고정관념 개념 및 문제점

고정관념의 사전적 의미는 '특정한 대상(사람 또는 사물, 그리고 상황 및 환경)에 대해서 여러 사람들이 가지고 있는 고정화되고 관습적인 개념 혹은 사고. 개별성이나 비판적 사고를 허용하지 않음.' 우리는 사물의 모든 범주에 대해서 나름대로의 판단, 의견, 감정을 갖고 있다. 즉 특정 범주에 대해서 특정한 감정(긍정적 혹은 부정적)을 가지게 마련이어서, 어느 범주에 대해 언급만 해도 종종 즉각적인 반응이 튀어나오게 된다. 하지만 문제는 범주자체에 있는 것이 아니라 어떤 범주의 특성과 그 범주 안에 속하는 개인이나 사물들의 특성을 혼동할 때 발생하는 것이다. 부정적 고정관념이 얼마나 파괴적이고 소비적인지 잘 알지만 긍정적 고정관념 또한 문제이다. 그 이유는 아무리 긍정적 이미지라도 한 개인이나 사물의 개별성을 부정하고, 거짓된 특성으로 정의하기는 마찬가지이기 때문이다.

고정관념은 너무나 보편적으로 퍼져있기 때문에 스스로 깨닫지도 못하는 사이에 종종 이에 빠져드는 실수를 저지르게 됨은 물론 사람을 제한된 틀 안에 가둬놓고, 누구나 그 틀에 따라 행동할 것이라고 단정한다. 그러므로 중요한 정보를 놓쳐 버린다든가, 큰 공헌을 할 수 있는 사람을 무시한다든가, 귀중한 재능을 알아보지 못한다든가, 소중한 친구나 동료가 될 수 있는 사람들에게 상처가 되는 말들을 퍼붓는다든가 하는 잘못들을 행하게 된다. 따라서 고정관념으로 인해 비판적 판단력이 사라질 때 개인뿐만 아니라 조직 모두 다 끔찍한 대가를 치루거나 패배하고 만다. 고정관념의 가장 큰 문제점은 제한적이고, 무비판적이며, 무분별하고 변화가 없다는 것이다.

2.2. 고정관념에 사로잡혔다는 징후들

우리는 항상 스스로를 고정관념에 사로잡혀있지는 않은가에 대해 심각하게 고민할 필요가 있다. 나 자신이 고정관념에 사로잡혔는가를 판단할 수 있는 징후들을 정리·요약하면 다음의 <표 4-4>와 같다(헤이틀리와 슈미트, 2000; 신해철역, 2003).

〈표 4-4〉 고정관념에 사로잡혀있다는 징후들

1. 상대의 말을 주의 깊게 듣지 않는다. 왜냐하면 지금 논하는 주제에 대해서 상대는 별로 아는 것이 없다고 단정하고 있기 때문이다.
2. 절대로 상대에게 의견을 물어볼 생각조차 하지 않는다. 이유는 상대의 직급이나 부서, 성별, 인종, 나이 등등 때문이다.
3. 전문성이나 신뢰성이 없다고 판단되는 사람이 계속해서 무엇인가 의견을 내려고 하면 짜증이 난다.
4. 특정인물에 대해서 마음이 닫혀 있다는 충고를 들으면 당신은 방어적이 되고 화를 내며, 자기행동을 정당화하려 한다.
5. 스스로 사람을 바라보는 안목이 뛰어나다고 생각한다. 그리고 한눈에 상대방을 파악할 수 있는 능력을 자랑스러워한다.
6. 누군가 다른 사람이 제자리를 지킬 대 마음이 편하다.
7. 누군가 전혀 예상하지 못한 행동을 하면, 깎아내리거나 예외적인 일로 돌린다.
8. 그 분야의 전문가라고 확실히 인정된 사람이 아니라면, 절대로 대화에 끼워주지 않는다. 어쩌면 그 사람이 하는 일 이외의 타 분야에서 더욱 많은 것을 알고 있을지 모른다는 생각을 하지 않는다.

9. 사람들에게 현재하고 있는 분야이외에 다른 기회를 줄 수 있다는 생각을 한 번도 해 본적이 없다. 어쩌면 그 사람들이 여러 가지 다른 일들을 훨씬 더 효과적으로 할 수 있을 것이라고는 상상조차 하지 못한다.
10. 종종 다른 사람들을 언급하면서, 그 사람의 인격이나 개인적인 특성보다는 주로 직업이나 직급, 피부색, 말투, 성별, 출신지역 등등 연관 지어 이야기 한다.

2.3. 고정관념 및 편견 제거방안

우리는 지금 변화가 생활의 일부인 시대를 살아가고 있다. 그 변화를 이끌어 나가는 원동력은 '인식의 전환'이다. 이를 적극적으로 이끌어내기 위해서는 먼저 자신에 대해 또는 타인들이 자신에 대해 고정관념을 얼마나 가지고 있는가에 대한 테스트와 자신 스스로가 고정관념에 사로잡혀있는가를 판단할 수 있는 징후들을 통해 확인하여야 할 것이다. 이에 따라 인식의 전환을 통해 고정관념 및 편견을 깰 수 있는 방안들을 개인과 조직차원으로 구분하여 살펴보면 다음과 같다(헤이틀리와 슈미트, 2000; 신해철역, 2003).

2.3.1. 개인차원에서

개인을 변화시켜 타인에 대한 고정관념을 없애기 위한 전략방안은 다음과 같다.

1) 바람직하지 못한 행동이나 태도를 바꾸기 위한 첫걸음은 깨닫고 의식하는 것이다. 즉 한 개인으로 사람을 바라보는 것일까? 아니면 비슷한 타인들과 한 범주로 묶어서 생각하는 것일까에 대해 스스로에게 물어보고 자문하라.
2) 나와 아주 다른 사람을 선택하여 대화를 나누어 봐라. 상대의 진정한 모습을 발견하기 위해 어떤 질문을 던져야만 하고 어떤 태도로 들어야만 하는가에 대해 시험해 보라.
3) 타인들과 어울릴 때 되도록 배우겠다는 의도를 갖고 사람들에게 접근하는 훈련을 하라. 대화나 상호교류를 통해 타인에게 접근하는 데는 마음을 열고 상대의 생각과 관점 그리고 감정을 받아드리는 배우겠다는 의도를 갖고 접근하는 것과, 마음을 닫고 자신의 감정과 신념을 지키는 것을 최고의 목표로 삼는 즉 자신을 보호하려는 의도를 갖고 접근하는 두 가지 방식이 있다.
4) 상대방의 말에 귀를 기울이는 듣기훈련방법을 배우고 연습해라. 사람들은 자신의 감정과 의견 등을 표현하고 말하는 일엔 능숙하나 남의 말을 잘 들을 줄 모르기 때문이다.
5) 타인이 나를 믿어주길 바라듯이 타인을 일단 한번 믿어보라. 자신을 판단할 때는 본래 의도

를 보고 판단하지만 타인을 판단할 때는 의도는 배제하고 그 행동만 보고 판단하여 반격을 가한다. 공격적 발언의 80%는 악의라기보다는 단지 무지나 잘못된 선입견으로 무심결에 튀어나온 무의식적인 고정관념 때문이다.

6) 타인들과 좀 더 많은 시간을 보내도록 하라. 이는 안전지대를 벗어난다는 것을 의미하며, 고정관념을 극복하고, 다양성을 인정하는 방법을 배우는 것으로 불편함에 편해지고 익숙해진다는 것을 의미한다.
7) 먼저 사람자체를 보고, 그 다음에 한 집단의 일원으로 바라보는 훈련을 하라. 타인을 특정집단에 속한 개인으로서가 아니라 단지 특정집단의 한 일원으로만 생각할 때 고정관념에 빠져들 위험성이 있다.
8) 먼저 이해하고자 노력하고, 그 다음에 이해 받고자 하라. 고정관념을 뛰어넘는 방법을 배운 사람들은 더 효과적이고 뛰어난 능력을 발휘한다.
9) 정원을 가꾸고 잡초를 뽑듯이 고정관념들을 차례차례 뿌리 뽑기 시작해라. 우리는 사회화의 과정에서 무익한 고정관념을 갖게 되지만 전형화하려는 인간의 본능적인 성향을 극복하는 것과 생각과 태도를 고치는 것은 끈기와 인내를 요하는 끊임없는 과정이다.
10) 고정관념을 극복하고 조금씩 발전할 때마다 스스로를 칭찬하라. 실수와 결점을 통해서 깨달음을 얻어라.

2.3.2. 조직차원에서

조직을 변화시켜 조직 내에서 고정관념을 없애기 위한 전략방안은 다음과 같다.

1) 관리자 스스로의 말투와 행동을 점검하라. 어떤 조직이든지 고정관념을 극복하기 위해서는 관리자의 태도와 행동이 가장 결정적이다. 말과 행동이 다를 때 지도자의 신뢰는 심각한 손상을 입어 금방 무능력하게 되고 직원들의 종종 놀림감이 된다.
2) 정책과 절차를 평등하고 공정하게 효과적으로 평가하라. 맹목적인 가치평가와 판단은 조직 내에서 고정관념을 더욱 강화시킬 수 있기 때문이다.
3) 특정집단에 대한 추상적인 일반화를 삼가라. 특정집단에 속한 일원끼리만 모여 토론이나 다양한 훈련 등은 고정관념을 더욱 강화시킬 수 있고 특정집단에 대한 추상적인 일반화는 고정관념이 되어버리기 아주 쉽다.
4) 조직 내에서 우리는 항상 말과 그 말이 타인(동료, 고객, 상사 등)에게 미치는 영향을 의식

해야만 한다. 말을 통해 의사와 가치를 전달하고, 자신이 어떤 사람인지를 드러내고, 자신의 생각을 표현하기 때문에 중요하다.

5) 조직 내에서 '그들'이란 말을 완전히 없애도록 하라. 문제해결방법을 생각할 때, 창조적 아이디어를 궁리할 때, 회의를 열 때, 주인의식에 대해 생각할 때, 개인적인 책임감과 능력을 키울 때 '그들'은 없고 '우리'만 있다는 가능성을 생각하는 새로운 시도를 해 보라.
6) 전시용으로 보일 수 있는 행사는 피하라. 직원관리를 위한 눈속임처럼 보일수도 있고, 커다란 장애물이 있음에도 다양성의 가치가 인정되고 있는 듯 보일 수 있기 때문이다.
7) 다양한 사람들이 뚜렷한 목표의식과 객관성을 가지고 다 함께 공동의 작업에 참여하도록 하라. 이는 사람에 대해 더 많이 알게 되고, 선입견을 가지고 있었다는 사실을 깨닫게 되기 때문이다.
8) 타인이 변화하기를 기다리지 말고 나 자신부터 시작하라. 조직에서 나의 태도와 의사전달, 행동을 보고 모든 사람들이 새로 시작할 수 있기 때문이다.
9) 조직 내 모든 사람들이 고정관념을 없애는 것을 가장 중요한 목표로 삼도록 하라. 사람들이 (간부, 직원, 고객 등) 자신의 생각을 들여다 볼 수 있도록 도와주는 것이 우선적이기 때문이다.
10) 너무 성급한 변화를 기대하지 마라. 고정관념을 없애는 것은 모든 사람의 실천을 요구하며, 영원히 끝나지 않는 지속적인 과정이기 때문이다.

제3절. 태도에 대한 이해

태도라는 용어는 퍼스낼리티와 가치관 등과 관련되면서 사람의 행동을 묘사하는데 자주 사용된다. 그 이유는 태도가 개인행동을 결정하는 주요 요소이기 때문이다. 즉 어떤 상황이나 환경에 대해 특정의미를 부여하고, 이의 해석 및 평가라는 지각과정을 거친 후, 그 다음 단계로 느끼는 개인의 정서인 감정(feeling) 즉 좋고 싫음의 다양한 수준이 어떠한지, 그 강도는 개인들마다 차이가 있을 것이다. 이는 특정대상에 대한 어떤 방식으로 행동을 하려는 의도 즉 행위를 위한 준비상태인 태도를 형성하는 중요요인이 될 것이기 때문이다. 따라서 본 절에서는 태도의 개념과 중요성, 인지부조화와 태도변화에 대한 저항, 기업에서의 태도변화 관리방안, 직무 및 조직관련 태도유형, 그리고 조직에서 프로다운 긍정적 태도유지 방안에 관해 고찰하고자 한다.

3.1. 지각과정 후 태도의 개념: 감정 및 행위의도

태도(Attitude)란 "어떤 대상(사람이나 사물)이나 상황에 대해 좋다, 나쁘다고 반응하는 평가적 견해로서 심리적 상태"를 말한다(Johns, 1996; Greenberg, 1996). 즉 태도는 특정대상에 대해 미리 지니고 있는 반응경향으로, 그 대상에 대해 개인이 반응하는 행위의 모습을 결정하는 영향요인이다. 그러나 행동이 태도와 항상 일치하는 것은 아니다. 왜냐하면 태도는 행동에 영향을 미치는 여러 가지 요인들 중 하나일 뿐이기 때문이다. 그럼에도 불구하고 태도가 중요한 이유는 한 사람의 태도는 일반적으로 그 사람이 어떤 방식으로 행동하게 되는 원인이 됨으로, 어떤 사람의 태도를 알 수 있다는 것은 그 사람의 행동을 예측할 수 있다는 것을 의미하기 때문이다.

우리가 조직상황에서 관심을 두고 있는 태도는 일과 관련된 태도로서 직무태도, 직무만족, 조직몰입이나 편견 등을 들 수 있다. 개인은 자신이 맡은 업무에 대해서, 소속한 부서·팀이나 회사에 대해서, 함께 일하는 다른 동료에 대해서 각기 다른 태도를 지닐 수 있다는 것이다. 따라서 조직 관리자는 구성원들의 어떤 대상이나 사건에 대한 태도를 정확하게 파악하게 된다면, 이는 조직행동을 이해하고 예측하는데 많은 도움이 될 것이다. 특히 기업의 성공여부는 구성원의 태도에 달려있다는 말과 같이 조직구성원의 태도가 기업의 사활을 결정짓게 된다. 그러므로 태도는 개인행동에 영향을 미치므로 관리자는 구성원의 태도에 바람직한 변화를 유발시킴으로서 조직목표달성을 위한 바람직한 행동으로 유도할 필요가 있다.

태도는 3가지의 요소로 구성되어 있다. 이를 다음의 <표 4-5>와 같이 정리할 수 있다.태도형성에 영향을 미치는 요인은 가치와 신념이다. 태도와 유사하면서도 다른 개념인 가치는 보다 넓은 포괄적인 개념이며, 올바름이나 바람직함과 같은 윤리·도덕적인 측면을 포함하며, 장시간에 걸쳐서 안정적이다. 반면에 태도는 훨씬 구체적이며 가치에 비해서는 덜 안정적이다. 가치는 개인의 선호에 바탕을 두고 선택된 규범적인 기준이 포함된 것이다. 즉 가치란 어떤 대상에 대해 옳고 그름을 나타내는 개인적 또는 사회적 신념으로서 어떤 특정한 행동이나 목적이 다른 것보다 선호된다는 기본적인 믿음을 나타낸다. 이때 신념이란 사물·사건간의 관련성에 대해 개인의 마음속에 있는 확신이라 할 수 있다.

〈표 4-5〉 태도의 구성요소

구성 요소	내 용
인지적 요소	특정대상 혹은 사물에 대한 지각, 신념, 사고로 구성
감정적 요소	인지적 과정을 통해 어떤 대상 혹은 상황에 대해 좋다, 나쁘다고 느끼는 개인적 정서인 감정 상태로, 이의 수준인 강도는 다양하다.
행위적 요소	특정대상에 대한 어떤 방식으로 행동하려는 경향을 의미한다. 즉 행위의도 혹은 행위를 위한 준비상태로 볼 수 있다.

따라서 사람들이 지니고 있는 가치는 왜 그들이 그러한 태도를 가지고 있는지를 설명할 수 있다. 예로 성과연동 임금지급방법이 옳고 연공연동 임금지급방법이 바람직하지 않다는 생각을 갖고 입사했는데, 조직이 성과기준 보다는 연공기준에 따라 임금지급방법을 택하고 있다면 어떤 반응을 보일 것인가? 아마 조직에 대해 실망하고, 직무에 불만족하게 되어 열심히 일하려는 의욕이 상실될 것이다. 그러나 만약 조직이 나의 가치와 부합되게 성과기준에 따라 임금을 지급한다면 틀림없이 위와 다른 태도를 보일 것이다.

3.2. 인지부조화와 태도변화에 대한 저항

인지부조화(cognitive dissonance)는 "둘, 또는 그 이상의 태도 사이, 또는 자신의 행위와 태도 사이에 불일치가 존재하는 현상"을 뜻한다(Festinger, 1957). 인간의 태도와 행동에는 일관성이 있다고 보고 일관성이 결여될 때 즉 사람들은 인지부조화를 지각하게 되면 심리적으로 불편을 느껴, 이를 회피하거나 줄이려는 동기부여가 일어난다고 한다. 다시 말해 사람들은 인지(태도-태도 간, 태도-행위 간) 부조화를 경험할 때, 불편함이나 긴장 등의 불쾌한 감정을 유발시키기 때문에 어떤 형태의 노력을 기울이든지간에 인지간의 조화 및 균형의 상태로 돌아가 심리적 균형을 회복하려고 노력한다는 것이다.

일반적으로 조화 및 균형을 이루려는 노력의 방식은 행위를 변화시키거나, 신념을 바꾼다거나, 감정을 바꾸거나, 새로운 인지를 추가시켜 그 이전에 나타난 불일치를 정당화해줄 수 있도록 한다. 그러나 이 과정에서 적지 않은 저항이 일어난다. 태도변화에 대한 저항방법은 다음의 <표 4-6>와 같이 여러 형태로 나타난다.

〈표 4-6〉 태도변화에 대한 저항방법

저항 방법	내 용
1. 주장의 반박	• 태도와 상반된 주장이 전달될 때, 그 주장에 대해 반박을 시도하여 자신의 기존입장의 정당성을 입증하려 하는 것.
2. 정보원의 격하	• 태도변화를 유발하는 정보원에 대해 부정적으로 몰아붙임으로써 반대의견에 대한 위협을 배제하고, 앞으로 나타날 모든 주장도 약화시킬 수 있다.
3. 메시지의 왜곡	• 사람들은 자신이 듣고 싶은 것만 듣기 때문에, 자신의 견해와 상반되는 주장이 나올 경우 자신태도와 일치시키려고 그 주장을 왜곡시킨다.
4. 합리화	• 자신의 견해와 상반되는 주장에 대하여 해석을 교묘히 하여 태도변화에 저항하게 된다.
5. 전면거부	• 상반된 주장에 대하여 논리적인 주장의 원천을 약화시키기 보다는 이유 없이 그 주장을 단순히 거부해 버리는 형태.
6. 몰입의 상승	• 자신이 내린 의사결정이 잘못된 것임에도 불구하고 이를 그대로 고수하려는 형태로, 자신의 체면이나 지금까지 주장해온 바를 정당화 또는 합리화하려는 데서 나타난다.

3.3. 기업에서의 태도변화 관리방안

기업조직에서 유용하게 사용되는 태도변화방안으로는 어떤 것들이 있는지 살펴보면,

1) 설득(persuasion): 논리적인 주장과 사실의 확인을 통한 태도를 변화시키는 방법.
2) 공포의 유발과 감축(fear arousal & fear reduction): 적정수준에서 공포의 유발이나 감축이 이루어져야 하며 현실감이 있어야 한다.
3) 역할연기(role playing): 상대의 입장에 서서 역할을 해봄으로서 성격이나 태도를 교정하는 방법을 말한다. 예로 종업원을 1일 사장역할을 하게 함으로서 잘못된 태도를 변화시키는

방법이다.

4) 토론: 상사와 부하가 진지한 토론을 통해서 자기 자신의 태도에 대한 좋고 나쁜 점을 터득하게 하여 태도의 변화를 인식하게 하는 방법이다.

5) 계획적 변화: 조직이 경력개발계획, 훈련개발 계획, 경영참가제도(의사결정에 참여), 감수성 훈련, 그리드 훈련 등 여러 가지 계획된 변화를 시도하는 방법이다.

유효한 설득방안:

1) 그 분야의 전문적 지식을 가져야 한다.
2) 설득하려는 의도가 표출되지 않아야 한다.
3) 말의 속도가 느린 것보다는 빠른 것이 더 효과적이다.
4) 신념에 찬 메시지나 공포를 유발하는 메시지가 성공적이다.
5) 설득대상자의 주의를 분산시킬수록 설득이 용이해진다.

3.4. 직무 및 조직관련 태도의 유형

조직 내에서 경영자 및 관리자들은 두 가지 이유에서 직무 및 조직관련 태도에 대하여 관심을 갖고 있다.

첫째, 조직에서 직무 및 조직관련 태도의 수준을 긍정적인 면에서 높게 유지하는 것이 곧 근로생활의 질 향상이라는 인식에서 출발한다. 이에 근거한 연구는 직무 및 조직관련 태도를 종속적인 변수로 보고, 이러한 종속변수에 영향을 미치는 선행요인에 초점을 맞춘다. 우리는 대부분의 시간을 직장이라는 조직에서 보내는데, 그러한 직장의 삶이 긍정적이지 못하다면 경영자로서 심각한 도덕적 책임감을 느낄 수 있는 문제이다.

둘째, 직무만족을 포함한 조직관련 태도가 조직성과에 영향력을 미친다고 본다. 이에 근거한 연구는 직무 및 조직관련 태도를 독립변수로 보고 결과변수로 다양한 성과변수를 산정하고 이들의 관계에 관심을 갖는다. 예로 많은 경영자들은 직무에 대한 불만족이 동기부여를 낮추고, 결과적으로 낮은 생산성, 그리고 높은 결근율과 이직률로 이어진다고 믿고 있다.

조직구성원들은 조직의 여러 측면에 대해서 많은 태도를 형성하고 보유할 수 있을 것이다. 조직행동 연구자들은 여러 태도들 중에서 주로 세 가지 태도 즉 직무만족, 직무관여/몰입, 그리고 조직몰입에 관심을 갖고 연구들을 하고 있다. 이와 관련된 연구내용들을 요약·정리하면 다음과 같다.

3.4.1. 직무만족(Job Satisfaction)

직무만족은 "자기직무에 대한 호의적 태도를 말하는 것으로, 직무에 대한 평가를 통해 자신의 직무생활에 대해 긍정적인 감정을 가진 개인의 심리상태"를 말한다(Robbins, 2005). 직무만족은 높은 근로의욕을 갖게 할 뿐 아니라 자기계발 노력을 촉구하고, 조직목표달성을 위한 공동의 작업에 자발적인 참여의욕과 창의성을 불러일으켜 개인성과의 향상에 긍정적인 영향을 미친다.

연구에 의해 밝혀진 직무만족의 선행요인들은 대체로 다음의 <표 4-7>와 같이 9가지로 요약할 수 있다.

〈표 4-7〉 직무만족의 선행요인

선행요인	내 용
직무자체	사람은 일이 단조롭고 반복적인 것보다 도전적이고 내용이 충실하기 바란다.
자긍심	자긍심이 높은 사람은 자신업무에 대해서도 긍정적으로 생각한다.
보상	보상의 절대량과 공정성이 직무만족에 중대한 영향을 미친다.
승진기회	승진에는 다양한 형태가 있고, 이에 부수되는 보상이 다양하기 때문에 승진기회도 영향을 미친다.
상사	이해심 많고 우호적이며, 부하의견에 귀 기울이는 상사행위도 중요 영향요인
작업집단	일을 통해 동료들과의 좋은 관계형성도 사회적 욕구충족방안
작업조건	작업장 청결 온도, 조명, 소음, 재해발생 위험도 등도 영향요인
일/가정균형	세대 간의 가치관 변화로 인해 일과 가정이 불균형은 직무불만족의 큰 원인
성격	성격요인과 성격-직무의 적합화 관계가 직무만족의 일정부분 결정요인

직무만족과 기타 변수들과의 관계된 연구결과들을 살펴보면 다음의 <표 4-8>와 같이 정리할 수 있다.

〈표 4-8〉 직무만족과 기타 변수들과의 관계

기타 변수들	결 과
성과	예상과 달리 이 둘 사이의 정적 상관관계는 그리 높지 않은 것으로 나타남.
조직시민행동	약한 정적 상관관계를 가지나, 조직의 공정성이 지각될 때만 나타남.
결근율	초기연구에는 부적 상관관계가, 나중에는 매우 약한 수준의 부적 상관관계
이직률	결근율보다는 높은 부적 상관관계가 존재, 조절변수/매개변수의 영향 있음.
스트레스	부적 상관관계
친 노조행위	부적 상관관계
동기부여	정적 상관관계
조직몰입	정적 상관관계
고객만족	강한 정적 상관관계

3.4.2. 직무관여/몰입(Job Involvement)

직무관여/몰입이란 '자기 직무에 호의적인 태도를 말하는 것으로, 사람들의 종합적 자기이미지에서 자신들의 직무가 차지하는 중요도'를 의미하는 개념이다. 즉 사람들이 자신의 직무를 자신과 동일시하고, 그 직무를 달성한 수준으로 자신의 가치를 평가하는 척도로 여기는 정도를 말한다. 직무관여/몰입은 1) 직무에 적극적으로 참여하는 정도, 2) 직무가 인생에서 차지하는 위치, 그리고 3) 자신의 가치에서 업무성과가 차지하는 중요성 등의 세 차원으로 구성되어 있다(Saleh & Hosek, 1976).

직무관여/몰입의 측정도구로는 로달과 케즈너(Lodahl & Kejner, 1965)에 의해 최초로 개발된 20개 항목의 표준설문지와 카눙고(Kanungo, 1982)에 의해 개발된 10개 항목의 표준설문지가 가장 많이 사용되고 있다. 최초 개발된 로달과 케즈너의 설문지는 현 직무에의 몰입과 전반적인 일의 중요성을 모두 측정하고 있으며, 나중에 개발된 카눙고의 설문지는 사람과 직무간의 관계에 대한 구체적 신념을 바탕으로 현 직무에 몰입하고 있는 정도를 측정하고 있다.

직무몰입의 선행요인을 조사하는 지금까지의 연구에 의하면 일반적으로 과업정체성, 기능다양성, 피드백, 자율성, 상호작용 촉진과 같은 직무특성이 직무몰입과 긍정적인 상관관계를 가지며, 또한 성취욕구의 충족이나 가치관과 같은 개인특성이 직무몰입과 긍정적인 상관관계를 갖는 것으로 조사되고 있다. 반면에 직무몰입이 영향을 미치는 결과변수의 연구에서는 직무몰입이 직무만족에 직접 또는 간접적으로 영향을 미치고 있음이 보고되고 있다.

3.4.3. 조직몰입(Organizational Commitment)

조직몰입은 "자기회사에 대한 호의적 태도를 말하는 것으로, 자신과 회사를 동일시하고 조직문제에 적극적으로 관여하고자 하는 정도"를 의미한다(Greenberg & Baron, 1995). 이것은 구성원이 조직에 대해 얼마나 애착을 가지고 헌신하려는 의사가 있는가를 보여주는 개념으로 조직몰입도가 높을수록 구성원들의 만족은 증대될 수 있다.

조직몰입은 다음의 <표 4-9>와 같은 세 가지 형태의 몰입으로 구성된다(Meyer & Allen, 1991).

〈표 4-9〉 조직몰입 구성의 세 가지 형태

정서적 몰입	• 조직원이 조직에 대해 애정을 가지고 있음으로서 나타나는 몰입형태 • 순수한 애정이라 조직을 위해서 헌신하고자 하는 태도와 행위를 이끌어냄.
지속적 몰입	• 조직을 떠나면 그에 따르는 부대비용이 남아 있을 때 보다 더 크기 때문에 조직에 계속적으로 남아 있으려는 욕구가 강한 심리적 상태를 반영한다.
규범적 몰입	• 자신이나 동료들에 대한 의무감 때문에 조직에 남아 있고자 하는 심리상태를 반영하는 몰입형태. • 자신에게 큰 기대를 하고 있는 조직 때문에 남거나 또는 자신이 선택한 직장에 최소한이 책임감을 느껴서 당분간 이직을 미루는 경우 이에 해당됨.

조직몰입과 생산성의 관계는 높지 않지만 긍정적인 상관관계를 갖는다. 또한 조직몰입은 결근율과 이직률을 낮춘다는 연구결과가 있지만, 몰입의 세 형태 중 어느 몰입형태인지에 따라 결과가 크게 차이가 나기 때문에, 이 세 형태의 몰입에서 얻는 점수를 합산하여 이를 전체 조직몰입으로 정의하고 연구하는 것은 큰 의미가 없을 수 있다. 예로 정서적 몰입은 과업특성에 대한 인식, 이직의도, 경력만족 등의 결과변수들과 72%의 사례에서 강한 상관관계를 갖는 것으로 조사되지만 지속적 몰입은 단지 7%의 사례에서 상관관계를 갖는 것으로 나타났다.

조직몰입은 오랫동안 유효성의 단골 성과지표로 활용되었던 개념이고, 이를 측정하는 도구도 잘 발달되어 있다. 그러나 오늘날과 같이 글로벌화의 성숙과 조직합병, 조직들 네트워크화의 진전 등으로 인한 조직의 환경급변, 인재전쟁으로까지 불리는 조직들 사이의 고급인력의 확보경쟁으로 인한 조직원의 조직간 횡적이동이 일상화 되고 있는 상황에서는 기존 조직원과 조직사이의 끈끈한 유대관계를 기대하기도 힘들뿐더러 조직의 유효성을 위해서도 꼭 바람직하지 않을 수 있다. 이러한 흐름을 반영하듯이 최근에는 조직몰입보다는 직무관여/몰입을 보다 중요한 개념으로 받아드리고 있다.

3.5. 조직은 프로들의 세계: 긍정적 태도 요구

조직은 프로를 원한다. 프로의 세계는 냉정하기 때문에 여기서 조직구성원들이 살아남거나 성공하려면 무엇보다도 수동적 인간관인 소극적인 노예근성이 아닌 능동적 인간관인 진정한 프로(기업가) 정신을 필요로 한다. 즉 긍정적 태도를 갖춘 프로선수처럼 조직구성원들이 변화 및 혁신되어야만 한다. 진정한 프로선수들은 의식수준에서든 역량에서든 자기분야에서 최고수준의 사람들이다. 즉 모든 일을 긍정적으로 바라보는 태도를 갖고, 조직이 자기에게 무엇을 요구하는지를 아는 명확한 목표의식, 업무에 대한 책임감을 느끼고, 그리고 그 목적을 달성하기 위하여 자신업무에서 최고라고 인정받을 수 있는 역량을 갖추어야함은 물론 스스로 자기계발 노력을 아끼지 않는 사람들을 의미한다.

만약 목표의식을 잃어버린 구성원들이 과연 리더의 지시를 긍정적으로 수용하고, 책임감 있게 목표를 달성하기 위해서 열심히 일할 수 있을까? 이런 과거의 아마추어선수처럼 감독이 시키는 플레이만 충실하게 하면 된다는 소극적인 자세를 가지고는 절대로 프로선수가 될 수 없다. 기업에서의 프로 구성원은 열심히 일하는 것, 최선을 다하는 것으로는 충분하지도 않고 만족하지도 않는다. 반드시 성과를 끊임없이 내서 모든 결과로 보여주어야만 한다. 열심히 일했다고 해서 인정해주지 않는 것이 프로의 세계이기 때문이다.

조직에 몸담고 있는 구성원들은 이제 아마추어의 때를 벗어버리고 프로로 거듭나야 한다. 거친 세상에서 자신이 살아갈 수 있는 핵심요소는 연줄이나 인맥 등이 아니라, 자신의 역량과 긍정적 태도(마인드), 그리고 꾸준하고 기복 없는 성과라는 것을 다시 새겨야 한다. 진정한 프로는 부, 명예, 그리고 끝없는 러브콜을 받는다. 그저 윗사람의 말을 잘 듣는 착한사원이 아니라 자신이 맡고 있는 직무에 누구보다 전문가가 되어 핵심역량을 갖춘 구성원이 되어야 한다. 프로와 아마추어의 차이는 어떤 일을 하느냐가 아니라 일을 대하는 태도에 달려 있다. 프로들의 태도를 다음의 [그림 4-2]로 정리할 수 있다.

[그림 4-2] 프로들의 태도

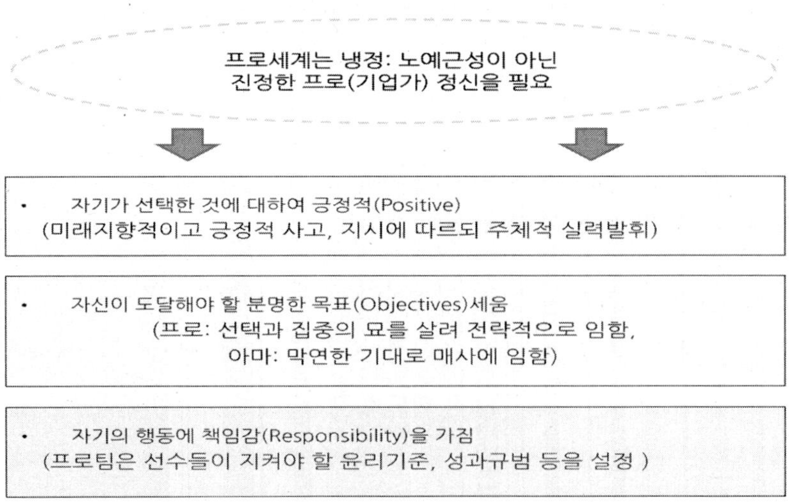

조직구성원들이 프로로 거듭날 수 있도록 노력일환으로 긍정적 태도를 유지할 수 있는 방안은 무엇일까? 오늘날 기업에서 프로선수와 같은 조직구성원이 되기 위한 혁신방안은 무엇일까? 이를 고찰해보면 다음과 같다.

1) 자기 자신에 대한 긍정적 평가를 통해 자기존중(self-esteem)의식이 높아야 하며, 특정한 과업을 수행할 수 있다는 개인에 능력에 대한 자신의 믿음을 나타내는 자기효능감(self-efficacy) 또는 자신감을 높여야 한다. 그 이유는 자기존중감과 자기효능감이 높은 사람들은 개인들 간의 관계가 호의적이며 협력적이고, 보다 어렵고 도전적인 목표를 설정하며 자율적이고 창의적으로 실행하며, 일이 완수될 때까지 책임감을 갖고 주도적이며 적극적으로 매달리는 경향을 보이기 때문이다.

2) 자기가 선택한 것에 긍정적(Positive) 태도를 가져야 한다.

   어떤 상황에 부딪쳤을 때 안 되는 이유를 먼저 떠올리는 것이 아니라, 과거에 연연하지 않고 미래지향적이고 긍정적으로 생각하여야 한다. 또한 일을 수행하는데 있어 상사로부터 주어진 지시에 따르되, 수동적이 아니라 자신의 승리를 위하여 주체적으로 실력을 발휘하여야 한다.

3) 스스로 자기의 행동에 책임감(Responsibility)을 가져야 한다.

   프로선수들처럼 기본적으로 지켜야할 윤리기준 및 성과규범 등을 설정하고, 어떠한 상황에서도 조직구성원으로서의 자신의 행동에 대해 책임을 지며, 설령 그 결과가 자신에게 불리하더라도 이의 없이 받아드려야 한다. 그리고 절치부심하여 실력으로 모든 걸 말하여야 한다.

4) 자신이 도달해야할 분명한 성과목표(Objective)를 세워야 한다.

   프로는 성과목표를 구체적으로 세워 자신이 처한 환경과 자신의 역량을 고려하여 선택과 집중의 묘를 살려 전략적으로 임하는 반면 아마추어는 막연한 미래의 기대를 가지고 매사에 임하는 차원이 다르다.

나는 나 자신에 대해 고정관념을 얼마나 가지고 있을까? (테스트)

당신은 얼마나 자주 이렇게 혼자 말하거나 혹은 속으로 생각하고 있습니까?
전혀 안함(1), 어쩌다 한번(2), 가끔(3), 자주(4)

번호	문항	1	2	3	4
1.	아무리 노력해도 소용없다. 어떻게 해도 사람들은 내 말에 귀를 기울이지 않는다.	--	--	--	--
2.	나는 그 일을 하기에는 경험이 충분하지 않다.	--	--	--	--
3.	내가 뭘 알겠는가? 나는 그저 ~ 일 뿐이다.	--	--	--	--
4.	나도 한때는 노력했다. 하지만 아무 소용 없었다. 나는 할 수 없다.	--	--	--	--
5.	나 같은 사람은 절대로 앞서 나갈 수 없다.	--	--	--	--
6.	나는 새로운 일 을 시도할 때마다 실패했다.	--	--	--	--
7.	우리 부모님은 내가 아무것도 되지 못할 거라고 말했다. 그 말씀이 맞았다.	--	--	--	--
8.	나는 자질이 부족하다. 나는 유용한 자격증 하나 없다.	--	--	--	--
9.	위험을 감수했다가 실패하면 내 경력은 여기서 끝장이 날 것이다.	--	--	--	--
10.	나는 생계를 의지할 수 있을 만큼은 평판을 얻었다.	--	--	--	--
11.	내게 주어진 책임을 다하는 것이 중요하다.	--	--	--	--
12.	나도 할 수 있으면 좋겠다. 하지만 할 수 없다.	--	--	--	--
13.	나는 지금까지 한번도 그 일을 완수하지 못했다. 앞으로도 마찬가지일 것이다.	--	--	--	--
14.	다른 사람들과 비슷하게 맞추어 가면서 사는 것이 중요하다. 다르게 행동하면 사람들은 별로 좋아하지 않는다.	--	--	--	--
15.	목숨을 걸고 자기 주장을 내세워 보더라도 결국 아무런 소용이 없다.	--	--	--	--

15~26점: 자신에 대한 고정관념에 갇혀서 헛된 시간을 낭비하는 일이 거의 없다. 당신은 자신에게 많은 기회와 선택의 여지가 있다고 생각한다.

27~38점: 자신을 바라보는 사람들의 시선을 의식하고 있다. 그리고 때때로 자기 자신과 미래를 위한 기회를 제한 하기도 한다.

39~49점: 자신에 대해서 대단히 심각한 고정관념을 만들어 냈다. 그리고 위험을 감수하면서 새로운 일을 시도할 수 있는 능력을 봉쇄하고 말았다.

50~60점: 머리 속의 고정관념에 갇혀서 시간을 다 보내고 있다. 당신은 다른 사람의 생각 혹은 다른 사람들의 생각에 대한 당신의 생각을 무척이나 중요하게 생각 한다.

다른 사람들은 나에 대해 고정관념을 얼마나 가지고 있을까? (테스트)

"예스 와 노"로 응답:

1. 당신에게서 평소 당신의 이미지와 걸맞지 않은 면을 발견하고 주위 사람들이 놀란 적이 있는가?
2. 다른 사람들이 당신에 대해 갖고 있는 고정관념 때문에, 당신의 생각이나 제안이 심각하게 받아드려 지지 않는다고 느낀 적이 있는가?
3. 당신의 말이나 행동이 당신에 대한 고정관념을 깨트린 적이 있는가?
4. 다른 사람들이 당신에 대해 갖고 있는 편견 때문에 특정한 행동에서 항상 제외되고 있지는 않는가?
5. 다른 사람들이 인종, 성별, 나이, 종교, 직업, 옷, 말하는 태도 등과 관련해서 당신에 대해 언급한 적이 있는가?

PUFS

6. 때때로 다른 사람들이 당신의 진정한 모습을 알아 주지 않는 것 같아서 화가 날 때가 있는가?
7. 다른 사람들이 당신을 어떤 특정 범주 안에 집어넣고, 당신에 대해 감당할 수 없을 만큼 지나치게 긍정적인 기대를 가지고 있지는 않는가?
8. 처음 사람을 만났을 때, 당신에 대한 선입견 때문에 상대방이 특정한 방식으로 말하거나 반응하는 것을 느낀 적이 있는가?
9. 사람들이 당신에 대해 얼마나 잘못된 선입견을 가지고 있는지 한 번이라도 해명을 한 적이 있는가?
10. 어떤 특정 집단(인종, 성별, 나이, 직업 등등)을 대표하는 사람으로 선출된 적이 있는가?

PUFS

결과: '예'

3번 이하: 행운아. 당신은 고정관념에 한 번도 희생당한 적이 없으며, 개별적인 사람으로 또 독자적인 인격을 지닌 인간으로서 인정 받고 평가 받고 있다.

4번~7번: 다른 사람의 선입견에 당신은 시달려 본 경험이 있고, 당신은 그런 경험으로 고정관념에 희생당하고 있는 사람들에 공감을 느낄 수 있으며, 고정관념을 깨뜨리고 독자적인 한 개인으로서 인정 받은 적도 있다.

8번 이상: 당신은 자신의 둥지나 최대한 잘 가꾸는 것이 좋을 것이다. 왜냐하면 항상 그곳에 안주하고 있기 때문이다. 자신에 대한 타인들의 시각 때문에 분노하고, 자신의 능력과 재능이 제대로 평가 받지 못한다고 느끼고, 고정관념에 시달린 나머지 냉소적 또는 우울증에 빠졌을 수도 있다.

PUFS

제 5 장 동기부여 I : 이론과 원칙들

조직 내 구성원들은 자율적인 존재이기 때문에 자신의 일을 누군가의 지시에 의해서 강제로 하기 보다는 자발적으로 하는 것이 바람직하다. 조직에서 구성원들이 높은 근로의욕을 갖고 자발적으로 몰입하여 열심히 일을 할 수 있도록 하기 위해서 어떻게 동기부여를 시킬 것인지에 대해 알아본다. 따라서 본장 제1절에서는 동기부여에 대한 이해를 돕기 위해 먼저 동기부여의 개념, 조직에서의 동기부여 실패원인과 중요성, 그리고 동기부여의 모형과 문제점을 살펴본다. 제2절에서는 동기부여 내용이론과 과정이론을 살펴보고, 제3절에서는 동기부여이론들에 기초하여 조직에서 어떻게 적용할 수 있는가? 특히 종업원들을 동기부여 시키기 위해 실제로 사용되는 주요기법들은 살펴보도록 한다.

제1절: 동기부여에 대한 이해

글로벌 경쟁이 치열한 오늘날 기업을 발전·존속시키기 위해서는 조직구성원들로 하여금 적극적이고 자발적으로 일할 수 있도록 해야 할 필요성이 제기된다. 동기부여란 용어는 오늘날 많이 사용하면서도 매우 복잡한 용어이다. 이것은 1920년대부터 사용되기 시작한 이래 어떤 행동을 불러일으키는 요인으로 이해되고 있다. 따라서 본 절에서는 동기부여의 개념, 조직에서의 동기부여 실패원인 규명과 중요성, 그리고 동기부여 모형 및 문제점 등을 살펴보도록 한다.

1.1. 동기부여의 개념과 과정

동기부여(motivation)란 "행동을 유발하고, 행동의 방향을 설정하며, 그 행동을 유지하도록 하는 심리적인 힘을 제공하는 것"이라 정의할 수 있다(Landy & Becker, 1987). 즉 개인이나 집단의 행동이 조직목표를 지향하는 방향으로 향하도록 그 행동의 방향과 정도에 영향을 줄 수 있는 상황을 만들어 주는 경영자의 의식적이고 시도된 행위라고 할 수 있다. 따라서 이는 조직의 목표와 개인의 동기가 일치하지 않을 때 더욱 필요하게 된다.

욕구의 결핍만이 일할 수 있는 동기부여를 일으킨다.

- 우리는 '이것만 있으면 될 것 같다' '조금만 뛰어난 사람들만 있다면---''자금이 조금만 더 풍부하다면---' '기술력만 더 뛰어나다면---' 등등. 모든 것이 다 잘 될 것 같은 아쉬움과 기대를 가지고 늘 살아간다. 그러나 막상 그런 것들이 갖추어진다고 해서 사정이 크게 달라지지 않는 것을 자주 목격하게 된다.
- 문제는 마음가짐이다. 오히려 부족함이 있을 때 더 열심히 일하는 것은 인간도 마찬가지이기 때문.

인간은 누구나 어떤 욕구, 그 욕구를 채우려는 행위의도, 그리고 실제행동 등 세 가지의 복합체로 구성되어 있는데, 이 세 요소는 균형을 이루려 하지만 현실에서는 수시로 깨어진다. 충족되지 않은 욕구가 있으면 균형은 곧 깨어지고 긴장이 조성되며, 긴장이 발생되면 개인은 균형을 찾으려고 노력하게 되며, 그 욕구충족을 위해 무엇인가 하려고 하는데 이 상태를 동기(Motive)라 한다. 여기서 우리는 동기부여의 과정은 다음의 [그림 5-1]과 같이 정리할 수 있다.

[그림 5-1] 동기부여의 과정

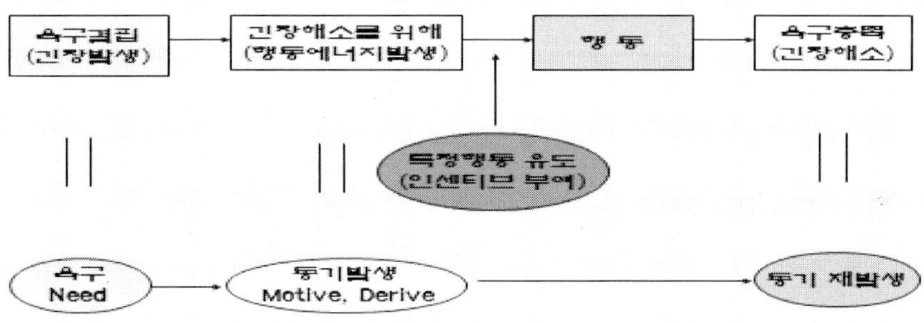

1.1.1. 행동의 동기

인간에게는 육체적, 심리적으로 필요한 것이 있는데 이것이 없던지, 있어도 부족하다면 이를 필요로 하는 상태가 되는데, 이를 욕구(Need)라 한다. 그러므로 욕구는 욕구의 결핍상태 또는 불균형상태로 볼 수 있고, 이때 긴장을 유발하게 된다.

1.1.2. 행동의 유도

긴장상태에서의 인간은 의식적, 무의식적으로든 이 긴장을 해소하려고 어떤 행동(욕구충족행동)을 하려는 심리상태에 이르게 되는데, 이런 내적 심리상태를 동기(Motive)라고 한다. 즉 내적 심리상태(Motive)는 행동으로 이어질 에너지 상태로 존재하게 된다. 이 힘을 욕구충족행동, 과업행동, 바람직한 행동 쪽으로 유도시켜 직접행동을 작동시키는 것을 모티베이션 즉 행동하려는 에너지를 바람직한 쪽으로 이끄는 것을 동기부여라 한다.

1.1.3. 행동의 강화

어떤 행동을 하고 난 후 행위자가 만족과 보람을 경험함으로써 차후에도 같은 행동이 반복할 수 있도록 해주는 상태를 강화라고 하고, 이는 동기부여의 마지막 과정이다. 즉 욕구는 행동의 동기를 유발하고, 그 동기에 의해서 욕구충족 행동이 있게 되며, 욕구가 충족되면 다음번에도 충족될 거라는 기대에 행동동기가 다시 유발되고, 다시 행동으로 이어진다.

1.2. 조직 관리에 있어 동기부여의 실패원인과 동기부여 중요성

조직을 관리하는데 있어 구성원들의 의욕을 불러일으키는 것만큼 중요한 일은 없다. 그 이유는 개인목표와 조직목표의 조화 즉 조직의 유효성은 결국 조직구성원들에 의해 좌우되기 때문이다. 또한 그들이 얼마만큼의 의욕을 갖고 노력하느냐 하는 것이 목표달성이나 성과향상의 첩경이 되기 때문이다. 그럼에도 불구하고 조직에서 구성원들의 의욕을 불러일으키는데 있어서의 실패하는 문제점은 무엇인가?

1.2.1. 동기부여의 실패원인

조직에서 관리자들이 구성원들의 동기부여에 실패하는 원인은 무엇인가? 실패원인을 세 가지에서 찾아볼 수 있다. 이를 요약하면 다음의 <표 5-1>과 같다.

〈표 5-1〉 조직에서 동기부여의 실패원인

1) 구성원들이 자기 일에 큰 의미를 찾지 못하여 동기를 불러일으키는데 실패하고 있기 때문이다. 즉 구성원들은 기업전체의 목표와 자신의 직무사이의 연계성에 대한 이해의 부족으로 담당 직무의 중요성을 인식하지 못하고 있으며, 따라서 적극적으로 업무수행을 하지 못하고 있다.
2) 경영층의 의사결정에 있어서 폐쇄성으로 인하여 구성원들의 실질적인 참여를 통한 동기부여가 제대로 이루어지지 못하고 있기 때문이다.
3) 명확한 권한이양이 이루어지지 않아서 권한은 없고 책임만 지게 됨으로써 내재적인 동기부여가 억제되고 있기 때문이다.

1.2.2. 동기부여의 중요성

조직을 관리하는데 있어 동기부여가 중요한 이유는 무엇인가? 조직과 개인차원으로 구분하여 그 이유들(신유근, 1997)을 다음의 <표 5-2>와 같이 정리할 수 있다.

〈표 5-2〉 개인과 조직차원에서 동기부여의 중요성

구 분	이 유
개인 차원	• 맡은바 업무를 해낼 수 있다는 과업수행에 대한 자신감과 자긍심을 갖게 하기 때문이다. 즉 스트레스, 무기력감, 소외감에 대한 근로의욕 상실 등을 극복하도록 활력을 불어넣어 창조적 그리고 자발적으로 직무수행을 할 수 있도록 한다. • 일을 통해 자아실현을 할 수 있는 기회를 제공하기 때문이다. 즉 적극적이고 능동적으로 일을 함으로써 사회적 구성원으로서의 존재의미를 확인할 수 있다. • 자발적인 업무수행노력을 촉진하여 개인의 직무만족과 생산성을 높이고 나아가 조직유효성을 제고시키는데 적극적으로 기여하기 때문이다. 즉 직무만족과 성과향상을 통한 동기부여의 증진으로 인재개발을 촉진시킬 수 있다.
조직 차원	• 조직을 변화시키는 추진력이 된다. 즉 재조직이나 혁신이라는 변화에 저항을 최소화시켜 자발적으로 이에 적응하도록 노력하게 한다. • 경쟁우위원천으로 사람의 중요성이 커지는 상황에서 개인의 동기부여는 기업경쟁력을 제고시키는 열쇠가 된다. 즉 제약이 증대되는 상황에서 유연하고 신속하게 대응함으로써 개개인이 주도권을 갖고 문제의 상황에 능동적으로 대처할 수 있다.

1.3. 동기부여의 모형과 문제점

동기부여는 목표를 달성하기 위한 개인 노력의 강도, 방향, 지속성을 설명하는 과정이다. 동기부여의 이 3가지 핵심요소를 살펴보면 다음과 같다. 강도(Intensity)란 '개인이 얼마나 열심히 노력하는가'를 기술한다. 이것은 대부분의 사람들이 동기부여를 언급할 때 초점을 두는 요소이다. 하지만 노력이 조직에 이익이 되는 방향으로 향하지 않는다면 노력의 강도가 높다고 해도 좋은 직무성과는 나오지 않을 것이다. 그러므로 노력의 강도와 방향도 함께 고려해야 한다. 조직의 목표를 향하고 그와 일치하는 노력이야 말로 우리가 추구해야 하는 노력의 종류이다. 지속성은 '개인의 노력을 얼마나 오래 유지할 수 있는가'를 측정한다. 동기부여가 되어 있는 개인들은 목표를 달성하기 위해 충분히 오래 과업에 머문다.

인간은 왜 일을 하는가? 단순한 경제적인 돈 보상만으로는 노동의 동기부여를 할 수 없다. 그 이유는 인간은 무언가를 성취하는 과정에서 의미를 찾는 존재이기 때문이다. 그러므로 일을 반복하는 사람이 새로운 일을 하는 사람보다 생산성이 떨어지게 된다. 여기서 우리는 동기부여의 모형을 살펴볼 필요가 있다. 동기부여의 모형은 [그림 5-2]와 같이 4단계로 되어있으며, 각 단계의 개념 및 문제점들을 설명하고 다음과 같다.

[그림 5-2] 동기부여의 모형

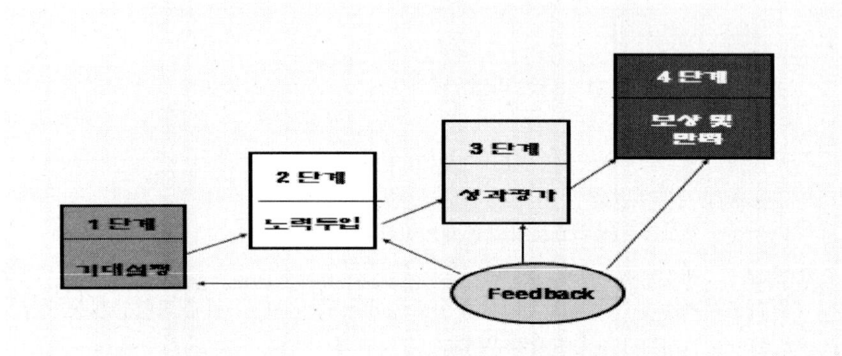

자료: Wagner & Hollenbeck, 1995, 172-174: Kreitner & Kinicki, 1995, 142 참조

1.3.1. 기대 설정단계

구성원들과 조직이 일을 통해서 어떤 것을 얻을 수 있으리라는 기대를 각각이 설정하는 단계를 의미한다. 기대(expectancy)란 어떤 성과(수준, 정도, 질, 내용 등)를 내면 어떤 보상(경제적, 사회적, 심리적 등)을 받게 될 것이라는 믿음을 의미한다.

1.3.1.1 개인의 입장:

개인입장에서 자발적 의사를 갖게 되는 이유는 일정한 노력을 통해 원하는 바를 얻을 수 있으리라는 기대에 대한 믿음 때문이다. 또한 개인의 욕구가 달라 이를 반영한 기대에도 차이가 있으므로 기대에 따른 보상에서도 차이가 있고 다양하다.

1.3.1.2. 조직의 입장:

조직입장에서는 맡은 일을 성공적으로 수행하여 조직이 바라는 중요성과를 내줄 것을 기대하기 때문에 개인들에게 일을 부과-보상조건 제시-노력의 투입의사를 갖도록 유도-개인목표와 조직목표가 조화될 수 있도록 노력한다.

1.3.1.3 기대의 설정단계에서 개인과 조직의 문제점:

1) 개인의 기대수준이 너무 높아 조직이 이를 충족시켜 주지 못하는 측면.
2) 개인의 기대수준이 지나치게 낮아 어떤 도전적 자세, 성취욕구를 갖지 않는 경우.
3) 조직차원에서 개인의 장래에 대한 구체적이고, 명확한 비전이 제시되지 않아 개인의 동기부여가 저하되는 경우.
4) 구성원들에게 무리한 목표달성을 기대하여 과도한 업무부여로 스트레스나 과로 같은 문제 야기
5) 구성원들의 기대가 인력의 성격에 따라 어떻게 다른지 파악이 제대로 이루어지지 않은 경우 등.

1.3.2. 노력투입단계

개인이 자신의 목표를 달성하기 위해 또는 조직에서 제시되는 일을 효과적으로 수행하기 위해 노력이 투입되는 단계로, 노력투입의 양상은 개인차가 있고 다양하다.

1.3.2.1 개인의 입장:

일에 몰입하는 자세를 보이거나, 정해진 기한 내에 책임을 완수하려 한다든지, 동료와 타부서와의 긴밀한 협조를 한다든지, 새로운 업무지식을 습득한다든지 등 여러 행동을 하는 단계를 의미한다.

1.3.2.2. 조직의 입장:

개인이 목표지향적인 행동을 지속하도록 경영관리를 하는 단계로 목표달성을 위한 적합한 직무들을 나누고, 도전과 성취감을 줄 수 있도록 일을 설계, 직무환경을 관리, 직무수행에 필요한 지식을 교육하는 과정.

1.3.2.3. 노력투입의 단계에서 개인과 조직의 문제점:

개인측면의 문제점으로는 개인노력의 부족문제로 도전적인 자세나 성취욕구가 낮아 쉽게 포기하는 무사안일자세, 적당주의자세, 현실에 안주하려는 태도 등을 들 수 있다. 반면에 조직측면의 문제는 일자체가 근로의욕을 저하시키는 문제로 단순 반복적, 기계적 업무제공, 개인차를 인정하지 않음, 일률적으로 직무할당, 권한과 책임을 부여하지 않는 등을 들 수 있다.

1.3.3. 성과평가의 단계

개인과 조직이 각각 다른 기준을 갖고 평가하는 단계로, 성과평가를 위한 정형화된 규정과 규칙에 의거하여 개인이 수행한 업무를 공정하게 평가하여 피드백 한다. 이때 성과평가를 토대로 개인의 과업목표를 상향 또는 하향 조정한다.

1.3.3.1. 성과평가단계의 문제점:

판단 및 평가와 관련하여 불공정이 대표적인 문제로, 객관적인 성과평가의 기준이 모호하거나, 평가자의 편견과 주관에 의해 평가가 좌우되는 경우 등을 들 수 있다.

1.3.4. 보상 및 만족단계

성과평가 자료를 기초로 구성원 스스로 또는 경영자가 그에 상응하는 보상(경제적 및 사회적)을 하고, 이에 대해 만족과 불만족을 느끼는 단계를 의미한다. 물론 보상과 만족은 다시 기대 설정단계에 피드백 된다.

1.3.4.1. 보상 및 만족단계의 문제점:

1) 보상과 관련하여 형평성이 결여되어 있는 경우
2) 보상이 욕구차이를 무시한 획일적으로 제공되는 경우
3) 정신적 보상을 무시하고 화폐적 보상만을 강조하는 경우,
4) 성과와 관련한 보상체계가 명확히 정비되어 있지 않는 경우 등을 들 수 있다.

제2절. 동기부여의 제 이론들

이 절에서는 동기부여에 관한 여러 학자들의 다양한 이론들을 이해하기 쉽게 내용이론과 과정이론으로 대별하여 살펴보도록 한다.

2.1. 내용이론(Content Theory)

내용이론은 '동기부여를 일으키는 요인들을 밝히는 것에 관심'이 있다. 즉 사람들이 무엇을 원하고 필요로 하는가를 여러 가지 방법으로 확인하는데 관심이 집중되고 있다. 그러나 이러한 내용이론은 정태적(static)이고 기술적이라고 비판을 받고 있다. 내용이론에는 매슬로우의 욕구

단계설, 맥그리거의 X·Y 이론, 허츠버그의 2요인 이론, 맥클랜드의 성취·권력·친교욕구 이론 등이 포함된다.

2.1.1. 매슬로우(Maslow)의 욕구단계 이론(Hierarchy of Need Theory)

가장 잘 알려진 동기부여 이론으로, 매슬로우(Maslow, 1943; 1967))는 모든 사람에게는 다음의 <표 5-3>과 같이 5가지의 욕구단계가 존재한다고 가정했다. 각 욕구가 상당히 충족될 때 다음욕구가 중요해진다. 그러므로 만약 누군가를 동기부여 시키고자 한다면, 그 사람이 현재 어떤 욕구단계에 있는지를 이해해서 그 단계 이상의 욕구를 충족시키는데 초점을 맞출 필요가 있다고 그는 주장한다. 즉 상위 고차원의 욕구는 개인 내에서 내적으로 충족되지만 하위 저차원의 욕구는 보수, 노조계약 및 정년보장 등과 같은 것들에 의해 외적으로 충족된다는 점이다.

〈표 5-3〉 매슬로우의 욕구단계 이론

욕구	내용
자아실현 욕구 (self-actualization)	성장, 잠재력 실현 및 자아충족감 등을 포함하여 이룩하는 바가 이루어지도록 만들어 주는 원동력.
존경 욕구 (esteem)	자존심, 자율 및 성취와 같은 내재적 요인과 지위 및 인정 등의 외재적 요인
사회적 욕구 (Belongingness, social, Love)	애정, 소속감, 수용(acceptance) 및 우정
안전 욕구(safety & Security)	물리적·감정적 해로부터의 안전과 보호
생리적 욕구(physiological)	배고픔, 갈증, 주거, 성 및 기타의 신체적 욕구

이 이론의 시사점은 사람에 따라서 동기화되는 욕구 단계가 다르며, 또한 시간의 흐름에 따라 개인의 욕구상태는 달라질 수 있다는 것이다.

2.1.2. 맥그리거(McGregor)의 X · Y 이론

맥그리거는 관리자들이 종업원을 어떻게 보느냐에 따라 인간본성에 대한 관리자의 관점을 다음의 <표 5-4>와 같이 두 가지의 다른 형태(X or Y) 가정하여 제안했다. 인간의 부정적인 측면을 바라보는 X이론과 인간의 긍정적인 측면을 바라보는 Y이론이다. 이 가정에 따라 관리자들은 자신의 행동을 종업원에게 맞추는 경향이 있다는 결론을 내렸다.

〈표 5-4〉 맥그리거의 X·Y이론

Y 이론	• 종업원들이 일을 휴식이나 놀이와 같은 자연스러운 것으로 보고, 책임수용 및 추구하는 능동적인 존재로 봄. • 고차의 욕구가 개인을 지배한다고 가정.
X 이론	• 종업원이 본래 일을 싫어해, 일을 수행하기 위해서는 지시받고 강제되어야 한다고 수동적 인간으로 생각함. • 저차의 욕구가 개인을 지배한다고 가정

맥그리거는 Y이론이 X이론보다 타당하다고 믿었기 때문에, 종업원의 직무동기를 최대화할 수 있는 방법으로 참여적 의사결정, 책임감이 부여되고 도전해 볼 만한 직무, 그리고 좋은 집단관계 등과 같은 아이디어를 제시했다.

2.1.3. 허츠버그(Herzberg)의 2요인 이론(Two-Factor Theory)

허츠버그는 개인과 일과의 관계는 기본적이며, 일에 대한 개인의 태도가 성공과 실패를 잘 결정할 수 있다고 믿으면서, "사람들은 자신들의 일에서 무엇을 원하는가?"라는 물음을 연구했다. 200명의 엔지니어와 회계사를 대상으로 한 연구조사를 토대로, 만족과 관련된 요인을 만족요인 그리고 불만족에 관련된 요인을 불만족 요인으로 다음의 <표 5-5>와 같이 구분하였다.

〈표 5-5〉 허쯔버그의 이요인 이론

동기부여 요인	• 만족과 관련된 요인으로, 작업자로 하여금 직무만족을 느끼게 하고, 더 나아가 작업자의 동기를 유발하는 요인이다. • 성취감, 인정감, 책임감과 같이 직무내용(Job content)과 관련된 요인
위생 요인	• 불만족과 관련된 요인으로, 직무불만족을 방지해줄 뿐이지 직무만족을 유발하여 적극적인 동기부여를 일으키지는 못한다. • 회사방침과 절차, 보수, 작업조건, 직무안정 등의 작업상황과 관련된 직무환경(Job Context)이다.

위생요인만 가지고는 종업원들로부터 적극적인 동기부여를 유발할 수 없다. 오직 동기부여요인만이 내재적(intrinsic) 요인으로 적극적인 만족을 유도함으로서 동기부여를 높일 수 있다고 보고 있다. 따라서 그는 종업원을 동기부여 시키고자 한다면 직무자체나 승진기회, 개인의 성장기회, 인정, 책임 및 성취 등과 같은 요인들을 강화하도록 제안했다.

2.1.4. 맥클랜드(McClelland)의 성취동기이론

그와 그의 동료들에 의해 개발된 이 이론은 다음의 <표 5-6>과 같이 3 가지의 욕구에 초점을 두고 있다.

〈표 5-6〉 맥클랜드의 욕구이론

성취욕구	• 탁월하거나 표준과 관련하여 성취하려 하고, 성공을 위해 노력하는 추진력
권력욕구	• 타인들이 지금까지 행동하지 않았던 방식으로 그들을 행동하게 하려는 욕구
친교욕구	• 절친하고 가까운 대인관계에 대한 욕구

3 가지 욕구 중에서 후속연구자들은 대부분 성취욕구에 맞추고 있다. 연구결과는, 기업가적인 기질과 상당히 유사한 성취동기가 높은 사람들은 직무에 높은 개별책임, 피드백, 그리고 중간정도의 난이도와 리스크가 있을 때 동기부여가 크게 된다. 또한 친교욕구와 권력욕구는 관리자의 성공과 크게 관련이 있는 경향이 있다. 훌륭한 관리자는 권력욕구가 높고 친화욕구가 낮다(Winter, 1984). 실제로 높은 권력 동기는 관리효과성의 한 요건일지도 모른다(Miner, 1965).

이상의 내용이론들을 상호비교하면 [그림 5-3]과 같이 요약·정리할 수 있다.

[그림 5-3] 모티베이션 내용이론의 상호비교

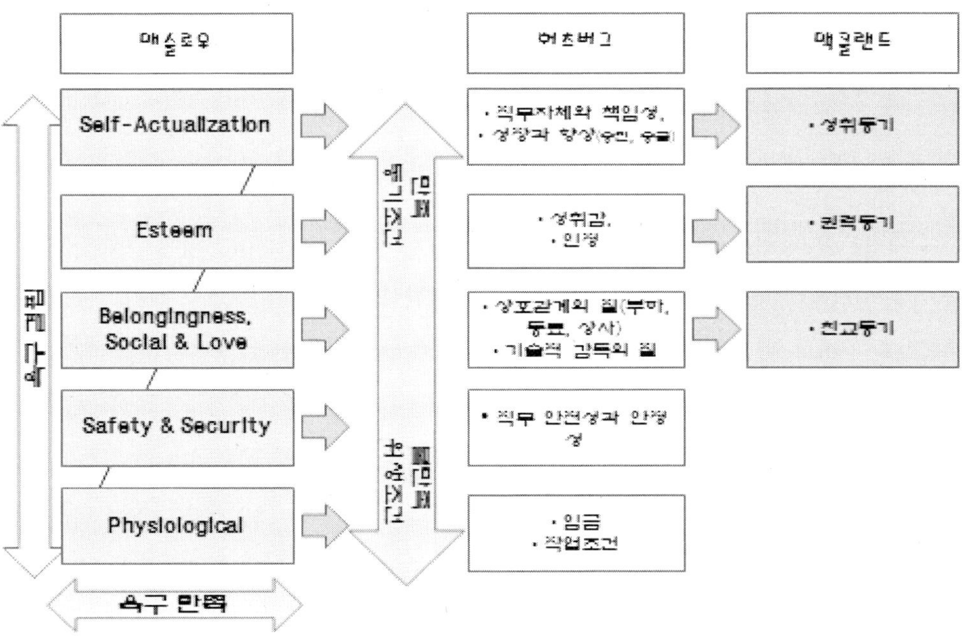

각 내용이론들은 약간의 다른 관점으로 행동을 설명하려 시도하였지만, 어떤 이론도 행동을 단독으로 설명하기는 어렵다. 하지만 비록 비판들이 회의적일지라도 이 이론들은 사람들이 타고난 그리고 학습된 욕구들과 만족정도를 유래(기인)하는 다양한 직무요인들을 제시하고 있다. 그러므로 이 이론들의 각각은 관리자들에게 행동과 성과의 일부 이해를 할 수 있도록 제공하고 있다.

2.2. 과정이론(Process Theory)

사람들이 행동을 하는 이유와 그 토대가 되는 과정을 설명하고, 다양한 상황 하에서 사람들이 어떻게 행동할 것인가를 예측하려는 것으로서, 인간의 동기부여가 어떠한 과정을 거쳐 이루어지며, 이 과정에서 발생하는 제 변수들은 어떤 것인가를 설명하는데 초점을 둔 이론을 말한다. 즉 동기부여 과정에서의 제 변수의 특성과 변수들과의 관계를 규정하는데 초점을 둔다. 과정이론에는 Vroom 기대이론과 Adams 공정성 이론을 들 수 있다.

2.2.1. Vroom의 기대이론 = 수단성 이론, 기대-유의성 이론

기대이론의 기본모형은 Vroom(1964)에 의해 정립되었으며, 기대이론의 기본모형은 다음의 <표 5-7>과 같이 두 가지 이슈에 초점을 맞추고 있다(Dunham, 1984).

〈표 5-7〉 기대이론의 두 가지 이슈

1. 둘 또는 그 이상의 대안이 있을 때, 사람들은 어떤 대안을 '선택'할 것인가?
2. 일단 하나의 대안이 선택된다면, 사람들은 '어느 정도의 동기력'을 가지고 그 대안을 추구할 것인가?

대안의 매력은 한 대안을 선택한 이후에 무엇이 발생 할 것인가에 대한 기대에 의해 결정된다. 따라서 기대이론은 여러 대안들 중에서 하나를 선택해야할 때 사람들은 가장 매력적인 대안을 선택한다고 주장한다. 그리고 선택된 대안의 매력도가 클수록 그 대안을 추구하려는 '동기력'도 커진다. 즉 인간의 행동에 있어서 본능적으로 하는 것이 아니라 어떤 행동의 결과와 그 결과에 대해 개인이 느끼는 매력(기대)정도에 의해 행동이 이루어진다고 보는 이론이다.

기본적으로 어떤 행동을 할 것인가와 관련된 경향은 다음 <표 5-8>의 3가지 요소에 의해 결정된다고 본다. 또한 세 개념과의 관계는 다음 [그림 5-4]와 같이 단순화된 모형으로 나타낼 수 있다.

〈표 5-8〉 행동결정과 관련된 경향성 3가지

1. 기대감 (Expectancy)	• 만약 이 대안을 선택한다면 성공할 수 있을까? 즉 일정한 노력을 기울이면 일정한 수준의 성과를 올릴 수 있으리라 믿는 가능성을 의미. • 과거에 성공했거나 실패한 경험과 자신감 등에 의해 영향을 받는다.
2. 수단성 (Instrumantality)	• 만약 성공한다면 어떤 결과를 얻을 수 있을까? 즉 어떤 성과를 올리면 그것이 바람직한 보상으로 연결된다고 믿는 가능성을 의미한다. • 강화하기 위해서는 바람직한 행위와 보상과의 관련성을 강화해야 함.
3. 유의성 (Valence)	• 대안의 결과들의 가치는 어떠한가? 즉 궁극적으로 얻게 되는 보상이 개인에게 얼마나 중요한가? 등 선호반영 가치정도를 나타내는 것. • 보상 또는 결과는 성과에 대한 반대급부로서 외재적 보상(승진, 보너스. 휴가 등)과 내재적 보상(성취감, 만족감 등)을 포함한다.

[그림 5-4] 기대이론의 기본모형

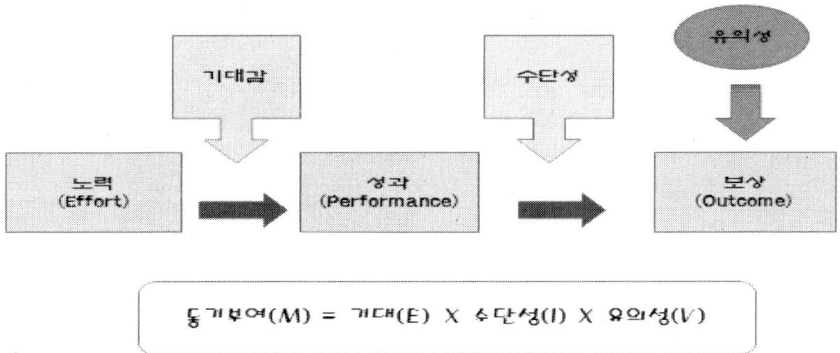

2.2.2. Porter & Lawler의 기대이론 확장모형

Porter & Lawler(1973)는 브룸의 기대이론을 토대로 하여 추가변수를 종합하고, 공정성 이론과도 연결시켜 기대이론의 확장모형을 다음 [그림 5-5]처럼 제시하였다.

확장모형에서는 노력만으로 성과를 제고하기에는 충분하지 않으며, 능력과 기술(skills)및 역할지각 등이 필요하다는 것을 설명하고 있다. 즉 개인이 투여하는 노력의 크기뿐만 아니라 직무를 수행하는데 필요한 능력과 기술도 성과에 영향을 미치게 된다. 또한 성과는 기대감에 영향을 주고, 내재적·외재적 보상은 수단성에 영향을 준다는 것이다. 그리고 외부와 비교하여 보상의 공정성 여부를 따져서 만족하게 된다는 것이다. 확장모형에서 추가된 변수들을 다음의 <표 5-9> 처럼 정리할 수 있다.

[그림 5-5] 기대이론의 확장모형

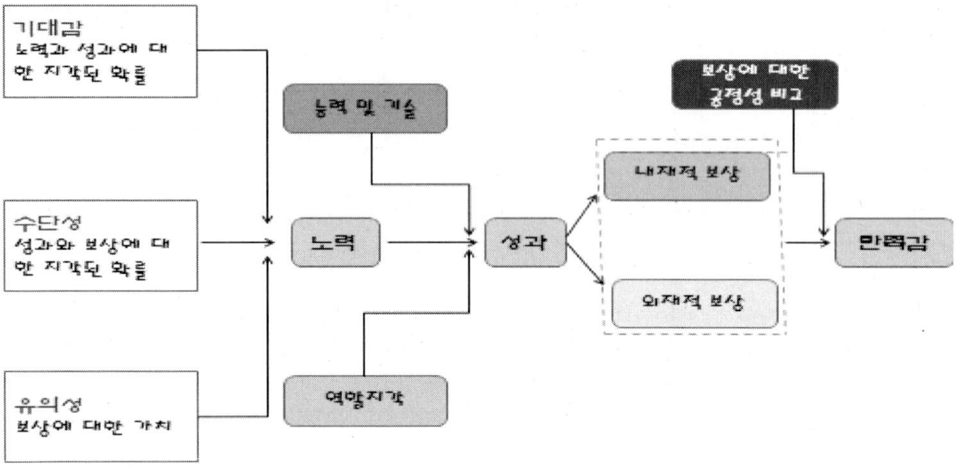

〈표 5-9〉 확장모형에서 추가된 변수들

능력과 기술	직무성과는 담당자보유의 능력과 기술에 의해 영향을 받을 수 있다.
역할 지각	노력-성과와의 관계에 역할지각이 영향을 미친다. 올바르게 지각될 때 성과달성에 필요한 노력증가, 불필요한 노력 감소가능.
외재적/ 내재적 보상	성과에 따른 보상은 외재적(물질보상, 칭찬 등)보상과 내재적 보상(목표달성 시 느끼는 만족감, 성장감 등)으로 이루어진다.
보상에 대한 공정성 지각	개인에게 주어지는 보상이 공정하다고 생각되는 정도를 의미한다.
만족감	보상이 공정하다 인식수준에 부합하거나 과소보상에 의해 불공정을 지각할 때 불만족이 발생한다.

기대이론은 경영자들이 성과를 증진시키기 위해서 필요한 몇 가지 구체적인 지침을 제공하고 있다. 이러한 지침들은 구성원들을 요령 있게 다루는 방법이 아니라 경영의 관점에서 구성원들의 욕구와 목표를 조직목적과 일치할 수 있도록 전략을 모색하는데 있다. 경영자들이 성과증진을 위한 구체적인 지침을 다음의 <표 5-10>처럼 정리할 수 있다.

〈표 5-10〉 기대이론관련 경영자들이 성과증진을 위한 구체적인 지침

지 침	내 용
수단의 명확화	동기유발위해 조직이 할 수 있는 가장 중요한 일은 성과에 근거하여 보상을 제공하는 것이다. 수단성 강화는 성과와 보상사이의 관계를 명확히 하고, 성과를 정확히 평가함으로서 가능하다.
욕구에 맞는 보상	직무에서 원하는 보상/결과는 구성원마다 다르다. 동기유발을 위해서는 구성원들이 긍정적인 가치를 부여하는 것을 보상으로 지급해야 한다.
직무에 맞는 조직구성원 선발	동기유발을 위해 성공할 수 있다는 기대감을 높이기 위해서는 개인능력/특질과 직무가 요하는 능력/특질과 적합화 시킬 필요가 있다.
역할기대의 명확화	직무성과에 대한 기대감을 높이기 위해서는 구성원들의 직무목표를 명확히 해줌으로서 구성원의 시간과 노력의 낭비를 줄일 수 있다.
성공할 기회제공	구성원들이 성과를 올릴 수 있도록 하기 위해서 그들이 높은 성과를 달성할 수 있는 상황을 제공해야 한다.
일관성 있는 인사시스템과 의사소통	조직은 성과에 근거한 보상 및 인사시스템 구축과 이를 구성원들에게 명확히 의사소통하고 일관성 있게 적용할 필요가 있다.

2.2.3. 공정성 이론

분배의 공정성과 관련된 이론은 다양하게 존재하지만, 가장 널리 알려지고 연구된 것이 Adams(1963)의 공정성이론 이다.

그는 사회적 교환관계를 개인이 평가하는데 있어서 분배적 정의의 개념이 중요한 역할을 한다고 하였다. 분배적 정의(distributive justice)는 "사회적 교환을 평가할 경우 사람들이 투입과 결과를 어떻게 고려하는지를 설명하기 위한 개념"이다(Homans, 1961). 투입(Input)은 교환의 직접적 당사자가 적절하다고 인식되는 모든 요소를 의미하며, 결과(Outcomes)는 교환의 직접적 당사자에게 제공되는 모든 보상을 의미한다. 또한 그는 자신의 분배적 정의에 대한 지각(투입과 결과에 대한 비례로 표시된)을 타인에 대한 분배적 정의에 대한 지각(타인과 비교)과 비교한다고 하였다. 이러한 비교과정에서 사람들은 타인과 비교할 때 자신이 공정하게 처우를 받고 있는지 여부를 판단하게 된다. 그리고 사람은 자신이 설정한 중요성에 의해서 투입과 결과들에 대한 비중을 결정한다고 주장하였다. 비율을 상대와 비교결과, 동일하다고 지각할 때는 적극적이고 최선을 다하려하지만, 그 비율이 불공평을 지각하면 긴장을 느끼며 불공정상태를 수정하려 든다는 것이다. 이것이 바로 동기부여의 기초가 되는 것이다.

불공정한 상태는 불만족, 분노나 죄책감을 느끼게 하기 때문에 공정성을 회복하려는 동기가 유발된다. 불공정 상태에 대한 개인의 반응, 즉 불공정 상태 지각으로 생기는 긴장은 다음의 <표 5-11>와 같은 과정을 따라 해소된다(Adams, 1965).

〈표 5-11〉 불공정 상태에 대한 개인의 반응

해소 과정	내 용
투입의 변경	불공정한 상황이 유·불리에 따라 자신의 투입을 늘리거나 줄인다.
결과의 변경	투입변경 없이 직무상의 보상을 늘리거나 줄일 수도 있다.
자신의 투입/산출에 대한 지각변경	실제 투입이나 결과를 변경시키지 않고 이들 요소에 대한 자신의 인식을 전환함으로서 불공정한 상황 변경
타인의 투입/산출 변경과 지각변경	비교대상이 되는 타인에게 압력을 가해 그의 투입과 산출을 변화시키거나 비교대상의 투입이나 결과에 대한 인식을 전환함으로서 해소
비교대상의 변경	타인가 비교에서 불공정을 느끼면 비교대상을 바꿈으로서 해소
현장으로부터 이동	주어진 상황에서 불공정수정이 어려우면 현장을 떠남으로서 해소

최근에는 공정성 이론이 분배적 정의인 결과에 초점을 맞추고 있으나 절차적 정의인 과정과 절차에는 관심을 두지 않는 한계를 확장하여 의사결정과정에 이르는 절차적 정의를 조직행위 연구에 적용하려는 움직임이 활발하게 이루어지고 있다. 절차적 정의는 "의사결정에 사용된 규칙과 절차에 대한 지각된 공정"을 의미한다(Lind & Tyler, 1988). 즉 어떤 결정이었는가 보다는 어떻게 결정되었는가를 다루게 되었다. 그러한 문제를 설명하기 위하여 연구자들은 그들의 관심을 절차공정성에 집중했다.

공정성 이론이 조직의 관리자에게 주는 제안은 다음과 같다.

첫째, 조직구성원을 대하는 데는 공평의 원칙을 지키라는 것이다.

둘째, 조직구성원들을 공평의 원칙에 맞게 대하는 것뿐만 아니라 그들이 지각하는바가 중요하다는 것이다. 그 이유는 공평에 대한 판단은 구성원 자신의 지각을 통해서 이루어지기 때문이다. 실제로 조직내부의 입장에서 과다한 보상을 주고 있지만 구성원이 조직외부의 비교대상을 고려하여 과소보상을 받고 있다고 지각하면 자신의 노력을 감소시킬 수도 있다는 것이다.

조직에서 조직공정성은 주로 인사시스템과 관련하여 판단된다. 인적자원관리의 하위시스템의 핵심인 승진시스템, 보상시스템, 평가시스템 등은 어느 것 하나도 독립적으로 가능하지 않다. 상호 밀접하게 연결되는 복잡한 네트워크 관계를 갖는다. 각각의 시스템을 과정과 결과로 구분해 볼 때 평가시스템의 결과는 승진시스템에 투입되어 승진, 승격의 결정에 반영된다. 또한 평가시스템의 결과는 보상시스템에 투입되어 호봉승급, 보너스, 수당결정에 반영된다. 그리고 승진시스템의 결과는 보상시스템에 투입되어 직급, 직위 등에 따른 급여의 상승으로 연결된다. 여기서 주목할 만한 것은 평가시스템의 과정이나 결과 모두가 인사시스템에서의 절차로 작용하는 특성을 갖는다. 따라서 이와 같은 시스템간의 연결이 얼마나 합리적이며, 공정하게 이루어지는가가 곧 인사시스템의 효율성과 효과성을 결정한다고 할 수 있을 것이다.

조직공정성의 관점에서 인사시스템을 다음과 같이 설명하고 있다(김주엽 외, 2010).

2.2.3.1. 조직공정성과 평가시스템

인사고과는 조직공정성 특히 절차공정성과 밀접히 관련되어 있는 영역이다. 그 이유는 평가에 대한 반응이 평가결과보다는 평가절차에 근거하기 때문이다. 그러면 평가절차의 3가지 측면인 평가절차에 대한 개입, 자기평가, 관찰기록 등에 대해 살펴보자.

1) 평가과정 참여: 피 평가자가 평가자에게 자신의 성과를 설명할 수 있는 기회를 갖는 경우는 그렇지 못한 경우보다 높은 공정성을 인식하고, 평가시스템에 대한 만족, 신뢰, 수용도 등이 높게 나타날 것이다. 그 이유는 피 평가자가 평가과정에 참여하여 자기성과에 대해 의견을 개진함으로서 평가자가 보다 완전한 정보를 갖고 평가할 것이라는 확신을 줄 것이기 때문이다.
2) 자기평가: 평가시스템에 있어서 의견을 직접 제시하는 자기평가는 편견이 문제될 수도 있지만 보다 완전한 직무관련정보를 평가자에게 제공할 수 있고, 이를 통한 과정통제는 평가자의 평가에 대한 공식적인 문제제기의 성격을 가질 수도 있다. 그러므로 하향식평가에서 나타나는 문제점을 일부라도 보완할 수 있다.
3) 기록보존절차: 평가절차가 공정해지려면 정확한 정보에 의존하여야 한다. 그 이유는 정확하게 기록된 관찰에 근거하여 평가가 이루어질 때 그렇지 않은 경우보다 평가를 보다 공정하게 인식하기 때문이다. 그러므로 평가의 정확성을 높이고 평가시스템의 절차공정성을 제공하는 유용한 방법은 그때그때 성과를 기록하고 보존하는 것이다. 즉 피 평가자의 중요행동들을 관찰 혹은 모니터링 한 것을 수시로 기록함으로서 보다 정확하고 편견 없는 평가를 할 수 있다.

2.2.3.2. 조직공정성과 보상시스템

보상시스템은 분배공정성과 절차공정성 모두에 관련성을 갖는 공정성과 가장 밀접하게 관련되어 있다. 분배공정성과 관련해서는 분배규칙, 절차공정성과는 임금공개와 카페테리아식 복리후생에 대해 살펴보기로 한다.

1) 분배규칙: 보상시스템은 조직이 구성원들에게 공헌에 대한 대가로 경제적, 비경제적 자원을 분배하는 방식을 의미한다. 보상시스템에 있어서 어떠한 분배규칙이 적용되고 있는가를 구성원들이 인식하는 바에 따라 분배공정성에 영향을 미치게 된다. 현실적으로 기업에서 사용되는 분배규칙은 형평(equity)과 균등(equality)으로, 보상내용에 따라 그리고 조직의 목표(결속 또는 생산성 강조 등)나 상황에 따라 상이하게 적용될 수 있다. 즉 경제적 보상은 형평규칙에 그리고 비경제적 보상은 균형규칙에 의함으로서 경제적 불평등을 상쇄할 수 있다. 또한 투입요소의 특성을 변화가능성에 따라 변화불가능 한 투입요소인 성, 학력, 직종 등에 있어 차별 없이 분배하는 것을 균등규칙으로 보고, 변화가능 한 요인인 기여도, 노력 등을 고려하여 차등적으로 분배하는 것을 형평규칙으로 보는 견해도 있다(김명헌과 이현정,1992). 이 방법은 형평을 존중하며 동시에 균등규칙도 촉구될 수 있다.
2) 임금공개: 이는 구성원들이 다른 사람들의 임금수준을 알 수 있도록 하는 것을 의미한다. 공개방향으로의 보상시스템 변경은 임금에 대한 만족을 높여준다. 그 이유는 일관성과 편파배제에 기초한 절차공정성을 높여주기 때문이다. 임금공개가 직접적인 과정통제는 아니지만 절차가 잘못되지 않으리라는 믿음을 주게 되기 때문에 공정성 인식을 높여주게 된다.
3) 카페테리아식 복리후생: 탄력적인 복리후생제도 즉 스스로 복지패키지를 선택한다는 것은 구성원이 결과와 관련된 의사결정을 하는 것으로서 결정통제를 하는 것이다. 사람들은 같은 결과라 하더라도 자신이 선택한 것에 대해서는 더 만족하는 경향이 있다.

2.2.3.3. 조직공정성과 승진시스템

승진은 수직적 이동의 한 형태로서, 조직에서 구성원들이 직무 및 자격 등의 서열상승을 의미한다. 이러한 승진에는 지위상승과 함께 보수, 권한, 책임의 상승이 함께 수반된다. 인사시스템 중 가장 핵심적인 것이 승진시스템이지만, 구성원들이 인사관리에 대한 불만을 토로할 때 가장 자주 거론되는 것이 승진관리의 불공정성이다. 그러므로 인사시스템의 불공정성을 제고하기 위해서는 승진시스템의 공정성을 높이는 노력이 필요하다.

조직에서 승진관리실시의 기본과제는 승진기준을 어떻게 설정할 것이냐 하는 문제이다. 이를 달리 표현하면 연공주의와 능력주의의 조화문제이다. 근속년수에 비례하여 숙련과 능력은 신장된다는 연공주의는 노동조합과 구성원사이에 널리 지지되지만 급변하는 환경과 새로운 기술혁신, 치열한 경쟁 환경은 연공질서를 무너트리고, 경영자들에게 널리 지지를 받고 조직목표달성에 기여하는 업무수행능력과 합리적 사고방식을 강조하는 능력주의는 앞으로 일반적인 승진방식으로 자리를 잡게 될 것이다.

능력주의는 직무와 분리하여 능력을 평가할 수 없으므로 합리적이고 명확한 직무분석 및 직무평가에 기초한 직무제도를 그 필수적인 전제조건으로 한다. 따라서 승진기준의 명확한 설정과 운용이 중요함으로 조직이 처한 환경과 조직의 특성, 그리고 구성원들의 의견이 반영된 승진제도를 마련하고, 그 운영을 공정하게 실시하는 것이 필요하다.

제3절. 동기유발이론의 활용과 동기유발 기법

지금까지 동기부여에 관한 여러 가지 이론들을 살펴보았다. 이 이론들에 기초하여 조직에서 어떻게 적용할 수 있는가? 특히 종업원들을 동기부여 시키기 위해 실제로 사용되는 주요기법들 즉 직무재설계 방식의 도입, 잡 크래프팅, 임금시스템 개선 등을 통한 동기유발방안들을 제시할 수 있을 것이다.

3.1. 직무재설계 방식의 도입을 통한 동기부여 증진방안

이는 내재적 요인을 증진시키기 위한 방안으로 직무가 구성원의 내재적 욕구와 일치하고, 과업이 더욱 도전감을 줄 수 있도록 직무자체의 재설계를 통한 동기유발을 추구하는 방식이다.

1) 직무충실화 실행

개인이 업무수행에 있어 자신의 성과를 계획, 지시, 통제할 수 있는 자율과 책임을 느끼고, 성장에 대한 기회나 의미 있는 업무경험 같은 동기요인을 제공받도록 [그림 5-6]과 같이 일의 내용을 재편성 하는 것을 의미한다. 개인차를 고려한 직무충실화를 위한 지침으로 다음의 <표 5-12>와 같이 정리할 수 있다.

〈표 5-12〉 개인차를 고려한 직무충실화를 위한지침

1) 책임을 부여하는 동안 어느 정도 이상의 통제를 하지마라
2) 구성원에게 자신의 일에 대한 책임감을 증대시켜라.
3) 개인에게 일부분이 아닌 전체로서 완전한 일을 맡겨라.
4) 주도권을 갖고 직무를 수행하도록 업무수행과정에 대한 재량권을 부여해라.
5) 정기적인 보고서를 업무담당자가 직접 만들도록 하라.
6) 새롭고 난이도가 높은 일을 소개하라.
7) 개인에게 구체적·전문화된 일을 부여하여 전문가로 성장할 수 있는 기회 제공하라.

[그림 5-6] 직무충실화: 일내용 재설계

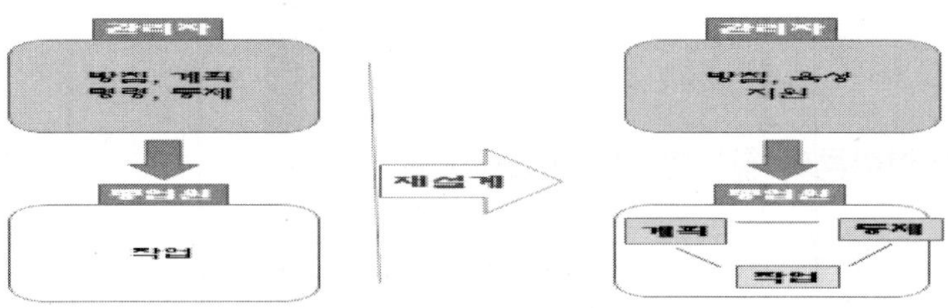

2) 탄력적 근무시간제 운영

지식노동은 탄력적 근무시간제의 운영을 촉진시킨다. 이의 개념은 여가를 즐기는 시간을 중시하고 종업원들의 가치관과 라이프스타일의 변화를 고려한 '핵심작업시간을 제외한 나머지 출퇴근시간을 신축적으로 설정하는 것'을 의미한다. 이는 구성원들에게 임파워먼트를 부여하고, 조직이 개인에 대한 신뢰를 하고 있다는 강한 느낌을 제공하는 효과가 있다. 이의 방안으로는 파트타임의 근무, 하나의 직무를 두 사람이 하는 직무공유(job sharing/paring), 재택근무, 네트워크 오피스, 모빌오피스 등이 있다.

최근 한국산업계는 OECD 평균보다 1.3배 긴 시간당 업무시간에 비해 미국의 절반수준에 머무는 생산성, 여성근로자의 출산기피, 고령자 취업률의 급감 등의 고질적인 문제에서 벗어나지 못하고 있다. 이런 가운데 스마트워크는 저 출산, 고령화, 노동생산성 저하, 환경오염 등 산업전반에 걸친 문제에 대한 해법으로 제시되고 있다. 이는 영상회의 등 ICT기술을 이용해 업무환경의 시공간 제약을 없애는 것이 골자이다.

스마트워크의 업무형태는 기존의 재택근무를 넘어 스마트워크센터, 모바일 오피스 등으로 다양하다. 장소에 상관없이 회사 정보통신망에 접속하고, 출근도 본사가 아닌 집근처 원격사무실로 하게 된다. 이동 중에는 스마트폰을 이용한 업무수행으로 업무효율성을 높인다.

- 스마트워크 시대, '모바일오피스' 뜬다. 재택근무는 고립감으로 인해 직무만족도 저하, 보안성 미흡 등의 한계를 갖기 때문에 스마트워크센터와 모바일오피스는 재택근무의 약점을 보완하는 스마트워크의 핵심이다.
- 스마트워크센터: 근로자 자택인근에 ICT 환경을 완비한 원격근무사무실로, 본사사무실과 유사한 사무환경을 제공할 수 있고, 근태관리와 보완성확보가 용이함.
- 모바일오피스: PC대신 스마트폰 등 무선단말을 통해 집이나 사무실은 물론 이동 중에도 업무를 처리할 수 있도록 해주는 시스템이다. 무선단말을 이용해 사내 컴퓨터 네트워크에 접속해 외부에서도 업무를 처리할 수 있게 된다. 이메일, 그룹웨어, 전자결재는 물론 ERP, CRM 등과도 연계돼 어디서든 사내시스템과 데이터에 접속가능하다.

우리나라는 스마트워크 도입에 필요한 세계 최고의 IT인프라를 보유하고 있지만 "대면중심의 조직문화와 관련제도 미비"로 선진국에 비해 스마트워크 도입실적이 저조하다고 지적되고 있다. 그러나 정보통신부의 '스마트워크 활성화전략'에 따르면, 2015년까지 전체 공무원의 30%, 전체 노동인구의 30%까지 스마트워크 근무율을 높여 나갈 계획을 수립하고 있다. 또한 민간에서는 통신사업자(KT, SKT 등)를 중심으로 스마트워크 전략이 추진되고 있다. 클라우드 컴퓨팅 기술을 활용한 서비스중심으로 기반환경이 속속 드러나는 중이다. 그러나 산업현장에서 느끼는 어색함과 거부감은 아직 적잖다. 기업들은 스마트워크, 모바일오피스의 실체와 효과를 도입하기에 앞서 더 구체적인 정보를 원한다. 이에 통신사업자와 IT 서비스업체들은 자사에 스마트워크와 모바일오피스를 선제적으로 도입하면서 실제 사례를 제시하고 있다.

3.2. 잡 크래프팅을 통한 동기부여 증진방안

잡 크래프팅(Job Crafting)은 "자신에게 주어진 업무를 스스로 변화시켜 일을 더욱 의미 있게 만드는 활동"을 말한다(Wrzesniewski & Dutton, 2001). 이는 종업원 스스로 능동적인 변화를 만들어낸다는 점에서 관리자가 주도하는 직무설계(Job Design)와는 차별화 된다. 잡 크래프팅을 통해 개인은 일에 대한 통제력과 자긍심을 높이고, 기업은 성과를 향상시킬 수 있다. 일을 즐거워지도록 변화시키는 효과적인 잡 크래프팅 방법은 다음과 같다(임명기, 2013).

1) 업무의 난이도와 범위 조정하기

자신의 권한 내에서 과제의 개수나 난이도를 조정한다. 이때 자신의 역량에 맞춰 적당한 긴장과 부담이 느껴질 수 있도록 업무 난이도를 설정할 필요가 있다. 개인의 역량과 과업의 난이도가 조화를 이루면 도전의식과 성취감을 자극하여 업무에 대한 몰입이 가능해지기 때문이다. 또한 자신에게 부여된 일이 아니더라도 잘할 수 있거나 흥미가 생기는 분야에 대해서는 지속적으로 관심을 갖고 도전할 필요가 있다. 그러다보면 새로운 기회가 생길 수 있기 때문이다. 그 예로 장애인용 안구 마우스 아이캔(eyecan)의 개발을 들 수 있다.

- 아이캔 개발은 사업목적이 아닌 한 직원의 지속적인 관심에서 출발했다. - TEDx SamSung에 한 직원이 아이디어를 제안하자 몇몇 직원이 자발적으로 동참하였고, 회사는 이들에게 별도의 개발시간과 사무실을 제공하였다.
- 아이캔은 삼성전자 창의개발연구소 1호 과제가 되었으며, 상업목적으로 사용하지 않겠다는 개발자들의 의견을 존중해 제작매뉴얼과 소프트웨어를 무료로 공개하였다. - 기존 안구 마우스 가격이 천만 원을 넘어 널리 보급하기 어려웠던 반면 아이캔은 제작비가 5만원 이내

자료: 삼성전자(2012), “지속가능 경영보고서”

기업은 구성원에게 계획과 통제기능 일부를 위임하여 자율성을 제고하거나 구성원 개개인의 직무범위를 확장할 필요가 있다. 특히 R&D 부문은 과제기획 및 일정 수립단계에서부터 개발담당자의 참여를 유도하고, 제조 및 서비스부문은 개인이 분담하는 직무범위를 확대하여 단순작업의 반복으로 인한 권태감을 떨쳐버리게 하고 흥미를 유발할 필요가 있다. 그 예로 컴팩(Compaq)사의 ‘자기 완결형 생산방식(Cell 방식)’을 들 수 있다.

- 1990년대 초 미국의 컴팩사가 시작한 셀 방식에서는 대량분업의 상징인 컨베이어라인이 없어지고, 한 명의 작업자가 전 공정을 책임지고 생산하는 방식으로의 전환을 꾀하였다. - 셀 방식은 다품종 소량생산 시 생산성이 탁월하고, 구성원 개인에게는 최종 생산물 에 대한 책임감, 성과향상, 동기부여 등 긍정적 효과가 발휘되었다.

자료: 이영훈(2005), 한국형 생산방식 그 가능성을 찾아서, 삼성경제연구소.

2) 고객과 동료와의 관계 재구축하기

주어진 역할을 넘어서 본인이 더 의미를 부여할 수 있는 역할로 고객이나 동료와의 관계를 재설정한다. 즉 단순히 상품과 서비스를 판매하는 사람이 아니라 고객에게 필요한 가치를 제공하고 지원하는 조력자 및 옹호자로의 역할변화를 꾀할 필요가 있다. 예로 우리는 금융상품 판매원

이 일회성 상품판매를 하는 것이 아니라 재무 설계 및 인생설계 상담자로서 고객과 오랜 관계를 유지하는 사례를 종종 보아왔다. 또한 직장동료들과는 공동의 목표를 함께하는 동반자로 관계를 재설정할 필요가 있다. 대부분의 직장인들은 업무지시를 그저 지시와 명령으로 여기지만, 누군가는 이를 같은 길을 함께 걸어가는 인생선배와 후배로서 후배의 성장을 돕는 코칭과 멘토링으로 활용하고 있을 것이다. 특히 타부서 직원을 대할 때에도 단순한 업무관계자가 아닌 동일한 목표를 함께 추구하는 공동체의 일원이라는 동반자관계를 형성해야 한다.

3) 자신의 일에 긍정적 의미부여하기

일의 목적을 명확히 이해함과 동시에 의미 있게 재정의(redefine) 해야 한다. 재정의 하기 위해서는 무엇보다도 업의 본질과 궁극적인 목표에 대해 명확히 인지해야 한다. 또한 명시된 요구수준을 넘어 내가 하고 있는 일의 목표를 더 크고, 깊고, 넓게 재정의 해보아야 한다. 예로 디즈니랜드의 청소직원은 자신의 역할을 '퍼레이드나 어트랙션을 연출하기 위한 무대 만들기'라고 재정의 하고 있다(임해성역, 2012). 그리고 일에 대한 자기인식을 긍정적으로 전환(reframe)해야 한다. 자신의 일에서 긍정적인 가치를 찾아내 부정적인 인식을 희석시키고, 작더라도 중요한 의미를 부각할 필요가 있다. 예로 일본영화 '굿바이(Good & Bye)에서의 장의사가 죽은 사람을 수습한다는 부정적인 생각을 버리고 슬픔에 빠진 고인의 친지와 친구를 돕는다는 긍정적인 가치를 체화하는 주인공을 들 수 있다.

• 영화 굿바이는 첼리스트에서 우연히 납관도우미가 된 남자이야기를 통해 인생의 궁극적인 행복과 삶의 의미를 재조명하고 있다.
- 염습하는 일을 '고인의 마지막 순간을 가장 아름답게 배웅하는 직업'으로 인식하게 되는 주인공의 변화과정을 감동적으로 묘사하고 있다.

이상과 같이 성공적인 잡 크래프팅을 위해서는 이것이 단지 나만을 위한 것이 아니고 조직과 동료에게도 긍정적 가치를 줄 수 있다는 공감을 얻는 것이 중요하다. 그리고 CEO나 리더는 재무적 성과만을 강조하기보다는 구성원들에게 의미 있는 목표를 제시해 주는데 주력해야 한다. 작은 배려나 인정은 구성원들이 일에서 의미를 찾는데 효과적이다. 회사는 직무순환 프로그램 등을 통해 구성원들에게 다양한 직무경험을 제공하여 구성원들의 소질과 적성에 맞는 일을 찾아주는 노력이 필요하다.

3.3. 성과–보상 합치프로그램 통한 동기부여 증진방안

보상시스템은 형평성 및 공정성이 담보되어 구성원들과의 합의를 통해 목표달성에 기여한 만큼 대가를 제공해주는 임금시스템으로 구축되어야 하며, 성과와 보상의 결속관계를 강화하는 방향으로 나아가야 한다.

1) 임금구조 개발과정에서 공정성 제고

형평성을 제고하는 임금구조의 개발이 필요하다. 즉 임금구조를 구성원들이 얼마나 공정하게 받아드리는가? 구성원들이 납득할 수 있는 일관성을 이루고 있는가? 또한 임금설계과정이 얼마나 정당하게 이루어졌는가? 하는 것이 중요하다. 이처럼 구성원들의 합의에 기반을 두고 기본급의 보장, 신뢰성 있는 능력급제도의 운영, 차별화된 성과급제의 도입이 필요하다.

2) 성과급제의 도입

많은 기업의 인사관리담당자들은 연봉협상에 불만을 갖고 있다고 한다. 그 이유는 기업들이 문서화된 평가시스템의 부재 및 평가도구의 미비 등으로 인한 평가 자료의 부족은 물론 객관적인 성과평가가 제대로 이루어지지지가 않고 있다고 믿고 있기 때문이다. 원래 성과급제는 노동성과(개인, 팀)의 평가에 따라 임금을 지급하는 제도로 임금수령액은 각자의 성과에 따라 증감한다. 그렇기 때문에 객관적인 공정한 평가가 전제되어야만 한다. 따라서 성과급제도가 제대로 정착하기위해서는 무엇보다도 성과에 대한 평가기준 및 평가요소가 명확해야 한다. 또한 팀의 성과에 대한 개인의 기여도를 정확히 측정해 낼 수 있는 신뢰도 및 타당도가 높은 평가도구의 개발이 선행되어야 한다.

3) 역량에 기초한 임금시스템 도입

개인이 얼마나 많은 역량을 갖고 있는가? 이에 따라 임금수준을 결정하는 방식을 의미한다. 이는 구성원들로 하여금 더욱 다양하고 광범위한 기량(skill)을 습득하도록 자극, 구성원들의 성장과 성취 욕구를 충족, 형평성을 제고, 구성원들의 동기부여를 촉진할 수 있는 임금제도이다. 또한 구성원간의 상호교류를 증진시켜주고 부문 간 배타영역을 감소시켜 조직의 활성화에 기여할 수 있다. 임금제도를 탄력적으로 운영할 수 있어 직무급제도에서 만연할 수 있는 '이것은 내 소간이 아니다'라는 식의 관료적 병폐를 제거할 수 있다.

나의 자아실현욕구

■ 아래의 응답양식을 활용하여 주어진 질문에 응답하시오.

〈응답〉

동의하지 않는다.	조금은 동의하지 않는다.	조금은 동의한다.	동의한다.
1	2	3	4

항 목	1	2	3	4
1. 나는 하늘을 우러러 조금도 부끄럽지 않다.				
2. 나는 다른 사람들이 나에 대해서 기대하는 것을 위해서보다는 나의 이상을 실현하기 위해서 산다.				
3. 나는 사람이란 근본적으로 선하기 때문에 신뢰할 수 있다고 믿는다.				
4. 나는 내가 사랑하는 사람들에게도 자유롭게 화를 낼 수 있다.				
5. 나는 내가 하는 일에 대해서 다른 사람의 승인을 필요로 하지 않는다.				
6. 나는 내 자신의 약점을 있는 그대로 받아들인다.				
7. 나는 나와 생각이 다른 사람들도 좋아할 수 있다.				
8. 나는 실패를 두려워하지 않는다.				
9. 나는 복잡한 문제들을 단순화시켜 분석하곤 한다.				
10. 외적으로 유명해지는 것보다는 자기 자신에게 진실한 것이 더 좋다.				
11. 나는 내가 특별히 헌신코자 하는 인생의 사명을 갖고 있다.				
12. 나는 비록 그것이 바람직하지 않은 상황을 만들게 되더라도 내 생각을 표현할 수 있다.				
13. 나는 누군가를 돕는 것에 대해서 책임의식을 느낀다.				
14. 나는 시대에 뒤떨어질 수 있다는 두려움 따위에 개의치 않는다.				
15. 나는 사랑을 주기 때문에 사랑을 받는다.				

[해 석]

- 당신이 남성이면, 응답총점이 45점 이상이면 자아실현욕구가 '높은' 것이고 그 미만이면 '낮은' 것이다.
- 여성이라면, '높은' 점수가 46점 이상, '낮은' 점수는 46점 미만이다.
- 당신의 자아실현욕구는 어떤 수준인가?

나의 목표지향성(goal-orientation)

■ 아래의 각 문항에 주어진 응답양식을 사용하여 답하시오.

〈응 답〉

1	2	3	4	5	6	7
전혀 그렇지 않다			보통이다			매우 그렇다

항 목	응답						
	1	2	3	4	5	6	7
1. 나는 다른 사람들보다 공부(또는 일)를 더 잘하는 것을 중시한다.							
2. 나는 공부나 일을 하는 과정에서 가능한 모든 것을 다 배우지 못할까 걱정한다.							
3. 나는 공부나 일을 할 때 최대한 많이 배우려고 한다.							
4. 나는 공부나 일을 할 때 잘못한다는 소리 안 듣는 것으로 만족한다.							
5. 나는 공부나 일에서 다른 사람들에 비해 잘하는 것을 중요시한다.							
6. 때때로 나는 공부나 일에서 알아야 하는 것을 다 알지 못할까 봐 두려움을 느낀다.							
7. 나는 공부나 일에서 모든 내용을 완전히 이해하는 것을 중요하게 생각한다.							
8. 공부나 일을 할 때, 나의 목표는 잘못하지 않는 것이다.							
9. 공부나 일을 할 때, 나의 목표는 다른 사람들보다 더 좋은 평가를 받는 것이다.							
10. 나는 종종 공부나 일에서 배워야 하는 것을 다 배우지 못할까 봐 걱정을 한다.							
11. 나는 공부/일에서 주어지는 내용들을 완전히 숙달하려고 노력한다.							
12. 나는 공부나 일에서 잘못할까 봐 두려워하는 마음 때문에 동기부여 될 때가 있다.							

[해 석]

<1> 우선 다음의 공식을 이용하여 당신의 목표지향성향을 계산하시오.

- 숙련목표도전성향: 항목3 + 7 + 11 = (　　　)
- 숙련결핍우려성향: 항목2 + 6 + 10 = (　　　)
- 결과목표도전성향: 항목1 + 5 + 9 = (　　　)
- 결과미달우려성향: 항목4 + 8 + 12 = (　　　)

<2> 각 영역 별 '고', '저'를 아래 표를 가지고 평가하시오.

영역	고, 저 평가기준	나의 성향에 체크
숙련도전	고: 17점 이상, 저: 17점미만	고( ), 저( )
미숙련우려	고: 12점 이상, 저: 12점미만	고( ), 저( )
결과목표도전	고: 15점 이상, 저: 15점미만	고( ), 저( )
결과미달우려	고: 13점 이상, 저: 13점미만	고( ), 저( )

<참고>

* 숙련목표도전성향(숙련도전): 최종 평가(예, A+학점)를 잘 받는 것보다 많이 배우겠다. (즉, 기술을 숙련하겠다)는 것을 목표로 세우고 도전하는 성향. 과정목표 추구자이다.
* 숙련결핍 우려성향(미숙련 우려): 배워야 할 것을 못 배울까봐 걱정하여(즉, 미숙련을 우려하여) 목표를 "배어야 하는 것을 다 따라 가는 것"으로 세우는 성향. 과정목표를 추구하나 도전보다는 탈락방지가 목표인 소극적 성향.
* 결과목표도전성향: 어려운 최종 목표(예, A+학점)에 도전하려는 성향. 무엇을 배웠는가 보다는 무슨 학점을 받았는가를 중시함.
* 결과 미달 우려성향: 최고 결과를 추구하는 것이 아니라 최종적으로 탈락하지 않는 것을 목표로 하는 성향

제6장 동기부여 II: 심리적계약과 임파워먼트

조직 내 구성원들의 열정과 몰입을 유도하고 싶은가? 구성원 개개인이 경영진 및 동료들을 신뢰하고 자신의 일에 자부심을 가지며 자발적인 업무자세를 취하게 하고 싶은가? 조직에 대한 구성원들의 충성심을 이끌어 내기 위한 일하기 좋은 근무환경을 조성하고 싶은가? 그렇다면 조직과 구성원 간에 존재하는 암묵적인 계약인 심리적 계약을 준수하라. 그리고 구성원들을 신뢰하고 임파워먼트 하라. 본장 제1절에서는 조직에서 동기부여의 적용과 관련하여 심리적 계약에 대한 이해를 돕기 위해 심리적 계약의 개념, 유형과 내용, 그리고 심리적 계약의 위약원인과 영향에 대하여 살펴본다. 제2절에서는 임파워먼트에 대한 이해를 돕기 위해 임파워먼트의 의미와 중요성, 구조, 등을 살펴보고, 그리고 임파워먼트 촉진방안을 알아보도록 한다.

제1절. 심리적 계약에 대한 이해

최근 들어 심리적 계약은 동기부여의 방안으로 혹은 차별화된 경영관리기법으로 떠오르고 있다. 그 이유는 심리적 계약의 준수여부가 동기부여는 물론 조직몰입과 성과향상에 영향을 미칠 수 있기 때문이다. 따라서 여기에서는 심리적 계약의 개념 및 유형, 위약사유와 영향, 그리고 심리적 계약을 통한 충성심과 신뢰유지 방안을 알아보고자 한다.

1.1. 심리적 계약의 개념과 유형

조직과 구성원은 서로에 대해 의무를 다해줄 것을 기대하고 믿는다. 이러한 상호의무에 대한 기대와 믿음이 충족될 때, 서로에 대한 신뢰형성은 물론 구성원들의 의욕 및 사기 충전, 동기부여, 조직몰입, 그리고 성과향상 등의 긍정적 효과가 나타나기 때문이다. 반면에 상호의무에 대한 기대와 믿음이 충족되지 못할 때, 서로에 대한 불신감 및 이직률 증가, 조직몰입 감소, 그리고 성과 감소 등의 부작용이 발생한다. 이러한 상호의무에 대한 기대와 믿음을 심리적 계약(psychological contract)의 개념으로 설명할 수 있다.

1.1.1. 심리적 계약의 개념

Argyris(1960) & Levinson(1962)에 의해 연구된 심리적 계약의 개념은 "조직과 구성원들, 또는 개인들 간의 상호교환에 대한 문서적, 비문서적 또는 구두적, 비구두적 기대들의 총합"이라고 정의하고 있다. 이를 풀어 설명하면, 상대와의 교환으로 어떤 것을 할 의무가 있고, 상대로부터 자신의 기여에 대한 대가로 어떤 것을 받을 권리가 있다고 믿는 것. 또는 주관적으로 정의되는 상호의무에 대한 믿음으로 개인과 개인은 물론 조직과 구성원을 연결하며, 서로에 대해 예측가능, 적절한 행동이 무엇인가 알려주는 기능을 수행하고 있다고 한다.

1.1.2. 심리적 계약의 유형과 내용

Macneil(1985)는 심리적 계약의 유형을 거래적 계약(transactional contract)과 관계적 계약(relational contract)으로 구분하여 설명하고 있다. 거래적 계약은 '단기적인 기간 동안에 경제적인 것들을 교환하는 계약'을 의미함으로 교환되는 내용이 구체적이고 범위가 협소하며 관찰자에 의해서도 계약내용이 이해가 가능하다. 반면에 관계적 계약은 '장기적인 기간 동안에 경제적 내용의 교환뿐만 아니라 개인 및 조직에 대한 사회·정서적 내용들(애착이나 충성심 등)도 교환하는 계약'으로 계약내용이 주관적으로 해석 가능해 제3자가 이해하기 어렵고, 당사자들 간에도 계약내용의 불일치가 보다 클 수 있다.

조직에서 구성원과 조직 간에 서로에게 거는 기대들에 대한 총합인 심리적 계약의 유형과 일반적인 내용들을 정리해 보면 다음과 [그림 6-1]과 같다.

[그림 6-1] 심리적 계약의 유형과 내용

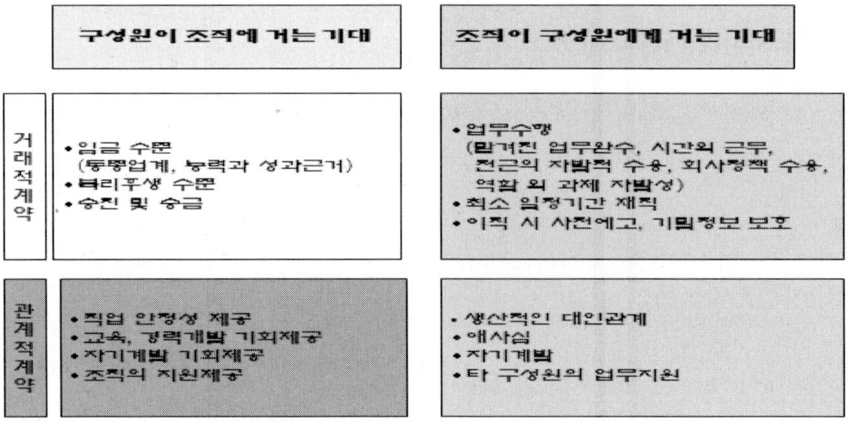

이처럼 심리적 계약은 고용관계의 초기에는 거래적 계약으로 시작해서 당사들 간의 상호작용을 통해 관계적 계약으로 발전을 하게 된다. 상호기대를 발전시키는 과정에는 일련의 주고받는 교환과 서로 기대에 대한 조정이 포함되며, 초기의 기대는 매우 추상적이고 일반적인 비현실적인 기대가 많은데 시간이 지나면서 이를 넘어 구체적이고 현실적인 기대로 발전시켜 나간다. 그 이유는 피상적인 관계를 피하기 위해서이다. 그러므로 서로간의 연대감 및 일체화 향상을 위한 특별한 관계를 맺기 위해서는 이를 준수하려는 서로의 의지가 분명하여야 하며, 이를 행동으로 실행하여야 한다.

1.1.2. 심리적 계약의 강도

심리적 계약하기는 동적인 과정으로 조직에 참여하고 있는 동안에는 끝나지 않고 계속되며, 개인적인 기대들이나 조직의 기대들이 변화함으로서 계약은 수정되어야 한다. 조직과 구성원 사이에 서로를 결합하는 힘의 유래는 상호간의 기대들에서 찾을 수 있으며, 서로를 결합하는 힘의 이 개념은 구성원과 관리자 사이에 존재하는 심리적 계약에 대한 이해와 측정을 통해 얻을 수 있다고 한다(Baker, et al. 1989). 측정은 계약의 특성들(기대의 요소들, 기대수준, 각 기대요소들의 중요성 정도)을 검토함으로서 시작할 수 있다.그러므로 심리적 계약의 강도는 상호작용을 하는 양쪽사이의 전체적인 상호기대들로부터 이끌어낸 결합하는 힘을 의미한다. 심리적 계약의 강도를 아래의 <표 6-1>와 같은 상징적인 공식에 의하여 구할 수 있다.

〈표 6-1〉 심리적 계약의 강도 산출 공식

SPC =*f*[1/Σ{(nei x wni) - (fei x wfi)}]

- spc = strength of psychological contract(심리적 계약의 강도)
- nei = level of need expectation(욕구기대의 수준)
- wni = weight of the need expectation(욕구기대의 중요성)
- fei = level of fulfillment expectation(충족기대의 수준)
- wfi = weight of the fulfillment expectation(충족기대의 중요성)
- n = number of the elements of expectation(기대요소들의 수)

심리적 계약강도는 개인들의 욕구들과 기대들의 수학적 총 합계의 기능으로서 조작되어지고, 각각의 욕구들과 기대들의 중요성에 의해 곱해진다. 이 상징적이고 합리적인 공식은 동기부여를 하는 조건들에 심리적 계약하기의 과정을 포함하는 틀을 제공하는 것이다. 또한 심리적 계약

강도의 원동력을 지각하고 해석하는 것을 도와주며, 심리적 계약개념에 대한 구성타당도의 기초 증거가 되는 강도의 측정능력을 제공한다.

심리적 계약의 강도가 세거나 클수록 양쪽사이의 결합하는 힘이 크다는 의미이고, 이는 서로에게 강력한 의무이행을 요구하는 것이다. 따라서 강력하게 요구하는 의무이행이 제대로 이루어질 경우 서로에 대해 관계의 기초가 되는 신뢰가 증가되고, 조직에 대한 애착과 충성심 등에 긍정적으로 영향을 미칠 것이다. 반면에 강력하게 요구하는 의무이행이 제대로 이루어지지 않을 경우에는 기대가 컸던 만큼 그 이상으로 배신감이 커질 것이고, 그에 따라 신뢰의 감소는 물론 조직에 대한 애착과 몰입에 부정적으로 많은 영향을 미치게 될 것이다.

1.2. 심리적 계약의 위약사유 및 영향

오늘날의 많은 기업들은 불확실한 환경 속에서 생존을 위해 조직과 구성원들 간의 상호결속을 창조하는 새로운 관계의 패러다임을 요구하게 된다. 이 새로운 관계의 패러다임은 상호작용이 동적이고 쌍방의 교환과정을 의미하기 때문에 이를 이해하는 것은 조직이나 구성원을 위해서도 아주 중요하다. 새로운 패러다임인 호혜적인 상호간의 관계로서 심리적 계약이 명확히 존재하여야 한다. 특히 호혜적인 상호관계는 구성원과 관리자의 욕구와 기대들을 이해할 수 있기 때문에 구성원들이나 조직에게도 중요한 가치이다.

개인주의 문화가 강한 서양에서는 조직과 구성원의 관계가 상호이익을 기반으로 하는 계약관계이기 때문에 서로가 의무를 다해야만 한다. 조직이 의무를 다하지 않을 경우 구성원은 조직에 대한 몰입이나 충성심에 부정적이며 새로운 조직을 찾는 전직에도 영향을 미칠 수 있다. 또한 구성원이 의무를 다하지 않을 경우 조직은 능력과 업적의 평가에 따라 보상의 차별화는 물론 구성원들을 조기 퇴직시키거나 해고 등 고용관계에 직접 영향을 미치게 된다. 그러나 집합주의가 강한 동양에서는 조직이 구성원에 대한 조직의무를 다하지 않는 경우에도 조직에 대한 충성심과 몰입을 구성원들에게 강조해 왔고, 구성원들은 그대로 따라왔다. 또한 구성원이 조직에 대한 의무를 다하지 않는 경우에도 구성원들의 잠재적 발전가능성을 믿고 고용관계를 유지하면서 보상을 해왔다. 이처럼 호혜적인 상호간의 관계로서 심리적 계약이 명확히 존재하고 서로의 의무를 다할 때 조직유효성은 향상될 것이다.

인간존중경영의 실현을 위한 새로운 심리적 계약은 현재와 미래를 위해 구성원들에게 임파워먼트를 제공하여야 하며, 고용관계는 상호간의 책임성 즉 권력과 의사결정의 공유와 구성원의 참여나 관여 등을 통해 향상되고 평가되어져야 한다. 조직들은 비즈니스의 성공에 기여할 수 있는 구성원의 선택, 과업연결, 그리고 구성원이 의사결정에 참여할 수 있는 기회들을 터놓음으로서 구성원들의 몰입을 얻어낼 수 있으며, 구성원들과의 권력 및 통제에 대한 더 많은 공유의 대가로 구성원들에게 우수한 성과와 자신의 경력관리에 대한 커다란 책임성을 갖도록 그리고 스스로 더 동기부여 하도록 기대와 요구를 하여야 한다.

이처럼 심리적 계약의 중요성에도 불구하고 조직에서는 심리적 계약의 위약이 종종 발생되게 되는데, 그 발생이유는 다음의 <표 6-2>와 같이 요약·정리할 수 있다.

〈표 6-2〉 심리적 계약의 위약 발생사유

주장 학자	위약 발생이유
Dunahee & Wangler(1974)	입사 시 조직에 대한 비현실적인 기대 때문
Morrison & Robinson(1997)	조직변화의 빈번화는 상호의무내용 불명확화를 유발하고 이행을 어렵게 만들기 때문
Rousseau(1989)	조직 환경변화(전략적, 제도적)는 새로운 심리적 계약을 요구하지만 구성원은 기존계약을 원하기 때문
Rousseau & Park(1993)	모든 교환조건을 구체적 명시하기에는 어렵기 때문에 내재하는 주관성(해석의 제약성)과 의사소통의 불완전성(Simon, 1991) 때문

심리적 계약의 위약이 미치는 영향에 대해 살펴보면 다음과 같다.

'조직과 조직구성원들 간의 상호의무로 구성'되어 있는 심리적 계약은 어느 한쪽의 의무가 이행도지 않을 경우에는 쌍방 간 계약의무의 위약으로 지각하여 상호간의 신뢰적인 교환관계는 손상을 받게 된다. 그 결과로 실망, 배신감, 그리고 분노와 같은 부정적 감정반응이 나타나고 심한 심리적 고통을 경험하는 등 직무를 수행하는 구성원의 인지적, 정서적 반응에 영향을 미친다(Robinson & Rousseau, 1994). 즉 구성원들에게는 심리적 계약의 위약이 심한 심적 부담요인으로 작용하게 되어 직무에 대한 불만들이 점차 커지고 누적되면서 조직에 대한 불만족은 물론이고, 신뢰의 감소와 배신감으로 조직에 대한 애착과 몰입에 많은 부정적인 영향을 미친다. 또한 조직의 의무인 심리적 계약의 위약은 계약당사자들이 서로간의 약속을 어기고 관계의 기초가 되는 신뢰를 깨트리기 때문에, 심리적 계약의 위약정도에 따라 조직성과에 부정적인 결과는 물론이고 신뢰의 감소와 배신감, 이직의도의 증가, 직무만족의 감소 등 조직구성원들의 직무와 조직에 대한 애착의 정도가 달라질 수 있다(Rousseau & Park, 1993). 그리고 구성원들이 기대와 현실간의 차이인 현실충격(reality shock)이 크다고 지각할수록 직무에 불만족이 커져 조직을 향한 부정적 태도를 갖게 되며, 조직이탈 원인을 제공하여 생산성에 부정적인 영향을 미칠 수 있다(Dean,1985).

따라서 조직구성원들이 직무와 조직에 대해 어떤 태도와 행동을 보이는가? 이는 구성원들이 조직과의 교환관계를 어떻게 인식하고 있는가와 관련을 갖고 있다. 이와 관련하여 어떻게 긍정적인 방향으로 유도할 것이냐는 조직의 유효성제고방안으로 연구되어왔다. 제고방안으로 새로운 정책이나 제도를 도입할 경우에는 심리적 계약을 심도 있게 고려해야 한다.

1.3. 심리적 계약을 통한 충성심과 신뢰유지 방안

초일류기업은 조직구성원들의 자부심과 긍지를 높이고 일터에서 보람을 느끼게 만드는 특유의 가치와 관행을 활용하여 구성원을 하나로 묶는 심리적 계약으로 정착, 발전시켜왔다. 최근 우수인재 확보와 유지가 핫이슈인 가운데 기업은 구성원들의 높은 충성심과 몰입을 이끌어낼 수 있는 비법 찾기에 골몰하고 있다. 우수인재를 지속적으로 유인하고 또 유지하고 있는 기업은 다른 기업과 차별화된 특성을 보유하고 있다. 선진기업의 사례는 조직구성원의 충성심과 신뢰를 고양하는 방법이 매우 다양하면서도 기업 맞춤형으로 전개할 필요가 있음을 시사한다. 심리적 계약의 준수로 조직에 대한 충성심과 신뢰를 유지할 수 있는 비결은 다음의 <표 6-3>과 같이 요약할 수 있다(이정일, 삼성경제연구소, 2011).

〈표 6-3〉 조직에 대한 충성심과 신뢰를 유지할 수 있는 비결

- 동반자의식과 구성원에 대한 배려를 최우선시 하는 것이다.
- 즐겁게 일하는 풍토를 조성하는 것이다.
- 일과 생활의 조화를 중요시하는 것이다.
- 구성원의 경력개발지원에 우선적으로 관심을 갖는 것이다.
- 최고와 함께하는 자부심(Pride in Top)을 직원들이 느끼도록 하는 것이다.

첫째, 동반자 의식과 구성원에 대한 배려를 최우선시 하는 것이다. CMS 캐머런 매켄나, 넷앱, 메리케이 등은 회사가 구성원을 가장 소중한 경영자산으로 생각하고 구성원을 우선적으로 배려하는 문화를 구축하고자 노력하고 있다.

둘째, 즐겁게 일하는 풍토를 조성하는 것이다. 자포스와 사우스웨스트항공은 급여나 근로조건보다는 구성원들에게 일터와 동료에게서 일하는 즐거움과 재미를 느낄 수 있도록 다양한 프로그램을 제공하고 이를 기업문화로 정착시켰다.

셋째, 일과 생활의 조화를 중요시하는 것이다. SAS는 '구성원이 만족하면 고객도 만족한다'는 경영철학을 바탕으로 업무환경과 복리후생 등에서 일관되게 실천하고 있다.

넷째, 구성원의 경력개발지원에 우선적으로 관심을 갖는 것이다. 언스트 앤드영, 매킨지, 구글 등은 구성원의 성장과 발전, 경력개발, 자기주도 학습을 위한 투자를 아끼지 않고 있다.

다섯째, 최고와 함께하는 자부심을 구성원들이 느끼도록 하는 것이다. 애플과 골드만삭스는 일은 힘들어도 세계 최고기업에 다닌다는 자부심을 강화시켜 우수인재를 유지하고 있다.

이러한 비결들은 눈에 보이지 않는 것들이지만 구성원들을 하나로 묶고, 구성원의 충성심을 이끌어내는 힘을 발휘한다는 것이다. 조직과 구성원을 하나로 묶는 것은 구성원 존중이 현장에서 특유의 방식으로 실천된다는 믿음을 구성원들이 갖는 것이며, 이는 심리적 계약으로 정착시켜 활용할 수 있어야 한다. 심리적 계약은 경영철학, 기업의 핵심가치, 그리고 인사제도 등과 긴밀히 연계되어 실천될 때 효과가 극대화되며, 경영환경과 조직구성원의 니즈변화에 맞춰 심리적 계약 프로그램을 지속적으로 개선하여야 한다.

제2절. 임파워먼트에 대한 이해와 촉진방안

Conger & Kanungo(1988)에 의해 처음 개념화된 임파워먼트는 90년대 이후 비즈니스의 관리전략으로 떠오르고 있다. 그 이유는 생산 현장뿐 아니라 사무직 전문가들의 지식노동활동에도 임파워먼트가 생산성을 향상시키기 위한 토대가 되기 때문이다. 과거 근로자들은 더 열심히 일해야 하는 '일꾼'들 이었지만, 지식사회에서는 현명하게 일하고, 최고 수준의 성과를 내도록 공헌하도록 하며, 그러기 위해 끊임없이 학습하도록 하는 것이 중요하다. 이런 모든 것이 구성원 스스로가 임파워먼트 되어 있지 않으면 이루어지지 않을 과제인 것이다. 그러나 임파워먼트가 항상 긍정적인 결과만 있는 것은 아니다. 문제는 부정적인 결과들로 구성원들이 증가된 책임과 권한을 받아드리지 않거나, 받아드릴 준비가 되어있지 않은 구성원들 사이에는 임파워먼트가 심리적 갈등을 유발함으로써 관리전략으로 실패할 수도 있다는 것이다.

2.1. 임파워먼트의 개념 및 중요성

임파워먼트는 '변화하는 환경에 능동적으로 대처하고 고객만족을 신속히 추구하고자 상대적으로 조직의 하위계층 사람들에게 의사결정권한을 많이 위양·위임하는 것'으로 일반적으로 정의된다. 이는 권한이양을 통한 구성원의 자율적이고 적극적이며 능동적인 활동을 유도하는 개념이며, 경쟁력 있는 조직을 만들기 위한 기반으로 간주되고 있다.

임파워먼트(empowerment)의 개념은 파워를 크게 한다는 의미로서, 세부적으로는

1) 합법적 권한: 올바른 권력의 올바른 행사자라는 정당한 권한의 부여를 뜻한다.
2) 무엇인가를 해낼 수 있는 능력: 업무수행에 있어서의 자신감을 뜻한다.
3) 에너지: 원동력의 의미로 에너지 불어넣기 또는 활력을 갖도록 할 것이라는 의미들을 포함하고 있다. 따라서 임파워먼트는 대개 다음과 같은 개념을 포함하고 있다.

- 최대한 아래로 조직 내의 의사결정권을 내려 보내는 것
- 문제에 가장 가까이 있는 사람에게 문제해결력을 부여하는 것
- 구성원들에게 일을 부여한 후, 그 일을 잘 할 수 있게끔 그 앞길을 비켜주는 것
- 구성원으로 하여금 일과 조직에 대한 주인의식을 부여하는 것
- 팀의 자율관리가 가능하게 하는 것
- 구성원이 올바른 일을 하도록 신뢰하는 것
- 개인 속에 내재된 파워를 키워주고 풀어주는 것

임파워먼트가 조직을 관리하는데 있어서의 중요성은 무엇인가? 임파워먼트의 가치를 다음의 <표 6-4>와 같이 정리할 수 있다.

〈표 6-4〉 임파워먼트의 가치

1) 자신감부여로 구성원들의 동기부여를 유도하기 때문.
2) 부여된 권한의 올바른 행사를 통해 구성원들의 직무만족을 높일 수 있기 때문.
3) 구성원들의 동기부여와 직무만족을 통한 생산성 향상을 이끌어 내기 때문.
4) 개인 및 조직가치의 일체화를 통한 조직몰입을 유도할 수 있기 때문.

2.2. 임파워먼트의 구조

임파워먼트는 동기부여적인 임파워먼트(심리적 임파워먼트) 구조와 관계적인 임파워먼트(인식된 조직의 임파워먼트) 구조로 구성되어져 있다.

2.2.1. 동기부여적인 임파워먼트(심리적 임파워먼트)

동기부여적 임파워먼트인 심리적 임파워먼트(psychological empowerment)는 '개인이 자신의 삶이나 일에 있어서 파워를 가진 듯이 즉 유능하게 수행할 수 있다는 긍정적 느낌과 충만감을 갖도록 자기암시 하는 활동과 그 결과 그렇게 되는 것'을 의미한다. 즉 긍정적 자기암시를 통해 개인이 삶과 일을 하는 과정에서 지속적으로 주도권을 행사하는 것을 중시하는 개념이다. 다시 말해 동기부여적인 임파워먼트는 자발적결정과 자기유효성에 대한 강한 신념인 개인자신의 내적욕구와 관련이 있는 것으로 보았다.

2.2.1.1 심리적 임파워먼트의 특징

동기부여로서 임파워먼트의 특징을 살펴보면 다음과 같이 정리할 수 있다.

1) 구성원들로 하여금 자신의 일이 회사의 성패를 좌우한다는 강한 사명의식을 갖도록 한다. 즉 자신의 일이 매우 중요하다는 의식을 갖도록 한다.
2) 우수인력의 양성과 확보에 초점을 두기에 업무를 수행하는 개인의 기량(skill)을 향상시키는데 역점을 둔다.
3) 스스로 의사결정권을 갖게 해 통제력을 높임으로 무기력감과 스트레스를 해소하고, 더 나아가 강한 업무의욕을 갖도록 해 구성원들에게 커다란 성취감을 준다.
4) 고객에 대한 서비스를 향상시키고, 환경변화에 신속하게 대응할 수 있도록 한다.

임파워먼트: No 밀어붙이기식 경영, Yes 자발적으로 따라오게 하는 경영

일 자체에 대한 내재화된 몰입을 강조: 방안?

1) 일이 의미 있는 것이 되도록 한다.
2) 일에서 표출된 가치를 중시한다.
3) 일과 사람이 일체감을 갖는 것을 중시한다.

2.2.1.2. 심리적 임파워먼트의 구성요소

심리적 임파워먼트의 구성요소를 살펴보면 다음과 같다. 심리적 임파워먼트는 의미성(meaningfulness), 역량성(competence), 자기결정력(self-determination), 영향력(impact)의 4가지 내재적 동기부여를 바탕으로 이루어진다고 설명하고 있다(Spreitzer, 1995). 이는 구성원이 지각된 심리적 상태를 명확하게 제시하고 있다는 점에서 기존의 구조적인 임파워먼트 개념과 대별된다. 이의 구성요소에 대해 자세히 검토하고자 한다.

1) 의미성

의미성이란 "주어진 과업의 목적 또는 요구되는 역할이 개인의 신념 및 가치관과 적합성의 정도"를 의미한다(Brief & Nord, 1990). 조직구성원들이 자신의 기준에 맞추어 판단한 후에 업무의 목표나 목적이 자신의 역할에 있어서 얼마나 가치를 포함하는가에 대한 스스로 판단상의 중요도를 의미한다. 의미성이 있는 과업을 수행하는 구성원은 그렇지 않은 개인에 비해 목적의식과 열정을 가지고 에너지를 투입하는 경향을 보인다.

2) 역량성

역량성이란 "특정과업에 대한 개인의 능력에 대한 믿음"을 의미하는 것으로(Gist & Mitchell, 1992), 성과향상을 위해 내적으로 보유하고 있는 잠재력에 대한 믿음 또는 신념으로 설명할 수 있다. 즉 구성원 개개인들이 소유하고 있는 기술이나 기능으로 업무를 수행할 수 있다고 믿는 태도나 지각을 말한다. 구성원들이 직무를 수행하는데 있어서 자신의 능력에 대한 확신감이 없다면 직무에 부적합하다고 느낄 것이며 임파워먼트의 지각정도가 부족하게 된다.

3) 자기결정력

자기결정력은 "개인이 누구의 간섭도 없이 재량권이나 주도권을 가지고 행동을 통제할 수 있다는 믿음이나 행동"을 의미한다(Deci et al., 1989). 이는 직무활동방식 작업과정의 시작과 유지 등에 대한 자율성과 작업에 대한 속도와 노력 등에 대한 의사결정도 포한될 수 있으므로, 구성원들은 직무수행의 책임자로 자신을 지각하게 된다. 따라서 자기결정력이 주어지면 자신의 행동이 자신의 결정에 의해서 발생한 것으로 판단하기 때문에 과업을 수행하는데 있어서 진취적이고 능동적인 활동을 할 수 있다.

4) 영향력

영향력은 '과업수행에 대한 전략적, 관리적, 그리고 실무적 절차와 결과에 대하여 개인이 자신이 속한 조직에 영향력을 미칠 수 있는 정도'를 말한다. 이는 자기결정력과는 그 의미가 다르다. 자기결정력이 구성원 자신의 과업에 대한 통제정도를 의미한다면 영향력은 조직적 결과에 대한 통제의 정도를 말한다. 따라서 영향력은 소속된 팀이나 조직에서 개인이 얼마나 차별화되어 있는 존재인가를 지각하는 정도를 반영한 것으로 목표달성을 위한 자신의 활동이 조직전체의 시스템에 영향을 미칠 수 있다는 신념이 없다면 그 구성원은 심리적 임파워먼트를 지각하지 못할 것이다.

2.2.2. 관계/상호작용적 임파워먼트(조직 임파워먼트)

최근 들어 조직에서 비즈니스 관리전략으로서의 임파워먼트 가치는 높은 동기부여(Orpen, 1994), 직무만족(Fulford & Enz, 1995), 그리고 생산성(Hogg, 1992-1993)을 이끌어 낸다는 연구보고 때문에 많은 조직들은 임파워먼트 프로그램을 설치하고, 이의 효과적인 실행을 위하여 훈련과 코칭을 실시하고 있다.

그러나 임파워먼트 관련 기존연구들을 살펴보면, 긍정적인 결과만을 제시하는 것이 아니라 부정적인 결과들을 보고하고도 있다. 조직이 임파워먼트를 실현할 수 있는 적절한 기초가 쌓여져 있을 때만이 임파워먼트가 구성원을 동기부여하기 위한 효과적인 전략이 될 수 있다(Sirkin, 1993)는 것이다. 또한 구성원들이 위험을 감수할 능력이 있고, 또 그런 능력을 갖고 있다고 스스로 느낄 때만 임파워먼트를 통한 구성원들의 성과, 에너지, 열정 등의 향상이 나타날 수 있다(Umiker, 1992). 반면에 조직과 직무의 재-조직화에 임파워먼트가 도구로 사용될 때, 권한의 높은 단계를 받아드리는데 내키지 않거나 준비가 되어 있지 않은 구성원들 사이에서는 오히려 임파워먼트가 심리적 갈등을 유발함으로서 실패할 수도 있다(Caudron, 1996)는 것이다. 또한 증가된 책임을 꺼리는 구성원들, 즉 관리에 의해 이끌리는 것을 선호하고 지침을 주기보다는 지침을 추종하는 것을 선호하는 구성원들에게 관리상 책임과 권한을 부여했을 때 어떤 구성원들은 동기부여가 증가되지 않고 그들의 직무에 만족하지 않는다. 따라서 동기부여와 만족이 감소할 때 많은 구성원들은 그들의 조직에서 계속적인 고용을 할 것인가에 대한 회의를 품기 시작한다는 것을 유념할 필요가 있다(Block, 1987).

따라서 임파워먼트가 조직이 새로운 관리전략으로 긍정적 효과를 발휘하기 위해서는 무엇보다도 임파워먼트 프로그램을 설치하기 전에 먼저 조직구성원들에 대한 특질이해는 물론 임파워먼트 실행에 적합한 준비된 구성원들을 조직에서 구분해 내는 것이 선행되어야 할 것이다.

2.2.2.1 조직 임파워먼트 특징

집단 및 조직수준에서의 조직 임파워먼트(Organizational Empowerment)는 파워유형과 분배에 초점을 둔다.

조직 임파워먼트는 권한의 위임 또는 부하와 함께 권력의 공유와 관련이 있는 것으로 파워유형과 분배에 초점을 두고, 구성원들이 자신의 증대된 파워를 다른 구성원들에게 확산하여 종국에는 조직전체의 파워를 키우는 과정을 의미한다. 이를 두 입장으로 구분하여 설명하면, 다음의 <표 6-5>와 같다.

〈표 6-5〉 조직 임파워먼트의 두 초점

입 장	내 용
• 권한위임에 초점	• 대적인 관점에서 리더가 부하에게 파워를 위임하거나 나누어 주는 과정을 의미한다. • 임파워 하기는 권력의 승인-권한의 위임을 함축한다.
• 능력함양촉진에 초점 enabling)	• 조직 내 구성원이 무력감을 느끼게 되는 상황 및 요인을 제거하는 것과 구성원의 자신감을 향상시키는 것을 의미한다. • 힘을 실어 주기는 무엇인가를 할 수 있도록 기회 또는 수단의 제공하기를 함축하고 있다.

2.2.2.2 조직 임파워먼트의 구성요소

구성원들에 대한 권한위임과 능력함양 촉진을 통한 효과적으로 조직전체의 파워를 키우기 위해서는 관계적인 조직의 임파워먼트 구성요소를 이해하고 실천하여야 한다. 구성요소를 정리하면 다음의 <표 6-6>과 같다.

〈표 6-6〉 조직 임파워먼트의 구성요소

1) 공유된 비전이 요구된다.
2) 공유된 비전의 실현을 위한 가치세트가 요구된다.
3) 이익들은 구성원들과 함께 공유되어야만 한다.
4) 관리자는 구성원에게 있어 믿음과 신념을 가져야 한다.
5) 구성원은 적절히 훈련되어져야 한다.
6) 조직의 총체적인 문화는 위험감수를 지원해야만 한다.

우리는 관계적 임파워먼트의 구성요소를 살펴보았다. 여기서 우리가 주목해야 할 부분은 임파워먼트의 두 관점인 심리적 임파워먼트와 조직의 임파워먼트는 다른 요소들로 구성되어 있기 때문에 각기 다른 행위들과 과정들을 요구하고 있다는 것이다. 따라서 이 두 관점사이의 차이는 관리와 권한을 위임할 수 있는 조직의 관리자들에게 중요한 의미를 내포한다고 볼 수 있다. 즉 임파워먼트는 권한의 공유 또는 위임뿐만이 아니라 신뢰, 자율성, 영향력, 그리고 자기 유능감을 수반함으로 조직구성원들을 임파워시키기 위하여 각각의 다른 프로그램을 설치하였다 하더라도 만약 구성원들이 심리적으로 임파워된 존재로서 자신들을 인식하지 않는다면 그들은 함축된 책임을 받아드리지 않을 뿐만 아니라 그에 걸맞게 그들의 역할들을 제대로 수행하지 않을 것이다. 따라서 조직의 임파워먼트 프로그램을 가동하기 전에 구성원들의 심리적 임파워먼트를 높이는 작업이 선행되어야 할 것이다.

2.2.3. 임파워먼트 성공을 위한 절차

우리는 조직의 실무에서 어떻게 임파워먼트를 잘 실현하여 성과로 연결시키느냐에 초점을 두어야 할 것이다. 임파워먼트 실행에 있어서 객관적인 규칙이나 원칙은 없지만 기업의 현실사례를 바탕으로 한 성공적인 임파워먼트 실행하는 일반론으로 카터백 등은 다음의 <표 6-7>과 같이 제안하고 있다(박원우, 1999).

〈표 6-7〉 성공적인 임파워먼트 실행하는 일반론

- 임파워먼트를 통해 이룩하려는 조직의 목적을 명확히 정의하라.
- 귀 조직의 입장에서 임파워먼트란 무엇인지 정의내리고, 구성원에게 전달하라.
- 공동의 언어를 개발하라.
- 3차원(조직, 팀, 개인)에서 행동과 시스템의 변화를 유발하라.
- 자유재량의 범위를 정하라.
- 실수를 허용하라.
- 급히 해결하려 하지 말라. 여유를 가져라.

한편 Byham은 다음의 <표 6-8>과 같이 임파워먼트의 성공을 위한 14단계의 절차를 제시하였다(문근찬, 2006).

〈표 6-8〉 임파워먼트의 성공을 위한 14단계의 절차

단 계	내 용
1	임파워먼트의 의미와 성취방법 이해
2	의사결정의 기준이 되는 비전과 가치의 이해와 수용
3	직무책임의 명확한 이해를 제공하는 성과관리체계와 성과측정기법(의 존재)
4	주인의식(ownership)과 책임감을 부여하는 직무설계
5	계획, 성공, 실패에 대한 효과적 의사소통
6	자신감과 긍지를 형성하는 보상과 인정(recognition)체계
7	질적으로 우수한 구성원의 선발과 승진체계. 행동으로 보임으로서 임파워먼트를 실천하고자 하는 의지가 강함을 보여야 함.
8	체계적(제도적) 뒷받침. 기존제도(여행경비 처리규정, 경력계획 절차, 승계제도, 제안제도, QC 등)를 적절히 수정해야 함.
9	임파워링 리더십으로의 리더 역할변화. 구성원에 대한 격려와 자극, 구성원의 자신감 강화, 주인의식 부여하는 리더가 필요.
10	직무수행능력의 증진. 임파워된 조직에서는 구성원의 과업범위가 넓어지는 경향이 있어, 직무수행을 잘하도록 훈련시키는 것 이상으로 임파워시키는 것은 없다.
11	대인관계능력과 문제해결능력증진. 임파워된 구성원은 동료, 공급자, 고객, 관리자(상사)와 접촉이 많기 때문에 문제해결능력과 대인관계능력이 더욱 필요하다.
12	일선고객서비스 기능의 증진
13	임파워시키는 지원그룹의 존재. 리더뿐만 아니라 지원부서(예, 교육부서)에서도 계속적으로 임파워먼트의 실현을 지원해야 함.
14	(자율적) 팀제의 활성화

2.3. 임파워먼트 촉진방안

임파워먼트 즉 권한위임의 중요성이 날로 강조되고 있음에도 불구하고 조직에서 이 부분이 제대로 실행되지 않고 있으며, 리더들은 권한위임의 어려움을 호소하고 있다. 또한 많은 기업에서 구성원들에게 권한을 위임하지만, 기대한 만큼의 성과를 거두지 못할 때가 많다. 그 이유는 무엇일까? 일반적으로 그 이유를 세 가지로 정리해 볼 수 있다.

첫째는 구성원들에게 위임을 해도 되는 일과 해서는 안 될 일을 구분하지 못했기 때문이다. 둘째는 조직의 핵심가치가 구성원에게 내재화되지 않은 상태에서 단순히 권한만 위임했기 때문이다. 셋째는 구성원 개인의 특성(성격 등)을 고려하지 않았기 때문이다. 어떤 이는 권한과 책임을

선호하며 이를 통해 도전적인 과업을 자율적이며 창의적으로 수행하기를 원하는 반면 어떤 이는 증가된 책임과 권한을 받아드리지 않거나, 받아드릴 준비가 되어있지 않아 오히려 권한위임이 심리적 갈등을 유발할 수도 있다.

따라서 우리는 조직에서 권한위임을 방해하는 벽이 무엇인지를 분석하고, 성공적인 권한위임을 위한 방안을 알아보고자 한다. 또한 조직에서 개인차원과 조직차원으로 구분하여 제시된 임파워먼트 증진방안을 살펴보도록 한다.

2.3.1. 권한위임이 잘 안 되는 이유: 3가지의 벽

지난 30여 년 동안 권한위임의 중요성이 강조되어 왔으며, 최근 그 중요성이 더욱 확대되고 있지만 실제 조직 내에서의 권한위임은 미흡한 수준이다. 즉 권한위임은 조직 내에서 제대로 실행되고 있지 않으며, 말로만 그치는 경우가 빈번하다. 그 이유는 무엇일까? 리더들은 권한위임에 대해 걱정과 어려움을 호소하고 있다. 이를 정리하면 다음의 <표 6-9>와 같다(예지은, 2012).

〈표 6-9〉 권한위임에 대해 리더들의 걱정과 어려움

구 분	내 용
불 안	• 권한위임을 하면 자신의 권한이 축소될 것을 우려 • '권한을 넘겨주면 나는? 내 자리가 위태로워지지 않을까?'
불 신	• 구성원들이 중요업무를 처리할 수 있는 역량을 갖추고 있는지 의심 • '구성원들이 과연 이 일을 잘할 수 있을까?'
불 통	• 권한위임을 위한 커뮤니케이션 과정에서 어려움에 봉착 • '도대체 말이 안 통해……, 일 맡기기도 힘들어!'

반면에 부하직원들은 권한위임이 잘 실행되지 않는 것에 대해 상황과 역량에 따라 각기 다른 반응을 보이고 있다. 이를 정리하면 다음의 <표 6-10>과 같다.

〈표 6-10〉 상황과 역량에 따라 구성원들의 각기 다른 반응

구 분	반 응
• 권한위임 받아 능력발휘하기 원하는 구성원	사기와 업무의욕이 저하
• 권한위임은 원하지만 스스로 역량부족을 느끼는 구성원	현재 상황에 안주하는 경향
• 지시받아 일하고 결과에 책임지지 않길 원하는 구성원	소극적이고 현재에 만족

리더의 역량만으로는 급변하는 경영환경에 대응하기 어렵기 때문에 권한을 위임해 부하직원의 역량발휘를 극대화하는 것이 시급하다. 이를 위해서는 리더가 갖는 권한위임을 방해하는 불안, 불신, 불통의 벽을 깨야만 리더 자신은 물론 부하직원의 성장과 조직의 성공이 가능할 것이다. 권한위임의 방해요인인 3가지 벽을 깰 수 있는 방안은 무엇인가?

2.3.2. 성공적 권한위임 방안

리더의 측면에서 권한위임을 방해하는 요인인 3가지 벽을 깨고 성공적인 권한위임을 할 수 있는 방안(예지은, 2012)을 알아보면 다음의 <표 6-11>과 같이 정리할 수 있다.

〈표 6-11〉 권한위임을 방해하는 요인: 3가지 벽과 위임방안

방해 요인	위임 방안
불안의 벽	**'권한을 넘겨주면 나는? 내 자리가 위태로워지지 않을까?'**
	1. 권한위임은 '권한분배'가 아니라 '권한확장'임을 명심해라.
	2. 위임하는 일의 범위와 내용을 명확히 하라
불신의 벽	**'직원들이 과연 이 일을 잘할 수 있을까?**
	3. 부하직원의 역량을 파악하고 개발하라.
	4. 성공경험을 쌓게 하라.
	5. 업무의 자율성을 인정하라.
불통의 벽	**'도대체 말이 안 통해……, 일 맡기기도 힘들어'**
	6. 열린 질문과 공감적 경청을 하라.
	7. 긍정적 피드백을 활용하라.

먼저 '권한을 넘겨주면 나는? 내 자리가 위태롭지 않을까?'하는 불안의 벽을 깨고 성공적인 권한위임을 하기 위해서는 1) 권한위임은 권한배분이 아니라 권한확장이라는 리더의 인식전환이 필요하며, 2) 위임하는 일의 범위와 내용을 명확히 하여 구성원들의 책임의식 제고 및 리더의 불안을 제거할 필요가 있다. 또한 '직원들이 과연 이 일을 잘할 수 있을까?'라는 불신의 벽을 깨고 성공적인 권한위임을 하기 위해서는 1) 부하직원들의 역량을 파악하고 개발하여야 하며, 2) 부하직원들이 성공경험들을 쌓게 만들어 자신감과 자기 유능감을 갖도록 만들어야 하며, 3) 업무의 자율성을 부여하여 스스로 창의적으로 일할 수 있는 기회를 제공하여야 한다. 마지막으로 '도대체 말이 안 통해……, 일 맡기기도 힘들어'라는 불통의 벽을 깨고 성공적으로 권한위임

을 하기 위해서는 1) 열린 질문을 통해 구성원의 생각을 적극적으로 말 할 수 있는 기회를 제공해야 하며, 구성원의 의견을 경청하고 실제업무와 연관된 의사결정에 반영하는 공감적 경청을 해야 한다. 또한 2) 긍정적 피드백을 활용해야 한다.

2.3.3. 개인차원 임파워먼트 촉진방안

'말을 물가로 끌고 갈 수는 있어도 물을 먹일 수는 없다'는 말처럼 스스로 임파워먼트를 증진시킬 수 있도록 조직의 개인차원에서 제시된 방안들을 알아본다.

1) 명확한 자기 경력구상

먼저 자신의 경력목표를 분명하게 설정하였는지 여부는 심리적 임파워먼트에 영향을 미쳐 개인성장 및 경력개발에 중요요인이 된다. 개개인의 경력개발은 본인 스스로의 책임임을 인식하여야 함에도 불구하고 대부분의 구성원들이 경력개발을 조직에서 책임져줄 것으로 인식하는 것이 큰 문제이다. 따라서 구성원들의 경력개발은 본인, 상사, 조직 등 삼자들 간의 책임임으로 조직에서는 구성원들이 스스로 구체적인 경력목표를 설정할 수 있도록 적극적으로 도와주는 협력시스템이 구축되어야 한다. 이중에서도 특히 구성원 개개인들이 자신의 성장과 경력개발에 관심을 갖고 자신이 맡은 바를 스스로 책임지려는 적극적이고 주체적인 자세를 가져야 한다. 따라서 명확한 자기 경력에 대한 구상을 실천할 수 있는 지침을 다음의 <표 6-12>와 같이 정리할 수 있다.

〈표 6-12〉 명확한 자기 경력에 대한 구상 실천지침

• 실현가능한 도전적인 목표설정을 하라. 이를 위해 자신에 대한 분석은 물론 주변상황에 대한 정보와 지식을 수집하라. • 자신의 경력에 대한 애착과 조직의 경력개발 프로그램에 참여를 통해 자신이 세운 목표에 몰두하라. • 실천하라. 즉 불안감과 실패에 대한 두려움을 과감하게 벗어나라. 이를 위해 조언이나 도움을 얻는 것도 유용하다.

2) 적극적인 업무자세 함양

대부분의 구성원들은 자신들이 수행하는 반복적이고 일상적인 일들이 조직전체의 목표 또는 부문의 목표 등과 어떻게 연계가 되어 있는지, 목표달성에 자신의 성과가 어떻게 기여하는지에 대해 알지 못해 임파워먼트 촉진에 실패하고 있다. 그 이유는 자신의 일과 목표와의 연계성에 대한 인식부족으로 일의 수행에 대한 회의와 의심 등의 궁금증을 가짐으로서 아마추어 같은 소극적인 업무태도를 갖기 때문이다. 대부분의 구성원들은 자신이 수행하는 일의 중요성에 대하여 수동적인 입장에서 상사나 관리자들이 보다 적극적으로 구성원들과의 상담 등을 통하여 많은 정보들을 제공해주길 기대하고 있다. 이로 인해 많은 구성원들이 동기부여에 실패하고, 이는 성과창출의 실패로 연계된다. 따라서 자신이 수행하는 하찮은 일이 조직목표달성에 얼마나 중요하게 기여를 하는지에 대해 정확하게 인식하려는 스스로의 적극적 노력이 필요하다. 이러한 노력을 통해 구성원 스스로 자신이 하고 있는 일에 대한 긍정적 의미와 중요성을 부여하여야 한다. 이는 일에 대한 긍정적인 시각과 자세로 일을 즐기는 것은 물론 직무에 대한 정성과 애착을 갖고 올바른 직업관과 직업윤리의식을 가져야 한다. 또한 전문가적 직업의식을 스스로 갖추도록 노력하여야 한다. 따라서 적극적인 업무자세 함양을 위한 지침을 다음의 <표 6-13>과 같이 요약할 수 있다.

〈표 6-13〉 적극적인 업무자세 함양을 위한 지침

1. 정기적으로 자신이 이루어낸 성과에 대한 피드백을 자발적으로 구한다.
2. 훌륭한 성공인물을 찾아 그를 모델로 삼아 따르도록 한다.
3. 적절한 도전과 책임을 추구하도록 한다.
4. 현실적인 관점에서 사고하고, 목표성취 방식에 대해 적극적으로 생각한다.
• 단 성취욕구 제고 시 자신의 자존심과 기존의 행동을 보호하려는 자기장애화 문제를 조심하여야 한다.

3) 선제적 스트레스 관리

조직생활에서의 과도한 스트레스는 업무효율성을 저하시키고, 심리적 건강상태에도 나쁜 영향을 주어 무기력(powerless) 상태에 빠지게 만들기 때문에 스트레스 원인을 감소시키거나, 개인들이 이에 적극적으로 대처할 수 있도록 관리를 하여야 한다. 이에 대한 방안으로는 작업환경, 보상시스템, 훈련과 선발 및 배치방법을 재검토하여 개선할 수 있다. 따라서 선제적 스트레스 관리방안을 다음의 <표 6-14>과 같이 정리할 수 있다.

〈표 6-14〉 선제적 스트레스 관리 지침

- 작업수행 시 필요한 제반여건을 보완개선
- 주변 사람들의 관심과 격려 같은 사회적 지원을 촉구
- 구성원들의 정기적인 신체검사나 긴장이완훈련 실시
- 개인의 능력과 직무 간의 조화정도를 알아보기 위한 공정한 직무평가 등.

4) 의미 있는 사회적 보상의 개발

화폐는 동기부여에 있어서 단기적인 효과에 그치지만 사회적 요인(성취감, 인정, 성장기회 부여, 우호적 인간관계 등)은 장기적인 동기부여효과가 있다. 그러므로 사회적 보상요인들에 대한 다양한 개발이 필요하다. 또한 사회적 보상의 유효성을 증진할 수 있는 방안 등을 함께 고려하여야 한다. 따라서 사회적 보상의 유효성 증진방안을 다음의 <표 6-15>와 같이 정리할 수 있다.

〈표 6-15〉 사회적 보상의 유효성 증진방안

- 물질적 보상과 마음의 보상을 연계하라. 단순히 물질적 보상에 그치지 않고 진정으로 칭찬, 인정해주는 마음의 보상 이용이 필요.
- 개인 명예를 부여해라. 제안 왕 등 영광의 상징으로서 개인의 명예를 부여해 내재적 동기를 부여시키고, 신바람을 불러 일으켜라.
- 구성원과의 개인적 밀착 정도를 증대 시켜라. 구성원의 희망, 근심, 걱정 등을 항상 의식하고 있다는 것을 보여주고, 진실한 관심을 표시하고 인격적으로 존중하라.
- 종업원 개개인의 창의성과 적극성을 발휘할 수 있는 조직분위기를 조성하라.
- 배회경영을 통해 현장을 방문하라. 탁상공론식의 경영방식을 탈피하라.

2.3.4. 조직차원: 관리제도 개선을 통한 임파워먼트 촉진방안

조직차원의 임파워먼트를 촉진시키기 위해서는 무엇보다도 조직구성원들의 심리적 임파워먼트가 전제되어야만 한다. 만약 구성원들이 심리적 임파워먼트가 증진되어있지 않을 경우 어떠한 제도를 개선하여 운영하더라도 효과가 없을 것이다. 따라서 구성원들의 심리적 임파워먼트를 높이는 방향으로 관리제도 개선이 이루어져야만 효과적인 임파워먼트 촉진방안이 될 수 있을 것이다. 특히 개인차를 고려한 직무와의 적합성 유도할 수 있는 채용 및 배치 등의 인사시스템 개선, 개인들의 경력개발을 고려하고 능력과 역량을 스스로 계발 및 활용할 수 있는 내부노동시장의 개발, 자율적으로 계획하고 실행 및 행동 그리고 결과에 책임지는 성과관리를 위한 승진 및 직무순환 제도, 그리고 참여를 통한 본인의 존재의미를 깨닫게 하고 조직목표에 영향을 미치고 있다는 확신을 갖도록 하는 인사평가 및 피드백제도 등 다양한 관리제도 개선을 통해 임파워먼트를 촉진할 수 있다.

1) 공정한 인사정책의 실시

이는 조직에서 기본원칙의 확립이라는 측면에서 바람직하다. 이를 위해서는 일관성과 합리성

그리고 공정성이 적용되어야만 한다. 일관성은 '제도의 원리나 취지가 일관되게 적용되어야함'을 의미하며 미비한 제도의 계속적인 보완이 필요하다. 공정성은 '절대적 기준에 근거하는 것이 아니라 상대적 정의개념에 기초'한 것이다. 또한 합리성은 '주관이나 우연이 아닌 논리적인 필연이나 근거에 따라 실행되는 것'을 의미한다.

이러한 원칙들을 유지하면서 철저한 내부승진과 특채기준의 명확화, 채용·승진·보상기준의 합리화, 평가제도(평가요소, 평가방식, 평가단위의 설정, 평가결과의 조정)의 합리화, 경력관리제도의 확립, 전직·전환·이동의 경로와 기준의 명확화 등과 같은 구체적인 인사관리활동이 이루어져야 한다.

2) 내부노동시장의 개발

최근 기업경쟁력의 원천에 대한 연구는 물적 자원뿐만 아니라 양질의 인적자원을 확보해야 한다는 즉 기업경쟁력이 내부자원에 기반을 두고 있다는 관점에 주목하고 있다. 구성원들의 성장욕구를 충족시킴과 동시에 인적자원의 질을 향상시키기 위해서는 내부노동시장의 개발이 필요하다. 기업이 필요로 하는 인력을 내부에서 개발·육성하는 시스템이나 메커니즘을 가짐으로 인해 구성원들의 역량증대, 경력설계 촉진. 그리고 자기비전 개발 등의 동기부여에 효과적이며, 조직에 대한 구성원들의 만족도향상을 유도하는데 바람직하다.

내부노동시장을 개발하기 위해서는 인적자원에 대한 교육프로그램의 확충은 물론 기업의 각종제도, 특히 인사제도가 뒷받침되어야 한다. 즉 모든 기업의 정책 등에서 사내근로자에게 우선권을 부여하는 것이다. 예로 미국의 Federal Express사는 "현재 근무 중인 사람이 미래의 사원"이라는 철학을 가지고 '사내근로자 우선권제도(JCTS: Job Change Tracking System)를 운영하고 있다.

3) 승진 및 직무순환 제도의 개선

승진은 '상위직위나 직급 등으로 수직적 이동을 하는 것'으로, 권한 및 책임 그리고 보수의 증대를 수반한다. 반면에 직무순환은 '능력개발 즉 다양한 업무경험을 통한 실력배양에 목적을 두고 다른 업무나 부서로의 전환배치 등 수평적 이동'을 의미한다. 특히 승진 및 직무순환제도가 동기부여를 증진시킬 수 있도록 효과적으로 운영되기 위해서는 조직은 그 원칙 및 기준 또는 결정요소들을 보다 개발지향적인 성격으로 체계화한다거나, 다양한 승진경로개발, 직무순환과 승진경로 연계, 그리고 직무순환과 경력개발 연계노력 등을 통한 구성원들의 임파워먼트를 촉진시킬 수 있는 다양한 방안들을 마련하여야 한다. 또한 조직은 직무분석을 통해 모든 직무에 필요한 자격요건을 직무명세서로 공시함으로서, 구성원들로 하여금 새로운 업무를 수행하기 위해 갖추어야 할 필수조건을 알고 거기에 따른 자기계발을 설계할 수 있도록 해야 한다.

4) 생애 복지프로그램의 설계

생애단계를 고려한 종합복지 프로그램을 설계함으로서 구성원들에게 안정감을 부여할 수 있기 때문에, 조직은 1년 동안에 받을 수 있는 복리후생의 총량을 정하고 구성원들이 복지메뉴를 마음대로 선택할 수 있도록 카페테리아방식의 복지제도의 도입이 필요하다. 이는 구성원의 욕구가 연령별, 개인별로 다르기 때문에 생활스타일의 변화에 따라 선택을 가능하도록 하는 복지제도이다. 또한 동호인 모임의 활성화를 위한 보조금제공, 상부상조 풍토조성, 건강센터운영, 휴양시설 이용혜택 부여, 자녀교육지원 프로그램, 가족건강진단 프로그램, 인사이동에 따른 이사지원제도 등의 인간적이고 감정적인 접근이 가능한 복지제도를 운영하는 것도 하나의 방법이다.

우리는 개인과 조직차원에서의 다양한 임파워먼트 촉진방안을 살펴보았다. 이 방안들은 향후 경영환경에 적합하도록 수정·개발되어야 할 것이다. 특히 개인욕구가 과거에 비해 훨씬 더 다양화됨으로서 차별화된 동기부여방안이 마련되어야 할 것이다. 또한 비정규직과 임시직 등 조직내 구성원들의 다양화된 인력의 성격에 따른 효과적인 동기부여방안이 마련되어야 하고, 다국적 기업화로 이질적인 문화배경을 가진 구성원들이 공존함으로 그들에 대한 방안도 고려하여야 할 것이다.

제 7 장 능력(Capability)과 역량(Competency)

조직 내 구성원들은 각자의 능력과 역량에 있어서 차이가 존재하기 때문에 성과에서도 개별적 차이가 나타난다. 조직구성원들이 최고의 성과를 창출하기 위해서는 전략과 직무를 효과적으로 실행할 수 있도록 그들이 능력과 역량을 업그레이드 시켜야 한다. 따라서 글로벌 환경 속에서 경쟁우위를 확보하기 위해서는 조직에서 목표달성을 위한 전략실행과 효과적 직무수행에 요구되는 능력과 역량을 체계적으로 분석하고, 조직구성원들이 현재 보유한 능력과 역량을 분석하여 비교함으로서 편차가 발생하는 부분에 대해 조직의 적극적 지원 하에 편차제거를 위한 개별적인 개발프로그램을 운영하여야 한다. 따라서 본장 제1절에서는 먼저 능력에 대한 이해를 돕기 위해 능력의 개념과 구성요소, 그리고 조직에서의 관리자의 능력을 살펴본다. 제2절에서는 전략적 경영성과 달성을 위한 조직구성원의 미션이자 'way of work life'인 역량에 대한 이해를 돕기 위해 역량의 개념 및 구조, 조직을 관리하는데 있어 역량의 적용범위와 방법 및 효과를 살펴본다. 또한 조직경쟁력 향상과 조직목표달성을 위한 구성원 및 조직역량 극대화 방안을 알아보고자 한다.

제1절. 능력에 대한 이해

1.1. 능력의 개념과 구성요소

능력(capability)이란 다분히 '선천적으로 혹은 학습을 통해서 형성된 일종의 재능'이다. 즉 외국어를 잘한다거나 발표력이 좋다거나 표현력이 좋아 설득을 잘한다거나, 누구나 다양한 영역에서 다른 재능을 가지게 마련이다. 그리고 흔히들 '자기계발을 한다.'고 하면 이런 능력을 키우는 일이라 생각하는 경향이 많다. 그래서 영어 학원 끊고 각종 자격증학원에 들락거리고, 그렇게 수치상으로 상승된 자신의 능력이 곧 실력이라고 여기게 된다. 사람의 능력은 다음의 <표 7-1>과 같이 세 가지 유형으로 구분할 수 있다.

〈표 7-1〉 사람능력의 세 가지 유형

유 형	내 용
1. 도구적 능력	어학력, 타이핑 능력 등
2. 전문적 능력	직무의 특성에서 유래하는 전문성의 보유 여부
3. 사회적 능력	조직, 사회인으로서 남과 같이 잘 어울리고 화합하여 성과를 내는 데 필요한 인간관계능력

이들 능력이 어디에 존재하는지를 바탕으로 구분하면 다음의 <표 7-2>와 같이 지식, 기능, 태도의 세 가지로 대별할 수 있다.

〈표 7-2〉 능력이 어디에 존재하는지를 바탕으로 구분

구 분	내 용
기능(skill)	신체에서 나오는 능력
지식(knowledge)	머리에서 나오는 능력
태도(attitude)	마음에서 나오는 능력

우리가 흔히 능력이라 하면 기능과 지식만을 칭하는 경우가 대부분이지만, 기능과 지식이 있어도 태도, 즉 마음속에서 우러나오는 정성 또는 열의, 열정이 없으면 그 기능과 지식이 성과로 연계될 수가 없다.

이처럼 능력이란 '일반적으로 사람이 알고 있고 수행할 수 있는 바'를 가리킨다. 그러나 능력 개념이 너무 추상적이라 경영학에서 조작적으로 정의하면 '직무성과를 낳는 개인의 지속적인 속성'으로 개념화 할 수 있다. 아무리 동기부여가 잘 되어있는 사람이라도 성과달성에 필요한 능력이 없으면 성과를 내기는 불가능하다.

사람의 능력은 두 가지 요소로 구성되는데, 하나는 활동을 위한 그 사람의 적성(aptitude)이고, 다른 하나는 그 사람의 능력이 개발되도록 이끄는 학습기회(learning opportunities)이다.

1.1.1. 적성(aptitude)

지능이 일반적 특성이라면 적성은 보다 구체적인 능력으로, 적성이란 '사람이 어떤 활동을 효과적으로 수행하는데 필요한 늘 붙어 다니는 기본적 재능'을 말한다. 예를 들어 사람에 따라서는 운동, 음악, 또는 수학 등에 대한 적성이 다르다.

사람이 갖는 다양한 적성은 정신적 적성과 신체적 적성의 두 가지로 나눌 수 있다. 정신적 적

성의 예로는 언어적 이해, 숫자 및 공간개념, 기억, 통제의 정확도 등을 들 수 있다. 신체적 적성의 예로는 반응시간 및 손재주 등을 들 수 있다. 연구과학자에게는 정신적 적성이 중요하고, 육체노동자에게는 신체적 적성이 중요하며, 외과의사에게는 이 두 가지가 다 중요하다. 조직구성원의 선발배치에는 이러한 적성검사가 필요하다. 적성검사는 잠재적인 능력측정을 목적으로 한다. 즉 적성검사는 적절한 훈련이 주어졌을 때 주어진 직무를 배우는 잠재적 능력을 보유하고 있는지를 측정하는 것이다.

1.1.2. 학습기회

사람의 적성은 학습기회가 주어지지 않으면 실제의 능력으로 바뀔 수가 없다. 운동에 적성이 높은 사람도 테니스를 잘하기 위해서는 학습이 필요하다. 학습기회는 훈련과 경험의 형태로 주어진다.

1.1.2.1. 훈련(training)

훈련은 상대적으로 공식적이고 구조화된 형태로서 강의실 교육에서부터 현실을 본뜬 시뮬레이션(simulation) 교육 또는 작업장 내 교육(on-the-job training)의 방법을 사용한다.

훈련을 효과적으로 이용하려면 조직은 그 훈련이 완수하고자 하는 욕구 내지는 필요성(training needs)을 명확히 나타내야 하고, 또한 개발되어야 할 기능(skill)을 구체적으로 명시해야 한다. 이런 후에 조직은 목표로 삼는 능력의 획득과 개발을 가장 잘 촉진시키는 훈련방법과 기법을 선택하여야 한다. 또한 훈련은 학습과 동기부여원칙에 맞게 계획되어져야 하며, 적절한 능력이 신속하게 개발되고 궁극적으로는 피훈련자에 의해 보유되고 사용되도록 보장되어야 한다.

1.1.2.2. 경험(experience)

작업경험은 공식적 훈련을 대신하여 또는 그것을 보충하는데 사용된다. 복잡한 작업과 관련된 능력을 완전히 개발하고 통달하는 데는 광범위한 연습과 경험이 필요하다.

조직이 구성원들로 하여금 어떤 종류의 능력을 개발하도록 기대한다면 그 구성원들이 그러한 능력을 사용하는 경험을 쌓을 기회를 주어야 한다. 그러므로 기능의 습득과정에서는 구성원들이 적정수준 이하의 성과를 내더라도 용인될 수 있어야 한다. 사실상 작업장 내 훈련은 공식적 훈련프로그램의 구조적 요소에 개인이 작업과 관련된 경험을 얻을 수 있는 기회를 포함시킨 것이다.

1.2. 조직에서 관리자의 능력

다양한 조직에서 관리자가 갖추어야 할 관리능력(management skill)은 기본적으로 기술적 능력(technical skills), 인간적 능력(human skill), 개념적 능력(conceptual skills)으로 나누었다(Katz, 1974). 이를 다음의 <표 7-3>과 같이 정리할 수 있다.

〈표 7-3〉 조직에서 관리자가 갖추어야 할 관리능력

기술적 능력	구체적 과업을 수행하는데 필요한 이해와 숙련을 의미
인간적 능력	다른 사람들과 집단적으로 일할 수 있고 사람을 통하는 일하는 능력
개념적 능력	조직을 전체적으로 큰 그림으로 볼 수 있고, 그 구성부분들을 통합해서 볼 수 있는 능력

IGM세계경제연구원(2012)은 관리자와 리더의 역할차이를 아래의 [그림 7-1]과 같이 정리하면서, 역할을 제대로 수행하기 위해 요구되는 스킬을 제시하고 있다.

[그림 7-1] 관리자와 리더의 역할 차이

관리자	리더
'Doing Things Right' 주어진 일을 올바르게 해내는 사람	'Doing the Right Things' 올바른 일을 하도록 하는 사람
상세한 계획과 예산을 갖고서 일 중심으로 관리	비전과 전략을 제시하면서 사람을 중심으로 관리
업무를 자신이 직접점검 및 통제	부하직원들에게 동기를 유발하고 일에 몰입시키면서 그들을 이끌어 나감
실무에 깊숙이 개입하면서 업무를 챙김	부하직원들에게 실무를 맡기고 부하직원들이 맡은 일을 더욱더 잘해낼 수 있도록 이끄는 역할을 수행

관리자(manager)는 자신에게 주어진 일을 올바르게 해내는 사람으로서, 일 중심으로 관리하기 때문에 일을 관리하는 기술 즉 주어진 업무를 효율적으로 처리하고 관리하는 워크 스킬(work skill)을 가져야 한다. 반면에 리더는 올바르게 일을 하도록 하는 사람으로서, 사람을 중심으로 관리하기 때문에 사람을 관리하는 기술 즉 다른 사람들을 통해 일을 이루어내는 피플 스킬(people skills)인 사람을 다루는 기술이 필요하다고 설명하고 있다. 피플 스킬의 의미를 다음의

<표 7-4>와 같이 정리할 수 있다.

〈표 7-4〉 피플 스킬(people skills)의 의미

• 직원들의 업무를 세세하게 관리하기 보다는 큰 방향만 제시하고, 부하직원들이 자율적으로 일할 수 있게 해주는 기술.
• 일일이 지시해 가면서 일을 시키기 보다는 직원들의 의욕을 북돋아 스스로 업무에 몰입하여 성과를 창출하게 하는 기술.
• 직원들의 능력을 키워 리더로 성장할 수 있는 발판을 마련해 주는 기술.

그러나 최근 연구들에서는 조직에서 관리자와 리더를 굳이 구분하지 않으며, 이들 모두에게 성과향상을 위한 방안으로 워크스킬과 피플 스킬을 통합적으로 육성할 필요가 있다고 한다. 관리자나 리더가 피플 스킬을 발휘하려면 어떤 내용을 배워야 할까? IGM세계경제연구원(2012)은 세 가지로 제시하고 있다.

1) 리더는 자신이 맡은 부문의 비전과 전략을 제시함으로서 부하직원들이 방향감각을 갖고 일하도록 이끄는 방법을 배워야 한다. 구체적으로 "우리가 가고자 하는 목적지는 어디인가?", "우리는 그곳에 어떻게 도달할 것인가?"를 제시할 수 있는 능력을 키우도록 해야 한다. 헨리 키신저는 "어디로 가는지 방향을 모르면 어떤 길도 당신을 목적지에 데려다줄 수 없다"라고 말한 바처럼 부하직원이 방향감각을 갖고 일하게 하는 것은 리더의 중요한 역할이다.

2) 직원들에게 업무목표만 던져주는 것이 아니라 그들이 하는 일의 의미를 이해시키는 방법을 배워야 한다. 구체적으로 "당신이 하는 일은 당신자신에게 왜 중요한가?", "당신이 하는 일은 회사에 어떤 기여를 하는가?", "당신이 하는 일은 고객에게 어떤 가치를 주는가?" 등을 명확히 알려주어야 한다. 심리학자 빅터 프랭클린은 "인간은 의미와 함께 살아간다. 세상의 일은 그냥 주어지는 것이 아니라 반드시 어떤 의미가 있다"라고 말했다. 이처럼 내가 이 일을 해야 하는 이유와 의미를 명확히 아는 사람만이 자기 일에 몰입할 수 있다.

3) 직원들에게 해답을 알려주기보다는 올바른 질문을 던짐으로서 부하직원들이 스스로 고민하며 일하도록 이끄는 방법을 배워야 한다. 구체적으로 부하직원 스스로 고민하게 만드는 질문에는 "내가 도와줄 것은 무엇인가?", "당신이라면 이 일을 어떻게 하겠는가?", "다른 사람(경쟁자)이라면 이 일을 어떻게 하겠는가?"등이 있다. 세계적 리더십 전문가인 하버드

대 존 코터 교수는 "유능한 리더는 올바른 질문에 집중하는 반면에 평범한 리더는 그 질문의 답에 매달린다."라고 한다. 올바른 질문이야말로 부하직원을 성장시키는 강력한 무기이다.

이처럼 리더와 관리자는 조직 내 구성원들의 성과향상을 추구하기 위해서는 피플 스킬과 워크스킬을 통합적으로 발휘해야 한다. 또한 리더와 관리자는 조직 내 구성원들의 성과향상을 이끌어내기 위해 코칭스킬을 키워야 한다. 코칭스킬(coaching skill)은 '코치가 다른 사람들과 권능부여 관계들(enabling relationship)을 만들어서 그들로 하여금 학습을 용이하게 하는 프로세스'이다. 즉 관리자가 부하직원들과 상호작용하며 그들의 성과와 관련해서 적극적인 역할과 관심을 가지는 지속적인 협력 프로세스이다. 그러므로 코칭이 효과적이기 위해서는 코치인 관리자가 지닌 가치, 스킬, 직무지식 등을 갖추고 구성원들을 육성할 수 있는 육성형의 코칭이 중요하다.

코칭에 대한 접근법은 기본적으로 지시적인 것과 지원적인 것 두 가지로 구분된다. 지시적인 코칭(direct coaching)은 '해야 할 것을 보여주거나 알려주는 것'과 관련된 것으로, 이것은 경험이 없거나 단기간에 성과향상이 필요한 부하직원들에게 유용한 방법이다. 이와는 달리 지원적인 코칭(supportive coaching)은 '가이드'로서 행동한다. 이 스타일은 현재의 성과기준을 충족시키고는 있지만 앞으로 새로운 직무나 더 큰 임무를 부여받아야 할 준비가 요구되는 사람들에게 유용할 것이다. 지시적 코칭과 지원적 코칭 비교를 다음의 <표 7-5>와 같이 정리할 수 있다.

〈표 7-5〉 지시적 코칭과 지원적 코칭 비교

코칭 방법	목 적	사 례
지시적	스킬 개발	스킬개발이 필요한 신입직원을 교육시키거나 해당 기술을 보유한 다른 코치를 선정
	회답 제공	신입직원들에게 사업전략을 설명함
	교 육	가장 편리한 방법을 가르쳐 주거나 일하면서 배울 수 있는 프로젝트를 함께 수행
지원적	문제해결 촉진	자신만의 해법을 찾을 수 있게 도움
	자신감 구축	스스로 해결책을 찾을 수 있을 것이라는 확신을 심어줌
	학습 장려	위험 따르지만 직무에서 배울 수 있도록 새로운 임무 부여
	자원 제공	문제의 해결을 돕고자 정보를 제공

출처: Harvard Business Essentials(2006), p.59.

관리자인 코치가 구성원인 학습자를 효과적으로 육성하기 위한 코칭이 되기 위해서는 네 단계의 체계적인 프로세스가 중요하다. 이를 정리하면 다음의 <표 7-6>과 같다.

〈표 7-6〉 육성형 코칭이 되기 위한 체계적인 네 단계 프로세스

1 단계	• 학습자인 구성원 자신이 달성하고자 하는 목표를 수립하는 것이다. • 목표의 설정은 코치(관리자)와 학습자간의 상호동의에 기초하게 되는데, 그 목표는 합리적이고 달성가능하며, 한 개인이 향상시키고자 하는 영역에 대한 면밀한 분석으로부터 도출되어야 한다.
2 단계	• 학습자인 구성원이 개발목표를 달성하는 데 도움이 되는 역량을 규명하고, 이에 필요한 자원과 전략을 검토하는 단계이다. • 역량이 규명되면 이를 개발하는데 필요한 구체적인 자원 및 전략을 구상하게 되는데, 여기에는 코칭방법과 다양한 훈련들 그리고 사내코스, 셀프독서, 멘토링, 컨퍼런스, 학위획득, 직무순환, 임시과제 등의 전략이 포함될 수 있다.
3 단계	• 학습자가 개발목표를 달성할 수 있도록 전략을 실천하는 동시에 각 개발목표가 달성되는 정도를 확인하고자 데이터를 수집하고 평가하는 단계이다. • 이는 우선적으로 학습자에게 역량을 규정짓는 스킬의 실행과 관련된 경험을 제공하는 데에 목적이 있으며, 이러한 과정에서 성공과 과오에 대한 평가를 통한 피드백이 제공되기도 한다.
4 단계	• 학습자에게 본격적인 피드백을 제공하는 단계이다. • 각 개발목표가 달성된 정도에 따라 개발목표를 수정하고 전체적인 프로세스를 다시 시작하게 된다. 피드백 목표는 학습자의 성공기회를 증대시킬 수 있는 방법에 대해 코치와 학습자가 함께 개방적이고 지원적인 자세로 논의할 수 있는 환경을 마련하는 것이다.

또한 능력, 행동, 태도, 지식 등의 복합체인 역량의 개념으로 볼 때, 성공적으로 조직을 관리하기위해 조직 관리자자가 보유하여야 할 역량으로는 자기관리 역량, 의사소통관리 역량, 다양성관리 역량, 윤리관리 역량, 다문화관리 역량, 팀 관리 역량, 변화관리 역량 등의 7가지가 자주 거론되고 있다.

이상에서 우리는 능력의 개념과 구성요소, 그리고 조직에서의 관리자 능력에 대해서 살펴보았다. 따라서 제2절에서는 최근 조직에서 요구하고 적용하는 역량에 대하여 알아보고자 한다.

제2절. 역량에 대한 이해

글로벌 경쟁아래에서 우위를 차지하기 위해 많은 기업들이 조직관리 방안으로 '역량중심의 인재확보와 육성' 등 이를 기반으로 하는 인사제도(교육, 채용, 경력관리, 보상제도 등)를 갖추고 운영을 하고 있다. 특히 기업의 보상이 최종결과물뿐 아니라 절차적 역량행동에 까지 연계되

어 조직의 끊임없는 자기 동기를 촉진하는 방편으로 바뀌고 있기 때문에 이런 추세는 지속될 것이지만 충분한 효과를 발휘하고 있는지는 확실치 않다. 우리는 효과적으로 조직을 관리하기 위해 먼저 역량구조를 이해하고, 조직에서 역량의 적용범위와 방법 그리고 효과 및 개발에 대해 알아보도록 한다.

2.1. 역량의 의미 및 중요성

능력과 역량은 전혀 다른 개념이다. 역량이란 '일을 함에 있어서 탁월한 성과를 내기 위해 결정적으로 작용하는 요소로 구체적인 성과로 연결시키는 능력'이다. 다분히 경제적이고 전략적인 의미에서 차별화가 되는 특징이자 행동으로 반드시 드러나야 하는 '결과 지향적'인 개념이다. 예를 들면 영어로 하는 협상력이 탁월하여 수주로 연결시키는 것이 역량이다. 그것도 한두 번 우연히 이루어지는 것이 아니라 반복적으로, 습관처럼 자리 잡게 되어야 비로소 역량이라 할 수 있다. 그렇다면 고성자와 저성과자의 행동차이 원인은 무엇인가? 이에 대한 답은 다음의 [그림 7-2]와 같이 나타낼 수 있다.

[그림 7-2] 고성자와 저성과자의 행동차이 원인은 무엇인가?

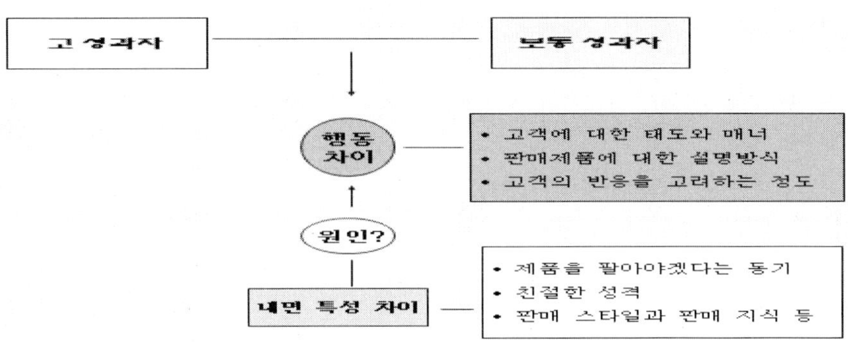

따라서 역량(competency)은 "보통의 성과를 창출하는 구성원과는 달리 탁월한 성과를 창출하는 고성과자(high-performer)에게 일관되게 나타나는 기본적인 내적특성의 결합체"를 의미한다. 즉 업무수행과정에서 성과에 영향을 미치는 개인의 내적특성을 의미한다고 볼 수 있다. 내적특성(underlying characteristics)은 '다양한 상황에서 일관되게 나타나며 비교적 장시간 지속되는 특성'을 말하며, 개인이 가지고 있는 동기(motive), 성격(personality), 지식(knowledge) 등을 내포하고 있다.

조직을 관리하는데 있어 역량이 왜 중요한가? 이에 대한 이유들은 다음과 같다.

1) 장기적으로 기업이 가고자 하는 방향 즉 육성하고자 하는 역량을 기준으로 구성원의 강점, 약점에 맞게 능력을 개발함으로서 핵심인력으로 육성가능하기 때문이다.
2) 조직구성원의 역량을 어떻게 구축하여 기업의 경쟁우위에 활용할 것인지에 따라 기업경쟁력이 달라지기 때문이다.
3) 기업의 장기적인 경쟁우위를 실현하게 하는 핵심역량의 한 축으로서 인적역량(human competency)을 어떻게 효과적이고 체계적으로 개발할 것인지에 관한 경영철학에 영향을 미치기 때문이다.
4) 역량은 행동으로 나타나기 때문에 관찰과 측정이 가능하므로 인사고과의 문제점인 주관적 평가를 배제할 수 있고, 구성원들을 객관적으로 평가함으로 수용성 부족을 개선할 수 있고, 정확한 피드백을 제공할 수 있기 때문이다.

2.2. 역량의 구성요소

역량은 무엇으로 이루어져 있는가? 즉 역량에 공통적으로 포함되는 기본적인 구성요소는 무엇인가? 역량은 동기, 특질, 자아개념, 지식, 스킬 등 5가지 요소로 구성되어있다. 이들 구성요소들은 가시적인 측면과 내면적인 측면으로 구분할 수 있다.

아이스버그(빙산)처럼 물위로 들어난 가시적인 측면에는 지식과 스킬 등이 자리 잡고 있으며, 이들 대부분은 쉽게 개발가능하다. 그러나 물속에 있어 보이지 않는 내면적인 측면에는 자아개념, 특질(성격, 능력), 그리고 동기 등이 자리 잡고 있지만 이들 대부분은 개발하기도 어렵다. 여기서 조직 관리자들은 눈에 보이는 지식과 스킬 그 자체가 성과로 직접 연결되는 것이 아니라 동기, 특질, 그리고 자아개념 등의 눈에 보이지 않는 요인과 결합하여 구체적인 업무행동으로 이어질 때 높은 성과로 연결된다는 것을 분명히 인식하여야 할 것이다. 이들 구성요소에 대하여 살펴보면 다음과 같다.

2.2.1 동기(motive)

어떤 대상이나 사물에 대하여 일관되게 마음에 품고 원하는 것으로 행동의 근본원인이 된다. 즉 특정한 행동이나 목표를 향해 행동을 촉발시키고, 방향을 제시하며, 선택하도록 작용한다.

2.2.2. 특질(trait)

특정상황에서는 특정한 방법 및 양식으로 일관되게 행동하고자 하는 개인의 기질(disposition)로 개인의 장기적인 직무행동을 예측할 수 있도록 하는 역량요소이다. 이는 크게 성격과 능력으로 구분할 수 있다. 성격(personality)은 '개인이 외부환경에 대해 특정한 방식으로 반응하는 기질'로 유형은 매우 다양하며, 개인마다 다르며 비교적 잘 변하지 않는다. 또한 능력(ability)은 '개인이 외부환경과 상호작용하면서 개인의 학습속도를 좌우하는 기질'을 의미하며, 신체적 능력과 지적 능력(스킬, 지식의 학습에 기본이 되는 능력)이 있다.

2.2.3. 자아개념(self-concept)

자신을 어떻게 평가하고 있는가와 관련된 개념으로 주어진 상황에서 단기적으로 나타나며 행동에 직접적인 영향을 주는 요소이다. 자아개념에는 개인의 태도, 가치, 자아 이미지 등이 있으며, 동기와 특질을 결합시키는 역할을 한다.

2.2.4. 지식(knowledge)

특정한 분야에 대해 개인이 가지고 있는 축적된 정보를 의미한다. 이는 매우 다양하고, 특정상황에서 효과적인 행동 즉 성과를 결정짓는 중요한 요소이다. 또한 지식의 습득정도는 개인의 행동과 업무성과에 직접적인 영향을 미친다.

2.2.5. 스킬(skill)

특정한 물리적 혹은 정신적 과업에 대한 숙련의 수준을 의미하는 것으로, 개인에게 체화된 일종의 기술이다. 이는 단순히 정보나 지식만의 습득에 의해서가 아니고 특정과업에 대한 신체적, 정신적 능력, 그리고 반복된 경험과 훈련 등이 결합되어 나타나는 것이다. 조직 관리자에게 요구되는 스킬의 유형을 다음의 [그림 7-3]과 같다.

2.3. 조직을 관리하는데 있어 역량의 적용범위와 방법 및 효과는?

Competency(역량)를 풀어 설명하면 '경쟁(Compete)할 수 있는 힘'을 의미한다. 그래서 기업에서는 이 역량을 기반으로 구성원들을 평가하고 보상하며, 구성원들은 부족한 역량을 회사에서 제공하는 교육훈련이나 자기계발을 통해 강화해야 하는 것이다. 중요한 이유가 바로 여기에 있다. 인적자원이나 조직 내 다양한 관리영역에서 역량의 적용은 아직 초보적인 단계이지만 점

[그림 7-3] 조직 관리자에게 요구되는 스킬의 유형

• 커뮤니케이션 - 발표능력(프리젠테이션) - 타인의견 청취 - 메시지의 단순화	대인관계 - 관계 수립 - 인적 네트워크 구축 - 갈등관리
• 리더십 - empowering - 부하 코치 및 개발 - 팀워크 촉진	관리스킬(managerial skill) - 기획 및 조정 - 관리 - 통제
• 문제해결/ 의사결정 - 분석적 사고 - 계획, 조직화 - 종합적 판단	변화 관리(change Management) - 변화분위기 조성 - 변화에 대한 저항 관리 - 변화의 주도적 실행

차적으로 확산되고 있는 추세이다.

2.3.1. 선발

기업조직에서는 스펙(학벌, 토익성적 등)과 바람직하다고 여겨지는 성격 및 기질 등에 의해 선발하는 경향을 보여 왔다. 그러나 이러한 기준에 의해 선발된 사람들은 입사 후 조직이 기대한 만큼의 성과를 내지 못하는 경우가 적지 않았다. 역량은 이러한 문제들을 개선하는 차원에서 긍정적인 효과를 다음과 같이 제공하고 있다.

1) 성공적으로 업무를 수행하는 사람들의 행동특성인 역량을 추출함으로서 조직이 필요로 하는 능력이나 자격을 명확하게 할 수 있다.
2) 지원자가 조직이 필요로 하는 역량을 갖추고 있는지를 면접이나 다양한 테스트를 통해 비교함으로서 조직이 필요한 자격을 갖춘 인재 즉 우수한 성과를 창출할 가능성이 높은 인재의 채용가능성을 높일 수 있다.
3) 조직이 필요로 하지만 교육이나 훈련을 통해 개발하기 어려운 역량의 보유자들을 선발함으로서 입사 후의 교육이나 훈련비용을 줄일 수 있다. 예로 '칠면조에게 나무 오르는 법을 가르칠 수는 있지만 그 보다는 다람쥐를 선택하는 편이 낫다.'

2.3.2. 구성원 훈련

훈련은 '직무수행에 필요한 조직구성원의 능력과 자질을 개발시키는 과정'이다. 조직은 역량개발에 기초한 훈련을 통해 조직성과와 구성원의 활용도를 높일 수 있는 반면 개인은 능력과 자질의 개발을 통해 자아실현과 개인적 가치(personal value)를 높일 수 있다. 이의 두 측면을 살펴보면, 조직의 측면은 조직의 성과달성에 필요한 역량개발에 초점을 맞춤으로서 조직의 목표달성을 촉진하고, 구성원 훈련과 개발에 소요되는 시간과 돈을 효율적으로 활용할 수 있다. 반면에 개인의 측면은 역량개발을 통해 조직목표달성에 기여하게 함으로서 보람을 느끼게 하고 자신이 조직 속에서 성장하고 있다는 성장감을 직접적으로 체험할 수 있다.

2.3.3. 구성원 평가 및 성과관리

평가(evaluation)란 '구성원이 보유하고 있는 능력이나 자질의 정도 혹은 조직목표달성에 공헌한 정도를 평가하는 과정'으로, 과거의 특성 및 과정, 그리고 추상적인 능력에 대한 평가로 인한 일관적이지 못한 주관적 평가에서 우수한 성과달성에 필요한 역량을 평가기준 및 요소로 함으로서 보다 객관적이고 구체적인 평가를 할 수 있게 되어 구성원들의 수용성을 높일 수 있었다. 또한 성과관리(performance management)는 '일정기간동안 구성원이 수행한 일의 성취도를 평가하여 보다 높은 성과달성을 위해 정보를 제공하는 과정'으로, 성과달성에 중요한 역량을 발휘하게 하거나 개발하게 함으로서 성과향상 효과를 거둘 수가 있다. 예로 판매직원의 경우 고객서비스 역량, 고객과의 커뮤니케이션 역량 등이 필요하다. 이들을 평가요소로 함으로서 보다 나은 서비스제공은 물론 매출이라는 조직성과도 향상가능하다. 그러나 이런 역량이 부족하다면 스스로 집중적인 역량개발을 하도록 노력을 자극할 수 있다. 이처럼 역량을 적용한 구성원의 평가와 성과관리는 조직이 경쟁의 환경에서 지속적으로 우수한 성과를 창출하기 위한 필수적인 관리활동임으로 역량은 평가 및 성과관리에 유용하게 활용된다. 또한 역량은 조직구성원의 경력개발이나 임금관리 등 다양한 인적자원 관리에도 유용하게 활용할 수 있다.

1) 경력개발측면에서 보면, 구성원이 보유한 역량의 강점과 약점을 평가하여 구성원의 역량과 희망을 반영한 체계적인 경력개발을 하도록 지원할 수 있다.

개인의 강점역량	개인의 부족역량
• 적극적으로 활용할 수 있는 직무 혹은 역할을 찾도록 지원	• 개발할 수 있는 교육기회와 프로그램을 제공함으로서 조직 속에서 자신의 경력을 체계적으로 발전시킬 수 있다.

2) 임금관리 측면에서 보면, 자신이 보유하고 있는 역량에 맞도록 임금을 지급함으로서 공정성(equity)을 느끼도록 할 수 있다. 이는 역량의 향상에 따라 보다 높은 수준의 임금을 지급함으로서 개인에게는 역량개발을 촉진시키고, 조직은 역량향상에 따른 성과증대라는 두 가지의 효과를 동시에 얻을 수 있다.

2.4. 역량개발: 조직차원, 기능차원, 직무차원

하루가 다르게 급변하는 현재의 경영환경과 이에 대응하여 변화해야 하는 직무의 가변성을 고려할 때, 모든 직무에 걸쳐서 꼼꼼하고 세심한 역량모형을 적용하기는 힘들다. 그러나 직무분석의 보완제로 활용되는 역량은 직무분석의 결과처럼 어떤 특정과업 혹은 업무단위에 결부된 상세정보라기 보다는 큰 단위의 일을 중심으로 의미를 갖도록 뭉뚱그려진 한 덩어리의 통합된 정보(유태용, 2001)이기 때문에, 역량개발을 위해서는 일 단위를 먼저 결정하고, 그렇게 구획화된 일 단위별로 기존자료를 참고하여 역량목록을 만들어야 한다. 또한 개발목적이든 승진 혹은 임금과 같은 행정목적이든 평가를 위한 역량별 수준(행동지표)이 필요하다.

역량개발을 하기 위해서는 무엇보다도 조직의 경영자나 관리자들은 회사의 미션과 비전달성을 위한 비즈니스 전략실행과 관련된 조직수준에서의 요구되는 역량, 부서수준에서의 기능수행과 연계되어 요구되는 역량, 그리고 개인수준에서의 직무중심으로 요구되는 역량을 구분하여 개발하고 활용되어야 한다. 조직의 각 수준별로 요구되어지는 역량모형은 다음의 [그림 7-4]와 같다.

[그림 7-4] 조직의 각 수준별로 요구되어지는 역량모형

2.4.1. 공통역량(core competency)

공통역량은 '전체조직의 측면에서 모든 조직구성원들이 조직의 미션이나 비전달성을 위한 전

략실행을 위해 공통으로 가져야 할 역량'을 의미하기 때문에 보통의 기능이나 직무에는 관계없다. 예로 서비스회사의 경우 고객의 만족과 감동을 창출하는 고객서비스정신, 고객의 욕구를 신속하고 정확하게 파악하는 고객이해 등의 역량을 모든 구성원들이 보유할 수 있도록 개발하여야 한다.

2.4.2. 기능역량(functional competency)

기능역량은 '조직의 부서수준인 마케팅, 생산, 재무, 정보기술 등 주요 기능별로 요구되는 역량'을 말한다. 예로 마케팅 부서수준의 기능역량은 시장조사 역량, 소비자 감수성, 그리고 신제품 개발 역량 등으로 이에 종사하는 자들은 이러한 역량들을 보유할 수 있도록 개발하여야 한다.

2.4.3. 직무역량(job competency)

직무역량은 '특정한 직무에서 탁월한 성과를 창출하는 구성원에게 요구되는 역량'을 의미한다. 예로 영업의 직무를 수행하는 영업사원의 역량은 시장 및 유통정보의 수집, 에어리어 마케팅 이해, 시장 및 영업성과의 분석, 대인교섭 및 설득, 도전의식 등으로 직무성과를 창출하기 위하여 이러한 역량들을 보유할 수 있도록 개발하여야 한다.

제3절. 고성과자의 핵심역량

우리는 모두가 조직에서 원하는 성과창출자인 고성과자가 되어야 할 것이다. 고성과자인 하이퍼포머(High Performer)는 '슈퍼파워를 가진 일개 개인이 아니라, 조직의 안에서 능력을 발휘하면서 조직적 시너지를 창출하는 구성원으로서의 구체적인 행동역량을 갖춘 사람을 의미'한다. 그러므로 고성과자라는 말에는 '조직 혹은 팀 안에서의 개인'이라는 의미가 꼭 포함되어야 한다. 우리는 조직에서 필요로 하는 핵심인재가 되기 위해서라도 고성과자들이 추구하는 5가지의 핵심가치와 이를 실천할 수 있는 5가지 핵심역량(류량도, 2007)을 벤치마킹할 필요가 있다. 따라서 이에 대해서 구체적으로 알아보고 각자 이들 역량의 극대화를 꾀할 수 있도록 개발노력을 해야 한다.

3.1. 고성과자들의 5가지 핵심가치

무엇이 그들을 초일류 인재로 만드는가? 초일류 인재인 고성과자들이 추구하는 핵심가치 5가지를 정리해보면 다음의 <표 7-7>과 같다(류량도, 2007).

〈표 7-7〉 고성과자가 추구하는 5가지 핵심가치

핵심가치	지침과 내용
1. 미래지향적 의사결정	• **"다른 어떤 것보다 자기 자신의 역량에 투자하라!!!"** • 현재의 의사결정기준은 당신의 미래비전 또는 목표에 근거해 이루어져야 한다. 즉 무엇에 집중할지는 당신의 비전/목표를 달성하기 위해 세운 체계적인 실행계획에 따라 미래 지향적으로 결정해야 하는 것이다.
2. 긍정적 사고	• **"다른 어떤 것보다 성취의 가능성을 믿어라!!!"**: 마인드 컨트롤 기능 • 상황인식 혹은 의사결정을 할 때 제로베이스(Zero Base) 사고를 할 필요가 있다. 과거 경험이나 다른 사례를 참고하되 주눅 들지 말고 새롭게 자신의 역사를 쓴다는 기분으로 새로운 관점과 마음가짐으로 접근하는 것이 핵심이다.
3. 조직중심의 태도	• **"지긋지긋한 상사조차 내가 모셔야 할 고객으로 여겨라!!!"** • 수직적이고 계급적인 입장을 수평적인 고객관점으로 바꾸자. 상사가 무엇을 원하는지 미리 파악해 마케팅하고 상사의 니즈를 한발먼저, 더 효과적으로 만족시키기 위해 노력한다면 조직의 컬러와 온도는 완전히 달라질 것이다.
4. 사업가 정신	• **"나 자신을 내가 몸담은 직장의 최고경영자(CEO)로 임명하라!!!"** • '사업가정신'을 갖고 일하는 것과 '월급쟁이 마음가짐'으로 일하는 것은 큰 차이가 있다. 신입사원시절의 열정과 마인드로 맡은 일과 회사를 내가 이끌어 간다는 투철한 사업가 정신을 가져야 한다. 그것이 목표를 이루게 해주고 성과를 내게 해주는 마력인 것이다.
5. 내가 곧 브랜드	• **"나 자신의 이름을 걸고 움직여라!!!"** • 우리는 회사, 직위 등 남이 보아주는 나, 타인이 인정하는 나를 둘러싼 권력에 집중한다. 그러나 자신의 시장가치는 자기 스스로가 만들어가는 것이다. 우리는 자존심을 가지고 무한경쟁의 시장에 놓인 상품이다. 나는 남들과 무엇이 다른가, 왜 같은 분야의 여럿 중 나를 뽑아야 하는가 하는 차별화된 강점, 전문성을 키워야 한다.

우리는 초일류 인재들이 추구하는 핵심가치를 살펴보았다. 고성과자가 되기 위해서는 어떻게 해야 할까? 우리는 남들과 다른 특별한 나만의 경쟁력을 갖추고 전문가로서 자신의 가치를 높여야 한다. 나의 활동무대가 회사라는 테두리에 한정지어져서도 안 된다. 즉 직장인인 아닌 직업인, 무리중 하나(One of Them)가 아닌 유일한 사람(Only of Them)이 되어야 하는 것이다.

3.2. 고성과자가 가져야 할 핵심역량은 무엇인가?

기업, 조직 내에서 성공하는 사람은 독불장군 식으로 자기 일을 처리하는 사람이 아니라, 팀 내에서 공통의 성과와 지향, 그리고 팀워크를 잘 버무려 공동의 성취를 이루는 사람이다. 그런 고성과자에게는 특별한 능력과 역량이 필요하다. 그것을 우리는 '팀워크 역량'이라 한다. 그 이유는 고성과자는 핵심과제인 성과목표 경영프로세스를 효과적으로 수행하여야 하기 때문이다. 류량도(2007)는 성과가 뛰어난 사람의 5가지 팀워크 역량을 하이퍼포머의 핵심역량이라 명명하며, 이를 다음의 [그림 7-5]로 제시하고 있다.

[그림 7-5] 하이퍼포머의 팀워크 역량　5가지

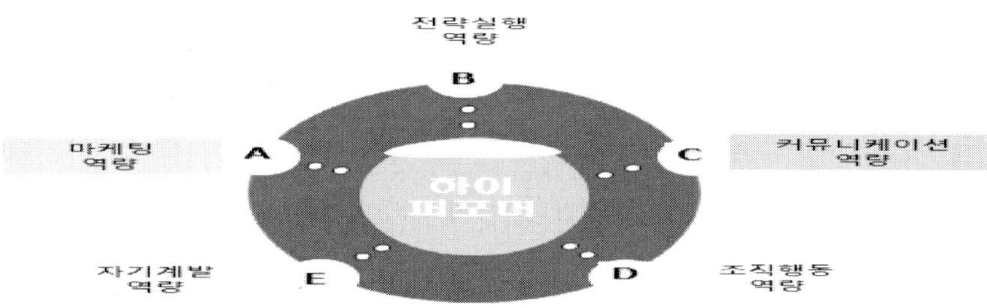

3.2.1. 마케팅 역량: 팀장의 니즈를 읽어라.

마케팅 역량이란 "자신의 고객이 누구이며, 그 고객이 무엇을 원하고 있고, 그 요구사항에 맞춘 결과물을 어떻게 효과적으로 전달할 것이냐"에 달려있다. 팀원이 가장 최우선으로 모셔야 할 고객은 누구인가? 바로 제1고객은 팀장이고 제2고객이 다른 팀원들이다. 그들이 원하는 것, 그들이 불편하지 않게 니즈를 읽고 파악해서 채워주는 것이 첫 번째 과제이다. 예로 팀원인 내가 맡은 프로젝트를 제시간에 끝내지 못해 다른 팀원들이 그 일을 분담해 내거나 팀장이 나서서 그 일을 대신해 주어야 한다면 팀장이나 팀원의 니즈를 채워주는 성과지향적인 구성원 될 수 없다. 고성과자의 마케팅 역량은 아래의 <표 7-8> 질문으로부터 출발한다.

〈표 7-8〉 마케팅 역량을 갖추기 위한 질문

1. 나의 고객은 누구이며, 나는 그 고객과 어떤 관계를 맺을 것인가?
2. 나의 고객은 무엇을 원하는가? 그렇다면 나는 무엇으로 그 니즈를 만족시킬 것인가?
3. 나는 고객이 원하는 바를 어떻게 하면 적은 비용과 자원을 들여 적재적소에 제공하여 가장 효율적으로 만족시킬 것인가?

첫째, 고객과의 관계를 공고히 하기 위해 나만의 핵심역량을 갖춰라.

이를 위한 황금률은 1) 좋은 인상을 남길 수 있도록 해야 한다는 것. 예의바른 태도와 깔끔한 업무처리 등은 좋은 인상을 배가 시킬 수 있다. 2) 좋은 관계를 유지시킬 수 있는 대화법을 활용하는 것이다. 회의 및 대화에서 자신에게 유리하게 보다 전체적으로 봐서 합리적으로 결과가 나오도록 진행, 용무가 있을 때만 대화시도 보다는 평상시 동료나 팀장의 고충에 대해 이야기를 나누는 것도 한 방법이다. 3) 고객의 불만에 더 귀를 기울이는 것도 중요하다. 자기주장의 합리화보다는 고객 감정을 인정하고 자신에 대해 다시 한 번 생각해 보는 것도 한 방법이다. 4) 고객과의 관계를 유지하는 것 못지않게 확대하는 것에도 관심을 가져야 한다. 자신을 고객에게 더 많이 노출시키고 고객으로부터 더 많은 피드백을 받아 아는 영역이 많아지면 관계는 더 성숙해 질 수 있다.

둘째, 질문하고 확인하고 다시 생각한다.

사내 인간관계가 가장 좋은 사람은 구성원의 니즈를 가장 잘 파악하는 사람이다. 니즈를 파악하는 방법은 일반적으로 지시나 지적을 통해서다. 그러나 다른 방법들도 있다. 평상시 자연스런 대화내용, 대화 시 상대방의 표정변화, 회사 내 여러 정보들을 통해서, 책 내용이나 다른 회사의 사례 그리고 다른 사람에게 들은 내용 들을 정리해서 고객의 니즈를 나 스스로 만들어 가는 방법도 있다.

상사들이 보는 골치 아픈 부하의 유형은 무엇일까? 지각하고 칼 퇴근 하는 직원, 직장생활을 취미생활처럼 생각하는 직원, 사소한 일로 서로 다투는 직원, 사사건건 신경써주고 돌봐주기를 바라는 직원, 키워놓으니 말없이 떠나는 직원 등등 더 많이 있지만 핵심은 제대로 듣지 않는 직원이다. 팀장이 주문한 것을 자기 식으로 해석해서 엉뚱한 결과물을 들고 오는 직원이다. 이런 직원의 핵심적인 특징은 묻지 않는다는 것이다. 본인이 확신이 없어도, 정확하게 이해하지 못하고도, 묻지 않는다. 방향에 혼선이 있어도 자신이 기존에 해오던 방식, 관행대로 움직이기 때문에 엉뚱한 결과를 가져온다. 자기가 이해하고 싶은 대로 이해해 놓고, 그들의 멘트는 '그렇게 하라고 하셨잖아요.'다. 이런 이들은 창의성이 없는 경우가 대부분이다.

따라서 고성과자의 마케팅역량은 '고객(팀장)의 니즈를 파악하고 그것에 부합하는 상품이나 서비스를 가장 단기일 내에 가장 효율적인 방법으로 제공'하는 것이다. 이를 위해서는 고객인 팀장에게 피드백 하는 방식이 기존방식에서 달라져야 한다. 즉 '지시하면 수행하는 수동적 피드백'에서 먼저 고객의 니즈를 포착하고 대안을 제시하는 능동적 피드백으로 말이다. 그러기 위해서는 세 가지 전제조건이 필요하다. 이를 다음의 <표 7-9>로 정리할 수 있다.

〈표 7-9〉 능동적 피드백을 위한 세 가지 전제조건

1. 효과성이 확보되어야 한다. 2. 효율성이 확보되어야 한다. 3. 창의성이 담보되어야 한다.

첫째는 효과성이 확보되어야 한다. 이는 고객의 니즈를 경청하는 것과도 깊은 연관이 있다. 즉 퍼포먼스가 팀장이 요구한 것에 부합해야 한다. 최소한 팀장이 요구하는 것이 '어느 정도까지, 어떤 수준까지를 말하는지를 정확히 충족시킬 필요가 있다. 예로, '경과보고서가 잘 되어가고 있는가?'라고 했는데 '열심히 하고 있다'라고 답해선 안 된다. '무엇이 어떻게 진행되고 있고, 예상되는 일정과 비용은 얼마고, 그 중간에 어떤 장애요인이 우려되며, 그것을 예방하기 위해서 팀장이 어떤 지원을 해줘야 하는지'가 명확히 정리되어야 한다.

둘째는 효율성이 확보되어야 한다. 동일한 업무의 실행이라 하더라도 적시에 가장 적은 비용으로 가장 탁월하게 해결하고자 하는 실행 원칙이다. 예로, 아무리 업무를 탁월하게, 보고서 하나도 완벽하게 처리한다고 해고 그것이 몇 달씩 걸린다면 이미 '성과'와는 거리가 먼 실행이다. 비용의 경우도 그렇다.

셋째는 창의성이 담보되어야 한다. 습관대로 하지 않고 창의적인 방법으로 실행하는 것이다. 팀장이 지시하는 업무 대부분은 팀장이 수행하면 훨씬 간단하게 끝낼 수 있지만 팀원에게 권한을 위임하는 이유는 그것에 대해 팀원이 학습하기 바라는 것도 있지만 더 창의적인 루트, 기존의 경험이나 관습과는 다른 새로운 착안을 해주기를 바라기 때문이다. 이것이 실제 기업에서 일어나는 혁신의 과정이기도 하다.

3.2.2. 전략실행역량: 현명하게 움직여라.

전략실행역량이란 "자신에게 맡겨진 직무, 그리고 목표에 따라 효과적으로 자신의 자원과 시간을 배분하는 능력"을 의미한다. 즉 자신 직무의 결과물을 활용할 대상이 누구인지 알고, 내 직무에서 만들어내야 할 결과물이 무엇인지 알고, 그 결과물을 어떻게 만들어야 할지도 알아야 한다는 것이다.

전략은 "고지의 탈환을 위한 구체적인 계획"이며, 실행은 성과목표를 이행하기 위한 달성전략과 그것의 성취사이에 놓인 '잃어버린 고리(Missing Link)'이다. 목표달성까지는 3개의 근본축이 있다. 하나는 전략이고, 다른 하나는 그 전략을 구체화 하는 실행이 있고, 나머지는 전략과 실행을 연결하는 관리가 있다. 이 3축이 잘 연결되어 있을 때 목표를 한결 효과적으로 실행할 수 있는 것이다. 팀원들은 이 3개의 축에서 실제 실행을 담당하게 되는데, 이 '실행을 효과적이고 효율적으로 처리할 수 있는 역량'을 전략실행역량이라 한다. 즉 팀원에게 가장 중요한 역할은 전략을 실행해서 주어진 과제에서 좋은 성과를 만들어 내는 것이므로, 이 역량은 팀원으로서 당연히 갖춰야 할 역량이다.

전략실행역량이 중요한 이유는 이를 갖춰야만 팀원인 자신에게 주어진 업무를 주도적으로 처리할 수 있게 되어 자기 자신을 경영할 줄 아는 'Self-CEO'가 될 수 있기 때문이다. 대부분이 계획보다 결과가 나은 적이 별로 없다. 이를 해결하기 위해서는 회사나 팀에 제출한 성과목표보다 훨씬 더 높은 자기만의 성과목표치를 갖고 있어야 한다. 여기서도 기대의 법칙이 통한다. 스스로에게 어떤 기대치를 적용할 것인가는 곧 자신의 실행을 결정한다. 그러기 위해서는 몇 가지 전제되어야 할 것이 있다. 이를 다음의 <표 7-10>로 정리할 수 있다.

〈표 7-10〉 스스로에게 어떤 기대치를 적용하기 위한 몇 가지 전제

1. 핑계요소를 없애야 한다.
2. 실행과 평가의 주기를 더욱 세분화 하여야 한다.
3. 그 과정에서 팀장의 코칭이나 도움을 받는 것을 생활화 하라.

첫째, 핑계요소를 없애야 한다. 자신의 잠재적 정신 상태를 해이하게 만들 수 있는 요소들은 이미 투입(Input)요소에서 지워야 한다. 월 또는 분기의 실행을 마친 후의 자기평가 요소 안에 '경기가 안 좋아서', '경쟁사의 약진으로' 등의 내용이 들어가서는 안 된다. 평가는 언제나 다음번의 실행을 위한 지침이 되어야지 실패한 변명이 되어서는 곤란하다. 스스로 늘 그렇게 전략을 평가하고 계획하도록 스스로에게 마음가짐을 주입하여야 한다.

둘째, 실행과 평가의 주기를 더욱 세분화해야 한다. 인간은 망각의 동물로, 긍정적 가능성을 무한하게 내포하고 있지만 정기적인 컨트롤이 없이는 언제든 망가질 수 있다. 그러므로 스스로 하루, 시간단위로 자신의 실행과 움직임을 평가하고 조정하는 습관을 들여야 한다. 즉 반기나 분기, 월간단위의 성과목표 계획표를 놓고 오늘은 어디까지 실행했는지 꼭 체크해야 한다. '오늘 한 일'이 아니라 '오늘 성과로 연결시킨 것'을 체크하라는 것이다. 그래야 허둥대지 않고 여유

있게 움직일 수 있다.

셋째, 그 과정에서 팀장의 코칭이나 도움을 받는 것을 생활화 하라. 팀장은 팀원이 성과를 달성하도록 필요한 코칭을 위해 존재하는 사람이다. 그러므로 팀장의 경험과 시야를 자신의 것으로 만들 필요가 있다. 무작정 해달라고 매달리는 것이 아니라 전략목표 달성계획을 제시하고 현실적으로 타당한지, 경험상 장애요인이 있는지 등 실행방법론을 놓고 예기하면 훨씬 구체적인 코칭이 가능해진다. 이런 과정을 통해 집중하는 현재 실행과 장기적 관점의 큰 그림을 조율해 나가는 것이 가능해지게 된다.

우리가 업무를 수행할 때 가장 보편적으로 알고 있는 것이면서도 가장 실행하기 힘든 것이 무엇인가? 자기계발서에 많이 나와 있는 바로 '중요한 것을 먼저 하라'는 것과 '자신이 잘할 수 있는 것에 집중하라'라는 명제이다. 이 두 가지를 혼돈하면 어떤 함정에 빠지는가? 바로 '잘할 수 있는 중요하지 않은 것'에 자기를 몰두시키는 것이다. 즉 열심히 하고 있다는 함정이다. 이 함정에서 벗어날 수 있는 방법은 자신이 일상적으로 수행하는 업무, 즉 전략실행과제별로 성과목표를 설정하는 것이다. '열심히 한다. 최선을 다한다.' 등의 모호한 목표가 아니라 반드시 달성해야 하는 목적지를 설정해야 한다. 즉 업무중심이 아니라 성과목표중심으로 움직이어야 한다. 목표와 실행사이의 갭을 좁히기 위해서는 자신의 역량을 정확히 파악해 효율적으로 사용하는 것, 그것을 통해 목표를 현실적이되 조금 도전적으로 설정하는 능력, 그렇게 목표를 실행한 결과에 대해 냉정하게 평가하는 능력모두가 여기에 포함된다. 목표설정의 5가지 원칙을 다음의 <표 7-11>과 같이 정리할 수 있다.

〈표 7-11〉 목표설정의 5가지 원칙

S	Specific(구체성)	해야 할 일에 대한 범위, 기간 등이 구체적이어야 함.
M	Measurable (측정 가능성)	실행과정을 관찰할 수 있고, 양과 질을 측정할 수 있도록 목표를 계량화해야 하며, 척도는 이해할 수 있어야 함.
A	Attainable(달성 가능성)	목표는 현실적이면서도 도전적이어야 함.
R	Relevant (연계성)	당해 연도에 중점적으로 수행할 목표를 팀의 목표 및 사업계획과 연계해서 수립.
T	Time bound (시한 명시)	목표업무를 수행하는 기간이 명시되어 있어야 하며, 그 기간은 합리적이어야 함.

팀원들이 수행하는 업무의 대부분은 팀장이 지시하는 '전략과제', 팀원 자신이 일상적으로 수

행하는 '본연과제', 다른 팀원의 과제를 위해 처리해주어야 하는 '공헌과제'로 구성되어 있다. 전략과제와 공헌과제는 무시한 채 본연과제, 그것도 누구라도 수행할 수 있는 기초업무만 해내고 있다면 그 사람은 직무에 충실하다고할 수 없다. '잘할 수 있는 중요하지 않은 것'에 집중하는 사람들에게 흔히 나타나는 현상은 당장에 누군가의 요구가 있는 것, 혹은 걸려오는 전화나 응대에 급해서 전략과제를 소홀히 하게 되는 것이다.

업무과제를 달성하는데 '달성여부' 못지않게 '어떤 수준까지 어떻게 달성할까'에 대한 전략이 마련되어야 한다. 그러기 위해서는 우선 과제와 관련된 환경이 어떻게 변할 것인가, 고객이 바라는 것은 무엇인가, 다른 팀원들 또는 다른 경쟁사에서는 어떻게 하고 있는가, 전년도, 지난 분기, 지난달의 실적은 어떠했는지에 분석을 해야 한다. 분석을 하게 되면 과제를 달성하기 위해 무엇을 해야 하는지와 달성과정에서 예상되는 문제점을 도출할 수 있게 되고, 이렇게 도출된 결과로부터 목표를 달성하기 위해서는 무엇을 해야 하는지에 대한 구체적인 방법을 만들 수 있게 된다. 물론 이 과정에 팀장의 코칭과 진도관리도 필요하고, 팀장이 전략실행 역량의 안배문제에 대해 적절히 시야를 넓힐 수 있도록 지적해 주어야 한다.

3.2.3. 커뮤니케이션역량: 결과가 분명한 의사소통을 하라.

커뮤니케이션역량은 '팀 목표달성을 위한 기초이고 토대'이다. 그 이유는 상대방의 니즈를 파악하는 것, 나의 의사를 표현하는 것, 그것을 바탕으로 서로의 차이와 조화를 견지하는 것이 커뮤니케이션의 목표이기도 하고 과정이기도 하기 때문이다.

제대로 된 커뮤니케이션을 위해서는 상대방과 우호적이고 조화롭게 연결되어 있다는 관계를

[그림 7-6] 효과적인 관계형성과 커뮤니케이션

유지하는 것이 중요하다. 이런 관계가 있는 느낌을 심리학에서는 라포르(Rapport)라고 하는데, 이게 형성되어 있으면 커뮤니케이션이 촉진되고 편안하고 즐겁게 생각을 주고받을 수 있게 된다고 한다. 효과적인 관계형성과 커뮤니케이션을 [그림 7-6]으로 나타낼 수 있다.

라포르를 형성하기 위해서는 우선 1) 나 자신에 대해서 바르게 인식할 수 있어야 하고, 2) 상대방에 대한 신뢰와 관심을 가져야 하고, 3) 공감(empathy)을 형성할 수 있어야 하며, 4) 상대방이 편하게 말 할 수 있도록 배려해야 한다. 그러려면 몇 가지 전제가 필요하다.

첫째, 나와 상대방이 갖고 있는 특성을 정확히 인식하고 있어야 한다. 일하는 스타일, 말하는 스타일, 심지어 습관에 대해서도 잘 알아야 한다. 서로의 장단점을 모른다면 커뮤니케이션 과정에 선입견과 편견이 작용해 오해의 소지가 생길 수 있기 때문이다.

둘째, 각자에 대한 정확한 인식을 바탕으로 커뮤니케이션의 준비가 되었다면, 상대방을 존중하고 또한 관심을 보일 수 있어야 한다. 즉 상대방에 대해 마음을 열고 상대에 대한 고정관념이나 방어적 태도를 버림으로서 상대방이 관심을 받고 있다는 것을 알 수 있도록 해야 한다. 공감이란 '상대방의 입장에서 상대방의 감정이나 생각, 경험 등을 이해하고 나누는 것으로 상대방의 관점에서 바라보는 것'을 의미한다. 공감하기 위해서는 자기 자신에게 정직하며 자신의 느낌을 솔직히 인정하고 두려움과 같은 느낌을 나눌 수 있어야만 한다.

효과적인 커뮤니케이션이란 마치 투수와 포수처럼 잘 던지고 잘 받는 연습이 필요한 기술이다. 커뮤니케이션의 스킬 3가지는 전달, 경청, 반응이라고 할 수 있다. 이를 다음의 [그림 7-7]로 정리할 수 있다.

[그림 7-7] 팀 내 원활한 커뮤니케이션을 위한 기본요소

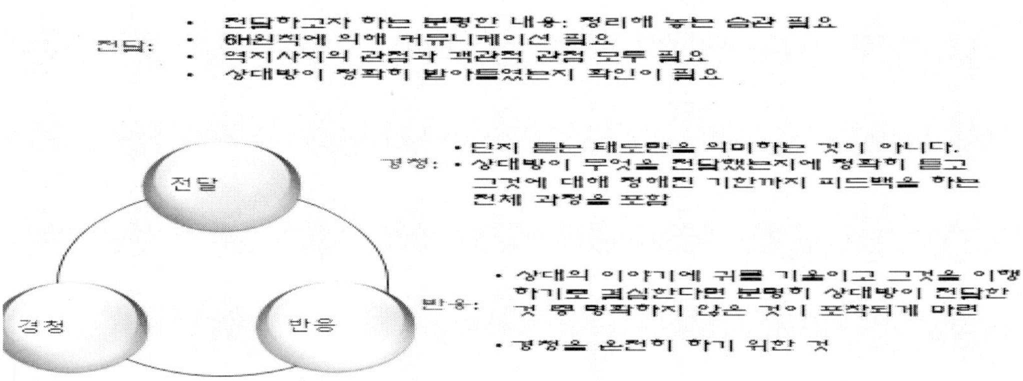

조직의 성과는 팀의 합을 통해서 더 커지며, 결국 커뮤니케이션을 얼마나 제대로 하느냐에 따라 달려 있기 때문에 구성원들에게 커뮤니케이션의 원칙을 관철시켜야 한다. 팀원들이 갖추어야할 커뮤니케이션역량으로는 다음과 같이 제시할 수 있다.

첫째, 분명한 커뮤니케이션을 하라. 커뮤니케이션은 상대방, 내용, 상황으로 구성되어 있다. 어떤 커뮤니케이션을 하건 이 3가지 구성요소를 분명히 해야 한다. 이를 다음의 <표 7-12>로 정리할 수 있다.

〈표 7-12〉 분명한 커뮤니케이션의 구성요소

구성요소	내 용
상대방	- 상대의 특성에 대해 정확히 판단해야 한다. 같은 말이라도 상대에 따라 내용 및 전달방법을 달리해야 한다.
내 용	- 커뮤니케이션의 의도, 목표, 절차, 시간 등에 대한 정확한 이해가 우선해야.
상 황	- 커뮤니케이션의 상황에 따른 내용의 중요성이나 긴급성을 파악하고 이에 대응해야 한다.

둘째, 지속적으로 커뮤니케이션을 하라. 내용을 파악했다면 그 내용에 맞춰 개략적인 결과의 모습을 만들어서 이를 가지고 상대방과 다시 커뮤니케이션하는 과정이 필요하다. 이를 다음의 <표 7-13>로 정리할 수 있다.

〈표 7-13〉 지속 커뮤니케이션의 구성요건

구성요건	내용
최초내용 파악	- 커뮤니케이션의 상대방, 내용 및 상황에 대한 분명한 파악.
Output Image 커뮤니케이션	- 최초 파악된 내용을 기초로 개략적 결과모습을 가지고 커뮤니케이션 - 커뮤니케이션의 오류 최소화
진행과정 커뮤니케이션	- 진행과정에서의 핵심성공요인 및 예상 장애요인에 대한 커뮤니케이션 - 회의, 보고, 이메일 메신저, 메모 등의 으로 중간보고로 팀장과 팀원의 커뮤니케이션 접점.

셋째, 제안형 커뮤니케이션을 일상화 하라. 팀장의 지시나 요구사항을 처리하는 수동적인 단계에 머무르지 말고, 상사를 찾아가 적극적으로 커뮤니케이션 하는 모습이 필요하다. 티타임이나 점심시간을 활용해서도 자신이 추진하고 싶은 내용이나 진행되고 있는 경과들에 대해서 간단하게 사전구두로 보고한 것과 그렇지 않고 바로 서면으로 보고한 것과는 상당한 효과의 차이가 있다. 일을 잘하는 사람일수록 상사가 미리 자신이 고민하고 있는 것을 알아차릴 수 있도록 현명하게 사전 정보공유를 많이 한다. 사전보고나 제안형 커뮤니케이션을 생활화 하면 그 위력

을 실감할 것이다. 단 이때 단순한 현상만을 이야기 하는 것이 아니라 그 현상에 대응방법을 갖고 대화하면 상사의 의사결정에도 도움을 줄 수 있다.

3.2.4. 조직행동역량: 개인기 못지않은 탁월한 조직력을 갖춰라.

최강 팀을 만드는 것은 탁월한 감독이 아니라 조직을 우선하는 선수들이다. 조직행동역량이란 "한 사람의 몫으로 움직이지만 결국 팀 전체의 성과를 위해 공헌하는 행동을 견지하는 것(결속력)"을 의미한다. 조직행동역량은 크게 '일의 주인이 되는 잡 오너십(Job Ownership)', '일을 즐기는 긍정적인 행동양식', 그리고 '팀워크를 지향하는 조직중심의 실행'으로 나누어 볼 수 있다. 이를 다음과 같이 [그림 7-8]로 정리할 수 있다.

[그림 7-8] 조직행동 역량

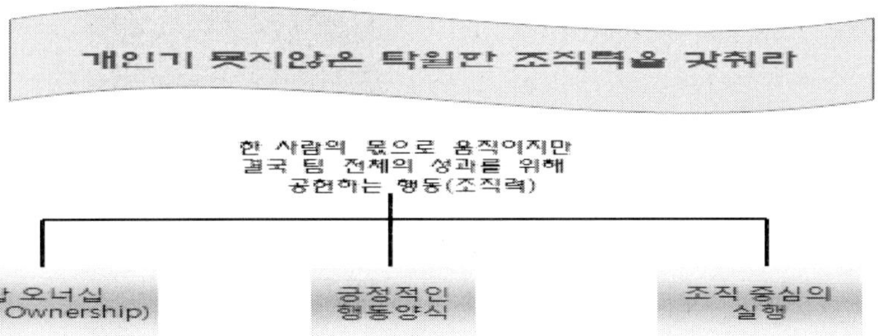

1) 잡 오너십(Job Ownership)은 '일의 주인'이 되라는 말로, 주인의식을 가지라는 것이다. 이를 가진 사람들의 특성을 보면, 먼저 자기 일을 주도하고 움직이는 것이 바로 자기 자신이며, 성과목표 경영을 위한 여러 장치와 방법을 주도적으로 실행하고 필요하다면 언제든 전략을 선회할 수 있고, 중요한 것은 주어진 일보다 자신이 정한 목표를 달성해야 하기 때문에 유연하면서도 집요하게 움직인다.

일의 주인이 되기 위해서는 먼저 어느 누구보다도 자신을 먼저 만족시킬 수 있도록 일의 수준을 높여야 한다. 일을 하는 자세에는 크게 3가지가 있다. 하나는 지시나 명령을 받고 하는 것이고, 다른 하나는 일을 찾아서 하는 것이고, 마지막은 스스로 일을 만들어서 실행하는 것이다. 이 3가지 중 어느 경우에 가장 책임감 있게 일을 할 수 있게 될까? 업무에서의 책임감은 '요구되는 품질을 갖춘 일 수행'을 의미한다. 여기서 얘기하는 '요구되는 품질'을 다음의 <표 7-14>로 정리할 수 있다.

<표 7-14> 업무에서의 책임감 정의

요구되는 품질	내 용
내용 품질	• 일의 내용에 대한 정확한 이해 • 정성을 가지고 능력을 최대한 발휘
시간 품질	• 요구되는 납기의 준수
비용 품질	• 효율적인 비용범위 내에서 일 처리

마찬가지로 만족스런 일의 수준도 누가 결정하느냐에 따라 3가지로 나뉠 수 있다. 지시나 명령권자의 요구사항을 간신히 충족시키는 경우, 또 자신이 경쟁자라 생각하는 사람보다 나은 수준으로 수행하는 경우, 또 자기 자신의 기준에서 어느 모로 보나 부끄럽지 않을 정도로 만족스러운 경지까지 끌어 올리는 경우이다. 이 3가지 경우에도 어느 것이 더 만족감을 주게 되는지 뻔하다. 따라서 적극적인 자세로 일을 찾고, 만들어 나가는 자세를 갖기 위해서는 요구되는 역량으로 문제의식, 전문성, 창의성을 꼽을 수 있다. 즉 항상 문제의식을 갖는 전문가가 되어야 할 필요가 있다. 이들 역량을 다음의 <표 7-15>로 정리할 수 있다.

〈표 7-15〉 적극적인 일의 자세에 요구되는 역량

요구 역량	내 용
전문성	• '나는 내 분야에서 타의 추종을 불허하는 최고의 고민을 하고, 그만큼 실행에 옮길 수 있는 프로다'라는 자부심을 가져야 한다. 또한 프로답게 일을 실현하는 전문성을 갖추고 있어야 한다.
문제의식	• 현상을 당연한 것으로 생각하거나 본질적인 것에 관심이 없다면 일을 찾고 만드는 문제의식을 가질 수 없다. 문제의식을 가진 사람은 동일업무에서도 전혀 다른 결과물을 만들어 낼 수 있다. • 본질적인 관심이란 당장 눈에 띄는 불만사항이나 표피적인 사항이 아니라 궁극적으로 그 일의 원리를 꿰뚫어 유능함을 발휘하는 분석적 사고를 요하는 것이다. • 문제의식을 갖기 위해서는 무엇보다 자신이 담당하고 있는 일과 관련되는 정보를 수집하고 분석하는 평상시의 습관이 중요하다. 이유는 일의 지향점과 목표점 설정 및 달성을 위한 아이디어를 창출하기 때문.
창의성	• 시장의 환경이 공급자 중심, '관리와 통제' 위주에서 고객중심, '적극성과 자율' 위주로 변하면서 스스로 일을 찾아 적극적으로, 기존과는 다른 방식으로 수행하는 창의성의 요구가 대두.

2) 긍정적인 행동양식은 조직에 열정과 에너지를 불어 넣는 것이다. 이는 구성원 자신의 마음가짐과 철학에 해당하는 것이지만, 조직에서 자신의 행동을 통해 다른 사람에게 어떤 영향력을 미칠 것인가 하는 점에도 소홀히 해서는 안 된다.

조직에 에너지를 불어넣는 일은 비단 특정 몇몇 사람의 몫이 아니라 우리 모두가 해야 할 일이다. 우리는 모두 조직 내에서 몸담고 서로에게 영향을 미치며 시너지를 내야 하는 팀 플레이어이기 때문에 일과 관련하여 표현하는 '의욕', '활기', '열정', '에너지', '긍정적 태도' 등은 서로에게 전달하는 즐거움의 기운으로 매우 중요한 요소이다. '열심히 하는 사람'은 '즐기는 사람'을 이길 수 없듯이, 이러한 기운이 조직의 성패를 좌우할 수 있기 때문에 팀에서 일하는 구성원들의 조직행동역량 중에 아주 중요한 것이 '즐겁게 일 한다'는 것이다. 즉 조직 내 구성원들이 결과에 상관없이 늘 긍정적이고 즐거운 자세를 유지함으로서 '즐거움을 전염시키는 것'은 팀 에너지를 높이기 때문에 팀원이 갖추어야 할 조직행동역량이다.

3) 팀워크를 중시하는 조직중심의 실행은 즐거움을 전염시키는 긍정적이고 즐거운 자세를 유지하기 위해서 조직문화와 관련된 몇 가지 핵심적인 조직행동 수칙들을 의미한다. 이를 다음의 [그림 7-9]와 같이 정리할 수 있다.

[그림 7-9] 팀워크를 중시하는 조직중심의 실행

즐거움을 전염시키는 긍정적이고 즐거운 자세유지

조직 문화와 관련된 몇 가지 핵심적인 조직행동 수칙

1. 팀이 결정한 것에 대해서는 어떠한 경우에도 따라야 한다.
2. 대안 없는 부정적인 피드백을 서로에게 주지 말아야 한다.
3. 자신이 먼저 즐거움으로 무장하고, 주변사람들에게 전염될 수 있도록 구체적인 실천방안을 만들어야 한다.
4. 서로에게 같이 일하는 것만으로도 즐겁고 존경스럽고 배우고 싶은 존재가 되려고 노력해야 한다.

즐거움을 전염시키는 긍정적이고 즐거운 자세를 유지하기 위한 조직행동 수칙 제1법칙으로는 정해진 방향을 향해서 나아갈 수 있는 에너지를 분산시키는 행위는 그 어떤 것이라도 허용돼서는 안 된다. 제2법칙으로는 어떤 경우에도 서로 부정적인 비난, 욕을 해서는 절대 안 된다. 따끔한 비판의 피드백은 팀원 본인이 스스로에게 해야 하거나 코칭 때 팀장이 해야 할 몫이다. 우리는 의도적으로라도 서로의 장점을 끌어내서 다음 기회에 활용할 방법을 찾고, 조금 부족한 점은 어떻게 대책을 세워 공동으로 타개해 갈지, 또 다른 팀원의 부족한 점은 내가 더 나서서 어떻게 도울지, 긍정적 대안위주로 피드백을 해야 한다. 제3법칙은 직장은 공동생활을 하는 곳이기 때문에 사소한 불평, 불쾌한 일, 그리고 저조한 감정상태 같은 표현이 팀 전체에게는 아주 큰 파장이 될 수 있음으로 의식적으로라도 표정관리와 감정관리가 필요하다. 제4법칙은 조직 내에서 일을 수행하는 전반적인 과정, 휴식을 취하거나 대화를 나눌 때의 화제조차도 서로가 프로가 되는데 도움을 주도록 해야 한다. 이처럼 그 길을 격려하는 긍정적 요소로 가득 찰 때, 조직은 건강하고 발전적인 모습을 가질 수 있다.

외부시장상황은 너무나 치열하게 움직여 우리에게 좌절을 안겨주거나 때로는 극심한 무기력을 느끼게도 한다. 이때 우리에게 버팀목이 되어주는 것은 우리자신의 마음가짐이다. 부정적 태도는 스스로를 정신적·육체적으로 피곤하게만 할 뿐, 일에 대한 성과는 나지는 게 없다. 그렇기 때문에 우리는 팀 차원에서 늘 나쁜 상황조차도 우호적인 상황으로 변환시킬 수 있는 매개물인 '긍정적 마음가짐'으로 무장할 필요가 있다.

3.3.5. 자기계발 역량: 자신의 가치를 끊임없이 업그레이드 하라.

우리는 주변사람들이 중요하다고 꼽는 외국어나 전산 활용능력 등의 능력을 키우는데 에너지를 소모하지 말고, 직장과 내 자신의 삶에서 비전과 목표, 업무의 성과와 직접적으로 연관될 수 있는 역량을 개발해야 한다. 역량이란 '성과를 만들어 낼 수 있는 반복적인 습관'으로, 이를 더 세부적으로 꼽자면 지식(Knowledge), 기술(Skill), 태도(Attitude), 리더십(Leadership) 등으로 더 구체화할 수 있다. 이를 다음의 [그림 7-10]로 정리할 수 있다.

[그림 7-10] 역량에 포함되는 요소

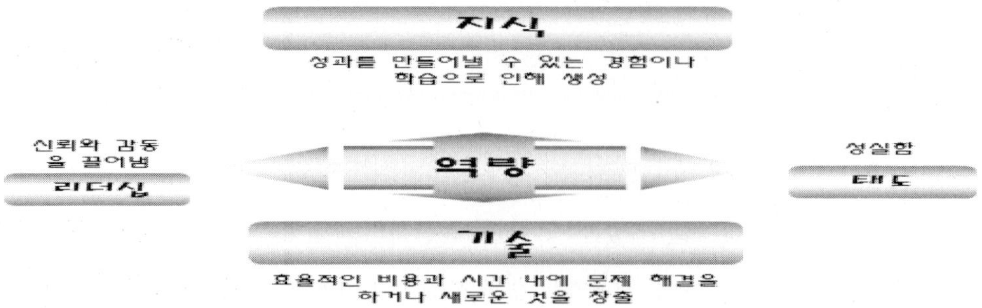

이 모든 요인을 포함되는 역량이 개인이 수행하고 있는 업무의 영역을 통해서 발휘되고 검증되고 또다시 학습되는 사이클을 통해 성장하게 되는 것이고, 그것이 자기계발의 첫 번째 토대가 되어 주는 것이다. 특히 학습과 성장을 위해서는 자신에게 부족한 역량이 무엇인지 진단하고, 그것을 근거로 해서 발전계획을 체계적으로 세우는 것이 중요하다.

우리는 고성과자의 5가지 역량을 자신이 얼마나 갖추고 있는지 체크하고, 그 결과에 따라 개발하는 것 외에도 숱하게 들어오는 정보들을 걸러내고 나 자신에게 필요한 학습과제들을 도출해야 한다.

성과경영관련 사이트에 게시된 일터(직장)에서가져야 할 역량 5단계

처음부터 최종단계에 도달하려고 욕심을 부려서는 안 된다. 당신은 어느 단계에 와 있는가? 그리고 업무에서는 어느 단계의 역량을 요구하고 있는가? 파악해야 한다. 무작정 역량계발을 위한 학습계획을 세우기보다는 자신이 처해 있는 역량단계와 직무가 요구하는 역량단계 사이의 갭(Gap)에 대해 이해하고, 그 갭을 매우기 위한 현실적 계획을 세우는 것이 좋다.

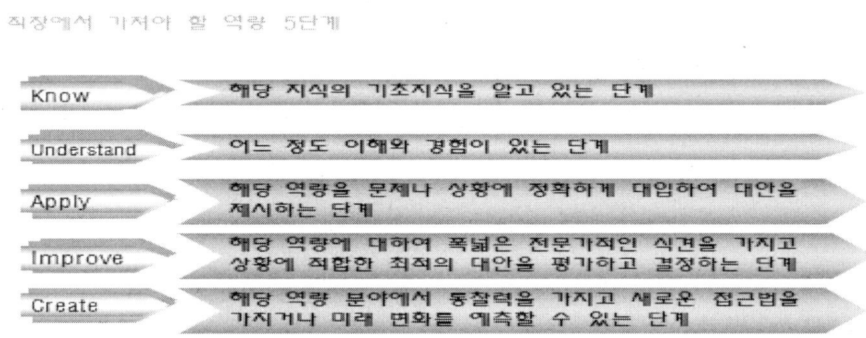

역량개발계획 프로세스를 다음의 [그림 7-11]로 정리할 수 있다. 구체적으로 살펴보면, 먼저 자기역량을 개발하는데 있어서 제일 중요한 것은 무엇을 어디까지 계발할 것인가를 결정해야만 한다. 일을 처리할 때와 마찬가지로 자기계발에도 순서와 맥락이 필요하다. 완급조절도 필요하고, 시간과 비용대비 효과에 대한 판단도 중요하다. 그 이유는 업무를 효율적으로 하지 못하는 사람일수록 자기계발도 체계적이고 효율적으로 하기 보다는 눈에 띄는 대로, 마음 내키는 대로, 또 중요하지 않거나 하기 쉬운 것을 위주로 진행할 가능성이 높기 때문이다. 또한 자기계발 역량 분야를 정할 때는 그것이 업무를 수행하기위해서 얼마나 중요한 영역인가(중요도), 또 그것이 업무를 수행하기 위해서 얼마나 시급한 영역인가(긴급도)를 고려해야 한다.

[그림 7-11] 역량개발계획 프로세스

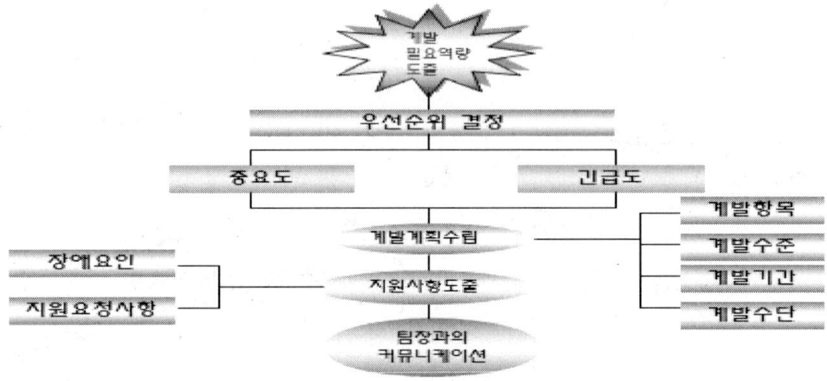

이 두 가지를 기준으로 가중치를 부여해서 상/중/하로 우선순위를 구분한다면 훨씬 더 효과적으로 어떤 역량을 계발할 것인지에 대해 판단할 수 있다. 또 역량개발에 있어서 사전계획도 중요하다. 역량항목별로 일정한 단계를 설정해서 어느 정도까지 우선 개발할 것이고 그 기간은 어떻게 잡을 것이며, 어떤 방법을 통해 개발할 것인지 서면으로 된 계획을 세워야 한다. 그렇게 목표수준을 구체적인 행동모습이나 지표로까지 설정해 놓아야만 목표달성에 대한 의지도 높일 수 있고, 더 전략적으로 역량개발을 진행할 수 있다.

또한 자기계발 방법도 다양하다. 자기계발방법을 다음의 [그림 7-12]와 같이 정리할 수 있다. 자기개발의 효과성을 높이기 위해서는 자기계발 목적에 맞는 방법을 선택하는 것이다. 즉 자기계발 목적과 방법을 매치시키는 것이다.

[그림 7-12] 자기계발 방법

- 연구회 형식의 팀 학습
- 별도의 커리큘럼을 동원한 스터디
- 세미나 같은 전문 교육 과정 참석
- 직장 내 교육(OJT): 업무과정 통해 액션러닝(Action Learning), 워크숍
- 통신교육이나 이-러닝(e-learning)
- 샐러던트(Saladent): 일하면서 공부

이상에서와 같이 우리는 고성과자가 갖추어야 할 5가지 역량을 살펴보았다. 이 5가지 핵심역량은 우리가 개인기의 탁월함 못지않게 팀워크와 조직력을 발휘하기 위해서, 또 인적경쟁력을 확보하기 위해서 꼭 갖추어야 하는 핵심무기이다. 특히 미래를 책임지고 있는 우리는 성과를 내는데, 목표를 경영하는데, 남다른 아웃풋(Output)을 내는데 더욱 앞장서야 한다.

고성과자의 5가지 핵심역량 질문지

질문지는 5가지 항목별로 9문항의 질문으로 준비되어 있다.

질문항목의 각 영역은 1) **인식측면**: 현장에서 이 역량을 갖추어야 한다는 사실을 충분히 인식하고 있느냐에 대한 질문, 2) **프로세스 실행측면**: 해당 역량을 키우거나 점검하기 위한 프로세스를 충실히 이행하고 있는가에 대한 질문, 3) **학습측면**: 스스로에게 부족한 역량에 대해 충분히 인식하고 자기계발의 노력을 하고 있느냐 등의 영역으로 나뉘어 질문이 구성되었다.

질문에 대해 1점부터 5점까지 자신의 점수를 체크한 후, 그 평균값을 갖고 '역량진단 평가척도'의 어느 부분에 해당하는지를 알아보는 형식으로 구성되어 있다. 이 진단을 통해 어떤 역량을 어떻게 개발할 것인지를 점검해서 자기계발 계획을 세울 필요가 있다

마케팅역량 진단 표					
질 문	매우 아니다 (1점)	아니다 (2점)	보통 3(점)	그렇다 (4점)	매우 그렇다 (5점)
1. 나는 내가 속한 조직의 내부고객(팀장, 동료 등)을 내 고객이라고 생각하고 대한다.					
2. 나는 내부고객들과 좋은 관계를 형성하고 유지하기 위한 나만의 핵심능력을 갖췄다.					
3. 나는 대화를 통해 내부고객과의 관계를 한층 더 발전시키고 상대방의 입장에서 상황을 이해한다.					
4. 나는 내부고객이 무엇을 원하고 있는지 그들의 입장이 되어 잘 파악한다.					
5. 나는 항상 내부고객을 만족시키고 기쁘게 해줄 수 있는 일이 무엇인지 고민한다.					
6. 나는 내부고객이 미처 요구하지 않아도 곧 필요하게 될 것을 미리 제공한다.					
7. 나는 내부고객의 요구를 제대로 파악하기 위해 대화를 많이 한다.					
8. 나는 내부고객의 불만에 항상 효과적으로 대응한다.					
9. 나는 내부고객이 원하는 것을 한 번에 정확하게 제공함으로서 효과성과 효율성이라는 요건을 충족시킨다.					

합계 점수: ( )/9 = 평균( )점

* 평가척도: Poor: 0.0~2.9점, Average: 3.0~4.0점, Good: 4.1점~4.5점, Excellent: 4.6점~5.0점

전략실행역량 진단 표					
질 문	매우 아니다 (1점)	아니다 (2점)	보통 3(점)	그렇다 (4점)	매우 그렇다 (5점)
1. 나는 내가 하고 있는 일의 결과물이 어떻게 만들어질 것인지 정확하게 이해하고 있다.					
2. 나는 내가 달성해야 하는 목표가 어떤 프로세스를 통해 내게 주어졌는지 알고 있다.					
3. 나는 내가 맡은 업무목표를 달성하기 위해 어떤 전략을 세워야 하는지 알고 있다.					
4. 나는 업무과제의 수행여부를 측정할 수 있는 근거가 되는 핵심성과지표(KPI)를 설정했으며, 그 지표를 목표 수준으로 삼고 있다.					
5. 나는 업무과제를 달성하기 위해 환경변화 예측, 경쟁자 분석, 전년도 실적 분석 등의 툴을 사용한다.					
6. 나는 주어진 업무목표를 달성하기 위해 필요한 역량을 개선할 자기계발 계획을 갖고 있다.					
7. 나는 매달 지난달 실적을 리뷰하고, 목표대비 실적 및 대책을 파악하고 있다.					
8. 나는 월간단위뿐 아니라 주간단위로 목표를 정해놓고 추진하고 있다.					
9. 나는 이번 달의 성과목표 달성전략을 수립하기 위해 팀장과 면담을 한 적이 있다.					

합계 점수: ( )/9 = 평균( )점

* 평가척도: Poor: 0.0~2.9점, Average: 3.0~4.0점, Good: 4.1점~4.5점, Excellent: 4.6점~5.0점

커뮤니케이션역량 진단

질 문	매우 아니다 (1점)	아니다 (2점)	보통 3(점)	그렇다 (4점)	매우 그렇다 (5점)
1. 나는 업무수행을 위해 관련된 주위사람들과 자주 의사소통을 한다.					
2. 나는 의사소통을 하기 전에 업무 또는 상대방에 대해 선입견과 편견을 먼저 없앤다.					
3. 나는 의사소통 시, 상대방과 공감대를 잘 형성한다.					
4. 나는 의사소통 시, 상대방에게 존중과 관심을 보인다.					
5. 나는 상대방이 이야기 시, 적절히 반응하며 경청한다.					
6. 나는 상대방이 이야기 시, 동의의 의미로 고개를 끄덕이거나 상대방이 말한 내용을 요약해서 확인한다.					
7. 나는 상황을 분명하게 인식하고, 그에 걸맞은 의사소통을 적절히 하고 있다.					
8. 나는 상대에 따라 다른 의사소통 전략을 사용한다.					
9. 나는 적극적인 의사소통을 위해 제안형의 의사소통을 자주 한다.					

합계 점수: ( )/9 = 평균( )점

* 평가척도: Poor: 0.0~2.9점, Average: 3.0~4.0점, Good: 4.1점~4.5점, Excellent: 4.6점~5.0점

조직행동역량 진단 표

질 문	매우 아니다 (1점)	아니다 (2점)	보통 3(점)	그렇다 (4점)	매우 그렇다 (5점)
1. 나는 내게 주어진 과제를 충실히 이해할 뿐 아니라, 정해진 시간과 비용 내에서 처리하고 있다.					
2. 나는 내게 주어진 과제 외에도 나 스스로 할 일을 찾고 처리한다.					
3. 나는 현재의 상황이나 문제의 본질적인 원인을 찾아 창의적으로 해결한다.					
4. 나는 어렵고 힘든 문제를 피하기보다 자신감을 가지고 해결방안을 적극적으로 찾는다.					
5. 나는 내가 수행하고 있는 과제목표가 반드시 달성될 수 있을 것이라 믿는다.					
6. 나는 내가 맡은 일의 비전과 목표를 분명히 알고 업무를 처리하고 있다.					
7. 나는 팀의 미션과 목표를 정확하게 이해하고 있으며, 그것에 나의 행동과 생각의 초점을 맞추어 나간다.					
8. 나는 상대방이 나에게 해주기를 바라는 방식으로 상대방을 대한다.					
9. 나는 말과 행동이 일치하며, 구성원들에게 약속한 바를 반드시 지킨다.					

합계 점수: ( )/9 = 평균( )점

* 평가척도: Poor: 0.0~2.9점, Average: 3.0~4.0점, Good: 4.1점~4.5점, Excellent: 4.6점~5.0점

자기계발 역량 진단 표					
질 문	매우 아니다 (1점)	아니다 (2점)	보통 3(점)	그렇다 (4점)	매우 그렇다 (5점)
1. 나는 자기계발의 필요성을 절감하고 정기적으로 시간을 들여 노력하고 있다.					
2. 나는 역량발휘를 위해 필요한 지식이나 기술 또는 태도 등을 향상시키기 위한 학습을 한다.					
3. 나는 네가 하고 있는 일을 성과지향적으로 이행하기 위해 꾸준한 역량개발을 하고 있다.					
4. 나는 내게 뚜렷한 역량이 무엇인지 알고 있으며, 그것을 성과목표 달성전략에 비추어 계발하고 있다.					
5. 나는 성과달성을 위해 점진적으로 나의 필요역량수준을 상향조정하고 있다.					
6. 나는 나의 역량개발을 위한 우선순위를 정해 순차적으로 하고 있다.					
7. 나는 역량개발을 위한 다양한 스킬과 태도에 대한 정보에 늘 촉각을 곤두세우고 있다.					
8. 나는 역량개발을 위한 나만의 역할모델을 두고 학습하고 있다.					
9. 나는 역량개발을 위한 구체적인 일정과 완료시점을 계획하고 있다.					

합계 점수: ( )/9 = 평균( )점

* 평가척도: Poor: 0.0~2.9점, Average: 3.0~4.0점, Good: 4.1점~4.5점, Excellent: 4.6점~5.0점

제8장 창의성과 스트레스관리

지식정보화 사회에 있어 경쟁력의 원천은 지적창조성이다. 조직 내 창조적인 개인이나 소수에 의한 혁신이 지니는 한계가 부각되면서 조직창조성에 대한 관심이 증대되고 있다. 조직창조성이 발휘되는 출발점은 개인이 조직의 목표 하에서 몰입에 빠져드는 순간이다. 조직구성원들의 몰입을 이끌어내기 위해서는 무엇보다도 일하기 좋은 환경과 창의적인 조직분위기를 조성하고 필요한 자원을 적시에 제공하는 것이 중요하다. 따라서 본장 제1절에서는 기업경쟁력의 원천인 창의성에 대한 이해를 돕기 위해 창의성과 혁신과의 관계와 창의성을 저해하는 리더 및 관리자들의 행동특성을 살펴본다. 제2절에서는 창의성을 가로막거나 또는 촉진하는 조직분위기를 살펴보고, 창의적인 조직구축방안을 알아본다. 제3절에서는 성과창출을 위해 구성원 개개인들의 자율성과 창의성 발휘 등의 조직요구로 구성원들이 경험하게 되는 스트레스의 부작용을 살펴보고, 스트레스 원천에 대한 이해를 통해 스트레스를 관리방안을 알아보도록 한다.

제1절. 창의성에 대한 이해

기업경쟁력의 원천으로서 창의성에 대한 관심이 높아지고 있다. 품질, 가격 등 전통적인 경쟁방식보다 창의성에 기반 한 새로운 가치창출이 기업의 성패를 좌우하고 있다. 1997~2006년 글로벌 50대 혁신기업(Business Week지 선정)의 연평균 이익증가율은 3.4%로 S&P 1200대 기업의 0.4%를 크게 상회하고 있다. 창의적인 혁신으로 시장을 주도한 대표적인 사례로는 애플의 '아이폰(iPhone)', 구글의 '구글어스(Google earth)', 닌텐도의 'DS(Dual Screen)' 등을 들 수 있다. 여기에서는 기업경쟁력의 원천인 창의성과 혁신과의 관계와 창의성을 저해하는 리더 및 관리자들의 행동특성을 살펴본다.

1.1. 경영혁신과 창의성의 관계

조직이 가혹한 경쟁을 극복하고, 조직유효성을 증대시키면서, 장기적인 성장의 목표를 달성할 수 있는 방안은 무엇인가? 이에 대한 응답인 제시방안은 경영자나 관리자들마다 각기 다를 것이다. 그러나 일반적으로 성공기업의 경우는 조직시스템 내부를 유기적인 개방시스템으로 효과적 운영을 하고, 외부환경의 충격에 적극적으로 대처해 나아갈 뿐만 아니라, 다양한 혁신활동 등을 지속적으로 행하고 있다. 그렇다면 조직의 혁신(innovation)이 성공적으로 이루어지기 위해서는 어떠해야 하는가? 이에 대한 응답으로는 반드시 조직구성원이 창의적으로 생각하고 행동할 수 있어야 한다. 그 이유는 창의성이 조직의 존속과 성장에 절대적이기 때문이다.

가장 영향력 있는 경영학의 대가이며, 전략의도, 핵심역량, 경영혁신 단어를 창안하고 런던 비즈니스스쿨의 교수인 게리하멜은 “10번째 세계지식포럼”에서 [그림 8-1]과 같이 세상은 지식기반 경제에서 창의성기반 경제로 빠르게 변화하고 있다고 주장한다. 창의성기반 경제에서 성공하는 경영자 및 관리자가 되기 위해서는 무엇보다도 경영혁신을 위해 과감한 열망을 갖고 이를 실행으로 옮겨야 한다. 그 이유는 과거의 경영유산을 그대로 답습하면 반전이 없기 때문이라고 설명한다. 또한 세상이 지식기반 경제시대에서 창의성기반 경제시대로 빠르게 변화하고 있음에도 불구하고 과거의 경영유산을 그대로 답습하며 변신하지 않는 기업이 있다면 잘게 쪼개라(break into smaller subunits)고 제안한다. 그 이유는 팀당 소수의 인원(4~5명)으로 자유로운 분위기에서 한명 한명의 생각을 다 뽑아내야 하기 때문이라고 주장한다. 이처럼 직원들의 창의

[그림 8-1] 창의성기반 경제시대로

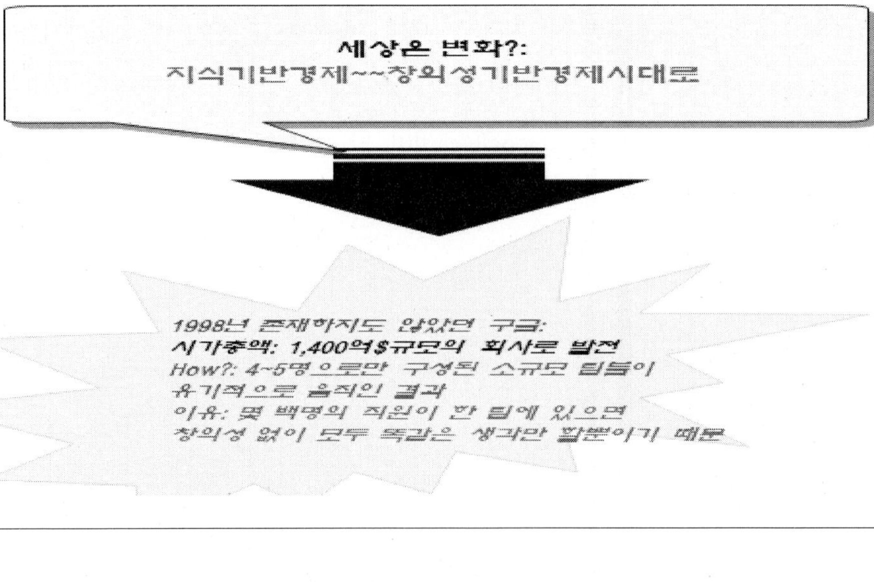

성이 발휘될 수 있도록 그들을 섬기고 영감을 줄 수 있는 열망을 지닌 경영자나 관리자가 존재할 때, 경영혁신에 성공할 수 있다고 주장한다.

게리하멜은 크리에이터(creator)가 되려면 '공감능력(deep empathy)'을 갖추고, 너무 미래를 생각하기 보다는 현재에 집중해 타인과 다른 시각으로 봐야한다고 한다고 주장하며, 경영혁신의 방향 및 현재를 살아가는 세 가지의 도전과 사례를 제시하고 있다.

먼저 경영혁신의 방향은 임직원을 포함하는 구성원들의 자율성을 확대하고 참여기회를 늘리는 등 기업의 경영활동전반을 변화시킴으로서 기업구성원의 창조성을 향상시키고 구성원 전원을 혁신활동에 참여시키는 혁신이 필요하다고 설명한다. 그리고 현재를 살아가는 세 가지 도전으로는 1) 빠른 변화(hyper change), 2) 과도한 경쟁(hyper competition), 그리고 3) 구성원들을 섬기고 영감을 주는 회사가 되어야 한다고 주장하며, 이에 따른 혁신사례를 위의 <표 8-1>과 같이 제시하고 있다.

〈표 8-1〉 현재를 살아가는 세 가지 도전과 혁신사례

<table>
<tr><td rowspan="4">1. 빠른 변화</td><td rowspan="2">21세기 핵심키워드로 평가예상</td><td>• 기술적 비교우위가 오래 못 감:</td></tr>
<tr><td>• 삼성전자: 디지털카메라 전면에 LCD창 부착해 셀프샷이 편리한 신제품 출시
• 경쟁사인 니콘, 캐논: 3개월도 안 돼 같은 제품 출시</td></tr>
<tr><td rowspan="2">대응방안:
구글 같은 혁신사례 필요</td><td>• 창의성 키운 7:2:1 법칙: 회사역량 투입</td></tr>
<tr><td>• 7: 핵심 비즈니스(core business)
• 2: 재투자(re-investment)
• 1: 새로운 생각(crazy new idea)</td></tr>
<tr><td rowspan="2">2. 과도한 경쟁</td><td rowspan="2">극복방안:
혁신을 속도감 있게 해야</td><td>• 듀폰사: 고어텍스개발</td></tr>
<tr><td>• 명함에 직책이 없음: 위아래가 없는 대신 '리더'라는 제도만 있고, 모든 일은 자발적으로 진행 됨.</td></tr>
<tr><td rowspan="2">3. 직원 섬기고 영감을 주는 회사</td><td>창의성기반경제에 중요한 것은?: 구성원들이 얼마나 열성적이냐 하는 점</td><td>• 인도의 HCL: 역책임(reverse accountability)으로 유명</td></tr>
<tr><td>10%: 몸과 마음을 모두 바침
90%: 몸만 와있음</td><td>• '이곳은 상사가 부하에게 책임을 지고 기업은 직원을 모시고 있다며 그렇지 않으면 직원이 기업을 모시지 않을 거라 함.'</td></tr>
</table>

1.2. 창의성의 개념 및 중요이유

창의성(creativity)은 '개인의 능력과 행위의 하나로서 선천적으로 주어지기보다는 학습과 노력에 의해 연마되는 것'으로, 창의적 능력(creative ability)과 창의적 행위(creative behavior)로 구분하여 볼 수 있다. 이의 개념을 비교·정리하면 다음의 <표 8-2>와 같다.

〈표 8-2〉 창의적 능력과 행위의 개념비교

창의적 능력	"새로우면서도 실용적인 여러 아이디어를 산출해 낼 수 있는 능력." 즉 개인이 새로운 방식으로 연상하고 조합할 수 있는 능력인 확산적 사고력(divergent thinking)이라 할 수 있다.
창의적 행위	"새로우면서도 실용적인 여러 아이디어를 다른 사람들이 지각하고 이해할 수 있는 형태나 양식으로 변형시키는 것"을 의미한다. 이는 다른 사람들에게 실제적으로 가치가 있어야 한다.

진정한 의미의 창의력은 전통적 사고방식, 과거의 경험, 진부한 관념의 속박에서 벗어나 서로 관련이 없는 요소들을 특정의 필요성에 부합되도록 새롭게 조합하고 연상할 수 있는 것이어야 한다. 이를 지능과 같은 개념으로 이해하거나 간주해서는 안 된다. 그 이유는 창의적 행위에는 최소한 어느 정도의 지능이 요구되나, 창의적 자질은 지능과는 다른 여러 가지의 능력으로 구성되어 있기 때문이다.

조직이 존속하고 지속적인 성장의 기회를 얻기 위해서는 구성원들이 창의적으로 생각하고 행동할 수 있어야 하기 때문에 모든 조직에서는 구성원들의 창의성을 필요로 하고 있다. 그러나 창의성이 조직에 대해 순기능만 하는 것이 아니라 때로는 역기능도 함을 경영자나 관리자들이 유념할 필요가 있다. 그 이유는 구성원들이 창의성에만 몰두하게 되면 또 다른 목적을 위해 투자해야하는 시간과 비용을 낭비할 수도 있고, 능률이 강조되는 일상적이고 반복적인 작업에서는 창의성이 오히려 성과에 대한 예측을 어렵게 할 수도 있기 때문이다.

조직을 관리하는데 있어서 구성원들의 창의성이 중요시되는 실제적인 이유는 무엇인가? 그 이유를 다음의 <표 8-3>과 같이 세 가지로 설명할 수 있다.

〈표 8-3〉 조직에서 구성원들의 창의성이 중요시되는 실제적인 이유

1. 구성원들의 적극적인 사고를 촉진시키며 문제해결능력을 증대시킨다.
2. 창의적인 구성원들의 적극적 참여로 인한 사기와 작업의욕을 고취시키며, 진취적이고 개방적인 기업문화가 형성되는데 큰 도움이 된다.
3. 생산성의 제고에 직접적인 영향을 미친다. 즉 창의성은 새로움, 변화, 바람직함을 추구하기 때문에 그 과정은 생산성을 제고하기 위한 첩경이라고 할 수 있다.

1.3. 창의성을 저해하는 리더 및 관리자들의 행동특성

세계적인 히트상품인 애플의 아이팟과 소니의 워크맨. 이는 남들이 생각하지 못한 창조적 발상으로 고객들이 기꺼이 돈을 주고 사고 싶어 하는 차별적인 가치를 창출하였다. 이렇듯 창의성은 기업의 경쟁력을 가늠할 수 있는 결정적인 힘이라 할 수 있다. 창의성을 중시한 애플의 경영방식과 전통적 방식에 초점을 둔 GE와 도요타의 경영방식을 다음의 [그림 8-2]와 같이 비교·정리할 수 있다.

[그림 8-2] GE와 애플의 경영방식 차이비교

GE, Toyota 경영방식	Apple경영방식
• 경영효율에 초점	• 선 : 창의성 초점 : 연관사고
• 기업보유자원 : 효율관리 : 경영성과향상	• 후 : 효율성
• 대량생산 : 때로 창조를 가로막는 방해요인 : 자로 잰 듯 명확해야 하기 때문	• 흰 도화지에 스케치하듯 그렸다 지우는 과정의 반복
• '있는 것을 관리 하는 것'	• '없는 것을 만들어 내는 것'
• 공급자중심의 제품개발과 판매	• 고객중심 : 고객이 어떻게 제품을 활용할지를 생각하고 만드는 방식
• 외부변화에 대처보다 자신만의 룰 고수 : 시장지배력과 덩치감안 자신감	• 고객과의 관계 : 서비스제공관계보다 함께 비즈니스를 수행하는 관계

기업에서의 창의성의 원천은 구성원 개개인들로, 이들의 창의력을 끌어내는 핵심은 경영진을 비롯한 관리자들의 리더십이다. 이는 의사결정을 주도하는 리더 및 관리자들이 일상의 업무수

[그림 8-3] 창의성을 저해하는 리더 및 관리자의 행동특성

< 표 > 구성원의 창의성을 저해하는 리더의 주요 행동
- 남의 이야기를 듣지 않는다.
- 자신과 다른 생각을 말하면, 무시하거나 화를 낸다.
- 회의나 토론 시 부하에게 면박을 준다.
- 회의나 미팅 시 훈계하는 식의 말을 많이 한다.
- 아이디어나 정보의 가치를 간파하는 안목이 없다.
- 작은 실수나 실패도 절대 용서하지 않는다.
- 패자 부활의 기회를 주지 않는다.
- 오직 일 밖에 모르고 부하의 고충이나 업무 피로에 무신경하다.
- '성공할 수 있다는 확실한 증거를 대라'는 말을 많이 한다.
- 남들이 안 하는, 선례가 없는 것에 대해서는 주저한다.
- 당장 눈앞의 단기 성과에 치중한다.
- 보고, 의전 등 부하들로 하여금 잡무에 시달리게 한다.

행과정에서 어떤 방식으로 구성원들을 이끌어 가느냐에 따라 기업의 창의성이 좌우되기 때문이다. 구성원들의 창의성을 최대한 발현토록 하는 관리자가 있는 반면에 오히려 창의성을 떨어트리는 관리자도 있다. 이처럼 창의성을 저해하는 리더 및 관리자의 행동특성을 [그림 8-3]과 같이 정리한 LG경제연구원의 연구결과(이춘근, 2007)를 살펴보면 다음과 같다.

1.3.1. 유아독존 형: 독선과 닫힌 귀

조직에서 창의성이 발현되기 위한 가장 기본요건은? 구성원 개개인들이 생각하는 다양한 의견과 아이디어를 부담 없이 밖으로 표출할 수 있는 열린 커뮤니케이션 문화이다. 구성원들이 상사의 눈치를 보거나 자신의 생각을 격의 없이 이야기할 수 없는 닫힌 조직에서는 창의성이 발현될 수 없다. 특히 상사가 부하들의 이야기를 들어주는 경청의 인내심이 부족하고, 자기생각을 강요하는 독선적인 생각이 강하면 부하들은 입을 닫게 된다.

침묵하는 조직에서는? 구성원들이 상사가 시키는 것만 하게 되고, 스스로가 창의성을 발휘하여 주도적으로 일을 하지 않는다. 결국 아무리 뛰어난 인재를 데려온다 하더라도 성과를 내기가 어렵다.

1.3.2. 눈뜬장님 형: 흡수능력 부족

리더가 구성원이 제시한 창의적인 혁신 아이디어나 지식의 잠재가치를 제대로 간파하고 활용하여도 조직성과로 연결하지 못하면 무용지물일 뿐이다. 그럼에도 불구하고 일부의 관리자들은 '그거해서 성공하겠냐?', '내경험으로 보면 성공 못해', '쓸데없는데 시간 낭비하지 말라'라는 식으로 이야기 하여 싹을 자르기도 한다.

새롭고 창의적인 아이디어들은 기존에 익숙한 것이 아니기 때문에 항상 어딘가 어색해 보이기 마련이다. 그렇기 때문에 리더나 관리자가 시장과 미래를 보는 안목이 없으면 창의적인 아이디어들이 경시될 수 있다는 것을 관리자들은 인식할 필요가 있다.

1.3.3. 일중독 형: 감성결핍

상사가 지나치게 일 중심으로 움직이고 부하의 개인적 고충이나 스트레스 등 인간의 정서적인 측면에 무감각하게 되면 창의성을 저해하는 여러 가지 부작용을 낳게 된다. 특히 구성원들이 지치고, 피로도가 가중되어 조직적 탈진(Burn-out)현상이 나타날 수 있다. 또한 감성이 결핍된 일 중심의 상사언행은 구성원들이 직장생활에서 느끼는 재미, 근무의욕을 해칠 수도 있다.

하버드대 경영대학원 테레사 아마빌 교수는 "일상적 업무수행 과정에서 상사가 던지는 사소한 말과 행동이 부하들의 창의성과 업무성과에 큰 영향을 준다."며 "창의성을 저해하지 않기 위해 직원들의 감정과 기분을 해치지 않도록 말과 행동에 유의할 필요가 있다"고 말했다.

1.3.4.완벽주의 형: 실패불용

상사가 작은 실수나 실패조차 용인하지 않으면 부하들의 생각과 행동은 실패위험이 적은 보수적인 쪽으로 흐르게 될 수밖에 없다. 이렇게 되면 무언가 새로운 것에 도전하고 시도하는 창의적인 발상과 행동이 위축될 수밖에 없다.

사업이든 제품이든 기존에 해보지 않은 새로운 것, 남들이 생각지 못한 창의적인 것일수록 성공과 실패를 가늠하기 어려운 높은 불확실성이 동반하기 마련이다. 따라서 오직 성공이냐 실패냐 하는 결과만 보고, 정당한 실패나 건강한 실패조차 절대로 허용되지 않는 풍토에서는 혁신적 아이디어가 발현되기 어렵다. 이러한 상황에서는 '점진적 개선'은 가능해도 '현상타파적인 이노베이션'은 이뤄지기 어렵다는 것을 관리자들은 인식해야할 필요가 있다.

1.3.5. 복사기 형: 'Me-too' 의식

남들이 하지 않는 새로운 것을 먼저 개척해 나가는 선도자적인 실험정신이 부족한 리더도 구성원들의 창의성을 저해한다. 특히 내부에서 좋은 아이디어가 있어도 자신이 없어 실행을 주저하다가, 나중에 다른 기업들이 하는 것을 보고 나서야 따라하는 'Me-too'의식이 많으면 조직의 창의성은 죽을 수밖에 없다.

상품이든 제도든 그 아이디어가 참신한 것일수록 기존에 없었던 남들이 하지 않은 새로운 것이기 때문에 실행을 위해서는 리더가 불확실성을 감수할 수 있는 용기가 있어야 한다. 구성원들이 기존과 다른 파격적인 아이디어를 제시하더라도 상사가 '그런 사례가 있느냐?', '그것이 성공할 수 있다는 증거를 가져와 봐라'는 식으로 반응을 하게 되면 절대 실행에 옮겨질 수 없다. 이렇게 되면 아이디어 그 자체로 끝나버리고 아이디어의 실행을 통한 성과창출로 연결되지 않게 된다는 것을 관리자들은 인식해야 한다.

1.3.6. 하루살이 형: 단기 운영업무 중심의 관리

경영진을 비롯한 관리자들이 사업모델, 전략, 미래준비 등 큰 것을 고민하기보다는 기존사업 틀 속에서 당장의 이익, 비용관리 등 단기성과 개선에 우선한 운영에 치중해서는 구성원들의 창의성이 극대화되기 어렵다. 그 이유는 1) 리더 및 관리자들이 단기성과를 우선하게 되면 미래가치가 있더라도 당장에 이익이 안 되는 아이디어들은 사장되기 때문이며, 2) 구성원들이 수행하는 일의 가치가 낮아질 수 있기 때문이다.

리더들이 큰 그림보다는 단기적인 운영관리 업무에 치중하면 현장에 대한 지시나 통제가 매우 세부적으로 이루어지고, 보고 등 잡무가 많아질 가능성이 크다. 따라서 창의성이 발현되기 위해서는 구성원들을 잡무에 시달리게 해서는 안 된다. 머리를 쓰고 지혜를 짜내게 하는 일을 많이 부여해야 한다. 이를 위해 리더나 관리자는 끊임없이 의미 있는 일을 발굴하고 구성원들에게 적절히 부여하는 직무메이커(job maker)로서의 역할도 수행해야 한다.

제2절. 창의적인 조직구축방안

기업경쟁력의 원천인 창의성과 혁신과의 관계, 그리고 창의성을 저해하는 리더 및 관리자들의 행동특성을 앞 절에서 살펴보았다. 제 2절에서는 창의성을 가로막거나 또는 촉진하는 조직분위기를 살펴보고, 창의적인 조직구축방안을 알아본다.

2.1. 창의적 잠재력을 억제 또는 촉진하는 조직분위기

창의적 잠재력이 억제되는 창의적이지 못한 조직의 특성과 창의적 잠재력을 강화 혹은 증진시키는 창의적인 조직의 특성을 이해하여야 한다. 이러한 이해를 바탕으로 창의적인 조직구축을 할 수 있도록 노력하여야 할 것이다.

2.1.1. 창의적 잠재력이 억제되는 창의적이지 못한 조직의 특성은?

1) 지나치게 엄격한 조직정책

조직이 구성원들에게 반드시 정해진 방침에 따를 것을 강조하고, 어떠한 실수나 실패도 용인하려고 하지 않는다면 조직 내 구성원들의 창의적 잠재력은 억제될 수밖에 없을 것이다.

2) 조직의 불안정성과 매우 안정성

조직이 불안정하면? 환경을 예측하기 어렵기 때문에 구성원들은 불안감과 초조함을 지니게 되므로 그들은 새로운 아이디어를 만들어 내려는 노력보다는 직무이동이나 감독과정의 변화에 더 많은 관심을 기울이면서 조직의 요구에 부응하려고해 창의력의 발휘를 억제한다. 또한 조직이 매우 안정되면? 공식화의 정도가 높아지기 때문에 구성원들이 의견을 교환하고 자기 아이디어를 시험할 수 있는 기회가 줄어들어 창의력이 억제된다.

3) 집권적인 조직구조

조직구조가 지나치게 집권적으로 되어 있는 경우 계층 간의 의사소통과 자유로운 정보교환을 어렵게 되거나 왜곡되기 쉬우므로 창의적 행위를 기대할 수가 없다.

4) 경영층의 무관심

경영자들이 재정적, 관리적, 인적, 시간적인 면에서 충분한 지원을 해주지 않거나 새로운 아이디어를 수용할 수 있는 능력이 없는 경우 구성원들은 의욕을 잃고 창의력을 발휘하여 조직에 기여하려는 생각을 하지 않게 된다.

2.1.2. 창의적 잠재력을 증진시키는 창의적인 조직의 특성은?

1) 지속적인 강화작용

대개의 행위가 그 결과에 의해 보상이 제공됨으로서 강화되듯이 창의적 행위가 계속될 수 있도록 강화작용이 지속적으로 이루어져야 한다. 특히 심리적 보상이나 경제적 보상은 침체되어 있는 창의적 행위에 생기를 불어넣는데 큰 효과가 있다.

2) 목표와 기한의 설정

개인이나 집단의 과업에 대하여 반드시 달성하여야할 목표와 기한을 정해놓고, 적당한 심리적 절박감이나 압력을 조성하는 것도 창의력을 한 곳에 집중시킬 수 있도록 하는데 큰 도움이 된다.

3) 충분한 검토시간의 제공

단순히 시간의 촉박함 때문에 너무 빨리 결론을 내린다든지 결과가 뻔한 해결방안을 성급하게 받아드린다면, 이는 창의력 발휘에 아무런 도움이 되지 않을 것이다. 그러므로 그들이 첫 아이디어를 반복하여 검토하고 장시간에 걸쳐 사고할 수 있도록 충분한 시간이 주어질 때 창의력 발휘가 용이할 것이다.

4) 자유스럽고 자주적인 분위기의 조성

자유방임적인 분위기는 게으름이나 나태함을 조장할 수 있다. 그러나 자유스럽고 부드러운 분위기에서 사람들은 창의적인 의견이나 아이디어를 보다 많이 제시하게 된다. 그러므로 적당한 범위 내에서 그들을 통제할 수 있는 규율을 유지하는 것이 필요하다.

2.2. 창의적인 조직구축방안

구성원들의 창의성을 개발하거나 증진시키기 위해서는 스스로 노력하는 자세와 여러 훈련기법도 중요하지만 구성원들의 창의적인 잠재력이 실제로 발휘될 수 있는 환경 즉 기업이 창의적인 조직으로 재구축이 되어야 한다. 이를 위해서는 먼저 창의성에 대한 오해를 불식시킬 필요가 있다고 한다(김은한, 2007). 이를 다음의 <표 8-4>와 같이 정리할 수 있다.

〈표 8-4〉 창의성에 대한 오해

오 해	진 실
1. 창조란 무에서 유를 만드는 완전히 새로운 것이다.	창조적 활동은 획기적 발명뿐 아니라 현장의 작은 혁신까지를 모두 포함한다.
2. 창의성은 발명가, R&D 등 특정 인력에만 해당되는 것이다.	창의적 사고는 비전문가가 새로운 시각으로 접근하면서 나오는 경우가 의외로 많다. 예: TV수리공이 컬러복사기 개발아이디어 제시
3. 무조건 창의성만 제고하면 기업성과가 저절로 개선된다.	기업이 자신역량 이상으로 창의성을 추구할 경우 실패위험의 증대와 자원 및 역량분산 등을 초래해 경영성과를 저해시킬 수 있다.
4. 창의성은 관리할 수 없는 것이다.	창의적인 기업일수록 창의성의 저해 및 촉진요인을 체계적으로 관리하기 위해 노력한다.
5. 창의성은 근무강도 및 규율의 약화를 의미한다.	창의성은 긴장고도화를 동반하고, 여유, 다양성, 자율성과 함께 엄격한 내부검증과 치열한 경쟁을 결합시키는 '역설의 경영'을 요구한다.

또한 창조적 기업으로 도약하기 위해서는 체계적으로 창의성을 관리해야 한다. 관리방안을 개인, 집단, 조직차원으로 구분하여 살펴보면 다음의 <표 8-5>와 같이 정리할 수 있다.

〈표 8-5〉 개인, 집단, 조직차원 창의성 관리방안

구분	내 용	
개인차원	**"다양성과 자율성 존중"** • 인력의 다양성 확보 • 자율적인 비공식활동 지원 • 포용의 문화구축	지식, 아이디어의 다양성 확보와 재충전을 통한 창조여력의 제공이 중요하다.
집단차원	**"창조 프로세스의 관리"** • 사내기업가 체제의 운영 • 직급/직무를 뛰어넘는 유연한 인사제도 • 열린 문화 및 협업문화를 통해 지식 간 융합화	아이디어의 공유를 통해 지식융합을 유도하고 조직에서 벤처처럼 활동하는 임직원의 사내기업가정신(Intra-preneurship)을 고취해야 한다. 특히 비공식 활동을 적극 후원하다가 가능성이 감지되면 이를 즉시 공식화 하는 유연한 조직관리가 필수적이다.
조직차원	**"창조적 성과관리"** • CEO리더십은 창의적 성과달성의 견인차 • 복합조직을 통해 창조성과 효율성을 동시에 추구 • 창조적 성과관리를 통해 지속성장 가능한 기업 구현	일상적 업무와 창조적 혁신의 시너지를 도출하는 한편, 엄격한 검증과 성과창출시스템을 통해 조직의 성과를 견인해야 한다.

위의 내용들을 토대로 창조적 기업을 만들기 위한 방안을 다음과 같이 세 가지로 정리할 수 있다.

1) 일과 삶의 균형(Work-Life Balance)을 통한 창조여력을 확보해야 한다.

창의성 발휘의 가장 큰 장애요인은 만성적인 피로와 스트레스이기 때문에 최소한의 휴식과 개인생활의 존중이 창조적 기업 만들기의 출발점이다. 일과 삶의 균형은 다양한 우수인재를 확보하고 또 유지하기 위해서도 긴요하다. 미국기업 관리자의 51%는 "개인과 가족생활의 균형이 회사 선택의 가장 중요한 요소"라고 응답하고 있다(Michaels, et al., 2001). 특히 신세대는 산업화 세대에 비해 가족과 여가생활을 중시하는 경향을 보여주고 있기 때문이다. 또한 일과 삶의 균형은 단순히 개인생활 보호차원의 근무시간단축이 아니라, 휴식을 통한 질 제고를 지향해야 한다. 일상 업무의 틀에서 벗어나 새로운 시각에서 자신의 업무를 반추할 수 있는 기회를 제도화하고, 재충전을 통한 삶의 여유가 업무에 대한 몰입과 열정으로 연결되도록 선순환 고리를 형성해야 한다.

2) 조직의 다양성을 확보하되, 사후관리를 강화해야 한다.

관리되지 않은 다양성은 오히려 갈등을 초래하고 장기적으로 창의적 인재의 도태를 초래할 수 있다. 인력구성은 빠르게 다양화되고 있지만, 인사는 아직도 경직되고 획일적으로 운영되는 실정이다. 소수인력이 조직 내에서 역량과 개성을 발휘하기 위해서는 이들이 조기에 뿌리를 내릴 수 있도록 배려할 필요가 있다. 어떤 집단에서든 특정 소수집단의 비율이 19%를 넘어서면 (마의 19%론) 스스로 의견을 개진하고 문화를 창출할 수 있다(Kanter, 1993).

3) 과감한 분권화를 통한 임직원의 자발적 참여정신을 강화해라.

사내기업가체제의 구축 등 권한위임을 제도화하고 비공식활동을 고취하여 창의성에 대한 관심을 조직일선까지 확대할 필요가 있다. 특히 비공식 조직과 활동을 촉진하되, 지속적인 주시(monitoring)와 동기부여를 통해 성과관리에 만전을 기해야 한다. 또한 상사와 부하, 회사와 구성원간의 신뢰구축을 통해 도전정신을 격려하는 조직분위기를 조성해야 한다. 그 이유는 창의성을 발휘하기 위해서는 위험감수가 불가피하며 조직 내 신뢰기반 없이는 추진하기 곤란하기 때문이다.

모든 조직이 동시에 창조성만을 추구할 경우 균형 있는 조직운영이 불가능해지기 때문에 상호간 역할분담과 협력이 중요하다. 그러므로 일상적 공식조직과 프로젝트 조직이 유기적으로 결합되어야 창조성과 효율성을 동시에 달성할 수 있다.

2.3. 창의적인 워크스마트 방안

우리나라 직장인들의 노동시간 대비 노동생산성이 현저히 낮은 수준이다. 미국의 개인 업무생산성을 100이라 했을 때, 일본은 78, 우리는 겨우 45라고 한다. 또 OECD가입국 31개국 중 우리의 노동생산성 수준은 23위 밖에 안 된다고 하니 생산성 측면에서 짚고 넘어가야할 문제로, 회사에서 일하는 구성원들이 많은 시간을 투입해 열심히 일하는 듯 보이지만 주어진 업무시간을 정말 똑똑하게 활용하고 있는가를 점검할 필요가 있다.

과거 생산성을 좌우하는 요인은 노동시간, 투입인력 등이었지만 이제는 이런 전통적인 요인에서 벗어나 창의적인 아이디어를 어떻게 조직의 생산성으로 연결시키느냐가 중요한 시대로 바뀌고 있다. 피터 드러커가 주장하는 '창의 기반 생산성'은 많은 기업에서 실행하기위해 노력하고 있는 경영의 화두이다. 특히 '워크스마트(work smart) 즉 똑똑하게 일하기'의 가장 큰 동기이다. 이러한 창의적인 업무수행을 위해 초일류기업들은 다양한 노력을 하고 있지만 우리는 어떤 노력을 기울이고 있는가? 창의적인 워크스마트를 실현하려면 무엇부터 해야 할까? 지금부터 업무방식의 변화와 인식전환을 통해 조직의 생산성을 극대화할 수 있는 워크스마트 방법을 알아보도록 한다(IGM세계경영연구원, 2012).

워크스마트는 5개의 요소로 구성되어 있다. 이를 정리하면 다음의 <표 8-6>과 같다.

〈표 8-6〉 워크스마트 구성요소

구성 요소		내 용
S	Space(공간)	창의성을 극대화할 수 있게 업무공간을 재구축하라
M	Method(방법)	새로운 방식의 업무수행을 위한 다양한 방법을 추구하라
A	Acquire(논의)	구성원의 학습과 활발한 논의를 통해 창의적 결과가 나오도록 도와라
R	Result(결과)	공정한 평가와 결과중심의 문화를 통해 리스크 감수를 장려하라
T	Time(시간)	전체 업무의 효율화를 통해 회사 조직 내 여유 인적자원을 확보하라

2.3.1. 공간혁신 방법(Space): 사무실 환경을 바꿔라

워크스마트란 IT인프라를 구축하는 것이 전부가 아니다. 진정한 워크스마트는 의자에 오래앉아 일 하는 것이 아니라 창의적인 아이디어를 바탕으로 똑똑하게 일하는 것임으로, 첫 걸음은 사무실환경을 바꾸는 것이다. 사무실은 구성원들이 일하는 공간이며, 이 공간의 분위기에 따라 창의성이 좌우된다. 창의적인 아이디어는 저절로 샘솟는 것이 아니라, 구성원들이 개인주의 성향에서 벗어나 서로 활발히 소통하고 협력할 때만 나오는 것이다. 그렇다면 창의적인 조직을 만들려면 사무실 분위기를 어떻게 바꿔야 할까? 크게 세 가지다.

첫째, 자기 일만 하던 사무실에서 서로가 소통하고 협력할 수 있는 사무실로 바꿔야 한다. 그러려면 우선 구성원들 간에 존재하는 물리적인 거리부터 줄여야 한다. 구성원들이 모두 같은 공간에 있을 때 커뮤니케이션 빈도가 가장 높았으며 팀워크도 좋았고 구성원 간의 친밀도도 높았다는 연구결과 들이 있다.

둘째, 구성원들이 서로를 볼 수 있도록 사무실을 설계해야 한다. 시야에 들어오는 사람의 수가 많으면 커뮤니케이션의 빈도가 증가하기 때문에 거리를 좁히는데 그치지 말고 서로 자주 마주치도록 해야 한다. 예로 등을 돌리고 앉는 사무실 구조보다 파티션을 낮추고 서로 마주보는 사무실 구조가 더 효과적이다. 또한 회사 내 곳곳에 서로 마주칠 수 있는 공간을 만들어야 한다.

셋째, 업무집중을 위한 공간을 따로 만들어라. 서로가 한눈에 보일 만큼 거리가 가깝고 개방적인 사무실이 효율적이지만 모든 구성원이 이런 사무실을 다 원하는 게 아니다. 폐쇄된 공간에서 업무에 집중하고 싶은 구성원도 있음으로 이들을 위해 업무 집중공간을 만들 필요가 있다. KT

는 개방된 사무실외에 '벌집 오피스'라는 별도의 독립 사무실 공간을 설치한 결과, 업무 집중도가 이전보다 42.9% 늘었고, 스트레스는 19.3% 감소한 것으로 나타났다.

생산성과 창의성을 높이는 똑똑한 사무실이란 모두가 언제든지 활발히 토론할 수 있을 만큼 구성원 간의 거리가 가깝고 자주 볼 수 있을 곳이어야 할 뿐만 아니라 고도의 집중력을 요하는 업무를 위해서 별도의 독립공간이 있어야 한다.

2.3.2. 업무혁신 방법(Method): 새로운 방식의 업무수행을 위해 다양한 방법 추구하라

야근에 일을 열심히 하고 있음에도 성과가 나오지 않는 구성원들은 중요하지 않은 일에 많은 시간을 허비하는 등 업무요령이 없기 때문이다. 이를 해결하기 위해서는 여러 업무에 우선순위를 정해, 가치 없는 업무를 제거해야 한다. 그리고 그 시간을 가치 있는 업무로 대체하는 업무혁신을 해야 한다. 최근 눈길을 끄는 업무혁신 방안은 비주얼 플래닝(visual planning) 즉, 업무 드러내기이다. 비주얼 플래닝은 '계획부터 성과까지 모든 업무과정을 전 구성원들이 공유함으로서 성과를 향상시키는 혁신적인 기법'이다. 이를 위해서는 다음과 같은 과정이 필요하다.

첫째, 먼저 구성원들이 사무실 벽에 설치된 보드에 본인의 목표와 업무내용을 매일 상세히 기록해야한다. 매출액 달성, 영업시스템 업그레이드 등 본인의 연간목표 등을 기재한 뒤, 주간업무를 업데이트 하는 것이다. 이때 중요한 것은 업무를 단순하게 적는 것이 아니라 영업시스템 업그레이드나 TFT회의 준비와 같은 개선업무, 동종업체 연락처파악 같은 일반 업무, 협력업체대응과 같은 돌발업무 등으로 중요도에 따라 구분해 기재하는 것이다. 이렇게 하면 각 구성원이 어떤 일을 하고 있는지, 어떤 진전이 있는지 일목요연하게 알 수 있다.

둘째, 단순히 업무를 드러내는 것으로 끝나면 안 되고 구성원들끼리 업무를 구체적으로 공유하는 시간이 필요하다. 예로 포스코는 '와글와글 미팅'이라는 독특한 회의가 있다. 매일 아침마다 팀원들이 '비주얼 플래닝 보드' 앞에서 서로의 업무를 공유하는 회의를 하는데, 한 사람당 2분을 넘기지 않고 총 회의시간은 하루에 20~30분 정도로 하는데 놀라운 효과가 있다. 서로가 하는 일을 정확히 알게 되고, 불필요한 업무를 가려낼 수도 있고, 문제를 해결하는 자리로도 유용하다. 효과가 알려지자 LG전자, 농심, 웅진그룹 등이 적극적으로 도입하고 있다.

구성원들이 삽질하지 않고 똑똑하게 일하게 하려면 비주얼 플래닝 혁신기법의 도입을 통해 업무의 우선순위를 정해서 필요 없는 업무는 제거하고 중요한 업무에 몰두하도록 해야 한다.

2.3.3. 논의(Acquire): 구성원들 간에 지식과 아이디어를 모아 창의적 결과를 도출하라

이는 지식공유방법으로, 지금 회사에서 구성원들이 갖고 있는 지식을 쌓아두고 있는가? 직원들이 보유한 특화된 기술이나 업무 노하우를 후배 직원들에게 전수하지 않고 퇴사한다면, 양질의 지식은 사라져 회사는 굉장한 타격이다. 지식경영의 대가인 일본의 노나카 이쿠지로는 "지금은 지식이 경쟁력인 지식사회이기 때문에 기업은 직원들 머릿속에 잠자는 지식을 꺼내야 살아남을 수 있다."며 내부지식의 중요성을 강조하였다.

구성원들 간에 지식과 아이디어를 모아 창의적인 결과를 도출하는 방법을 살펴보면 다음과 같다. 무엇보다도 구성원들의 머릿속에 잠자고 있는, 즉 눈에 보이지 않는 암묵지를 눈에 보이는 형식지로 바꿔야만 구성원들이 공유할 수 있다. 지식은 두 형태로 나누어지는데 이를 정리하면 다음의 <표 8-7>와 같다.

〈표 8-7〉 지식의 두 형태

구분		내 용
지 식	암묵지	실무 경험이나 요령, 업무센스, 아이디어 등 직원들 머릿속에는 있지만, 눈에 보이게끔 구체화하지 않아 공유하기 어려운 지식
	형식지	매뉴얼, 문서, 특허 등 이미 눈에 보이게 정리된 지식

구성원들의 머릿속에 있는 암묵지를 형식지화하려면 어떻게 하여야 하는가?

첫째, 지식을 담을 수 있는 '틀'을 만들어야 한다. 간단하게 칠판일수도 있고, IT 시스템을 활용하는 방법도 있다. 아이디어가 날 때마다 직접 메모하거나 담당자를 지정해 기록하던지 또는 사내 인트라넷에 지식업로드 게시판을 만들고, 구성원들이 지식과 업무 노하우를 올리도록 하는 방법도 있다.

둘째, 구성원들의 참여를 독려하기 위해, 지식에 인센티브를 제공하는 것이다. 틀을 만들었다고 해서 업무에 지친 구성원들이 자발적으로 올리기가 쉽지 않기 때문에 바로 지식에 물질적인 보상인 인센티브와 재미를 제공하는 것이다. 예로 한미 글로벌은 지식 등록시 사이버코인을 제공하여, 이로 온라인쇼핑몰에서 제품을 구매하도록 하고 있다. 또한 웅진코웨이는 사이트에 지식을 올리면 새우 한 마리(100원 가치)를 받고, 현금화 하던지 1만 마리를 모으면 돌고래로 교환할 수 있는데, 이를 잡으면 해외연수를 보내주고 있다. 그 결과 참여는 폭발적이었고 성과도 상당하였다고 한다. 이렇게 하면 구성원들의 지식과 업무 노하우가 회사의 지적 재산으로 차곡차곡 쌓이게 될 것이다.

2.3.4. 결과중심(Result): 결과중심의 성과관리 통해 생산성을 향상시켜라.

과거 산업화 시대에는 구성원들을 꼼꼼히 관리해 소위 '땡땡이'를 못 치게 하면 성과를 낼 수 있었으나 지식사회는 다르다. 구성원들의 창의성 하나로 경쟁력이 결정되는 시대이기에, 구성원들을 꼼꼼히 관리한다고 해서 높은 생산성이 보장되는 것은 아니다. 그렇다면 성과관리방식을 어떻게 바꿔야 할까?

근무시간과 업무과정에 초점을 맞춘 관리방식에서 벗어나, 얼마나 많은 성과를 냈는지 평가하는 '결과 중심'의 성과관리방식 로우(ROWE: Result Only Work Environment)제도를 도입하는 것이다. 결과로만 평가하니 저부가가치 업무는 줄고, 근무패턴과 근로여건이 좋아짐은 물론 일과 생활의 불균형에서 오는 갈등이 해소되었고 기업문화도 가족 친화적으로 바뀌었다. 이런 변화로 조직 몰입도는 높아졌고, 성과도 향상되었기 때문에 미국의 많은 기업들이 이 제도를 도입하고 있다.

로우제도가 성공하기 위한 3가지 포인트는 다음과 같다.

첫째, 구성원들에게 자율성을 충분히 주어야 한다. 2003년 로우제도를 도입한 베스트바이가 만든 로우행동지침을 보면, '모든 직원들은 자신이 원하는 방식으로 일할 자유가 있다.' '오후 2시에 출근하거나 퇴근해도 무방하다.' '시간을 어떻게 사용하는지 아무도 간섭하지 않는다.'라는 파격적인 내용을 담고 있다. 정해진 기한에 성과만 낼 수 있다면 그 과정에 대해서는 간섭하지 않겠다는 것이다.

둘째, 도전 가능한 업무를 주고 독려할 것. '몰입'의 대가 칙센트 미하이칙센트 교수는 "몰입이란 일하면서 좀 더 잘하고자 하는 열정이 있을 때 발생한다고" 말한다. 이 열청은 자기에게 도전 가능한 목표가 주어질 때 나온다. 너무 쉬운 업무를 주면 나태해져 업무에 대한 열정을 느끼기 힘들고, 감당하기 어려운 업무를 주면 머리만 싸매다 포기할 가능성이 크다. 따라서 구성원 개개인에게 적합한 업무목표를 제시하고, 그 목표를 달성할 수 있도록 독려함으로서 구성원들의 업무 몰입도를 높여 자유롭게 풀어놓아도 생산성 향상이라는 높은 성과를 이루어낼 수 있다.

셋째, 조직원 간의 공감대 형성이 필요하다. 기존의 근무방식에 익숙한 구성원들은 새로운 방식의 제도를 받아드리기가 쉽지 않기 때문에 그들의 인식을 전환하는데 모든 힘을 기울여야 한다. 별도의 워크숍 등을 통해 책상에 오래 앉아 있어야 한다는 고정관념을 어떻게 타파할 것인지, 일하는 방식을 어떻게 바꾸어야 하는지 등과 관련하여 토론하게 한 후, 구성원 스스로 계획하고 실천할 수 있도록 로우 행동지침을 만드는 것도 한 방법이다. 이러한 행동지침은 구성원들에게 정확한 행동방향을 알려주는 역할을 해주고 구성원들 간에 공감대 형성에도 큰 도움을 줄 것이다.

2.3.5. 시간(Time): 업무에 푹 빠져서 일할 수 있도록 근무시간을 바꾸어주라

9 to 5로 통하는 일반적인 근무시간을 버려라. 구성원들이 몇 시간을 근무하느냐는 중요하지 않다. 어떻게 그 시간을 사용하는가? 하는 것이 중요하기 때문이다. 같은 시간을 근무하더라도 몰입정도에 따라 성과 측면에서 큰 차이가 난다. 미국 컨설팅회사 헤이 그룹의 '몰입도와 생산성 관계' 연구조사에 따르면 몰입도가 높은 직원은 그렇지 못한 직원에 비해 무려 43%나 생산성이 높았고, 몰입도가 높은 회사는 조사기간 중 영업이익이 19.2% 증가한 반면 몰입도가 낮은 회사는 같은 기간 영업이익이 32.7% 감소했다고 한다. 따라서 직원을 몰입할 수 있게 하는 것이 바로 성과를 높이는 지름길인 것이다.

구성원의 몰입도를 더 높이게 할 수 있는 방법은 무엇일까? 바로 직원들의 근무시간을 조정하는 것이 한 방법이 될 것이다. 이와 관련한 방안으로는 다음과 같은 방법이 있다.

첫째, 생체리듬에 따라 근무시간을 정하는 자율출퇴근제를 도입하라. 그 이유는 아침형 인간, 저녁형 인간 등 사람마다 생체리듬이 다르므로 집중이 잘 되는 시간도 다를 것이기 때문이다. 예로 삼성전자의 일부부서에 한해 아침 8시~오후 1시 사이에 자율적으로 출근하게 하고 있다. 또한 포스코의 종합에너지 업체인 포스코파워도 2011년 4월부터 아침 7~11시 사이, 원하는 시간에 출근하도록 하고 있다.

준비 없는 제도시행은 혼란을 초래함으로 자율출퇴근제를 도입하기 전에 고려하여야 할 사항 몇 가지를 살펴보면 다음의 <표 8-8>과 같다.

〈표 8-8〉 자율출퇴근제를 도입하기 전에 고려해야할 사항들

- 전면적인 제도도입보다 일부인원 및 부서를 대상으로 시범적 실시하는 것이 더 효과적. 이유는 근무시간차로 발생할 수 있는 타 부서와의 의사소통 공백을 줄여야 하기 때문.
- 각 부서관리자는 미리 계획 세워 공통 근무시간 내에 회의를 진행하는 등 보완책 필요.
- 관리자가 부하직원의 성과관리하고 평가할 수 있도록 사이버 교육, 워크숍, 등 충분한 사전교육을 하는 게 좋다. 또한 제도도입의 효과가 없다면 권한부여도 폐지할 수 있다.

둘째, 집중근무시간제도를 도입하라. 집중근무시간이란 '회의나 휴식(담배나 음료섭취, 잡담 등), 이메일, 전화 등 그 어떤 것에도 방해받지 않고 업무에 집중하는 시간'을 의미한다. 보통 오

전이나 오후 2~3시간으로 정하는 경우가 많다. 예로 인천 남동공단 신한다이아몬드공업 본사의 경우, 오전9~11시, 오후 2~5시 하루 두 차례 집중 근무시간제도를 도입한 결과, 첫해에 1인당 매출액이 전년도 대비 20% 향상되었다고 한다.

집중근무시간제가 성공하려면 이 시간에는 '잡담, 흡연, 인터넷은 금지한다.' '회의소집을 하지 않고, 상급자가 직원을 호출하지 않는다.' 등의 명확한 규정이 필요하다. 또한 이 제도가 잘 시행되고 있는지 모니터링도 필요하다. 그 이유는 모니터링을 통해 구성원의 만족도를 파악하고 문제점을 지속적으로 개선해야하기 때문이다.

이처럼 우리는 자율출퇴근제 및 집중근무시간제 등의 시간활용 제도를 통해 구성원들이 업무에 몰입할 수 있는 환경, 똑똑하게 일할 수 있는 워크스마트 환경을 구축할 수 있을 것이다.

2.4. 창조의 인큐베이터: 몰입관리

기업 간 경쟁이 초경쟁(Hyper-competition) 시대로 진입하면서 창의성 발현의 근간이 되는 몰입(Flow)의 중요성이 증대되고 있다. 조직창조성이 발휘되는 출발점은 개인이 조직목표 하에서 몰입에 빠져드는 순간이다. 창조를 위한 기반인 조직구성원들의 몰입을 끌어내기 위한 방안은 무엇인지에 대해 알아보도록 한다.

2.4.1. 몰입의 개념 및 중요성

몰입이란 "삶이 고조되는 순간 물 흐르듯 행동이 자연스럽게 이루어지며 시간의 흐름이나 공간, 더 나아가서 자신에 대한 생각까지도 잊어버리게 될 때를 일컫는 심리상태"를 의미한다(심현식 역, 2006). 몰입은 조직구성원의 감성, 창조, 상상력을 극대화하는 가장 유력한 수단이며, 업무에 대한 구성원의 열정을 높여 생산성 등 조직성과를 극적으로 제고시킬 수 있다. 그러나 개인의 창의성이 과업몰입 및 조직몰입의 과정을 통해 조직창조성으로 전환될 때 기업의 창조적 역량이 극대화 된다. 따라서 조직창조성의 기반이 되는 몰입을 조직에서 성공적으로 이끌어내기 위한 방법은 무엇일까?

2.4.2. 창조적 몰입을 위한 조건

몰입을 이끌어내기 위해서는 불만족요인을 줄이는 대신 조직의 장벽과 제한을 극복하는 파격적인 배려 및 지원, 그리고 동기부여 수단들이 필요하다. 창조적 몰입을 위한 조건들을 구체적으로 다음과 같이 정리할 수 있다(한창수, 2009).

2.4.2.1. 배려와 압박의 조화

몰입관리는 배려와 압박의 조화를 요구한다. 조직의 배려와 지원이 긴장감과 내재적 동기부여라는 압박수단과 동시에 작용할 때 [그림 8-4]와 같이 자발적인 몰입이 가능해진다. 그 이유는 압박이 수반되지 않은 일방적인 배려와 지원은 임직원의 현실안주로 귀결될 가능성이 높기 때문이다.

[그림 8-4] 배려속의 몰입 프로세스

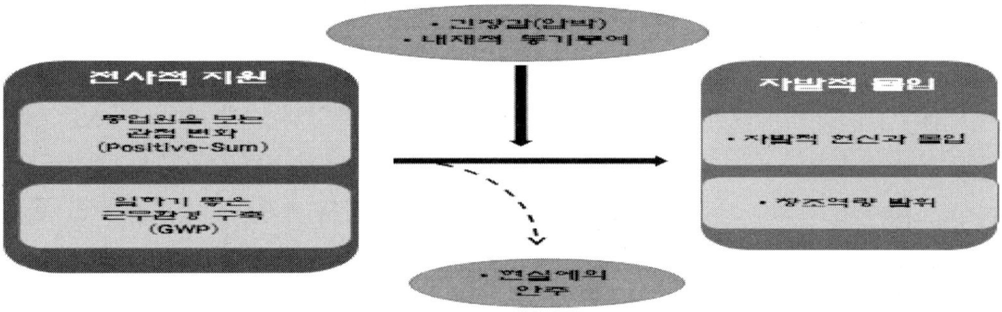

혁신기업은 일하기 좋은 근무환경과 함께 이에 상응하는 긴장감을 조성함으로서 창조성을 자극하고 있다. 예로 구글은 최고의 복리후생을 제공하는 동시에 엄격한 평가 등 압박을 하께 부여함으로서 높은 수준의 창조적 긴장감을 유지하고 있다.

2.4.2.2. 조직구성원에 대한 배려

몰입관리는 조직구성원에 대한 배려를 요구한다. 조직구성원들이 조직과 과업에 몰입할 수 있도록 하기 위해서는 쾌적한 근무환경을 조성하는 것과 필요한 자원을 적시에 제공하는 것이 중요한 전제이다.

훌륭한 일터(GWP: Great Work Place)란 "경영진을 신뢰하고(Trust)하고, 자신의 일에 자부심(Pride)을 느끼며, 동료들과 함께 일하는 것이 재미(Fun)있는 곳"을 의미한다. GWP는 구성원들에게 회사에서 인정받고 있다는 느낌을 주어 직장에 대한 자부심과 소속감을 높이고 능동적 업무자세를 유도할 수 있다. 특히 구성원들이 과업이외의 일에 신경을 쓰지 않도록 배려함으로서 몰입을 촉진하고 고성과 창출을 견인할 수 있다.

2.4.2.3. 동기부여를 통한 압박

승진이나 현금보상과 같은 외재적 동기보다 과업자체에서 오는 보람과 성취감 등 내재적 동기가 조직구성원들의 몰입을 이끌어내는데 더욱 중요한 역할을 한다. 따라서 기업은 과업에서 오는 보람, 원대한 비전제시 등 내재적 동기부여를 통해 조직구성원들에게 압박을 가함으로서 업무에 대한 몰입수준을 높일 수 있다.

게리하멜은 "고성과를 내는 기업은 제한적인 자원이나 능력을 뛰어넘는 원대한 야망 즉, 전략적 의도를 가진 기업"이라고 한다. 이처럼 원대한 목표설정은 임직원이 현재의 성과에 안주하지 않고 열정을 쏟아 부을 수 있도록 만드는 역할을 한다. 또한 일정한 전제조건하에서 가하는 적정수준의 시간압박도 몰입을 이끌어내는데 긍정적이다. 단 임직원이 해당업무를 의미 있는 일로 받아드리며, 집중할 수 있는 환경이 주어지는 경우에는 시간압박이 창조성 제고에 기여할 수 있다. 배려만 하고 압박을 하지 않으면 조직구성원은 무사안일한 자세를 갖기 쉬우며, 압박만 하고 배려를 하지 않으면 획일주의·기회주의적인 태도를 취하기 쉽다. 그러므로 기업은 배려와 압박이라는 상충되는 가치를 적절히 조화시킴으로서 조직구성원이 과업에 몰입하도록 도와주어야 한다. 이를 위해 기업은 몰입관리를 해야 한다. 몰입관리를 위해서는 성과 및 효율 일변도의 관리방식에서 벗어나 관리항목들 간의 적절한 균형을 추구해야 한다. 또한 조직구성원을 바라보는 근본적인 인간관을 바꾸어야 하며, 내재적 동기부여를 위한 수단들을 개발해야 한다. 특히 [그림 8-5]와 같이 조직구성원의 역량과 과업난이도 수준을 조절하여 매치시키는 것이 조직구성원의 도전의식과 성취감을 자극하여 몰입을 적극적으로 이끌어 내는 몰입관리의 대표적인 방법이다.

[그림 8-5] 몰입상황에서 역량과 과업수준의 관계

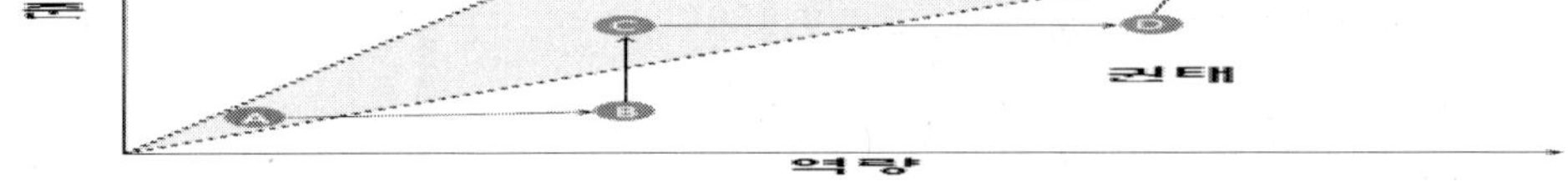

제3절. 스트레스관리 방안

스트레스는 조직생활뿐 아니라 일상생활 속에서도 언제나 어디서나 존재하기 마련이다. 이러한 스트레스를 어떻게 관리하느냐에 따라 조직의 성과는 물론이고 개인의 삶의 질이 달라질 수 있다. 따라서 제3절에서는 일상생활과 조직생활에서 경험하게 되는 스트레스의 개념과 원천 그리고 관리필요성을 살펴보고, 개인과 조직차원으로 구분하여 스트레스를 관리방안을 알아보도록 한다.

3.1. 스트레스의 개념 및 관리의 필요성

일상생활을 통하여 인간은 스트레스를 경험하게 된다. 특히 과다한 경쟁 속 조직에서 대부분의 시간을 보내는 조직인 들의 하루하루는 곧 스트레스의 연속이다. 하루에도 수없이 마음속으로 사직서를 썼다 찢는 직장인들의 원흉은 바로 직무스트레스이다. 만병의 근원인 스트레스는 사람을 무기력하게 만들고, 불면증에 시달리게 하기도 하고, 자고 또 자도 피곤하게 만든다. 그럼에도 불구하고 스트레스는 추상적인 개념이어서 우리는 정작 얼마만큼의 스트레스를 받고 있는지 잘 모르는 경우가 많다.

3.1.1. 스트레스(stress)의 개념과 영향

스트레스란 환경이 개인능력한계를 벗어나는 지나친 요구를 하거나 또는 개인의 욕구를 충족시키지 못하는 경우에 발생하는 "개인의 환경에 대한 적응적 반응(adaptative reaction)"을 가리킨다. 반응은 심리적 증상과 생리적 증상 등 두 유형으로 나타난다.

과도한 스트레스가장기간 계속 누적되어 통제할 수 없는 수준에 이르면 여러 가지 바람직하지 않은 결과가 개인과 조직 모두에게 나타나게 된다.

1) 개인적 결과로는 먼저 정서적인 불안정한 상태(두려움, 불안, 초조 등)에서 생리적인 증상

(식욕부진, 불면증 등)에 시달리게 되고, 과도한 흡연과 음주 그리고 과도한 약물남용 등과 같은 행위를 증가시켜 건강을 우회적으로 해칠 수도 있고, 폭력 같은 공격적 행위를 유발하여 가정이나 직장에서의 인간관계단절을 초래하거나, 돌발적 사고를 일으킬 위험성이 커진다.

2) 조직적 결과로는 개인의 직무성과와 여러 반생산적인 행위로 연계될 수 있다. 스트레스가 낮은 수준일 경우 직무성과에 미치는 영향은 무의미하지만 과도할 경우 작업보다는 고통해소에 노력함으로서 성과가 하락할 수 있다. 반면에 적절한 수준의 경우 스트레스 자체가 동기부여를 촉발하는 요인으로 작용하기 때문에 직무성과가 상승하게 된다. 또한 반 생산적 행위와 관련하여 스트레스는 이직율과 결근율과의 정적 상관관계는 물론 공격성과 태업과의 관계도 정적 상관관계를 갖고 있다는 연구결과들이 있다.

3.1.2. 스트레스의 관리 필요성

우리는 해로운 스트레스를 디스트레스(di-stress), 유익한 스트레스를 유스트레스(eu-stress)라는 개념으로 다음의 <표 8-9>와 같이 구분하여 쓰기도 한다.

〈표 8-9〉 디스트레스와 유스트레스 구분

디-스트레스	유-스트레스
• 좋지 않은 일로 생기는 부정적 유해스트레스 • 건강에 해를 줄 뿐 아니라 종업원들의 결근과 이직을 초래하고 생산성도 감소시킨다. • 발생원인: 일반적으로 개인의 능력이나 그가 갖는 자원을 초과하였을 때와, 과도하고 불쾌한 요구에 의해 괴로움을 느낄 때 발생.	• 기쁨·즐거움으로 인한 유익스트레스 • 긍정적인 이 스트레스는 건강에 좋다. • 발생원인: 사랑, 결혼, 여행, 생일파티 등 행복한 고민이나 우등생 명단포함, 장학금 수령 등을 알게 되는 순간 희열로 인해 발생.

조직 구성원들에 많은 고통을 야기 시키는 생리적이고 심리적 증상들은 사람들로 하여금 스트레스를 부정적으로 보도록 만들었지만, 조직문제와 관련시켜 적당한 스트레스는 오히려 개인과 조직 모두에게 도움이 된다고 학자들은 주장한다. 즉 적당한 정도의 스트레스는 사람들에게 일을 하는데 필요한 에너지를 제공하기도 한다. 그러므로 스트레스도 관리가 필요하다.

스트레스관리는 '스트레스를 완전히 제거하는 것이 아니라 일정한 수준으로 유지시켜, 그것이 구성원들의 직무만족, 직무성과, 생산성 등에 긍정적으로 작용할 수 있는 방안을 모색하는데 중점을 두는 것'을 의미한다. 스트레스 관리를 위해 스트레스 수준에 따른 영향결과를 다음의

[그림 8-6]과 같이 정리할 수 있다.

[그림 8-] 스트레스 수준에 따른 영향결과

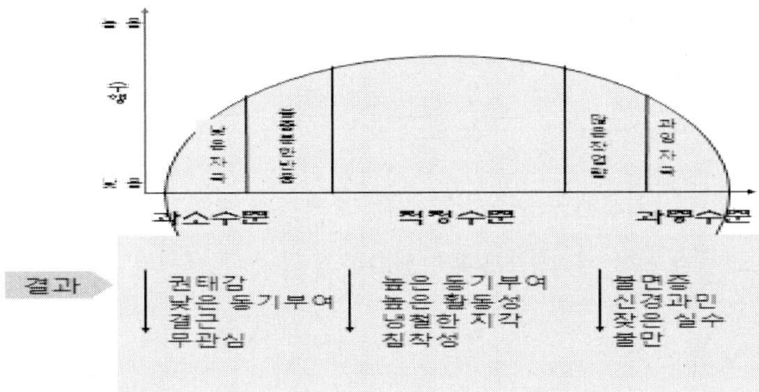

3.2. 스트레스의 원천

하루일과중 2/3 이상을 직장에서 보내다 보니 스트레스의 대부분은 직무와 관련된 것일 수밖에 없다. 이와 관련하여 회사 카운슬러로 명성을 날리고 있는 고스기 교수는 "회사 우울증의 원인은 당연히 직장과 구성원 양쪽에 있다. 그러나 이 현상을 관찰하다 보면 점점 직장 쪽으로 그 원인이 기울고 있다는 생각이 든다."고 말한다. 즉 불황, 인수합병(M&A), 인원감축, 성과주의, 연봉제, 인사평가제도 등 직장 환경의 변화는 직장인들을 점점 더 불안으로 내몬다는 것이다. 그렇다면 직무스트레스가 어떨 때 생기는 걸까? 그 원천을 살펴보면 다음과 같다.

1) 조직관련:

인간관계 관련하여 상사나 동료와의 관계가 원만하지 못하거나 인정을 받지 못할 때, 작업공정에 변화가 있다든지, 조직구조관련 조직계층수가 너무 많아 구성원간의 의사소통이 잘 되지 않을 때, 규정과 절차가 복잡하고 엄격하거나 권한이 집중되어 의사결정과정에 참여하지 못할 때, 조직체의 목표에 대한 이견이 발생했을 때, 경영자의 리더십 스타일이 비효과적이거나 추종자의 특성을 고려하지 않았을 때, 조직의 성장단계 중 창립기와 쇠퇴기 때 스트레스를 경험할 수 있다.

2) 직무 또는 보직관련:

직무와 관련하여 질적·양적으로 업무가 과다하거나, 자기의 직무를 통제할 수 없거나, 의사결정 재량권이 부족할 때, 시간적 압박이 크거나 지나치게 단순한 직무의 경우, 그리고 역할과 관련하여 기대되는 역할이 무엇인지 모호(ambiguity)하거나, 시간과 능력에 비해 지나치게 많은 부담이 주어지는 과중(overload), 양립될 수 없는 두 가지 이상의 기대가 동시에 주어질 때 발생하는 갈등(conflict) 등에서 일반적으로 발생한다.

3) 작업환경과 작업조건관련:

작업환경이 열악하고 작업조건이 위험하다든지, 육체적 노출이 심할 때, 인간공학적 문제가 대두될 때, 소음과 냄새가 심할 때, 작업교대가 원활하지 못할 때 생긴다.

4) 조직 밖의 일반 환경

불경기의 감원과 감봉 등의 경제적 불확실성, 정치적 불확실성, 그리고 새로운 기술의 출현 등의 기술적 불확실성은 오랫동안 익혀온 고도의 기능과 풍부한 경험을 무력하게 만들기 때문에 외재적 환경이 불확실성이 커지게 되면, 사람들은 이를 큰 위협으로 받아드리게 되 스트레스를 경험하게 된다.

5) 개인적 요인

개인들이 사적으로 겪는 특수한 사건들로 불화, 이혼, 사망 등의 가정문제와 실직, 주택구입 및 투자실패 등의 경제문제가 스트레스 요인으로 나타나고 있다.

특히 글로벌 인사조직컨설팅 회사 한국 왓슨와이어트 대표는 “한국기업들은 외환위기를 겪으며 다양한 혁신프로그램 도입 및 시스템 경영을 정착시키는 등 환골탈태라고 할 만큼 변화했다. 하지만 이러한 급격한 변화 속에서 기업의 근본적인 경쟁력의 원천인 사람이 소외되어 가고 있고, 이는 회사 우울증이 증가하는 배경”이라고 설명한다. 즉 직장자체가 거대한 스트레서(Stressor, 스트레스 요인)가 되고 있다는 것이다. 그는 “조직에서는 ‘사내우울’ 사원을 단순히 능력이 떨어지고 무기력한 ‘농땡이꾼’ 정도로 취급하면서도 그들에 대한 대책은 거의 없다면서, 직장인 스트레스 문제는 한국기업 전체의 근본적인 경쟁력을 서서히 저하시키는 ‘조용한 살인자(silent killer)’로 자리잡아가고 있다”고 경고한다.

3.3. 스트레스는 기업 손실: 관리필요

LG경제연구원(박지원, 2007) '위기의 직장인 이렇게 관리하라' 보고서에서 "스트레스는 산업재해나 소송으로 연결돼 불필요한 손실을 가져 온다"는 지적한다. 특히 "한국 직장인들의 스트레스 보유율은 95%로 미국(40%), 일본(61%)보다 훨씬 높다고 경고했다, 즉 세계 최고수준을 기록하고 있다는 것이다.

근로복지공단 조사에 따르면 우울증 등 정신적 질환으로 인한 산업재해는 [그림 8-7]과 같이 2000년 27건에서 2004년 107건으로 크게 늘었다.

[그림 8-7] 한국인의 직장스트레스 얼마나 되나?

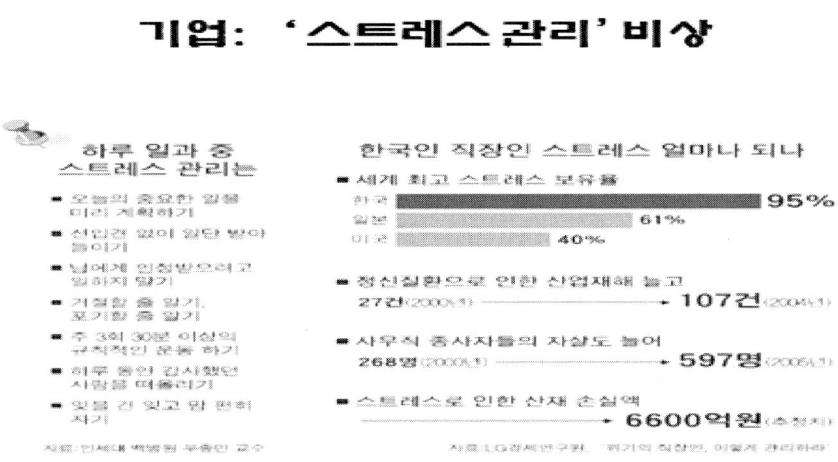

인제대 백병원 정신과 우종민 교수는 스트레스로 인한 국내 노동비용 손실액을 2003년 기준 11조 3650억 원으로 추산했다. 이 때문에 기업들도 직원스트레스 관리에 적극적으로 나서고 있다.

직원스트레스 관리프로그램(EAP)은 회사가 스트레스에 따른 직원의 문제를 해결할 수 있도록 제공하는 상담 및 교육 프로그램을 일컫는다. 1940년대부터 일부 미국기업에서 직원들의 약물이나 알코올 중독을 치료하면서 처음 도입했다. 그러나 70년대부터 직원스트레스 관리로 의미가 확대됐다. 따라서 미국은 70년대부터 그리고 일본은 80년부터 EAP를 도입해 왔다. 포춘지 선정 500대 기업의 95%가 EAP를 제공하고 있다. 특히 미국의 경우 직원의 스트레스를 회사가 관리하는 것이 트렌드가 되고 있다. 그 이유는 스트레스를 개인차원의 문제가 아니라 기업경쟁력과 직결되는 문제로 보기 때문이다. 근로자 750명 이상 사업장의 60%가 스트레스 관리프로그램을 시행하고 있다. 또한 미국HP는 '종업원 우울증 진단'(EDA) 조사를 정기적으로 실시해 업무스트레스로 인한 심리적 문제를 파악하고 있다. 그러나 우리나라의 경우, 2000년대 들어서서야 직원스트레스 관리에 눈을 떠 아직은 '걸음마 수준'이다. 그마저도 일부 대기업과 금융계, 외국계 기업에 편중돼 있다.

SK텔레콤의 경우 'My Counselor'제도를 2004년 2월부터 도입하여 2010년 모두 151건의 상담이 이루어졌다. 또한 매주 한차례 상담심리사가 회사를 찾아 직무스트레스를 상담한다. 그리고 LG CNS는 2010년 9월 '마음쉼터'라는 사내 심리 상담실을 열었다. 상담심리 전문가를 고용해 직장스트레스부터 직원의 결혼문제까지 고민 상담을 맡긴 결과, 직접 찾아와 상담을 요청하는 직원만 매주 30여명에 이른다고 한다. 이 회사 인사담당 이사는 "스트레스 관리는 복지수준을 넘어 기업의 효율성 제고에 필수"라고 말했다. 또한 동부화재의 경우 "까다로운 고객을 계속 상대해야 하는 보험업의 특성상 스트레스를 관리하는 것이 장기적으로 이익"이라며 2010년 10월 사내 직원상담소를 개설했다. 또한 삼성전자, LS전선 등도 사내 상담소를 운영 중이다. EAP 업체 다인 C&M은 금융권과 공기업을 중심으로 10개 기업의 스트레스 관리를 대행하고 있다.

3.4. 직무스트레스 관리전략

우리나라의 직장인들이 느끼는 직무스트레스는 OECD 국가 중 최고의 수준이며, 직무에 대한 만족도는 최저의 수준으로 나타나고 있다. 이는 우리나라가 지난 반세기동안 급속한 경제성장을 이룬 반면 IMF와 글로벌 금융위기와 같은 국가적 경제위기를 겪으며 스트레스가 높아졌기 때문으로 볼 수 있다. 최근 각 기업들이 스트레스관리에 대한 많은 관심을 보이고는 있지만, 정작 직장인들의 스트레스는 여전히 적절히 관리되지 못하고 있다. 무엇 때문일까? 그 이유를 다음의 <표 8-10>과 같이 몇 가지로 정리할 수 있다.

〈표 8-10〉 직장인들의 스트레스가 적절히 관리되지 못하는 이유

1. 개인은 본인의 직무스트레스수준이 어느 정도인지 알지 못한 채 심한 스트레스를 느끼더라도 혼자서 고민하는 등 소극적으로 대응하기 때문이다.
2. 관리자들은 과도한 성과지향으로 인해 구성원들의 스트레스관리에 관심을 두기 어려운 상황이기 때문이다.
3. 조직에서 스트레스관리를 위한 제도, 인프라차원의 배려가 미흡하기 때문이다.

이와 같이 관리되지 못하는 이유들을 극복하고 효과적인 스트레스관리를 위해 아래의 [그림 8-8]과 같이 3가지 차원(개인, 관리자, 제도·인프라)에서 3대 관리 포인트(예방, 진단, 처방)를 중심으로 제안된 개선책을 소개한다(백성욱, 2010).

[그림 8-8] 스트레스 관리전략

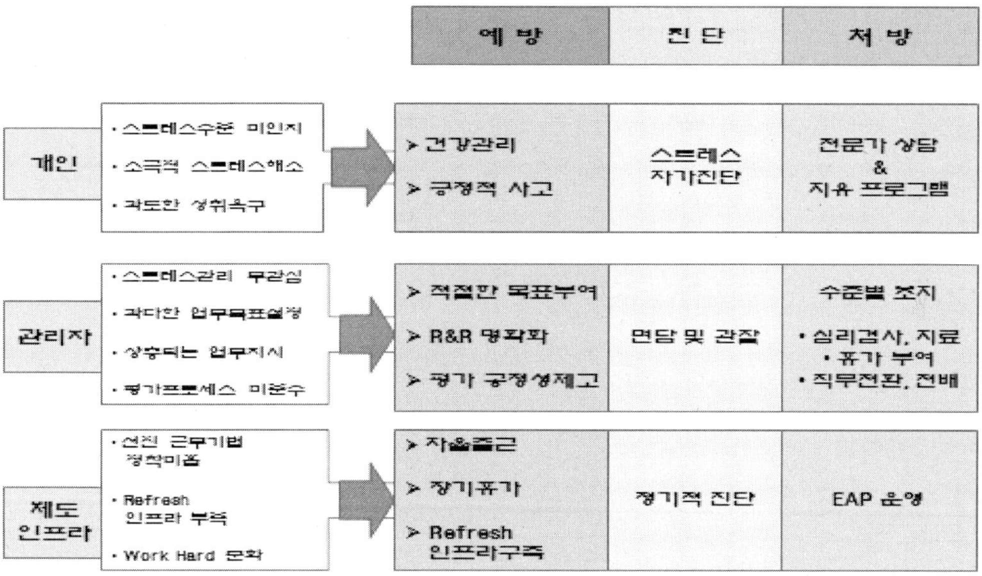

3.4.1. 예방차원

예방차원에서는 스트레스가 과도한 수준에 도달하지 않도록 적절한 균형을 유지하는 것이 중요하다. 우선 개인은 심신의 기능을 유지하기 위해 운동이나 명상 등 일상적인 노력을 게을리 하지 말아야 함은 물론 긍정적 사고능력의 배양을 통해 육체와 정신적 건강을 지속적으로 관리해야 한다. 또한 관리자는 스트레스관리가 고성과 달성을 위한 전제조건임을 인식하고 세심하고 공정한 성과관리에 노력을 기울여야 한다. 이러한 노력을 뒷받침하기 위해 제도나 인프라차원의 지원도 뒤따라야 한다.

3.4.2. 진단차원

스트레스수준을 정기적으로 측정하고 관리할 필요가 있다. 개인은 건강진단과 같은 개념으로 스트레스의 자기진단을 상시화해야 한다. 관리자 역시 구성원들에 대한 꾸준한 관찰과 면담을 통해 스트레스수준을 파악해야 하며, 이러한 노력들을 지원하기 위해 회사는 과학적이고 정확한 스트레스 진단시스템을 구축해야 한다.

3.4.3. 처방차원

스트레스가 일정수준에 도달했을 때에는 적극적 치유에 참여할 수 있는 태도와 환경이 필수적이다. 개인은 스트레스를 숨기려하지 말고 조기에 치유하기 위해 노력해야 한다. 관리자 역시 구성원들의 스트레스수준을 파악하여 치료, 휴가부여, 직무전환 등 다양한 조치들을 실천해야 한다.

그러나 아직도 우리사회는 스트레스치유에 대해 소극적인 태도를 갖는 경우가 많다. 보다 적극적인 치유노력을 촉진하기 위하여 사생활 보호 등 사회적 분위기를 개선하고 전문적인 치료역량 및 시설을 확보하려는 노력이 지속되어야 할 것이다.

3.5. 개인과 조직차원에서의 스트레스 관리방안

3.5.1. 개인적 차원

같은 원인에 의해 발생한 스트레스일지라도 그것을 받아드리는 사람마다 다르다. 이는 스트레스에도 개인차가 존재한다는 것을 의미한다. 즉 같은 스트레스라도 어떤 사람은 잘 받아드리고 견디는가 하면 어떤 사람은 잘 받아드리지도 못하고 견뎌내지도 못한다. 개인차발생의 원인은 스트레스 요인을 어떻게 지각하는가, 직무경험이 어느 정도인가, 통제의 위치가 어디에 있다고 믿고 있는가? 등과 관련된 개인적 특성과 사회문화적 특성이 영향을 미치기 때문이다. 그렇다면 어떻게 스트레스를 예방하고 경감시킬 수 있겠는가? 일차적으로는 개인이 해결할 문제이다. 그 이유는? 스트레스의 가장 큰 희생자는 개인이기 때문이다. 개인차원의 관리방안을 살펴보면 다음과 같이 제시할 수 있다.

1) 시간관리(time management)

일을 미루는 습관을 가진 사람은 항상 과중한 업무에 대한 부담으로 스트레스를 가중시키기 때문에 자기의 시간을 효율적으로 활용할 수 있게 되면 스트레스에 보다 효과적으로 대처할 수 있을 것이다. 이를 위해서는 다음의 <표 8-11>과 같이 시간에 대한 관리의 원칙을 이해하고 응용할 수 있어야 한다.

〈표 8-11〉 시간에 대한 관리원칙

- 매일 해야 할 일을 기록한다.
- 해야 할 일들에 대해 중요성과 긴급성에 따라 우선순위를 정한다.
- 우선순위에 따라 시간을 안배한다.
- 하루 중에 자기가 가장 능률적으로 일할 수 있는 시간을 찾아내어 그 시간에 가장 중요한 일을 처리한다.

2) 신체적 운동과 긴장이완훈련

걷기, 조깅, 수영, 자전거 타기, 에어로빅 등 경쟁성이 없는 운동 등은 폐활량 증대와 심장박동 조절 등으로 긴장을 완화시켜 스트레스에 대한 대처능력증대와 과도한 스트레스경감에 큰 도움이 된다. 또한 명상, 요가, 최면, 단 등의 기법들은 신체적으로 깊은 이완상태에 이르게 하기 때문에 생리적인 현상(혈압, 심장박동, 호흡 등)들을 안정시켜 심리적 평온을 경험하게 한다. 또한 스트레스에 대한 지구력을 증가시키는데 큰 도움이 된다.

3) 사회적 후원(social support)

사회적 후원은 '가족 또는 친구나 동료가 보여주는 관심, 존경, 그리고 진정한 걱정 등을 의미'하는데, 이는 개인이 어떤 어려움이나 위험에 직면해서도 혼자가 아니라는 생각을 하게 되고, 이런 생각은 스트레스를 해소하는데 큰 힘이 된다. 따라서 의도적으로 구축하거나 그 범위를 넓히는 것도 좋은 전략이다.

3.5.2. 조직적 차원

조직적 차원의 스트레스 관리방안은 스트레스를 유발시키는 조직적 요인들을 제거, 조절, 그리고 변화시키는 것이다. 조직차원의 관리방안을 살펴보면 다음과 같이 제시할 수 있다.

1) 선발과 배치

동일한 직무라도 스트레스를 받는 정도는 개인에 따라 큰 차이가 있다. 그 예로 내재론자 보다는 외재론자가, B타입 성격보다는 A타입 성격이, 작업경험이 많은 사람보다는 적은사람이 스트레스를 적게 받는다. 따라서 조직 관리자는 직무의 특질 및 요건을 고려한 구성원에 대한 선택과 배치를 통하여 개인과 직무간의 부적합관계를 해소시켜야 한다.

2) 직무 재설계(job redesign)

직무자체로부터 느끼는 무료함과 단조로움을 해소하고 자신의 성과를 스스로 계획하고 통제할 수 있도록 직무확대나 직무충실화를 통해 직무 그 자체가 성취감과 인정감, 책임, 발전과 성장에 대한 기회를 제공하게끔 직무를 재구성하는 것을 의미한다. 그러나 성장의 욕구가 낮거나 통제의 위치가 외부에 있다는 외재론자에게는 이런 직무가 오히려 스트레스요인이 될 수 있음으로 개인의 특성에 따라 선별적으로 적용되어야 한다. 따라서 개인을 고려한 직무재설계는 오히려 개인과 직무간의 적합관계를 증진시켜 스트레스를 감소시키는 효과를 가져 온다.

3) 목표설정(Goal setting)

구성원들이 직무를 수행함에 있어 달성해야할 목표를 관리자와 함께 설정함으로서 명확하게 인식할 수 있도록 해주는 것을 의미한다. 이 방법은 개인차를 고려함으로서 구체적이고 도전감을 유발하며, 피드백이 있고, 구성원이 받아드린 목표는 동기유발뿐만 아니라 스트레스를 감소시키는 효과가 있다.

4) 조직 커뮤니케이션의 개선

의사소통이 원활하게 이루어지면 정보가 많아지고 불확실성이 감소하기 때문에 구성원들이 지각하는 역할 갈등이나 역할 모호성이 감소하여 스트레스를 감소시키는데 큰 효과가 있다.

5) 건강프로그램의 운영

정기적으로 운동회를 개최한다든지, 금주, 금연, 비만방지, 식생활 개선 등을 위한 강연이나 활동을 통하여 구성원들이 스스로 자신의 건강관리에 관심을 갖도록 하는 것도 스트레스를 해소하는데 효과가 있다. 이런 프로그램들을 효과적으로 운용하기 위해서는 무엇보다도 구성원들이 자발적으로 참여할 수 있는 분위기가 조성되어야 한다.

참 고 문 헌

[국내]

강대석(2009), 성과향상(Perf

김명헌과 이현정(1992), 조즈

한국심리학회지, Vol.

김은환(2007), 창조적 기업고

김주엽(2009), 행복: 조직행동

김주엽, 송계충, 정범구, 박상

류량도(2007), 하이퍼포머:

머렐 & 메레디스(김기쁨 역,

박지원(2007), 위기의 직장인

백기복(2011), 조직행동연구

백성욱(2010), 직장인 스트러

삼성전자(2012), 지속가능경

신유근(1997), 인간존중의 경

예지은(2012), 권한위임의 정

예지은, 진현, 조현국, 이상우

이영훈(2005), 한국형 생산빙

이정일(2011), '조직충성심과

이춘근(2007), 이런 상사가

임명기(2013), 'Job Crafting

IGM세계경제연구원(2012),

칙센트미하이, 미하이(심현식

패트릭 랜시오니(김지애 역,

코비(김경섭 역, 2003), 성공

한창수(2009), 창조의 인큐버

헤이틀리 & 슈미트(신현철

[국외]

Adams, J. S.(1963), Towar

pp. 422-426.

__________(1965), Inequi

"나의 창의적 행동수준"

■ 아래의 항목들은 당신을 묘사하고 있는 것이다. 주어진 <응답양식>을 가지고 성실히 응답하시오.

〈응 답〉

전혀 그렇지 않다 =1점, 그렇지 않다=2점, 보통이다=3점,

그렇다 =4점, 매우 그렇다=5점

◆ 나는 다른 사람들과 함께 일할 때…….

항 목	1	2	3	4	5
1. 목표달성을 위해서 새로운 방식을 제안하곤 한다.					
2. 성과를 높이기 위해서 새롭고 실제적인 방법을 개발한다.					
3. 새 기술이나 일 추진방법, 테크닉 또는 기발한 아이디어를 찾는다.					
4. 일의 질(Quality)을 높이기 위한 새로운 방법을 제안한다.					
5. 창의적 아이디어의 훌륭한 원천이다.					
6. 위험을 감수하는 것을 두려워하지 않는다.					
7. 새로운 아이디어를 같이 일하는 사람들에게 홍보하고 지원한다.					
8. 기회가 오면 일을 할 때 창의성을 발휘한다.					
9. 새 아이디어의 실천에 필요한 적절한 계획과 스케줄을 개발한다.					
10. 자주 새롭고 혁신적인 아이디어를 생각해 낸다.					
11. 문제에 대한 창의적 해법을 찾아낸다.					
12. 문제에 대한 참신한 접근법을 고안해내곤 한다.					
13. 일을 수행하는 새로운 방식을 제안한다.					

[해 석]

■ 13개 항목의 총합을 구한다. 총점은 65점이다. 당신의 응답총합(T)에 대해서 아래와 같이 진단한다.

[1] T가 52점 이상($T \geq 52$): "매우 창의적"
[2] T가 42점에서 51점($42 \leq T \leq 51$): "비교적 창의적"
[3] T가 32점에서 41점($32 \leq T \leq 41$): "다소 비창의적"
[4] T가 32점미만($T < 32$): "매우 비창의적"

Psychology, 2, New York: Academic Press, pp. 267-299).

Aguinis, G.(2007), *Performance management*, New Jersey, NJ: Prentice Hall.

Argyris, C.(1960), Understanding Organizational behavior, Homewood, III.; Dorsey Press.

Baker, H. G., Spier, M. S. & Dhammanungune, S.(1989), Trust, Credibility, and Empowerment: The psychological Contract at Work, Paper presented at the Organizational Development Network National Conference, San Diego, CA.

Barsade, S. G. & Gibson, D. E.(2007), Why does Affect Matter in Organization?, *Academy of Management Perspectives*, Feb. pp.36-59.

Bateman, T. S. & Crant, J. M.(1993), The proactive component of organizational behavior: a measure and correlates, *Journal of Organizational Behavior*, 14, pp. 103-118.

Beehr, T. A. & Bhagat, R. S.(1985), Introduction the human stress and cognition in organization. In T. a. Beehr & R. S. Bhagat(Eds.), Human Stress and Cognition in Organization, 3-19, New Work: Wiley.

Block, P.(1987), The empowered manager: Positive political skills at work. San Francisco: Jossey-Bass.

Buckley, M. R. & Russell, C. C.(1997), Meta-analytic estimate of interview criterion-related validity: A qualitative assessment. In R. W. Eder and M. M. Harris(Eds.), The Employment Interview: Theory, Research, and Practice, Beverly Hills, CA: Sage.

Caudron, S.(1996), Integrate workplace paradox. *Personnel Journal*, 75(8), pp.68-70.

Dean, R. A.(1985), Reality Shock: Reducing the organizational commitment of professionals, *Personnel Administrator*, pp.139-147.

Dunham, R. B.(1984), Organizational Behavior: People and Processes in Management, ILL: Irwin.

Dunahee, M. H. & Wangler, L. A.(1974), The Psychological Contract: A Conceptual structure for Management/Employee Relations, *Personnel Journal*, pp.518-548.

Edwards, J. R.(1991), Person-job fit: A conceptual integration, literature on review and methodological critique. *International Review of Industrial and Organizational Psychology*, 6, pp. 283-357.

Feldman, B. F. & Russell, J. A.(1998), Independence and bipolarity in the structure of current affect, *Journal of Personality and Social Psychology*, 74, pp.967-984.

Festinger, L.(1957), A Theory of cognitive Dissonance, Evanston, ILL: Row-peterson.

Frederickson, B. L.(2001), The Role of Positive Emotions in Positive Psychology, *American Psychologist*, 56, pp.218-226.

Frijda, N. H.(1986), The Emotions, Cambridge, UK: Cambridge University Press.

Fulford, M. D. & Enz, C. A.(1995), The Impact of empowerment on service employees. *Journal of Managerial Issues*, 7(2), pp.161-175.

Gibson, J. L., Ivancevich, J. M. & Donnelly, J. H.(1982), Organization 4th: Behavior, Structure, Processes,

참 고 문 헌

[국내]

강대석(2009), 성과향상(Performance Improvement) Skill Up, 경문사.

김명헌과 이현정(1992), 조직공정성 평가기준과 지각된 공정성, 직무만족, 조직몰입, 봉급만족과의 관계, 한국심리학회지, Vol.6, No.2, pp.11-28.

김은환(2007), 창조적 기업과 인사혁신, CEO Information, 제 627호, 삼성경제연구소.

김주엽(2009), 행복: 조직행동의 새로운 지평, 인적자원개발 연구, 12, pp.123-141.

김주엽, 송계충, 정범구, 박상언(2010), 조직행위론 2판, 경문사.

류량도(2007), 하이퍼포머: 성과로 말하는 핵심인재, 쌤앤파커스.

머렐 & 메레디스(김기쁨 역, 2004) 권한위임의 기술, 지식공작소.

박지원(2007), 위기의 직장인 이렇게 관리하라, LG경제연구원.

백기복(2011), 조직행동연구, 제5판, 창민사.

백성욱(2010), 직장인 스트레스관리, 3·3 전략, SERI 경영노트, 제70호, 삼성경제연구소.

삼성전자(2012), 지속가능경영보고서.

신유근(1997), 인간존중의 경영, 다산출판사.

예지은(2012), 권한위임의 정석, SERI 경영노트, 제 157호, 삼성경제연구소

예지은, 진현, 조현국, 이상우, 정지은(2011), 신세대의 특성과 조직관리 방안, Issue Paper, 삼성경제연구소.

이영훈(2005), 한국형 생산방식 그 가능성을 찾아서, 삼성경제연구소.

이정일(2011), '조직충성심과 신뢰를 높이는 비결: 심리적 계약, SERI경영노트, 제 116호, 삼성경제연구소.

이춘근(2007), 이런 상사가 창의성을 죽인다, LG경제연구원.

임명기(2013), 'Job Crafting, 일이 즐거워지는 변화', SERI경영노트, 제 179호, 삼성경제연구소.

IGM세계경제연구원(2012), 세상 모든 CEO가 묻고 싶은 질문들, 위즈덤 하우스.

칙센트미하이, 미하이(심현식 역, 2006), 몰입의 경영, 황금가지.

패트릭 랜시오니(김지애 역, 2009), 트라이앵글 법칙, 리더스북.

코비(김경섭 역, 2003), 성공하는 사람들의 7가지 습관, 김영사.

한창수(2009), 창조의 인큐베이터: 몰입, SERI 경영노트, 제35호, 삼성경제연구소.

헤이틀리 & 슈미트(신현철 역, 2003), 펭귄나라 비둘기, 북@북스.

[국외]

Adams, J. S.(1963), Toward an understanding of inequity, *Journal of Abnormal and Social Psychology*, 67, pp. 422-426.

__________(1965), Inequity in social exchange, in L. Berkowitz(Ed.), advances in Experimental Social

Psychology, 2, New York: Academic Press, pp. 267-299).

Aguinis, G.(2007), *Performance management*, New Jersey, NJ: Prentice Hall.

Argyris, C.(1960), Understanding Organizational behavior, Homewood, III.; Dorsey Press.

Baker, H. G., Spier, M. S. & Dhammanungune, S.(1989), Trust, Credibility, and Empowerment: The psychological Contract at Work, Paper presented at the Organizational Development Network National Conference, San Diego, CA.

Barsade, S. G. & Gibson, D. E.(2007), Why does Affect Matter in Organization?, *Academy of Management Perspectives*, Feb. pp.36-59.

Bateman, T. S. & Crant, J. M.(1993), The proactive component of organizational behavior: a measure and correlates, *Journal of Organizational Behavior*, 14, pp. 103-118.

Beehr, T. A. & Bhagat, R. S.(1985), Introduction the human stress and cognition in organization. In T. a. Beehr & R. S. Bhagat(Eds.), Human Stress and Cognition in Organization, 3-19, New Work: Wiley.

Block, P.(1987), The empowered manager: Positive political skills at work. San Francisco: Jossey-Bass.

Buckley, M. R. & Russell, C. C.(1997), Meta-analytic estimate of interview criterion-related validity: A qualitative assessment. In R. W. Eder and M. M. Harris(Eds.), The Employment Interview: Theory, Research, and Practice, Beverly Hills, CA: Sage.

Caudron, S.(1996), Integrate workplace paradox. *Personnel Journal*, 75(8), pp.68-70.

Dean, R. A.(1985), Reality Shock: Reducing the organizational commitment of professionals, *Personnel Administrator*, pp.139-147.

Dunham, R. B.(1984), Organizational Behavior: People and Processes in Management, ILL: Irwin.

Dunahee, M. H. & Wangler, L. A.(1974), The Psychological Contract: A Conceptual structure for Management/Employee Relations, *Personnel Journal*, pp.518-548.

Edwards, J. R.(1991), Person-job fit: A conceptual integration, literature on review and methodological critique. *International Review of Industrial and Organizational Psychology*, 6, pp. 283-357.

Feldman, B. F. & Russell, J. A.(1998), Independence and bipolarity in the structure of current affect, *Journal of Personality and Social Psychology*, 74, pp.967-984.

Festinger, L.(1957), A Theory of cognitive Dissonance, Evanston, ILL: Row-peterson.

Frederickson, B. L.(2001), The Role of Positive Emotions in Positive Psychology, *American Psychologist*, 56, pp.218-226.

Frijda, N. H.(1986), The Emotions, Cambridge, UK: Cambridge University Press.

Fulford, M. D. & Enz, C. A.(1995), The Impact of empowerment on service employees. *Journal of Managerial Issues*, 7(2), pp.161-175.

Gibson, J. L., Ivancevich, J. M. & Donnelly, J. H.(1982), Organization 4th: Behavior, Structure, Processes,

Business Publications, Inc.: Plano, Texas.

Greenberg, J.(1996), Managing Behavior in Organizations(Upper Saddle River, NJ : Prentice-Hall).

Greenberg, J. & Baron, R. A.(1995), Behavior in Organizations, 5th ed.(Englewood Cliffs, NJ : Prentice-Hall).

Harvard Business Essentials(2006), Performance Management; Measure and Improve the Effectiveness of your Employees, Boston, MA: Harvard Business Press.

Hogg, C.(1992-1993, Winter), Giving power to employees: The soft approach to high productivity, Multinational Business(4), pp.13-18.

Holland, J. L.(1973), Making Vocational Choices: A Theory of Careers, Englewood Cliffs, NJ: Prentice-Hall.

Homans, G. C.(1961), Social Behavior: Its Elementary Forms, New York: Harcourt, Brace, and World.

Johns, G.(1996), Organizational Behavior: Understanding and managing Life at Work, 4th ed.(NY : Harper Collins College Publishers).

Judge, T. A., Locke, E. A. & Durham, C. C.(1997), The dispositional causes of job satisfaction: A core evaluations approach, *Journal of Applied Psychology*, 83, pp. 17-34.

Kanungo, R. N.(1982), Measurement of Job and Work Involvement, *Journal of Applied Psychology*, 67, pp.341-349.

Kanter, R. M.(1993), Men and Women of corporation, Basic Books.

Katz, R. L.(1974), Skills of an Effective Administrator, *Harvard Business Review*, Sept.~Oct., pp.90-102.

Kreitner, R. & Kinicki, A.(1995), Organizational Behavior, 3rd ed.(Chicago, IL: University of Chicago Press).

Landy, F. I. & Becker, W. s.(1987), Motivation Theory Reconsidered, in C. L. Cumimings & B. M. Staw(eds.), Research in Organizational Behavior(Greenwich, CT: JAL Press), pp. 1-38.

Lauver, K. J. & Kristof-Brown, A.(2001), Distinguishing between employee's perceptions of person-job and person-organization fit, *Journal of Vocational Behavior*, 59, pp. 45-470.

Lind, E. A. & Tyler, T. R.(1988), The Social Psychology of Procedural Justice, New York: Plenum.

Levinson, H.(1962), Men, Management, and Mental Health, cambridge, Mass.: Harvard University Press.

Lodahl, T. M. & Kejner, M.(1965), The Definition and Measurement of Job Involvement, *Journal of Applied Psychology*, 49, pp.24-33.

Luthans, F.(2002), Positive Organizational Behavior: Developing and Managing Psychological Strength, *Academy of Management Executive*, 16, pp.57-72.

Lymbomirsky, S. & King, L.(2005), The benefit of Frequent Positive Affect: Does Happiness lead to Success?, *Psychological Bulletin*, 131, pp.803-855.

Macneil, I. R.(1985), Relational Contract: what we do and do not know. Wisconsin law review, pp.483-525.

Maslow, A. H.(1943), A Theory of Human Motivation, *Psychological Review*, Vol. 50.

____________(1967), A Theory of Meta-motivation: The Biological Rooting of the Value Life, *Journal of Humanistic Psychology*, Vol. 7, pp. 93-127.

Michaels, E. H. Handfield-Jones & Axelrod, B.(2001), The War for Talent, Harvard Business School Press.

Miner, J. B.(1965) Studies in Management Education, New York: Springer.

Mink, O. G., Owen, K. Q., & Mink, B. P.(1993), Developing high performance people: The art of coaching, New York, NY: Persues.

Morrison, E. W. & Robinson, S. L.(1997), When employees feel betrayed: A model of how psychological contract violation develops, *Academy of Management Review*, 22, pp.226-256.

O'Reilly, C. A., Chatman, J., & caldwell, D. F.(1991), People and organizational culture: A profile comparison approach to assessing person-organization fit. *Academy of management Journal*, 34, pp.487-516.

Orpen, C.(1994), Interactive effects of work motivation and personal control on employee job performance and satisfaction, *Journal of Social Psychology*, 134(6), pp.855-856.

Porter, L. W. & Lawler, E. E.(1973), Managerial Attitudes and Performance, Homewood, ILL: Irwin.

Robbins, S. P.(1994), Management(4th eds.), Prentice-Hall, pp.135.

___________(2005), Organizational Behavior(11th eds.), Upper saddle River, NJ: Pearson Education, Inc.

Robinson, S. L., Kraatz, M. S. & Rousseau, D. M.(1994), Changing Obligations and the Psychological Contract: a Longitudinal study, *Academy of Management Journal*, 37, pp.137-152.

Rousseau, D. M.(1989), Psychological and Implied Contract in Organization, *Employee Responsibilities and Rights Journal*, 2, pp.121-138.

______________(1995), psychological contract in Organizations: Understanding written and unwritten agrements, Sage Publications.

Rousseau, D. M. & Park, J. M.(1993), The contracts of individuals and organization, In L. L. Cummings & B. M. Staw(Eds.), Research in organizational behavior, (pp.1-43), Greenwich, CT: JAI Press.

Russell, J. A.(1980), A Circumflex Model of Affect, *Journal of Personality and Social Psychology*, 39, pp. 1161-1178.

Saleh, S. D. & Hosek, J.1976), Job Involvement: Concept and Measurement, *Academy of management Journal*, 19, pp.213-224.

Sheppard, B., Canning, M., Mellon, N., Anderson, P., Tuchinsky, M., & Campbell, C.(2006), *Coaching and feedback for performance*, Chicago, IL: Kaplan.

Sirkin, H. L.(1993, Oct.). The employee empowerment scam, *Industry Week*, 242(20), pp.58.

Thomas, K.(2002), Intrinsic motivation at work: Building energy and commitment, San Francisco, CA:

Barrett-Koehler Publishers.

Taylor, S. E. & Crocker, J.(1981), Schematic Bases of Social Information Processing, in E. T. Higgins, C. P. Herman & M. P. Zanna(eds.), Social cognition: The Ontario Symposium(Hillsdale, NJ: Erlbaum).

Umiker, W.(1992), Empowerment: The latest motivational strategy, Health Care Supervisor, 11(2), pp.11-16.

Vancouver, j. B. & Schmitt, N. W.(1991), an exploratory examination of person-organization fit: Organizational goal congruence. *Personnel Psychology*, 44, pp. 333-352.

Vroom, V. H.(1964), Work and Motivation, New York: Wiley, John & Sons.

Watson, J. D. & Clark, L. A.(1984), Negative Affectivity: The Disposition to experience negative emotional states, *Psychological Bulletin*, 96, pp. 465-490.

Wagner III, J. A. & Hollenbeck, J. R.(1995), Organizational Behavior, 2nd ed.(Englewood Cliffs, NJ: Prentice-Hall).

Wellin, M.(2007), Managing the Psychological Contracts: Using the Personal Deal to Increase Business performance, Gower Publishing, pp.114-117.

Winter, D. G.(2002), The Motivational Dimensions of Leadership: Power, Achievement, and Affiliation, in Riggios, R. E., Murphy, S. E., & Pirozzolo, F. J.(eds.), Multiple Intelligences and Leadership(Mahwah, NJ: Lawrence Erlbaum), pp. 119-138.

Wrzesniewski, A. & Dutton, J. E.(2001), Crafting a Job: Revisioning employees as active crafters of their work, *Academy of management Review*, 26.

제Ⅲ부

집단(팀)수준: 활성화를 촉진하라

제Ⅲ부는 총 6개의 장으로 구성되었다.

집단수준에서의 인간존중경영은 집단을 지속적으로 활성화시킴으로써 자율기반을 구축하는데 초점을 둔다. 이를 위해서는 조직은 집단·팀에게 최대한의 자율성을 보장해야 할 뿐만 아니라 집단구성원들도 집단·팀을 자율적으로 운영할 수 있도록 노력을 기울여야 한다. 자율기반구축을 통한 자율경영을 실현하기 위해 먼저 집단에 대한 이해가 선행되어야 한다. 그리고 이러한 이해를 기초로 조직을 구성하고 있는 집단들은 서로 구조에 있어서 차이가 있다는 점을 인식하고, 그 바탕 위에서 집단 활성화방안과 자율기반 구축방안을 강구하여야 할 것이다.

- 제9장에서는 집단·팀에 대한 이해를 돕기 위해 집단의 구조적 특성을 살펴보고, 자율기반구축을 위한 집단 활성화를 어떻게 도모할 것인지에 대해 기본적인 방향을 알아보기로 한다.
- 제10장에서는 집단 내 구성원들 간의 상호이해를 증진하고 유용한 정보공유를 통한 효과적인 업무수행이 이루어질 수 있도록 어떻게 커뮤니케이션을 활성화할 것인지에 대한 방안들을 살펴본다.
- 제11장에서는 집단이 직면하게 되는 다양한 문제들을 효과적으로 해결할 수 있도록 합리적인 해결방안을 선택하기 위한 집단의사결정의 질을 어떻게 향상시킬 것인지와 관련하여 여러 방안들을 살펴본다.
- 제12장에서는 조직 내에서 이루어지고 있는 구성원들의 정치행위에 대해 알아보고, 집단 및 부문들 간에 발생하는 갈등을 조정하고 협력적인 관계를 구축할 수 있도록 하기 위한 갈등관리방안과 협상방안 등에는 어떤 것이 있는지 알아본다.
- 제13장에서는 리더가 조직구성원들이 집단목표를 자발적으로 추구하도록 영향력을 행사하기 위해 기존 리더십이론들을 살펴본다.
- 제14장에서는 기존 리더십이론을 적용하여 새로운 패러다임의 리더십 이론들을 살펴보고, 효과적인 리더십을 어떻게 개발할 것인가에 대해 알아본다.

제 9 장 집단 활성화를 통한 자율기반구축

인간존중경영을 실현하기 위해서는 조직 내 집단 활성화를 통한 자율기반구축이 전제되어야 한다. 그 이유는 인간은 자율적인 존재임으로 집단속에서 구성원 개개인들이 최대한 자율적으로 행동할 수 있어야 하기 때문이다. 따라서 본장 제1절에서는 집단과 팀에 대한 기본적 이해를 바탕으로 집단의 구조적 특성에 대하여 살펴보고, 제2절에서는 자율경영과 자율기반이 의미하는바가 무엇인지, 그리고 제3절에서는 집단 활성화를 어떻게 도모할 것인지에 대해 기본적인 방향을 알아보기로 한다.

제1절. 집단과 팀 그리고 집단구조에 대한 이해

조직 내 집단과 팀의 활성화를 통한 자율기반을 구축하기 위해서는 무엇보다도 집단과 팀에 대한 이해가 선행되어야 한다. 그리고 이러한 기본적인 이해를 기초로 하여, 조직의 구성원으로서 개인들 간에 차이가 있듯이, 조직을 구성하고 있는 집단들도 그 구조에 있어서 차이가 있다는 점을 인식해야 할 것이다.

1.1. 집단과 팀의 개념 및 특성

1.1.1. 집단개념 및 중요성

집단(group)이란 "공동의 목표를 달성하기 위하여 일정기간동안 상호작용하거나 상호의존적인 관계를 가지는 두 사람 이상의 집합체"를 가리킨다.(Robbins, 1996). 즉 개인들이 단지 물리적으로 가까이 모여 있다고 해서 이를 모두 집단이라고 부를 수는 없으며, 우리가 관심을 갖고 있는 집단은 개인들이 공동의 목표를 달성하기 위해 협력적으로 조직적인 행동을 수행하는 활동의 장이자 조직구조를 형성하는 소집단(small group)을 의미한다. 집단이 되기 위해서는 다음의 <표 9-1>과 같은 조건들이 갖추어져야만 한다.

〈표 9-1〉 집단이 되기 위한 조건들

1. 구성원들 사이에 공동의 목표가 있어야 한다. 즉 집단은 적어도 목표 지향적이어야 하며, 그 목표가 구성원들 간에 공유되어 있어야 한다는 것이다.
2. 둘 이상의 개인들이 모여 있어야 하며, 이를 바탕으로 구성원들 간에 실제적인 상호작용(interaction)이 있어야 한다.
3. 특정사람들의 모임이 일정기간 존속해야 한다. 이 결과 집단 내 구성원들 간의 관계가 친숙해지고 집단 내에서의 일의 진행되는 방식이 안정적이 된다.

이렇듯 집단을 정의하는 데 있어서는 그 구성원들의 물리적 근접성보다는 목표의 유사성, 구성원간의 상호의존성 및 상호작용, 그리고 모임의 지속성에 기반을 두어야 한다.

위의 집단개념 및 집단의 조건을 토대로 집단의 특성을 살펴보면 다음의 <표 9-2>와 같이 요약할 수 있다.

〈표 9-2〉 집단의 특성들

• 공동의 목표(shared or common goals)를 지니고 있다. • 구성원들 간에 상호작용을 하여 네트워크를 형성 한다: 집단역학(group dynamic) • 구성원들은 상호의존적(interdependence)이다. • 동의 받은 행동규칙과 규범(norm)을 지닌 행동시스템(behavior system)이다. • 집단을 유지하기 위하여 안정적인 역할관계(stable role relationship)가 형성된다. • 집단은 참여자에게 이익(pluses)과 손해(minuses)를 함께 제공함으로써 이에 대한 관리가 중요하다.

1.1.2. 인간존중경영의 실현에 있어 집단의 중요성

집단은 인간존중경영을 실현하는데 있어서 다음의 <표 9-3>과 같은 중요성을 갖는다(신유근, 1997).

〈표 9-3〉 인간존중경영의 실현에 있어 집단의 중요성

1. 집단은 개인과 조직전체를 이어주는 교량역할을 한다. • 이런 까닭으로 소집단은 개인수준과 조직전체수준 각각이 갖는 독특한 성격을 일부분씩 공유하고 있다.
2. 집단은 구성원의 다양한 욕구를 충족시켜준다. • 집단은 타인과 친교를 맺고 싶어 하는 가장 기본적인 욕구충족은 물론 특정집단에 소속되어 있다는 자체가 구성원에게 안정감을 주고 자긍심을 갖게 한다.
3. 집단성과는 개인성과의 단순 합과는 다른 결과를 나타낸다. • 개인들이 집단의 일원으로서 기능할 때 즉 팀워크를 통한 협력과 상생의 경쟁을 통해 시너지 효과(synergy effect)를 나타낼 수 있다.

4. 기업조직에서의 업무는 대부분 집단을 통해 이루어진다.

- 업무가 잘 규정되고 안정된 환경의 소규모조직에서는 개인단위에 의해 업무가 이루어질 수 있지만, 조직을 둘러싼 환경이 갈수록 불확실해지기 때문에 개개인이 혼자서 수행할 수 있는 업무는 한계가 나타나고 여러 사람들이 지식과 경험을 필요로 하는 업무는 개인이 아닌 집단을 통해서 이루어지게 마련이다.

1.1.3. 팀의 개념 및 특성

팀(team)이란 "상호보완적인 기술을 가진 구성원들이 공동의 목적이라든가 성과목표를 달성하기 위해 공동으로 작업하며 그 결과에 대해 공동으로 책임을 지는 집단의 일종"이다(Katzenbach & Smith, 1993; Greenberg & Baron, 1995). 팀의 개념을 중심으로 팀의 성격 및 특징을 다음의 <표 9-4>와 같이 정리할 수 있다.

〈표 9-4〉 팀의 성격 및 특징

성격 및 특징	내 용
1. 팀은 고유의 목적을 지니고 있다.	• 팀의 고유목적은 조직에서 팀이 수행해야할 기능이나 역할을 의미하며, 팀 구성원들이 활동과정에서 보여주는 공헌의 결합으로 달성되는 경향을 가지고 있다.
2. 팀 구성원들은 상호보완적인 능력을 가지고 있다.	• 팀의 목적을 달성하기 위해서는 다양한 능력을 필요로 하는데, 개인이 필요로 하는 모든 능력을 갖추기는 어렵다. 구성원들이 나누어 가진 다양한 능력을 상호보완적으로 함께 발휘되어야만 한다.
3. 팀에서는 상호 협력적인 분위기 즉 팀워크가 형성되어야 한다.	• 상호보완적 능력을 가진 개인들로 구성된 팀이므로 자신의 능력을 최대한 발휘하면서 구성원간의 협력적 노력을 하기 위해서는 팀워크가 필수적이다.
4. 팀에서는 구성원의 능동적 참여가 이루어져야 한다.	• 훌륭한 팀워크를 형성하기 위해서는 구성원 서로 간에 잘 알고 개방적인 의사소통이 이루어져야 하며, 목적달성을 위한 활동계획과 문제해결에 적극적인 참여가 이루어져야 한다.

이러한 성격 및 특징을 갖는 팀은 다양한 형태로 존재한다. 조직에 존재하는 다양한 팀은 팀의 목적(작업팀과 성과향상 팀), 활동기간(일시적인 팀과 영구적인 팀), 조직 내에서 차지하는 위치(복합기능 팀과 독립 팀)에 의해서 분류된다(Cohen, 1993).

1.1.4. 집단과 팀 사이의 차이점

집단을 '특정목적을 달성하기 위해 함께 모여 상호작용하고 상호 의존하는 두 명 이상의 개인'으로 정의했다. 여기서 우리가 알아야 할 것은 집단과 팀은 동일한 것이 아니다. 작업집단과 작업 팀 사이의 명확한 차이점(Katzenbach & Smith, 1993)은 다음의 <표 9-5>와 같다.

〈표 9-5〉 작업집단과 작업 팀 사이의 차이점

구 분	개 념
작업 집단 (work group)	• 집단의 각 구성원이 자기의 책임영역 내에서 작업을 수행할 수 있도록 정보를 공유하고 의사결정을 하기 위해 상호작용하는 집단이다. • 이는 공동의 노력을 필요로 하는 집단작업에 관여할 필요도 기회도 없기 때문에 작업집단의 성과는 각 집단 구성원 각자의 개인적 기여의 총합일 뿐이다. 즉 총합이상의 긍정적 시너지 효과가 없다.
작업 팀 (work team)	• 개별노력이 개별 투입의 총합보다 더 큰 성과를 가져오는 집단 • 팀을 널리 사용하면 조직은 투입량을 늘리지 않고도 더욱 많은 산출량을 낼 수 있는 잠재력을 갖기 때문에 많은 조직들이 최근 팀 중심의 프로세스로 재편하는 이유가 여기에 있다.

작업 집단		작업 팀
정보 공유	◀── 목 표 ──▶	단체 성과
중립적(때때로 부정적)	◀── 시 너 지 ──▶	긍정적
개인적	◀── 책 임 ──▶	개인적 및 상호적
임의적 및 다양한	◀── 기 술 ──▶	보완적

전통적인 작업집단으로부터 발전해온 자율적 작업 팀은 다음과 같은 특징을 갖는다.

1) 조직의 상층계층으로부터 많은 권한이 위양된다. 그 이유는 집단의 자율성은 집단에 일정한 재량권이 있을 때 가능하기 때문이다.
2) 타인이나 타 집단에 대한 지배나 권력독점(power over)이 아닌 협력과 권력공유(power with)를 지향하는 특징을 지니고 있다. 그 이유는 자신의 지식이나 권한을 타인과 공유함으로서 자신의 영향력뿐만 아니라 타인이 영향력도 강화시키기 때문이다.
3) 구성원들은 팀과 목표를 공유하고 각자 자신의 직무 및 팀에 관련된 의사결정에 열정적으로 참가하여 그 결과 자신의 직무를 보다 의미 있고 만족스러운 것으로 생각하게 된다.
4) 팀의 기술적 체계뿐만 아니라 사회적 체계로서도 파악하여 집단 내 구성원들의 통합을 효

과적으로 이룩할 수 있다. 그 이유는 팀 내에서 기획에서부터 그 실행까지를 다 해야 하므로 통합적인 사고를 계발할 수 있게 하기 때문이다.

1.2. 최근 팀이 부각(각광)되는 이유는?

최근 들어 급속하게 변화하는 환경에 적극적으로 대처하기 위해서 팀이 부각되고 있는 이유 즉 팀의 필요성을 살펴보면 다음과 같다.

1) 과거의 작업방식 한계를 극복하는 대안으로서 팀이 효과적이라는 점이다.
과거에는 분업의 원칙에 입각하였기 때문에 각 기능별로 분화하여 작업의 효율성을 얻을 수 있었으나, 각 기능 간의 상호조정이 필요하고, 어느 한 기능에서 문제가 발생할 경우 신속한 대응이 어려운 문제점을 갖고 있었다. 그러나 현재 및 미래는 환경의 변화에 신속한 대응이 필요하다. 경쟁력 유지목적의 조직개편을 위해서는 보다 민첩하게 환경변화에 대응할 필요가 있는데, 팀은 전통적인 집단에 비해서 빠른 시간 안에 구성되어 과업을 수행하고 해체할 수 있는 특성이 있어 이러한 요구에 부합할 수 있다. 또한 각 기능의 조정필요성을 줄이면서 각 기능별로 분산되어 있는 업무를 팀 내부로 통합해 각 담당자에게 업무수행에 필요한 권한위양을 통해 급격하게 변화하는 환경에 적극적으로 대응할 수 있도록 하는 강력한 도구이다.

2) 팀은 구성원들의 동기를 유발하는데 있어서 다른 어떤 형태의 집단보다도 효과적이다.
완결적이지 않고 주어진 일만 수행하는 작업자는 일에 대한 열의나 주인의식이 생겨나지 않아 자신의 존재가치를 상실한 채 단순히 로봇처럼 일만함으로서 성과가 오르지 않는다. 반면에 완결적인 작업을 수행하고 스스로의 노력에 의해 작업결과가 결정되는 작업환경에서 일하는 작업자는 창의적 및 자율적으로 일을 수행함으로서 일에 대한 만족과 몰입이 증대되어 높은 성과를 창출할 수 있을 것이다. 이처럼 팀은 작업을 재설계(redesign)함으로써 구성원들의 동기를 유발하는데 매우 효과적이라 할 수 있다.

3) 조직의 성과창출을 촉진 시킬 수 있다. 조직이 취급하는 업무가 다양한 기술, 판단력, 경험을 요구할 때 팀이 과거의 집단이나 개인들보다 더 높은 성과를 낸다는 것을 들 수 있다(Katzenbach & Smith, 1993; Tjosvold, 1991). 팀은 팀 구성원의 공동몰입, 공동 작업을 통해서 조직구성원들이 가진 다양한 재능과 실력을 최대한으로 활용할 수 있기 때문에 조직이 필요로 하는 다양한 지식, 판단력, 경험을 제공할 수 있기 때문이다.

4) 구성원의 만족을 유도할 수 있다. 팀의 운영을 통해서 팀 구성원의 만족을 증진시킬 수 있다는데 그 이유가 있다. 팀이 성과를 내기 위해서는 팀 구성원의 적극적인 참여를 필요로 하는데, 이와 같은 참여를 통해 구성원들에게 보다 많은 자율권을 부여함으로서 구성원의 만족도를 증진시킬 수 있다. 즉 팀에 적극적으로 참여하는 것은 개인의 성과향상을 위한 하나의 동기부여가 된다(Robbins, 1996).

1.3. 팀의 성공여부를 결정하는 요인

팀 성과와 관련된 가장 중요한 네 가지 요인들은 적절한 자원, 효과적인 리더십, 신뢰분위기, 그리고 팀 기여도를 반영하는 성과평가 및 보상체계이다.

1.3.1. 적절한 자원

팀은 조직체계의 일부이기 때문에 이를 유지하기 위해서는 외부의 자원에 의존해야한다. 자원의 부족은 효과적 직무수행과 목표달성을 위한 팀의 능력을 감소시기 때문에 효과적 작업집단의 중요특성은 그 집단이 조직으로부터 받는 지원이다. 이러한 지원에는 시의적절한 정보, 적합한 설비, 적절한 인력, 격려 및 행정적 보조가 포함된다.

1.3.2. 리더십 및 구조

리더십은 바라는 결과를 가져오기 위하여 다른 팀들이 그들의 노력을 조정할 필요가 있는 복합 팀 체계에서 중요하다. 리더는 팀에 권한부여, 책임위양은 물론 팀이 서로 간에 함께 일하도록 촉진하는 촉진자의 역할을 한다. 리더십을 효과적으로 위양함으로서 리더십의 공유를 확립하는 팀은 전통적인 단일리더구조를 가진 팀보다 훨씬 효과적이다.

1.3.3. 신뢰 분위기

팀 구성원들 사이의 상호신뢰는 협력을 촉진시키고, 서로의 행동을 감시할 필요성을 줄이며, 다른 팀원들이 자신을 이용하지 않을 것이라는 믿음을 중심으로 팀원들을 결속시킨다. 팀원들을 신뢰할 수 있다고 생각할 때, 위험을 감수하고, 팀 리더의 목표와 결정을 받아드리고 이에 헌신할 수 있게 해준다.

1.3.4. 성과평가 및 보상체계

팀원들을 어떻게 개인적 및 공동으로 책임지게 할 수 있을까? 기존 개인중심의 성과평가와 인센티브는 고성과팀의 개발을 방해할지 모른다. 개별기여도 평가와 이에 보상뿐만 아니라 집단중심의 평가, 이윤 배분제, 성과 배분제, 소집단 인센티브, 그리고 기타의 시스템 수정이 팀의 노력과 몰입을 강화시킬 수 있다.

1.4. 팀워크 증진방안

조직은 화려한 개인플레이보다 팀워크를 원한다. 상사들이 제일 정이안가는 부하직원은 단연코 개인플레이를 하는 사람이다. 아무리 일을 잘해도 개인플레이를 일삼는 부하직원이라면 잠시 그 능력을 쓸 뿐 오래 곁에 두고 싶어 하지 않는다. 개인의 성과는 작다. 그러나 팀워크를 통한 조직의 성과는 조직의 잠재력과 가능성을 몇 백배로 키워주기 때문에 개인성과에 비교할 수 없을 만큼 크다. 평범한 사람들이 위대한 성취를 이룰 수 있게 하는 힘, 팀워크. 팀워크란 무엇인가? 그리고 조직이 팀 효과성을 향상시키기 위해 개인적 성향의 플레이어를 팀플레이어로 전환하기 위하여 무엇을 할 수 있을까? 즉 관리자가 개인을 팀플레이어로 전환하고, 팀워크를 증진시키기 위한 조건은 무엇인가? 여기서는 그 조건에 대해 알아보도록 한다(신현만, 2009).

1.4.1. 팀워크의 개념

팀워크란 "하나의 팀으로서 함께 활동하는 사람들의 협동적인 노력(cooperative effort on the part of a group of persons acting together as a team), 혹은 팀 구성원들이 팀의 공동선을 위하여 모두가 자기를 내세우지 않고 합심하여 일을 수행하는 것(work done by a number of members, all subordinating personal prominence for the good of the team)"이라고 정의 된다. 앤드류 카네기는 "팀워크란 공통된 비전을 향해 일할 수 있는 능력이다. 또한 한 개인의 성취방향을 조직적인 목표에 맞추게 하는 능력이다. 팀워크는 평범한 사람들이 비범한 결과를 낼 수 있도록 하는 연료이다."라고 주장한다.

기업이 회식을 하는 이유도, 워크숍이나 체육대회를 하는 이유도 다 팀워크 때문이다. 왜 일까? 팀워크를 키워야 성과가 커진다. 성과가 지속된다. 성과의 가치도 높아진다. 팀워크란 '개인이 절대 이룰 수 없는 위대한 성취를 이룰 수 있게 해주는 요술램프 같은 것'이다.

팀이 오케스트라라면 리더는 지휘자이다. 지휘자와 악단이 균형과 조화를 이룰 때 최고의 선율이 흘러나온다. 통일성 속에 개성이 살아나고 전체 선율 속에서 각 악기가 가진 고유한 소리가 가장 빛난다. 이것이 바로 최고의 팀워크이다. 훌륭한 지휘자는 어느 악기의 음정이 어긋났는지, 어떤 연주자가 더 열심히 연주하고 있고 어떤 연주자가 남들의 소리에 묻어가고 있는지 금방 안다. 즉 유능한 리더라면 일부러 하나하나 뜯어보지 않아도 팀원들 각각의 능력과 태도를 꿰뚫고 있는 법이다. 그러나 팀워크가 지향해야 할 가장 궁극적인 형태는 리더가 없어도 굴러갈 수 있는 팀을 만드는 것이다. 팀워크는 위기상황에서 더욱 빛을 발하게 되기 때문에 평소에 단련된 팀워크의 힘은 리더가 없을 때 바로 드러난다.

1.4.2. 훌륭한 팀워크 능력을 위한 조건

단단한 팀워크를 가졌다면 어떤 시련이 닥쳐도 끄떡없이 대처할 수 있다. 팀워크 증진방안의 일환으로 훌륭한 팀워크 능력을 위한 조건을 다음의 세 가지로 들 수 있다.

1) 목표가 같은 사람들로 팀을 채워야 한다.

큰 경기를 앞두고 선수들이 동상이몽에 빠져있다면 패배가 정해진 셈이듯이 목표가 달라서는 팀워크가 원활할 수 없다. 좋은 직장은 보상(Money), 동료(Man), 비전과 발전 가능성(Mission & Movable) 등 3M의 조건을 갖춘 곳이다. 이중 동료는 팀워크 조건의 다른 표현이기도하다. 누구와 일하느냐가 직장생활의 성패를 좌우하기 때문에, 팀원으로서 적합한 자격을 갖춘 열정적이고 헌신적인 사람들과 한 팀을 이룬다면 얼마나 좋을까?

팀원을 고용할 때는 직무수행에 필요한 기술적 요건은 물론 팀원이 되기 위한 대인기술을 갖추고 있는지, 팀 역할도 수행할 수 있는지 등을 확인해야 한다. 팀 만들기는 최고재능을 가진 사람의 고용충동에 대한 저항하는 것을 의미한다. LA Galaxy는 영국축구스타 베컴이 팀플레이어인지 아닌지 고려하지 않고 그의 재능에 엄청난 돈을 지불했다.

따라서 조직은 직원을 채용할 때는 조직과 목표가 같은 사람인가를 따져봐야 한다. 기업에서 직원을 채용할 때 인성검사를 하는 이유, 인간미를 중시하는 이유도 바로 이것이다. 지식이나 기술은 조직에 와서 배우면 되지만 태도는 그렇지 않다. 동료들과 함께 일하고 조직과 함께 호흡하기 위해서 필요한 기본적인 태도를 갖춘 사람을 고용하겠다는 것이다.

2) 팀원들이 같은 생각을 하게 만들어야 한다.

세상에 완벽한 조직은 없다. 그 이유는 모든 조직을 최고의 멤버로만 꾸릴 수는 없기 때문이다. 팀이 꾸려진 뒤에 해야 할 일은 서로 같은 생각을 하도록 만드는 일이다. 그러기 위해서는 팀의 공동목표를 추진하기 위해 기본원칙을 확립하고 기대치에 대해 협의해야 한다. 기대치와 성과에 대해 공동의 확신을 갖고 팀의 업무에 단합된 태도로 임해야 한다. 또한 팀 플레이어로 만들기 위한 적절한 훈련이 주어져야 한다. 훈련전문가들은 구성원들로 하여금 팀워크가 제공하는 만족을 경험할 수 있게 해주는 훈련을 실시해야 한다. 특히 워크숍은 종업원들의 문제해결, 의사소통, 협상, 갈등조정, 코칭기술을 향상시키는데 도움을 준다. 경영자들은 팀 구축에 많은 노력을 기울여야 한다. 그러나 효과적인 팀의 개발은 하룻밤에 일어나지 않는다. 그것은 시간이 걸린다.

3) 이익과 손실에 대해 모든 팀원이 공유하도록 해야 한다.

최근 심각한 불황을 맞아 많은 기업들이 인력감축이냐 급여삭감이냐를 두고 고민하고 있다. 경영학의 기본은 인력감축이다. 일 잘하는 사람까지 급여를 줄여서 사기를 떨어뜨려선 안 된다고 한다. 그러나 적지 않은 기업들이 인력을 유지하는 대신 급여를 삭감하고 있다. 즉 기업전체의 팀플레이를 선택하는 것이다. 그 이유는 업무단위가 작은 팀이건 기업 전체의 큰 팀이건 팀워크는 주인의식에서 비롯되기 때문이다. 팀원들이 이익과 손실을 공유해야만 팀에 대한 주인의식을 가질 수 있다. 혼자만 살겠다는 사고방식, 특정인이나 특정부서만 이익을 얻는 구조아래서는 팀워크 발휘가 어렵다.

따라서 경쟁노력보다 협력노력을 권장하려면 조직의 보상체계를 재정비해야 한다(DeMatteo, et al., 1999). 팀 생활에서 협력적인 풍조를 설정하는 것이 최고이다.

- **Hallmark Cards, Inc**: 기본적인 개인 인센티브체계에 팀 목표 달성에 기초한 연말 보너스를 추가.
- **Whole Foods**: 성과기반 보상의 대부분을 팀 성과로 전환

이러한 보상체계의 변화는 팀의 효과성(팀의 보너스)에 기여할 새로운 구성원들을 조심스럽게 선발하게 된다. 또한 새로운 동료를 훈련시키고, 정보공유하며, 팀 갈등을 해결하도록 도와주며, 그리고 팀이 필요로 하는 신기술을 습득함으로서 팀원으로 효과적으로 일하는 개인에게는 승진, 임금 인상, 및 다른 형태의 인정이 주어져야 한다. 구성원들이 팀워크에서 받을 수 있는 동료의식과 같은 내재적 보상을 잊지 마라. 성공적 팀의 일원이 되는 것은 신나고 만족스러운 일이며, 자신과 팀 동료의 개인적 발전기회는 만족스럽고 가치 있는 경험이다.

이상에서 살펴본 바와 같이 최고의 팀을 이루기 위해서는 팀의 구성원 모두가 이기심을 버릴 줄 알아야 한다. 자신보다 팀을 우선시하는 조직적 사고방식을 몸에 익혀야 한다. 남에게 기대하기 전에 자신이 먼저 희생하지 않고서는 팀의 잠재력은 물론 자신의 잠재력도 온전히 발휘할 수 없다.

아무리 잘난 사람도 혼자서는 팀워크를 당해낼 수 없다. 특출한 스페셜리스트라도 팀워크 없이는 자신의 전문성을 살려낼 수 없다. 아무리 뛰어난 리더라도 팀워크를 이끌어내지 못한다면 자신의 존재 의미를 찾을 수 없다. 팀워크란 '내가 할 수 없는 일을 할 수 있는 다른 사람과 만나 더 큰일을 이루어내는 것'이다. 팀원이란 '내가 할 수 있는 일은 최선을 다하고 부족한 것은 다른 사람으로부터 얻는 존재'다. 팀원들 간에 "나도 당신도 최선을 다 한다는 믿음, 내가 못하는 일은 당신이 할 수 있고 당신이 할 수 없는 일을 내가 할 수 있다는 믿음. 함께라면 우리는 위대한 일을 할 수 있다는 믿음", 서로 그런 믿음이 있어야 최고의 팀워크를 이룬다. 함께라면 못할 것이 없다.

이제 '나 홀로 최고'들의 시대는 끝났다. 아무리 개인의 성과가 중요한 분야에서도 옆에 있는 동료를 밟고 올라가서는 오래 살아남을 수 없다. 조직 전체의 팀워크를 무시해서는 당장 도태되고 말 것이다.

1.5. 집단구조에 대한 이해

집단구조(group structure)란 '집단구성원이 일정한 시간동안 상호작용을 통해 형성된 구성원간의 안정적인 상호관계'를 의미하기 때문에 한 집단과 다른 집단과 구분 짓는 안정된 특성이라 할 수 있다. 이러한 집단구조는 안정적인 성격으로 인해 집단구성원간의 관계를 알 수 있고, 집단구성원들의 행동에 영향을 끼치게 된다. 이러한 집단구조에 영향을 미치는 요인들은 어떠한 것들이 있을까? 영향요인들을 다음과 같이 정리할 수 있다.

1.5.1. 규모(size)

규모란 '집단 구성원의 수'를 의미한다. 집단은 저마다 다양한 크기를 갖고 있다. 집단의 크기가 어느 정도 수준이어야 적절한가? 이에 대한 해답이 있는 것은 아니지만 일반적으로 2명에서 20명 정도의 크기로 이루어져 있다(Johns, 1996).

집단크기가 집단에 미치는 영향은 무엇인가? 즉 규모가 커짐에 따라 어떠한 영향을 주는가에 대해서는 비교적 일관된 연구결과들을 다음의 [그림 9-1]과 같이 보여주고 있다.

[그림 9-1] 집단규모의 영향

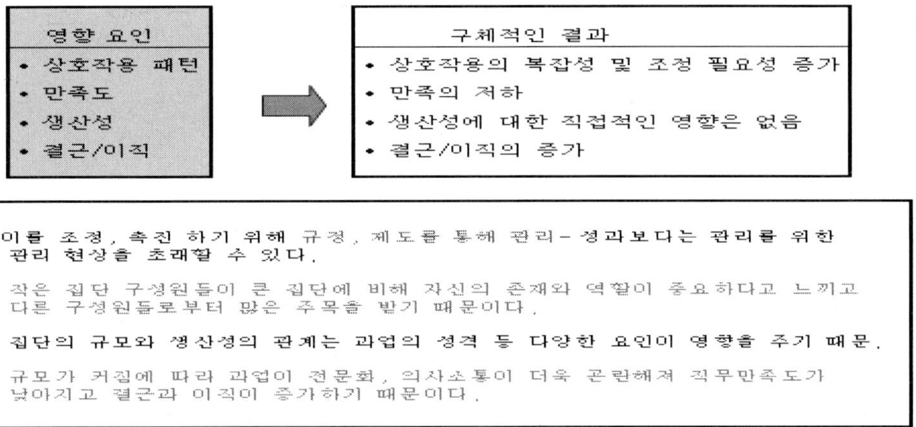

조직을 관리하는 관리자들의 가장 중요한 관심부분은 집단규모와 집단성과와의 관계일 것이다. 일반적으로는 집단구성원들의 모든 노력을 이용할 수 있다면 규모가 커질수록 성과도 비례해서 증가될 수 있다. 그러나 집단규모의 증가가 성과의 증가로 꼭 직결되지는 않는다는 것이다. 그 이유는 규모가 커짐에 따라 집단 내에서 무임승차(free riding)행위 하는 구성원들이 생겨나기 때문이다.

따라서 규모가 큰 집단이 성과를 향상시키는데 좋은지 혹은 규모가 작은 집단이 유리한지에 대한 일률적인 판단을 내리기는 어렵지만, 집단이 수행하는 과업특성에 따라 집단규모의 효과가 다르게 나타난다는 것을 분명히 인식하여야 할 것이다. 즉 집단의 과업수행에 다양한 기술, 의견, 지식의 투입이 상대적으로 많이 필요로 할 경우는 다양한 배경을 갖는 사람들이 많은 규모가 큰 집단이 효과적일 것이고, 반면에 사전에 주어진 일정한 투입으로 보다 높은 생산성을 올리려면 소규모의 집단이 효과적일 것이다(Shaw, 1981).

1.5.2. 집단구성(group composition)

집단구성은 '출신배경, 교육수준, 생활수준, 근무기간 등의 측면에서 볼 때, 집단을 구성하고 있는 구성원들이 동일한 특성을 공유하는 정도'를 의미한다. 그 이유는 집단에는 제각기 다른 개성과 성격, 특징을 가진 다양한 개인들이 참여하기 때문이다.

집단구성의 측면에서 집단은 구성원들 간의 유사한 특성과 성향을 보이는 동질적 집단과 그 반대인 이질적 집단으로 나누어 볼 수 있다. 동질적 집단과 이질적 집단 어느 쪽이 더 성과와 관련하여 더 효과적인가는 집단에서 수행하는 직무의 성격에 따라 달라진다. 이를 정리한 것의 다음의 <표 9-6>이다.

〈표 9-6〉 집단구성과 직무와의 관계

동질적 집단 (Homogeneous Group)	이질적 집단 (Heterogeneous Group)
• 집단의 구성원들 간에 유사한 특성과 성향을 보이는 집단. • 고도의 협동을 필요로 하는 단순작업과 정형화된 과업의 경우 작업수행에 더 효과적.	• 집단의 구성원들 간에 이질적 특성과 성향을 보이는 집단. • 창조적인 아이디어를 필요로 하거나 비정형화된 업무를 수행하는데 동질적 집단보다 높은 성과를 내게 된다.

일반적으로 고도의 협동을 필요로 하는 단순과업과 정형화된 업무수행의 경우 동질적 작업집단이 작업수행을 하는데 있어 훨씬 효과적이지만 창조적 아이디어를 필요로 하거나 비정형화된 업무를 수행하는데 있어서는 이질적인 집단이 더 효과적이라고 알려져 있다. 그 이유는 다양한 배경을 가진 사람들이 집단에 적응하는 데는 시간이 다소 걸리고, 그 기간 동안 갈등의 가능성이 높고, 집단이 작업수행을 원활하게 하지 못하지만, 이러한 적응기간이 끝나고 나면 오히려 다양성으로 인한 효과로 인해 동질적인 집단보다 높은 성과를 내게 된다는 것이다(Guzzo & Shea, 1992).

오늘날 글로벌화가 증대됨에 따라 집단구성문제의 중요성이 점점 더 커지고 있다. 구성원의 문화적 배경차이로 인해 집단에 적응할 때까지 구성원들 간의 상호작용을 통한 협력과 팀워크 그리고 경영성과 등에 있어서 상당한 어려움이 따르는 게 사실이기 때문이다. 그러나 이러한 어려움을 극복하면 다양성이 성과향상에 오히려 도움이 되고 있는 것으로 나타나고 있다(Watson et al., 1993).

1.5.3. 집단규범(group norm)

집단규범이란 "집단에 의해서 기대되는 행동의 기준을 비공식적으로 규정하는 규칙으로, 구성원들 간에 공유되고 인정된 비공식적 행위의 기준 즉 행위의 표준과 규칙"을 의미한다(Hackman, 1992). 그러므로 이는 구성원의 행동에 직접적인 영향을 미치게 된다. 그 이유는 구성원들이 집단으로부터 인정받기 원하므로 집단규범을 수용하기 때문이다. 집단이나 조직에는 여러 규범이 있지만 그 중 전형적인 것으로는 업무수행방식, 업무지시방식, 복장규범, 대인관계방식이나 타인평가방식, 충성규범, 보상배분규범 등이 있다.

집단에서 규범을 설정하는 목적은 집단성과를 달성하기 위해 구성원에게 행위의 지침을 제시함으로서 개인의 행위를 집단성과지향으로 이끌어 가는데 있다. 규범의 역할은 1) 집단의 생존을 가능하게 해주고, 2) 집단구성원의 행위에 대한 예측가능성을 높여주며, 3) 집단구성원간의 관계에서 발생하는 대인적 갈등을 해결할 수 있도록 한다. 또한 4) 집단의 핵심적 가치를 표방하고 있기 때문에 집단의 정체성 유지에 도움이 된다. 그러나 규범이 왜곡되어 나타날 경우, 구성원들로 하여금 개성을 상실하게하고 성과를 일정수준에 묶어둘 가능성이 있다는 측면에 유의해야 한다.

집단규범의 구성원들에 대한 영향은 집단에 대한 순응과 동조성(conformity)으로 나타나게 된다. 집단의 규범이 개발되고 대다수의 구성원들에 의해 수용되면 구성원들의 태도와 행동을 규범에 맞추도록 즉 순응 또는 동조하도록 집단이나 구성원들로부터 압력을 받게 된다. 구성원들이 규범을 받아드리는 경우는 집단으로부터 인정을 받고, 집단에 대한 정체성을 갖게 되며, 집단의 응집력은 강해진다. 반면에 규범을 받아드리지 않을 경우에는 동료들로부터 고립되어 집단에 남아있기가 어렵다. 또한 나의 의견이나 생각과 다른 집단규범이 지나치게 강조될 경우 자신의 의견이나 생각을 바꿔야 한다는 강한압력을 느끼게 됨으로서 스트레스를 받게 될 가능성이 크다.

집단규범에 구성원들이 순응하도록 영향을 미치는 요인들은 다음과 같다.

1) 개인의 성격: 구성원 개개인들의 지능이 높고 자아가 강할수록 순응하는 경향이 낮고 권위적인 사람일수록 그렇지 않은 사람에 비해 순응하려는 경향이 높다.
2) 집단의 상황요인: 집단의 규모가 크고, 규범에 동의하는 구성원이 많을수록, 그리고 의사소통의 패턴이 분권적일수록 규범에 대한 순응경향이 높다.
3) 집단내부의 특성들: 집단에 대한 일체감이 높을수록, 그리고 집단의 성공경험이 많을수록 규범에 대한 순응경향이 높다.

1.5.4. 역할과 지위(role & status)

역할이란 '어떤 직위(position)를 가진 사람들이 해야 할 것으로 기대되는 행위패턴'을 의미한다. 즉 어떤 사회적 단위에서 그 집단 구성원들에게 기대되는 일련의 행동양식이다. 역할은 직위를 통해 각 개인에게 할당되고, 자신의 역할을 수행하면서 다른 구성원과 상호작용을 하게 되고, 책임을 부여 받는다. 역할은 집단 내 개인의 직무기술서나 회사의 정책매뉴얼에 공식적으로 기술되어 있다. 그러나 개인이 집단에서 자신의 일을 하다보면 자신이 수행해야 하는 역할이 무엇인지 정확히 모르거나 애매한 경우가 있고, 기대들은 명확하지만 역할들 간에 상충적일 때도 있다.

역할모호성(role ambiguity)이란 '개인의 역할에 대한 기대가 불명확하거나 불확실한 것'을 가리킨다. 즉 자신이 수행해야 할 역할에 대한 정보가 없어 무엇을 해야 할지가 불명확한 경우에나, 무엇을 해야 할지는 명확하지만 그것을 어떻게 해야 할지를 모르는 경우에 나타나는 현상이다. 반면에 역할갈등(role conflict)은 역할수행자에게 명확히 전달된 역할에 대한 기대들이 양립 불가능하거나 상충적일 때 발생한다.

이러한 역할모호성과 역할갈등이 지속되는 경우 직무에 대한 불만족이 증가, 스트레스증가, 조직몰입 감소, 집단 및 직무이탈, 성과저하 등 개인 및 조직 모두에 부정적 영향을 미치므로 (Jackson & Schuler, 1985), 조직 관리자는 이를 해결하기 위해서 구성원들의 역할을 명확히 제시해주어야 할 뿐만 아니라 직무설계 및 재설계를 통한 갈등을 최소화 하는 것이 필요하다.

지위란 '타인에 의해서 집단이나 집단구성원에게 주어진 사회적 직위 또는 서열'을 의미하는 즉 수직적 분화이다. 지위는 커뮤니케이션 방식과 영향력 발휘 등에 영향을 미치기 때문에 구성원의 행동에 있어 일종의 동기부여가 될뿐더러 집단 내 구성원의 행동을 이해하는데 중요한 요소가 된다. 그 예로, 특정한 지위를 가진 구성원이 자신이 받을만한 합당한 대접을 받지 못한다고 인식할 경우 지위불일치(status in-congruence)가 발생하는데, 이는 집단에 해가되는 행동을 일으킬 수 있다. 즉 지위불일치를 경험하는 사람들은 심리적 불균형을 느껴 이런 불균형에 저항하게 되고, 이를 해소하려고 노력하는 과정에서 타인과 갈등을 빚을 수 있다는 점에서 구성원과의 관계뿐만 아니라 집단성과를 저해시킬 수도 있다.

1.5.5. 집단응집성(group cohesiveness)

집단구조를 형성하는데 매우 중요한 변수인 집단응집성은 '집단구성원 간에 느끼는 매력과 집단의 구성원으로 남아 있으려는 바람의 정도'를 가리킨다. 집단응집성이 높은 집단은 집단구성원 간에 서로 매력 즉 동지애를 느끼기 때문에 1) 생산적 인간관계가 형성되고, 2) 만족감으로 집단에 더 충성하게 되고, 3) 집단의 활동에 적극적으로 참여하게 되고, 4) 목표를 자율적으로 수용하고, 5) 목표달성을 위해 협력한다. 이와는 반대로 집단응집성이 낮은 집단은 구성원들은 서로를 싫어하며, 서로 다른 목표를 위해 일하려는 경향이 많다(Hare, 1976).

집단응집성에 영향을 미치는 요인과 결과를 살펴보면 다음의 [그림 9-2]와 같다.

[그림 9-2] 집단응집성의 영향요인과 그 결과

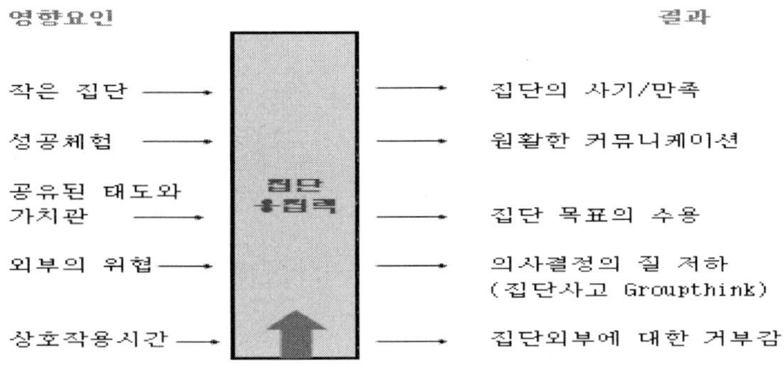

집단의 크기가 작을수록, 성공체험의 정도가 많을수록, 공유된 태도 및 가치관이 많을수록, 외부의 위협이 클수록, 상호작용의 시간이 많을수록 집단응집성이 높아진다(Forsyth, 1983). 그 결과는 집단의 사기 및 만족은 커지고, 원활한 커뮤니케이션이 이루어지며, 집단목표의 수용정도가 커진다. 또한 집단사고로 인해 의사결정의 질이 저하될 수 있고, 집단외부에 대한 거부감이 커질 수 있다.

집단구성원의 단결력이 더 강하거나 혹은 의견일치가 더 잘 이루어지는 응집성이 높은 집단이 그렇지 않은 집단에 비해 언제나 성과가 높을까? 이에 대한 응답으로는 반드시 성과나 생산성이 높아지는 것은 아니다. 구성원들이 어떤 성과규범을 갖는가에 따라 집단응집성이 집단성과 및 생산성에 긍정적 또는 부정적으로 영향을 미칠 수 있다(Robbins, 1996). 이를 다음의 [그림 9-3]과 같이 정리할 수 있다.

따라서 조직 관리자는 집단성과 및 생산성 향상을 위해서 집단응집성도 높아야하지만 집단구성원이 높은 성과규범(예로 성과를 높이자, 작업의 질을 높이자, 다른 집단구성원과 협동하자 등)을 갖도록 하는 것이 아주 중요하다.

어떠한 집단이 효과적인가? 즉 집단이 효과적으로 운영되기 위해서는 어떠한 요건을 충족해야 하는가를 정리하면 다음의 [그림 9-4]와 같다.

[그림 9-3] 집단응집성, 성과규범, 생산성과의 관계

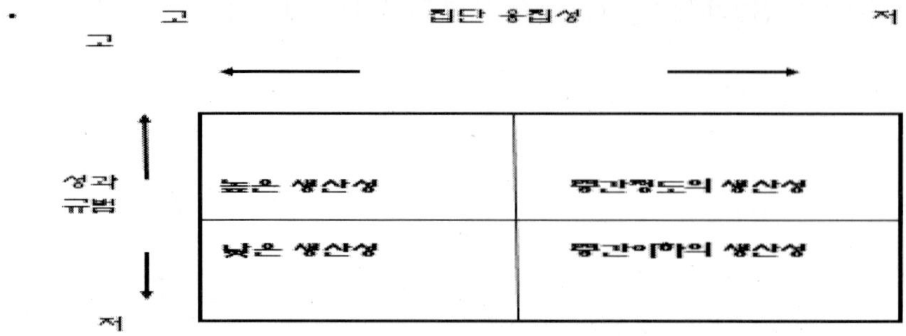

[그림 9-4] 효과적으로 집단운영을 위해 갖추어야 할 요건

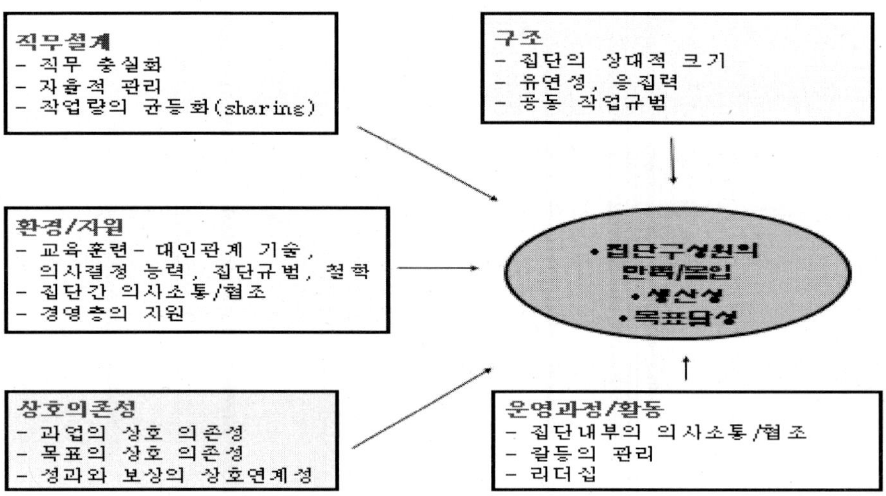

제2절. 자율경영과 자율적 집단운영

집단수준에서 인간존중경영의 목표는 집단성과의 향상과 인간관계의 개선에 집단이 기여할 수 있도록 자율기반을 구축하는 것이다. 이를 위해서 자율경영의 의미를 파악해보고, 집단을 어떻게 자율적으로 운영할 것인가에 대한 방안을 살펴보도록 할 것이다.

2.1. 자율경영의 의미와 효과

자율(autonomy)이란 '스스로 만든 규칙에 따라 행동하는 것'을 의미하는 것으로, 자기 자신(self)을 뜻하는 autos와 법과 규칙(law/rule)을 뜻하는 nomos라는 그리스어에서 기원하였다. 이러한 개념을 확장하여 개인이나 집단이 각자의 뜻에 따라 행동하고 의사결정을 할 수 있을 때, 이 개인을 자율적 인간(autonomous man)이라 하고 그러한 집단을 자율적 집단(autonomous group)이라고 한다.

이러한 자율의 개념을 기업경영에 응용하여 자율적 작업집단을 운영하는 것 등을 자율경영이라 한다. 인간존중경영에서 말하는 자율경영(autonomous management)이란 '집단수준에서 자율기반을 구축하는 것을 의미하는 것으로 조직 내 다양한 집단들의 활성화를 통하여 자율적 집단을 만들어 발전시키고, 이를 통해 인간존중의 경영이 이루어지기 위한 집단수준의 토대를 마련'하는 것이다.

자율경영 적용의 예로는 자율을 핵심직무특성의 하나로 보아 직무설계에 이를 고려함으로서 구성원 개개인들이 책임감을 갖고 주어진 재량권을 최대한 활용하여 자신의 직무수행을 할 수 있도록 한다든지, 직무수행방법과 그 일정 및 직무수행결과에 대한 평가방법을 집단 스스로 정하여 활용하는 것을 들 수 있다(Roberts & Hunt, 1991).

조직 내에서 자율경영이 이루어질 때의 효과는 무엇인가? 이에 대한 연구결과들을 종합해보면 다음의 <표 9-7>과 같이 정리할 수 있다.

〈표 9-7〉 조직에서 자율경영이 이루어질 때의 효과는 무엇인가?

1. 집단의 성과뿐만 아니라 조직 전체의 성과향상에도 기여한다. • 그 이유는 개인이 수행하는 업무는 일차적으로 집단에 의해 그리고 최종적으로는 조직에 의해 통합되어 조직목표에 기여하기 때문이다. 즉 조직과 마찬가지로 집단도 업무의 분화와 통합이 이루어지는 장소이기 때문에 자율기반이 요구되는 것이다.
2. 이질화 되고 다양화된 집단 내 구성원들 간에 호의적인 관계를 형성할 수 있다. • 그 이유는 다양한 개인들로 구성된 집단에 대한 자율성 인정 및 그 바탕위에 경영을 수행함으로서 집단의 우호적인 분위기는 물론 사기향상, 대인관계를 긍정적인 방향으로 발전시킬 수 있기 때문이다.
3. 개인역량의 강화를 지원할 수 있다. • 자율경영이 이루어지면 집단을 구성하는 개개인들은 각자 자발적으로 업무처리를 해야 하기 때문에 이 과정에서 자기계발의 소지가 늘어나 업무처리능력을 향상시킬 수 있고, 자기업무에 대한 결정권을 스스로 행사함으로서 주인의식은 물론 자긍심향상도 꾀할 수 있기 때문.

2.2. 자율적 집단의 운영방안

전통적인 작업집단에서는 집단구조라든가 수행과업의 절차 등과 같은 전반적인 집단행위가 경영층에 의해서 이루어진다. 그러나 자율적 집단은 조직의 전체목표아래 경영층과의 협의를 통해 집단목표를 설정하고, 집단행위는 집단에 의해 자율적으로 계획되고 통제된다. 즉 집단구성원들은 직무수행절차나 일의 분담 등과 같은 문제에 대해 결정할 수 있는 권한과 능력인 자율권을 갖는다(Barker, 1993). 그러므로 집단이 자율적으로 운영되기 위해서는 무엇보다도 집단 및 집단구성원들을 임파워먼트(empowerment) 시켜야 한다(Hess, 1987: Katzenbach & Smith, 1993). 이를 위해서 조직 관리자는 집단 및 집단구성원의 임파워먼트가 성공할 수 있는 조건들을 이해하고 있어야 한다. 임파워먼트 성공조건들을 살펴보면 다음의 <표 9-8>과 같이 정리할 수 있다.

〈표 9-8〉 조직에서 임파워먼트 성공조건들

성공 조건들	내 용
1. 임파워먼트 실현을 위한 경영층노력이 선행되어야 한다.	경영층은 집단 및 집단구성원들과 함께 조직이 나아가야할 비전 및 비전실현을 위한 가치세트들을 설정하여 공유하여야 한다. 그리고 조직의 전체목표아래 집단이 추구해야할 목표를 집단과 서로 협의하여 결정함은 물론 이 목표를 달성하는데 필요한 모든 과정 및 방법을 선택 및 결정하는 모든 권한을 집단에 일임해야. 이후 그 결과를 목표와 대비해 측정하고 평가하는 방법을 통해 집단을 효과적으로 임파워먼트 시킬 필요가 있다.
2. 집단구성원간의 상호보완적인 상호작용이 필요함.(박원우,1992).	집단구성원들 간의 소통을 활성화하여 각자 가진 지식이나 정보를 서로 적극적으로 공유하고 발전시킬 수 있는 네트워크를 구축함으로서 서로를 임파워먼트함은 물론 이를 통해 집단전체를 임파워먼트 시킬 필요가 있다.
3. 집단구성원들이 많은 책임을 받아드릴 수 있는 능력과 관심 가져야 한다.	만약 그러한 능력과 관심이 부족하다면 임파워먼트는 불가능함. 이는 집단구성원을 어떻게 구성할 것인가 또한 집단구성원들이 어떤 역량을 보유하고 있어야 하는가와 하는 문제와 관련이 있다.
4. 조직의 총체적인 문화는 위험감수를 지원하고 자주관리(self-management)가 이루어질 수 있는	임파워먼트는 집단구성원들의 자주적 의사결정과 활동을 기반으로 함으로 불확실성에 대한 실수 및 리스크가 수반 될 수밖에 없다. 따라서 이를 적극적으로 지원하는 조직문화가 구축되어야 한다. 경영층 및 관리자는 구성원들이 이성적이며 자율적인 존재라는 믿음과 확신 등의 긍정적인 신념을 가져야 한다. 그래야만 조직은 집단에 자주관리가 이루어질 수

기반이 제공되어야 한다.	있는 권한을 부여하게 된다. 구성원들에 대한 믿음이나 신념이 부정적이라면 집단과 관련된 행동에 대한 권한이 부여되지 않을 것이고, 이러한 상태라면 집단구성원에게도 부여할 수 있는 권한이 없기 때문이다.
5. 관리자나 리더들은 권한관계의 변화필요성에 대한 인식은 물론 동시에 적극적 지원할 필요가 있다.	전통적 시각을 가진 관리자들이 권한관계 필요성에 적응하지 못하고 구성원의 과업에 개입하게 되면 구성원에게 주어진 권한은 사라지고 이들의 역량과 에너지를 위축시키는 결과를 초래해 집단 및 구성원들의 임파워먼트를 방해하게 된다. 그러나 임파워먼트가 성공적으로 집단에 정착한다면, 구성원들은 자신의 역량을 집단목표달성에 최대한으로 발휘할 수 있으며 집단의 활동에 적극적인 참여와 리더십을 발휘하게 될 것이다.
6. 자율적 작업집단을 지원할 지원메커니즘으로 교육프로그램과 보상시스템을 구비해야 한다(Johns,1996).	교육프로그램측면에서는 업무수행에 꼭 필요한 기술적 지식의 훈련, 집단의 구성원으로 활동하는데 필요한 사회적 기술의 훈련이 요구된다. 또한 개인성과와 집단성과의 연계를 중시하는 적정한 보상시스템이 구축되어야 한다. 특히 집단성과에 직접적으로 영향을 미치는 기술을 어느 정도 습득했느냐에 따라 그 보상을 달리하여 집단구성원들의 기술습득을 장려할 필요가 있다.

제3절. 집단 활성화의 이해 그리고 촉진방안

기업이 집단수준에서 자율기반을 효과적으로 구축하려면 집단 활성화가 이루어져야 한다. 효과적으로 자율기반을 구축하는 데는 집단 내 구성원들 간의 원활한 관계라든가 집단 간의 협력적이고 보완적인 상호작용이 필수적이다. 이를 위해 집단의 역학적 제 특성들을 이해하고, 구성원과 집단 간의 상호작용을 촉진할 수 있는 다양한 방안들이 강구되어야 한다.

3.1. 집단 활성화의 개념 및 중요성

집단 활성화(group vitalization)란 '집단구성원들 사이 혹은 집단 간의 관계를 보다 긍정적이고 상호보완적으로 만듦으로서 집단수준에서 이루어지는 모든 집단행위가 자율기반구축에 이바지하도록 하는 제반활동'을 말한다. 집단은 개인들의 집합체로 그들의 노력이 없이는 집단성과를 제대로 창출할 수 없다. 문제는 집단목표의 달성에 효과적으로 기여할 수 있도록 개인들의 노력을 어떻게 유기적으로 조정·통합하느냐, 어떻게 집단 간의 관계를 관리하느냐 하는 것들이 집단 활성화가 추구하는 바이다.

이러한 집단 활성화는 집단수준에서 인간존중경영의 실현에 있어 다음과 같은 중요성을 갖는다(신유근, 1997).

1) 집단을 구성하고 있는 개인들 간의 상호작용뿐만 아니라 집단 간의 상호관계를 통해 집단 특유의 역동성에 대한 이해를 증진시켜 준다. 즉 집단구성원들이 어떻게 관계를 맺고, 어떤 과정을 통해 개인수준과 다른 집단수준에서 효과를 낼 수 있는가를 보여줌으로서 집단 특유의 현상을 이해시켜준다.
2) 개별적 집단행위, 나아가 전체적인 집단행위의 통합에 초점을 둠으로서 집단행위를 통합적으로 관리할 수 있는 근거를 마련해 준다. 즉 집단내의 개별행위 뿐만 아니라 집단내의 다양한 행위가 서로 어떻게 연결되고, 집단 간의 관계가 어떻게 정립되는가를 제시함으로서 조직수준에서 집단을 효과적으로 관리할 수 있는 방향을 제시해 준다.

3.2. 집단 활성화의 촉진방안

집단 활성화의 촉진방안은 집단수준 전체에 걸쳐 다양한 실천과제를 찾아볼 수 있으나 여기서는 기본적인 방안으로 1) 집단구성원의 자질과 능력을 어떻게 향상시켜 팀워크 증진을 도모할 것인가, 2) 집단구성원으로서 성과를 어떻게 향상시킬 것인가, 그리고 3) 집단내의 공식적 집단과 비공식적 집단을 어떻게 상호보완을 할 것인가, 4) 집단역학의 제 특성을 밝힐 내용에 대해서 살펴보기로 한다.

3.2.1. 집단역학개념을 응용한 팀워크의 증진

집단역학(group dynamic)은 '동태적으로 상호작용하는 집단의 특성을 설명하기 위해 등장한 개념으로, 집단 내에서 구성원들 간의 상호작용을 통해 일어나는 행동 혹은 현상'을 의미하며 동시에 이에 대한 연구 분야를 지칭한다. 즉 집단이 어떻게 형성되며, 어떻게 움직이고 상호작용하는가, 그 결과 구성원들이나 다른 집단 또는 조직에 어떤 영향을 미치는가를 다룬다.

팀 구성원으로서 높은 성과를 내고 팀워크를 증진시키기 위해 요구되는 개인의 자질과 능력(Robbins, 1996)으로는 다음의 <표 9-9>와 같이 정리할 수 있다.

〈표 9-9〉 팀워크를 증진시키기 위해 요구되는 개인의 자질과 능력

1) 개방적이고 정직하게 자신의 의사를 제시할 수 있어야 하고, 2) 나와 다른 남의 의견을 받아드릴 수 있어야 하며, 3) 개인 간의 차이를 인정하고 수용하여 갈등을 해결할 수 있어야 하며, 4) 집단 및 팀을 위해 자신의 목표를 승화시킬 수 있어야 한다.

이러한 개인의 자질과 능력들을 향상시켜 팀워크 증진을 꾀하기 위해서는 집단역학개념을 응용하여 기법들을 활용하여야 할 것이다. 집단역학개념을 응용한 팀워크의 증진방안으로는 먼저 직접적인 방안으로는 팀 구축법이 있고, 간접적인 방안으로는 감수성훈련이 있다.

3.2.1.1. 팀 구축법(team building)

팀 구축법이란 "팀 구성원간의 신뢰와 개방성을 증진시키기 위한 팀 구성원간의 고도의 상호작용을 증진시키는 기법"을 말한다(Buller, 1986). 이 기법의 목적은 구성원간의 조정노력을 증가시킴으로서 팀의 성과를 높이는데 있다. 즉 집단의 팀워크와 과업성취를 개선하려는 기법이다.

팀 구축을 효과적 그리고 성공적으로 수행하기 위한 조건들을 살펴보면 다음의 <표 9-10>과 같이 정리할 수 있다.

〈표 9-10〉 팀 구축을 효과적 그리고 성공적으로 수행하기 위한 조건들

1) 구성원들이 팀의 목표와 우선순위를 정의하게끔 하여야 한다.
2) 팀 목표에 대한 상반된 의견들이 제시되면, 구성원들은 자신들이 얼마나 효과적으로 팀의 우선순위 설정하고, 그 목표를 달성하였는가를 반성하게 함으로서 팀의 성과를 평가하게 한다.
3) 이런 과정에서 팀 구성원들은 잠재적인 문제로 어떤 것들이 있는지 찾아내게 한다.
4) 팀 구성원들의 역할이 무엇인가를 보다 명확하게 인식하도록 한다. 즉 역할모호성을 해소시켜 자신이 수행해야 할 직무가 어떤 것이고, 팀 성과를 최대로 내기위해 어떤 과업 및 역할을 수행하여야 되는가에 대한 아이디어를 얻을 수 있다.

3.2.1.2. 감수성 훈련(sensitivity training)

감수성 훈련이란 "훈련을 통해 자기 자신, 타인, 그리고 자신과 타인과의 관계에 대한 이해를 집중적으로 증진시키는 인간관계훈련기법"이다(Campbell & Dunnette, 1968). 이 훈련의 목적은 타인의 행동에 민감해지도록 감정적 성장과 발전에 초점을 둔다.

감수성 훈련과정을 살펴보면 다음의 <표 9-11>과 같이 정리할 수 있다.

감수성 훈련에 대한 이점은 자신 및 타인과 관련하여 두 가지로 설명할 수 있다. 먼저 이러한 훈련과정을 거치고난 참석자들은 자신과 관련하여 자신의 감정, 선호, 고정관념 및 편견 등과 타인들이 자신을 어떻게 생각하는가에 대해 좀 더 잘 알 수 있게 된다. 또한 타인과 관련해서는 타인들의 행동에 대해 좀 더 민감해질 수 있고, 그들의 이야기를 경청하는 기술이 늘고, 좀 더 개방적이 되며, 개인들 간의 차이에 대하여 너그러워지고, 갈등을 해결하는 기술이 증진됨으로서 집단의 일원으로서 집단의 다양한 행동에 더 통합된다.

〈표 9-11〉 감수성 훈련과정

1) 구성원들이 자기 자신을 표현하고, 그들의 상호작용적인 과정을 토론할 수 있도록 자유롭고 개방적인 분위기를 조성한다. 2) 훈련전문가는 참가자들이 서로의 아이디어, 의견, 신념 등을 이야기하도록 유도한다. 즉 처음 대화가 시작되도록 유도하는 것이지 그들의 리더역할을 수행하지는 않는다. 3) 업무성과의 향상이 목표가 아니라 구성원들의 감정적 성장과 발전에 초점을 두기 때문에 일터와는 동떨어진 곳에서 이루어질 수도 있다. 4) 훈련기간은 짧게는 반나절, 길게는 며칠씩 걸리기도 한다.

3.2.2. 집단의 일원으로서 사회적 성과의 제고방안

개인으로서 또는 집단의 구성원으로서 성과를 어떻게 향상시킬 것인가와 관련하여 다음 몇 가지 점에 주의를 기울일 필요가 있다.

3.2.2.1. 사회적 나태(social loafing)의 제거

사회적 나태는 집단구성원이 함께 과업을 수행하는 과정에서 나타나는 현상으로, '나 하나 노력하지 않더라도 집단성과에 영향을 미치지 않을 것이라는 사고인 무임승차행위'를 의미하며 많은 기업조직에서 자주 발생한다. 특히 집단구성원 모두가 하나의 집단성과를 내는 경우 흔히 발생한다. 그 이유는 자신의 노력이 집단성과와 느슨하게 연결되어 있다고 생각하기 때문이다. 또한 사회적 압력이 구성원 각자에게 균등하게 배분되기 때문에 책임분산이나 모호성에 기인하는 것으로 볼 수도 있다.

이러한 사회적 나태를 극복할 수 있는 방안으로 어떤 것들이 있는가를 살펴보면, 다음의 <표 9-12>와 같이 정리할 수 있다.

〈표 9-12〉 사회적 나태를 극복할 수 있는 방안

1) 개인의 공헌도가 집단차원뿐만 아니라 집단구성원 사이에도 확인 가능하게끔 해야 한다. 이를 위해서는 집단성과에 개인의 기여도를 정확하게 측정할 수 있는 객관적인 평가기준의 정비 및 평가도구가 요구된다. 또한 개인의 공헌도가 타인에 의해 확인될 수 있도록 집단은 제도적 장치를 마련하여야 한다.

2) 집단구성원인 개인으로 하여금 집단이 수행하고 있는 과업에 몰두할 수 있도록 만들어 주어야 한다. 즉 자신이 수행하는 일 또는 과업이 집단과 조직의 목표달성에 중요하게 기여한다는 믿음을 갖도록 하여야 한다.
3) 집단성과에 대한 개인의 기여도 및 공헌도의 평가측정에 따라 적절한 보상이 이루어질 수 있도록 보상제도개선이 필요하다. 이를 통해 개인들에게 개별적인 성과뿐만 아니라 집단성과에 대한 관심고조 및 집중을 시킬 수 있기 때문이다.

3.2.2.2. 사회적 촉진(social facilitation)의 효과적 활용

사회적 촉진은 마라톤이나 육상경기 등에서의 나타나는 선의의 경쟁처럼 '타인의 존재로 인해 특정개인이 평소 때보다 훨씬 많은 에너지를 발산시키는 것'을 의미한다. 이는 단순히 타인들 앞에서 개인의 작업수행이 이루어지는 과정에서 나타난다. 그 이유는 정신적 각성이 일어나기 때문이다. 즉 타인이 나를 관찰 또는 결과에 대해 나쁜 평가를 할 수 있다는 불안감에 의해서, 또는 경쟁으로 내적 갈등에 의해 발생하기도 한다.

긍정적 사회적 촉진을 통해 개인이 집단에 적극적으로 참여하여 공헌하게 하여야 함은 물론 개인 및 집단의 성과향상을 위해서는 생소한 과업에 대한 지속적인 교육과 훈련이 필요하다.

3.2.2.3. 공식적 집단과 비공식적 집단의 상호보완

집단이 활성화되려면 집단 내 구성원들 간에 관계가 개선되어야할 뿐만 아니라 조직 내의 다양한 집단들 간의 관계가 원활하게 이루어져야 한다. 조직 내의 집단은 공식집단과 비공식 집단으로 분류할 수 있다. 공식적 집단은 '구체적인 과업수행이나 목적달성을 위해서 조직에 의해 의도적으로 형성된 집단'이기 때문에 비용의 논리와 효율성의 논리가 적용된다. 반면에 비공식(자생)집단은 조직목표와의 다른 목표 즉 구성원들의 이해와 요구에 의해 구성되기 때문에 사회적 친목과 감정의 논리가 지배한다.

조직의 입장에서 볼 때 비공식집단은 여러 가지의 순기능과 역기능을 동시에 가진다고 할 수 있다. 그러므로 조직 관리자는 비공식집단의 역기능을 없애고 순기능을 강화하여 공식적 집단의 능률을 올릴 수 있도록 효과적이고 체계적인 관리가 중요하다. 비공식(자생)적 집단의 통제를 위한 효과적인 방안을 살펴보면, 다음의 <표 9-13>과 같이 정리할 수 있다.

〈표 9-13〉 비공식(자생)적 집단의 통제를 위한 효과적인 방안

1) 공식집단의 목표, 규범과 비공식집단의 목표, 규범을 일치시키도록 한다.
2) 비공식적 집단 간의 대립과 지나친 경쟁을 방지하고 상호 의사소통을 증진시키도록 함.
3) 구성원들이 직무에 대한 만족감과 공식집단에 대한 자부심을 갖도록 관리자는 민주적 또는 참여적 리더십과 인간관계적 관리기술을 발휘해야 한다.
4) 비공식적 집단의 리더를 찾아내 공식집단의 목표를 이해시키고 목표달성에 협조하도록 유도해야 한다.
5) 비공식적 집단의 목표, 기능, 규범이 공식집단의 목표달성에 유해한 경우, 강압적 방법을 동원하기 전에 의사소통 및 설득 등으로 이를 변화시키도록 노력해야 한다.
6) 긍정적 방법으로의 통제노력에도 불구하고 변화가 불가능할 경우, 직무절차나 내용을 변경시켜 비공식적 집단과의 관계를 악화시키거나, 구성원의 전출, 격리 등의 강압적 방법으로 통제할 필요도 있다.

3.2.2.4. 집단 역학적 제 특성을 밝힐 내용고찰

집단 활성화를 위해서 집단 내 구성원들간, 집단간, 그리고 구성원과 집단간 원활한 관계는 물론 협력적이고 보완적인 상호작용이 필수적이기 때문에 집단의 역학적 제 특성들을 밝힐 수 있는 다음의 <표 9-14>와 같은 내용들(Kelly, 1990)에 대한 고찰이 선행되어야만 한다.

〈표 9-14〉 집단의 역학적 제 특성들을 밝힐 수 있는 내용들

1) 집단의 응집성이 집단구성원의 행동과 조직에 미치게 될 영향.
2) 집단의 정책이나 방침이 구성원 상호간의 경쟁과 협동을 유발하게 할 가능성.
3) 집단에서의 권한위양이 집단목표에 미치게 될 영향.
4) 집단 내 비합리적인 의사소통이 구성원과 집단 상호간에 미치게 될 영향.
5) 종업원참여로 의사결정이 이루어졌을 경우, 구성원의 태도와 행동에 미치는 영향.
6) 집단구성원의 아이디어, 건설적 행동이 좌절될 경우, 야기되는 문제들을 집단이 해결할 수 있는 방안.
8) 인간관계의 질이 집단에 미치는 영향과, 개인의 자발적인 창의성이 타구성원으로부터 영향을 받았을 경우, 조직전체에 미치는 영향.
9) 사회적 자극에 대한 개인의 감수성과 그것이 소속집단의 욕구에 미치는 영향 등.

우리는 조직구성원으로서 개인들 간에 차이가 있듯이, 조직을 구성하고 있는 집단들도 구조에 있어서 차이가 있고, 이러한 차이는 집단의 자율적 운영, 집단구성원들의 원활한 관계형성, 집단간 협력적·보완적인 상호작용 등에 영향을 미쳐 그 결과 집단성과를 좌우할 수 있다는 것을 알 수 있었다. 따라서 집단성과의 향상과 인간관계의 개선에 집단이 기여할 수 있도록 또한 집단수준에서 인간존중경영이 실현될 수 있도록 집단 활성화를 통한 자율기반구축에 목표를 두고 세부실천과제들을 살펴보아야 할 것이다.

팀 역할 선호도

■ 이 조사는 당신이 팀에서 어떠한 역할이 어울리는지를 알아보는 것이다.

* 아래의 문제를 읽고 해당되는 난에 표시를 하시오.	전혀 일치하지 않음	거의 일치하지 않음	보 통	일치함	아주 많이 일치함
1. 나는 대개 팀이 성취하고자 하는 일에 책임을 진다.	1	2	3	4	5
2. 나는 우리 팀이 지금까지 성취한 것에 대해서 팀의 멤버들에게 요약해서 말하곤 한다.	1	2	3	4	5
3. 나는 대개 팀 멤버들을 돕는 사람으로서 그들의 의견을 들어준다.	1	2	3	4	5
4. 나는 모든 팀 멤버들이 현안에 대해 관심을 갖도록 만들려고 노력한다.	1	2	3	4	5
5. 나는 대개 팀의 멤버로서 토론회를 어떻게 조직하는지를 결정한다.	1	2	3	4	5
6. 나는 회의에서 다른 팀 멤버의 아이디어를 칭찬하곤 한다.	1	2	3	4	5
7. 나는 회의 시 결정사항을 잘 숙지한다. 그래서 사람들은 나에게 의존하려한다.	1	2	3	4	5
8. 나는 토론에서 중재자 역할을 한다.	1	2	3	4	5
9. 나는 우리 그룹이 팀 목표에 대해 낙관적으로 생각토록 만들려고 노력한다.	1	2	3	4	5
10. 나는 모든 팀 멤버들에게 발언기회를 제공한다.	1	2	3	4	5
11. 대부분의 회의에서 팀 멤버들의 아이디어에 혹평을 덜 하는 편이다.	1	2	3	4	5
12. 나는 회의에서 의견 차이를 해결하기 위해 팀 멤버를 적극적으로 돕는다.	1	2	3	4	5
13. 나는 팀 멤버들이 각 이슈에 대해 그들의 아이디어를 잘 표현하도록 적극적으로 용기를 북돋운다.	1	2	3	4	5
14. 사람들은 회의의 목적을 명확하게 아는 나에게 의존하는 경향이 있다.	1	2	3	4	5
15. 나는 회의의 기록을 하거나 노트를 갖고 다니는 사람이 되고 싶다.	1	2	3	4	5

[해 석]

- 격려자: #6 + #9 + #11 =
- 선동자: #4 + #10 + #13 =
- 중재자: #3 + #8 + #12 =
- 주도자: #1 + #5 + #14 =
- 수렴자: #2 + #7 + #15 =

<합이 제일 높은 것이 당신의 선역할이다.>

* 각 항목 별 점수가 10점 이상일 경우 아래역할에 대한 성향이 강하다고 할 수 있다.

- 격려자: 팀 구성원을 칭찬하고 아이디어를 지지하며 온화한 성격으로 그룹의 결속력을 증가시킨다.
- 선동자: 회의 참여나 팀 활동 참여를 위해 모든 구성원들을 적극적으로 참여시키는 역할을 한다.
- 중재자: 그룹 내의 의견을 조정하고 긴장감을 줄여주는 역할을 한다.
- 주도자: 조직의 목표를 정확히 하고 목표달성을 위한 방법 등을 강구하는 역할을 한다.
- 수렴자: 조직원들의 미팅 시에 했던 의견들을 잘 정리하고 요약하며 문서화하는 역할을 한다.

* 당신의 팀은 어떤 사람들로 구성되어 있는가?

성공적인 팀워크의 10가지 요소: (Romig, 1996)

구 분	요 소	내 용
핵심	팀 창의력	• 팀이 창의력을 발휘하는 것은 그 팀의 성공적인 팀워크를 보여주는 가장 본질적인 징표. • 팀 구성원들이 함께 힘을 합쳐서 모든 문제들에 대한 새로운 해결책을 창의적으로 추구하는 과정에서 성공적인 팀워크가 발생하는 것이다.
의사소통과 협동 촉진	팀 의사소통	• 효과적인 팀워크를 위해서는 팀 구성원들 간의 숙련된 커뮤니케이션 능력에 의한 원활한 의사소통이 이루어져야.
	팀 회의	• 팀 구성원들 간의 의사소통과 협동을 보장해 주는 효과적인 팀 회의가 열려야 한다.
	갈등관리	• 팀 구성원들이 작업에 대한 주인의식을 느낄 때 발생하는 상호간의 차이와 갈등 문제를 해결해 주는 효과적인 갈등관리가 이루어져야 한다.
조정노력 지원	팀 가치, 비전, 사명	• 성공적인 팀워크를 위해서 팀은 팀의 공유가치를 확인하고 팀의 비전과 사명진술서를 개발하여야 한다. • 이를 명확히 하는 것은 팀 구성원들을 동기부여하고, 팀의 방향을 제시하고, 팀의 행동을 합목적적으로 조정하고 정돈하는데 유용하다.
	팀 목표설정	• 팀의 목표가 설정되어야 실행계획과 성과 측정지표가 수립될 수 있다. 팀 구성원들은 이를 중심으로 그들의 시간, 행동, 의사결정의 우선순위를 정하여 노력을 조정한다.
	역할과 책임, 팀 조직화	• 팀의 조정을 원활하게 이루어지도록 하기 위해 팀 구성원들은 각자의 역할과 책임을 분명히 하고, 팀 목표를 성취하기 위해 팀을 조직화 해야 한다.
계속적인 문제해결 과정	팀 문제해결	• 팀워크가 이루어질 때 팀은 자기영역 안에서 문제를 찾아내고 해결한다. 이때 문제해결을 위한 구조화 과정을 사용한다. • 6단계 과정: 문제 구체화, 원인분석, 브레인스토밍통한 해결책 모색, 해결책 선택, 문제해결 통해 달성목표 설정, 실행계획 수립해 해결책을 실행.
	팀 의사결정	• 성공적 팀워크를 위해서 팀 의사결정에 관한 팀의 숙련과 신중히 구조화된 접근방법의 사용필요. 의사결정 숙련을 위해 필요훈련이 제공되어야.
	작업과정 개선	• 성공적 팀워크는 팀 작업결과의 개선으로 증명되어야 하고, 작업결과는 작업과정개선을 통해 이루어진다. • 작업과정 개선목적은 사이클 타임의 개선, 생산성과 원가의 개선, 그리고 품질개선을 통하여 고객만족을 개선하는 것이다.

제 10 장 커뮤니케이션의 활성화

소통이 이 시대의 최대 화두 중 하나로 손꼽히고 있다. 특히 기업경영에 있어서 가장 큰 관심 사항으로 자리매김하고 있음에도 불구하고, 지금까지는 소통의 방식이 기업성과와 효율성 제고에만 치우쳐 있어 구성원들의 마음을 관리하는 데는 다소 소홀했던 것이 사실이다. 따라서 제1절에서는 커뮤니케이션에 대한 이해를 돕기 위해 커뮤니케이션의 의미 및 중요성, 커뮤니케이션의 개념적 모형과 그에 따른 문제점 및 활성화 방안을 살펴보도록 한다. 제2절에서는 최근 소통환경이 급변함에 따라 소통의 주제, 방향, 내용, 방법 등에서 새로운 방식이 요구되고 있기 때문에 이에 대한 방안들을 알아본다. 또한 제3절에서는 최근 확산되는 소셜미디어(SNS)와 기업의 신 소통전략을 알아보도록 한다.

제1절. 커뮤니케이션에 대한 이해

1.1. 커뮤니케이션의 의미 및 중요성

커뮤니케이션은 '전달자와 수신자간에 매체라는 채널을 통해 메시지나 정보가 전달되고 피드백 되는 동태적(dynamic)이고 상호 교환적(transactional)인 과정'이다. 그러므로 조직 내 의사소통(organizational communication)이란 '조직에서의 개인이나 집단들 간에 메시지나 정보를 상호 교환하여 공유하는 활동이나 과정'을 말한다. 즉 기업조직에서 구성원들간, 부문간 또는 계층간에 조직 내·외부의 상황에 대한 정보나 의견을 교환, 업무활동 조정, 업무진행상항 보고, 경영활동의 지침이나 유용한 정보를 구성원들에게 하달 등 조직 내에서 이루어지는 의사소통을 의미한다.

집단 활성화를 통한 자율집단을 구축하는데 있어서 의사소통의 중요성을 살펴보면, 다음의 <표 10-1>과 같이 정리할 수 있다(신유근, 1997).

〈표 10-1〉 자율집단을 구축하는데 있어서 의사소통의 중요성

1) 집단구성원들의 활동을 조정·통합하는 기능을 수행함으로서 집단목표달성을 위해 구성원들의 역량이 결집될 수 있도록 한다. 즉 회사의 경영목표와 부서목표, 직무수행방법, 행동의 표준, 변화필요성 등에 관한 정보와 지식을 제공함으로서 구성원들의 역량개발을 통한 업무를 효과적으로 수행할 수 있도록 도와준다.
2) 조직구성원을 동기부여 하는 유용한 수단이다. 구성원들의 좌절이나 만족 같은 감정을 표현하게 함으로서 스트레스 해소는 물론 구성원간의 사회적 접촉을 가능하게 함으로서 사회적 소속욕구 같은 기본욕구를 시켜줄 수 있기 때문이다.
3) 집단 또는 조직의 구성원들이 창의적이고 신속하게 업무를 수행할 수 있도록 활력을 불어 넣어 준다. 원활한 의사소통은 구성원들 상호간에 건설적인 자극을 줌으로서 사회적 촉진을 일으키고, 상호간에 학습을 유발하며, 개방적이며 민주적인 집단운영이 가능해 지도록 하기 때문이다.
4) 사람들이 집단이나 조직을 이루어 활동하는데 있어 가장 기본적인 활동이다. 의사소통을 통해 집단의사결정, 리더십, 부문 간의 갈등조정 등의 효과가 높아지기 때문이다.
5) 구성원들로 하여금 변화된 상황에 적응하도록 하며 나아가 조직혁신을 촉진한다. 구성원들에게 조직의 내·외적 변화에 대한 정보를 제공해줌으로서 이에 대응할 수 있도록 도움을 주고, 조직의 규범, 역할, 성과기준 등을 새로 조직에 들어오는 구성원들에게 제공하여 조직사회화를 촉진한다.

1.2. 커뮤니케이션의 개념적 모형: 문제점과 활성화 방안

일반적으로 의사소통개념이 '전달자와 수신자간에 매체라는 채널을 통해 정보를 공유하고 피드백 하는 상호작용과정'이기 때문에 커뮤니케이션의 모형은 전달자, 수신자, 매체라는 3자간의 관계로 아래 [그림 10-1]과 같이 단순화시킬 수 있다. 또한 이들의 조화(적합화)정도에 따라 효과성이 달라질 수 있다. 따라서 이들 각각에 대해서 현실조직에서 나타나는 문제점을 파악해 보고, 문제점 해결을 위한 활성화방안을 모색해 보도록 한다.

[그림 10-1] 커뮤니케이션의 모형

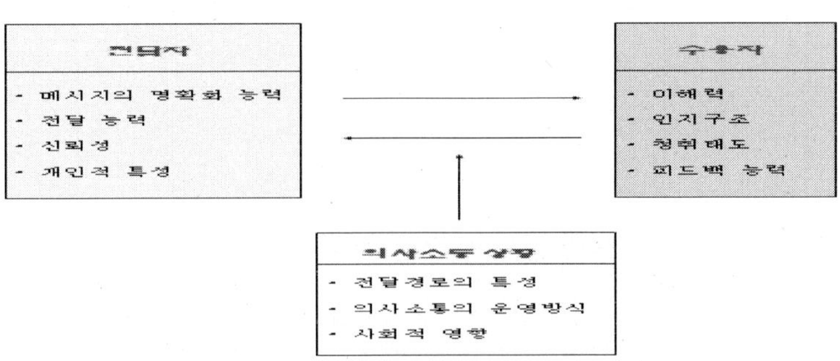

1.2.1. 전달자 측면

1.2.1.1. 전달자와 관련한 영향요인

전달자는 '정보를 전달하는 사람'으로 전달자의 메시지 명확화능력, 전달능력, 신뢰성, 개인적 특성 등은 수신자에게 메시지를 전달하는 과정에 영향을 미칠 수 있다. 이를 정리하면 다음의 <표 10-2>와 같다.

〈표 10-2〉 전달자와 관련한 영향요인

영향 요인	내 용
1. 메시지 명확화능력	전달자는 전달할 메시지를 수용자가 이해할 수 있는 형태로 만들어야 하는데, 이를 얼마나 명확하게 할 수 있는가 하는 능력은 전달자의 행동기준이 되는 준거의 틀이나 명확히 하려는 의지 및 의도에 따라 달라지고, 커뮤니케이션의 효과에 큰 영향을 미친다.
2. 전달능력	메시지를 정확하고 신속하게 수용자에게 이해하기 쉽도록 전달할 수 있는 매체(언어적, 비언어적 방식)를 선정하고 이를 활용하는 전달능력은 전달자의 설명력, 언어구사력 또는 비언어적 의사표시능력 등에 영향을 받는다.
3. 신뢰성	전달자가 믿을만한가와 관계된 신뢰성이 높을수록 수용자가 쉽게 주의를 기울여 전달정보를 받아드리지만 그렇지 못할 경우 거부하거나 경시함으로 신뢰성 정도에 따라 커뮤니케이션의 효과가 달라질 수 있다.
4. 개인적 특성	전달자의 동기, 가치관, 감정상태, 태도, 성격과 기질 등이 커뮤니케이션 활성화에 영향을 준다. 성격(내향적 또는 외향적)과 지배성향(강한가 또는 약한가)에 따라 의사소통 행위스타일이 달라지고, 그에 따라 효과가 달라짐.

1.2.1.2. 전달자와 관련한 문제점

현실조직에서 전달자의 측면과 관련하여 커뮤니케이션의 효과를 떨어뜨리는 문제점으로는 누락(omission)과 왜곡(distortion)을 들 수 있다.

1) 누락현상은 '메시지/정보를 온전하게 전달하지 못하는 즉 일부분만이 불완전하게 전달되는 것'으로, 대표적인 형태는 여과(filtering)이다. 이는 유리한 정보는 전달하고 불리한 정보는 빼는 현상을 의미한다. 또한 누락은 고의가 아니더라도 일부를 빠뜨리는 경우에도 발생한다.
2) 왜곡현상은 '메시지/정보의 내용 및 의미가 전달되는 과정에서 변경되는 것'을 의미하는데, 이는 전달자가 본래의 정보와는 다른 의미를 부여하여 수신자에게 전달함으로써 발생하게

된다.

1.2.1.3. 전달자와 관련한 개선방안

커뮤니케이션의 흐름과 정확성 그리고 수용도를 높이기 위해서는 전달자의 커뮤니케이션 능력을 개선하여야 한다. 이를 위한 방안으로 <표 10-3>과 같이 6가지의 수칙을 제시할 수 있다.

〈표 10-3〉 전달자의 커뮤니케이션 능력개선을 위한 6가지 수칙

개선 방안	내 용
1) 분명하고 적절한 언어 사용하라.	단순한 단어의 나열이 아닌 수신자가 이해하고 확인할 수 있는 언어적/비언어적 등을 포함하는 적절한 언어를 사용하고, 여러 의미로 해석될 수 있는 언어의 선택을 피해야 한다.
2) 수용자의 입장에서 사고한다.	수신자의 입장에서 커뮤니케이션하려는 즉 수신자의 '준거의 틀'을 이해하려는 감정이입(empathic)적 노력이 필요하다.
3) 사후검토와 피드백 활용하라.	질문이나 재진술 또는 직접대면을 통한 피드백 등을 통해 메시지내용이 수용자에게 어떻게 해석되고 있는지를 조사 파악해야 한다.
4) 병행경로와 반복을 사용하라.	다양한 경로를 통한 메시지 전달과 같은 내용을 몇 차례 반복함으로서 잡음 개입되지 않고, 메시지/정보가 왜곡되는 것을 방지할 수 있다.
5) 사례를 들어 설명하라.	수신자에게 자신의 의도를 전달하는 과정에 수신자의 경험에 인지되어 있는 적절한 사례를 들어 설명하면 정확해지고 구체화되어 쉽게 이해시킬 수 있다.
6) 물리적 환경을 효과적 활용하라.	분위기, 장소, 시간 등은 커뮤니케이션 유효성을 높이는데 중요한 요인이 된다.

1.2.2. 수신자 측면

1.2.2.1. 수신자와 관련한 영향요인

수신자는 '전달자에 의해 전달되는 메시지/정보를 수신하는 사람'으로, 이들의 이해력, 인지구조, 청취태도, 피드백 능력 등에 의해 전달자의 정보/메시지가 정확하게 수신자에게 전달되는가에 영향을 받는다. 이를 다음의 <표 10-4>로 정리할 수 있다.

〈표 10-4〉 수신자와 관련한 영향요인

영향 요인	내 용
1) 이해력	• 받아들인 메시지의 의미를 해석하는 능력으로, 읽기/듣기능력 등이 포함된 이는 전달자의 정보를 전달자가 의도한 바대로 수신자가 받아들일 수 있는가를 결정하는 중요 요인이다.
2) 인지구조	• 대표적인 것이 준거의 틀로, 이는 판단 및 행동의 기준이 되는 지배적인 규범체계로 의사소통 내용에 대해 가치판단을 하게 되는데, 긍정적이냐 부정적이냐에 따라 커뮤니케이션의 효과는 영향을 받게 된다.
3) 청취태도	• 편견 없이 전달자의 메시지를 듣는가, 몰입하거나 주의를 집중 하는가 등과 관련된 태도로, 이는 효과적인 커뮤니케이션에 많은 영향을 미친다.
4) 피드백 능력	• 전달된 메시지에 대한 수신자의 반응을 의미하며, 전달자에게 얼마나 효과적으로 피드백을 할 수 있는가는 커뮤니케이션 효과에 영향을 미친다.

1.2.2.2. 수신자와 관련한 문제점

현실조직에서 수용자의 측면과 관련하여 커뮤니케이션의 효과를 떨어뜨리는 문제점으로는 왜곡현상과 선택적 경청이다.

1) 왜곡현상: 이는 전달자와 수신자간의 준거의 틀이 달라서 커뮤니케이션이 왜곡되는 현상을 의미한다.
2) 선택적 경청: 이는 수신자들이 자신에게 유리한 것만을 들으려고 하는 문제로, 자기의 신념과 상이한 다른 정보를 접할 때 그것을 거부하는 경향을 말한다.
3) 피드백 할 때에 자신에게 불리한 정보는 보고하지 않으려고 하는 문제로, 이는 상사가 진실을 아는 것을 두려워하거나 상사의 비위를 거스르지 않기 위해서 흔히 발생한다.

1.2.2.3. 수신자와 관련한 개선방안

커뮤니케이션을 원활하게 한다는 것은 단순히 메시지/정보를 정확히 전달하는 것에 그치지 않고 수신자가 이를 받아드려 전달자가 기대했던 반응을 보이는 것을 의미하기 때문에, 적극적 경청(listening)이 요구된다. 적극적 경청을 위해서는 아래의 <표 10-5>와 같이 4가지 조건이 필요하다(Robbins, 1996).

〈표 10-5〉 수신자와 관련한 개선방안

영향 요인	내 용
1) 집중(intensity)해야 한다.	• 정확한 전달자의 의도파악과 이해, 전달메시지/정보 중 불필요한 내용 구분, 필요내용의 정리·통합을 위해서 정신집중이라는 지적노력이 요구된다.
2) 감정이입(empathy)이 필요하다.	• 전달자와 수용자는 태도, 관심, 욕구와 기대가 서로 다르기 때문에 전달메시지/정보에 대한 오해가 발생할 수 있음으로 상대방의 입장에 설 수 있는 감정이입 즉 유연한 사고방식이 필요하다.
3) 편견을 버리고 객관적 수용(acceptance)하는 자세가 필요하다.	• 수신자는 전달자가 말하고 있는 메시지/정보내용에 몰입하고, 전달자의 이야기가 끝날 때까지 전달메시지/정보내용에 대해 자신의 판단을 유보해야 한다.
4) 전체를 완벽하게 알고자(completeness)하는 태도를 가져야 한다.	• 전달메시지/정보내용뿐만 아니라 전달자의 느낌(감정) 그리고 의도 등을 모두 얻고자 질문 등의 노력을 해야 함을 의미한다.

위의 적극적 경청을 위한 4가지 조건들을 기반으로 수용자의 커뮤니케이션 능력개선 위한 행동수칙은 다음의 <표 10-6>과 같다(Greenberg, 1996).

〈표 10-6〉 수용자의 커뮤니케이션 능력개선 위한 행동수칙

1. 전달자의 눈을 응시하라: 흥미, 관심표현, 적극적 경청으로 인식
2. 고개를 끄덕이거나 긍정적 표정을 나타내라: 흥미를 갖고 이해하고 있음을 표시
3. 듣는 중에 산만한 행동이나 몸짓을 삼가라: 전달내용에 흥미 없다고 인식
4. 듣는 중 의문이 생기면 적당한 때에 적절한 질문을 하라: 잘 듣고 있음을 확인
5. 패러프레이즈(paraphrase)를 하라: 재 진술로 정확성 확보
6. 말을 가로막지 마라: 참뜻 및 완벽이해를 위해
7. 듣는 중 말을 많이 하지마라: 경청을 위해
8. 말할 때와 들을 때의 전환을 매끄럽게 해라.

1.2.3. 커뮤니케이션 상황측면

1.2.3.1. 커뮤니케이션 상황측면 관련하여 영향요인과 문제점

커뮤니케이션 상황측면이란 '전달자와 수신자 사이에 커뮤니케이션이 이루어지는 과정에 영

향을 미치는 주변여건'으로, 전달경로의 특성, 커뮤니케이션의 운영방식, 사회적 영향을 들 수 있다. 이를 정리하면 다음의 <표 10-7>과 같다.

〈표 10-7〉 상황측면 관련하여 커뮤니케이션 영향요인과 문제점

영향 요인	내용 과 문제점
1) 전달경로의 특성:	• 메시지/정보가 전달자로부터 수신자로 흐르는 통로로 직접적인 대면방식과 문서 및 사보, 그리고 시청각 경로 등 간접적인 방법 등이 있다. • **조직에서 문제점**: 상황에 부적합한 매체를 선택하거나 하나의 매체만 고집하는 등의 안이함을 들 수 있다. 따라서 조직에서 정확한 커뮤니케이션을 하기 위해서는 목적에 맞는 매체선택 및 반복 등의 다양한 매체활용을 하여야 한다.
2) 커뮤니케이션 운영방식:	• 조직에서 커뮤니케이션이 상향적 혹은 하향적, 일방적 혹은 쌍방적, 집권적 혹은 분권적으로 이루어지는 관행이나 관리방식을 의미한다. • **조직에서 문제점**: 커뮤니케이션의 정확도나 효과를 감소시키는 잡음(noise) 현상을 들 수 있다.
3) 사회적 영향:	• 커뮤니케이션과정을 둘러싼 사회/정치/문화적인 상황을 의미하며, 이러한 상황요인들은 커뮤니케이션의 정확성에 영향을 미친다. • **조직에서 문제점**: 상하간의 사회적 관계의 차이(선후배, 동일경력/경험 혹은 서로 다른 배경)로 인해 부정확한 혹은 불명확한 커뮤니케이션이 이루어질 수 있다. 또는 사회적 관습의 차이 그리고 조직 내에서 무엇을 누구에게 어떻게 전달하는가와 관련된 규범의 정립여부 등이 커뮤니케이션의 혼란 및 문제가 발생할 수 있다.

1.2.3.2. 커뮤니케이션 상황측면 관련한 개선방안

커뮤니케이션을 원활하게 하고 그 유효성을 높이기 위한 또 다른 방법은 상황에 적합한 매체를 선택하여 사용하는 것이다. 매체란 '메시지/정보를 담는 그릇'으로, 이를 통해 수신자에게 전달된다. 매체의 선택은 메시지/정보내용이 풍부한가, 그 전달속도가 신속해야 하는가에 의해 결정된다. 즉 전달자는 전달하는 정보의 수준, 수신자와의 공통적 이해의 폭, 시간의 촉박성 등에 따라 커뮤니케이션매체를 선택해야 한다. 커뮤니케이션 매체를 선택할 때 고려해야 할 상황을 다음의 <표 10-8>과 같이 정리할 수 있다.

〈표 10-8〉 커뮤니케이션 매체 선택 시 고려해야 할 상황

구 분	상 황 고 려
1) 대면 커뮤니케이션 매체:	• 정보의 정확한 전달과 피드백이 필요할 때, 그리고 상하간의 자율성이 존중되는 조직에서 이 매체선택이 효과적이다.
2) 전자기기(전화, 음성우편 등)를 이용한 언어적 매체:	• 피드백이 즉각적으로 필요치 않고 정확한 정보의 전달자체에만 의미를 둘 때는 이 매체의 선택이 효과적이다.
3) 개인적 문서커뮤니케이션(전자우편 등)매체:	• 정확한 피드백을 할 시간적 여유와 심사숙고할 시간과 반응형성의 시간이 필요할 때, 전달내용을 정확하게 전달되어야할 경우 이 매체의 선택이 유리하다.
4) 비개인적 문서커뮤니케이션:	• 전달자가 다수수신자와 동시에 커뮤니케이션을 할 필요가 있을 때 사용하는 방법, 일방적이고 피드백수용이 없다.

1.3. 조직 내 효과적 커뮤니케이션의 장애요인

조직 내에서 나타나는 커뮤니케이션의 장애요인은 다음의 <표 10-9>와 같이 요약할 수 있다.

〈표 10-9〉 조직 내 효과적 커뮤니케이션의 장애요인

장애 요인	내 용
1. 필터링	• 수신자에게 더 좋게 보이도록 하기 위해 전달자가 정보를 조작하는 것으로, 필터링의 주요 결정요인은 조직구조 내 수직적 단계의 수이다.
2. 선택적 지각	• 수신자들은 그들의 욕구, 동기, 배경, 그리고 개인적 특성에 기초해서 정보를 선택적으로 듣기 때문에 나타난다.
3. 정보과중	• 다루어야할 정보가 자신의 처리능력을 초과할 때 무시하고, 그냥 넘기거나, 정보처리 연기, 잊어버리는 경향이 있다.
4. 감정	• 감정에 따라 동일한 메시지라도 다르게 해석할 수 있다. 극단적 감정들은 합리적 객관적 사고과정을 버리고 감정적 판단으로 대체하는 경향이 크다.
5. 언어	• 동일한 언어라 하더라도 단어는 서로에게 다른 의미를 줄 수 있다. 이런 차이에 영향요인은 나이와 배경 등이다.
6. 침묵	• 커뮤니케이션 부족이나 침묵은 정보부재로 규정되기 때문에 무시하기 쉽지만 소수의 의견이 존중되고, 작업집단의 정체성이 높고, 절차적 공정성이 잘 지켜지는 경우에는 일어날 가능성이 적다.

1.4. 관리제도 도입을 통한 커뮤니케이션 개선방안

조직에서 구성원들이 커뮤니케이션을 원활하게 할 수 있도록 제도적 장치가 마련되어야 한다. 조직에서 상향적 커뮤니케이션을 개선시킬 수 있는 대표적인 제도로는 다음의 <표 10-10>과 같다.

〈표 10-10〉 관리제도 도입을 통한 커뮤니케이션 개선방안

개선 방안	내 용
1. 핫라인 설치	• 최상부와 직접적인 연락을 할 수 있는 핫라인은 인사부서의 지원을 받는 전화를 설치하여 구성원들의 질문에 답하고, 구성원들로부터 조직전반에 관련된 이야기나 논평 등을 듣는 것을 말한다. • 이 제도는 조직이 구성원들에게 관심을 보여 문제가 커지기 전에 구성원의 관심 문제를 조직에 알리도록 하는 촉진제역할을 하게 된다.
2. 조직구성원의 의견조사	• 정기적인 태도질문서와 퇴직예정자들과의 면담 등 구성원들의 태도나 의견에 관한 정보를 수집해 구성원들과 함께 공유되고, 조직을 변화시키는 기초로 사용될 때는 효과적인 커뮤니케이션 개선방안이 될 수 있다.
3. 고충처리제도	• 조직구성원들이 직속상급자를 경유하지 않고도 상급자의 자의적인 행동에 대한 불평이나 불만을 토로할 수 있는 방법이다.
4. 제안제도	• 조직구성원의 제안을 활성화하기 위하여 회사곳곳에 제안함을 설치하여 조직에 도움이 되는 제안에 대해서는 포상을 해주는 제도이다.
5. 옴부즈맨제도	• 민원조사관을 의미하는 것으로, 기업조직에서 구성원의 불만사항이나 고충을 처리해 주는 사람을 두는 제도이다.
6. 매트릭스 미팅	• 다양한 모임방법을 통해 하급자의 의견을 상층에 전달하고 해결책을 강구함으로서 불평불만해소, 근로의욕 향상, 조직 활성화도모 등 구성원간의 긴밀도를 유지시키는 인간관계 관리기법 중의 하나이다.

제2절. 소통경영의 유형, 문제점, 개선방안

2.1. 소통하는 경영을 요구하는 시대

기업경영에서 가장 큰 관심사항으로 자리매김하고 있는 소통. 최근 들어 소통을 둘러싼 사회 트렌드의 변화가 다음의 <표 10-11>과 같이 다양하게 이루어지면서 소통이 중요해지고 조직 내

소통의 주체, 방식, 내용 등이 변화되어가고 있다(채준호, 2010).

〈표 10-11〉 소통을 둘러싼 사회 트렌드의 변화내용

1) 최근 급속한 정보화와 네트워크화로 인해 '권력이동(power shift)' 현상이 출현됨. 이는 중앙집권적 조직에서 수평적 네트워크 조직으로 변화면서 개인이 존중되는 사회로의 이동이 가속화됨을 의미한다. 2) '고위험 사회(high risk society)'로 진입하면서 불확실성에 따른 불안감이 확산됨. 이는 위험 축소를 위해 조직 내·외의 자원과 정보를 동원할 수밖에 없는 상황으로 몰림. 3) '경계파괴'로 다른 분야와의 융·복합을 통해 새로운 비즈니스 모델의 창출을 요구하고 있다. 집단협업(mass collaboration)이 등장해 산업간의 지식, 기술, 정보 등의 소통이 활발해지고 새로운 기술, 산업을 창출하는 활동 등이 다양하게 이루어지고 있기 때문. 4) IT기술의 획기적인 발전에 따른 '소통의 폭발'로 소통의 양이 증가하고 있다. 이는 시공간의 제약을 뛰어넘는 소셜 미디어가 보편화되고 있기 때문이다.

소통을 둘러싼 사회트렌드의 변화가 다양하게 이루어지면서 소통의 주체와 관련하여, 과거에는 조직의 리더와 관리자가 소통의 중심에서 일방적으로 '전달'하고 '통제'하였으나, 이제는 모든 구성원들이 소통의 주체로 등장하고 있다. 또한 소통의 방식도 하향식에서 쌍방향, 수평적 방식으로 변화되어 가고 있다. 특히 최근 신세대 직장인들은 기성세대와는 달리 쌍방향 참여를 통해 의미를 찾는 소통을 선호하는 추세이다.

따라서 반복되는 위기와 빠르게 변화하는 경영환경에서는 과거 효율성과 성과지향 중심의 소통인 정보전달을 위한 지시일변도의 방식에서 벗어나 조직안정화를 위한 소통방식이 필요하다. 즉 앞으로는 상호이해를 바탕으로 구성원들의 마음을 얻는 소통이 강조된다. 이는 성과 지향적 소통방식과 함께 정서적 소통방식을 병행해야 한다는 의미이다. 과거와 미래의 소통을 비교하면 다음의 <표 10-12>와 같이 정리할 수 있다.

〈표 10-12〉 과거와 미래의 소통을 비교

구 분	과거의 소통	미래의 소통
주 체	상사가 소통의 중심 (말하기가 중요)	모든 구성원이 소통의 주체 (경청이 중요)
방 향	주로 Top-Down방식	쌍방향/수평적 소통 중시
내 용	업무에 관련된 내용중심	개인생활·고충 등 비업무적 내용까지 확대
리더십	지시일변도 리더십을 중심으로 한 소통	상호이해를 통한 자발적 참여중시

경영환경의 불확실성과 글로벌 경제위기에 조직의 리더와 관리자가 소통의 중요성을 제대로 인식하고 얼마나 대처했느냐에 따라 회사의 존망을 좌우하는 요소로 등장하고 있다. 또한 조직 구성원들의 신뢰감을 이끌어내기 위해서는 원활한 소통이 필요하다. 특히 소통이 잘 안되면 위기극복과 성과창출이 곤란해질 수 있다. 따라서 경영환경의 불확실성과 글로벌 경제위기에 효과적으로 대응하고 조직 내 신뢰구축과 위기극복을 위해서는 소통하는 경영이 요구된다.

- **리먼브러더스**: CEO 리처드 풀드는 내부의견을 무시하고 독선과 아집의 치명적인 리더십으로 조직 내 소통을 경시한 결과 2008년 금융위기 때 파산하였다.
- **골드만삭스**: CEO 블랭크페인은 구조조정과정에서 직원과 직접 소통하는 노력을 기울여 금융위기를 신속하게 극복했다.

기업조직 내 소통이란 '공감하고 협력하는 창조적 혁신활동'이다. 이는 조직의 다양한 벽을 허물고 서로 공감·협력함으로서 창조적 혁신을 달성해가는 과정을 의미한다. 그러므로 조직 내 소통은 구체적인 조직목표달성을 위해 구성원의 일체감과 결속력을 이끌어내는 핵심수단이며, 구성원간 신뢰와 회사의 신뢰를 제고해 구성원의 직무만족과 조직몰입을 향상시키고, 궁극적으로는 기업의 창조적 혁신에 기여하는 경영활동의 일환이다.

2.2. 소통유형과 내용

기업에서의 소통은 내용과 성격에 따라 3가지 유형으로 구분할 수 있다(Farace, 1977). 소통을 크게는 업무(task)와 관계(relation)차원으로 나눌 수 있으며, 업무차원은 다시 일상적 업무와 혁신적업무로 구분할 수 있다. 그 내용을 살펴보면, 다음의 <표 10-13>과 같이 정리할 수 있다.

〈표 10-13〉 소통유형과 내용

소통 유형	내 용
1. 업무적 소통	• 일상적 업무수행과 직접적으로 관련이 있는 소통으로, 업무지시와 보고·피드백 및 정보공유 등을 포함한다.
2. 창의적 소통	• 새로운 아이디어의 창출을 촉진하는 소통을 의미하며, 비전제시와 아이디어 제안, 부서 간 협업 등을 포함한다.
3. 정서적 소통	• 인간관계 및 직장생활의 질과 관련된 감성적 소통으로 조직구성원간의 교류와 공감, 상하간의 배려와 이해 등을 포함한다.

조직의 리더 및 관리자들은 업무적 소통과 창의적 소통이 잘된다고 느낄 때, 자칫 정서적 소통을 위한 노력을 소홀히 할 우려가 많이 있다. 그러나 정서적 소통은 조직을 관리하는데 있어서의 기본 중 기본으로, 정서적 소통이 잘될수록 업무적 소통과 창의적 소통도 원활하게 이루어질 수 있다. 즉 구성원들을 배려하고 격려하는 조직관리가 일상적 업무수행과 창의적 혁신활동에 긍정적인 효과를 미치기 때문에 보다 많은 관심과 노력이 필요함을 조직의 리더 및 관리자들은 인식할 필요가 있다. 소통의 3대 유형은 다음의 [그림 10-2]와 같이 정리할 수 있다.

[그림 10-2] 소통의 3대 유형

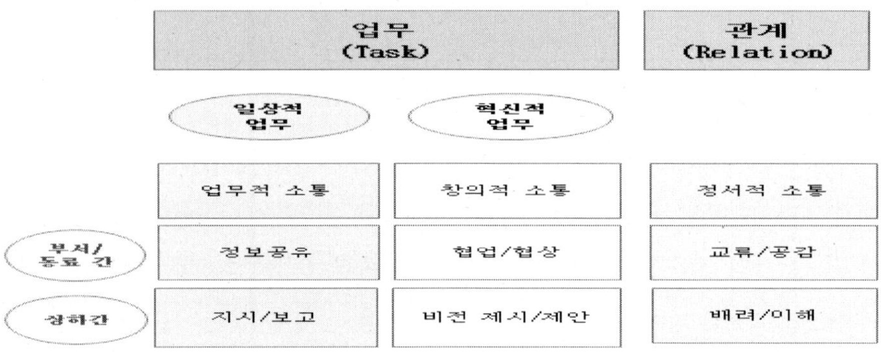

2.3. 정서적 소통의 의미와 효과

2.3.1. 정서적 소통의 의미

정서적 소통은 '구성원간의 관계(relation)를 강화하는 데 중점을 둔 소통'으로 직원의 마음까지 고려한다. 이는 구성원간의 관계, 상호이해와 배려, 그리고 인간적인 교류 등 구성원의 감정과 밀접한 연관이 있다. 인간적인 친밀감을 높여 부서간의 소통부재, 핵심인재의 유출, 직장 내 왕따, 개인의 스트레스 등의 문제를 해결하는 것이 가능하다. 또한 정서적 소통은 '가족적인 일터를 지향'한다. 즉 한 개인의 문제에 대해 조직 구성원 모두가 관심을 기울이고 있다는 생각이 깊게 자리한 가족과 같은 일터를 지향한다. 또한 구성원간의 성장을 서로 도와주는 것은 물론 가정의 행복까지 고려하는 환경을 중요시 한다. 그러므로 CEO와 핵심간부들은 구성원들이 행복한 그런 직장이 조직안정의 핵심임을 인식하고 행복한 직장 만들기에 솔선수범하는 자세를 갖출 필요가 있다.

2.3.2. 정서적 소통의 효과

정서적 소통으로 구성원의 신뢰구축 및 자긍심 제고가 가능하다. 이는 조직안정화에 긍정적인 영향을 미친다. 초일류 기업의 공통점(삼정 KPMG, 2010)인 신뢰(trust), 자부심(pride), 재미(fun)를 구현하기 위해서는 정서적 소통이 중요하다. 정서적 소통의 바탕위에서 성과 지향적인 소통을 시행하면 소통의 시너지효과를 극대화 하는 것이 가능하다. 이는 정서적 소통이 부재한 상태에서 성과 지향적 소통의 효과는 한계가 있음을 의미한다.

정서적 소통의 핵심요소는 조직구성원 상호간의 관심과 배려이며, 상호관계의 질이 높은 회사는 직원만족도도 함께 상승되는 선순환을 가능케 한다. 이처럼 정서적 소통을 통한 구성원들의 만족도 함양은 업무에 대한 열정으로 이어지며, 이는 결국 기업의 경쟁력 향상으로 연결된다. 정서적 소통의 선순환구조를 정리하면 다음의 <표 10-14>와 같다.

〈표 10-14〉 정서적 소통의 선순환구조

정서적 소통		직원들의 열정		기업의 고성과
공감/관심/배려/이해에 기반을 둔 안정적 조직문화구축	➡	직원들의 행복도 제고 및 사기고취	➡	사원만족도 및 로열티 향상으로 생산성 고취

따라서 조직 관리자는 조직에서 직원들의 열정을 불러일으키고 싶은가? 구성원들의 마음을 얻고 싶은가? 그러면 정서적 소통을 활용해라.

2.4. 소통유형에 따른 문제점과 활성화방안

우리나라 직장인을 대상으로 조직 내 소통에 관한 인식과 문제점을 조사한 연구(엄동욱 외 3인, 2011)결과에 의하면, 조직의 리더와 관리자 그리고 구성원들 모두가 조직 내 소통의 중요성을 인식하고 있으나 그중 2/3 이상의 직장인들이 조직에서 소통이 잘 안된다고 평가하고, 조직 내 소통에 대해 불만을 갖고 있는 것으로 나타났다. 그 원인으로는 위계적이고 경쟁지향적인 조직문화가 원활한 소통의 걸림돌로 볼 수 있다. 특히 상명하복의 위계문화와 개인과 부서의 이기주의, 지나친 성과주의가 소통의 주된 장애요인으로 작용하고 있다.

2.4.1. 소통유형에 따른 문제점

소통유형별 문제점을 구체적으로 살펴보면 다음과 같이 정리할 수 있다.

1) 업무적 소통관련 문제점:

불명확하고 애매한 업무지시와 피드백부족을 꼽을 수 있다. 상사의 업무지시가 어떤 결과를 만들지 애매하고, 동일사안에 대한 업무지시와 내용변경 등이 일방적이어서 업무지시와 관련된 정보공유가 잘 안 되는 것, 보고 시에 적절하게 피드백을 하지 않거나 보고자의 말을 자르고 자기생각만 말하는 상사가 다수로 부하의 의견을 경청하지 않는 것, 그리고 쌍방향 토론이나 의견교환 없이 일방적으로 진행되는 회의 즉 상사만 혼자 이야기하는 회의 등도 업무적 소통의 대표적인 문제로 지적할 수 있다.

2) 창의적 소통관련 문제점:

부서 이기주의와 쌍방향 의견·정보교류의 미흡 등을 들 수 있다. 조직 내 정보교류와 협력이 잘 안 되는 이유는 개인과 부서이기주의 때문이다. 또한 시키는 대로만 하라는 위계적인 조직문화, 주어진 업무만 수행하려는 직원들의 소극적인 업무태도, 창의적인 제안을 한 사람이 책임지고 실행을 해야 하는 '네가 해봐'식의 대응으로 과중한 업무 부담, 구성원들의 제안이나 의견이 무시되는 분위기, 제안 후 실수나 실패에 대한 부담, 창의적 시도에 대한 상사의 지원 부족, 제안에 대한 보상이나 인정제도 부족 등이 창의적인 제안을 부족하게 만드는 원인으로 지목할 수 있다.

3) 정서적 소통관련 문제점:

현장고충 해소에 대한 경영진의 관심과 노력부족 그리고 칭찬과 격려미흡 등의 조직분위기를 들 수 있다. 직장 내에서 구성원들이 느끼는 고충(향후 미래에 대한 비전부족, 일과 생활의 불균형, 직장 내 인간관계 등)에 대해 경영진은 물론 관리자들의 관심이 낮고, 이를 해결하려는 의지도 부족하다. 또한 현장의 고충이 잘 해소되지 않는 이유로는 고충이 있어도 쉽게 말할 수 없는 경직된 조직분위기가 존재하고, 조직의 일선에서 느끼는 고충이나 문제점을 전달하려는 노력의 미흡 및 전달 채널부족 등으로 경영진까지 잘 전달되지 않기 때문이다. 또한 서로 격려하고 칭찬하는 조직 분위기를 우리기업에서 보기 어려운 것도 하나의 문제이다. 이는 구성원들의 관계만족도를 떨어트릴 것이고, 구성원들의 자존감 및 자기 유능감 등에 부정적인 영향을 미칠 것이다. 그러므로 리더 및 관리자들은 감성리더십 수행 등 정서적 소통능력 배양과 긍정적인 조직 분위기 조성이 필요하다. 그 이유는 구성원들의 관계의 질(신뢰로 파악)을 높여 높은 직원만족도를 구현할 수 있으며 정서적 소통의 효과적수단인 칭찬과 격려, 상호 관심표현 등은 부하직원들이 자신의 존재감을 느끼게 하는 큰 원동력이 되기 때문이다(Sztompka, 1999).

2.4.2. 소통 문제점에 따른 개선방안

조직 내 소통의 문제점을 해결하기 위해서는 모든 구성원들이 소통의 중요성을 인식하고 적극적으로 대응하는 소통의 조직문화가 형성되어야 한다. 이를 위해서는 다음의 [그림 10-3]과 같이 계층별로 역할과 책임을 명확히 하여 소통전략을 수립하는 전략적 관점에서 소통활성화를 추진할 필요가 있다.

[그림 10-3] 소통의 조직문화구축을 위한 계층별로 역할과 책임

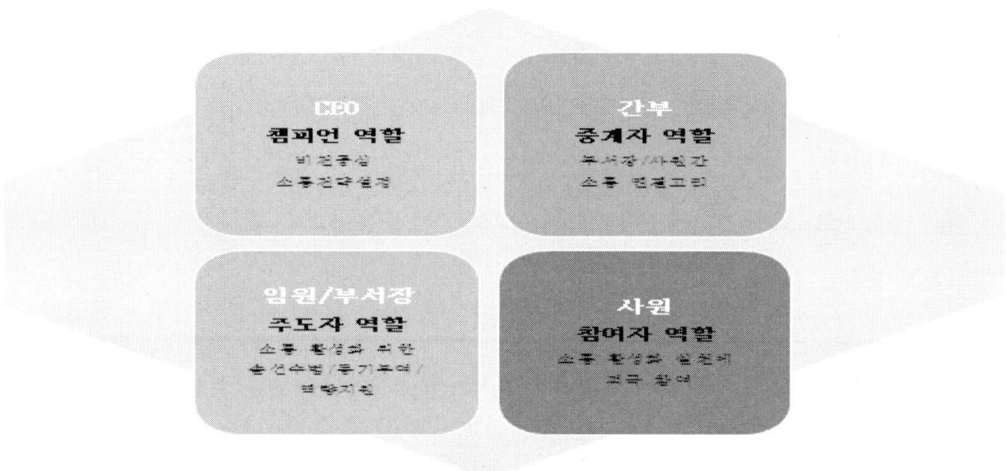

소통 유형별 주요 문제점과 개선방안을 다음의 <표 10-15>로 정리할 수 있다(엄동욱 외3인, 2011).

〈표 10-15〉 소통 유형별 문제점과 개선방안

소통유형	주요 문제점	소통 활성화를 위한 제언
업무적 소통	애매하고 일방적인 업무지시	경영자의 소통은 핵심메시지로 승부하라
	부적절한 피드백	긍정적 피드백을 적절히 활용해라
창의적 소통	협력부재/부서 이기주의	부서이기주의 타파위한 공동목표 제시하라
	경청·쌍방향 의사소통 부족	끝까지 경청하고 신중하게 판단하라
정서적 소통	경영진·상사의 고충해결 노력 미흡	직원고충이 무엇인지 알아라.
	칭찬과 격려부족	칭찬/격려로 리더의 긍정감성을 전염시켜라

2.4.2.1. 소통 활성화 방안 1: 경영자의 소통은 핵심메시지로 승부하라.

경영자가 소통할 때 전달하는 메시지는 양보다 질이 중요하다. 특히 비전에 대하여 이야기할 때는 지나치게 많은 정보를 제공하려는 경향이 있는데, 이는 오히려 소통의 장애가 되기 때문에 많은 말로 얘기하지 말고, 간결하고 핵심적인 메시지로 전달하여야 한다. 그러나 핵심 메시지는 반복적으로 강조하고 구성원들이 충분히 인지하고 공감할 수 있도록 구체적인 사례를 제시하는 것이 효과적이다. 또한 조직에 급격한 변화가 있을 때는 구성원에게 우선 정확하고 솔직한 정보를 제공함으로서 자칫 신뢰감을 해치지 않도록 유의해야 한다. 특히 나쁜 소식일수록 일시적 모면을 위한 각색된 정보제공 없이 솔직하게 전달하는 것이 필요하며, 구성원들이 왜곡된 소문을 통해 내부의 소식을 듣기 전에 가급적 빨리 관련된 정보를 명확하게 전달해야 한다.

2.4.2.2. 소통 활성화 방안 2: 긍정적인 피드백을 적절히 활용해라.

지적하고 질책하는 부정적인 피드백보다 업무에 대해 긍정적 피드백을 받을 때 구성원들은 자신의 강점을 더욱 강화하게 되어 장기적인 성과향상에 도움이 되는 것은 물론 긍정적인 조직 분위기를 형성하여 조직성과도 높아진다(Rhoades & Eisenberger, 2002). 그러나 지나치게 긍정적으로만 피드백하면, 조직이 자만의 덫에 빠져 한 단계 더 높은 목표를 추구하지 않게 되기 때문에 이를 경계해야 한다. 이를 위해서라도 긍정피드백과 부정피드백을 적절한 비율로 조합하여야 하고, 부정적 피드백은 '당신은 무능해'라는 식의 사람을 평가적으로 직접 비판하거나 공격하지 말고 '사실에 기초한 의사소통(Cameron, 2007)'을 하는 즉 문제 자체에 집중해야 한다.

'사실에 기초한 기술적 의사소통' 의 3단계

1단계: 평가하기보다는 상황을 기술해라.
2단계: 상대방을 비난하기보다는 관련된 객관적인 결과나 개인적인 느낌을 분명히 하라.
3단계: 누가 옳고 그른지에 대해 논의하기보다는 양자가 수용할 만한 대안을 제시하라.

2.4.2.3. 소통 활성화 방안 3: 부서이기주의를 타파할 수 있는 공동목표를 제시하라.

조직 내 과도한 경쟁은 조직충성심, 팀워크, 지식공유, 베스트 프랙티스 공유를 저해하는 부작용을 초래할 수 있음으로 사업부와 부서 간 공동목표를 설정하고 평가에 반영하는 등 구성원간의 협력(collaboration)을 유도해 부서이기주의를 타파해야 한다(제프리 페퍼 & 로버트 서튼, 2010, 안시열 역). 특히 조직 내 협력은 업무성과뿐만 아니라 구성원들이 새로운 지식을 배우고 경험할 수 있는 지식공유의 효과도 창출할 수 있어야 한다. 또한 건설적인 협력을 위해서는 조직 구성원 간에 동등한 위치에서 토론과 논쟁이 이루어질 수 있도록 해야 하며, 토론 시 상호비방은 금물이다.

인텔의 전 CEO 앤디 그로브:
조직에 '건설적인 대립(Constructive confrontation)문화'를 구축하기 위하여 임원의 특혜를 없애고 직위와 상관없이 의견을 자유롭게 개진하도록 교육을 시킴.

2.4.2.4. 소통 활성화 방안 4: 끝까지 경청하고 신중하게 판단하라.

조직 내 다양한 의견에 대한 경청과 조율은 경영자의 기본 책무이다. 경영진은 익숙한 과거의 성공방식이나 경험, 비용문제, 불확실성에 대한 두려움 등을 이유로 구성원들의 혁신의지를 꺾지 않도록 주의해야 한다.

화장품 기업 메리케이 창업주:
경청은 무엇보다도 중요하며, 다양한 소리를 경청하지 않는 것이 경영자에게 있어서의 최대 실수이다.

조직의 리더나 관리자들은 부하직원의 혁신의지를 북돋을 수 있도록 낯선 제안이나 아이디어도 끝까지 경청하고 신중하게 판단해야함에도 불구하고 부하직원의 제안에 대해 '실행이 불가능할 것 같은 낯설고 설익은 아이디어'라는 이유로 제대로 듣지도 않고 거부하는 경향이 있다. 그러나 혁신적인 아이디어는 근본적으로 낯선 모호함을 내포함으로 리더의 경청과 인내가 더욱 필요하다. 또한 리더가 경청하지 않으면 구성원들이 제안을 꺼리는 학습효과를 초래할 수 있다.

노키아 관료주의: 혁신을 질식시키다(NY Times, 2010)

- 최근 노키아의 부진은 도전과 혁신에 소극적인 관료주의에서 기인함.
- 2004년(아이폰 출시 3년 전) 개발팀은 터치스크린 디스플레이를 갖춘 휴대폰 도입을 검토했으나 경영진이 비용과 불확실성 등의 이유로 거부함.
- 노키아 OS 심비안의 디자이너는 9년 동안 심비안의 성능개선위해 500개의 제안을 했지만 하나도 채택되지 않았다고 고백하며, 노키아의 '구소련 스타일의 관료주의'라 지적.
- 노키아의 미국 휴대폰 시장점유율은 2002년 35%에서 2010년 4월 8.1%까지 하락.

2.4.2.5. 소통 활성화 방안 5: 직원의 고충이 진짜 무엇인지 알아야 한다.

현장직원의 고충해결은 구성원의 고충을 제대로 알고 이해하려는 노력에서 출발한다. 소통의 선행조건은 본인의 생각을 전파하는 것보다 구성원의 의견과 고충을 듣고 이해하는 것이기 때문에 현장방문, 간담회, 일대일 대화 등과 같은 방법 외에 신세대 감각에 맞는 트위터, 페이스북, 카카오톡 등의 파격적인 방법을 활용 및 구성원들의 다양성을 이해하기 위해서 '다양성 관리 프로그램'을 도입하는 것도 효과적일 것이다. 또한 직접 구성원들과 소통하는 것뿐만 아니라, CEO위주의 이벤트성 소통이 아닌 조직문화진단, 성격유형검사, 스트레스검사 등 다양한 과학적인 조사기법을 활용해 정기적으로 구성원의 생각과 고충을 파악하는 것도 중요하다.

> **닛산 자동차**
>
> 2007년부터 전 구성원을 대상으로 연 1회 스트레스 검사를 시작하고, 필요한 경우 개별상담과 간담회를 실시함.

2.4.2.6. 소통 활성화 방안 6: 칭찬과 격려로 리더의 긍정적 감성을 전염시켜라.

경영자가 칭찬과 격려를 아끼고 지나치게 질책하면 즉 거친 말, 질책위주의 회의 등 공포분위기를 조장하게 되면 실제문제를 숨기고 허위보고를 하는 등 구성원들의 방어적 태도를 야기 하며, 구성원들의 감성이 위축되어 조직성과에 부정적인 영향을 끼치게 된다. 그러므로 리더가 칭찬과 격려를 아끼지 않는 긍정적인 감성을 유지하는 것이 중요하다(Saaveder, et. al., 2005). 그 이유는 구성원들은 리더의 영향을 받아 비슷한 감성을 유지하는 경향이 있으며, 경영진의 말뿐만 아니라 얼굴표정, 감정표현, 작은 행동의 변화에도 민감하게 반응하기 때문에 유의할 필요가 있다.

제3절. 소셜 미디어와 기업의 신 소통전략

최근 사회적으로 블로그, 유튜브, 페이스북, 트위터 등 다양한 소셜 미디어(Social Media)를 활용한 소통에 관심이 높아지면서, 이를 활용하는 기업들이 점점 많아지고 있다. 본 절에서는 소셜 미디어가 기존미디어에 비해 어떠한 유용한 가치를 가지고 있는지, 소셜 미디어의 가치를 제대로 활용하기 위해서는 어떻게 해야 하는지, 그리고 소셜 미디어를 도입하는 기업들이 이를 성공적으로 활용할 수 있는 방안은 무엇인지에 대해 알아보도록 한다.

3.1. 소셜 미디어의 개념과 매스 미디어와의 차이

소셜 미디어란 '일반인이 주도하는 개방적이며 서로 소통이 가능한 매체'이다. 즉 자신의 생각, 경험, 정보 등을 생산확산시키기 위해 사용하는 개방된 플랫폼(블로그, 유트브)과 관계를 형성하는 소셜 네트워크 서비스(페이스북, 트위터)를 의미한다. 소셜 미디어가 폭발적으로 성장하면서 전 세계인으로부터 사랑받는 미디어로 자리매김하면서 매스 미디어 중심의 소통전략에 일대 혁신이 이루어지고 있다. 매스 미디어와의 특성을 비교하면 다음의 <표 10-16>과 같이 정리할 수 있다.

〈표 10-16〉 매스 미디어와 소셜 미디어의 특성 비교

매체 구분	주요 특성
매스미디어 (미디어 1.0)	• 주로 언론사가 뉴스, 정보, 엔터테인먼트를 생산(소수, 독점) • 불특정 다수, 수동적 독자층에게 공적, 일방적, 간접적으로 전달
소셜 미디어 (미디어 2.0)	• 참여·공유·개방의 웹2.0 정신에 기반을 두어 누구나 생산(다수, 경쟁) • 관계 혹은 친분중심의 쌍방향 소통, 피라미드식 전달

3.2. 소셜 미디어의 가치

소셜 미디어는 4가지 관점(시간, 대상, 비용, 관계)에서 기존 미디어에 비해 유용한 가치를 보유하고 있다(이동훈 외 3인, 2010). 이를 <표 10-17>과 같이 정리할 수 있다.

〈표 10-17〉 소셜 미디어의 가치

관 점	가 치
시간 측면	• **"신속성과 지속성"** • **쉽고 빠르게 콘텐츠를 전달. 콘텐츠의 영향력이 지속적으로 발휘.** 사용자간 형성된 관계를 활용하기 때문에 콘텐츠를 신속하게 전파할 수 있고, 그 콘텐츠의 영향력도 일회성이 아니라 지속적으로 발휘된다.
대상 측면	• **"다수성과 다양성"** • **다수의 다양한 사람에게 콘텐츠를 전달.** 트위터의 경우 평균 4명만 거치면 어떤 사용자와도 소통이 가능하며 특정국가나 계층의 경계를 뛰어넘기 때문에 'Word of Mouth(지역적 입소문)'에서 'World of Mouth(지구촌 입소문)'로 발전이 가능하다.
비용 측면	• **"경제성"** • **적은 비용으로 효과적인 소통이 가능.** 매스 미디어에 비해 비용이 절감되고 목표 집단에 직접 전달되기 때문에 적중성도 높다.

관계 측면	• "친근성과 신뢰성" • **마음을 담은 인간적 소통이 가능. 강화된 상호작용을 바탕으로 신뢰구축.** 일방적 소통이 아닌 관계 맺기와 상호작용을 기반으로 하고 있기 때문에 마음을 담은 인간적인 교류가 가능하며 신뢰구축에도 용이하다.

이러한 소셜 미디어의 가치를 제대로 활용하기 위한 제언은 다음과 같다.

1) 사고의 틀을 전환

기업에 우호적인 이슈 만들기 위해서는 네티즌이 '이슈 프레이밍(Issue Framing)'의 주체가 되고 있음을 인식하여 고객과 끊임없이 소통해야 한다. 이슈 프레이밍이란 '이슈에 대한 입장 형성으로서, 쟁점을 인지적 틀 속에서 이해하고 수용(farming)하는 것'을 의미한다. 즉 소재가 맥락(context)과 결합하여 주목을 끌게 되면 이슈가 되고 이슈에 대한 입장이 생겨날 때 이슈 프레이밍이 형성된다.

- 소재란?: 기업 관련 사건이나 노출된 콘텐츠
- 맥락이란?: 소재를 둘러싼 경제, 사회분위기 등 기업 외부여건과 기업의 재무상황, 이미지, 과거 유사사건 전력 등 기업 내부여건

또한 자발성을 존중하는 건강한 소통 생태계를 조성하고, 생태계 활성화의 촉매역할을 마련해야 한다.

2) 운영주체 및 역할의 명확화

전담인력을 구성하고 지속적으로 역량을 강화해야 함은 물론 외부와의 소통에 임직원 모두가 참여해야 한다. 즉 '정보와 미디어의 큐레이터' 역할을 할 수 있는 전담팀을 구성하고, 전임직원이 참여하여 소통의 효과를 높여야 한다. 외부와 소통 시 발생할 수 있는 리스크를 최소화하기 위한 가이드라인도 마련해야 한다.

IBM의 소셜 미디어 가이드라인

- IBM은 소셜 미디어의 가능성을 주목하고 수년 전부터 직원에게 활용을 적극 권장
  - 직원 간 내부소통은 물론 협력업체, 언론, 애널리스트, 일반인 등 모든 조직 및 개인과의 소통수단으로 활용
- 소셜 미디어 활용에 관한 가이드라인을 작성해 전 직원뿐만 아니라 홈페이지를 통해 외부와도 공유
  - 기밀준수, 발언에 신중함(소문은 노코멘트로 대응), 출처명시, 비방금지, 개인의견과 회사의견의 구분 등 활용가이드라인을 상세하게 제시

3) 소통 콘텐츠의 다변화

먼저 다각적·체계적으로 콘텐츠 발굴해야 한다. 기존 미디어에서는 주로 재무성과나 제품·서비스의 우수성이 소통의 주된 소재였다면 다음의 <표 10-18>과 같이 앞으로는 기업의 내·외부 활동(고객친화 및 사회적 책임활동, 근무환경 등)까지도 콘텐츠로 활용해야 한다.

〈표 10-18〉 소통 콘텐츠의 다변화와 미디어 적합성

콘텐츠 구분		구체적 내용	미디어 적합성
성과	재무성과	현재의 이윤창출, 향후 전망제시 (매출, 수익률, 성장률, 위험률)	• 기존 미디어 중심에서 소셜 미디어와 동시 활용
	제품과 서비스	제품 품질의 우수성 및 혁신성을 소통 (품질, 가치, 혁신)	
외부 활동	고객친화	논리적인 이유 때문이 아니더라도 기업을 좋아하고 신뢰하게 만듦(친근, 선호)	• 소셜 미디어에서 더 큰 효과발휘
	사회적 책임	사회일원으로서 자신의 역할에 충실한 모습을 전달 (준법, 윤리, 공헌)	
내부 활동	근무환경	기업 운영이 잘 되고 있음을 보여줌 (업무환경, 종업원, 평가보상, 경력개발 및 교육)	• 소셜 미디어에서 더 큰 효과 발휘
	비전과 리더십	미래비전과 강력한 리더십을 소통 (미래비전, 시장기회, 기업가정신, 결단/추진력)	

자료: Fombrun(1996), Reputation, Harvard Business School Press.

그리고 콘텐츠를 전달하는 분위기와 태도에 세심한 주의를 기울이는 소통방식의 변화가 요구된다. 즉 콘텐츠 관점에서 '무엇을 소통할 것인가'와 더불어 소통방식 및 역량관점에서 '어떻게 소통할 것인가'에 관한 원칙수립도 중요하다. 특히 기업 활동과 관련된 콘텐츠를 전달시 지나치게 장점을 부각하거나 업적 등을 부각시켜 자화자찬처럼 비치지 않도록 유의해야 한다.

4) 미디어의 통합적 관리

매스 미디어와 통합적 관점에서 소셜 미디어를 활용함으로서 시너지 효과를 극대화시켜야 한다. 소셜 미디어는 매스 미디어의 대체제가 아니라 상호보완재임을 인지하고 크로스 미디어전략으로 접근해야 한다. 사업 특성, 미디어별 특성 및 소통소재와의 정합성을 고려하여 포트폴리오를 구성하고 유연하게 소통해야 한다. 그 이유는 다양한 소셜 미디어를 통합적으로 관리함으로서 사용자 편의성 및 확산효과를 제고함과 동시에 운영 효율성도 추구할 수 있기 때문이다.

인텔의 소셜 미디어 통합전략

- 인텔은 고객과의 밀착된 소통을 위해 소셜 미디어를 적극 활용
  - 각종 전문지식, 임직원들의 업무 및 일상생활, 회사의 주요 이슈 등을 다양한 형태로 발신.
- 각종 소셜 미디어 플랫폼을 통합적으로 관리하여 소통효과를 극대화
  - 기업 블로그를 중심으로 트위터, 페이스북, 디그(Digg), 유튜브 등을 서로 연동시키고 주요 콘텐츠를 공유.

3.3. 소셜 미디어의 성공요인

소셜 미디어는 기업과 구성원들 간의 커뮤니케이션 활성화에 일조하고 있어 초일류 기업(IBM, P&G, 구글 등)들은 2000년대 초반부터 구성원들과의 커뮤니케이션에 활용하고 있다. 특히 기업내부에서 활용하는 소셜 미디어는 구성원들의 아이디어와 노하우를 공유하여 창조경영의 수단으로 사용할 수 있으며, 회사의 수익창출에도 크게 기여하고 있다. 향후 기업 내 소셜 미디어 활성화를 통해 기업 성과창출을 위해서는 소셜 미디어 도입에 따른 걸림돌 제거가 필수적이다. 소셜 미디어에 대한 단순히 지식전달을 넘어 소셜 미디어를 성공적으로 활용할 수 있는 방안을 알아보도록 한다(권순환, 2010).

3.3.1. 경영 리더의 주도적 참여를 해라

소셜 미디어는 기업 내에서 CEO처럼 존경을 받고 있거나 영향력을 행사할 수 있는 사람이 주도할 경우 더욱 활성화 될 가능성이 높다. 그 이유는 영향력 없는 사람이 운영할 경우 정보의 질적 저하와 참여자의 무관심을 야기할 수 있음으로 주도자 선정이 중요하다. 영향력을 발휘한다는 것은 대화를 이끌고, 피드백 할 수 있으며, 구성원들의 신뢰도가 높은 것을 의미한다. 또한 도입초기에는 단순한 전산 및 시스템 관리자가 아닌 화두를 던지고 여론을 주도해 나갈 수 있는 역량을 가진 전문가도 필요하다. 특히 기업 내에서 영향력이 가장 높은 CEO의 주도적 참여여부가 활성화를 좌우할 수 있다. 그 이유는 CEO가 전 구성원들과 직접적으로 소셜 미디어를 활용해 커뮤니케이션을 함으로서 구성원들의 호감과 유대감을 더욱 공고히 할 수 있기 때문이다.

3.3.2. 회사특성에 적합한 유형을 선택하라.

<표 10-19>와 같이 회사가 구축한 인프라에 구성원이 정보를 올리는 인트라넷형, 블로그 및 미니홈피에 정보를 제공하고 의견을 개진하는 블로그형, 구성원 간 실시간으로 교류하는 트위

터형 등의 소셜 미디어 유형 중 회사와 구성원들의 특성을 고려하여 전략적으로 가장 사용하기 쉽고 활용도가 높은 소셜 미디어를 도입해야 한다. 그 이유는 기업이 모든 유형의 소셜 미디어를 도입하는 것은 소모적일 수 있기 때문이다.

〈표 10-19〉 소셜 미디어의 유형과 장·단점

유 형	장·단점
인트라넷 형	기업 내 인프라를 활용하여 구성원 개인의 정보를 공유함으로서 새로운 지식을 창조할 수 있다. 그러나 인프라 구축 시 비용이 많이 들고 시간차 발생으로 정보공유가 다소 늦어질 수 있다.
블로그 형	업무공유뿐 아니라 구성원들이 좋은 관계를 유지하는데 기여, 외부 인프라 이용시 비용이 저렴하다. 그러나 블로그 운영자가 게시물을 작성하는데 시간과 노력이 많이 소요된다.
트위터 형	참여자들의 수평적 의견공유가 가능. 시간과 비용이 거의 들지 않고 실시간으로 정보 공유한다. 그러나 다른 유형에 비해 정보왜곡 또는 유출될 위험이 있다.

3.3.3. 정보의 신뢰성을 제고해라

조직 내 구성원들에게 제공되는 정보는 제한받지 않아야 하고, 객관적이며 정확해야 한다. 즉 진정성을 가지고 있어야 한다. 회사의 편의에 따른 선별적인 정보나 성과만을 강조하는 공감대 유도는 오히려 구성원들의 신뢰도 저하의 원인이 될 수 있다. 특히 정보가 사실과 다르거나 소셜 미디어가 추구하는 바와 다른 내용을 제공하는 것이 구성원들에게 실망감을 주는 원인이 된다. 또한 구성원들이 궁금해 하고 필요로 하는 정보를 적시에 정확하게 제공할 수 있어야 한다.

3.3.4. 사이버 보안의 안정성을 확보해라

성과창출을 위해서 도입한 소셜 미디어가 보안상의 문제가 있다면 더 큰 손실을 불러올 수도 있다. 기업들은 정보유출·해킹·유해사이트 침입 등 온라인상의 기술문제를 우선적으로 해결하여야 한다. 또한 회사기밀 유출을 예방하기 위하여 직책별 또는 업무별 보안등급제 등을 실시함과 동시에 보안의 안정성을 확보하기 위한 정책과 가이드라인을 사전에 수립하여 구성원들과 공유해야 한다. 특히 정보유출에 대비하여 보안의식을 제고하기 위해 구성원교육 및 캠페인이 필요하다.

오라클의 소셜 미디어 보안관련 수칙 주요내용

- 소셜 미디어는 보안위험성이 있음을 경고하며 다음 사항을 준수토록 강제
  - 재정상태, 전략, 제품, 조직, M&A정보, 등 공표되지 않은 자료는 보안유지
  - 종업원, 협력업체, 고객과 관련된 사적 정보에 대한 비밀유지
- 특히 경쟁사의 재산권과 경영정보를 획득했더라도 공표하는 것을 금지

3.3.5. 구성원의 자발적 참여를 유도해라

도입초기에는 구성원들의 무관심으로 활용도가 저조할 수 있음으로 일정수준 이상의 참여자 확보를 통해 해결해야 한다. 그러기 위해서는 업무내용뿐 아니라 개인의 사적내용도 추가하여 구성원들이 소셜 미디어에 대해 호기심과 호감을 가지게 하고, 이용자 상호간의 연결고리를 형성하여 스스로 하고 싶은 욕구를 만들어 내는 방식으로 구성원들의 참여를 유도해야 한다. 또한 구성원들이 소셜 미디어를 적극 활용하도록 다양한 인센티브를 제공하는 제도도입이 필요하다. 특히 소셜 미디어를 활용해 참신한 아이디어 제공이나 경영성과에 이바지한 구성원에게 금전적 보상, CEO 표창, 우수사원 칭찬 등이 이루어지도록 인사제도에 반영함으로서 참여를 독려해야 한다.

이제 조직 내 구성원들과의 소통이 전통적인 커뮤니케이션 방식에서 소셜 미디어를 활용하는 방식으로 트렌드가 변화하고 있음으로 기업은 이에 대해 적극적으로 대비할 필요가 있다. 또한 소셜 미디어는 구성원들이 함께 참여하고 새로운 아이디어를 만들어가는 창조경영에 있어 중요한 역할을 할 수 있기 때문에 소셜 미디어 도입은 선택이 아닌 필수가 되어가고 있다. 이에 경영진은 소셜 미디어 도입시 시스템 구축부터 정착에 이르기 까지 많은 관심과 지원을 지속적으로 견지해야 한다.

적극적 경청설문

■ 이 조사는 당신이 팀에서 어떠한 역할이 어울리는지를 알아보는 것이다.

* 자신에게 해당되는 난에 표시하시오.	전혀 아니다	어느 정도 해당된다.	대체로 해당된다.	아주 많이 해당된다.	점수
1. 나는 남의 이야기가 끝날 때까지 잘 듣는다.					
2. 다른 사람의 의견이 나와 일치하지 않을 경우 기분이 좋지 않다.					
3. 나는 그(녀)가 말한 것이 내 의견과 다를 때 내 의견을 고집한다.					
4. 사람들은 내가 집중하지 않을 때 종종 주의를 주곤 한다.					
5. 나는 타인의 말이 끝날 때까지 그 의견을 평가하지 않는다.					
6. 나는 타인이 오랜 시간동안 설명할 때 집중이 잘 안 된다.					
7. 나는 기다리기보다는 대화도중 나의 의견제시를 먼저 하는 편이다.					
8. 나는 대화가 흥미로울 때에는 고개를 끄덕이며 제스처를 취한다.					
9. 나는 대개 타인의 말이 흥미가 없더라도 집중하는 편이다.					
10. 나는 대개 타인의 말을 정리하기 보다 나에게 요약해주기를 기대한다.					
11. 나는 항상 경청하고 있다는 표시로 이런 말을 한다. “알았어요.”, “이해했어요.”					
12. 나는 의견을 듣는 동안 집중하고, 정리를 하는 편이다.					
13. 나는 말하는 사람의 의견이 좋은지, 싫은지 듣는 즉시 결정한다.					
14. 나는 내가 이미 알고 있는 사항에 대해 타인이 설명할 때는 주의를 기울이지 않는다.					
15. 나는 타인의 의견을 확실히 이해 하기전까지는 나의 의견을 제시하지 않는다.					

[해 석]

<1단계> 아래 표에 따라 각 항목을 계산하시오.

# 3, 4, 6, 7, 10, 13	#1, 2, 5, 8, 9, 11, 12, 14, 15
전혀 아니다 = 3점	전혀 아니다 = 0점
어느 정도 해당 된다 = 2점	어느 정도 해당 된다 = 1점
대체로 해당 된다 = 1점	대체로 해당 된다 = 2점
아주 많이 해당 된다 = 0점	아주 많이 해당 된다 = 3점

<2단계> 아래에 따라 유형별로 계산하시오.

- 말 자르기 자제: Avoiding Interruption (AI) : #3+7+15 =
- 관심유지: Maintaining Interest (MI) : #6+9+14 =
- 평가유보: Postponing Evaluation (PE) : #1+5+13 =
- 정보정리: Organizing Information (OI) : #2+10+12 =
- 관심표명: Showing Interest (SI) : #4+8+12 =
- 총점: AI + MI + PE + OI + SI =

<3단계> 각각의 유형별로 10점 이상의 점수가 나올 경우, 그 성향이 강하다고 할 수 있다.

- 말 자르기 자제: 다른 사람의 말이 끝나기도 전에 의견을 제시하는 것을 자제한다.
- 관심유지: 대화의 화제가 지루하고 이미 알고 있다고 하더라도 끝까지 의견을 경청하고 집중하는 경향이 있다.
- 평가유보: 다른 사람의 의견을 수렴하며 그(녀)의 의견을 다 들은 후에 평가하는 신중한 경향이 있다.
- 정보정리: 다른 사람 의견의 중요성을 파악하고 중요한 의견은 잘 정리하는 경향이 있다.
- 관심표명: 간단한 몸짓이나 말로써 자신이 대화에 집중하고 있다는 걸 나타내는 경향이 있다.

총점이 35점 이상: 적극적 경청성향이 강하다고 할 수 있다.

제 11 장 집단의사결정의 질 향상

경영은 '의사결정의 연속'이라는 말과 같이 경영의 대부분은 의사결정과정으로부터 부단히 이루어지고 있다. 특히 조직에서는 부서단위로 의사결정을 하는 경우가 매우 많다. 집단의사결정의 방향에 따라 조직구성원들의 목적지향적인 행동이 달라지므로, 이러한 집단의사결정을 효과적이고 원활하게 수행하는 것은 집단을 자율적으로 운영하는 데 있어 필수적이고 핵심적인 과제중의 하나이다. 따라서 의사결정은 경영자나 관리자에게 중요한 기능으로 간주된다. 본장 제1절에서는 집단의사결정에 대한 이해를 돕기 위해 집단의사결정이란 무엇이며, 의사결정의 모형과 문제점을 살펴본다. 제2절에서는 집단의사결정의 장단점 및 영향요인을 알아보고, 제3절에서는 집단의사결정의 질을 향상시키기 위한 방안에는 어떤 것들이 있는지에 대해 알아보기로 한다.

제1절. 집단의사결정에 대한 이해

1.1. 집단의사결정(decision making)의 개념과 특성

의사결정이란 "어떤 결정안에 이르는 사고 및 행동과정으로서 둘 또는 그이상의 문제해결대안들 중에서 의사결정자가 자신의 목적을 달성하는데 있어 가장 좋은 대안이라고 생각되는 것을 선택하는 행위"를 말한다(Johns, 1996). 의사결정이 갖는 특성을 다음의 <표 11-1>과 같이 정리할 수 있다.

〈표 11-1〉 의사결정이 갖는 특성

- 의사결정은 문제해결의 과정이다.
- 의사결정은 대체안 중 선택적인 행위과정이다.
- 의사결정은 연속적으로 이루어진다.
- 의사결정은 여러 가지 변수로부터 영향을 받는다.
- 의사결정은 의식적이고 정신적인 행위과정이다.
- 의사결정은 목표지향성을 갖는다.

위의 일반적인 의사결정개념을 이용하여 정의하면, 집단의사결정(group decision making)이란 "집단 내에서 구성원들 간에 의견 및 아이디어, 지식의 교환과 같은 집단적 상호작용을 거쳐 문제를 인식하고, 이를 해결할 수 있는 대안을 선택하는 과정"을 지칭한다(Gibson et al., 1991).

일반적으로 조직 내 의사결정은 경영자는 물론 조직구성원들 모두가 매일 수행하는 일상적이고 필수적인 활동으로, 그것을 행하는 주체로 볼 때, 개인과 집단에 의한 것으로 나누어진다. 창업단계나 규모가 작을 때는 개인에 의한 의사결정이 많이 이루어지지만 규모가 커지고 결정할 문제가 복잡해지고 고려할 정보가 많이 요구될수록 집단적 의사결정을 하는 경우가 많다. 특히 자율의식과 평등의식, 권리의식을 지닌 구성원들이 의사결정에 참여하도록 하면 커뮤니케이션이 활성화되고 구성원의 사기가 높아지며 협동의욕이 촉진되기 때문에 대부분의 조직에서는 집단의사결정을 선호하는 경향이 있다. 기업조직에서의 집단의사결정은 흔히 위원회, 중역회의 등의 회의체를 운영하는 양상을 띤다.

1.2. 집단의사결정의 중요성

기업경영활동을 일련의 의사결정 활동이라고 생각할 만큼 의사결정의 중요성은 매우 높다. 집단의사결정의 영향을 다음의 <표 11-2>와 같이 정리할 수 있다(신유근, 1997).

〈표 11-2〉 집단의사결정의 영향

• 자율적 조직기반구축에 핵심적으로 영향을 미침.	의사결정권한을 부서나 팀에 위양해 자주적 문제해결토록 하여, 집단수준에서 자율적 집단을 구축할 수 있게 된다.
• 집단성과에 직접적 영향을 미침.	자율적 의사결정과정에서 구성원들은 자신에게 기대되는 역할을 잘 이해하여 조직목표달성에 기여할 수 있다.
• 조직구성원들의 창의성 증진 및 창의적 집단형성에 중요역할 함	의사결정과정에 참여를 통한 타인의 다양한 경험과 사고방식을 접해 새로운 각도에서 상황과 문제를 봄
• 집단 내 구성원 간 인간관계를 개선할 수 있다.	공동문제 해결과정에 참여로 상호간 정보지원등의 소통이 더욱 활성화되, 타인 및 집단운영에 이해력이 커져 신뢰형성, 갈등해소, 적극적 상호협력 할 수 있도록 함.
• 가상공동체의 핵심적 운영방식으로 중요성 강화	조직 내 컴퓨터통신망 속에서 가치관 및 특성을 공유하는 사이버 스페이스적 인간관계에 의해 출현

1.3. 의사결정모형과 문제점

의사결정과정은 문제를 인식하고, 대체안을 개발·선택하며, 선택한 대안을 실행하고, 그 실행 결과를 평가하는 4단계로 이루어진다. 각 단계별 내용과 각 단계에서 현실적으로 나타나는 문제점에 대해 살펴보기로 한다(신유근, 1997).

1) 문제의 인식단계

기업에서 문제의 인식이란 '관리자가 기대했던 결과를 달성하지 못하는 상황에 처했을 때 문제의 증상을 감지하고 더 나아가 문제의 원인을 분석·정리하여 문제를 명확히 정의내리는 것'이다. 이 단계에서는 해결하려는 문제와 관련하여 의사결정자가 보유하고 있는 정보의 양, 문제를 분석하고 해결할 수 있는 능력, 문제를 해결하고자 하는 동기부여 정도 등의 의사결정자특성이 문제인식에 많은 영향을 준다.

현실조직에서 문제인식과 관련하여 의사결정의 질을 저하시키는 문제점을 다음의 <표 11-3>과 같이 정리할 수 있다.

〈표 11-3〉 문제인식관련 의사결정의 질을 저하시키는 문제점

- 해결해야 할 문제를 관리자가 잘 숙지하지 못하는 경우가 많다. 그 이유는 하급자가 문책이 두려워 자신의 책임하에 있던 문제를 감추어버리기 때문이다.
- 집단의사결정 참가자들마다 주제에 대한 이해도가 다르고, 주제를 검토할 시간적 여유가 충분하지 않고, 회의주제가 업무와 구체적 관련이 없거나 추상적이어서 참여자들의 관심을 끌지 못하기 때문이다.
- 회의내용이 포괄적이고 광범위하여 정보공유가 잘 이루어지지 않아 해결하고자 하는 문제가 제대로 인식되지 못하는 문제점도 많이 나타난다.

2) 대체안의 개발 및 선택단계

의사결정의 핵심이 되는 이 단계는 관련정보를 수집하여 여러 가지 대체안을 탐색하고, 구체적인 판단기준으로 대체안을 비교·평가하여 소기의 목적을 달성하는 데 가장 적합한 최적안을 선택하는 단계이다. 이 단계에서는 해결하고자 하는 문제가 의사결정자에게 얼마나 친숙한가, 문제가 얼마나 애매하고 복잡한가? 등과 같은 문제 자체의 특성이 영향을 미친다.

대체안의 개발 및 선택과 관련하여 집단의사결정시에 흔히 발생하는 문제점을 다음의 <표 11-4>와 같이 정리할 수 있다.

〈표 11-4〉 대체안의 개발 및 선택 관련 발생하는 문제점

• 대체안의 개발과 선택과정에 집단구성원들이 실질적으로 참여하지 못하는 문제점을 들 수 있다. 그 이유는 리더가 구성원참여를 배제하거나, 주도권을 쥔 다수파가 소수파의 의견을 무시한채 일방적 순응강요하거나, 실패에 따른 문책위험으로 자유롭게 의사개진을 못하는 분위기이거나, 반대의견을 자유롭게 개진할 수 없거나, 사전에 결정되어있는 방향으로 결론을 이끌어 가는 경우 때문. • 하위직급 구성원들의 의사결정능력이 부족한 경우를 들 수 있다. 능력부족 구성원은 자신들 의사를 적극적으로 개진하기보다는 집단 내에서 영향력이 큰 상급자의 결정에 맹목적으로 동조하는 경향을 보이기 때문.

3) 선택안의 실행단계

전 단계에서 개발되고 선택된 안을 실행에 옮기는 단계이다. 최선의 결정일지라도 제대로 실행되지 않으면 쓸모가 없으므로, 실행을 저해하는 요인들을 효과적으로 관리하여 기대하는 결과를 얻을 수 있도록 주의를 기울여야 한다. 이 단계에서는 의사결정의 변경가능성, 중요성, 결과에 대한 책임의 정도, 시간과 자금의 제약 등 환경적 특성이 의사결정의 질을 좌우하는 중요한 요인들이다.

집단의사결정의 실행단계에서 자주 볼 수 있는 문제점들을 다음의 <표 11-5>와 같이 요약할 수 있다.

〈표 11-5〉 실행단계 관련 발생하는 문제점

• 해결방안 선택과정에서 반대의사를 표명했던 구성원들이 선택안 실행에 협력적으로 참여하지 않으려는 경향이 많다. • 실행성과에 대한 인센티브가 제공되지 않거나, 과중한 실행목표를 설정했을 때에도 실행이 잘되지 못하며, 때로는 선택안이 실행단계에서 임의로 변형되기도 한다. 이유는 집단이기주의나 개인의 이기주의가 개입되기 때문이다.

4) 결과의 평가단계

이 단계는 문제를 해결하기 위해 실행된 선택안이 소기의 목적을 달성했는지를 평가하고, 그 평가결과를 다음번의 의사결정과정에 피드백 하는 단계이다. 즉 해결대안 선택 시 예상했던 기대효과와 실제성과를 비교해봄으로서 성공여부를 평가할 수 있고, 이를 통해 차후 대체안의 변경이나 조정이 필요한가를 결정하기 위한 자료를 얻을 수 있다.

이 단계와 관련하여 조직에서 흔히 나타나는 문제들을 다음의 <표 11-6>과 같이 요약할 수 있다.

〈표 11-6〉 결과평가단계 관련 발생하는 문제점

• 결과평가의 중요성을 경시하여 평가모임 자체를 기피하거나, 기대효과를 충족치 못하였는데도 문제의 원인파악에 미숙한 경우가 많이 나타나고 있다. • 평가환경이 제대로 조성되지 않아 문제가 발생. 즉 평가시스템의 부재로 결과평가가 제대로 이루어지지 않거나, 평가결과의 피드백부재로 같은 실패경험, 실행과정을 고려치 않은 결과만의 평가로 구성원의 소극적 자세를 초래,

이 밖에도 집단의사결정과 관련하여 조직분위기가 권위주의적이어서 회의시간에 상층부에서 결정된 사항을 단순히 전달하기만 하는 문제가 흔히 나타난다. 또한 불필요한 회의를 자주 열거나 회의를 지나치게 장시간 하는 등 비효율적인 회의운영문제가 발생한다. 그리고 창의적이고 도전적인 방안을 내놓기보다는 과거의 의사결정관행을 그대로 답습하는 의사결정운영문제도 많이 나타나고 있다.

제2절. 개인 의사결정과 집단 의사결정

조직 내에서의 의사결정은 크게 개인의사결정과 집단의사결정으로 나눌 수 있는데, 양자는 각각 장단점이 있으며 상호보완적이다. 그러나 조직규모가 확대되고 업무가 복잡해지면서 개인적 의사결정보다는 구성원들의 참여에 의한 의사결정의 비중이 높아지는 경향이 있다. 집단의사결정의 질을 향상시키기 위해서는 집단의사결정의 장점을 살려야 할 뿐만 아니라 동시에 개인의 의사결정의 장점도 살리는 것이 바람직하며, 집단의사결정의 특징과 집단의사결정에 영향을 미치는 요인들을 이해하는 것도 중요하다.

2.1. 개인과 집단 의사결정의 특징과 장단점

개인 의사결정(individual decision making)은 "문제인식과 해결대안을 탐색하고 선택하는 과정을 특정개인이 전담하는 것"을 말한다(Cherrington, 1994). 반면에 집단 의사결정은 이러한 '의사결정과정에 구성원들을 참여시키거나 상호 협의하여 이루어지는 것'을 말한다. 실제로 기업에서는 집단에 의한 의사결정이 늘어가고 있는데, 이는 기업경영에서의 의사결정문제가 포괄하는 범위가 점점 넓어지고 복잡해지면서 여러 사람의 경험, 지식, 그리고 판단 및 시각을 수집·결합하여 의사결정을 해야 할 필요성이 커지고 있기 때문이다. 또한 구성원들을 의사결정과정에 참여시킴으로서 자율성의 향상, 커뮤니케이션의 활성화, 협동적 노력의 증대를 도모할 수 있기 때문이다.

집단적 의사결정은 개인적 의사결정보다 여러 가지 측면에서 장점을 가지고 있으나, 그것이 어떤 경우에나 효과적인 것은 아니며 상황에 따라 개인적 의사결정보다 효과적일 수 있다. 개인적 의사결정과 집단적 의사결정의 특징을 다음의 <표 11-7>과 같이 정리할 수 있다.

〈표 11-7〉 개인적 의사결정과 집단적 의사결정의 특징

요 인	개인적 의사결정	집단적 의사결정
문제나 과업의 유형	창의성 또는 능률이 요구될 때	다양한 지식과 기술이 요구될 때
의사결정의 수용	수용성이 중요하지 않을 때	집단구성원의 수용이 소중할 때
해결대안의 질	가장 훌륭한 구성원이 확인 될 수 있을 때	여러 집단구성원이 해결안을 개선할 수 있을 때
개인의 특성	개인들이 협력할 수 있을 때	집단구성원이 함께 일한 경험을 갖고 있을 때
의사결정의 분위기	분위기가 경쟁적일 때	분위기가 문제해결에 지원적일 때
가용시간의 양	비교적 시간여유가 없을 때	비교적 시간여유가 많을 때

집단적 의사결정의 특징은 개인적 의사결정과 달리 우선 개인보다 많은 정보와 경험, 아이디어를 갖는다는 것이며, 개인들이 갖고 있는 정보를 공유함으로서 의사결정에 다양한 정보를 투입할 수 있다. 또한 상호작용을 통하여 의사결정과정에서 구성원 상호간에 언어적, 비언어적 의사소통이나 접촉을 할 수 있다.

집단적 의사결정은 개인적 의사결정과는 다른 장·단점을 갖고 있다. 집단의사결정의 장·단점을 다음의 <표 11-8>과 같이 요약할 수 있다.

〈표 11-8〉 집단의사결정의 장 · 단점 비교

장 점	단 점
• 풍부한 정보·지식 활용 • 분업과 협업가능 • 소통원활화 가능, 충실한 대안평가 가능 • 구성원상호작용에 따른 동기유발, 의지증대 • 참여에 따른 구성원의 만족과 지원을 확보, 해결책에 대한 수용성 높음 • 결과의 정당성·합법성 증대,	• 많은 시간소요로 시간의 낭비 • 획일성요구로 지나친 순응압력 및 제거 • 의사결정결과에 대한 책임의 모호성 • 타인반응 고려로 창의성의 부족 • 의견불일치로 집단 내 갈등야기 • 최적결정이 아닌 타협에 의한 결정우려

2.2. 집단적 의사결정의 영향요인

집단적 의사결정이 개인적 의사결정보다 효율성이 높은가의 여부는 문제해결과 의사결정의 모든 단계에 걸쳐 발생하는 집단의 내부적인 과정요인에 달려있다. 즉 정보나 대안에 대한 구성원의 기여도, 의사소통의 명확성, 예측과 판단의 정확성, 그리고 의사불일치를 해소하는 방법 등이 집단적 의사결정의 질적 수준에 영향을 미치게 된다.

이러한 집단적 의사결정은 집단사고, 집단규모, 구성원의 특성(지적수준 및 성격), 지위의 차이점, 직면한 환경, 그리고 리더의 기술과 행동유형 등에 의해 영향을 받게 된다. 집단적 의사결정에 영향을 미치는 요인들을 다음의 <표 11-9>와 같이 정리할 수 있다.

〈표 11-9〉 집단적 의사결정에 영향을 미치는 요인들

영향 요인	내 용
집단사고	응집성이 높은 집단에서 의사결정과정에 동의를 얻어내기 쉬운 반면에 구성원들이 객관적 평가나 충분한 대안의 검토도 없이 결정하거나, 소수의견이 다수의견을 지배함으로 의사결정과정에서 아이디어를 공정하게 평가하지 못하거나 문제해결에 있어 창의성을 발휘할 수 없게 된다. 따라서 집단사고는 의사결정에 부정적 결과를 초래할 수 있다.
집단규모	집단의 규모는 의사결정과정에 다양한 영향을 미친다. 규모가 클수록 의사소통은 어려워지고, 공격적인 소수가 토의를 지배하는 소수의 지배현상이 일어나게 되며, 파벌과 동맹 등으로 갈등의 원인이 생기기 쉽게 된다.
구성원의 특성	집단의 각 구성원들 간에는 개인차가 존재한다. 이들이 보유한 정보나 지식이 의사결정의 질을 높게 또는 낮게 만드는 중요한 요소로, 집단적 의사결정과정에 크게 영향을 미치게 된다.

리더십의 질적 수준	의사결정문제와 절차가 구조화 되어있지 못한 경우 성공여부는 어떤 요소보다도 리더십의 질적 수준에 달려있다. 리더가 과정이 아닌 내용통제를 할 경우 불만이 증대되고 비생산적이 된다.
지위의 차이	집단 내 지위차이가 클수록 정보교환과 아이디어 평가에 어려움을 주게 된다. 낮은 지위의 구성원은 높은 지위 사람의 의견이나 아이디어를 무조건 높이 평가하려는 경향이 있고, 반대나 비판을 꺼린다.
물리적 환경	집단의 심리적 풍토나 집단화과정에서 영향을 받아 생기는 물리적 환경에도 많은 영향을 받는다. 회의실의 좌석배치, 주위의 소음, 경영자의 간섭 등은 집단적 의사결정에 영향을 미친다.

제3절. 집단의사결정의 질 향상방안

집단의사결정의 질을 향상시키기 위해서는 의사결정참가자를 위한 수칙을 개발할 필요가 있으며, 집단구성원의 창의성을 제고하여야 한다. 그리고 집단 의사결정시 발생할 수 있는 집단사고와 집단극화현상을 배제하고, 참여적 의사결정기법이나 첨단 의사결정시스템을 도입·활용할 필요가 있다. 이들을 구체적으로 살펴보면 다음과 같다(신유근, 1997).

3.1. 의사결정 참가자를 위한 수칙개발

집단의사결정의 질을 향상시키기 위해서는 회의를 주재하는 리더의 회의진행능력을 개발하고, 다른 참가자들의 참여능력을 배양하기 위한 방법으로 회의운영수칙과 회의참가수칙을 개발하여 이를 실천하도록 할 필요가 있다.

3.1.1. 리더의 회의운영수칙의 개발

리더의 회의진행 능력에 따라 의사결정의 질은 달라질 수 있기 때문에, 리더는 먼저 권위주의적 사고방식을 탈피하여 회의참가자들을 존중하는 열린 마음을 가져야 하며, 구성원들의 참여제고를 위해 발언기회를 공평하게 배분하여 소수에게 발언이 독점되지 않게 하여야 한다. 합리적 의사결정을 유도하기 위해 리더는 정보공유에 신경을 써야 하며, 의사결정의 효율성제고를 위해 적절한 기법들을 사용할 수 있어야 한다.

원활한 회의진행을 위해 리더가 지켜야 할 수칙 및 요령을 제시(3M 미팅 매니지먼트 팀,

1995)하면 다음의 <표 11-10>과 같이 정리할 수 있다.

〈표 11-10〉 원활한 회의진행을 위해 리더가 지켜야 할 수칙 및 요령

• 리더는 회의진행에 앞서 회의목적에 대해 명확한 견해를 가져야 한다. • 회의 안건/일정을 수립하여 불필요하게 회의시간이 길어지는 것을 막도록 해야 한다. • 회의를 끝내는 시간을 준수하도록 한다. • 리더는 토론에 지나치게 개입하거나 방관하는 자세를 취해서는 안 된다. • 회의결과를 수렴하여 종합적인 안을 내도록 한다. • 스탠딩 회의 등 독특한 회의문화를 개발하도록 한다. • 회의가 끝난 후, 개별접촉을 통해 회의결과를 확인해야 한다. • 의사결정의 윤리적인 측면을 항상 고려하여야 한다.

이러한 역할 외에도 리더는 회의를 방해하는 요인들을 효과적으로 제거하거나 조정하여, 회의가 원활히 이루어지도록 회의환경을 조성하여야 한다.

3.1.2. 회의참가자의 수칙개발

집단의사결정을 성공적으로 실행하기 위해서는 리더의 회의능력이 우수해야함은 물론 구성원의 진정한 참여가 필수적이다. 진정한 참여란 '목표설정, 문제해결, 조직변화의 의사결정 등에 구성원들이 직접적이며 적극적으로 참여하는 것'을 의미하는 것으로, 이를 위해서는 회의참가자의 참여능력이 전제되어야 한다.

회의참가자 스스로 자신의 의사결정능력을 개발하기 위해 참고해야 할 수칙 및 요령(Bromstom, 1993)을 요약하면 다음의 <표 11-11>과 같다.

〈표 11-11〉 회의참가자 의사결정능력 개발하기 위해 참고해야 할 수칙 및 요령

• 회의목표를 명확히 이해해야 한다. • 가용정보를 모두 검토하여 문제해결에 필요한 모든 방안을 인식할 수 있어야 한다. • 대안의 시행에 대한 예측능력이 있어야 한다. • 선별된 대안을 상호 비교하여 최고의 대안을 선택할 수 있어야 한다. • 의사결정시의 의미를 실행과정에 지속시킬 수 있어야 한다. • 의사결정에 대한 충실한 평가를 행해야 한다.

3.2. 집단구성원의 창의성제고

기업의 성공은 누가 많이 창의성을 발휘하고 혁신을 추진하는가에 달려있다. 구성원들의 창의성을 촉진하기 위해서는 적절한 보상을 해주어야 하며, 적절한 목표와 기한을 설정해 주고, 집단이나 개인에게 의사결정권한의 위양과 임파워먼트를 통하여 자율성을 제공하여야 한다. 집단의사결정에 있어서 구성원들의 창의성을 개발하는 대표적인 기법으로 브레인스토밍, 명목 집단법, 시네틱스를 들 수 있다.

3.2.1. 브레인스토밍(brainstorming) = 영감법

이는 "적절한 수의 사람들이 모여서 집단의 리더가 제기한 문제에 대하여 자연스럽고 자발적으로 아이디어를 제시하여 유용한 아이디어를 가능한 많이 얻어냄으로서 문제의 해결책을 찾으려는 방법"이다(Osborn, 1953; Robbins, 1996).

구성원들의 창의성을 발휘하는데 방해가 되는 장벽을 제거하기 위해서 브레인스토밍은 다음 <표 11-12>의 4가지 원칙을 준수하는 것이 좋다.

〈표 11-12〉 브레인스토밍 관련하여 4가지 준수원칙

1. 다른 사람의 아이디어에 대한 비판은 금한다.
2. 자유분방함을 보장한다.
3. 질보다는 많은 양의 아이디어의 제안에 중점을 두어야 한다.
4. 제안된 아이디어간의 결합을 통한 아이디어의 개선을 권장해야 한다.

브레인스토밍은 다음 <표 11-13>의 방법을 따르는 것이 집단구성원의 창의성을 개발하는데 효과적이다.

〈표 11-13〉 브레인스토밍의 과정

• 회의시간은 40~60분 정도가 적합하며, 회의내용은 철저히 기록한다.
• 회합 전 의제가 공개되어서는 안 되고, 의제는 광범위하지 않고 명확해야 한다.
• 참가자는 5~7명 정도가 바람직하며, 이들이 자유스럽게 의견을 표현할 수 있어야 한다.
• 타인 아이디어를 활용하여 새로운 아이디어를 제시하는 것도 적극 권장한다.
• 특정제품에 관한 논의를 할 경우, 실제견본을 놓고 하는 것이 좋다.

이처럼 브레인스토밍은 집단 의사결정을 위한 창의성개발에 효과적일 뿐만 아니라 인간관계의 개선, 동기부여, 독선적 사고의 배제, 적극적이고 진취적인 태도의 배양, 기민한 핵심파악능

력의 향상 등의 부수적 효과를 얻을 수 있다.

3.2.2. 명목 집단법(nominal group technique)

이는 "구성원들 상호간의 대화나 토론 없이 의사결정이 이루어지는 기법"으로서 다음의 <표 11-14>와 같은 과정을 거치면서 이루어진다(George & Jones, 1996).

〈표 11-14〉 명목집단법의 과정

- 먼저 제시된 문제에 대해 각자가 생각해 본 후, 서면으로 집단에 제출하고 이를 제출된 순서대로 칠판이나 차트에 기록한다. 단 특정 아이디어가 누구 것인지는 밝히지 않는다.
- 칠판에 적힌 모든 아이디어에 대한 장·단점과 타당성 등을 토론한 후, 아이디어에 대하여 투표한다. 선호 순서대로 등급을 매기고, 최종적으로 가장 많은 점수를 얻은 대체안을 집단의 결정으로 한다.

개방적 토론과 의사결정에 있어 타인의 압력이 중요한 장애요인임을 감안해 볼 때에 명목집단법의 장점은 1) 모든 구성원들이 타인의 영향을 받지 않고 독립적으로 문제를 생각해 볼 수 있다는 것이며, 2) 의사결정을 마치는데 걸리는 소요시간이 짧다는 것이다. 반면에 이를 이끌어 나가는 리더의 자질이 갖추어져 있어야 하며, 한 번에 한 문제밖에 처리할 수 없다는 단점이 있다.

3.2.3. 시네틱스(synetics)

이는 "집단구성원들이 판에 박힌 사고에서 벗어나 아이디어를 자유롭게 펼칠 수 있도록 하기 위해 은유와 유추를 통해서 문제를 공식화하고 창의적 아이디어를 공식화 하는 의사결정기법"이다. 시네틱스는 <표 11-15>와 같은 과정을 거치면서 이루어진다.

〈표 11-15〉 시네틱스의 과정

- 리더는 문제점을 간단히 기술하여야 한다.
- 집단구성원들로 하여금 문제점을 재검토하고 그것을 구체적으로 토의하게 한다.
- 집단구성원들이 모든 해결책 나열하고, 각각의 한계에 대한 토론하면서 해답들을 확실히 검토하고 더 창조적인 해결책을 찾을 수 있는 방법을 모색하도록 한다.
- 집단구성원들은 그들이 이해하는 대로 문제점을 기술하고, 자신들이 바라는 해결책을 제안해야 한다.
- 집단구성원들이 새로운 관점에서 문제를 볼 수 있도록 지금껏 논의된 문제점을 잊고 자유롭게 생각하도록 하여 유추가능한 점들을 제안하도록 한다.
- 집단구성원들은 문제를 유추한 것에 맞추어 통찰하고, 그 내용을 토론한다.
- 집단구성원으로 하여금 문제해결을 위한 실제적인 전략창출을 수반할 수 있도록 문제에 대한 다양한 관점을 개발하도록 한다.

시네틱스를 효과적으로 운영하기 위해서는 다음의 <표 11-16>과 같은 세 가지 원칙이 지켜져야 한다.

〈표 11-16〉 시네틱스를 효과적으로 운영하기 위한 세 가지 원칙

1. 원칙: 집단구성원은 전문지식을 기준으로 하여 신중하게 선택되어야 한다.
2. 원칙: 집단에 속한 모든 사람은 고려중인 문제를 잘 이해해야 하며, 모호한 것에 불쾌감을 갖지 않는 융통성을 갖춘 동시에 육체적으로도 강인해야 한다.
3. 원칙: 리더역할이 매우 중요함으로 통찰력과 진행능력을 갖춘 사람으로 선정되어야 함.

3.2.4. 델파이(Delphi) 기법

이 기법은 '한 문제에 대해 여러 전문가들의 독립적인 의견을 수집한 다음, 이 의견들을 요약·정리하여 다시 전문가들에게 배부하여 일반적인 합의가 이루어질 때까지 서로의 아이디어에 대해 논평하게끔 하는 의사결정방법'이다.

델파이 기법은 다음의 <표 11-17>과 같이 5단계를 거쳐 문제해결이 이루어지게 된다.

〈표 11-17〉 델파이 기법의 5단계 과정

제1단계: 전문가에게 잠재적인 해답을 요구하는 설문지가 배부된다.
제2단계: 각 전문가는 설문지를 완성하여 무기명으로 돌려준다.
제3단계: 그 결과를 수집, 요약한 두 번째 설문지를 전문가에게 다시 보낸다.
제4단계: 각 전문가는 첫 번째 설문지의 결과를 참고하여 두 번째 설문지를 완성한다.
제5단계: 합의에 도달할 때까지 이러한 과정이 계속 반복된다.

3.3. 집단사고와 집단극화현상의 배제

집단 의사결정과정에서는 집단사고와 집단극화현상이 발생할 수 있다. 다음에서는 집단사고와 집단극화현상이 무엇이며, 이것을 방지하기 위해서는 어떻게 해야 하는가에 대해 살펴보도록 한다.

3.3.1. 집단사고(group think)방지를 위한 유의점

높은 응집력을 가진 집단에서 동질성을 유지하기 위해 또는 구성원 상호간의 합의에 대한 요구가 지나치게 크기 때문에 집단결정에 반대하지 않는 경향이 있다. 이런 현상이 발생하면 구성

원들은 자신을 외부정보로부터 고립시키게 되고, 비판적 생각을 더 이상 제시하지 않게 되는데 이를 집단사고라고 한다(Janis, 1982).

누구든 집단사고에 빠질 수 있다. 집단사고에 빠진 집단은 일부 구성원들이 의사결정에 관해 의문을 제기하는 것을 허용하지 않으며, 리더는 어떤 문제에 대한 특정의 해결책을 제안하고 그것을 강력히 주장한다. 집단구성원들은 이러한 의사결정을 뒤흔들 수 있는 외부정보로부터 스스로를 방어하며 자신이 거부당하는 것을 두려워하고 집단의 사기를 떨어뜨리는 것을 원치 않기 때문에 반대의견을 표명하지 않는다. 다른 의견을 가진 구성원들은 결정된 사항에 따를 뿐만 아니라 자신이 갖고 있는 의문들이 시시하고 가치가 없다고 스스로를 납득시킨다.

기업에서 나타날 수 있는 집단사고의 징후들은 대부분 대체안의 선택단계에 영향을 미치게 된다. 집단사고의 징후(Janis, 1989)로는 다음의 <표 11-18>과 같이 들 수 있다.

〈표 11-18〉 집단사고의 징후들과 내용

징후들	내 용
잘못불가의 환상 (invulnerability)	집단구성원들이 명백한 위험이 도사리고 있음에도 지나치게 낙관적이고 자신감 있어 하거나, 반대로 터무니없는 위험을 부담하려 할 때가 많다.
합리화 (rationalization)	집단사고는 합리화를 통해 경고신호를 무시하거나, 결정안을 제고하게 만드는 부정적 피드백을 깎아내리게 된다.
도덕성의 환상 (illusion of morality)	집단사고에 빠지게 되면 집단의 견해는 당연히 도덕적이라고 간주하고 반대견해는 근본적으로 나쁜 것으로 생각하는 현상 나타남.
적에 대한 상동적 태도 (stereotyping the enemy)	집단구성원들은 견해 차이에 대해서 타협의 여지나 일고의 가치도 없다는 식으로 반대집단에 대해 부정적 편견을 갖는 경우가 많다.
동조압력 (conformity pressure)	집단사고에 빠진 구성원들은 집단합의를 위협하는 견해를 표명하는 구성원들에 대해 압력을 행사하여 그를 충성심이 부족한 훼방꾼으로 매도한다.
집단초병 (mindguards)	집단사고에 영향을 받은 구성원들은 자기 스스로를 집단화목을 깨트리는 외부정보로부터 집단리더와 주요 집단구성원을 보호하는 임무를 지닌 초병으로 인식한다.

이러한 집단사고는 집단응집력, 외부로부터의 고립, 지시적 리더십, 중요한 임무, 스트레스, 리더의 대안과 다른 대안에 대한 낮은 기대 등으로 인해 발생하게 된다. 이러한 원인에 의한 집단사고의 방지를 위해서는 다음과 같은 점에 유의하여야 한다(Tosi et al., 1990). 이를 정리하면

다음의 <표 11-19>와 같다.

〈표 11-19〉 집단사고의 방지를 위한 유의점

1) 리더는 반대의견이 제시될 수 있도록 구성원들을 고무시켜야 한다. 또한 자신의 아이디어에 대한 타인의 비평을 받아드릴 준비가 되어 있어야 한다.
2) 리더는 조급한 의사결정을 하기 위해 참가자들에게 지나친 시간압박을 주지 말아야 함. 또한 자신의 선호와 기대에 대한 언급은 집단구성원들이 각자의 견해를 표명한 후에만 제시해야 한다.
3) 집단을 하위위원회들로 나누어 문제점들을 독립적으로 토의한 후 차이를 줄여 나가야한다. 이때 외부전문가들의 초빙은 간헐적으로 이루어져야 하고, 초빙한 경우는 구성원들의 견해에 이견을 제시하도록 해야 한다.
4) 리더는 목소리 큰 사람(big mouth)에 의해 회의가 지배당하는 것을 경계하여야 하며, 만장일치나 다수결에 대한 환상에 빠져 개인들이 지나친 동조압력을 갖지 않도록 유념해야 함.

3.3.2. 집단극화(Group Polarization) 방지를 위한 개선안

집단극화란 '집단구성원들의 위험에 대한 태도가 토론 전에는 개인들 간에 별 차이가 없었다가, 토론 후에는 극단적으로 보수적이거나 위험한 쪽으로 쏠림으로서 집단이 극단적인 입장을 지닌 사람들로 나누어지는 현상'을 말한다. 즉 집단구성원들은 집단토론을 통해 자기가 원래 가졌던 입장을 더욱 양극단으로 몰아간다. 이러한 집단극화·양극화현상이 생기는 이유(Baron, 1990)는 다음의 <표 11-20>과 같이 들 수 있다.

〈표 11-20〉 집단극화 · 양극화현상이 생기는 이유

• 책임의 분산은 집단극화현상을 촉진한다. 집단의사결정은 익명성제공으로 책임이 분산되고, 실패의 책임을 회피할 수 있어 구성원들은 모험적인 결정을 선택한다. • 개인은 집단에 소속되고 나서 타인들 보다 나은 견해를 지니고 있다는 것을 보이기 위해, 일반적으로 인정된 가치에 극단적으로 동조하게 된다. • 정보교환을 통해 집단극화현상이 발생할 수도 있다. 토론과정에서 서로 친숙해지고, 몰랐던 사항에 대해 알게 되어 구성원들이 본래 지니고 있던 태도를 더욱 강화시킨다.

이러한 집단극화현상을 방지하기 위해서는 먼저 극단적 의견 이외의 제3의 의견발표를 고무시켜야 한다. 이를 위한 방법(Steers & Black, 1994)으로는 다음의 <표 11-21>과 같이 정리할 수 있다.

〈표 11-21〉 제3의 의견발표를 고무시키기 위한 방안

반대를 위한 반대 (devil's advocate)	지배적 견해에 대하여 고의적으로 반대를 함으로서 문제에 대한 정확한 인식이 가능하고 내재하는 문제점을 검토할 수 있다.
복수지지 (multiple advocacy)	반대를 위한 반대의 확장된 형태로 여러 의견에 대한 복수의 지지를 인정하여 의견의 다양화를 가능케 하는 방법이다.
변증법적 토의 (dialectical inquiry)	정-반-합의 과정을 거쳐서 문제해결대안을 찾아가는 기법으로, 찬성과 반대 두 입장의 견해를 듣고 토론을 한 후에 두 입장의 장점만을 취하는 것이다.

3.4. 참여적 의사결정기법의 활용

오늘날의 많은 경영자들이 종업원의 동기부여를 위한 방안의 일환으로 폭넓게 의사결정에 참여시킴으로서 사기증진 및 창의성을 제고시킬 수 있다. 또한 정보화 사회에서 집단간, 조직간 정보네트워크를 활용한 정보공유는 의사결정의 질을 결정하는 중요요인이 된다. 따라서 집단구성원들의 동기부여를 증진시키고 집단의사결정의 질을 향상시키기 위한 첨단적인 참여적 의사결정시스템을 구축하여 활용할 필요가 있다. 전자기술을 이용한 의사결정은 인공지능 컴퓨터를 활용한 의사결정지원시스템과 전자회의방식의 도입으로 요약된다.

특히 기업 내 자율적 집단을 운영하고, 기업간 제휴가 활발해지고, 세계화로 인하여 조직들의 활동영역이 넓어짐에 따라 집단의사결정회의가 더욱 많아질 것임으로 이에 대한 경영관리가 필요하다. 따라서 집단의사결정의 질을 향상시키고 회의를 효과적으로 관리할 수 있도록 컴퓨터 회의와 화상회의와 같은 첨단의사결정시스템을 도입하는 것은 기업의 경쟁력향상에 기여할 수 있을 것이다.

3.5. 공정한 정보공유

경영의 대부분은 의사결정과정으로부터 부단히 이루어지고 있기 때문에, 이러한 집단의사결정을 효과적이고 원활하게 수행하는 것은 집단을 자율적으로 운영하는 데 있어 필수적이고 핵심적인 과제중의 하나이다. 그럼에도 불구하고 요즘처럼 복잡하고 시간에 쫓기는 조직의 환경 속에서는 자신이 가진 정보를 구성원들과 공유할 시간조차 갖지 못하는 경우도 있다. 그럴 경우 그 결과는 1) 정보 없이 의사결정의 질 향상은 물론 최선의 결과를 거두기 어렵다. 이는 구성원들에게도 마찬가지다. 또한 2) 핵심인재를 상실할 우려가 있다. 비록 당장은 아니더라도 적당한

기회가 생긴다면 그들은 조직을 버릴 것이다. 그렇다면 정보의 공유는 어떤 의미이고, 어떤 중요성을 갖는가? 또 어떻게 정보를 공유할 것인가?

3.5.1. 정보공유의 의미와 중요성

정보는 '힘의 원천'이다. 이에 대해 어느 누구도 부정하지 않을 것이다. 불확실한 환경 속에서 합리적인 의사결정을 하기 위해 자기만의 정보나 정보획득 수단을 가질 경우 흡족한 마음을 갖게 되고, 자신이 중요한 존재라는 인식을 하게 된다. 반면에 정보가 부족하면 무력한 존재가 될 수 있다. 이런 상황을 타개하기 위해 구성원들이 바라는 상사는 조직 내에서의 영향력과 힘을 가진 존재로, 정보획득 능력을 가진 이들과 밀접한 관계가 있다는 사실이다. 구성원들은 상사나 관리자의 정보력을 기대하며, 그들을 통해 정보를 획득하고자 한다.

정보가 부족하면 구성원들 스스로 찾아 나선다. 정보의 공유는 안정적인 시기보다는 변화의 시기에 더 큰 위력을 발휘한다. 변화의 시기에 관리자들이 정보를 독식하거나 권력과 존재가치의 상실을 우려해 정보를 사장시키는 사례를 자주 볼 수 있다.

관리자들의 생각	구성원들의 생각
• 구성원들에게 말하기는 아직 이르다. • 지금 상황에서 이 소식은 충격적이다. 그래서 조금 더 기다릴 필요가 있다. • 구성원들에게 이 사실을 알릴 경우 동요는 물론 생산성 감소가 우려된다.	• 침묵이란 상황이 좋지 않음을 의미한다. • 그들이 회사를 말아먹고 있다. • 드디어 회사가 끝장나나 보다. 어디서 새 직장을 구해야 하나!.

정보공유의 중요성 즉 정보공유를 해야 하는 이유는 변화와 관련된 정보의 독식으로 침묵을 지키는 것은 오히려 의도와는 다른 결과(위기감, 전직고려, 생산성 하락 등)를 초래할 수 있기 때문이다. 또 다른 이유는 구성원들의 지원을 얻을 수 있다는 점이다.

3.5.2. 공정한 정보공유방안

어떤 정보를 얼마만큼 공유해야 하는 것일까? 답은 '상황에 따라 다르다'이다. 즉 조직문화와 최고경영진의 철학에 따라 달라질 수 있다.

경영자와 관리자는 팀원들이 미래를 지향할 수 있도록 지원해야 한다. 근간은 정보제공이다. 정보를 통해 구성원들의 자기개발과 함께 진보를 모색할 수 있고, 주변에서 발생할 수 있는 상황을 관리자의 관점에서 예견할 필요가 있다. 특히 조직의 전략적 지향점과 직종, 업계, 조직의 미

> **SRC 회장 Jack Stack: The Great Game of Business**
>
> • "우리가 건설하려는 회사는 모든 사람들이 언제 어디서든 진실을 말 할 수 있는 풍토를 가진 조직이다. 직원들이 솔직해야 하기 때문이 아니다. 기업운영과정, 재무자료, 평가치 등 모든 정보에 그들이 공정하게 접근할 수 있어야 하기 때문이다. 회사진행과정에 대해 직원들의 이해도가 높을수록, 문제해결을 향한 그들의 지원노력을 높일 수 있다."

래, 장래에 영향을 미칠 수 있는 업계의 동향과 새로운 개발의 기회 그리고 조직의 문화와 정책적 현실 등에 대한 경영자나 관리자의 시각을 구성원들과 공유해야 한다. 이의 실천과제는 아래의 <표 11-22>와 같이 정리할 수 있다.

〈표 11-22〉 경영자나 관리자의 시각공유 실천과제

> • 우리 업계와 관련된 기사를 절취하여 구성원들에게 소개하라. 경영자나 관리자에게는 다른 구성원들이 발견할 수 없는 동종업계의 회보나 보고서, 잡지 등을 접할 기회가 있을 것이다.
> • 업계에서 발생하는 사건에 대한 다양한 기사를 제공함으로서, 구성원들의 업무개발 및 자기개발과 진보에 대한 의사결정을 도울 수 있다.

이는 경영자나 관리자의 예측과 더불어 모든 팀원들은 변화하는 직업세계에 대한 이해력을 향상시킬 수 있다. 즉 그들의 직업과 업계, 조직에 대해 폭넓은 시각을 확보할 수 있고, 앞으로 동향과 드러나지 않은 부분에 까지 시야를 넓힐 수 있다. 또한 미래의 시장성에 대한 자신감과 확신을 가질 수 있다.

정보공유의 방법으로는 효율적인 의사소통 수단을 창의적으로 활용해야 한다. 즉 직접대화, 비디오, 편지, 전자우편, 음성메일, 공개포럼, 게시판 등이 있지만, 문제는 경영자나 관리자가 전하려고 하는 메시지와 조직문화에 가장 적절한 방법을 찾는 것이다. 그러나 기업에서 정보를 공개하는 조직문화를 만드는 것이 말처럼 쉽지는 않다. 때로는 정보의 유형에 따라 경영자나 관리자가 독점하거나 구성원들과 공유해서는 곤란한 경우도 있는데, 이런 상황을 구성원들과 갈등없이 해결할 수 있는 방법은 무엇일까? 이에 대한 방안을 다음의 <표 11-23>과 같이 정리할 수 있다.

구성원들은 현재 그들에게 주어진 업무 그리고 팀과 조직의 목표와 전략에 대해 새로운 정보를 얻고자 한다. 관리자도 예외는 아니다. 그러나 실제행동을 취하는 경우는 많지 않다. 그 이유는 스스로 불편해 하거나, 솔직한 답변을 기대하기 어렵다고 생각하기 때문이다. 유능한 관리자

〈표 11-24〉 구성원들과 정보공유해서는 곤란한 경우의 해결방안

반드시 차단해야 할 정보에 대해서는?:
• 그 정보가 아무리 유혹적이더라도 구성원들과 공유해서는 안 된다. • 정보독점을 권력수단으로 활용해서는 안 된다. 독점적 또는 비밀정보에 대해서는 구성원들이 질문해 오기 전까지는 당신에게 그런 정보가 있다는 사실을 말해서는 안 된다. • 구성원들이 당신에게 정보의 보유여부를 물어올 경우에는 솔직하게 대답하라. 모르는 이야기라며 거짓말을 해서는 안 된다. • 당신에게 정보를 공개할 수 있는 권한이 없으면 그 이유를 구성원에게 설명하라. • 당신의 대답에 수긍하지 못하고 마음먹기에 따라서 공개할 수 있다고 생각하는 구성원도 있을 수 있다. 당신이 지금까지 솔직하게 정보를 공유해 왔다면, 이런 상황이 유발되었을 때 정보를 보유할 수 있는 여지가 더 많을 것이다.

라면 구성원들이 편안한 마음으로 이야기할 수 있는 분위기를 조성해야 한다. 이를 위해 정례회의 또는 조찬이나 점심식사 계획 등의 따로 시간을 할애할 필요가 있다. 쌍방의 의사소통이 활발하지 않으면 즉 정보를 공유하지 않으면 심각한 결과인 무시할 수 없는 비용의 낭비가 뒤따른다. 따라서 조직 관리자는 항상 정보에 근접해 있어야 한다. 구성원들도 마찬가지다. 이는 문제를 해결하는데, 성과향상을 꾀하는데, 구성원의 참여를 유발하는데, 효과적으로 의사결정을 하는데, 그리고 인재를 보유하는데 큰 보탬이 된다.

3.6. 합리적 판단의 암초 '원시인 심리' 제거하라

많은 전략적 의사결정의 실패이면에는 비합리적인 판단과 편향된 인식이 존재하는 경우가 많다. 좀 더 면밀한 검토와 판단이 이루어졌다면 피할 수 있었던 실패가 다수이다. 실패하는 전략을 만드는 의사결정의 밑바탕에는 비합리적인 판단을 하게 만드는 '심리기제'가 존재한다. 심리기제인 '원시인의 심리'라는 것은 '수렵채취를 주로 하면서 무리를 이루고 살던 원시시대에 적합하도록 짜인 뇌의 작동방식'을 가리킨다. 의사결정에서의 오류를 줄이기 위해 우리 안에 있는 '원시인의 심리'를 살펴보면 다음과 같다(김창욱, 2011).

1) '감정이 우선이고 이성은 나중'이라는 것이다.

대상에 대해 감정체계가 먼저 반응하여 판단을 하고 이성 체계는 이를 사후적으로 검증하는 역할을 한다. 이러한 심리가 형성된 것은 위험이 도처에 깔린 원시시대에 살아남기 위해서는 감

정적 반응에 기반을 둔 즉각적인 행동이 필요했기 때문이라는 것이다. 감정우선의 심리기제로 인해 오늘날의 경영자들도 현실에서 자기에게 유리한 정보만을 받아드리는 '확증편향'을 보이는 경우가 많다.

2) '지금 내 눈앞에 있는 것이 중요하다'는 것이다.

현재 상태를 기준으로 어떻게든 그것을 유지하려 하며, 미래의 큰 이득보다 당장의 작은 이득에 더 큰 가치를 부여한다. 이는 장래에 무슨 일이 생길지 모르는 불안한 상황에서 당장 먹을거리를 확보하고, 이를 지키는 것이 중요했던 원시시대의 생존방식이 반영되었다는 것이다. 이러한 성향은 오늘날의 경영현실에서 매몰비용에의 집착과 근시안적인 태도를 낳는다.

3) '남을 따라 하는 것이 안전하다'는 것이다.

자신의 생각과 다르더라도 다수의 선택을 따라가게 된다. 이는 원시시대에 무리 속에서 남들로부터 배척당하지 않고 위험에 최대한 노출되지 않기 위해서 생겨난 심리기제라는 것이다. 그런데 이러한 성향이 오늘날에도 나타나서 '남들이 하니까 나도 한다.'는 식의 의사결정이 이루어지곤 한다.

우리는 이러한 심리기제에 지배당하지 않기 위해서는 의사결정과정에서 합리성 제고를 위해 조직적이고 의식적인 노력을 해야 한다. 합리성 제고방안으로는 1) 의사결정의 편향을 막기 위해 타성을 타파하고 장기적인 안목과 객관적인 분석이 힘을 발휘하도록 조직적 각종 안전장치를 구축해야 한다. 즉 결정사안이 있을 때, 어떤 방식으로 검토하고 논의할지 미리 절차를 규정하고 타성을 유발하는 부정적 관행을 타파해야 한다. 또한 반대의견 개진을 제도화 하는 것이 필요하다. 그리고 '원시인 심리'를 강화시키는 두려움과 불안요인을 제거하고 조직구성원들에게 심리적 안정감을 주는 것이 중요하다. 2) 조직의 신조나 규범을 상시적으로 재검토해야 한다. 조직차원에서도 현재상황과 맞지 않는 과거의 유산이 족쇄로 작용하고 있지는 않은지 상시적으로 점검해야 한다. 심리적인 유산만이 아니라 효력을 상실한 조직적인 유산을 찾아내어 현재 상황에 맞도록 끊임없이 수정함으로서 조직의 환경에 대한 적응과 진화가 가능하다. 즉 오늘날의 상황과 맞지 않는 신조, 가치, 규범 등이 있는지 점검하고 이를 제거해 나가는 노력도 병행해야 할 것이다.

제 12 장 조직정치와 갈등 그리고 협상

조직에는 엄연히 권력이 존재하고 있고, 언제나 정치적 분쟁, 권력다툼, 그리고 내분이 상존하고 있다. 그렇기 때문에 대부분의 조직 활동에 있어서 '정치현상'을 피할 수 없다. 그것은 어떤 개인이나 집단이 의도적으로 권력을 추구하려고 할 때 조직 내에 정치가 형성되기 때문이다. 이렇듯 조직 내에서의 정치행동은 자연적이고 필연적인 현상이지만 지나친 정치행동 내지 정치적 의사결정행동은 조직의 합리적인 경영활동에 바람직하지 못한 결과를 가져올 수 있다. 즉 조직 유효성에 상당한 영향을 미치고 있기 때문에 정치현상을 정확하게 파악하고 대처하는 것이 조직을 관리하는데 중요한 과제라 할 수 있다. 따라서 본장 제1절에서는 조직정치의 의미와 중요성, 조직정치에 미치는 영향요인, 그리고 조직정치에 대한 구성원들의 반응에 대해 살펴보고, 조직정치에 대한 관리방안을 알아보도록 한다. 제2절에서는 조직 속에서 경험하게 되는 갈등을 파악하고 조직행동에 순기능적 측면을 조장하고 역기능적 측면을 예방하는 효과적인 갈등관리 방안을 살펴본다. 그리고 제3절에서는 이해관계가 있는 곳에 반드시 필요하고 없어서는 안 되는 중요한 과제인 협상의 유형과 영향요인에 대해 살펴보고, 윈-윈의 협상결과를 이끌어 낼 수 있는 방안을 알아보도록 한다.

제1절. 조직정치(Organizational Politics)에 대한 이해

조직 내 구성원들이나 집단은 조직목표를 효과적으로 달성하기 위해 정해진 규칙에 따라 권력을 행사하기도 하지만 종종 조직목표달성보다는 자기이해를 충족시키는데 일차적 목적을 두고 권력을 행사하기도 한다. 이는 부족한 자원의 획득 및 이득에 대한 경쟁으로 인해 구성원이나 집단들이 자신의 권익보호와 확대를 위해 어떤 형태로든 정치활동을 외면할 수 없게 만들기 때문이다.

온라인 취업포탈 사람인이 직장인을 대상으로 '사내정치로 피해본 경험'을 조사한 결과를 정리해보면 다음과 같다.

- 응답자의 59.1%가 '사내정치로 피해를 본 적이 있다'라고 답했다. 복수 응답한 피해로는 '업무 중 불필요한 압력'(64%), '다른 라인과 불필요한 적대관계'(34%), '인사고과상 불이익'(25%), '라인에 들지 못한 소외감'(24%), '상사 등이 업무성과 탈취'(24%) '승진기회에서 밀리거나 박탈'(21%), '인격적 모욕'(20%) 등으로 나타났다.
- 사내정치로 피해를 본 응답자중 무려 98%가 스트레스를 받고 있는 것으로 나타났다. 이런 피해에도 직장인 28%는 직장생활에서 사내정치가 '필요하다'라고 답했다. 그 이유로는 '승진 등에 도움을 받을 수 있어서'(50%), '직장생활을 편하게 할 수 있어서'(42.3%), '확실한 인맥을 쌓을 수 있어서'(40%), '업무적 도움을 받을 수 있어서'(33.4%), 조직원 화합에 도움 되어서'(17%) 등으로 복수 응답하였다.
- 실제로 직장생활 속 파벌현황은 어떻게 될까? 응답자의 70%가 '직장 내 파벌 등에 따른 사내정치가 두드러지게 나타나는 편'이라 응답.
- 사내정치 유형으로는? '같은 편 밀어주고 상대편 배척하기'(25%), '의사결정 주도권 갈등'(21%), '고위급 간부와 관계형성'(18%), '한 쪽에 줄서기'(13%) 등.
- 가장 영향력 있는 파벌로는? '개인적 친분'(35%), '학연'(16%), '부서'(13%), '지연'(11%), '직급'(10%), '혈연'(9%) 등의 순.

어느 기업이나 자신의 본업무보다 사내정치에 더 열을 올리는 정치꾼들이 몇 명씩은 꼭 있다. 이들은 사방팔방 다니면서 사람을 엮고 이간질 하느라 바쁘다. 그러나 직장은 동료들과의 협업을 통해 성과를 만들어가는 조직인 만큼 '관계'가 중요할 수밖에 없다. 하지만 이를 파벌화하여 영향력을 행사하는 것은 회사의 성장을 방해하고 조직문화를 오해시킬 수 있는 만큼, 사내정치로 인한 피해가 발생되지 않도록 모두가 함께 견제할 필요가 있다.

1.1. 조직정치의 의미 및 중요성

조직정치란 "조직전체의 이익보다는 특정개인이나 부문·집단의 이익을 보호하거나 신장하기 위해 조직에서 공식적으로 승인받지 못한 방식으로 권력을 획득하고 행사하는 활동"을 가리킨다(Mayes & Allen, 1977). 즉 공식적 역할의 일부로서 요구되는 것은 아니지만 조직 내에서의 이익과 불이익의 배분에 영향을 미치거나 미치고자 하는 활동으로 정의한다(Farrel & Petersen, 1982). 영어로는 'Organizational Politics' 또는 'Office Politics'로 '줄을 서다' 또는 '줄을 세우다'라는 말로 표현되는 경우가 많으며 특히 출신지역이나 출신학교 등의 선후배간에 두드러지게 나타나기도 한다. 직장인 사이에는 성공하기 위한 조건중 하나로 꼽히기도 하고 조직의 상호 신뢰성을 떨어트리는 주범으로 통하기도 한다.

이러한 정의와 관련하여 조직정치의 성격을 살펴보면 다음과 같다.

첫째, 정치는 조직에 의해 인정받고 승인된 방법으로 행사하는 권력(power)과는 다른 개념이다. 권력이 '잠재적 능력이나 영향력이라는 정태적 개념'인 반면 정치는 '권력이 발전되고 이용되는 활동을 포함하는 동태적인 개념'이다. 또한 합법성의 관점에서 본다면, 권력은 '공식적 근거에서 오는 영향력'인 반면 정치는 '공식적 영역 밖에서 이루어지는 영향력 행사과정'에 관련된다.

둘째, 조직에서 정치가 반드시 나쁜 것만은 아니라는 점이다. 정치행동은 활용방법에 따라 효과가 다르다. 관리자는 정치행동의 역기능적 역할을 최소화하고 순기능적 역할을 유도해야 한다.

정치행동에는 정당한 정치행동(legitimate political behavior)과 비정당한 정치적 행동(illegitimate political behavior)으로 구분할 수 있다. 이를 다음의 <표 12-1>로 정리할 수 있다.

〈표 12-1〉 정당한 정치적 행동과 비정당한 정치적 행동의 차이

정당한 정치적 행동	비정당한 정치적 행동
• 정상적인 일상의 정치로 상관에게 불만표시하기, 명령체계 건너뛰기, 연합형성하기, 규칙을 지키지 않거나 지나치게 고수함으로서 조직의 규정이나 의사결정을 방해하는 것, 전문적 활동을 통해 조직바깥에서 계약을 체결하는 것 등을 말한다.	• 암묵적으로 정해진 게임의 규칙을 어기는 극단적인 정치적 행동으로 태업(sabotage), 고발, 이례적인 복장을 통한 상징적 저항, 단체로 병가를 내는 것 등의 극단적인 행동을 취하는 것을 의미한다.

독일의 알리안츠 AG:

- 기업구조조정의 일환으로 5,000개의 독일 내 보험기업 일자리와 2,500개의 자회사 은행일자리를 없앨 계획이라고 공표했다. 그 이유는 일자리를 줄이는 것은 능률을 향상시키고 알리안츠의 경쟁력을 증가시키기 위해 필요하며, 600만~750만$ 정도의 비용을 절감할 수 있기 때문이었다. 이러한 회사의 비용절감 계획은 갈등과 정치적 행동을 자극했고, 직종별 노동조합은 알리안츠 종업원들과 협력하여 그들의 일자리를 보호하기 위하여 시한부 단기파업을 강행하였다.

1.2. 조직정치의 동기

조직은 가치, 목표, 관심사가 서로 다른 개인과 집단으로 구성되어 있다. 그래서 조직 내 자원에 관한 갈등이 생길 가능성이 있다. 조직에서 정치를 유도하는 가장 중요한 요인들을 다음의 <표 12-2>와 같이 정리할 수 있다.

〈표 12-2〉 조직에서 정치를 유도하는 중요요인과 이유

중요 요인	이 유
1. 조직에서의 자원은 유한하기 때문에 흔히 잠재갈등을 실제 갈등으로 만든다.	사람들이 개인이나 집단이익은 조직 내 다른 사람의 희생을 통해 이루어진다고 생각하기 때문이다. 이런 요인들은 구성원들로 하여금 한정된 자원을 놓고 경쟁하게 함.
2. 아마도 한정된 자원을 배분하기 위해 사용되는 대부분의 '사실들'을 해석하기에 달렸다는 것이다.	'사실들'이 주관적이거나 여러 가지로 해석될 수 있는 가능성이 있거나, 불명확한 영역(사실이 분명히 드러나지 않은 곳)에서 정치가 만연한다. 즉 공식적 규정, 절차 등이 모호해 행동의 방향이라든지 그 결과에 대한 불확실성이 존재하는 곳에서 잘 일어난다.
3. 거의 모든 의사결정이 불명확한 분위기(사실의 객관성이 불분명하고 해석에 따라 달라질 수 있는)에서 실행되기 때문.	사람들은 자기목적을 달성하기 위해 사실을 왜곡시킬 수 있는 어떠한 영향력이라도 사용할 것이다. 그것 때문에 정치행동이라고 부르는 현상이 생기게 된다. 즉 조직 내 변화로 인해 기존의 권력분배 구조가 도전을 받을 때 기득권을 지키려는 부문·집단과 새로운 권력을 획득하려는 부문·집단 사이에서도 발생한다. 특히 조직에서 성과를 향상시키기 위해 자원을 감소시킬 때 정치적 행동을 촉진시킨다.

이처럼 조직정치의 동기로 목표의 모호성, 자원의 희소성, 기술 및 환경의 변화, 비정형적 의사결정 그리고 조직변화 등을 들 수 있다(Miles, 1980). 이를 다음의 <표 12-3>로 정리할 수 있다.

〈표 12-3〉조직정치의 동기

영향 요인	내 용
1. 목표의 모호성	목표가 불명확하고 모호할 때 조직정치가 발생할 가능성이 크다.
2. 자원의 희소성	자원이 부족하거나 자원할당이 부적합하게 할당될 때 조직정치가 표면화된다.
3. 기술 및 환경의 변화	내부의 기술특성이 비일상적이고 외부환경이 동태적이며 복잡할 경우에 정치적 행동이 증대된다.
4. 비정형적 의사결정	어떤 문제를 둘러싼 문제의 상태나 의사결정과정이 매우 모호할 때 조직정치가 발생할 가능성이 높다.
5. 조직변화	조직구조의 재조정이나 조직개발노력, 핵심적 권력관계의 재구조화, 신재품의 도입 등의 변화가 일어날 때 조직의 정치적 행동이 유도된다.

1.3. 정치적인 행동에 영향을 주는 요인들

모든 그룹이나 조직이 동일하게 정치적인 것은 아니다. 예를 들면, 어떤 조직에서는 정치적 행동이 공공연하고 활발하며, 어떤 조직에서는 정치가 결과에 미미한 영향을 미친다. 왜 이런 차이가 있을까? 최근 연구와 관찰을 통해 정치적 행동에 영향을 미치는 요인은 종업원들로부터 나오는 개인적인 요인들과, 조직문화나 내부 환경의 부산물인 조직적 요인으로 구분할 수 있다. 이를 아래의 <표 12-4>와 같이 정리할 수 있다.

〈표 12-4〉 정치적 행동에 영향을 미치는 개인적인 요인과 조직적인 요인

<table>
<tr><th colspan="2">개인적 요인</th><th>조직적 요인</th></tr>
<tr><td rowspan="4">정치행동
유발가능성 높음</td><td>높은 자기관찰 성향</td><td>자원 재분배, 진급기회</td></tr>
<tr><td>내부적 자기 환경 통제능력</td><td>불명확한 평가시스템, 제로섬 보상제도</td></tr>
<tr><td>높은 마키아벨리 성격</td><td>낮은 신뢰, 역할모호성</td></tr>
<tr><td>권력욕구가 높은 경우</td><td>높은 성과압력, 민주적 의사결정</td></tr>
<tr><td rowspan="3">정치행동
유발가능성 낮음</td><td>개인의 조직에 대한 투자가 많을수록</td><td></td></tr>
<tr><td>현 직업의 대안이 적을수록</td><td></td></tr>
<tr><td>성공에 대한 기대가 낮을수록</td><td></td></tr>
</table>

1.3.1. 개인적 요인

개인적 수준에서는 정치적 행동과 관련이 있는 성격특성, 권력욕구, 다른 요인들로 구분하여 설명할 수 있다.

1) 성격특성 측면: 사람들은 자기관찰성향(self-monitoring)이 높고, 내부적 통제를 가지고 있으며, 마키아벨리적 성향이 강할수록 정치적 행동을 할 가능성이 크다. 즉 자기관찰성향이 높은 사람은 낮은 사람보다 사회적 단서에 민감하고, 높은 수준의 동조를 보이며, 정치적 행동기술이 높다. 내부적 통제를 가진 사람들은 자기가 환경을 통제할 수 있다고 믿기 때문에 적극적인 자세를 취하며 자기의 이익을 위해서 상황을 조작하려고 시도한다. 또한 마키아벨리적 성격의 소유자는 자기의 이익을 추구하기 위해 정치를 이용하는 것을 편하게 생각한다.

2) 권력욕구와 정서적 불안정: 조직에서 성공적으로 과업을 수행하기 위해서는 어느 정도의 권력 욕구는 있어야 한다. 그러나 이러한 욕구가 지나치게 높거나 강할 때 정치적 행동을

할 가능성이 높다. 또한 정서가 불안정한 사람은 자기가 하는 일에 자신감을 갖지 못하기 때문에 자기기술이나 능력보다는 파벌조성 등 정치에 의존하여 개인적 부족함을 메우려고 노력하는 경향이 있다. 이런 정치행동은 조직에 대하여 바람직하지 않게 작용하는 것이 보통이다.

3) 기타: 그 외에도 개인의 조직에 대한 투자, 현 직업의 대안, 성공에 대한 기대가 그 사람이 어느 정도로 부당한 정치적 행동을 취할 것인가에 영향을 준다. 즉 어떤 사람이 미래이익을 위해 조직에 더 많이 투자할수록, 조직에서 쫓겨날 때 잃을 것이 많아지므로 부당한 정치적 행동을 취할 가능성은 줄어든다. 또한 현 직업에 대한 대안이 많을수록-취직기회가 많거나 특별능력이나 기술보유하고 있거나, 명성 때문에, 영향력 있는 사람을 알거나 해서- 그 사람은 부당한 정치적 행동을 할 가능성이 크다. 그리고 개인이 부당한 행위를 할 때 성공에 대한 기대가 낮으면, 그 사람은 그렇게 하지 않으려할 것이다. 부당한 방법이 성공할 확률이 높은 조직은 구성원들에게 정치적 행동의 장이 될 것이다.

1.3.2. 조직적 요인

우리는 개인차가 정치행동을 일으키는 역할을 한다고 인정하지만, 개인적 변수보다는 조직특성에 의해 더 많은 영향을 받을 것이다. 구체적으로 조직의 자원이 줄어들 때, 존재하는 자원의 유형이 변할 때, 승진의 기회가 생길 때, 정치적 행동이 드러날 것이다. 추가로 신뢰부족, 모호한 역할분담, 불명확한 성과 평가시스템, 제로섬 보상분배 관행, 민주적 의사결정, 성과에 대한 높은 압력, 자기 이익만 추구하는 고위 경영자들로 표현되는 문화는 정치적 행동의 온상이 될 것이다.

조직이 효율성을 높이기 위해 다운사이징을 할 때, 자원을 감소시켜야 한다. 자원을 잃는 것이 두려워 사람들은 자기가 가지고 있는 것을 지키기 위해 정치적 행동을 할 것이다. 특히 조직 내에서 자원의 재분배를 동반하는 변화에서는 갈등을 유발하고 정치행동을 증가시키는 경향이 있다. 승진기회는 사람들이 한정된 자원을 놓고 경쟁하며 의사결정 과정에 영향을 미치려고 노력하도록 만들기 때문에 승진결정은 가장 흔한 정치적 행동 중의 하나이다. 또한 조직 내에서 서로에 대한 신뢰가 낮을수록 정치적 행동수준이 더 높고 정치적 행동이 부당한 것이 될 확률이 더 높다.

정치적 활동은 구성원들의 공식적 역할이 아닌 것으로 정의되기 때문에, 역할모호성이 클수록, 그 사람은 눈에 띄지 않게 정치적 활동을 할 수 있다. 또한 조직에서 성과평가 기준의 결여는 즉 주관적 기준사용은 모호성을 증가시키고, 단일 측정지표사용은 무슨 수를 써서라도 그 지표에 잘 보이려고 하고, 행동과 평가사이의 긴 시간간격을 둘수록 자기 정치행동에 대해 책임을 져야 하는 경우가 줄어들기 때문에 구성원들의 정치적 행동을 통해 이익을 볼 확률이 커져 정치행동을 증가시킨다.

조직문화가 보상을 배분하는데 있어 제로섬 또는 승패를 따지는 접근법을 많이 사용할수록 구성원들이 정치행동을 하게 된다. 또한 상위자들이 정치행동을 성공적으로 하여 보상을 받는 것을 볼 때, 정치행동을 지원하는 분위기가 조성된다.

1.4. 조직정치에 대한 구성원들의 반응

우리는 주변사람들이 직장 내 정치에 대해 불평하는 것을 들어보았을 것이다. 그러나 사람들은 일반적으로 조직 내 정치에 대하여 어떻게 반응을 할까? 대다수의 관리자들은 정치적 행동이 필요악으로 모두에게 해가되지 않는 한 윤리적이며 필요하다고 본다. 그 이유는 조직은 가치, 목표, 관심사가 서로 다른 개인과 집단으로 구성되어 있다. 그래서 조직 내 자원에 관해 배분 등에 있어 갈등이 생길 가능성이 있다. 즉 조직에서 자원은 유한하기 때문에, 흔히 잠재적인 갈등을 실제적인 갈등으로 만든다. 또한 조직 내 모든 의사결정이 사실의 객관성이 불분명하고 해석에 따라 달라질 수 있는 불명확한 분위기에서 실행되기 때문에 사람들은 자기목적달성을 위해 사실을 왜곡시킬 수 있는 어떠한 영향력이라도 사용할 것이다. 그것 때문에 정치행동(politicking)이라고 부르는 현상이 생기게 된다.

거의 대부분 조직의 정치적 행동은 정당한 것이며 그 이유는 실용적이다. 그 이유는 극단적으로 비정당한 형태의 정치적 행동은 조직의 멤버십을 잃거나 그것에 참여한 사람들에 대한 제재로 인해 성공적인 결과를 가져올 수 있는 권력을 확보하지 못할 위험이 있기 때문이다. 이러한 관점은 성공적으로 정치행위를 하는 사람들이 갖는 긍정적인 결과에 초점을 맞추었기 때문이다. 그러나 조직구성원 대부분은 정치적 기술이 뛰어나지 않거나 정치적 게임을 하고 싶지 않은 사람들로, 이들에게는 정치적인 행동들이 부정적인 결과들만 가져온다고 연구들은 요약하고 있다 (Ferris, Russ, & Fandt, 1999). 조직정치에 대한 구성원들의 반응을 다음의 <표 12-5>와 같이 정리할 수 있다.

〈표 12-5〉 조직정치에 대한 구성원들의 반응

조직 내 정치의 인식	직무만족 하락
	불안과 스트레스 증가
	이직률 증가
	성과 저하

많은 연구결과들이 조직 내 정치에 대한 인식은 직무만족과 반비례하며, 업무불안(job anxiety)과 스트레스를 증가시키는 경향이 있다. 그 이유는 정치에 관여하지 않음으로 인해 정치적 행위를 많이 하는 사람들에게 기회를 빼앗길 수 있다고 생각하기 때문이거나, 반대로 정치에 들어가 경쟁을 해서 추가적인 압력이 생기기 때문인 것 같다. 또한 정치적 행위가 너무 부담이 될 경우에는 구성원들이 일을 그만둘 수도 있을 뿐만 아니라, 구성원들이 스스로 평가한 성과에 정치가 부정적인 영향을 미친다고 본다. 그 이유는 조직 내 정치에 대한 인식이 개인의 동기부여를 떨어뜨리는 효과가 있고, 이것이 성과수준의 하락을 초래하는 것으로 판단하기 때문이다.

위의 결론들에 더하여 몇 가지 재미있는 점들이 발견된다.

1) 정치-성과의 관계는 조직 내 정치의 방법과 이유에 대한 개인들의 이해에 의해 조절되는 것 같다. 조직 내 정치와 그에 대한 이해가 높을 때는, 개인이 정치적 행동을 기회로 보기 때문에 성과가 올라 갈 것이다. 그러나 이해가 낮을 때는, 사람들이 정치를 위협적인 것으로 생각하게 되어 직무성과에 부정적인 영향을 미칠 것이다.

2) 정치가 위협적인 것으로 간주되고 사람들이 지속적으로 방어적으로 대응할 때, 결국 부정적인 결과가 나타날 것은 분명하다. 즉 조직구성원들이 조직 내 정치를 기회가 아니라 위협적인 것으로 간주하거나 생각할 때, 방어적 행동(defensive behavior)- 활동, 비난, 변화 등을 회피하기 위한 반응이며 자신을 보호하는 행동-을 함으로서, 자신을 지치게 함은 물론 그 시점에서 그들은 동료, 상사, 부하, 고객들로부터 신뢰와 지원을 잃게 된다. 따라서 조직구성원들의 방어적 행동 유형을 정리하면 다음의 <표 12-6>과 같다.

〈표 12-6〉 조직구성원들의 방어적 행동유형

구분	방어적 행동	내 용
활동 회피	지나친 순응 (over-conforming)	'규정에 분명히 이렇게 쓰여 있다' '우리는 항상 이렇게 해왔다'라고 말함으로서 구성원의 책임을 엄격히 해석함
	책임 전가 (buck passing)	업무의 실행이나 의사결정을 타인에게 전가시킴

	무능하게 보이기 (playing dumb)	거짓으로 무지/무능하게 보여 원하지 않는 업무를 회피하는 것
	업무 늘리기 (stretching)	바쁘게 보이기 위해서 업무를 늘리는 것
	지연하기 (stalling)	공적으로 지원하는 척하면서 사적으론 아무것도 하지 않는 것
비난 회피	충격 완화 (buffing)	'몸을 사리다'의 완곡한 표현으로, 능력 있고 철저하다는 이미지를 주기 위해 모든 행동을 문서화하는 관행을 가르침.
	안전하게 가기 (playing safe)	불리한 상황을 피하는 것. 성공가능성이 높으면 수행, 위험 따른 의사결정은 상급자의 승인받고, 판단요구는 표현제한, 갈등 시 중립유지 등.
	정당화하기 (justifying)	부정적 결과에 책임을 줄이기 위해 이유를 만들고, 후회를 표현하기 위해 사과하는 것
	죄의 전가 (scapegoating)	부정적 결과에 대한 비난을 외부요소에 전가하는 것
	속이기 (misrepresenting)	왜곡, 꾸밈, 기만, 선택적 전달, 혼란 등을 통해 정보를 조정함
변화 회피	방지(prevention)	위협적인 변화가 일어나는 것을 미리 막음
	자기방어 (self-protection)	정보나 다른 자원을 지킴으로 변화와중에 자기이익을 보호하는 행동

1.5. 조직정치 관리방안

인간은 사회적 동물, 정치적 동물이다. 또한 세상은 네트워크다. 그중에서도 기업은 더군다나 네트워크다. 불황기에 살아남기 위한 방법 중 하나가 바로 '조직 내 네트워크를 만들라'는 것이다(2008년 말 포춘지). 동료들과 더욱 어울리고 그 중심에 서서 결코 왕따가 되지 말라는 것이다. 왜 그래야 하는가? 뭉치면 산다는 말처럼 모여 있어야 힘이 생기기 때문이다. 이처럼 조직정치는 조직 내에서 흔히 발생하고 필연적인 현상이지만, 이것이 지나치게 만연되면 대개의 경우 바람직하지 못한 결과가 나타난다. 조직정치가 만연할 경우 조직의 합리성이 조직정치에 의해서 대체되게 되고, 능력을 가졌거나 성과를 내는 부문들이 정치에 능한 부문에 가리게 되고 때때로 조직정치의 희생물이 되는 사태도 발생하게 된다. 이렇게 되면 조직정치에 의해 피해를 보는 부문과 그 구성원들의 소외나 불만을 야기하여 조직의 화합된 분위기는 깨지게 되며 조직성과도 크게 위협받게 된다. 따라서 조직정치현상에 대한 정확한 파악과 적절한 관리가 필요함으로 이에 대한 적절한 방안을 알아보도록 한다.

1.5.1. 조직정치가 잘 일어나는 상황을 파악할 필요가 있다.

앞서 우리는 조직정치 유발에 영향을 미치는 개인적인 요인과 조직적 요인을 살펴보았다. 일반적으로 조직 내에서 조직정치가 잘 일어나는 상황들을 살펴보면 다음과 같다.

첫째, 조직정치는 공식적인 규정, 절차 등이 모호해 행동의 방향이라든지 그 결과의 불확실성이 존재하는 곳에서 잘 일어난다. 예로 조직정치는 부서 간 조정, 승진이나 이동, 권력의 위양시 뚜렷한 기준이 없는 경우에 잘 발생하며, 반면에 채용이나 교육과 같이 명확한 규정이나 절차가 있는 경우에는 그 발생정도가 낮다.

둘째, 조직정치는 조직 내 변화로 인해 기존의 권력분배구조가 도전을 받을 때 기득권을 지키려는 부문과 새로운 권력을 획득하려는 부문 사이에서도 발생한다. 이와 같은 조직정치로 인한 갈등은 그것이 기본적으로 조직의 목표달성을 위해 시도되는 것이 아니기 때문에 비생산적인 성격을 갖기도 한다.

1.5.2. 집단수준에서의 표출되는 다양한 형태의 정치행동을 이해할 필요가 있다.

조직정치가 비록 광범위하게 발생하지만 조직의 모든 부분에 걸쳐서 동일한 수준으로 발생하는 것은 아니며, 다양한 형태로 표출된다. 집단수준에서 일어나는 대표적인 정치행동 형태로는 연합의 형성, 중요한 자원의 통제, 수세적 조직정치를 들 수 있다. 이를 정리하면 다음의 <표 12-7>과 같다.

〈표 12-7〉 집단수준에서 일어나는 대표적인 정치행동 형태

형 태	내 용
연합형성	적극적 의미의 조직정치로, 상대적으로 약한 부문들이 자신들의 목적을 이루기 위해 연합을 형성하는 것. 이는 조직에서 권력을 획득할 수 있는 가장 효과적인 방법 중의 하나이다.
중요한 자원의 통제	조직 내의 부문들은 중요자원을 통제함으로서 즉 다른 부문이 필요로 하는 정보라든가 전문지식에 대한 접근을 통제함으로서 자신들의 권력을 증가시켜 결국 자신들이 원하는 바를 얻을 수 있다.
수세적/부정적 조직정치	소극적 의미의 조직정치로, 어느 부문에서 추진하는 일이 실패했을 경우 실패원인을 다른 부문 탓으로 돌려 속죄양을 만든다거나 혹은 성공했을 경우 평가절하하거나 약화시킴으로서 상대방보다 우위의 권력을 획득하는 것이다.

이밖에 많이 사용되는 조직정치전술로는 자신에 대한 다른 사람 혹은 부문의 인상을 좋게 관

리하여 상대적으로 권력우위를 지키려는 인상관리(impression management)를 하거나(Gardner, 1988), 영향력 있는 사람과 관계를 맺거나, 지지기반을 구축하거나, 다른 사람을 칭찬하여 그들의 비위를 맞추든가하는 전술 등이 있다(Allen et al., 1979)

이처럼 집단수준에서의 조직정치가 일어나는 상황들과 조직정치 형태 및 전술 등을 살펴보았듯이, 조직정치가 꼭 부정적인 것만은 아니다. 즉 권력을 추구하고 이를 다른 사람에게 영향을 미치기 위해 사용하는 것 자체가 제재되거나 회피해야할 대상은 아니다.

사실상 기업경영이나 조직 관리를 위해서는 권력을 올바르게 사용하여야 한다. 문제는 조직정치로서가 아니라 올바른 의미에서의 권력의 사용은 윤리적 성격을 띠어야 한다는 데 있다.

1.5.3. 조직정치의 정석을 이해하라

조직정치가 만연하면 업무의 효율이 떨어지고 구성원들에게 과도한 스트레스가 퍼지게 되지만 적정수준을 유지할 경우라면 조직의 발전을 촉진하는 순기능도 있다는 것이 전문가들의 의견이다. 따라서 우리는 어떻게 해야 사내정치의 부정적인 번식력에 장악당하지 않고 즐길 수 있을까? 바로 알고 즐겨야 한다. 즉 정치란 자고로 위험하고도 중요한 것이니 현명해져야 한다. 실력만 키우면 사내정치와 무관하게 자기의 갈 길을 찾을 수 있다고 여기는 것은 순진무구하기 짝이 없는 생각이다. 이런 사람들이야말로 자신도 모르는 사이에 음성적인 사내정치에 휘말려 영문도 모른 채 파워게임의 희생양이 되기 쉽다.

직장인이 성공하기 위해서는 여러 조건이 있다. 사내정치는 분명 그중의 하나이다. 쓸데없이 파벌을 만들고 뒤숭숭한 분위기를 조장하라는 것이 아니다. 또한 적을 만들고 악의적인 공작이나 모략에 가담하라는 것도 아니다. 핵심집단에 속해야 한다. 즉 질 높은 네트워크를 풍부하게 확보해야 한다. 하버드 비즈니스 리뷰에 실린 조직정치의 정석이 무엇인지를 살펴보면 다음의 <표 12-8>과 같이 정리할 수 있다.

〈표 12-8〉 조직정치의 정석

1. 먼저, 공식 조직과 관계없이 회사 내의 역할관계를 파악할 것.
2. 다음으로 비공식 조직가운데 오너나 경영자, 그리고 잠재적 사장후보가 가장 신경 쓰는 조직을 찾아낼 것.
3. 그리고 그들로부터 일을 통해 인정받을 수 있도록 부단히 신경 쓸 것.
4. 그 다음은? 어느 날 상급자가 당신의 심기를 살피고 있다는 사실을 알게 될 것이다.

회사가 안정적인 상황이라면 사내정치를 가장 잘하는 사람이란 '리더십이 뛰어난 사람'이다. 또 정상적으로 돌아가는 기업에서 최고위층의 애정을 얻는 이들이라면 역시 실력이 뛰어나고 평판이 훌륭한 사람들일 거라는 것이다. 따라서 확실히 핵심은 정치보다는 실력이다. 실력이 없어서는 성공적인 사내정치란 애당초 불가능하다. 일을 제대로 못하는 사람이라면 사내정치를 잘할 수 있는 환경이 조성되지 않을뿐더러 아무리 기를 써도 핵심집단에서 환영받지 못한다.

1.5.4. 조직정치의 관리방안

개인이 조직 내에서 정치적으로 잘만 행동하면 비용과 벌은 피하면서 정신적, 물질적 보상을 더 받을 수 있는데 과연 이러한 정치행동은 윤리적으로 정당한 것인가? 모든 정치행동이 부당한 것은 아니다. 정당한 정치행동과 부당한 정치행동을 구분하는 조직정치행동의 윤리성 판단여부의 기준은 무엇인가? 이를 요약하면 다음의 <표 12-9>와 같다.

〈표 12-9〉 조직정치행동의 윤리성 판단여부의 기준은 무엇인가?

첫째, 조직구성원의 정치행동이 조직목표달성을 저해하면서까지 사익을 추구하려한다면 비윤리적이다. 그러나 조직목표를 위해서, 혹은 크게 위배되지 않는다면 괜찮다고 할 수 있다.
둘째, 조직구성원의 정치행동이 타인의 권리를 존중한다면 모르지만 이를 침해하거나 무시한다면 비윤리적이라고 할 수 있다.
셋째, 조직구성원의 정치행동이 지연, 학연 등의 후배에게 더 높은 고과점수를 주는 것처럼 공정과 정의에 어긋나서는 안 될 것이다.

정치행동이 아무리 정당한 것일지라도 조직의 모든 구성원이 정치적 행동에만 신경을 쓰다보면 실제의 업무활동은 등한히 할 수 밖에 없다. 따라서 조직 내에서 개인간, 상하간, 부서간에 정치적 행동이 지나쳐서 좋을 것은 없다. 선의의 경쟁, 규정과 제도적용의 유연성, 집단내의 응집성 등은 어느 정도 조장되는 것이 조직유효성에 긍정적인 효과를 미치지만 대부분의 정치행동은 불화와 갈등, 개인적으로는 시간과 에너지 낭비를 가져오는 것이 보통이므로 이를 줄이거나 적절히 관리할 수 있는 방안을 다음의 <표 12-10>과 같이 검토해 보는 것이 필요하다.

〈표 12-10〉 조직정치행동의 관리방안

관리 방안	내 용
1. 불확실성 감소	고과, 보상, 승진규정의 객관성과 명확성 유지, 규정집 보완과 명확한 업무분담이 이루어져야 할 것이다.
2. 상위목표 도입	하위부서간이나 하급자들 간의 갈등은 상위목표를 제시함으로서 어느 정도 상쇄할 수 있고 오히려 협동체제로 돌아설 수도 있다.
3. 경쟁감소	경쟁을 유발시키는 요인은 되도록 줄이면서 상호협동 할 수 있는 분위기로 만든다.
4. 파벌해체	파벌의 멤버들을 파악하여 서로 교환배치를 한다든가 인사이동으로 파벌을 해체하는 방법이 있다.
5. 정치적 태도 배격	인사평가나 승진시에 정치적 태도를 부정적으로 평가함으로서 정치행동을 감소시킬 수 있다.

제2절. 갈등(Conflict)에 대한 이해

조직의 다양한 부문사이에서 발생하는 갈등을 효과적으로 조정하는 것은 집단성과뿐만 아니라 집단구성원의 만족을 증진시켜 집단의 자율기반을 구축하는데 있어서 중요한 과제이다. 따라서 제2절에서는 먼저 갈등이란 무엇이며, 인간존중경영의 실현을 위해 이해관계를 달리하는 개인이나 집단의 갈등조정이 조직에서 왜 중요한가, 조직에서의 갈등을 어떤 관점으로 보고 있는가, 그리고 갈등과정을 살펴보고, 효과적인 갈등관리 방안으로는 어떤 것들이 있는지에 대해 알아보고자 한다.

2.1. 갈등의 의의 및 중요성

2.1.1. 갈등의 의미

갈등이란 "사람이나 집단 또는 조직과 같은 사회적 주체들 간에 이해관계가 충돌하여 서로 적대시하거나 상대방의 이익에 상충되는 방향으로 상호작용을 하는 과정"을 의미한다(Thomas, 1992). 이 개념을 조직에 적용한 조직 내에서의 갈등이란 '조직 내 구성원들·집단들·부문들이 협력적으로 일하기보다는 상대방의 이익에 상충되는 방향으로 상호작용하는 과정'을 가리킨다. 이처럼 이해를 달리하는 서로들 간에 심각한 갈등이 발생하게 되면 부문 및 집단은 조직목표달성에 필요한 과업을 원활하게 수행할 수 없게 되므로 조직유효성에 부정적인 영향을 끼치게 되며, 개인들은 주어진 과업에서의 불평·불만족을 경험하게 되고, 이로 인한 개인성과와 집단성과의 저하 등으로 연계될 수 있다.

조직에서 갈등은 보편적으로 일어나고 있는 현상이므로 조직경영 목표달성에 부정적으로 영향을 미치는 심각한 갈등은 어느 정도 해소할 필요는 있다. 그러나 갈등이 없는 조직은 정체된 조직을 의미하므로 갈등이 어느 정도 존재하도록 일정수준까지 조장하여 조직에 긴장을 다소 불어넣어 창의성을 제고할 필요가 있다. 따라서 조직 관리자들은 집단 간의 갈등조정이 조직전체의 경영목표를 달성하는데 기여할 수 있도록 갈등을 일정수준까지 해소하거나 혹은 조장하는 갈등의 관리활동이 적극적으로 필요하다는 것을 인식할 필요가 있다.

2.1.2. 집단 간의 갈등의 조정이 왜 중요한가?

효과적인 부문 혹은 집단 간의 갈등조정은 갈등에 연관되어 있는 당사자들뿐만 아니라 성과의 상당부분을 이들 부문의 활동에 의존하는 조직에도 큰 영향을 미친다. 즉 부문 또는 집단간 갈등의 조정이 얼마나 효과적으로 이루어지느냐에 따라 집단의 운영과 성과에 영향을 받는다. 구체적으로 부문 혹은 집단 간의 갈등조정의 중요성을 살펴보면 다음의 <표 12-11>과 같이 정리할 수 있다.

〈표 12-11〉 부문 및 집단 간의 갈등조정의 중요성

• 원활한 경영활동에 장애를 일으키는 역기능적인 갈등을 예방할 수 있을 뿐만 아니라, 한 부문의 활동과 다른 부문의 활동들 간에 바람직한 적합관계를 높일 수 있기 때문이다. 즉 집단의 활동들이 조직전체목표달성에 부합하도록 통합 및 조정과정에서 갈등당사자들의 조직 내 위상을 재정립시킬 수 있다.
• 집단 간에 상동적 태도와 같은 부정적인 태도를 없애고 상호간의 이해의 폭을 증진시킬 수 있기 때문이다. 이는 조정과정에서 상대방이 추구하는 것이 무엇인지, 자기집단에 어떤 영향을 미치는지를 좀 더 명확하게 밝히기 때문이다.
• 집단구성원의 스트레스를 해소시킬 수 있기 때문이다. 집단 간의 갈등이 고조되면 상대집단을 능가하기 위해 많은 규칙이 제정되고, 이를 엄격하게 실시함으로서 집단 내 분위기가 경직되어 구성원들의 스트레스가 가중되며, 집단의 자율적 운영이 저해되는데 갈등조정을 통해 이를 해소할 수 있다.
• 집단 간에 창의적인 문제점을 촉진시키기 때문이다. 집단도 사람처럼 일정정도의 갈등이라든가 긴장이 있어야 이를 해결하려고 노력하는 과정에서 창의성을 발휘할 수 있다.
• 집단의 활성화와 자율적 운영에 기여할 수 있기 때문이다. 집단 간의 갈등조정을 통해 참여적이고 민주적인 리더십과 집단의 운영을 할 수 있는 기초를 제공할 수 있다. 또한 개방적인 커뮤니케이션이 원활하게 되어 업무수행에 필요한 정보를 공유함으로서 집단 업무성과의 질을 높이고 중복업무를 방지하여 생산성제고에도 기여하게 된다.

2.2. 갈등을 보는 관점

모든 갈등이 좋은 것도 아니고 해로운 것도 아니다. 조직에서의 어떤 갈등은 집단목표를 지속적으로 후원하며 성과를 향상시키는 순기능적 역할을 하는 반면에 어떤 갈등은 집단성과에 방해가 되는 역기능적 역할을 한다. 문제는 조직 관리자들이 갈등의 양면적인 역할과 관련하여 어느 관점에서 보고 있느냐에 따라 이를 관리 또는 해결하는 방식이 달라질 수 있다. 따라서 여기서는 갈등을 보는 관점에 대해 살펴보고자 한다.

2.2.1. 갈등을 역기능적으로 보는 관점

조직은 기계와 같아서 조직 내에서 발생하는 갈등은 기계의 작동에 방해가 되는 문젯거리로 인식하였기 때문에, 갈등은 조직의 성과를 저해시키는 요인으로 보았다. 그 이유는 갈등은 의사소통의 부족, 사람간의 개방성과 신뢰성의 부족, 종업원의 욕구와 열망에 대한 관리자의 대응실패 등에서 기인하는 것으로 보았기 때문이다. 특히 경영이론가인 페이욜과 테일러에 영향은 받은 경영자들은 집단 간의 갈등을 피하거나 갈등이 발생할 경우, 이를 최대한 빠른 시간 내에 억제하는 것을 주요 관심사로 삼아왔다(Tosi et al., 1990).

이런 관점은 일반적으로 조직 내 부문 간의 갈등은 상대부서에 대해 적대감, 부정적 태도, 편견 등을 갖도록 하여 구성원들로 하여금 많은 스트레스를 느끼게 할 뿐만 아니라 부문 간의 통합 및 커뮤니케이션을 감소시킨다. 또한 조직목적을 달성하는데 필요한 집단의 주의력과 에너지를 다른 곳으로 쏠리게 하는 부작용을 낳고 변화에 필요한 활력을 주지 못하기 때문에 조직유효성에 심각한 해를 끼친다고 보게 된다(Fordor, 1976).

2.2.2. 갈등을 순기능적으로 보는 관점

갈등상태가 심각할 경우에는 조직유효성에 나쁜 영향을 줄 수 있지만, 일정정도의 갈등은 오히려 조직유효성을 제고할 수 있기 때문에 갈등을 조직유효성 제고시키는 요인으로 보았다(Robbins, 1994). 그 이유는 갈등은 이전에 미처 몰랐던 문제점을 전면에 부상시켜 그 해결방안을 모색할 수 있게 하고, 상대편의 위치를 좀 더 잘 이해하게끔 하며, 갈등상황을 통해 나의 의견과는 다른 정보를 입수함으로서 집단 내 의사결정의 질을 향상시킬 수 있다. 또한 갈등해결과정에서 조직의 창의성이나 지속적인 개선 및 혁신을 촉진하게 되어 결국은 조직의 전반적인 변화를 가져오게 할 수 있다(Robbins, 1994).

이런 관점은 갈등이 적정수준으로 유지될 때, 집단을 생동감에 넘치게 하고, 집단이 근거가 약한 가정에 기반을 두고 대안에 대한 검토가 제대로 이루어지지 않은 상황에서 소극적으로 쉽게 결정을 내리는 집단사고(group thinking)의 해결책이며, 자기 비판적 분위기와 혁신지향적인 분위기를 조성하여 혁신과 변화를 촉진함으로서 조직유효성을 제고시켜 줄 수 있다고 보고 있다.

2.2.3. 갈등의 역기능과 순기능의 구분

조직 관리자들이 갈등을 어떤 관점에서 바라보고 있는가와 관련하여 갈등의 양면적인 역할들을 살펴보았다. 그렇다면 어떻게 순기능적 갈등과 역기능적 갈등을 구분할 수 있을까? 연구결과들은 조직 내 갈등의 유형을 충분히 고려할 필요가 있다고 제안한다. 조직 내 갈등의 유형에는 업무갈등, 관계갈등, 그리고 과정갈등 세 가지가 있는데, 이를 다음의 <표 12-12>와 같이 정리할 수 있다.

〈표 12-12〉 갈등의 유형과 개념 그리고 갈등수준에 따른 효과

유형	갈등 수준	개념 및 효과
업무갈등		• **작업의 내용과 목표에 관한 갈등**
	낮거나 적당수준	• 집단성과, 개인 창의성과 조직혁신에 긍정적 작용: 일상적 과업은 관련이 없음 • 이유?: 집단성과 향상위해 지속적 논의를 촉진하기 때문.
	너무 높은 수준	• 역기능적인 효과가 나타남.
관계갈등		• **개인적인 관계에 기초한 갈등: 인간관계에 중점**
	높거나 너무 높은 수준	• 역기능적인 효과가 나타남. • 이유?: 관계갈등에 내재해 있는 상호간의 마찰과 적대감이 충돌을 유발하고 상호이해를 저하시켜 조직의 업무를 완수하는데 방해가 되기 때문.
과정갈등		• **어떻게 작업을 완수할 것인지에 대한 갈등**
	낮은 수준	• 정도가 낮아야만 긍정적으로 작용
	높거나 너무 높은 수준	• 역기능적인 효과가 나타남. • 이유?: 누가 무엇을 해야 되는가에 대한 격렬한 논쟁은 업무역할에 대한 불확실성을 야기하고 업무완수에 걸리는 시간을 증가시키고 구성원의 목표가 서로 어긋나게 하기 때문.

우리는 갈등의 순기능과 역기능을 구분하기 위하여 조직 내 갈등의 유형을 살펴보면서, 갈등의 수준에 따라 순기능적이거나 역기능적인 결과를 낳을 수 있다는 사실을 알게 되었다. 따라서 갈등을 아마도 모든 조직에서 불가피한 것으로 보고, 생산적인 갈등해결에 더 초점을 맞춰야 하기 때문에, 조직 관리자들은 갈등을 적절한 수준으로 유지하는 방안을 적극적으로 고려하여야 할 것이다.

2.3. 갈등과정과 갈등관리

갈등과정(conflict process)은 잠재적 대립 혹은 상충(incompatibility), 인지와 개인화, 의도, 행동, 결과의 다섯 가지 단계로 구성되어 있다. 이 과정은 [그림 12-1]과 같이 정리할 수 있다.

[그림 12-1] 갈등과정

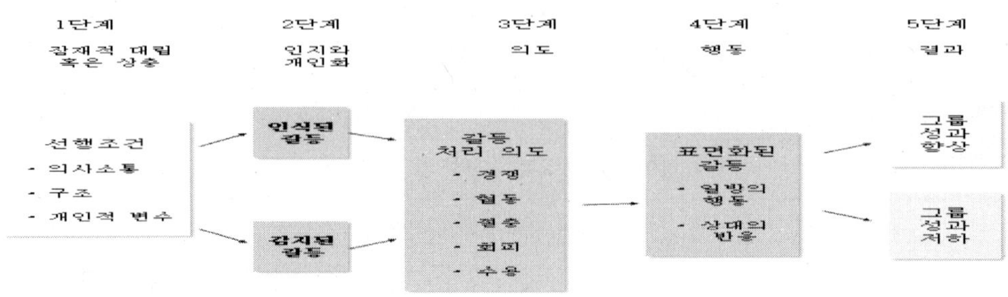

2.3.1. 잠재적 대립 혹은 상충

갈등이 생길 수 있는 기회를 제공하는 상황이 존재하는데, 이 상황이 직접적으로 갈등을 이끌지 않을 수도 있지만 갈등이 표면화되려면 이 상황들 중의 하나가 필요하다. 이러한 상황들은 다음의 <표 12-13>과 같이 세 가지의 범주로 집약될 수 있다.

〈표 12-13〉 갈등기회를 제공하는 상황

상 황	내 용
1. 의사 소통	• 단어 의미의 변화, 전문용어, 불충분한 정보교환, 의사소통 경로에 있는 소음 등 모두가 의사소통의 장애물이고 갈등의 잠재적 선행조건으로 볼 수 있다(Peterson & Behfar, 2003). • 또한 의사소통이 너무 적거나 너무 많을 때 갈등의 발생가능성이 높아진다는 것이다. 그러므로 과도한 의사소통으로 인해 갈등의 발생 가능성이 커지는 어느 시점까지 의사소통의 증가는 순기능적 역할을 하게 된다.

2. 구조	• 구조적이라는 말은 규모, 구성원에게 부과된 업무의 전문화 정도, 관할 구역의 구체화, 구성원과 목표의 적합성(compatibility), 리더십 스타일, 보상체계, 집단 간 의존성을 포함한다. • 집단규모가 크고 활동이 전문화될수록 갈등의 발생가능성이 커진다. 또한 행동의 책임소재가 모호할수록, 집단 간 목표의 다양화는 갈등의 주요 발생요인이다. 특히 어느 한 집단이 다른 집단에게 의존하게 되거나 상호의존성으로 인해 한 집단의 이익이 다른 집단의 손실을 통해 실현될 때 대립하는 힘이 발생하게 된다.
3. 개인적 변수	• 개인적 변수는 성격, 감정, 그리고 가치 등을 포함한다. 성격은 갈등과정에서 중요한 역할을 한다. 특히 무뚝뚝하고, 신경질적이고, 자기중심적인 특성이 강한 사람은 타인과 더 자주 갈등이 일어나고, 갈등이 발생했을 때 부정적으로 반응한다(Glomb & Liao, 2003). • 감정 또한 갈등을 유발할 수 있다. 부정적 감정과 분노가 동료들을 짜증나게 만들고 긴장된 분위기를 만들 수 있다는 점이다.

2.3.2. 인지와 개인화

1단계에서 언급된 조건들이 어느 한 당사자가 중요시하는 것에 부정적인 영향을 미치게 되면, 잠재적인 대립이나 상충이 2단계에서 현실화 된다. 사람들은 갈등이 인지된 갈등(perceived conflict)이 되었다고 해서 개인화 되는 것이 아니고 감지된 갈등(felt conflict)수준에 이를 때 비로소 감정을 적용시키며 당사자들은 걱정, 긴장, 좌절, 적대감을 경험하게 된다. 2단계에서는 다음의 <표 12-14>와 같이 두 가지 포인트를 기억하자.

〈표 12-14〉 인지와 개인화단계에서 기억해야 할 두 가지 포인트

1. **갈등에 대한 이슈가 정의된다는 점에서 중요하다.** • 갈등이슈가 분명하게 정의됨으로서 당사자는 해결책의 방향을 제시할 수 있는 것이다(Pinkley, 1990). 예로 갈등이 제로섬의 상황인지 아님 윈-윈의 상황인지에 따라 해결책의 방향이 달라질 수 있기 때문이다.
2. **감정이 지각을 형성하는데 주된 역할을 한다는 것이다.** • 부정적 감정은 문제의 지나친 단순화, 신뢰의 감소, 상대방의 행동에 대한 부정적인 해석 등을 이끌고 (Isen et al., 2004), 반대로 긍정적 감정은 문제 요소들 간의 잠재적 관계를 볼 수 있게 하고, 상황을 넓은 시각으로 보게 하며, 보다 혁신적인 해결책을 개발하려는 경향성을 증가시킨다(Carnevale & Isen, 1986).

2.3.3. 의도(intention)

의도는 사람들의 인식이나 감정과 외적으로 드러나는 행동사이에서 작용한다. 즉 의도는 '어떤 방향으로 행동하고자 하는 의사결정'이다. 한 개인이 타인의 의도를 잘못 해석하여 갈등이 고조될 수도 있고, 의도와 행동사이에 차이가 있을 수 있기 때문에 행동이 그 사람의 의도를 항상 정확히 반영하는 것은 아니지만 그래도 우리는 다른 사람의 행동에 대해 어떻게 반응해야 하는지 알기 위해 그 사람의 의도를 추측해야 한다.

갈등처리 의도 즉 갈등상태에서 취할 수 있는 방향은 자기주장을 끝까지 관철시켜 자신의 관심사를 충족시키거나, 반대로 상대방의 관심사를 충족시켜 주는 것이다. 이때 자신만의 관심만을 만족시키려는 의도를 독단성(assertiveness)이라 하고, 상대방의 관심을 만족시키려는 의도를 협조성(cooperativeness)이라 하는데, 이 두 차원의 조합에 의해, 다음의 <표 12-15>와 같이 경쟁, 타협, 회피, 수용, 협조라는 갈등처리 의도 즉 갈등해결의 기본양식으로 구별했다(Thomas, 1992).

〈표 12-15〉 갈등해결의 기본양식

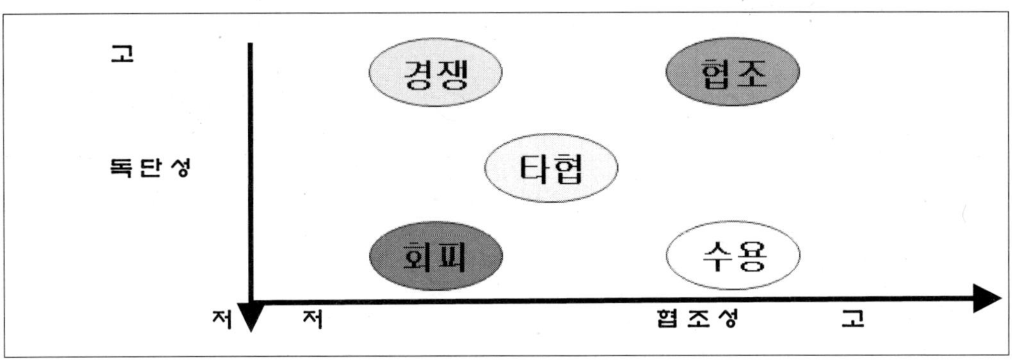

1) 경쟁: 상대방이 받을 충격에 관계없이, 자기 자신의 이익을 만족시키려고 하는 경우를 의미한다. 예로, 내기에서는 경쟁해서 오직 한 사람만이 이길 수 있다.
2) 회피: 갈등으로부터 철회하거나, 갈등을 억누르려고 하는 것을 의미한다. 예로, 갈등을 무시하려고 노력하거나 갈등관계에 있는 사람을 회피하는 것이 있다.
3) 수용: 상대방의 관심사를 자신의 관심사보다 우선시하려고 하는 것을 의미한다. 이는 관계를 계속 유지하기 위해 한쪽이 자신을 희생하는 것이다. 예로, 수용은 맘에 들지 않지만 다른 사람의 의견을 지원해주는 것이다.

4) 타협: 갈등당사자들이 갈등범위를 제한하고 서로 뭔가를 조금씩 양보하려고 하는 것을 의미한다. 여기에는 분명한 승자나 패자가 없다.

5) 협조: 갈등당사자들이 서로 상대방의 관심사를 만족시키기 원하는 상황을 의미한다. 여기에 협동이 있고 상호이익을 추구하려는 노력이 있다. 당사자들의 의도는 그들의 여러 관점을 그대로 받아드리기 보다는 차이점을 분명히 함으로서 함께 문제를 해결하는 것이다. 예로, 양쪽의 목표가 모두 성취되는 윈-윈 해결책을 강구하고 양쪽의 통찰력을 합하여 결론을 모색하는 것이다.

사람들의 의도는 고정되어 있지 않다. 갈등이 진행되는 동안 문제에 대한 재인식이나 다른 사람의 행동에 대한 감정적 반응으로 인해 사람들의 의도는 바뀔 수 있다. 그러나 사람들은 위의 5가지 갈등처리 의도에 대해 선호도를 갖고 있고, 그러한 의도에 꽤 일관되게 의존하는 경향이 있다. 조직에서 과도한 갈등을 줄여야 하는 조직 관리자에게 어떤 조언을 해줄 수 있을까? 항상 최고의 효과를 내는 하나의 갈등처리방식이 존재한다고 생각하면 오산이다. 상황에 맞는 방식을 선택해야 한다. 갈등해결방식에 맞는 상황을 다음의 <표 12-16>과 같이 정리해 볼 수 있다.

〈표 12-16〉 상황에 맞는 갈등해결방식

해결 방식	효과적 상황
경 쟁	• 신속하고 확고한 행동이 중요할 때(비상사태 시) • 중요한 이슈로 사람들이 싫어하는 조치를 실행해야 할 때(원가절감 등) • 옳다는 걸 알고 조직복지의 이슈로 다룰 때 • 비경쟁적 행동으로부터 이익을 취하려는 사람을 다룰 때
협 동	• 양 당사자 관심사가 너무 중요해 타협보다 통합적 해결을 추구할 때 • 배우는 것이 여러분의 목적일 때 • 다른 관점을 가진 사람들의 의견을 합칠 때 • 염려를 의견일치로 통합하여 헌신을 이끌어낼 때 • 관계에 방해가 되는 감정들을 정리하며 일할 때
회 피	• 이슈가 사소한 것 일 때나 더 중요한 이슈가 있을 때 • 여러분의 관심사를 만족시킬 방법이 없다고 생각될 때 • 문제가 해결되어 얻는 이익보다 더 큰 혼란이 예상될 때 • 사람들을 진정시키고 생각을 가다듬을 때 • 즉각적인 결정보다 정보를 수집할 필요가 있을 때 • 다른 사람들이 갈등을 더 효과적으로 해결할 수 있을 때

수 용	• 내가 틀린 것을 발견했을 때와 다른 사람이 나의 말을 듣게 하고, 배우고, 여러분의 합리성을 보여주기 위해 더 나은 위치를 점유하고자 할 때 • 이슈가 나보다 다른 사람에게 더 중요할 때와 다른 사람을 만족시키고 협력을 유지하고자 할 때 • 내가졌을 때 손실을 최소화하기 위해, 조화와 안정이 특히 중요할 때 • 직원들이 실수를 통해 배울 수 있게 하기 위해
절 충	• 목적이 중요하지만 더 공격적인 접근법으로 인한 혼란을 가져올 만큼의 가치가 없을 때 • 동등한 권력의 당사자들이 서로 양립할 수 없는 목표에 전념할 때 • 복잡한 이슈에 잠정적 타협을 가져오기 위해 • 시간이 없을 때 신속한 해결을 보기 위하여 • 협동이나 경쟁이 성공하지 못할 때 차선책으로 사용

2.3.4. 행동

대부분의 사람들은 갈등상황을 생각할 때, 4단계에 초점을 맞추는 경향이 있다. 그 이유는 이 단계에서 갈등이 가시화되기 때문이다. 행동단계는 갈등당사자들의 선언, 실행, 반응을 포함한다. 이 갈등행동은 각 당사자가 자신의 의도를 실행하기 위해 취하는 행동이다. 오해나 미숙한 실행으로 말미암아, 겉으로 드러난 행동은 원래 의도와 다른 방향으로 가기도 한다.

4단계를 상호작용의 역동적인 과정으로 보면 이해에 도움이 된다. 다음의 <표 12-17>는 갈등행동을 시각화한 것이다.

〈표 12-17〉 갈등의 강도와 갈등행동

파괴적 갈등 ↑

-- 상대방을 파괴하려는 공공연한 행동
-- 물리적 공격
-- 협박과 최후통첩
-- 공격적으로 말함
-- 질문으로 상대방에게 도전함
-- 사소한 의견 차이와 오해

갈등 없음

자료: Robbins(1974), Managing Organizational Conflict: A Nontraditional Approach(Upper Saddle River, NJ: Prentice Hall.

이 선의 아랫부분에서는 갈등을 미묘하고, 간접적이고, 아주 통제된 형태의 긴장으로 표현된다. 갈등의 강도는 이 선을 따라 올라갈수록 점점 고조되어 결국에는 매우 파괴적으로 된다. 파업, 폭동, 전쟁은 분명히 이런 상위 범주에 속한다. 대부분 이 단계까지 오른 갈등은 거의 항상 역기능적이라고 보아야 한다.

2.3.5. 결과

갈등당사자 간의 행동-반응 상호작용은 어떤 결과를 가져오게 된다. 이러한 결과는 집단의 성과를 향상시키는 순기능적인 결과가 될 수도 있고, 아니면 집단성과에 방해가 되는 역기능적인 결과가 될 수도 있다. 갈등과 성과와의 관계를 다음의 [그림 12-2]와 같이 정리할 수 있다.

1) 순기능적인 결과: 갈등이 건설적인 경우는 의사결정의 질을 향상시키고, 창의력과 혁신을 자극하며, 집단 구성원으로 하여금 관심과 호기심을 유발시키고, 문제가 드러나고 긴장이 완화되는 수단을 제공하며, 자기평가와 변화의 환경을 조성하는 경우이다.
2) 역기능적인 결과: 바람직하지 않은 결과들로는 의사소통의 마비, 집단 응집력의 약화, 구성원 간의 대립으로 인한 집단목표의 상실 등이 있다. 극단적으로는 갈등이 집단기능을 중지

[그림 12-2] 갈등과 성과와의 관계

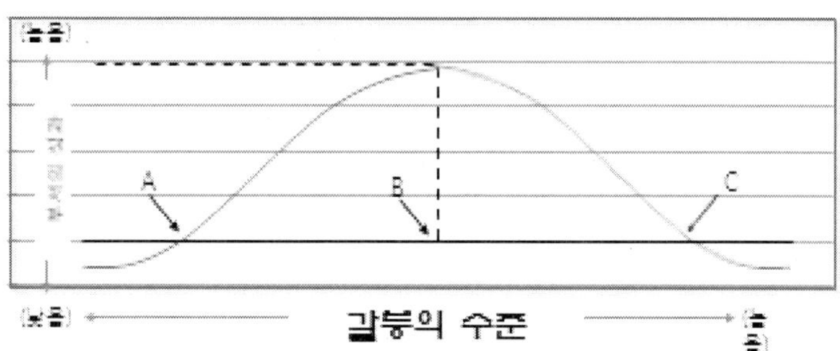

상황	갈등수준	갈등종류	부서 내부특성	부서성과
A	낮거나 없음	역기능	냉담 진전이 없음 변화에 무반응 새로운 아이디어의 부재	낮음
B	적절	기능적	생기 있음 자기비판적 혁신적	높음
C	높음	역기능적	파괴적 혼란 비협조적	낮음

시키고 생존까지 위협할 수 있다. 모든 형태의 갈등은 집단 구성원의 만족감과 신뢰를 줄이는 것으로 보인다.

3) 순기능적 갈등 관리: 만약 관리자들이 어떤 상황에서 갈등이 유익할 수 있다는 걸 깨닫게 된다면, 조직에서 갈등을 효과적으로 관리하기 위해 그들은 무엇을 할 수 있을까? 조직 내에서 만약 빈번하게 발생하는 갈등이 역기능적이라면 조직 관리자들은 그 수준을 내리기 위해서 무엇을 할 수 있을까? 혹은 갈등수준이 너무 낮아서 올릴 필요가 있다면 어떤 대안이 있을까? 갈등수준과 집단유효성의 관계를 다음의 [그림 12-3]과 같이 정리할 수 있다.

[그림 12-3] 갈등수준과 집단유효성과의 관계

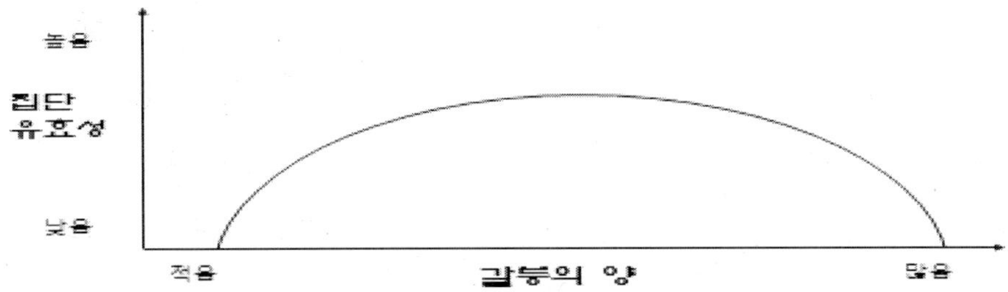

갈등과소	적정수준	갈등과다
적응력 둔화 획일성 무사안일 포기·침체	변화지향 창조력, 다양성 도전력 목표실천 행동	혼란·분열 투쟁, 비협조 불안, 위협 목표의식 결여

갈등관리에 대해 알아보자. 갈등관리(conflict management)란 '만족할만한 갈등수준에 도달하기 위해 갈등해소, 자극기법을 사용하는 것'이다. 조직 관리자들이 갈등의 수준을 조절하는데 도움을 주는 갈등해소 및 자극기법들은 어떤 것들이 있는가? 이들 기법들을 다음의 <표 12-18>과 같이 정리할 수 있다.

〈표 12-18〉 갈등관리 기법

갈등해소	문제해결	토론을 통해 문제점을 발견하고, 그것을 해결하려고 직접 만나서 회의를 함.
	상위목표	상대방의 협조 없이는 달성이 불가능한 공동의 목표를 정하는 것
	자원의 증대	자원(돈, 승진, 기회, 사무실 공간 등)의 희소성으로 인해 갈등발생의 경우, 자원증대는 윈-윈의 상황을 가져올 수 있음.

기법	회피	갈등을 피하거나 갈등을 억누르는 것
	완화	갈등당사자 사이의 차이점은 축소시키고 공통관심사를 강조하는 것
	절충	갈등의 각 당사자가 뭔가를 포기하는 것
	권위적 명령	경영진은 갈등해결에 공식적 권위를 사용하고, 자기가 원하는 것을 갈등당사자에게 알려줌
	인적변수의 변화	갈등을 일으키는 태도와 행동을 바꾸기 위해 대인관계훈련 같은 행동변화기법을 사용하는 것
	구조적변수의 변화	공식적 조직구조와 갈등당사자의 상호작용패턴을 직무재설계, 이동, 조정직위의 신설 등을 통해 변화하는 것
갈등자극기법	대화	갈등수준을 높이기 위해 모호하고 위협적인 메시지를 사용하는 것
	외부인의 유입	배경, 가치관, 태도, 혹은 관리스타일이 기존의 구성원과 다른 직원을 그룹에 투입하는 것
	조직의 구조조정	현상에 혼란을 주기위해 작업그룹의 재배치, 규칙과 규정의 수정, 상호의존성의 증가, 그와 비슷한 구조적 변화를 주는 것
	의도적 반대자	그룹 대다수의 입장에 대해 반대하는 의견을 낼 사람을 임의적으로 지정하는 것

자료: Robbins(1974), Managing Organizational Conflict: A Nontraditional approach, (Upper Saddle River, NJ: Prentice Hall.

갈등에 대한 고려-그것의 본질, 원인과 결과-를 바탕으로 이러한 갈등을 종종 해결하는 협상에 대해 알아보자.

제3절. 협상(Negotiation)에 대한 이해

협상은 집단이나 조직 내의 모든 사람들의 상호작용 속에 스며들고 있다. 최근 들어 협상전략이 조직 내 갈등을 사전에 방지하거나 혹은 불필요한 갈등을 해소하기 위한 갈등관리기법으로서 널리 사용되어지고 있다. 따라서 협상에 대한 이해를 돕기 위해 먼저 협상의 개념과 전략을 살펴보고, 이를 활용하여 갈등을 효과적으로 관리하기 위해서는 3단계에 걸친 협상과정을 이해해야하기 때문에 이를 구체적으로 살펴볼 것이다.

3.1. 협상의 개념과 협상전략

3.1.1. 협상의 개념

협상은 흔히 적대적인 상대방을 만나 자신의 주장을 관철시키는 것으로 생각하기 쉽다. 그러나 협상이란 "둘 또는 그 이상의 당사자들이 서로 이익이 상반된다고 생각하는 문제에 관하여 합의에 도달하기 위해 서로 이야기를 주고받는 집합적 의사결정과정"이다(Carnevale, 1994). 또는 "결정대안에 서로 다른 선호체계를 가진 상호의존적인 당사자들 간의 의사결정과정"을 가리킨다(Neale & Bazerman, 1992). 즉 협상은 둘 이상의 당사자들이 자신에게 중요한 이슈들에 대해서는 상대방의 양보를 받아내고, 반면에 상대방에게 더 중요한 이슈에 대해서는 양보함으로서 서로 만족스러운 교환에 이르려는 시도라 할 수 있다.

3.1.2. 협상의 전략

협상전략은 크게 분배적 협상(distributive negotiation)과 통합적 협상(integrative negotiation)으로 나뉜다(walton & McKerzie, 1991). 이를 다음과 같이 설명할 수 있다.

3.1.2.1. 분배적 협상

분배적 협상이란 '가장 보편적인 협상유형으로 양 당사자 간에 직접적인 이해관계가 존재하기 때문에 협상을 통해 고정된 자원을 어떻게 분배할 것인가를 결정하는 과정'이다. 이는 협상결과가 어느 한 당사자에게 이익이 될 경우 다른 당사자는 그만큼 손해가 된다는 '제로섬(zero-sum) 가정'에 기초하고 있다.

분배적 교섭의 핵심은 협상의 두 당사자는 자기가 원하는 목표점(target point)과 각자가 받아들일 수 있는 최소한의 결과인 저항점(resistant point)을 갖게 되는데, 이 점 이하의 결과는 받아드리지 않고 차라리 협상을 결렬하려고 할 것이다. 이 두 점사이의 영역이 각자의 기대영역(aspiration range)으로 두 당사자의 기대영역사이에 교차되는 부분이 있는 한 다음의 <표 12-19>와 같이 모두의 기대가 충족될 수 있는 타결영역(settlement range)이 존재한다.

분배적 교섭에 참여함에 있어 최고의 전술은 첫 번째로 공격적 제안을 하는 것이다. 이는 상대방에게 힘을 보여주는 것이며, 노련한 협상자는 처음 제의를 통해 고착기준을 정함으로서 이를 정한 사람에게 우호적으로 작용하기 때문이다. 또 다른 전술은 마감시한을 드러내는 것이다.

〈표 12-19〉 분배적 교섭의 영역

<table>
<tr><td>A의 기대영역</td><td rowspan="2">타결영역</td><td>B의 기대영역</td></tr>
<tr><td></td><td></td></tr>
<tr><td>A의 목표점</td><td>B의 저항점 A의 저항점</td><td>B의 목표점</td></tr>
</table>

3.1.2.2. 통합적 협상

통합적 협상은 '당사자들의 이해를 조화시킴으로서 보다 큰 공동이익을 도출해 내려는 협상 전략'으로, 한 당사자의 이득이 반드시 다른 당사자의 손해가 아닌 이득이 될 수 있다는 인식에 기초를 둔다. 그러므로 분배적 협상과는 달리 협상당사자간에 나누어가질 수 있는 자원의 크기가 변동가능하다고 가정한다. 분배적 협상과 통합적 협상의 특성차이를 다음의 <표 12-20>과 같이 정리할 수 있다.

〈표 12-20〉 분배적 협상과 통합적 협상의 특성차이

분배적 특성	교섭 특성	통합적 특성
가능한 많은 파이를 갖는다.	목표	양쪽 당사자 모두 만족할 만큼 파이를 확대한다.
내가 이기고 상대는 진다	동기	나도 이기고 상대도 이긴다.
입장(이 사안에 대해 이러한 입장 이상을 취할 수 없음)	초점	이해관계(이 사안이 왜 그렇게 여러분에게 중요한지 설명해줄 수 있나?)
서로 반대됨	주요관심사	조화됨
낮다(정보공유는 다른 당사자의 이익만을 만족시킴)	정보 공유	높다(정보공유는 각 당사자의 흥미를 만족시킴)
단기간	관계 초점	장기간

조직 내 행동의 관점에서 보면, 윈-윈의 해결책을 창출하는 통합적 교섭이 분배적 교섭보다 더 바람직하지만, 왜 조직에서는 통합적 교섭을 선호하지 않을까? 그 대답은 통합적 교섭이 성공하기 위한 조건(Thomas, 1992)에서 찾아볼 수 있다. 이러한 조건들에는 1) 당사자들이 정보를 개방하며 자신의 감정에 솔직해지는 것, 2) 상대방의 필요에 민감해지는 것, 3) 서로를 신뢰할 수 있는 것, 4) 각 당사자가 유연성을 가지려는 의지가 있는 것 등이 있다. 그러나 이러한 조건들이 조직 내에서 잘 조성되지 않기 때문에, 무슨 일이 있어도 이겨야 한다는 쪽으로 협상이 진행되는 것은 놀랄만한 일이 아니다.

이상과 같이 살펴본 협상전략에 대한 내용을 정리를 하면 다음과 같다. 협상은 집단이나 조직에서 항상 존재하는 활동이다. 분배적 교섭은 논쟁을 해결할 수 있지만 단기적인 시각을 가지고 있고 서로 대결관계에 있기 때문에 협상 당사자들의 만족도에 흔히 부정적인 영향을 미친다. 반면에 통합적 교섭은 모든 당사자가 만족할 수 있는 관계를 오래 지속시켜주는 해결책을 제공하는 경향이 있다. 협상을 할 때, 특히 여러분이 상대방과의 장기적인 관계에 가치를 둘 때 공격적인 목표를 세우고 양쪽의 목표를 모두 성취할 수 있는 창조적인 방식을 찾도록 노력해야 한다. 이는 개인적인 이익을 희생하라는 말이 아니고, 두 당사자가 진정으로 원하는 것을 모두 만족시킬 수 있는 창조적인 해결책을 찾으려고 노력해야 한다는 것이다.

3.2. 협상의 기본패러다임과 단계별 협상전략

협상에서 효과적이고 만족스러운 협상결과를 얻기 위한 대안 및 방법들은 학자들에 따라 정도의 차이는 있을 수 있지만 협상 당사자들이 아래의 [그림 12-4]와 같은 협상기본패러다임을 이해하고, 협상에 대한 전문적인 지식과 능력을 갖추어 협상의 각 단계마다의 준비가 철저할 때 만족스런 결과를 얻을 수 있다(Wood & Colosi, 1996).

협상 기본패러다임에서 보듯이 협상의 단계는 3단계로 구성되어 있으며, 단계에 따라 협상전략을 각각 마련하여야 할 것이다. 이를 구체적으로 살펴보면 다음과 같다.

3.2.1. 1단계: 수직적 협상

수직적 협상은 '외부 이해당사자들의 의견을 종합하고 있는 최고경영층과 내부협상 팀 간에 전략협의 등을 위해 이루어지는 협상'으로, 협상의 기본적인 구조를 이해하고 자신의 역량과 입장을 명확하게 규정하는 것이 중요하다. 협상은 상대방하고만 하는 것이 아니라 팀원들 간에 호흡이 맞아야하고 최고경영층과의 의견조율이 필요하다. 따라서 최고경영층과 내부협상 팀 간의 협상관련 의견 및 전략을 조율을 해야 할 내용들을 살펴보면 다음과 같다.

먼저 분명한 협상목표와 이를 성취하기 위한 협상전략을 마련해야 한다. 협상준비를 위해 스스로 또는 이해당사들과 몇 가지의 질문에 해답을 구하고자 고민해야 한다. 왜 협상을 하는가? 이 협상에서 나는 무엇을 원하는가? 그리고 협상을 통해 얻을 수 있는 이득은 무엇인가? 협상할 기본이슈는 무엇이고 이슈들 간의 우선순위는 어떻게 할 것인가? 합의를 도출하지 못하였을 때 생각할 수 있는 최선의 대안은 무엇인가에 대해 최고 경영층과 내부협상 팀이 함께 목표를 적어

보고 결과의 범위인 '가장 바람직한 것'부터 '최소한 받아들일 수 있는'까지를 생각해 보고 조율하는 것이 목표달성을 위한 전략개발에 주의를 집중시키는데 도움이 된다. 물론 여기서는 자신들의 입장에서만 답을 구하는 것이 아니라 입장을 바꿔놓고 상대방의 입장에 대해서도 고민해야 한다. 또한 협상 팀의 재량권한계를 분명히 인식시킬 필요가 있으며, 협상진행추이를 수시로 보고할 수 있는 채널을 조율하는 것도 필요하다. 그리고 효과적인 협상전략아래 협상목표를 달성하기 위한 다양한 협상방안 및 대체안을 마련하기 위해 내부협상 팀을 꾸리는데 있어 누구를 포함할지를 조율해야 한다. 즉 전문적 지식 및 능력을 보유하고 영향력과 교섭력을 발휘할 수 있는 협상전문가를 포함시키는 것도 중요하다.

[그림 12-4] 협상의 기본 패러다임과 단계별 협상전략

<그림 1> 협상의 기본 패러다임

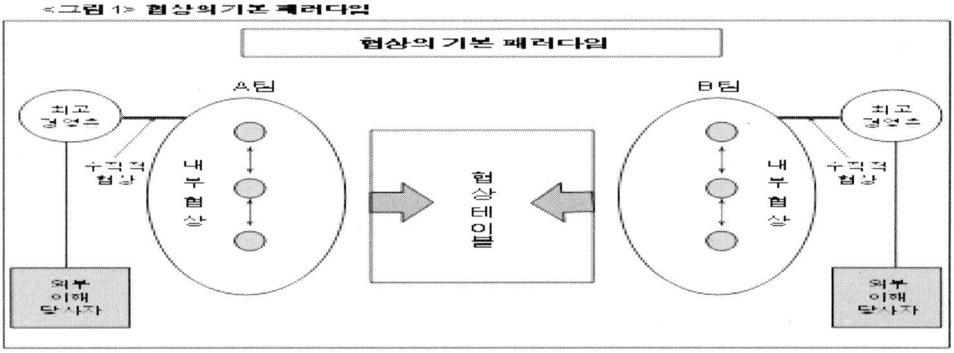

<그림 2> 단계별 협상 전략

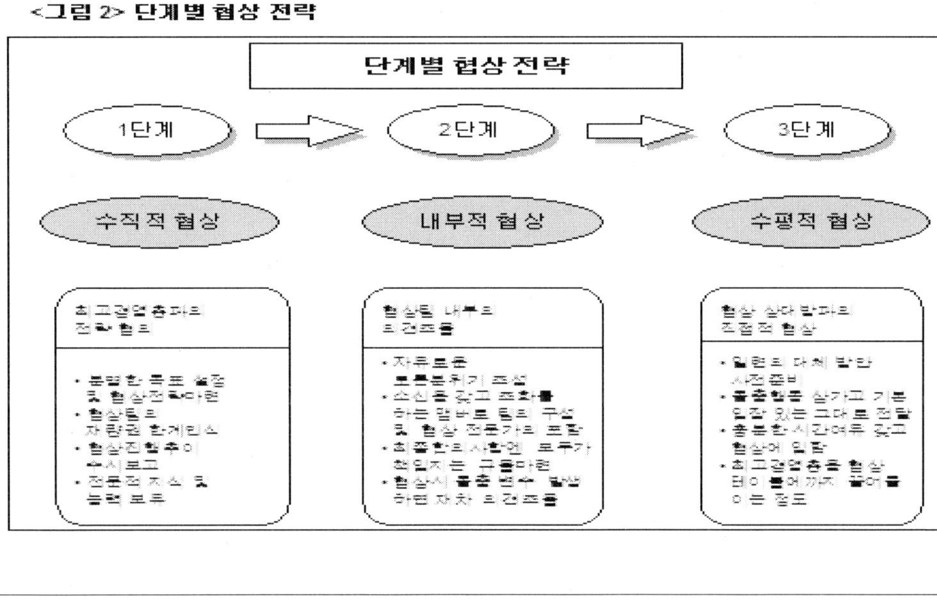

3.2.2. 2단계: 내부적 협상

내부적 협상은 '협상 팀의 내부의견을 조율하기 위해 구성원들 간에 이루어지는 협상'으로, 협상패러다임을 이해하는 것만큼 중요한 것은 수직적 협상에서 결정되어진 협상목표달성을 위한 구체적이고도 치밀한 전략과 전술을 마련해둬야 한다. 이를 위해서는 협상 상대방의 목적이 무엇인지?, 그들이 원하는 것이 무엇인가? 자기입장을 얼마나 견고히 유지할 것인가? 등에 대해 생각해 보는 것도 협상준비과정으로 필요하다. 꼼꼼한 사전준비만이 협상성공을 이끌어 낼 수 있다. 사전준비를 철저히 하기 위해서는 내부의견 조율 및 교감이 최우선이기 때문에 이러한 사고와 공동의 준비과정을 통해 상대 팀에 대응할 수 있도록 내부협상 팀원들 간에 자유로운 토론 분위기를 조성하여 다양한 의견들을 도출 및 조율할 필요가 있다. 또한 협상과정에서 대립과 갈등을 최소화하고 합리적인 결과를 만들어 내는 쌍방 간의 승리협상이 되기 위해서는 교섭기법도 개발해 둬야한다고 주장한다. 우리는 상대방의 입장을 가늠 할 수 있을 때, 나의 입장을 뒷받침하는 사실과 숫자로 상대방의 주장에 대해 더 완벽하게 대응할 수 있다. 이러한 정보수집에 기초하여 상대방과 자신의 파워를 비교·검토하여 적절한 협상전략을 세워야 한다. 협상은 거래이기 때문에 충분한 시간여유를 갖고 가능한 많은 대체방안 및 옵션을 개발하여 교환함으로서 협상을 통해 얻을 수 있는 잠재적 이익을 극대화 할 수 있다. 그러므로 옵션은 합의로 가는 과정이기에 서로에게 이득이 되는 옵션들을 얼마나 많이 준비해 놓았느냐에 따라 상대방의 질문에 얼마만큼 효과적으로 대응할 수 있느냐가 달라짐으로 최대한 찾아낼 수 있어야한다. 따라서 협상에서 무엇을 논의할 것인지, 상황에 따라 무엇을 포기할 것인지, 어느 수준의 합의를 인정할 것인지 등에 대한 해답은 준비를 통해서만 찾을 수 있을 것이다.

따라서 내부협상 팀은 소신을 갖고 조화를 추구하는 멤버들과 협상전문가를 포함하여 꾸려야 한다. 협상은 고도의 기술이며, 원맨쇼가 아니라 전문가들과 함께 하는 팀플레이 이기 때문에 철저한 계획과 원칙을 신중히 세우고 끝까지 지켜나갈 수 있도록 전문가를 적극 활용해야 한다. 또한 내부협상 팀에서의 의견은 다양하지만 조율된 최종합의사항에는 모두가 책임을 지는 규범 및 규율을 만들어야 하며, 협상 시 도출변수가 발생하면 하시라도 재차 내부의견조율을 하는 협상 팀 문화를 구축하여야만 한다.

3.2.3. 수평적 협상

수평적 협상은 '협상 상대방과의 대면에 의해서 직접 이루어지는 단계'로, 전 단계에서 사전

준비된 일련의 대체방안들을 중심으로 충분한 시간여유를 갖고 협상에 임해야 하며, 돌출행동은 삼가고 기본입장을 있는 그대로 전달해야 한다. 효과적인 수평적 협상을 위해서는 무엇보다도 먼저 인간적인 신뢰관계가 구축되어야 한다. 신뢰적 관계를 구축하기 위한 방안으로는 1)가능한 범위 내에서 비공식적인 회합 및 탐색시간을 통해 상대방의 선호도 및 이해 등에 관한 정보교환이 이루어짐으로서 상대방에게 진지하고 신중한 인상을 심어줄 수 있다. 2) 협상이 최종적인 합의에 도달하려면 협상 상대방과의 대화뿐만 아니라 여러 형태의 단계를 거쳐야 함으로 협상당사자는 상호호혜평등 정신아래 공동의 이익을 추구하고자 하는 협상태도로 협상에 임해야 한다. 3) 대부분의 사람들은 수평적 협상과정에서 협상이 종결되는 것으로 믿고 있다. 그러나 실제 구체적인 협상은 무대 뒤편에서 이루어지는 경우가 많다. 각 수평적 팀의 대표자들이 공식적인 협상장소가 아닌 다른 곳에서 사적으로 만나 타협을 볼 수도 있다. 이른바 막후협상으로 공식협상을 끝낸 뒤 막후협상도 중요함을 깨달아라.

또한 수평적 협상에서의 대화내용은 신용의 첫 단계이기 때문에 결코 가볍게 생각해서는 안되며 성급하거나 감정적인 태도는 절대적으로 피해야 한다. 그 이유는 협상과정에서 나온 말이나 실수는 다시 되 담을 수 없기 때문이다. 우리의 경우 협상에 필요한 전문 인력들을 대동하고도 대표혼자 떠맡으려는 경향이 있다 보니 실수가 많을 수밖에 없다. 또한 어느 편도 일방적으로 당했다는 생각이 들지 않도록 협상과정과 절차가 서로에게 만족스러워야 한다. 이는 객관적으로 정당한 것이었느냐 하는 문제로, 이를 위해서는 협상 전 과정에 걸쳐 상호존중의 미덕을 철저히 지켜야 하며, 상대방의 주장과 설득을 열린 마음으로 받아드릴 수 있어야 한다. 뿐만 아니라, 협상과정은 물론 협상전후에 걸쳐 상호간에 의사소통이 가능해야 한다. 한쪽의 주장을 일방적으로 전하는 일방적 의사소통이 아니라 쌍방향 의사소통이 되어야 한다. 이를 위해서는 상대의 주장을 이해하는 것은 물론 스스로에게 자세히 설명할 수 있을 정도로 주의 깊게 상대의 말을 들을 수 있어야 한다. 따라서 효과적인 수평적 협상을 이끌어 내기 위해서는 다음과 같은 협상과정(Moscal, 1993; Lewicki, 1981)이 필요하다.

3.2.3.1. 협상의 기본규칙 결정: 협상에 대한 계획과 전략을 세웠으면, 상대방과 함께 협상의 기본적인 규칙과 절차를 결정해야 한다. 결정내용들로는 누가 협상에 참여할 것인가? 장소는 어디인가? 시간제약은 어떠한가? 협상에서 다룰 이슈들은 무엇으로 한정할 것인가? 협상이 교착에 빠질 때 어떤 구체적 절차를 거칠 것인가? 등이다. 이 단계에서의 양당사자들은 서로의 초

기제안과 요구를 교환한다.

3.2.3.2. 협상제안의 명확화(해명과 정당화): 서로 초기입장을 교환하고 나서, 각자의 초기 요구에 대해 명확하게 설명, 확대, 해명, 보강하고, 왜 이런 요구를 하는가에 대해 정당한 이유를 제시해야 한다. 이때 양당사자들은 서로 대립적일 필요가 없으며 상대에게 왜 그것이 중요하며, 어떻게 초기요구에 이르게 되었는지를 알려주는 기회로 보아야 한다. 이때 서로는 자신입장을 뒷받침할 만한 서류를 상대방에게 제공할 수 있을 것이다.

3.2.3.3. 교섭과 문제해결: 협상과정의 핵심은 서로 의견을 주고받아(give-and-take) 합의를 도출하는데 있다. 이 단계에서는 양당사자가 합의를 유도하기 위해 서로 양보하는 것이 당연히 필요하다.

3.2.3.4. 종료와 실행: 협상의 마지막 단계는 합의된 협상결과의 공식화와 실행과 감독에 필요한 절차를 만드는 것이다. 모든 협상(국가간, 노사간, 집단간, 개인간)에서는 구체적인 시행 절차를 개발해야 한다.

3.3. 협상 효과성에서의 개인차

개인차이가 협상에 어떤 영향을 미치는가? 어떤 사람들이 다른 사람보다 더 나은 협상가인가? 이에 대한 대답은 생각하는 것보다 더 복잡하다. 연구결과에 의하면 성격, 감정/기분, 그리고 성별 등의 세 가지 요인이 협상에 영향을 미친다고 한다.

3.3.1. 협상에서의 성격적 특성

상대방의 성격을 알면 그 사람의 협상전술을 예측할 수 있을까? 성격과 협상결과는 연관되어 있지만 매우 약하다. 또한 지능이 협상효과성을 예측한다지만 성격과 함께 그 효과는 강하지 않다. 분배적 교섭에서 외향적이고 조화적인 협상가는 그다지 성공적이지 못하다. 그 이유는 외향적인 사람들은 사교적이고 친절해서 더 많은 정보를 공유하려는 경향이 있으며, 조화적인 사람들은 상대방과 논쟁보다는 협력하는 방식을 찾는 쪽에 더 관심을 보이기 때문이다. 따라서 최고의 분배적 교섭가는 무뚝뚝하고 내향적이다. 그 이유는 상대방과 교류하는 즐거움보다는 그들

자신의 결과에 더 흥미를 갖기 때문이다.

3.3.2. 협상에서의 감정과 기분

기분과 감정은 협상에 영향을 미치는가? 그렇다. 하지만 협상의 종류에 따라 그 방식이 다르게 나타난다. 분배적 협상에서 같은 신분 또는 더 높은 권력을 가진 직위에 있는 협상자(상사)는 분노하는 경우 더 낳은 결과를 얻는다. 그 이유는 분노가 상대로 하여금 양보를 유발하기 때문이다. 반면에 권력이 낮은 직위의 협상자(부하)는 상사와 협상할 때 분노가 더 좋지 않은 결과를 만든다. 그 이유는 다칠 수도 있기 때문이다. 그러나 통합적 협상에서는 긍정적 감정과 기분이 더 높은 수준의 공동이익을 이끌게 만든다. 그 이유는 긍정적 기분이 창의성과 연관되기 때문이다.

3.3.3. 협상에서의 성별차이

남자와 여자의 협상스타일이 다를까? '아니다.' 성별차이가 협상결과에 영향을 미칠까? '그렇다'이다. 우리는 '여자는 남자보다 협상에서 더 협력적이고 우호적이다'라는 고정관념을 갖고 있다. 그 차이는 작지만 남자는 여자보다 더 나은 협상결과를 얻는 것으로 드러났다. 그 이유는 남녀가 협상결과에 대해 다른 가치를 두기 때문인 것으로 생각된다. 또한 '여자는 상냥하고 남자는 거칠다'라는 고정관념으로 인해 여자가 협상을 시작할 때 불리하다는 결과도 있다. 협상에서 남자를 선호하는 이유는 여자는 '해도 욕먹고 안 해도 욕먹기' 때문이다. 그 이유는 협상을 거칠게 하면 성별고정관념을 어긴 것으로 인해 욕을 먹고, 협상을 상냥하게 하면 성별차이의 고정관념을 강화시키고 다른 사람으로 하여금 그것으로 인해 이익을 취하게 만든다고 보고 있기 때문이다.

3.4. 제3자 협상

우리는 양자 간의 직접적인 협상에 관해 논의해왔다. 그러나 갈등당사자들이 협상에서 교착상태에 빠지거나 막다른 골목에 다다라 서로의 차이점을 극복하지 못하는 경우가 종종 있다. 이런 경우에는 제3자에게 도움을 청하여 문제해결을 모색할 수 있는 기법인 제3자 개입(third-party intervention)이 있다. 제3자의 역할에는 기본적으로 매개자, 중재자, 조정자, 상담자 등 네 가지 유형이 있다.

3.4.1. 매개자(mediator)

매개(mediation)란 '제3자가 다양한 방법을 동원해서 갈등당사자간의 자발적인 협의를 촉진하는 개입방법'이다. 매개자는 비강제적이고 중립적인 제3자로서 공식적인 권한은 갖고 있지 않기 때문에 양당사자 간에 합의를 강요할 수는 없고 타협을 위해 추론과 설득, 권고, 지도, 대안 제시 등을 통해 협상의 해결을 촉진한다. 이는 노사협상과 민사법정 갈등에서 널리 쓰이고 있다.

3.4.2. 중재자(arbitrator)

중재(arbitration)란 '갈등과는 직접적인 관련이 없는 제3자가 공식적인 권한을 갖고 갈등해결을 위한 중재안을 갈등당사자에게 권고, 강제할 수 있는 개입방법'이다. 이는 자발적(당사자의 요구에 의해)이거나 강제적(법이나 계약에 의해)일 수 있다. 매개에 비해 이의 장점은 항상 어떤 형식의 타결책이 도출된다는 것이지만 부정적인 측면은 얼마나 강제적 이었는가에 따라 다시 불거져 나올 수 있기 때문이다.

3.4.3. 조정자(conciliator)

신뢰받는 제3자로서 협상당사자간에 비공식적 의사소통의 연결역할을 한다. 이 역할은 영화 '대부'에서 로버트 듀발에 의해 알려졌다. 돈 콜레오네의 양자와 변호사로서 콜레오네가와 다른 마피아 가족들 간의 조정자 연기를 했다. 조정자는 단순한 의사소통을 하는 중간자 이상의 역할을 한다. 또한 사실의 발견, 메시지의 해석, 합의를 위한 당사자의 설득 등에도 관여한다.

3.4.4. 상담자(consultant)

숙련되고 중립적인 제3자로서, 갈등관리의 지식을 이용하여 의사소통과 분석을 통해 문제해결을 하는 사람이다. 이들 역할은 타결을 직접 이끌어내는 것이 아니라, 당사자들의 관계를 개선시킴으로서 그들이 스스로 합의에 도달하도록 도와주는 것이다. 즉 특정해결책 제시보다 당사자가 서로를 이해하고 함께 일할 수 있도록 도와주기 때문에 서로 새롭고 긍정적 인식과 태도를 수립하는 장기적 관점을 갖고 있다.

3.5. IMF를 통해 본 우리의 협상력 무엇이 문제인가?

정부는 IMF체제 뒤 제일은행, 서울은행, 외환은행 등 무수한 매각협상을 벌였지만 제대로 된 매각사례를 찾아볼 수 없다. 국부유출논란, 헐값시비, 졸속매각 등의 비난을 받던 매각협상들이 정작 계약단계에서 속속 깨진 경우도 허다했다. 우리의 국제협상력에 무슨 문제가 있는지 알아보고자 한다.

3.5.1. 시간에 쫓긴 졸속매각

예: 대우자동차 매각과 관련하여
정부와 산업은행이 대우자동차를 한 달 내(10월 20일)에 팔겠다고 주장했지만 시한이 보름정도 남긴 시점에서도 GM과 현대컨소시엄이 '산다. 안 산다.'로 설왕설래하고, 정부와 채권단은 쪼개 팔수도 있고 묶어 팔수도 있다는 얘기로 혼란만 거듭할 뿐이었다.

이와 관련하여 협상컨설팅 관계자는 '당장 내일 협상에 굴복하더라도 오늘은 포커페이스로 협상테이블에 앉는 것이 국제거래의 기본인데, 상대방의 인수의사도 확인하기 전에 먼저 시한부터 정해 놓고 거래에 임하는 나라는 한국뿐일 것이다'라고 지적하였다. 또한 조급증은 급기야 국제관계에 어긋나게 포드의 제시가격(7조7천억)을 공개한데서도 알 수 있다. 금융감독위원회 관계자는 '세계굴지의 자동차메이커가 높은 가격을 써낸 데 감격해 촌스럽게 대응한 감이 없지 않다'라고 회고 하였다. 포드는 대우자동차 인수협상 및 실사 팀으로 200여명을 투입하였고, 시간당 5백$를 받는 특급변호사와 회계사, 엔지니어 등으로 구성되었으며, 이 과정에서 2천만$를 쓴 것으로 전해졌다. 그런데도 '살 물건이 아니라는 판단이 들자, 과감히 손을 떼더라.'라며 정부 관계자들은 놀라워할 뿐이었다.

예: 한보철강 계약파기 관련
네이버스 측이 계약 선행조건으로 제시한 조세채권 현가할인이나 당진부두 전용사용권 등이 막바지 협상에 들어간 9월 중순까지도 미결상태였다. 자산관리공사가 제일은행으로부터 한보철강을 넘겨받은 뒤 백방으로 뛰었지만 관할 관청들은 '나 몰라라'로 일관했다. 급기야 청와대가 중재로 나서 9월말에야 해결했지만 이미 판은 깨진 뒤였다.

한보철강의 계약파기는 거꾸로 공무원의 늑장행정이 한몫 했다. 즉 느긋해야 할 매각협상은 서둘렀고, 서둘러야 할 뒤처리에는 느긋했던 셈이다. 그럼에도 불구하고 '정부는 네이버스를 상대로 소송을 걸겠다고 했지만 거꾸로 그 쪽에서 계약조건 불이행을 들어 소송을 걸 수도 있다'라고 지적하였다.

3.5.2. 협상결렬에 대한 반성도 미흡함

> 예: 만도기계 매각관련: 로스차이드가 브리지톤으로 10억$를 들여오겠다고 했지만 결국엔 천만$를 들고 왔다.
> 예: 대한생명 입찰관련: 파나콤이란 정체불명의 인수희망자에게 망신당함

'아무리 팔기가 어렵더라도 우량한 원매자가 나타나지 않으면 기다리고 바이어에 대한 충분한 정보를 확보해 옥석을 가려내는 자세가 절실하다.' 그럼에도 불구하고 정부와 채권단은 바이어에 대한 정보부재로 로스차일드가 제시한 호조건에 눈이 어두워 벌처펀드 성격인 바이어의 실체를 제대로 보지 못하였다. 또한 대한생명 국제입찰에서도 정부는 파나콤이란 정체불명의 인수희망자에게 망신을 당하였다.

협상력 부재도 문제지만 부실기업을 매각할 때는 아무래도 사는 쪽에서 칼자루를 쥐게 돼 현실적인 제약이 많을 수밖에 없기 때문에 아무리 국제 전문가가 달려들어도 제대로 된 협상을 기대하기 어렵다. 그럼에도 금감위원장은 포드가 왜 대우자동차 인수를 포기했는지에 대해 포드의 타이어 리콜, 엔진결함 등의 포드 탓으로 돌렸다. 또한 HSBC(홍콩상하이 은행)이 서울은행을 포기한 것도 실사를 해보니 생각보다 나빴다고 본 탓이다. 매각과정을 지켜본 외국계 은행 관계자는 '한국정부가 지피도, 지기도 제대로 안 된 채 국제 거래에 서슴없이 나서는 것 같다'고 꼬집었다.

미국회계사를 지낸 금융감독위원회 관계자는 '세계 최고라는 하버드·예일대 등을 나온 변호사들이 만든 2천쪽짜리 계약서를 다 읽어보지도 않고, 우리말로 된 10쪽 안팎의 계약요약서만 보고 서명한 사례도 있다. 나머지 1990쪽에 무슨 내용이 있는지 모를 수밖에 없고, 협상이 깨졌을 때, 사후 대응도 못한다는 얘기다.'라고 우리의 문제점을 지적하고 있다.

이처럼 매각협상의 실패이유는 조급해 하는 정부, 바이어에 대한 정보부재, 국제협상과 관행에의 미숙함 등 총체적인 문제가 있다. 실패에 대하여 반성을 하고 재발방지를 하여야 함에도 불구하고 주체의식의 부족으로 인한 반성이 미흡하고 책임을 상대방으로 돌리는 경우가 허다하다.

무한경쟁 속에서 글로벌 기업들은 협상을 피하고서는 하루도 보낼 수 없을 정도로 모든 면에서 협상이 빈번히 해해지고 있음에도 불구하고, 많은 개별기업들이 국제협상을 효과적으로 진행하지 못하거나 심지어는 실패로 끝나는 경우를 경험하게 되는 주된 이유는 무엇일까?

국제협상은 자국 내에서 이루어지는 협상과는 커다란 차이를 보이고 있다. 그 이유를 크게 두

가지로 나누어 볼 수 있다. 하나는 상대방의 사회적 및 문화적 배경(가치관과 행동양식 등)이 상이할 수 있기 때문에 종종 이해할 수 없는 어떤 요구나 절차로 실패를 경험하게 된다. 즉 상대방의 문화적 배경과 이에 따른 행위적 특성에 대한 이해가 부족하기 때문에 상대방의 상거래관습 및 협상관행에 대한 지식의 습득을 강조하는 부분이다. 또 다른 하나는 협상당사자가 협상에 대한 전문적인 지식부족 및 협상의 각 단계마다 준비가 소홀해 협상실패를 경험하게 되는 경우이다. 즉 협상과정은 여러 단계로 구성되기 때문에 각각의 단계마다 적극적인 자세 및 참여로 철저한 준비 및 다양한 교섭전략을 요구하는 부분이다.

따라서 국제협상을 문화만으로 모두 설명할 수 없고, 문화적 배경이 국제협상의 유일한 요소는 아니나 문화요인을 빼놓고는 협상과정에서 발생할 수 있는 무수한 갈등 및 마찰들을 이해할 수도 없고, 방지할 수도 없으며, 문화는 협상배경에, 의사소통은 협상과정에 속하며, 문화가 의사소통에 영향을 줌으로서 협상결과에 영향을 미친다고 할 수 있다(Sawyer & Guetzknow, 1965). 다른 문화체계는 다른 협상관행을 낳기 때문에 자국에서 효과적인 협상관행은 다른 문화적 배경을 지닌 사람들과의 협상에서는 비효율적인 협상관행이 될 수 있다. 따라서 당사자들이 서로 다른 문화적 배경을 갖는 협상에서 성공을 거두기 위해서는 협상당사자는 첫째, 타국의 상대방은 인식, 동기, 신념 및 전망 등이 다르다는 것을 인식하여야 한다. 둘째, 협상장소가 타국일 경우에는 그 나라의 관습에 따라야 한다. 셋째, 상대방의 문화적 규범을 존중해야 한다. 이상의 3가지 중요한 원칙을 준수하며 다음의 <표 12-21>과 같이 성공방안을 제안한다(Herbig & Kramer, 1992).

〈표 12-21〉 협상을 성공으로 이끌기 위한 7가지 제언

1. 철저한 사전준비를 하여라.
2. 브로커에 의한 광범위한 사전적 작업을 먼저 행하라
3. 상대방의 언어를 익혀라.
4. 의사소통의 오해를 방지하기 위하여 그림을 준비하라.
5. 시간을 가장 효율적으로 사용하라.
6. 외국에서 협상이 중요할 때 영주권 소유자를 활용하라.
7. 대부분의 합의는 장기적인 의미를 갖는다는 것을 인식하라.

3.6. 기타 협상법.

여기에서는 다니엘 샤피로 & 로저 피서와 스튜어트 다이아몬드의 협상법을 살펴본다.

3.6.1. 다니엘 샤피로 & 로저 피서

미 하버드대 교수이자 국제협상프로그램 책임자인 이들은 이해관계자의 감정이 협상에 미치는 중요성을 역설하고 있다. 이들은 "협상에는 머리와 가슴, 즉 이성과 감정이 모두 개입된다. 협상은 이성을 넘어선다." 따라서 협상에서 감정이 배제될 수 없으며, 오히려 긍정적 감정이 최선의 결과를 도출할 수 있음을 강조하고 있다. 그러므로 협상에서 중요한 감정을 다루기 위한 5가지 핵심관심(인정, 친밀감, 자율성, 지위, 역할 등) '틀'과 긍정적인 감정을 도출하기 위한 구체적 행동강령을 다음의 <표 12-22>과 같이 제안하고 있다(이진원 역, 2013).

〈표 12-22〉 협상에서 핵심관심과 긍정적인 감정도출하기 위한 구체적 행동강령

핵심 관심	충족 시의 긍정적 감정	행동강령(예시)
인정	생각, 느낌, 행동의 가치가 인정된다.	'역지사지'자세, 상대의 장점 인정
친밀감	동료로서 대접받는다.	나이 등 '구조적 관계' 공통점 활용, 업무 외 '개인적 관계' 형성
자율성	의사결정의 자유가 존중된다.	대안제시와 권유로 '자율성 확대', 사전에 상의하는 등 '자율성 보장'
지위	지위를 인정받는다.	사회적 지위, 특정 영역의 지위인정
역할	역할에서 성취감을 느낀다.	관행적 역할(직업 등), 일시적 역할(중재자 등) 부여

3.6.2. 스튜어트 다이아몬드

와튼 스쿨에서 13년째 최고 인기강의인 '협상코스'를 담당하고 있는 다이아몬드 교수는 기존의 협상법들은 합리적으로 설득하고 강압적으로 밀어붙이며 파업과 같은 극단적인 방법을 쓰는 것을 강조한다. 하지만 현실에서 이와 같은 방법들이 제대로 효력을 발휘하는 경우는 드물다. 진짜 협상법은 명확한 목표를 가지고 상대방의 마음을 이해하며 상대의 머릿속 그림을 그리고 상황에 맞게 점진적으로 접근하는 대처방법을 말한다. 따라서 그는 협상은 사람사이에 이루어지는 상호작용이기 때문에 "원하는 것을 얻는 협상모델과 이를 위한 전략"을 다음의 [그림 12-5] 그리고 <표 12-23>과 같이 제시한다(김태훈 역, 2012).

〈표 12-23〉 원하는 것을 얻는 협상모델을 위한 12가지 전략

전 략	내 용
1. 목표에 집중하라	협상을 통해 얻고자 하는 것은 목표달성이다. 사람들이 부차적인 것에 신경 쓰느라 목표달성에 방해가 되는 행동을 한다. 협상에서 하는 모든 행동, 몸짓하나까지도 오직 목표를 달성하기 위한 전략이 되어야 한다.
2. 상대의 머릿속 그림을 그려라	상대가 생각하는 머릿속의 생각, 감정, 니즈를 파악하고 어떤 식으로 약속을 하는지, 상대의 어떤 부분에서 신뢰를 느끼는지, 상대가 믿고 의지하는 제3자의 도움을 받을 수 있는지도 알아야 한다. 협상에서 가장 효율적인 방법은 강압적 수단을 쓰지 않고 상대방이 자발적으로 손을 내밀도록 만드는 것이다.
3. 감정에 신경 써라	중요협상일수록 비이성적인 태도를 취하기도 한다. 감정적으로 변하면 상대의 말을 듣지 않기 때문에 상대방의 감정에 공감하면서 이성적 판단을 할 수 있도록 유도해야 한다.= 감정적 지불(Emotional Payment)
4. 모든 상황은 다르다는 걸 인식하라	모든 협상에서 만능으로 통하는 전략이란 존재하지 않기 때문에 그때그때 상황을 새롭게 분석할 줄 알아야 한다.
5. 점진적으로 접근하라	협상실패이유는 한꺼번에 많은 것을 요구하기 때문이다. 한 번에 한걸음씩 상대방을 목표지점으로 끌어드려라. 협상 매 단계마다 상대방과의 간격을 확인하라. 많이 벌어지면 아주 천천히 좁혀나가야 한다.
6. 가치가 다른 대상을 교환하라	사람들은 저마다 다른 가치기준을 갖고 있기 때문에 쌍방의 가치기준을 확인하여, 한쪽은 중요하게 다른 한쪽은 중요하지 않게 생각하는 대상을 서로 교환하라. 이는 협상에서 목표파이를 크게 늘리고, 더 많은 기회를 만들어낸다.
7. 상대방이 따르는 표준을 활용하라	상대방의 정치적 성향, 과거발언, 의사결정방식 등을 알면 대처하면서 만약 일탈을 하면 전례운운하며 지적해라. 특히 까다로운 사람을 상대할 때 효과적이고 원하는 것을 얻을 수 있다.
8. 절대 거짓말을 하지마라	거짓말과 가면은 벗겨지기 마련이다. 처음부터 끝까지 진실한 자세로 협상에 임하는 것이 중요하다.
9. 의사소통에 만전을 기하라	협상실패는 부실한 의사소통에서 기인한다. 의사소통은 정보교환을 의미하기 때문에, 현재의 상황을 정확하게 표현하여 상대에게 당신이 원하는 바를 알려주라.
10. 숨겨진 걸림돌을 찾아라	협상 시 목표달성을 막는 걸림돌이 무엇인지 파악하라. 이를 위해 상대가 왜 그렇게 행동하는지부터 알아야 한다. 무조건 상대방 입장에서 생각해야 하기 때문에 포기하지 말고 집요해져야 한다.
11. 차이를 인정하라	차이를 부정적으로 보고 심적으로 불편해하지마라. 서로 다르다는 사실이 협상에서 유리하게 작용할 수 있다. 차이를 선택할 때 보다 많은 옵션을 주고 이로 인해 아이디어가 번뜩이는 결과를 만들어 낸다. 차이에 대한 질문을 두려워말고 차이를 사랑하라.
12. 협상에 필요한 모든 것을 목록으로 만들어라	위 내용을 포함하여 협상전략과 도구를 정리한 목록 만들어라. 도구는 전략을 실행하는 구체적인 행동을 말한다. 철저한 준비 없이 협상에 이기기 쉽지 않다. 몇 분이라도 목록정리하면 원하는 것을 얻을 수 있다.

원하는 것을 얻는 협상모델 1분면은 협상에 필요한 기본적인 정보를 파악하여 협상의 토대를 마련하기 위한 것들이다. 1단계와 2단계는 협상의 성공을 결정짓는데 절반의 비중을 차지할 만큼 중요한 과정이다. 그 이유는 목표는 협상을 통해 얻고자 하는 것 즉 원하는 대상이고, 문제는 목표를 달성하는데 방해가 되는 것이기 때문이다. 3단계는 협상의 핵심관계자들을 파악하는 것이고, 4단계는 합의의 실패에 대비하는 과정이다. 5단계는 협상준비에 해당한다.

협상모델 2분면은 참가자들의 머릿속 그림을 파악하는데 집중하는 방법이다. 6단계는 참가자들의 니즈(원하는 이유)를 관심을 파악하는 과정이다. 7단계는 상대방이 상황판단하는 방법(인식)을 파악하려고 상대의 입장이 되어보는 것이다. 8단계는 서로의 인식을 공유하는 방법에 대한 것이며, 9단계는 표준에 관한 것으로 상대방이 받아드릴 만한 다른 표준이 무엇인지 파악하는 것이다. 10단계는 전반적 내용을 토대로 목표를 재조정할 필요가 있다. 이 단계를 거치면서 처리해야 할 사안목록이 나오면, 여러 선택사항들을 설정한 후, 그 중에서 우선순위를 정해야 된다.

[그림 12-5] 원하는 것을 얻는 협상 모델

1 분면: 문제파악과 목표수립	2 분면: 상황분석
1. **목표수립**: 단기, 장기목표를 세워라 2. **문제파악**: 목표달성의 걸림돌을 파악하라 3. **관계자 구분**: 상대방, 의사결정자, 제3자의 목록을 작성하라 4. **최악의 시나리오 예상**: 협상 결렬 시 예상상황을 생각하라 5. **준비**: 상대에 대한 정보를 모두 수집하라	6. **니즈/관심파악**: 양측 니즈/관심이 무엇인가? 7. **상대인식**: 양측 머릿속 그림은 무엇인가? 8. **의사소통방식 파악**: 의사소통 스타일과 관계는 어떠한가? 9. **표준인식**: 상대가 지키는 표준은 무엇? 10. **목표재검토**: 상황판단에 따른 목표 조정이 필요한가?
3 분면: 옵션선택과 리스크 대처	**4 분면: 행동**
11. **브레인 스토밍**: 목표달성을 위한 옵션은 무엇인가? 12. **점진적 접근방법 설정**: 위험을 줄이는 중간단계를 설정하라 13. **제3자의 존재파악**: 공동의 적이나 영향을 끼치는 존재가 있는가? 14. **프레이밍 확립**: 비전을 만들고 창의적으로 질문하라 15. **대안 마련**: 협상을 진전시키기 위한 다른 옵션을 찾아라	16. **최선의 방법과 우선순위 설정**: 협상의 결정적 요인과 포기할 것을 파악하라 17. **협상방식 숙고**: 누구에게, 어떻게 이야기할 것인가? 18. **절차 인지**: 의제, 시한, 시간관리에 소홀히 하지 마라 19. **계약사항과 인센티브 확인**: 상대방에게 직접 확인하라 20. **후속 진행**: 누가, 무엇을 진행할 것인가?

협상모델 3분면은 2분면의 결과를 가지고 협상 시 위험요소를 줄이는 차례다. 11단계는 여러 선택사항을 마련하기 위한 브레인스토밍 하는 단계이고, 12~13 단계에서 답을 찾은 뒤 14단계에서 보다 설득력이 강한 방법으로 정보를 제시하는 방법을 찾는, 즉 의사결정과정을 개선하여 최선의 선택을 할 수 있도록 돕는 과정이다. 15단계는 필요할 경우, 협상에 영향을 미칠 대안을 검토한다.

협상모델 4분면은 협상시 취해야 할 구체적인 행동을 알려주는 것으로, 최선의 방법을 통해 상대방의 약속과 동의를 얻게 된다. 16단계에서 최선의 방법을 고를 때는 상대가 받아드릴 가능성이 높고 제3자 지지를 받으면서 미래에 대한 비전을 창출할 수 있는지 고려해야 한다. 17단계에서는 협상의 구체적인 방법을 고민한다. 이는 상대방의 성향에 따라 달라진다. 18단계에서는 상대가 협상제안을 수락할 맘이 생기도록 절차를 전략적으로 짜야 한다. 19단계는 계약 성사에 초점을 맞춘다. 이 단계는 충분한 시간을 할애하여 진행해야 한다. 모든 관계자가 확실히 계약에 동의했는가? 그 여부를 어떻게 확인할 수 있는가? 계약이행시 얻는 혜택과 그것이 깨질 경우 발생하는 손해는 무엇인가? 20단계는 협상을 잘 해놓고도 후속진행이 부실해 원하는 것을 얻지 못하는 불찰을 피하기 위해 협상이후 해야 할 조치는 무엇인가? 협상타결기한은 언제까지인가? 이제부터 누가 어떤 일을 할 것인가? 후속진행을 잘 해두지 않으면 서로 일을 떠넘기다가 많은 기회를 놓칠 수 있기 때문이다.

협상기술의 백화점 FTA

14개월간 진행된 한·미 자유무역협정(FTA)은 통상 협상의 '종합 백화점'이라 불릴 만큼 다양한 협상전략이 동원됐다. 이번 협상에서 활용된 4가지 대표적 협상전략을 다음과 같이 제시한다(안세영 서강대 교수 및 통상 전문가들).

① 미끼(decoy) 던지기

상대가 도저히 들어줄 수 없는 것을 집요하게 요구하다 막판에 양보하는 척하며 다른 것을 얻어내는 방법. 이번 협상에서 우리 측은 무역구제 비합산조치를, 미국은 쌀 개방을 '미끼'로 활용했다. 이를 통해 우리는 신약(新藥)의 최저 가격 보장 불가 등을 이끌어 냈고, 미국은 존스 액트(Jones Acts·미국 연안의 승객·화물 수송은 미국 국적 선박에만 허용한다는 법률)를 지켰다.

② 오리발 내밀기

미 무역대표부(USTR)가 즐겨 쓰는 수법이다. 즉, "당신의 요구를 들어주고 싶어도 의회가 거절할 것"이라고 말하는 것이다. 자기의 권한 밖이라는 뜻에서 '제 손 묶기(tied-in-hand)' 전략으로도 불린다. 미국 측은 이 전략으로 우리 측 요구인 전문직 비자 쿼터 허용 등을 피해갈 수 있었다. 국내에서 벌어진 대규모 반(反) FTA 시위와 정치인들의 단식(斷食)도 우리 협상 팀에 이런 논리를 제공했다고 볼 수 있다.

③ 블러핑(bluffing)

자신의 속내를 드러내지 않고 상대방을 속이는 전술을 말한다. 예컨대 "협상 조건에 따라 FTA가 결렬될 수 있다"는 우리대통령의 발언은 우리의 FTA 타결 의지에 대해 미국 측을 헷갈리게 하는 역할을 했다는 평가다.

④ 데드라인(deadline) 게임

통상 협상은 '먼저 양보하면 상대에게 밀릴 수 있다'는 생각에 답보 상태에 머무는 경우가 많다. 따라서 협상 시한이 있어야 마지막 몇 시간 앞두고 결정된다는 지적이다. 이를 '데드라인 게임'이라고 한다. 이번 협상에서도 시한을 48시간 연장하고도 20분만 남겨둔 상황(2일 낮 12시40분)에서 타결을 이뤘다.

제13장 효과적 리더십의 개발 I

현대적 조직의 관점에서 리더십의 중요성이 더욱 크게 부각되는 이유는 무엇인가? 그 이유는 1) 경영의 제반사고가 인간을 중심으로 전개되고 있고, 2) 경영활동이 인간을 통하여 목표달성 과정으로 이해되기 때문일 것이다. 조직에서 집단이나 부서들을 성공적으로 운영하는데 있어 핵심적인 역할을 하는 사람이 리더이다. 이들이 얼마나 효과적으로 리더십을 개발하고 발휘하는가에 따라 집단의 자율적 운영여부가 좌우된다. 따라서 본장 제1절에서는 리더십의 개념과 인간존중경영을 실현하는데 있어서의 리더십 중요성을 살펴보고, 제2절에서는 기존 리더십 이론들을 정리한 다음, 상황적 리더십 실행방안을 제시할 것이다.

제1절. 리더십에 대한 이해

기업경영은 조직성과를 위해 반드시 구성원들의 희생이 뒤따라야 하는 제로섬게임이 아니다. 조직목표와 개인목표의 조화를 추구하는 조직유효성향상을 목적으로 하고 있기 때문에 함께 성장하는 기반을 구축해야 한다. 이를 위해서는 리더가 앞장서서 긍정에너지를 발산하여 구성원들과 우호적인 관계를 맺고 영향력을 행사하여, 이들이 스스로 나아가도록 해야 한다.

1.1. 리더십의 개념 및 요소

리더십(leadership)이란 "추종자나 부하들이 각자에게 미치는 영향력(influence)을 기꺼이 받아드리도록 영향을 미치는 능력"을 의미한다(Robbins, 1996). 즉 리더십은 리더가 집단이 처한 상황과 집단구성원의 특성이나 기대를 고려하여 구성원들로 하여금 집단목표를 달성하도록 사회적 영향력을 행사하는 과정이다.

- **Leadership** is the ability to influence followers which involves the use of power and the acceptance of the leader by followers.
- **Power** defines as the ability to influence another person's behavior.
- **The ability to influence** is related to the follower's need satisfaction.

현실조직에서의 경영자들은 부하들에게 영향력을 행사하기 위해서 자신의 직위상에 부여된 공식적 권한을 이용할 수도 있으나 그것만으로는 충분하지 않다. 그 외에도 개인적인 매력이나 특성 또는 업무지식 및 경험, 행동스타일 등과 같은 비공식적 영향력을 활용할 수도 있다(Greenberg, 1996).

리더십은 다음의 [그림 13-1]과 같이 조직과 개인에 기반을 두고 있는 권력(power)에 근거를 두고 있다(Gibson, 1990).

[그림 13–1] 리더십에 기반을 둔 권력의 유형

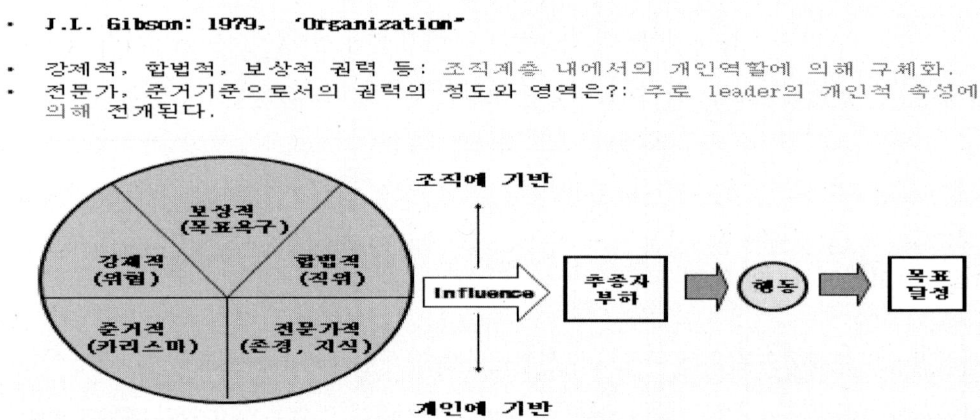

보상적, 강제적, 합법적 권력 등과 같은 조직에 기반을 둔 권력은 공식적 권한을 통해 얻게 되고, 이에 의해 전개된다. 반면에 준거적(카리스마)권력과 전문가적 권력은 개인에 기반을 두고 있고, 이는 리더의 개인적 속성에 의해 전개된다. 따라서 리더가 효과적으로 리더십을 수행하기 위해서는 조직과 개인에 기반을 둔 권력 보유 및 소유의 정도가 커야 하고, 이들 권력들 간에 어느 정도 균형을 이루어야 한다.

리더십의 개념을 토대로 리더십의 핵심요소를 살펴보면, 3가지로 나누어 볼 수 있다.

리더십의 요소(Elements of leadership)

1) **영향력의 사용(Use of Influence)**: 상호개인간의 관계를 통해서 영향력을 사용한다.
2) **의사소통의 중요성(Importance of communication)**: 명확하고 정확한 의사소통은 추종자들의 성과와 행위에 영향을 준다.
3) **목표들의 성취(Accomplishment of goals)**: 효과적인 리더는 개인의, 집단의, 조직의 목표들을 다루어야만 한다.

1.2. 리더십의 기능

리더십기능은 크게 집단의 통일과 유지기능 그리고 집단목표의 달성기능으로 나누어 설명할 수 있다.

1.2.1. 집단의 통일과 유지기능

집단의 통일과 유지기능은 '지도적 지위유지를 위해 노력함과 동시에 조직을 구성하는 단위(개인, 하위집단)의 이해를 조정하여 조직 내의 여러 가지 분쟁을 사전에 방지하고, 필요에 따라 상과 벌을 주어 구성원으로서의 일체감조성으로 집단과 조직을 통일, 유지 및 강화를 시도하는 기능'을 의미한다. 이러한 기능을 실행하기 위한 역할은 아래의 <표 13-1>과 같다.

〈표 13-1〉 집단의 통일과 유지기능을 실행하기 위한 역할

- 종업원을 하나의 팀으로 훈련하는 일
- 리더로서의 책임을 지고 모범을 보이는 일
- 리더로서의 지위를 확보하는 일
- 조직의 규범에 충실 하는 일
- 조직목표와 개인목표 간의 갈등을 조정하는 일
- 제도적 통일을 기하는 일

1.2.2. 집단목표의 달성기능

집단목표의 달성기능은 '조직목표를 결정하고 그의 수행을 위한 구체적 계획을 수립하며, 보다 생산적 활동에 참여를 가능하게 하는 구성원의 조직화 및 구성원의 사기향상을 시도하는 기능'을 의미한다. 이러한 기능을 실행하기 위한 역할은 아래의 <표 13-2>와 같다.

〈표 13-2〉 집단목표의 달성기능을 실행하기 위한 역할

- 종업원의 행동을 유도해서 지시하는 일
- 집단 활동을 통해서 집단목표로의 부하를 동기부여 하는 일
- 자기가 갖고 있는 정보를 부하에게 필요한 정도로 제공하고 전파하는 일
- 제도의 사명과 역할을 결정하는 일

1.3. 조직 관리에 있어 리더십의 중요성

조직을 관리하는데 있어서 리더십의 의미는 크게 3가지로 설명할 수 있다.

1) 리더십은 관리자의 주된 기능이다. 즉 어떤 관리기능(계획화, 조직화, 지휘화, 통제화)도 리더십기능의 발휘 없이는 제 기능을 발휘할 수 없다.
2) 리더십은 집단 및 조직의 경영에 결정적인 의의를 갖고 있다. 즉 리더십의 정도가 성공과 실패를 결정한다.
3) 리더십은 집단행동을 이해하는데 중요하고, 대인관계행동을 이해하는 기본적인 과제이다. 그 이유는 리더가 목표달성에로의 방향을 제시해 주기 때문이다.

이러한 의미를 토대로 자율경영과 인간존중의 경영을 실현하는데 있어 리더십의 중요성을 살펴보면 다음의 <표 13-3>과 같이 요약할 수 있다.

〈표 13-3〉 리더십의 중요성

1. 개개인의 역량을 결집시켜 집단의 역량이 단순한 합 이상의 시너지효과를 촉진한다. • 그 이유는 조직구조나 운영방식이 구성원의 힘을 결집시킬 수 있도록 완벽하게 설계되지 못하기 때문에 리더십이 더욱 필요한 것이다.
2. 리더가 집단에서 얼마나 효과적으로 리더십을 발휘하는가는 그 집단의 성과는 물론 나아가 조직전체의 성과를 좌우한다. • 집단 및 조직의 지속이고 안정적인 성장을 가능하게 하는 것은 리더가 급변하는 경영환경에 집단이나 조직이 적응하도록 촉진하기 때문이다.
3. 효과적인 리더십은 부하들이 목표달성에 적극적으로 기여할 수 있도록 동기부여 시키는 요인이다 • 그 이유는 구성원들이 개인적인 관심/이해에 좌우되지 않고 집단의 일원으로 책임 있는 행동을 하도록 의욕 및 사기를 높여주기 때문이다.
4. 효과적인 리더십은 구성원들이 개인역량을 배양하도록 촉진하는 코치로서의 역할을 한다 • 출중한 인재로의 구성원성장을 위해 교육·훈련프로그램만큼 리더십은 멘토링, 상담, 코칭과 같은 비공식적 조직사회화과정을 주도하는 핵심적 요인이다.
5. 리더는 기업경영의 전반적인 외부환경변화에 대한 정보를 전달하면서 개인과 조직의 발전을 위한 새로운 아이디어나 방법을 추구하고 변화를 촉진한다(Selznick, 1957). • 즉 리더는 변화하는 경영환경에서 조직의 사명과 역할, 조직이 추구하는 목표를 명확하게 함으로서 구성원들에게 나아갈 방향과 비전을 제시한다.

제2절. 리더십이론의 접근방법

리더십연구의 접근방법은 단순성에서 복잡성으로 발전론적으로 전개되고 있다. 즉 리더십이론은 '보편타당한 유일최선의 것'을 찾으려는 특성이론과 행동이론, 그리고 리더십효과를 위해서는 리더와 추종자 그리고 상황의 특성과 내용에 의존할 수밖에 없다는 환경적응적인 상황이론으로 발전·전개된다. 이들 세 가지의 이론을 설명하면 다음과 같다.

2.1. 특성론적 접근방법

특성론적 접근방법은 '효과적인 리더는 그렇지 못한 리더와는 다른 일련의 특성을 지니고 있다'라고 기본적인 가정을 하고 있으며, 연구의 대상은 1) 효과적인 리더의 특성과 기법이 무엇인가? 즉 효과적인 리더와 비효과적인 리더의 차이를 야기하는 것이 무엇인가? 2) 리더는 선천적으로 태어나는가 아니면 후천적으로 만들어지는가? 라는 부분에다 초점을 둔다.

성공하는 경영자중심의 주요 기본적 특성요인(ingredients)은 추종자와 상황에 대한 고려 없이 보편타당한 리더특성을 의미한다. 이들 특성과 관련된 연구들의 결과를 살펴보면 지능수준(intelligence), 상황에 대한 감수성(situation sensitivity), 효과적인 작업습관(effective work habits), 솔선수범하는 정신(initiation), 자신감(self-confidence), 개성(individuality), 열정(enthusiasm), 높은 윤리적 기준(ethical standard) 및 정직(honesty), 융통성(flexibility), 비전(vision) 등을 들 수 있다.

뿌리가 튼튼한 나무가 알찬 열매를 맺을 수 있고, 바람에 쉽게 흔들리거나 뽑히지 않는다. 사람도 마찬가지이다. 오랜 시간에 걸쳐 많은 학습과 경험을 통해 인격을 수양하고, 여러 가지 자질들을 갖추고 있어야 훌륭한 리더십을 발휘할 수 있다.

구성원들의 존경을 받는 훌륭한 리더는 여러 가지 리더들의 특징들이 모여 탄생한다. 리더십은 삼각대라는 말이 있다. 한쪽 다리는 열정 혹은 정열이고, 또 하나는 능력 혹은 전문성이며, 나머지는 성실 혹은 도덕성이다. 성공하는 리더의 자질 즉 리더가 갖춰야 할 능력과 자질을 좀 더 세분해 보면 다음과 같다(조영탁, 2004).

2.1.1. 인격과 성품

리더의 올바른 인격과 성품이 무엇보다 중요하다. 성품(Character)은 자신이 한 인간으로서 어떤 사람인가를 이야기해 주며, 또한 계속 성장하고 발전한다. 이것의 결과가 바로 리더가 되는 과정이며, 이는 성숙한 인간이 되는 과정과 똑같다.

리더에게 있어 정직성은 절대적이다. 정직과 도덕성 등 리더의 올바른 성품은 모든 리더십의 근본이다. 정직이란 '행동의 기반이 되는 도덕과 지식의 진실성'을 말한다. 정직이 없으면 우리는 그 누구도 믿지 못한다. 사람들은 타인의 생각이 자기 견해와 일치하지 않아도 상대가 믿을만한 사람이라는 판단이 들면 그를 따른다고 한다. 또한 리더가 인격을 갖추지 못하면 결코 사람들의 신뢰를 받을 수 없다. 따라서 인품을 갖추지 않고는 리더로서의 영향력을 행사할 수 없다. 인격이란 리더에 대한 개개인의 신뢰를 말하며, 이는 영향력을 발휘할 수 있는 기본바탕이 된다. 신뢰와 존경이 없으면 리더의 영향력은 약화된다. 신뢰받지 못하는 사람은 남을 설득할 수 없다. 존경하지 않는 사람의 가치와 신념을 따르는 것은 매우 위험한 일이기 때문이다. 이러한 인격의 구성요소로는 겸손, 책임감, 정직, 성실성 등이 있다.

리더의 길은 성실한 인간이 되어가는 고된 작업이다. 하지만 세상에는 좋은 성품을 갖추지 못해 실패하는 리더들이 의외로 많다. 신뢰를 창출하고 유지하고 싶다면 좋은 성품을 갖추고 있어야 한다.

2.1.2. 열정과 자신감

열정 없이는 성취가 있을 수 없다. 리더가 열정과 자신감이 없으면 도전하지도 못하고, 다른 사람이 따르지 않는다. 리더는 매사에 긍정적, 적극적 사고방식, 열정과 자신감을 가지고 대해야 한다. 대부분의 리더는 자신의 목표가 반드시 성취될 것이며 훌륭한 성과를 거두게 될 것이라고 믿는다. 즉 그들은 자신들이 실제로 세상을 변화시킬 수 있다고 확신한다. 또 대부분의 리더들은 희망의 전령사다. 그들의 낙관주의는 호소력 있고 힘이 넘쳐 구성원들을 매료시킨다.

헌신이란 '무엇인가에 대한 열정적인 믿음'이다. 이 강력하고 영구적인 노력은 예술이나 발명, 과학적 발견, 탐사, 삶의 거대한 작업의 초석이 된다.

리더의 열정과 에너지, 관심은 일터에서 열정과 에너지 그리고 관심을 만든다. 훌륭한 지휘자나 축구 코치가 일하는 방식을 잘 관찰해 보라. 오케스트라나 팀원들은 의무적으로 일하기보다 감화를 받고 열정적으로 일한다.

탁월한 리더들은 하나같이 자기 일에 대해 용암처럼 솟구치는 열정과 자신감을 가지고 있다. 미국 최고 기업경영자 연구기관인 스펜서 스튜어트는 미국에서 존경 받는 50대 CEO들의 가장 두드러진 공통점은 자신이 하고 있는 일에 대한 불타는 열정이라고 했다. 이들 CEO들은 자신의 장래를 생각하는 젊은이들에게 어떤 충고를 주겠느냐는 질문에 대해 너나없이 입을 모아 "성공하기 위해서는 하는 일에 완전히 푹 빠질 정도로 그 일을 좋아해야 한다."고 답했다.

여러분은 지금 하고 있는 일에 대해 열정과 자신감을 가지고 있는가? 리더의 열정과 자신감은 성공의 원동력이 된다. 리더의 열정이 없이 성취되는 것은 아무 것도 없다. 리더와 열정과 자신감의 상관관계에 대해서 간략하게 살펴보면, 리더는 구성원들에게 있어 장래에의 꿈을 주고 그러한 꿈을 보증하는 존재이어야 한다. 자신의 정열을 조직원들에게 전하고 자신의 정열에 조직원들을 끌어 들이려면 앞날이 보이는 장래를 이야기하며 그 꿈의 실현을 확신시켜 주어야 한다. 즉 리더는 항상 그 꿈이 가시화되는 결과를 보여주어야 하며 이것은 바로 열정과 자신감을 통해서 가능하다.

〈〈포춘〉〉 선정한 '20세기를 빛낸 경영인' 4인 중 한 사람인 헨리 포드:

- 그는 13세가 되던 1876년 아버지와 마차를 타고 디트로이트에 갔다가 이야기로만 듣던 증기자동차를 보고 홀딱 반해버렸다.
- 그 때부터 자동차 박사의 꿈을 갖게 된 그는 '부자들만의 소유물이었던 자동차를 서민들의 생필품으로 바꾸겠다.'는 신념하에, 1903년 7월 2기통 엔진의 자동차를 시작으로 1908년 혁명적인 포드 T형을 개발한다.
- 이 포드 T형은 1927년 단종 될 때까지 1,500만 대가 생산되어 20세기 전반 전 세계 자동차 시장을 독점했다. 에디슨과 더불어 20세기의 발명가로도 추앙 받고 있는 포드는 13세 때 꿈을 지닌 이후부터 '자동차 박사에의 꿈'으로 열정과 끈기를 가지고 평생을 살아 왔다.

열정과 자신감은 자동차의 엔진처럼 우리로 하여금 혁신적인 목표를 달성할 수 있도록 힘을 불어넣어 준다. 또한 우리 스스로 자신에 대해 기대하고 있는 수준보다 훨씬 더 많은 것을 가능하게 한다.

우리의 행동과 느낌은 언제나 믿음에 바탕을 두고 있다. 우리의 행동과 느낌에 근거가 되는 믿음이 무엇인지를 알고 싶다면 스스로에게 물어보자. 하고 싶은 일이 있는가? 자기 자신을 표현하고 싶은 분야가 있는가? 혹시 '나는 할 수 없어'라고 스스로에게 말하며 주춤거리지는 않는가? 스스로에게 왜냐고 물어보자. "왜 나는 할 수 없다고 생각하지?" 그러고 나서 아래의 4가지 질문을 자신에게 던져보자.

1) 이러한 믿음에 대해 합리적인 이유가 있을까?
2) 이러한 믿음이 혹시 잘못된 것은 아닐까?
3) 이 같은 상황에 처한 다른 사람에 대해서도 동일한 결론을 내릴 것인가?
4) 믿을 만한 타당한 근거가 없는데도 왜 그것이 마치 사실인 것처럼 행동하고 느껴야만 하는가?

이러한 질문들을 결코 무심히 넘기지 말고 그것들과 씨름하면서 냉정하게 생각해보자. '사실'이 아니라 비합리적이고 잘못된 믿음으로 인해서 자신을 속이고 과소평가하고 있었던 당신을 발견하게 될 것이다. 일단 그러한 자신의 모습을 발견하고 나면 당신은 이제 본격적으로 자신감을 발전시켜 나갈 준비가 된 것이다. 자신감은 근본적으로 자신에 대한 믿음과 신뢰를 기반으로 생겨난다는 사실을 잊지 말아야 할 것이다.

2.1.1.3. 감성지능

지능과 명료한 사고 능력은 리더십을 발휘하기 위해 갖춰야 할 기본적인 속성이다. 하지만 지능 하나만으로는 결코 좋은 리더가 될 수 없다. 지능이나 기술적 능력은 훌륭한 리더가 되기 위한 필요조건이기는 하나 충분조건은 아니다. 지속적인 고성과를 창출하는 일류 리더들은 공통적으로 감성지능이 높은 것으로 알려졌다.

감성지능(Emotional Intelligence)이란 '자신의 한계와 가능성을 객관적으로 판단해 자신의 감정을 잘 다스리며, 상대방의 입장에서 그 사람을 진정으로 이해하고, 타인과 좋은 관계를 유지할 수 있는 능력'을 말한다. 따라서 감성리더십이란 '구성원들이 즐거운 기분으로 업무를 수행할 수 있도록 업무환경을 조성해주고 배려하는 리더십'을 의미한다. 탁월한 리더가 되기 위해서는 차가운 지성만이 아닌 뜨거운 가슴, 즉 감성도 함께 가지고 있어야 하며, 실제 연구조사결과에 따르면 탁월한 성과를 창출하는 리더들은 보통 리더들과 다르게 감성지능이 높은 것으로 나타났다.

감성지능은 다음의 [그림 13-2]와 같이 4가지 요소로 이루어져 있으며, 하위 요소의 역량들이 갖추어질 때 상위 요소의 역량들이 제대로 기능할 수 있다.

[그림 13-2] 감성지능의 4 가지 구성요소

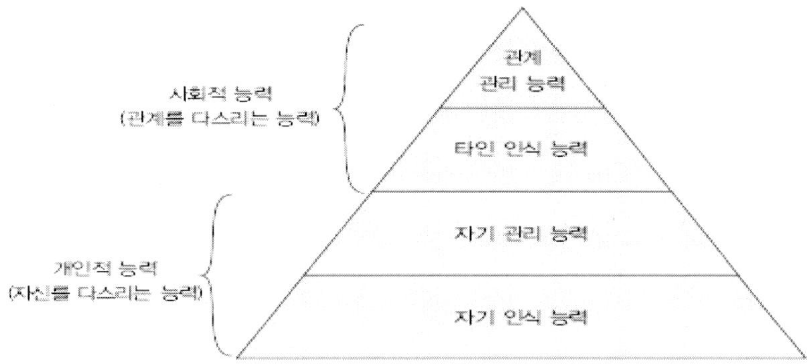

그림 : 감성지능의 구성 요소

① 자기인식능력(Self-Awareness): 자신의 기분, 감정, 취향 등과 이러한 것이 타인에게 미치는 영향을 분명히 인식하고 이해하는 능력.

② 자기관리능력(Self-Regulation): 부정적인 충동과 기분을 통제하거나 바꿀 수 있는 능력, 행동하기 전 판단을 잠시 보류할 수 있는 능력.

③ 타인인식능력(Social-Awareness): 타인의 감정/시각을 헤아리고 관심을 보일 수 있는 능력, 다른 사람의 감정적인 반응에 대응하고 처리하는 기술.

④ 관계 관리능력(Social Skill): 인간관계를 형성하고 관리하는 능력, 공통의 입장을 발견하고 친밀한 관계를 형성하는 능력.

리더는 구성원들의 다양한 가치관과 시각을 제대로 이해하고 수용할 수 있어야 하며, 구성원들과 밀접한 상호관계를 형성해야 한다. 즉 풍부한 감성지능을 바탕으로 한 감성적 리더십을 발휘할 수 있어야 하는 것이다. 그래야만 구성원들의 열정과 헌신을 불러일으킴으로써 조직의 성과를 향상시킬 수 있고, 스스로의 성과에 대해 만족할 수 있게 된다. 리더와 부하직원 간의 이해와 배려를 바탕으로 한 인간적 유대감은 신바람 나게 일할 수 있는 강한 조직문화를 형성할 수 있는 토대를 마련해주므로 오늘날 리더에게 있어 '감성'은 매우 중요한 자질 중 하나가 되었다.

2.1.4. 소프트 스킬(Soft Skill)

무능한 리더는 사람들을 병들게 할 뿐 아니라 죽음으로까지 몰고 간다. 리더십은 결과적으로 성과에 의해 평가받는다. 임무의 성공가능성을 높이기 위해서 리더에게 전문지식을 비롯한 여러 가지 지식과 능력이 필요하다. 리더가 제대로 된 리더십을 발휘하기 위해서는 직관과 통찰력을 바탕으로 한 의사결정능력, 건전한 판단력, 설득과 갈등 해결능력, 커뮤니케이션능력, 팀 전체를 하나로 묶어서 시너지를 극대화할 수 있는 팀워크 빌딩능력 등을 갖추고 있어야 한다.

2.1.5. 인간관계능력

리더의 가장 중요한 책임은 인재창출이다. 인재가 없다면 어떤 일도 불가능하다. 성공한 리더들은 이것을 잘 알고 있다. 리더십의 성공열쇠는 사람들을 잘 인도하는 능력에 달려있다. 리더십은 결국 인간관계와 다름없다. 성공한 사람들의 공통점은 그들이 인간관계를 잘했다는데 있다. 리더십이 기본적으로 사람과의 관계인만큼 사람들을 이해하는 방법과 설득하고 의사소통하는 방법을 개발해야 한다.

따라서 리더에게는 존중과 관심, 칭찬과 격려, 경청, 상냥한 태도, 정직하고 솔직한 대화능력 등 인간관계능력이 절대적으로 필요하다. 성공한 리더는 유연하고 원활한 의사소통을 통해 구성원들의 마음을 배려할 줄 안다. 배려는 '다른 사람이 어떻게 생각하고 느끼는가를 이해하는 마음'이다. 또한 그들은 깊고 신뢰할 만한 인간관계를 구축하고 유지시킬 줄 알고 있으며, 이들은 타인에게 한결같이 친절하고 진심을 다했다.

미래에 리더로 성공하기 위해서는 자신을 아는 것과 다른 사람들과 친화력 있게 지내는 것이 필수적이다. 이런 기술은 타고나는 것이 아니라 노력에 의해 발전시킬 수 있다.

2.1.6. 동기부여능력

획일적 명령에 의해 조직구성원들을 동원하던 시대는 지났다. 리더는 조직의 목표를 세우고 난 다음, 목표달성에 어떤 가치가 있는지를 잘 설명하고 구성원들이 자발적으로 참여하도록 해야 한다. 사람들에게 영향을 미쳐 일을 성취하기 위해 가장 중요한 것이 바로 동기부여다. 리더는 현재 상황에 맞는 다양한 동기부여능력을 갖추고 있어야만 구성원들을 움직여 모두가 원하는, 즉 조직의 목표를 달성할 수 있다.

2.2. 행동론적 접근방법

행동론적 접근방법은 '리더행동의 어떤 유형 또는 조합이 모든 상황에서 가장 효과적이다'라고 가정하고 있으며, 리더가 추종자에 대해 어떻게 행동하는가를 기술(personal- behavioral descriptions of what the leader does)하고 있다. 이 행동론적 접근법은 세 가지로 구분하여 설명할 수 있다.

2.2.1. 리더행동의 두 차원

훌륭한 리더의 행동은 어떤 것이며 그것이 부하의 업적달성과 얼마나 관계가 있는가에 대한 최초의 연구는 1927년에 실시되었다. 리더의 행위스타일을 독재형, 민주형, 방임형으로 구분하여 실험한 결과 간단한 결론은 아니었다(Lewin et. al., 1939). 협조나 만족도는 민주유형의 경우에, 생산실적은 독재유형의 경우에 더 컸다. 이 초기 실험은 우리에게 두 가지 커다란 리더십유형을 제시해 주고 있다. 성과중심의 리더십과 인간관계중심의 리더십이 바로 그것이다.

이에 대한 연구는 1950년대 오하이오와 미시건 두 대학에서 본격적으로 시작되었다. 연구된 행동론적 접근방법은 리더가 리더의 기능을 올바르게 수행하기 위해 취하는 행동의 초점이 부하들 개개인의 '인간 관리'에 있는지 아니면 그 집단이 완수해야 할 '일 관리'에 있는지에 따라 인간중심적 리더십과 과업(성과, 생산)중심적 리더십 두 차원으로 구분하고 있다. 기존에 연구된 리더십 행동의 2차원에 대한 유사한 분류들을 다음의 <표 13-4>와 같이 정리할 수 있다.

〈표 13-4〉 리더십 행동의 2차원에 대한 유사한 분류들 정리

연 구 자	과업 차원	인간 차원
Ohio State 학파	Initiating Structure	Consideration
Michigan 학파	Production Orientation	People Orientation
Blake & Mouton	Concern for Production	Concern for People
Fiedler 모형	Task Orientation	Relationship Orientation
Tannenbaum 모형	Boss-Centered	Subordinate-Centered
Path-Goal 학파	Directive Leadership	Supportive Leadership
리더의 기능	업무수행, 목표달성, 성과향상	부하만족, 갈등해결, 공동체의식과 커뮤니케이션향상

오하이오스터디를 간단히 소개하면 다음과 같다. 스토그딜과 플레쉬만(Stodill & Fleishman)이 중심이 된 오하이오 연구에서는 리더의 행동을 크게 두 가지로 분류하였다.

1) 고려 또는 배려(Consideration)란 '리더가 집단구성원들에게 우정, 상호신뢰, 존경, 온정 등을 표시하는 행위를 나타내는 정도'를 의미한다, 즉 부하에 대해 신경을 많이 써주고 항상 편하게 해주며, 그들로부터 신뢰를 얻는 리더를 말한다.

2) 반면에 구조주도(Initiating Structure)란 '역할, 절차, 지시·보고 등 직무나 구성원을 조직화 하는 것을 주도하는 행동을 나타내는 정도'를 말한다. 즉 부하가 해야 할 업무의 계획과 실천방침에 대한 구조를 주도적으로 잘 설계하고 배분을 잘 함으로서 업적을 많이 내게 하는 리더를 말한다.

고려와 구조를 두 축으로 리더십행위를 구분하면 다음의 [그림 13-3]과 같이 2 x 2매트릭스로 나타낼 수 있다.

[그림 13-3] 고려와 구조를 두 축으로 한 2 x 2매트릭스 리더십행위

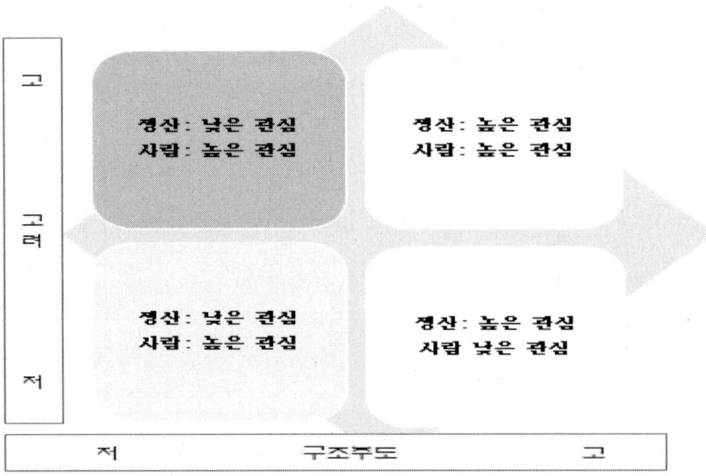

이러한 2차원 분류와 관련하여 중요한 문제는 두 차원이 상호배타적인 것이냐의 문제이다. 즉 어떤 이는 한 쪽에는 강하고 다른 한 쪽에는 약할 수도 있고, 어떤 이는 둘 다 강하고, 어떤 이는 둘 다 약할 수도 있다. 그렇다면 훌륭한 리더가 되기 위해서는 어떤 차원에 더 강해야 하느냐의 문제가 대두되는데, 이에 대한 해답은 간단하지가 않다.

2.2.2. 인간차원을 강조한 연구

리더가 인간(부하)을 보는 관점은 비관적(X이론 형)으로 보는 사람도 있고 낙관적(Y이론 형)으로 보는 사람도 있는데 어떤 관점으로 보느냐에 따라 리더십형태가 달라진다는 것이다(McGregor, 1966). 인간관에 따른 리더십 유형을 다음의 <표 13-5>와 같이 정리할 수 있다.

〈표 13-5〉 인간관에 따른 리더십 유형

Theory X	Theory Y
• 일이 싫다, 야망 없음 • 책임회피, 지시 받는 쪽 • 수동적, 물질적 동기부여	• 일이 자연스럽다, 야망 있음 • 책임지려함, 자기 통제 • 창의적, 심리적/사회적 동기부여
리더십 스타일	
• 지시, 감독 • 규정, 제도 • 경제 보상	• 지도, 충고 • 자율, 책임부여 • 심리 만족

X 이론 형 관점으로 부하를 바라보는 리더는 자기권한을 최대한 사용하고 철저한 감독과 징벌, 명령을 행할 것이며, Y이론 관점으로 부하를 보는 리더는 자율과 적당한 충고로 일관할 것이다. 맥그리거는 모든 인간은 Y형으로서 스스로 자기 통제를 할 줄 알며 그렇게 게으르거나 책임을 회피하려고만 하는 것이 아니기 때문에 생산중심 리더십보다는 인간중심의 리더십을 추천한다. 그의 이런 견해는 60~70년대 인간중심의 경영이라는 새 유행을 창조했다. 그러나 이러한 리더십은 부하들이 조직에 완전히 동화되어 있지 않은 상태에서는 위험천만한 리더가 될 수 있다는 비판도 받고 있다.

리커트 역시 인간차원을 더 중시한 학자이다. 그는 리더십 형태를 시스템 I(개척적, 독재적), 시스템 II(인정적, 권위적), 시스템 III(자문적, 참여적), 시스템 IV(참여적, 민주적)의 4가지로 분류하고 나서 시스템 IV형이 가장 이상적인 관리시스템이라고 했다(Likert, 1967).

2.2.3. 인간과 과업 두 차원 모두를 강조한 연구

블레이크와 머튼(Blake & Mouton)의 '관리격자(Managerial Grid)' 연구는 리더의 행동으로 인간과 과업 두 차원 모두를 강조한 대표적인 연구이다. 그는 리더십차원을 인간에 대한 관심과 과업에 관한 관심 둘로 나누어 바둑판모형의 좌표를 만들고 다음의 [그림 13-4]와 같이 5가지 형태의 리더십으로 구분하였다.

[그림 13-4] 관리격자(Managerial Grid)

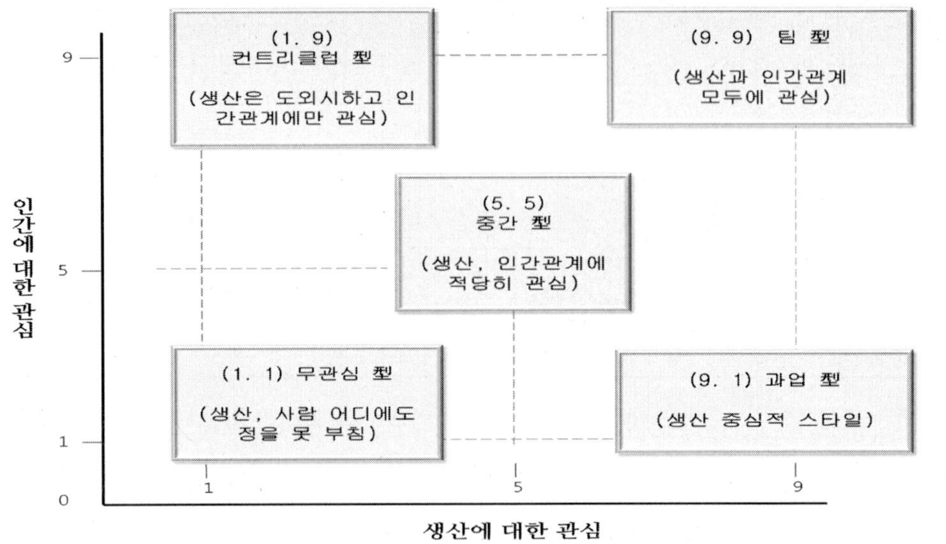

가장 이상적인 리더와 리더십 스타일은 (9.9)형으로 업무계획과 추진에 부하들의 참여와 단결을 호소하고 열심히 노력하는 분위기를 만들어 갈등 없이 적극적으로 목표달성을 추구하도록 지도하는 이상적인 리더를 말한다.

관리격자이론은 리더십훈련 시 실무자들에게 많이 이용되어 왔지만 아직도 그 프로그램의 유용성은 확증된 상태는 아니다. 그러나 오하이오대학 팀이 주도한 리더십이론관련 어느 것이 더 효과적인지 많은 연구결과, 높은 구조주도와 높은 배려일 때 부하의 만족도나 주변의 평가가 가장 높다고 인정되었다. 또한 일본에서는 이상의 두 차원의 리더십형태를 가지고 오랫동안 연구결과, 역시 인간중심적이며 동시에 과업중심이 리더가 조직구성원의 만족도와 조직성과측면에서 가장 효율적이라는 것이 입증되었다.

2.3. 상황론적 접근방법

상황론적 접근방법은 '모든 상황에 적합한 유일 최선의 리더십 유형은 없다'라는 가정을 하고 있다. 또한 상황이론은 리더와 상황이 잘 맞아떨어져야 성과가 높다는 관점에서 리더십을 다룬다. 즉 리더십 유형과 상황간의 관계를 기술하고 있다. 상황론적 접근법관련 대표적인 연구들은 피들러의 환경적응적 리더십 유효성 모형, 하우스의 경력목표이론, 허시와 블랜차드의 상황적 리더십 모형(Hersey & Blanchard, 1982) 등이 있다. 이들 이론들을 간단히 살펴보기로 한다.

2.3.1. 피들러의 리더십 유효성 모형

피들러 모형은 최초의 상황이론으로 집단의 성과는 과업동기 또는 관계 동기라 불리는 리더의 성격적 특성과 리더십 상황의 호의성(favorableness)간의 적합화(match)정도에 달려 있다고 주장했다(Fiedler, 1967; 1978). 이 모델에서 리더십은 리더의 특성으로 보고, 리더의 성격특성은 LPC(Least Preferred Co-worker)설문에 의해 측정된다. 18개 항목으로 구성된 각 항목에 대한 응답을 합한 수치가 높을수록 관계 지향적 리더십에 해당하고 낮을수록 과업 지향적 리더십에 해당한다. 다음은 상황 우호성을 어떻게 구체화했는지 살펴보면, 상황변수를 세 가지 즉 리더-구성원간의 관계, 과업구조, 그리고 직위권력 등으로 구체화하고 있다. 상황변수들의 정의를 정리하면 다음의 <표 13-6>과 같다.

〈표 13-6〉 피들러 이론의 상황변수들

변수 명	정 의
1. 리더-구성원 관계	집단구성원들이 리더를 신뢰하고 좋아하며, 리더의 말(guidance)을 기꺼이 따르려는 정도를 의미한다.
2. 과업구조	1) 과업요구조건들이 얼마나 명백히 정해져 있는가 하는 것(목표 명료성) 2) 과업수행에 사용될 수 있는 과업수행 방법의 수(목표-경로의 다양성) 3) 과업수행의 결과를 알 수 있는 정도(검증 가능성) 4) 과업에 대한 최적의 해답이나 결과가 존재하는 정도(구체성)
3. 직위권력	리더가 갖고 있는 직위에 집단구성원들을 지도 및 평가하고, 상과 벌을 줄 수 있는 권한이 주어진 정도

피들러는 이들 세 가지 상황변수들을 2등분한 후 조합하여 8가지 상황으로 나누고, 각각의 상황이 리더에게 얼마나 호의적인가를 '상황의 호의성'이라는 이름하에 제시하였다. 그리고 그는 리더십상황(1~8)에 대하여 적합한 리더십스타일을 아래의 [그림 13-5]와 같이 제시하고 있다.

요약하면 <그림 13-5>의 그래프는 각 상황에 따른 LPC점수와 성과간의 상관관계를 나타낸 것이다. 즉 상황 1~3과 7~8에서는 LPC와 성과가 부(-)의 상관관계를 가지므로 LPC 점수가 낮을수록, 리더가 과업지향적일수록 성과가 높다. 반면에 상황 4~6에서는 높은 LPC 점수를 보이는 관계 중심적 리더십이 높은 성과와 관련된다는 것이다.

피들러의 이론은 LPC설문에 타당성 결여 및 측정상의 심각한 문제가 있다는 등 또는 소위 조절변인(상황변수)의 선택과 적용에 문제가 있다는 등의 대단히 많은 비판을 받지만, 그의 기여는 리더십의 상황이론을 처음 제시했다는 점과 리더십과정이 복잡한 과정임을 연구자들에게 일깨워 주었다는 점이다.

[그림 13-5] 피들러의 리더십 상황모형

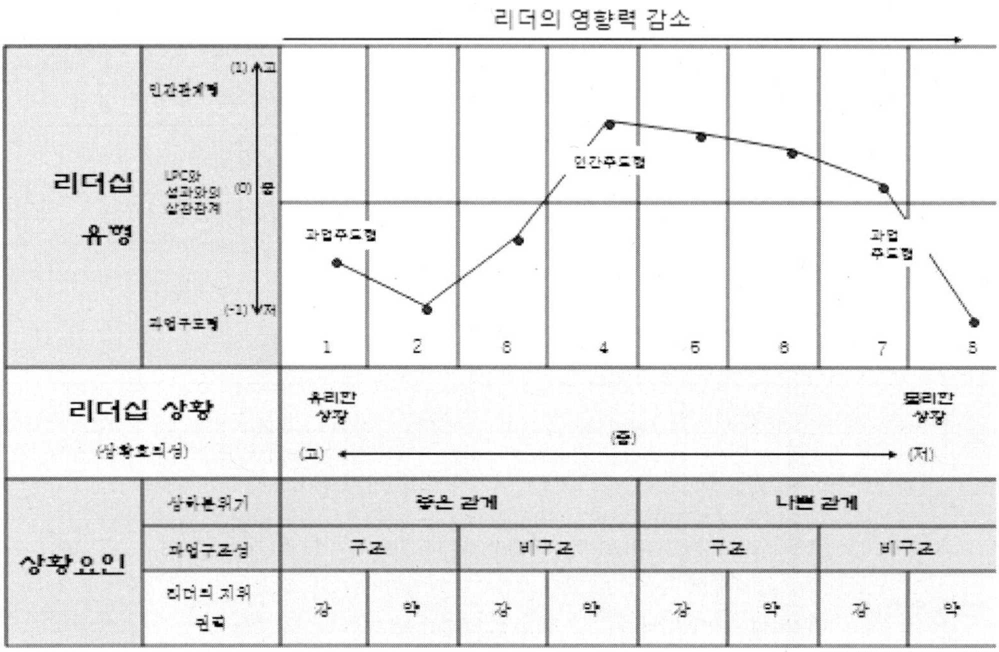

2.3.2. 경로-목표이론

경로-목표이론은 동기부여이론 중 하나인 기대이론에 기초하여 하우스에 의해 제시되었다(House, 1971; 1974). 기대이론에 따르면 개인의 동기는 노력-성과간의 기대치와 성과-결과간의 수단성, 그리고 보상의 유의성이 증가할수록 높아진다고 한다. 그에 따르면 리더의 행위가 추종자들의 동기를 유발할 수 있으려면, 추종자들의 목표성취에 방해가 되는 요소들을 제거해 줘야 하고 그들이 필요로 하는 지원과 도움을 줄 수 있어야 하며, 목표성취와 그에 따른 유의한 보상을 연결시켜 주어야한다고 주장한다. 즉 목표와 보상에 이르는 경로를 다루고 있다고 하여 '경로-목표 이론'이라 한다.

그는 리더십을 리더의 행위로 보고 독립된 4차원(지시, 후원, 참여, 성취지향 등)으로 분석하였으며, 이들 4가지 리더십 스타일중 어떠한 리더십 스타일이 유효한가는 추종자의 특성과 환경적 요인에 달려 있다고 주장하였다. 그의 이론을 다음의 [그림 13-6]으로 요약할 수 있다.

[그림 13-6] 하우스의 경력-목표이론

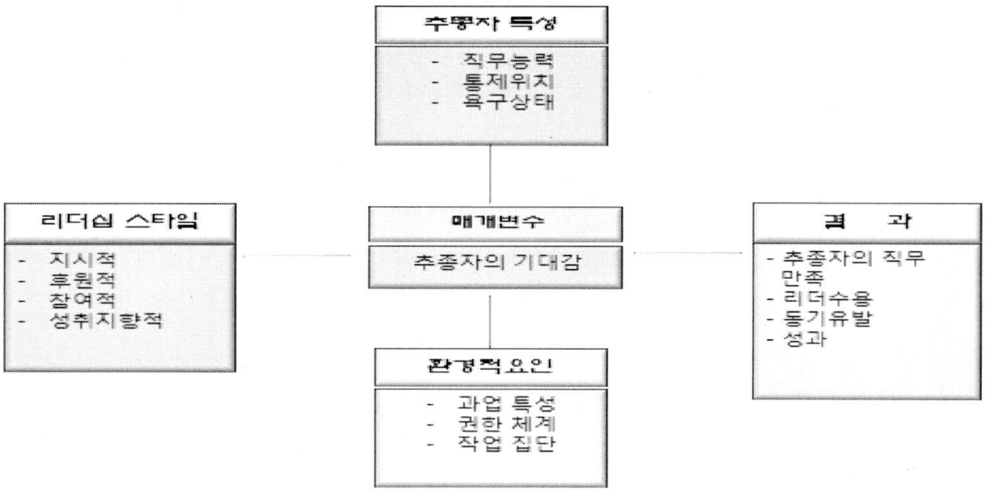

하우스가 제시한 4가지 리더십 스타일과 각 리더십 스타일의 상황에 따른 효과들을 다음의 <표 13-7>과 같이 요약할 수 있다.

〈표 13-7〉 각 리더십 스타일의 상황에 따른 효과들

스타일	행위 특성	상황에 따른 효과
지시적	하급자 통제, 조직화, 감독 등과 관련 규정마련, 작업일정 수립, 직무명확화 등	• 외재적 통제위치, 과업능력이 낮은 하급자, 모호한 과업수행 하급자에 긍정적 작용: 만족도 향상과 동기 유발 • 과업능력이 높은 하급자, 명확한 과업수행 하급자 등엔 부정적 작용: 만족도와 동기 저하
후원적	하급자 욕구/복지에 관심 친구나 동지적 관계중시	• 스트레스, 좌절감, 욕구불만을 느끼는 과업수행 하급자엔 긍정작용: 만족도 향상 • 어려운 과업, 자신감 없고 실패 두려워하는 하급자엔 긍정 작용: 불안감 덜어주고 자신감과 결의 북돋아 줘
참여적	의사결정시 하급자들과 상의, 그들 아이디어 진지고려	• 내재론자, 높은 자율욕구/성치욕구 보유자, 애매한 과업에 애착 갖는 하급자등엔 긍정작용: 만족도와 동기 향상 • 과업이 매우 구조화되고 자신업무 명확히 이해하는 하급자엔 부정적 작용: 만족도와 동기저하
성 취 지향적	최고성과 달성을 위해 하급자의 도전적 목표수립, 최우수지향, 자기능력에 자신감 갖도록 지원	• 애매하고 반복적이지 않은 과업, 독립적 과업, 전문지식과 창의성 요하는 과업수행 하급자: 긍정적 작용 • 일상적, 반복적 단순과업 수행자: 부정적 작용

요약하면, 과업구조가 불분명하면 지시적 리더십이 효과적이고 과업구조가 분명한 상황에서는 후원적 리더십이 보다 좋은 결과를 낳는다고 볼 수 있다. 또한 참여적 또는 성취 지향적 리더십은 과업구조가 불분명(애매)하고 반복적이지 않는다는 것을 전제로 하고 있다.

경력-목표이론은 논리상 기대이론이 갖는 한계를 벗어날 수 없고, 이론에 있어 개념적 혼란을 극복치 못했고, 동기유발측면만을 강조하고 교육, 조정, 계획, 조직화 등의 행위를 불필요하게 배제했다는 등의 비판을 받지만 좀 더 정교하게 다듬고 구체화시킬 필요가 있는 것으로 보인다. 특히 '성취 지향적 리더십' 개념은 최근 각광받고 있는 변혁적 리더십 이론 그리고 성과 리더십 이론과도 접목시킬 수 있는 여지가 많아 보이기 때문이다.

2.3.3. 허시와 브랜차드의 리더십 모형

허시와 브랜차드(Hersey & Blanchard)의 상황적 리더십 이론은 초기에는 '리더십의 수명주기이론'으로 불리다 후에 이론에 수정을 가하면서 지금의 이름으로 명명되었다. 이 이론은 블레이크와 머튼(Blake & Mouton)의 관리격자 이론과 레딘(Reddin)의 '3-D 관리스타일 이론'에 기초를 두고 있다는 평가를 받기도 한다(Yukl, 1981).

상황적 리더십모형을 간단히 소개하면 다음과 같다. 이들은 오하이오 주립대학 연구의 고려와 구조주도의 개념을 이용하여 피들러가 인식한 과업행위와 관계행위의 2차원을 축으로 설정하여 각 축을 고와 저로 나누어 4가지 분면으로 리더십 스타일을 분류하고, 여기에 상황요인으로서 구성원의 성숙도를 추가하였다(Hersey & Blanchard, 1977). 하급자의 성숙도에 따라 리더십스타일의 유효성이 달라진다는 주장이다.

부하의 성숙도(maturity)는 1) 하급자가 달성 가능한 범위 내에서 높은 목표를 설정할 수 있는 능력 및 역량(성취욕구), 2) 하급자들이 자신의 일에 대해서 책임을 지려는 의지와 능력, 그리고 3) 하급자들이 갖는 과업과 관련된 교육과 경험 등을 의미하는 것이다. 즉 부하가 업무수행에 있어서 자발적인 자세와 능력이 있는 유능한 인재인가 아닌가를 의미하는 것으로 이해할 수 있다. 허시와 블랜차드 이론의 요점을 [그림 13-7]로 정리하였다.

[그림 13-7] 허시와 블랜차드이 상황적 리더십이론의 요약

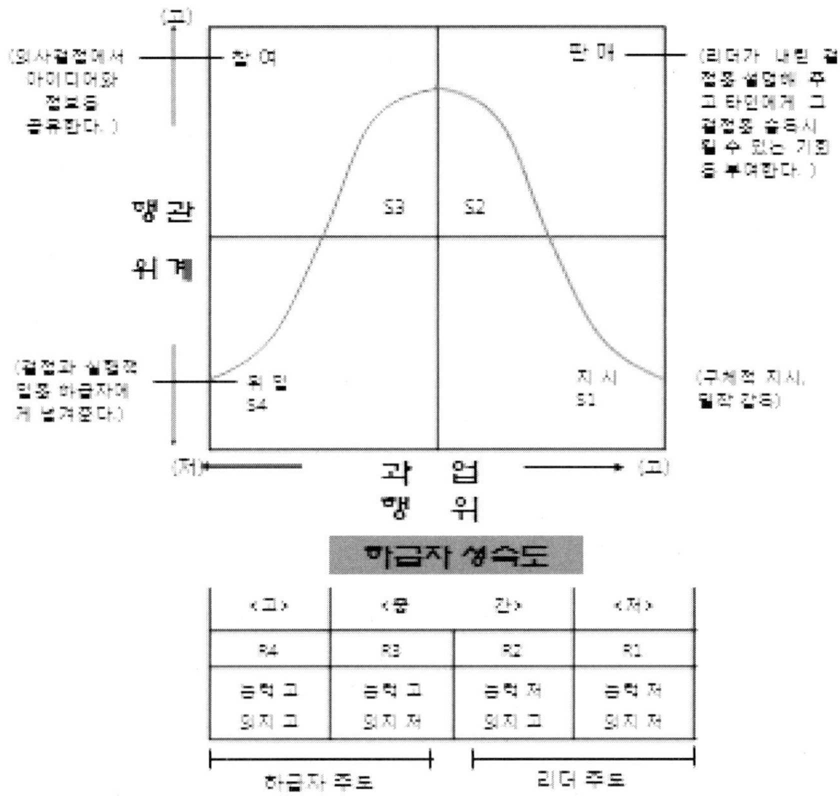

부하가 성숙도가 높고 유능할 경우에는 부하의 자주성과 주체성을 존중하고, 많은 부분을 위양해서 자율적으로 일할 수 있도록 리더는 과업행위와 관계행위를 줄여나가는 것이 좋다. 특히 성숙도가 최고에 달하면 관계행위 일부를 제외하고는 부하에게 영향력을 행사하지 않을 때 유효성이 높아지게 된다. 반면에 성숙도가 낮고 미성숙할 경우에는 직접적인 지도를 통해 강제적으로라도 성과를 낼 수 있도록 관계행위 일부를 제외하고는 과업행위를 높여나가야 한다. 또한 성숙도가 중간정도일 경우에는 보통수준의 과업행위에다 높은 수준의 관계행위가 요구된다. 즉 리더가 부하와 인간관계를 돈독히 함으로서 응집력을 키워줄 때 성과가 높게 나타날 것이다.

이와 같이 리더십의 유효성을 높이기 위해서는 리더는 부하의 성숙도나 그들의 직무경험 및 정서적 성숙도를 고려하여 그에 적합한 리더십 행위스타일을 선택해야 한다. 즉 상황에 따라 효과적인 리더십이 다르기 때문에 현실적으로 어려운 리더의 변경보다는 상황의 변경 및 조성을 통해 리더십 유효성을 높일 수 있다.

2.4. 상황적 리더십 실행방안

우리는 기존 리더십 이론들을 통해 모든 상황에 적합한 유일 최선의 리더십 유형은 없다는 것을 배웠다. 높은 성과를 이끌어 낼 수 있도록 리더십의 유효성을 높이기 위해서는 리더와 상황이 잘 맞아떨어져야만 한다. 즉 이상적 리더의 유형이 독립적으로 존재하는 것이 아니라 상황에 알맞은 것이라면 독재적 리더십도, 방임형 리더십도, 과업중심의 리더십도 높은 성과를 올릴 수 있다는 것이다. 그렇다면 조직에서 리더가 상황적 리더십을 실행하기 위한 방안은 무엇일까? 이에 대한 방안을 다음과 같이 제시할 수 있다.

2.4.1. 조직에서 리더십 상황을 구성하는 요소들을 먼저 파악하라.

리더십의 효과성을 높이기 위해서는 먼저 리더십에서의 상황이란 무엇인가에 대해 구체적인 이해를 바탕으로 그에 적합한 리더십을 실행하여야 할 것이다. 조직에서 리더십상황이 무엇인지를 이해하기 위해서는 무엇보다도 리더십 상황을 구성하는 요소들을 먼저 파악해야 한다. 리더십상황 구성요소를 정리해 보면 다음의 <표 13-8>와 같다(임창희, 1999).

〈표 13-8〉 리더십상황을 구성하는 요소들

구 분	구성 요소들
부 하	그들의 태도, 가치관, 습성, 업무처리능력과 지식수준 등
조 직	조직분위기, 규범, 제도와 규칙, 응집성, 시간적 여유, 불확실성 등
집 단	집단목표 및 과업, 집단구조, 집단 발전단계 등
과 업	업무의 종류, 난이도, 복잡성 등

이상과 같이 우리는 리더십상황을 구성하는 구성요소들을 살펴보았다. 과거의 리더십 연구에서는 이러한 상황요인들에 대해 단편적으로 한 요인에 대해 초점을 맞추는 경향을 보여 왔지만, 앞으로는 상황적 리더십을 유효하게 실행하기 위해서는 모든 상황적 요인들을 종합적으로 고려하여 판단하여야 할 것이다. 즉 리더가 이러한 상황들을 어떻게 평가하고 있는가는 상황구성요인들에 대한 리더의 성격과 가치관 신념, 욕구, 동기 등이 작용하여 상황에 대한 우선순위라든지, 강도 등이 영향을 미칠 것이기 때문에 상황을 다양한 각도에서 신중하게 판단하는 것이 제일 우선이 되어야 할 것이다.

2.4.2. 현대적 리더로서의 기본적인 자질을 함양하라

경영환경의 변화에 적응하고 성과창출자로서의 역할을 발휘하기 위해서는 단순한 관리자로서 뿐만 아니라 효과적인 리더십을 갖춘 리더로서의 역할 필요성이 증대하였다. 리더가 효과적인 리더십을 발휘하기 위해서는 어떤 상황에서도 보편적으로 적용 가능한 현대적인 리더로서의 기본적인 자질들을 갖추도록 노력해야 한다(Labich, 1988; Steers, 1991, 신유근, 1997). 현대적 리더가 갖추어야 할 기본적 자질을 아래의 <표 13-9>와 같이 제시할 수 있다.

〈표 13-9〉 현대적 리더가 갖추어야 할 기본적 자질

자 질	내 용
1. 부하들을 신뢰하고 부하에게 신망을 얻어야 한다.	• 리더가 자신을 믿지 않는다고 생각하면 부하들은 자신의 노력을 최대화 하지 않기 때문에, 서로 신뢰하기 위해서는 먼저 리더가 부하를 신뢰하되 부하에 대한 무조건적인 신뢰가 아닌 그들이 신뢰받을 수 있는 조건을 갖출 수 있도록 지원해야 한다. • 부하로부터 신망을 얻기 위해서는 솔선수범, 불필요로한 말 삼가, 솔직한 표현 등 항상 모범이 되도록 노력해야 한다.
2. 비전을 개발하고 목표를 구체화해야 한다.	• 구성원들은 조직이나 집단이 추구하는 비전 및 목표는 무엇이며 할 일은 또 무엇인지를 명확히 제시할 수 있는 리더를 따르고자 하기 때문에 비전개발하고 목표를 구체화해야 한다. • 이때 비전은 구성원들이 공감할 수 있고, 행동방향성을 제시할 수 있어야 하며, 리더 스스로가 강한 확신을 가져야 한다. • 비전수용을 높이기 위해서는 무조건 제시보다는 왜 이것을 해야 하는지(know-why)를 알려주는 것이 좋다.
3. 구성원을 배려하는 인간미를 가져야 한다.	• 부하직원 및 가족에 대한 신상파악을 통해 고충이 무엇인지 등에 세심한 관심과 배려가 필요하고, 리더 자신의 포용력을 기르고, 역지사지하는 자세 갖추고, 출세 지향적 업무자세를 탈피해야 한다. • 공식적 업무관련해서는 구성원들에게 공평무사해야 한다.
4. 리더가 위험을 감수하는 도전정신을 가져야.	• 새로운 변화와 창조에는 실패위험이 뒤따르지만 리더가 혁신 주도적으로 새로운 시도를 구상하고 실천해야 한다. • 이를 위해서는 감정에 치우치지 말고 냉철하며 결단력을 가져야 한다. • 구성원들에게 도전정신을 강조하는 커뮤니케이션이 수시필요.
5. 지속적 자기계발로 전문가가 되어야.	• 리더는 지속적인 자기계발과 교육·훈련에의 참여로 업무에 대한 전문지식을 갖고 있을 때 구성원들에게 신뢰를 얻을 수 있다.
6. 효과적인 커뮤니케이션 능력을 갖추	• 구성원들에게 무엇인가를 전달하려고 할 때, 전체그림을 먼저 제시하고, 세부사항은 추후 필요한 경우에 한다.

어야 한다.	• 이때 경영의 맥을 짚을 수 있는 능력을 갖추어야 한다. 즉 중요한 것과 그렇지 않은 것, 해야 할 일과 하지 않아도 되는 일을 정확히 판단할 수 있어야 하며, 문제발생시 근본원인 파악해 해결할 수 있어야 한다.
7. 리더 자신에게 반대하는 사람을 중시해야 한다.	• 비판적 평가와 문제발견을 구성원들에게 강조하고, 자유롭게 의견을 개진토록 하고, 하급자의 아이디어/견해를 존중해야 한다. • 이때 반대자를 중용하고 예스맨을 멀리해야 한다.
8. 환경변화에 높은 감수성을 갖도록 해야 한다.	• 리더는 바깥세계의 변화를 예견하고, 이에 따라 조직 및 집단의 내부변화들을 구체적으로 제시해 주며, 창의적 사고과정을 중시하여 집단에 아이디어를 구하고 통합시켜 내부변화에 적극적 참여를 유도해야 한다.
9. 구성원들을 지속적 임파워먼트 시켜야 한다.	• 구성원들의 특성(욕구, 가치, 관심사 등)을 고려한 현재 및 향후 업무과제에 비추어 업무수행관리능력 배양에 필요한 조치들을 취함으로서 구성원의 경력성공을 적극적으로 지원해야 한다. • 구성원들의 적극적인 참여유도, 구성원들이 기대이상의 성과를 창출할 거라는 것을 수시로 이야기함으로서 사기를 앙양시킨다.

2.4.3. 성공하는 리더: 관리 시스템과 자원간 적합성을 확보하라

다각화된 기업의 성공하는 리더는 기업 내 자원을 가장 효율적으로 사용할 수 있도록 관리·통제 시스템을 설계해야 한다. 단지 자율적으로 운영되는 여러 사업부를 기업 전체 차원에서 통제하는 것만으로는 다각화 기업의 가치를 증대시키기는 어렵다. 다각화 기업이 창출하는 가치가 각 사업부가 창출하는 가치의 단순 합 이상이 되기 위해서는 가치 있는 자원을 여러 사업부에서 공유할 수 있도록 하는 통합된 시스템을 마련해야 한다.

다각화 기업의 각 사업부는 비즈니스 시스템상의 주요 활동측면에서 서로 협력함으로써 기업 전체의 성과를 증대시킬 수 있다. 예로 존슨 앤 존슨(Johnson & Johnson)은 병원고객을 대상으로 한 영업에 있어서 각 사업별로 영업 인력을 운영하지 않고 전사적으로 통합하여 운영함으로써 규모의 효율성을 확보하고 있다. 그러나 사업부 경영자들은 자신의 사업부에 도움이 되지 않을 경우에는 기업 전체적인 관점에서 이익이 된다 하더라도 잘 협력하지 않는다.

따라서 다각화 기업의 성공하는 리더는 기업 전체 차원에서 최적이 될 수 있도록 사업부간 협력을 유도하는 메커니즘을 구축해야 한다. 사업부간 협력을 이끌어 내는 방법 중의 하나는 사업부 경영자로 하여금 기업 전체차원에서 의사결정을 하고 행동할 수 있도록 하는 인센티브시스템을 도입하는 것이다. 그러나 재무적 인센티브만으로는 사업부의 자발적 협력을 유도하는데 한계가 있음으로 사업부간 자원 및 스킬의 이동과 활동의 조정을 도모할 수 있는 시스템을 함께 마련하는 것이 필요하다. 물론 자원의 이전 및 공유를 위해서는 기업 본부차원에서의 개입과 조정이 어느 정도 필요하게 된다.

2.4.4. 리더십 상황요인을 개선하라

효과적인 리더십을 개발하기 위해서는 리더십상황 요인인 조직 환경요인을 개선할 필요가 있다. 예로는 과업구조를 개선한다든지, 자유로운 아이디어나 의견개진이 장려·촉진되는 분위기 유도한다거나, 집단구성원간의 갈등을 최소화한다거나, 집단성과에 대한 보상을 한다거나, 과업 선정 시 집단의 특성을 고려하여야 한다. 따라서 리더십상황 요인인 조직의 환경을 개선하는 방안으로는 다음의 <표 13-10>과 같은 것을 들 수 있다(신유근, 1997).

〈표 13-10〉 리더십상황 요인인 조직 환경 개선방안

방 안	내 용
1. 리더의 선발/배치제도	• 리더십 유효성을 제고시키기 위해서는 사람의 퍼스낼리티나 리더십 스타일을 즉각적으로 변화시키기는 쉽지 않음으로 상황 또는 여건을 리더에게 적합하게 변화시키거나, 리더를 적합한 상황에 선발/배치하는 방안을 개발할 필요가 있다.
2. 조직 구조적 요인 변경	• 직무충실화와 같은 직무재설계방안을 통해 과업구조를 바꿈으로서 리더의 권력지위를 변경하는 것이다.
3. 리더의 재량권 확대	• 예산전결권 및 인사권 등 팀 리더가 부하에게 보상을 할 수 있는 재량권을 크게 함으로서 구성원들에 대한 리더의 영향력을 증대시킬 수 있다. • 또한 리더의 재량권 확대를 통해 구성원들이 목표달성을 위해 리더를 절대적 필요존재로 인식하도록 해 지시나 명령에 복종하도록 할 수 있다.
4. 규칙/정책/절차의 명확화	• 종업원 과업구조를 명확하게 정의하거나, 인사문제와 관련된 규칙·정책·절차를 명확히 함으로서 리더십효과를 높이는데 도움을 줄 수 있다.
5. 참여경영의 확립	• 조직에서 참여경영이 확립될 때 리더십효과를 극대화할 수 있다. 그 이유는 참여경영이 리더와 구성원 간에 상호믿음을 기초로, 서로 존중하여 공동과업을 성공적으로 수행할 수 있도록 팔로우십과 리더십이 상호균형을 이루는 리더십공유를 이끌어낼 수 있기 때문이다.

성공하는 기업의 리더

해외 초우량기업의 성공요인을 보면, 그 밑바탕에서는 리더십이 있다. 짐 콜린스(Jim Collins)에 따르면, 1965년부터 1995년까지 포춘(fortune)지 500대 기업으로 선정되었던 1,435개의 기업들을 조사한 결과 15년 동안 지속적으로 3배 이상의 누적 주가수익을 달성한 기업은 11개 기업뿐이었으며, 더욱 놀라운 사실은 그 11개의 초우량 기업들의 성공 요인이 탁월한 리더십에 있었다고 한다.

짐 콜린스는 수년간의 연구노력 끝에 내린 결론이 리더십이라는 어떻게 보면 구태의연하고 식상하기마저 한 주제로 맺고 싶지 않았다고 한다. 그러나 그것 밖에는 다른 차별적인 요소를 발견할 수 없었다고 밝히고 있다.

결국 '리더십'이 관건인 것이다. 그는 리더십을 5단계로 분류하여 다음 그림과 같이 설명하면서, 성공하는 초우량 기업의 리더는 5단계 리더십을 갖고 있다고 결론을 지었다.

그가 이야기하는 5단계 리더십은 인간적 겸양과 투철한 직업의식을 가진 리더로, 4단계 리더가 카리스마적으로 조직을 이끌어나가는 반면, 5단계 리더는 사업가로서 우수한 스킬과 역량을 갖고 지속적인 성과를 일구어 내고자하는 욕구에 사로잡혀 광적으로 일을 추진하며, 리더로서의 책임을 다하고 나서 성공에 대한 공을 타인에게로 돌리는 겸손한 인간적 성숙함을 가지고 있는 인물이다.

5 단계 : 5단계 리더쉽
인긴적인 겸양과 투철한 직업의식을
통해 지속적으로 위대함을 달성함

4 단계 : 효과적인 경영자
명백하고 강력한 비전을 적극적으로 추구하고
조직원들의 헌신을 불러일으켜 성과를 달성하게 함

3 단계 : 유능한 관리자
수립된 목표를 효과적 · 효율적으로 달성하기 위해
노력하에 자원을 조직화하여 운영함

2 단계 : 헌신적인 팀 구성원
조직의 목표달성을 위해 기여하며 팀에서
다른 사람들과 효과적으로 작업하는 능력을 지님

1 단계 : 능력있는 개인
재능, 지식, 스킬, 좋은 업무습관 등을 통해 생산성에 기여함

그림 : Level 5 Leadership

리더십 잠재력

■ 당신이 갖고 있는 팀이나 조직을 이끌 리더로서의 기본 잠재력을 진단해보자.

〈응 답〉

1	2	3	4	5
전혀 동의하지 않는다.	약간 동의하지 않는다.	보통이다.	약간 동의한다.	대체로 동의한다.

항 목	1	2	3	4	5
1. 나는 다른 사람들의 일을 돕는 것을 좋아한다.					
2. 다른 사람들을 관리하는 것은 별로 어려운 일이 아니다.					
3. 나는 필요한 것을 얻기 위한 협상을 잘한다.					
4. 사람들은 종종 대인갈등을 해결해 달라고 나에게 부탁한다.					
5. 나는 팀원들과 함께 어울려 일하지 않고 옆에서 지원하고 방향을 잡아주는 역할을 하는 것을 부담스럽지 않게 생각한다.					
6. 나는 다른 사람들에게 피드백을 제공하는 것을 어려워하지 않는다.					
7. 나는 정치적 행동을 잘 이해하고 있다.					
8. 나는 동료들과 함께 업무를 수행할 때, 전문성을 갖고 있지 않더라도 별로 초조해 하지 않는다.					
9. 효과적인 리더라면, 팀원들의 활동 하나하나에 직접 간섭해서는 안 된다고 생각한다.					
10. 나는 목표를 세우고 추진하는 것을 잘 한다.					

[해 석]

- 총점은 50점이다. 위의 10항목의 응답을 다 합하여 10으로 나눈 평균점수가 3.5점 이상이라면, 리더로서의 기본적인 잠재력을 갖췄다고 볼 수 있다.
- 총점으로는 35점 이상이면 리더로서 팀이나 조직을 이끌 때 큰 무리가 없을 것이다.
- 만약 그보다 낮다면, 리더가 되는 것을 다시 생각해 봐야 한다. 이런 사람은 팀이나 조직을 맡기 전에 자신의 리더십 잠재력을 높이는 노력부터 하는 것이 바람직하다.

권력원천 측정설문

■ 아래의 응답양식을 사용하여 질문에 답한 후 주어진 기준에 따라 권력원천 수준을 평가해보시오. ○표 해주세요.

〈응 답〉

1	2	3	4	5
전혀 동의하지 않는다.	동의하지 않는다.	약간 동의한다.	동의한다.	강력히 동의한다.

권력원천	질 문	1	2	3	4	5
보상적 권력	1. 나는 하급자(또는 친구)들에게 보상을 해 줄 수 있다.					
	2. 나의 하급자(또는 친구)들에 대한 평가가 그들이 받는 보상에 영향을 준다.					
	3. 내 결정에 따라 하위직급 구성원(또는 친구)들이 보너스(또는 보상)를 받을 수 있다.					
강압적 권력	4. 나는 하위직급자(또는 친구)들을 벌할 수 있다.					
	5. 나의 일은 하위직급자(또는 친구)들을 체크하는 것이다.					
	6. 나의 노력에 따라 실수가 줄어든다.					
합법적 권력	7. 내 직위는 나에게 큰 권한을 준다.					
	8. 내 직급에서 내리는 결정은 결정적으로 중요하다.					
	9. 구성원들은 나의 지휘를 기대한다.					
전문적 권력	10. 나는 하는 일에 있어 전문가이다.					
	11. 맡은 일에 대한 나의 능력은 나의 장점이다.					
	12. 시간만 주어지면 내가 하는 일을 개선할 수 있다.					
준거적 권력	13. 나는 다른 조직원(또는 친구, 후배)들에게 좋은 모델이 되기 위해서 노력한다.					
	14. 성격상으로 보더라도 나는 내가 지금 하고 있는 일을 잘할 수 있다.					
	15. 동료(또는 친구)들은 나를 비공식 리더로 간주한다.					

[해 석]

각 권력원천에 대하여 자신의 권력원천 점수를 적고 아래 채점표에 따라 귀하의 권력을 평가해봅시다.

채점표

권력원천	약 함 (3점~6점까지)	보 통 (7점~11점까지)	강 함 (12점~15점까지)
보상적 권력 (#1~3의 합)			
강압적 권력 (#4~6의 합)			
합법적 권력 (#7~9의 합)			
전문적 권력 (#10~12의 합)			
준거적 권력 (#13~15의 합)			

제 14 장 새로운 효과적 리더십의 개발 II

급격하고 복잡한 기업경영환경의 변화는 조직의 존망을 좌우하는 위기상황요인으로, 이런 위기상황을 타개하고 지속적으로 성장할 수 있는 기업이 되기 위해서는 조직구성원들의 조직에 대한 강한 일체감과 적극적인 참여를 유발할 수 있는 새로운 리더십이 요구된다. 즉 조직이나 집단의 높은 성과창출을 위해서는 리더 혼자만이 리더십 특성을 함양하고 행위스타일을 개발하며, 상황에 적합하게 하는 것만으로는 부족하다. 무엇보다도 리더에 의해 부하가 고무되어 자발적으로 열심히 일할 때 조직의 성과가 높아지는 것이다. 따라서 리더는 부하들이 열심히 일하도록 동기부여를 시킬 뿐만 아니라 조직과 자신을 동일시하도록 부하들을 변화시켜야 한다. 어떻게 하면 부하들의 변화를 촉진하는 리더십을 발휘할 수 있겠는가? 이에 대한 답을 새로운 패러다임에 의한 리더십이론에서 찾고자 한다.

제1절. 새로운 리더십 유형

1.1. 변혁적 리더십(Transformational Leadership)

변혁적 리더십은 1978년 번즈(Burns)에 의해서 처음 제시되었으며, 그 후 1985년 배스(Bass)가 조직상황에 맞춰 구체화함으로서 널리 알려지게 되었다. 이 이론은 기존의 모든 리더십이론들

> **거래적 리더십(Transactional leadership)**
>
> - 리더가 부하들의 역할과 과업요건을 명확하게 함으로서 기존에 잘 정립되어 있는 목표달성을 위해서 부하들이 노력하도록 동기부여를 시키는 리더십이다.
> - 리더의 역할: 1) 원하는 결과가 무엇인지를 부하에게 주지시키는 일 2) 결과달성 및 미달성에 따라 어떤 보상 및 처벌을 받게 되는지를 명확히 하는 일(Bass, 1985)
> - 기존의 조직문화의 틀 안에서 구조주도나 배려행위 등의 적절한 조합을 통하여 '리더가 원하는 것(목표)과 부하들이 바라는 것(보상)간의 효율적 교환을 추구'하기 때문에 리더는 부하들이 단기적 목표에 있어 높은 성과를 달성하였을 때 그들이 원하는 보상을 받을 수 있다는 사실을 주지시킨다. 즉 리더는 부하들에게 저차원의 욕구를 충족시킬 수 있는 물질적 보상을 주고 단기적 목표를 달성해 달라고 거래를 하는 것이다.

을 리더와 부하간의 교환관계에 기초한 거래적 리더십에 치중해 있다고 비판하는데서 출발한다.

변혁적 리더십이란 "리더가 부하들로 하여금 자기 자신의 이익을 초월하여 더 나아가 조직의 이익에 대한 관심을 가지고 공헌하도록 고무시켜주고, 부하자신의 고차원적인 욕구인 성장과 발전을 위해서도 노력하고 중대한 영향을 미치는 리더십"을 의미한다(Burns, 1978: Steers, 1991). 이는 리더의 행동특성이 부하들의 자각에 의한 변화를 촉진하고, 그 결과 부하들의 모티베이션 수준을 높여 성과가 향상되도록 하는 과정으로 이해할 수 있다(Kreitner & Kinicki, 1995).

변혁적 리더십을 발휘하는 리더는 집단전체가 나아가야 할 바람직한 방향으로서 이상주의를 표방하며, 구성원들에게 목표를 성취할 수 있는 능력을 키워주고 신뢰를 구축함으로서 구성원들 개개인에게 '에너지를 불어넣는' 즉 부하들을 임파워먼트 시키는 리더이다. 변혁적 리더의 특성의 요약하면 다음의 <표 14-1>과 같다.

〈표 14-1〉 변혁적 리더의 특성

- 매우 높은 자신감을 갖고 있고
- 현 상태를 뛰어넘는 이상적인 비전을 체계적으로 제시하는 능력을 지니고 있고
- 비전을 추구하기 위해 개인적인 위험을 기꺼이 감수하려고 하고
- 늘 해오던 방식이 아닌 새로운 방식을 도입함으로서 변화담당자 역할을 수행하고
- 자신의 생각/시각을 뛰어넘는 창의성을 발휘하도록 부하들을 고무시켜, 그들로 하여금 기대이상의 성과를 내도록 한다.

변혁적 리더십이란 구체적으로 어떤 요인들로 구성되는가? 배스(Bass, 1990)는 거래적 리더와 변혁적 리더의 차이뿐만 아니라 변혁적 리더십과 거래적 리더십의 요인들을 다음의 <표 14-2>에서 제시하고 있다.

〈표 14-2〉 변혁적 리더십과 거래적 리더십의 요인들

구 분	요인 들	내 용
변혁적 리더십	카리스마	바람직한 가치관, 존경심, 자신감 등을 추종자들에게 심어주고 비전을 제시한다.
	개별적 관심	추종자들이 개인적으로 성장을 이룰 수 있도록 그들의 욕구를 파악하고 알맞은 임무를 부여한다.
	지적 자극	추종자들이 상황을 분석하는데 있어 기존의 합리적 틀을 뛰어넘어 보다 창의적인 관점을 개발하도록 격려한다.

거래적 리더십	조건적 보상	추종자들에게 무엇을 해야 그들이 원하는 보상을 받을 수 있는지를 알려준다.
	예외에 의한 관리	추종자들이 부여받은 임무를 수행하도록 하고 목표가 달성될 때까지 간섭하지 않는다. 즉 예외적 사건이 발생했을 때에만 간섭한다.

거래적 리더	변혁적 리더
• 부하의 노력과 업적에 따라 보상/칭찬 함 • 높은 성과에 보상한다는 약속/언질을 줌 • 부하행동이 규정/관례에 어긋나는지 감독/관찰을 통해 시정해줌 • 책임은 회피, 중요결정사항은 위/아래 미룸	• 부하에게 비전/미션제시, 신뢰/자긍심 유발 • 부하의 지혜/논리성/문제해결력을 일깨움 • 부하 한사람마다 존중, 개별적 관심을 쏟음 • 쉽게 목표설명, 높은 기대갖도록 동기부여, 영감을 불어넣음

위의 <표14-2>에서 나타난 것처럼 변혁적 리더들은 카리스마 특성을 가지며 추종자들 각자에게 개별적 관심과 배려를 보이고 지적인 자극을 부여한다. 그러나 거래적 리더들은 성과와 보상의 교환관계라든가 부정적 피드백 또는 예외에 의한 관리 등에 치중한다. 이 두 리더십은 상호 배타적인가? 이에 대해 배스는 상호 별개의 개념이지만 동일한 개인이 이 두 가지의 리더십을 때에 따라 적절히 구사할 수 있다고 주장하고 있다.

변혁적 리더십은 교육과 훈련을 통해 개발할 수 있다(Conger, 1992). 즉 리더는 부하를 신뢰한다든가, 부하들과 공유할 수 있는 비전을 개발한다든가, 심리적으로 동요하지 않아 부하들에게 불안감을 주지 않는다든가, 자기계발 노력을 기울여 업무에 탁월한 전문가가 됨으로서 변혁적 리더가 될 수 있다.

1.2. 전략적 리더십

1900년대 중반에 들어서면서 경영학계의 화두는 변화이었기 때문에 조직의 전략을 책임지는 최고경영층에 대한 학자들의 관심은 높아지기 시작하였다. 그 이유는 조직운영에 있어 최고경영자와 경영진은 조직전체의 성과에 대한 책임을 지며, 조직 내·외의 여러 변화에 대응해야 하며, 다양한 이해관계 집단들을 관리해야 한다. 결국 이들의 결정과 행동은 조직의 성과뿐만 아니라 생존에 까지도 커다란 영향을 미칠 수 있음으로 리더로서의 최고경영층의 행동과 역할을 이해하는 것은 매우 중요한 의미를 갖기 때문이다. 따라서 전략적 리더십에서는 최고경영자 및 경영진(CEO, TMT, BOD) 등의 전략층을 대상으로 그들의 특성, 구성, 행동이 각종 성과와 어떤 관계를 갖는지에 초점을 둔다(Finkelstein & Hambrick, 1996).

전략적 리더십의 통합모형은 다음의 [그림 14-1]과 같이 정리할 수 있다.

[그림 14-1] 전략적 리더십의 통합모형

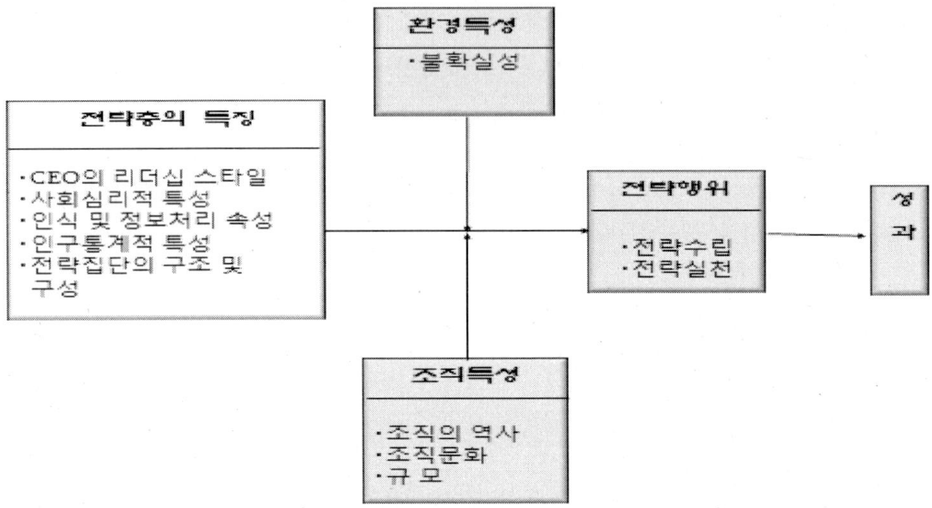

이 모델은 일정한 특성을 갖는 전략층이 환경이나 조직과 상호작용하여 전략을 수립, 실행하고 그 결과로 긍정적 또는 부정적 성과가 산출되는 과정을 표현한 것이다(백기복 외 2인, 1999). 구체적으로 CEO는 자신의 스타일에 따라 전략을 선택하고 실행하여 성과를 산출하려할 것이다. 그러나 CEO의 이러한 행동은 다른 전략층의 견제를 받게 된다. 따라서 CEO가 다른 전략층과의 어떠한 역학관계를 갖고 있는가에 따라 전략의 선택이 달라진다. 전략층 중 누가 전략수립과정을 지배하더라도 조직이 처한 환경적 특성(예: 불확실성의 정도)과 조직의 문화 등의 영향을 받지 않을 수 없다. 예로 환경이 극히 안정적이고 조직문화도 질서가 잘 잡혀있는 경우에는 CEO의 전략적 역할은 미미해진다. 그러나 벤처기업 등과 같이 환경의 불확실성이 큰 경우에는 상대적으로 CEO의 힘이 커지게 된다.

한편 나하반디는 CEO의 전략적 리더십스타일을 통제욕구정도와 도전추구정도를 두 축으로 [그림 14-2]와 같이 4가지 유형으로 제시하고 있다(Nahavandi, 1997).

[그림 14-2] 전략적 리더십의 4유형

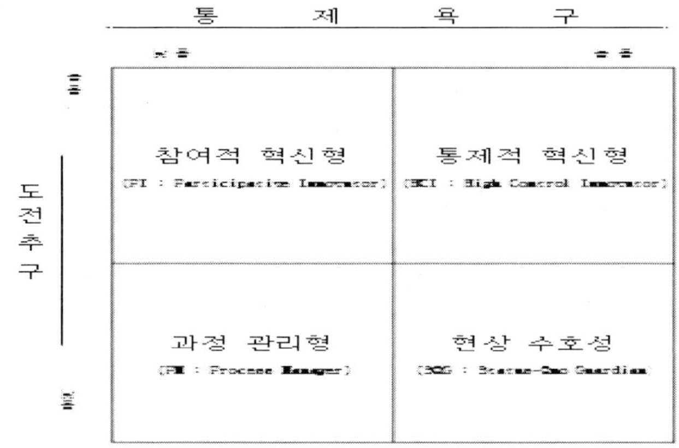

1) 과정 관리형(PM): 조직운영과정에서 구성원들을 많이 참여시키지만 전략적 선택에 있어서는 매우 보수적이어서 위험이 따르는 전략을 멀리하는 스타일을 의미한다. 예로 IBM의 전 CEO 루 거스너: 조직안정에 기반을 둔 점진적 변화추구, 구성원들을 강력히 통제하기보다는 자율과 참여를 중시함.

2) 현상 수호형(SQG): PM과 같이 안정을 추구하여 위험도가 높은 전략을 회피하려는 성향이 있으나 내부관리에 있어서는 매우 엄격한 통제력을 발휘하려는 특성을 갖는다. 한마디로 과거의 성공을 유지하고 지키려는 스타일을 의미한다. 예로 Tootsie Rolls사의 고든회장: 세세한 통제에 기초한 방어전략을 구사하여 100년간 캔디를 만들며 미국 최고의 회사 중 하나로 수성에 성공하고 있음.

3) 참여적 혁신형(PI): SQG와 정반대의 스타일로서 외적으로는 도전적이고 혁신적인 전략을 추구하나 조직 내적으로는 참여적이고 개방적인 문화를 유지하는 유형을 의미한다. 예로 리바이스(Levi's)의 로버트 하스 회장: 조직원들은 스스로 문제를 찾아 새로운 방법으로 해결할 수 있도록 임파워 되어 있다. 위에서는 이런저런 지시나 간섭을 하지 않고 커다란 방향만 제시하고 창의력을 발휘하여 여러 실험을 할 수 있는 기회를 제공한다.

4) 통제적 혁신형(HCI): 내적으로는 강한 문화와 통제를 위한 제도를 중시하나 외적으로는 도전적 전략을 추구하는 즉 새로운 시장에 진출, 미개척분야에 도전, 비관련 산업에 대해서도 사업기회를 노리는 혁신적 스타일. 그러나 조직운영이나 관리에서는 보수적이고 CEO가 모든 권한을 갖고 통제하려는 속성을 갖는다. 예로 MS의 전 CEO 빌 게이츠: 도전적으로

사업진출을 하나 내적으로는 '지적능력' 하나의 기준을 갖고 강력한 통제를 실시. 의사결정도 본인과 자신이 직접 뽑은 소수의 TMT 구성원들에 의해 이루어짐.

1.3. 감성 리더십(Emotional Leadership)

최근 조직구성원이 다양해지고 가치관이 빠르게 변하면서 구성원들에 대한 감성관리가 더욱 중요해지고 있다. 즉 고객의 마음을 사로잡는 것뿐 아니라 조직을 관리하는데 있어서도 구성원들의 마음을 사로잡는 감성경영이 필요하다. 이제 업무관리만으로 신세대, 여성인력 등 구성원들의 몰입과 열정을 끌어내는 데 한계가 있기 때문에, 구성원들의 감성을 이해하고 배려하며 구성원들과 긍정적인 관계를 유지하는 감성리더십의 중요성이 확산되고 있다.

1.3.1. 감성 리더십이란?

감성 리더십은 "리더 스스로 자신의 내면을 파악하고, 구성원의 감성을 이해하고, 배려함과 동시에 자연스럽게 조직구성원들과의 관계를 형성하여 조직의 감성역량을 높이는 능력"이다(골먼, 보이애치스 & 맥키, 2003). 이는 구성원들의 협력을 이끌어내고 새로운 방식으로 문제를 해결할 수 있도록 촉진함으로서 조직성과 창출에 기여하게 된다. 그 이유는 창조경영을 위해서는 구성원상호간의 지식공유와 협업, 모험적인 시도를 용인하는 조직분위기가 필수적인데 감성리더십을 통해 구성원들의 느낌을 이해하고 편안하게 의견을 나누며 새로운 시도에 대한 심리적 안정감을 제공함으로서 창조적 성과창출의 기반을 마련할 수 있기 때문이다.

감성 리더십을 본질적으로 이해하고, 발휘하기 위해서는 감성지능개발이 필수이다. 감성지능은 "자신의 한계와 가능성을 객관적으로 판단해 자신의 감정을 잘 다스리고 상대방을 진심으로 이해하며 타인과 좋은 관계를 유지할 수 있는 능력"이다(신정길 외 2인, 2004). 이를 다음의 <표 14-3>와 같이 정리할 할 수 있다.

〈표 14-3〉 감성 지능(Emotional Intelligence)

구 분	정 의
자아인식력 (self-awareness)	- 자신의 기분, 감정, 취향 등이 타인에게 미치는 영향을 인식하고 이해하는 능력
자기통제력 (self-regulation)	- 부정적인 충동과 기분을 통제하거나 바꿀 수 있는 능력 - 행동하기 전 판단을 위해 잠시 멈출 수 있는 절제력

동기부여 (motivation)	- 돈, 지위를 초월해 직무를 성공적으로 수행하려는 열정 - 끈기를 가지고 목표를 추구하려는 성향
감정이입 (Empathy)	- 다른 사람의 감정을 헤아려 이해하려는 능력 - 다른 사람의 감정적인 반응에 대응하고 처리하는 기술
사교성 (social skill)	- 인관관계를 형성하고 관리하는 능력 - 공동의 입장을 발견하고 친밀한 관계를 형성하는 능력

출처: Goleman, D.(1998), What makes a Leader? Harvard Business Review, 76(6), pp. 93-102.

1.3.2. 감성 리더십 구축의 4단계

조직전반에 거쳐 감성 리더십을 구축하기 위해서는 구성원들과 관계를 강화하는 단계적 접근이 필요하다. 그 이유는 감성 리더십에서 가장 중요한 것은 일관성과 지속성이기 때문이다. 즉 직원 간담회 등 몇 번의 이벤트로 구성원들의 감성을 이해했다고 생각하는 것은 큰 착각이며, 단계적 접근을 통해 관계의 기반을 공고히 하는 것이 중요하다. 감성 리더십은 다음의 4단계를 거쳐야 진정한 효과를 발휘할 수 있다(예지은, 2010). 이를 정리하면 다음의 <표 14-4>와 같다.

〈표 14-4〉 감성 리더십 구축의 4단계

단 계		관 계	내 용
1	자기통제	1 : 0	- 자신의 감정을 알고 조절 및 통제 - 파괴적인 감정표현 억제
2	조직 내 신뢰구축	1 : 다	- 전 조직구성원에게 진심에서 우러나는 신뢰와 존중표명 - 경영철학과 일관된 리더의 행동으로 가시화
3	개별적 관심과 배려	1 : 1	- 구성원들에게 개별적 관심과 배려로 감동을 선물 - 특별한 배려, 칭찬과 인정으로 가시화
4	긍정적 집단감성 형성	다 : 다	- 조직구성원 상호 간 우호적 관계 형성 - 서로 돕고 배려하는 긍정적 조직분위기로 가시화

1.3.2.1. 1 단계 자기통제: 자신의 감정을 알고 이를 조절하라.

동일한 집단에서 함께 일하는 사람들 간에는 시기, 불안, 행복 등의 감성이 전이되므로 리더의 사소한 언행과 감정표현이 구성원들의 감정과 조직분위기에 막대한 영향을 미친다는 것을 인식해야 한다. 그러므로 리더 스스로가 자신의 감정 상태를 정확하게 알고 통제하는 것이 감성리더십 발휘의 전제조건이다. 특히 리더가 자신의 감정을 명확히 인식하는 것은 개인적인 문제가 아니라 조직의 성패를 좌우할 정도로 중요하다. 따라서 리더는 분노와 비난 등의 파괴적인 감정표현으로 구성원들을 방어적으로 만들고 조직성과에 부정적인 영향을 끼치지 않도록 주의할 필요가 있다. 어려운 상황에서도 긍정적인 태도와 기분을 유지하는 리더는 구성원들과 공감대를 형성하고 조직의 안정을 유지하는 역량도 탁월하다.

1.3.2.2. 2단계 조직 내 신뢰구축: 진심에서 우러나는 신뢰와 존중을 표명해라.

조직에서 상하 간에 신뢰가 없다면 리더십은 껍데기에 불과하기 때문에 신뢰가 형성되지 않은 상태에서의 리더십발휘는 효과가 반감된다(이관응, 2002). 그러므로 구성원들을 진심으로 대우하고 존중하는 진정성을 표현함으로서 모든 조직구성원과 신뢰관계를 구축해야 한다. 특히 구성원들에 대한 신뢰와 존중을 경영철학으로 공표하고, 이를 실제 리더의 행동으로 가시화해야 한다.

신뢰는 하루아침에 만들어지는 것이 아님으로 지속적인 커뮤니케이션을 통해 질 높은 관계가 유지되도록 일관되고 꾸준한 노력이 필요하다. 또한 신뢰관계를 바탕으로 조직과 구성원이 함께 성장하는 선순환 구조를 구축하는 것도 필요하다. 즉 개인의 희생과 탈진(burn-out)을 담보로 조직성공을 끌어내는 것이 아니라, 구성원의 역량강화와 성장을 통해 조직성과를 창출해야 한다.

1.3.2.3. 3단계 개별적 관심과 배려: 맞춤형 배려로 감동을 선물하라.

구성원들이 조직구성원중의 하나가 아니라 남과 다른 특별한 존재로 대우받는다는 소중한 느낌을 체험할 수 있도록 리더는 구성원들과 1 : 1의 개별적 관계를 구축하고 개인적인 관심과 배려를 표현해야 한다. 스타박스의 전 CEO 짐 도널드는 매일아침 지역매니저 5명과 직원 3명에게 전화를 걸어 안부를 묻고 개인적 관심을 표현하였다(Hodgetts & Hegar, 2008). 특히 도움이 필요한 상황에서 리더와 회사의 특별한 배려는 구성원들에게 감동을 선사할 수 있음으로 구성원 개개인의 상황에 따라 일상적이지 않은 맞춤형 배려를 제공해야 한다. 또한 상징적인 인정과 칭찬방식을 만들고 높은 업무성과뿐만 아니라 과정과 노력에 대한 리더의 개인적인 칭찬과 격려는 구성원들의 업무열정을 배가시킬 수 있다.

1.3.2.4. 4단계 긍정적 집단감성 형성: 구성원간 우호적 관계를 구축하라.

조직전체가 긍정적 감성(group positive emotion)을 갖고 긍정적 에너지를 발산하도록 하는 것이 감성 리더십의 완결이며, 긍정적 집단감성은 구성원간 불필요한 갈등을 줄이고 배려와 협업을 촉진함으로 리더는 구성원들 간에 우호적인 관계를 맺도록 긍정적인 조직분위기를 조성해야 한다. 이를 위해서는 리더 혼자만 구성원들의 감성을 이해하고 공감하는 것이 아니라 구성원 상호간에도 관심을 기울이고 배려를 할 수 있도록 독려할 수 있는 구체적인 메시지로 구성원상호간 배려와 협력을 강조할 필요가 있다. 또한 리더의 메시지뿐만 아니라 제도와 교육과정을 통해 구성원들이 상호 협력할 수 있도록 시스템적으로 뒷받침이 되어야 한다.

이상에서 살펴본 바와 같이 기업경영은 조직성과를 위해 구성원의 희생이 뒤따르는 제로섬(Zero-sum)게임이 아니며, 구성원들의 고충을 공감하고 배려하는 감성 리더십을 발휘함으로서 조직과 구성원의 동반성장이 가능하기 때문에 조직과 구성원이 함께 성공하는 조직의 관리를 위하여 감성리더십의 본질을 제대로 이해하고 발휘하는 것이 중요하다. 감성 리더십의 본질은 온화함과 같은 성품의 문제가 아니라 구성원과의 관계형성, 신뢰와 존중을 기본으로 하는 리더십역량의 문제이며, 일회성 이벤트가 아니라 단계별로 기반을 다지는 꾸준한 노력 끝에 비로소 결실을 얻을 수 있음을 명확히 인지해야 한다. 즉 감성리더십은 타고난 성품에 의해 좌우되는 것이 아니라 개발 가능한 리더십 역량임으로 지속적인 개발노력이 필요하다. 또한 '보여주기 식' 또는 '구색을 갖추기 위한 활동'이 아니라 구성원들을 진심으로 존중하고 배려하는 진정성을 표현해야 하며 리더가 앞장서서 긍정에너지를 발산해야 조직구성원들도 긍정적이고 우호적인 관계를 맺을 수 있음을 명심하여 리더 스스로가 진정성을 갖고 긍정의 전도사가 되는 것이 가장 중요하다.

1.4. 팀 리더십(Team Leadership)

오늘날 조직 내에서 대표적인 작업집단은 팀으로 기업조직은 물론 행정조직에서도 모든 업무는 팀으로 이루어진다. 그러므로 팀장의 리더십 또한 중요하게 되었는데 팀장의 역할은 종래 일선관리를 맡던 과장이나 부장의 역할과는 다르기 때문에 다른 각도에서 리더십을 파악해야 한다.

팀 리더 혹은 팀장의 역할을 요약하면 다음의 <표 14-5>와 같이 4가지로 정리할 수 있다(Frohman, 1995).

〈표 14-5〉 팀 리더 혹은 팀장의 역할

구 분	역 할	내 용
1	외부와의 연결자	팀과 관련되는 상급자, 다른 팀, 고객, 협력업체 등에 대해 팀을 대표하며, 팀 내 정보를 알려주기도 하지만 외부에서 정보를 수집했다가 내부 팀원에게 잘 알려야 한다.
2	문제 해결자	팀이 문제에 부딪혔을 때 팀장은 회의와 협상을 주선하고, 외부 도움도 요청하며 때로는 직접개입하면서 문제해결을 주도한다.
3	갈등/분쟁 해결자	팀원 간에 갈등과 분쟁이 있으면 이를 해결해줄 뿐 아니라 갈등을 최소화하기 위해 보상, 업무할당, 배치 등에 팀원과 계속 합의해 나가야 한다.
4	코치	팀원에게 할 일을 제시하고 가르쳐주고 지원하며, 장단점을 잘 관찰하여 알려주는 스포츠 팀의 코치역할을 수행해야 한다.

종래의 과장이나 부장은 자기부서에게 주어진 책임량을 해내기 위해 과(부)원들에게 업무를 할당하고 규정에 따라 규제하고 감독, 평가했다. 그러나 팀장은 관리/통제보다는 팀 내·외의 정보흐름과 소통을 촉진하고 기존의 권위를 포기하며 자율을 최대한 보장하되 때맞춰 충고하고, 팀원 각자의 강약점을 잘 지적해서 개발시키는 역할이 더 중요하다. 따라서 팀장은 코치나 촉진자, 스포츠 감독의 역할을 배울 필요가 있다.

[그림 14–3] 팀 리더의 역할

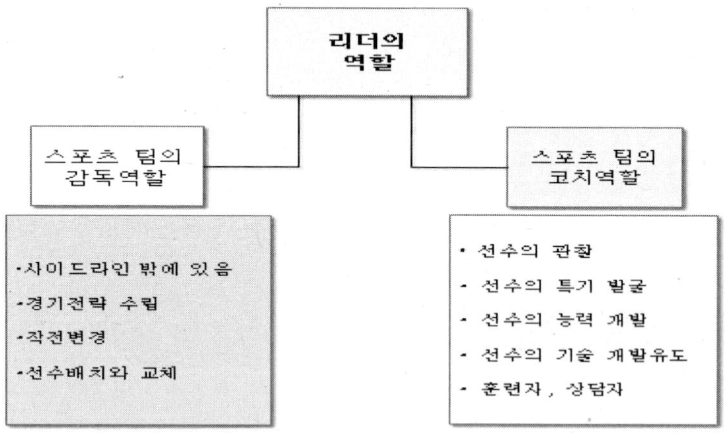

팀의 궁극적 목표는 스스로 발전하는 '자율경영 팀(self-managed team)'이며 따라서 이상적인 팀 리더십은 슈퍼리더십(super leadership)과 임파워먼트 리더십(empowerment leadership)이

제격이다.

1.4.1. 슈퍼 리더십(Super Leadership)

슈퍼 리더십은 "하급자들이 셀프리더가 될 수 있도록 가르치고 이끄는 과정"이라고 볼 수 있다(Manz & Sims, 1989). 슈퍼 리더의 역할로는 추종자들이 자기 자신을 리드할 수 있는 역량과 기술을 갖도록 하는 것이다. 그러므로 슈퍼 리더에 이르는 일곱 단계를 다음의 <표 14-6>와 같이 제시하고 있다(Manz, et. al., 1991).

〈표 14-6〉 슈퍼 리더에 이르는 일곱 단계

단 계	내 용
1. 셀프리더가 되는 것.	• 스스로 나아갈 방향을 정하고 자신에게 동기부여하는 과정을 의미. • 자신을 이끌 줄 알아야: 방안: 행동과 인지구조에 변화가 따라야 • 행동차원: 변화를 위한 자기관찰, 변화목표수립과 시행, 결과에 따른 스스로 보상이나 처벌제공 포함 • 인지구조 차원: 내재적 보상(보람 등)을 받도록 스스로 직무재구성, 자신의 믿음과 자아개념을 긍정적, 건설적 방향으로 변화하는 사고방식 변화포함.
2. 셀프리더십 모델링	• 셀프 리더십을 다른 사람들에게 보여줌으로서 모델을 삼도록 하는 것. 즉 셀프리더의 행동을 다른 사람도 따라하게 한다.
3. 자기목표 설정 독려	• 슈퍼 리더가 하급자에게 스스로 도전적 목표를 설정하는 기법을 가르치는 단계, 직접설득 또는 모델링이나 코치기법 활용. • 목표설정행위는 학습될 수 있고, 성과에 큰 영향을 미침.
4. 긍정적 사고방식 전수	• 슈퍼 리더는 일상대화/교류과정에서 하급자의 역량에 대한 믿음을 갖고 있음을 암시해야: 자신감과 기대감을 불어넣는 효과 가져옴. • 계획적 참여는 긍정적 사고방식 전수에 유효한 수단.
5. 보상/건설적 질책을 통한 육성	• 슈퍼 리더는 외적보상보다는 직무내적 보상받는 법을 하급자들에게 가르쳐야. 방안: 직무특성과 하급자의 적성/흥미/욕구 적합화. • 벌/질책은 자존심과 자신감을 깎아내림: 학습효과 극대화범위에서 건설적으로 이루어져야.
6. 자율관리식 팀워크 배양	• 팀워크를 통해 셀프리더십 배양하는 것. 하급자들이 셀프리더가 되도록 해 팀이 자율관리 성격을 띠게 되어 슈퍼리더에 의존하지 않고 스스로 판단/결정/행동하게 됨.
7. 셀프 리더십 문화 창달	• 이런 문화구축에는 CEO의 역할과 지원필요. 조직전체가 셀프리더십 가치를 실천하도록 하급자들을 격려. 적어도 팀워크와 조직문화가 제대로 정착될 때까지 관심/지원 아끼지 말아야.

이러한 과정을 거쳐 셀프 리더십이 조직에 무르익게 되면 어떤 결과를 얻게 되는가? 우선 하급자의 조직몰입, 동기유발, 역량의 증대 등이 기대되며 그로 인하여 성과가 높아지고 혁신을 이룩할 수 있게 된다. 셀프 리더가 다시 슈퍼 리더가 될 수 있는 잠재력도 그만큼 커지게 된다. 슈퍼 리더십은 하급자의 자아관리역량에 초점을 맞추고 있다는 특징이 있다. 그러나 고성장 욕구를 갖고 있지 않은 하급자에게도 셀프 리더가 되고자 하는 동기를 불어 넣을 수 있는가 하는 문제와 셀프 리더들로 구성된 집단의 조정문제에 대한 연구가 이루어져야 할 것이다(Bass, 1990).

1.4.2. 임파워먼트 리더십(Empowerment Leadership)

통제중심의 조직은 관리자가 모든 것을 결정하는 식이어서 종업원은 대체로 수동적, 소극적, 방어적으로 일에 임하는 경향을 가지는데 반해, 자율/몰입중심의 조직, 즉 임파워먼트 된 조직은 능동·적극·공격적으로 일에 임하는 구성원들이 자기 스스로를 기업가로 인식하고 적극적으로 일을 찾아다니게 되므로 조직이 더욱더 발전하게 된다.

임파워먼트 리더십은 제로섬 관점에서 권한의 하부이동을 하는 권한위양에 한정된 개념이 아니라, 모든 구성원 스스로가 긍정적 사고와 타인신뢰감을 바탕으로 자신의 역량과 책임의식을 키운 후, 서로간의 타인역량의 증대까지 도와주는 즉, 한정된 파워의 배분보다는 전체 파워크기의 증대와 확산을 추구하는 개념이다. 따라서 임파워먼트 리더십은 '구성원 및 조직의 역량증대나 확산'을 의미하는 개념으로 받아들여야 한다.

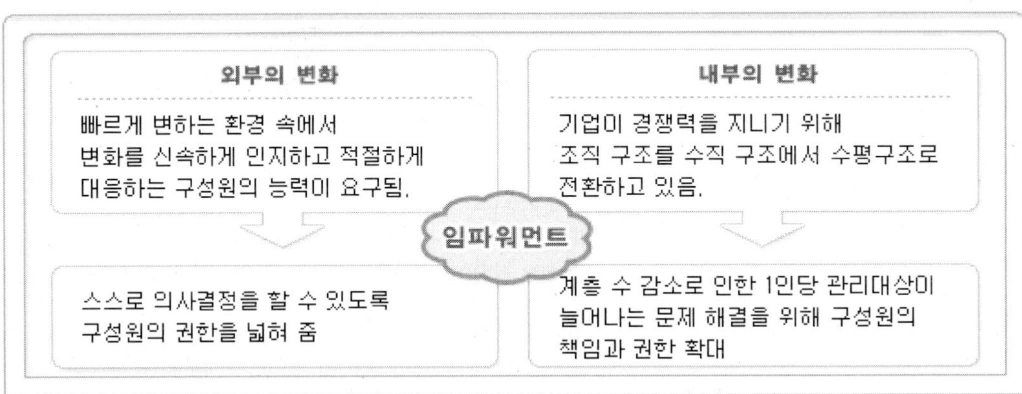

임파워먼트 필요성과 리더에 대해 간략하게 살펴보면, 임파워먼트된 사람들은 자신이 사건의 외부가 아니라 중심에 있다고 믿는다. 또한 효과적으로 운영되는 조직에서는 모두 자신이 그 성

공에 기여한다고 느낀다. 그들은 자신이 하는 일에 중요한 의미와 목적이 있다고 믿으며, 분별력과 책임감을 갖는다. 이런 조직들 내부에서는 신뢰와 개방적인 의사소통을 주고받는다. 따라서 권한을 위임받은 사람들은 자신들의 능력을 최대한 발휘할 수 있게 된다.

리더가 다른 사람들에게 권한을 위임하지 못하거나 그렇게 하지 않으려 하는 것은 아무도 극복하지 못할 장애물을 조직 속에 만들어놓는 것이나 마찬가지이다. 만약 그 장애물들이 오랜 기간 동안 방치되어 있으면, 조직 내에 속한 사람들은 그 일을 포기하거나 자신들의 잠재력을 극대화할 수 있는 다른 조직으로 옮겨 갈 것이기 때문이다. 구성원들이 통제를 받아서 움직이기보다는 자기 일에 몰입하여 스스로 무엇인가를 자꾸 하려고 해야만 그 조직은 발전할 수 있다. 그런 점에서 조직 내의 임파워먼트는 필수적이라 할 것이다.

1.5. 창조적 리더십

세계경제가 저성장 기조로의 전환 등 경영환경급변이 조직 CEO의 역할에 큰 변화를 요구하고 있다. 그 이유는 기업실적은 결국 CEO의 자질에 좌우됨으로 CEO는 경영환경 변화를 통찰하고 이에 대응하는 기업전략의 중추이기 때문이다. 현재 처해있는 경영환경의 불확실성을 극복하고 보수화된 경영체질을 탈피하기 위해서는 창조적 리더십을 갖춘 '창조형 CEO'가 요구된다. '창조형 CEO'의 개념과 조건 등에 대해 알아보도록 한다(한창수 외 3인, 2008).

1.5.1. 창조적 리더십이란?

경영환경의 급변은 CEO를 둘러싼 'CEO 환경'에도 적지 않은 변화를 초래했다. CEO 환경의 대표적인 변화는 1) CEO 평가주기단축에 따른 지위(status)의 불안정화, 2) 기업 가치에 미치는 CEO의 영향력이 커지면서 CEO 브랜드가 출현하고, CEO의 이직 및 전직이 활발해지면서 CEO 시장의 정착, 3) TMT(Top Management Team) 및 IT인프라 구축을 통해서 시스템경영의 확산, 4) 다양한 이해관계 조정능력, 글로벌 감각, M&A 등 팔방 미인형 역량요구 등이다. 그러나 CEO가 경영환경의 큰 흐름을 읽지 못하고 단지 자신을 둘러싼 CEO 환경의 변화에만 관심을 기울일 경우 1) 단기성과에 집착, 2) 개인의 몸값 올리기, 3) 의사결정 및 책임 회피, 4) 어중간하고 무난한 리더십 발휘 등 기업경영을 위험에 처하게 하는 'CEO 함정'에 빠질 수 있다. 이를 정리하면 다음의 <표 14-7>과 같이 정리할 수 있다.

〈표 14-7〉 'CEO 환경' 의 변화와 CEO가 빠지기 쉬운 4가지 함정

'CEO 환경' 의 변화		CEO가 빠지기 쉬운 함정
• 지위의 불확실성 증대	⟶	단기성과에 집착, 과도한 성과/팽창주의
• CEO 브랜드 강화	⟶	개인 몸값 올리기, Showing-Off에 치중
• 시스템 경영정착	⟶	의사결정/책임회피, 현실에 안주, 안이한 경영
• CEO 요구역량 다양화	⟶	어중간하고 무난한 리더십, 여러 곳에 관심(역량)분산

창조형 리더십이란? '창조적 파괴활동을 통해 신사업, 신제품 및 신 시장을 개척하는 창조적 의지와 역량을 발휘하는 리더십'이다. 기업에게 경쟁우위를 제공하는 전략의 본질은 운영의 효율성이 아니라 경쟁기업과의 차별화이며, 이를 달성하기 위해 기업과 CEO에게 필요한 역량이 창조성이이다. 창조형 리더십을 발휘하기 위해 창조형 CEO가 갖추어야 할 조건은 무엇인가?

1.5.2. 창조형 CEO의 조건

창조형 CEO의 조건은 다음의 [그림 14-4]와 같다(한창수 외 3인, 2008).

[그림 14-4] 창조형 CEO의 5가지 조건

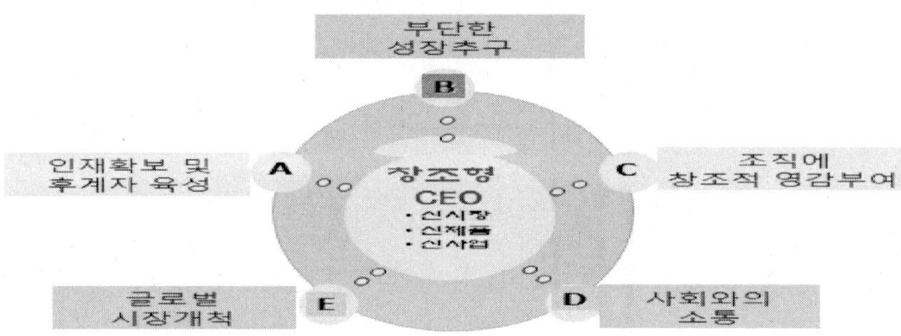

1.5.2.1. 부단한 성장추구

창조형 CEO는 역경 속에서도 성장기회를 추구하는 CEO이다. 그는 1) 확고한 전략적 의지를 기반으로 호황기를 대비한 선제적 투자를 실시한다. 전략적 의지란 "현재 기업이 보유한 역량을 초과하는 야심이자 동시에 승리에 대한 집념"으로서 기업성공의 중요한 요소이다(Hamel, Gary & Prahalad, 1989). 또한 2) 저성장속에서 신사업기회를 찾아내는 조직의 창조적 역량을 배양한다. 조직의 창조적 역량은 '기존사업에 관한 지식과 창의적 사고능력, 그리고 동기부여의 유형과 수준'에 의해 결정된다(Amabile, 1998). 특히 현장중시경영(Management by Wandering

Around)을 통해 조직말단에까지 경영의 활력과 긴장감을 부여한다. 그리고 3) 불확실성이 높은 상황에서 새로운 사업기회를 추구하기위해 전방위적 위기관리시스템을 구축한다. 그 이유는 위기관리시스템이 미비 된 상황에서 공격적인 사세확장은 위기발생시 기업의 존속을 위협하는 결과를 초래하기 때문이다.

1.5.2.2. 인재확보 및 후계자 육성

창조형 CEO는 1) 창의적 조직을 구축하고 경영성과를 도출하기 위해 다양한 인력의 확보는 물론 지식과 경험의 다양성을 확보한다. 그 이유는 CEO가 다양한 인재들이 기업의 경영이념과 핵심가치를 충분히 체화할 수 있도록 공유가치의 구심점 역할을 수행해야하기 때문이다. 2) 체계적인 후계자육성프로그램을 운영한다. 이는 조직의 공유가치 및 역량을 유지하고 강화할 수 있기 때문이다. 또한 3) 도전적인 기업문화를 조성한다. 특히 실패를 두려워하지 않는 조직문화를 배양하며, 실패할 경우 재도전 기회를 주되, 같은 실패가 반복되지 않도록 그 원인을 분석한 후 조직이 공유한다. 그리고 구성원들이 자율적으로 행동할 수 있도록 권한과 책임을 부여하는 등 임직원의 사기제고와 인재관리를 강화하고 있다. 또한 훌륭한 일터(GWP)를 구축하기 위해 지속적인 관심과 지원을 제공하고 있다. 근무환경개선을 통해 구성원들의 삶의 질을 높이고 업무에 몰입할 수 있도록 동기를 부여함은 물론 단순한 복리후생 차원을 넘어 기업전략과의 적합성을 높인다.

1.5.2.3. 조직에 창조적 영감부여

창조형 CEO는 1) 창조적 영감의 원천을 다양화 한다. 특히 인문학적 상상력을 바탕으로 조직 내에 창조적 영감을 배양한다. 또한 다양한 여러 분야에 관심을 갖는 한편, 모험과 파격을 통해 조직에 신선한 자극을 제공한다. 2) 고객의 감성을 자극하는 디자인과 브랜드에 집중적인 관심을 기울인다. 기업 가치를 결정짓는 핵심요소로서 디자인의 중요성 인식은 물론 트렌드를 선호하는 디자인을 독려한다. 또한 제품과 고객을 연결하는 상징으로서 브랜드자산을 구축해 고객의 로열티를 제고하고 있다.

1.5.2.4. 글로벌 시장개척

창조형 CEO는 1) 글로벌시장 공략을 도약의 지렛대로 삼는다. 글로벌 경영을 통해 기업의 브랜드가치 제고와 국내시장에서의 경쟁우위확보 등 글로벌화를 기업경쟁력 강화의 기회로 활용한다. 또한 2) 자사가 보유한 역량을 기반으로 모방자가 아니라 글로벌 경영의 신 모델을 창출해 경쟁을 주도한다. 따라서 효율적인 글로벌 경영모델을 구축하고 활용할 수 있는 역량을 배양하도록 지속적으로 노력하고 있다.

1.5.2.5. 사회와의 의사소통

창조형 CEO는 1) 사회와의 의사소통을 경영의 핵심요소로 인식하고 이를 통해 기업 가치를 증대시킨다. 글로벌기업들은 주주의 이익극대화라는 과거의 패러다임에서 탈피하고, 다양한 이해관계자의 만족을 통해 중장기 성과 및 지속가능성을 제고하고 있다. 또한 2) 전략적 사회공헌 등 기업과 사회의 상생방안을 모색한다. 특히 이들은 기업시민정신을 핵심 고려대상으로 보고 있고, 소비자의 기업윤리 및 친환경중시와 같은 사회적 현상도 사업기회로 승화시킬 수 있는 능동적 자세를 견지한다.

제2절. 성과 리더십(Performance Leadership)

오늘날의 기업은 리더에게 무엇을 원하는가? 과거 '조직을 관리'하는 관리자의 역할을 벗어나 바로 '팀이 성과를 내게 하는 것이 리더의 궁극의 역할'이다. 즉 리더는 프로경기로 비유하면, 선수시절을 거친 감독이나 코치이다. 코치가 해야 할 가장 중요한 일은 선수들이 잘 뛰게 해서 경기에서 승리하는 것이다. 프로의 세계는 냉정하다. 코치가 팀의 승리를 이끌어내는 실력이 없으면 존재가치가 없어져 바로 폐기처분될 수 있다. 기업도 마찬가지다. 기업에서의 리더는 구성원들이 '열심히' 일하는 것, 최선을 다하는 것에 만족하지 않는다. 반드시 성과로서 모든 결과를 보여주어야 한다.

2.1. 성과 리더십이란 무엇인가?

성과 리더십은 '조직에서 경영자와 관리자들이 자신의 역량은 물론 같이 일하는 구성원들의 잠재역량을 이끌어내 주고 자신감을 불어넣어주며, 구성원들이 스스로 성과를 달성할 수 있도록 지원 및 코칭을 해주는 리더십'을 의미한다. 조직에서 일은 사람이 하는 것이다. 경영자나 관리자들이 조직에서 자신의 책임아래 아무리 성과를 창출하고 싶어도 구성원들이 같이 해주지 않으면 소용이 없다. 프로 팀의 감독이나 코치 역할처럼 성과 리더의 임무 및 역할은 조직과 구성원들이 성과와 목표를 잘 달성할 수 있도록 하는 '하게 하는 사람(enabler)' 팀의 시너지를 올리는 사람이다. 구성원 스스로가 가진 자신의 역량을 잘 발휘하여 성과를 창출할 수 있도록 지원하고 도와주는 성과 창출자(Performance Enabler)가 되어야 한다. 이렇듯 성과 창출자로서 발휘해야할 역할과 미션이 바로 성과 리더십(Performance Leadership)인 것이다(류랑도, 2006).

2.2. 성과 리더의 역할은 무엇인가?

탁월한 성과를 창출하는 조직을 경영하려면 당연히 거기에 합당한 '제도'가 있어야 하고, 그 제도를 매끄럽게 운영하기 위한 '시스템'이 필요하며, 그 모든 제도와 시스템을 잘 운영할 '사람'이 필요하다. 사람 중에서도 구성원들을 지휘하고 리드하는 리더가 가장 중요하다. 그런데 대부분의 우리 조직에서는 리더십을 이야기하면서도 정작 리더가 구체적으로 어떤 역할을 해야 하며, 실질적으로 무엇을 해야 하는지 정형화된 매뉴얼은 고사하고 명확한 규정조차 찾아보기 힘들다. 그렇다면 성과 리더는 어떠한 사람이며, 성과 창출자로서 구체적으로 어떤 역할을 수행해야 할까? 이를 다음의 <표 14-8>과 같이 정리할 수 있다(류랑도, 2006).

〈표 14-8〉 성과 리더의 특성과 역할

성과 리더란 어떤 사람인가?	성과 리더의 1 미션과 3 역할
• 혁신을 두려워하지 않는다. • 진실성으로 사람을 얻는다. • 미션과 역할이 다르다.	• Mission: 선수들을 적재적소에 배치하라. • 1 Role: 계획(Plan)단계: 목표 설정자(Goal Setter) • 2 Role: 실행(Do)단계: 도우미(Helper) • 3 Role: 평가(See)단계: 평가자(Evaluator)

최근 고객중심의 경영환경의 변화와 성과중심의 기업경영방식의 변화에 맞추어 경영자로서 리더가 해야 할 가장 중요한 역할은 무엇인가? 바로 조직의 비전과 목표를 정하고, 목표달성을 위한 방향과 전략을 명확하게 제시하는 것이다. 그러나 국내의 유수기업의 리더들조차도 조직성과 달성을 위한 비전이나 목표, 구체적인 달성전략과 업무수행기준을 제시하기에는 너무나 서툰 것이 우리조직의 현실이다. 그렇다면 성과중심의 조직에서 성과 리더가 해야 할 가장 중요한 핵심적 일은 무엇인가? 바로 구성원들을 통한 성과창출이다. 그럼으로 성과 리더십의 요체는 '성과목표 설정과 코칭, 그리고 평가'라고 할 수 있다. 구체적으로 이를 설명하면, 1) 구성원들을 통한 조직의 탁월한 성과를 창출하기 위해서는 먼저 도전적인 성과목표를 설정하고, 2) 설정한

목표가 잘 실행될 수 있도록 지원하고 코칭하며, 3) 성과에 대한 분석하고 평가해서 구체적인 피드백을 구성원들에게 해주어야 다음에 더 도전적인 성과목표를 달성할 수 있게 될 것이다.

따라서 기업조직에서 성과 관리와 성과 리더십을 제대로 수행하기 위해서는 '변화된 경영자와 관리자들', '변화된 조직', '변화된 구성원들'을 필요로 하는 것은 당연한 일이다. 즉 기업조직에 구성원 모두의 합의에 의해 새로운 제도가 도입이 되면, 무엇보다도 성공적으로 정착이 될 수 있도록 기업문화가 뒷받침이 되고, 경영자나 관리자의 관리스타일과 역할이 적극적으로 변화되어야만 한다. 경영자와 각 단위조직의 관리자(사업본부장, 팀장 등)들의 역할이 과거의 감시·감독의 통제에서 벗어나 성과 과제를 설정하는 역할, 전략실행의 역할, 코칭 및 조정역할, 피드백 역할 등을 적극적으로 수행하여야만 한다. 특히 구성원들이 열심히 일할 수 있도록 '신바람 나는 환경'을 만들어 주고 동기부여 시켜주는 역할수행이 더 중요한지도 모른다. 여기서 '신바람 나는 환경'이란 '경영자와 관리자들은 조직이 지향하는 비전을 분명히 보여주고, 달성하고자 하는 성과목표를 함께 설정한 다음, 이를 어떻게 달성할지에 관한 전략을 합의하고, 실행하는 방법에 대해서는 구성원들에게 믿고 맡겨 각자의 능력과 기량을 헌신적으로 발휘하도록 하는 환경'을 의미한다고 볼 수 있다.

2.2.1. 성과 리더의 미션

탁월한 성과를 창출하는 조직에서의 리더가 해야 할 가장 중요하고도 핵심적인 미션은 구성원들을 '적재적소에 배치'하는 것이다(류량도, 2006). 그 이유는 아무리 우수한 구성원이라도 적합한 자리가 아닌 곳에서는 성과를 창출하지 못하기 때문이다. 이렇듯 구성원들의 적합한 배치는 리더가 해야 할 가장 밑바탕이 되는 미션이다.

미션: 구성원들을 적재적소에 배치한다는 것은?

- 구성원 역량을 파악해 업무를 주고 목표를 부여하는 것으로 끝나는 것이 아니라 성과를 더욱 잘 달성할 수 있도록 지속적인 역량지원을 아끼지 않는 것을 포함 한다.
- 구성원이 슬럼프에 빠져 맡고 있는 업무의 성과가 부진하더라도 인간적인 신뢰를 바탕으로 그가 다시 탁월한 성과를 낼 수 있도록 다양한 방법으로 동기부여 하는 것을 포함한다. 그 중에서도 가장 중요한 것이 구성원에 대한 신뢰와 애정이다.

2.2.2. 성과 리더의 역할

성과 리더는 조직을 이끌면서 늘 계획(plan)하고 실행(do)하며 평가(evaluate)하고 피드백

(feedback)하는 일들을 반복해서 수행해야 한다. 이러한 일의 진행단계에서 리더가 해야 할 역할과 구성원들이 해야 할 역할은 분명히 다르다. 리더는 계획하고 평가하는데 주력해야 할 것이며, 구성원들은 실행하는 데 주력해야 할 것이다. 이처럼 계획과 실행, 그리고 평가에 대한 명확한 역할분담이 구성원들로 하여금 신바람 나게 일을 할 수 있도록 하는 지름길일 것이다.

2.2.2.1. 목표 설정자(Goal Setter) 역할:

조직의 사업계획/전략을 수립하는 계획(plan)단계에서의 리더역할은 변화된 환경과 조직내부의 역량을 정확히 파악하여 비전과 목표를 설정하는 목표설정자로서의 모습이다. 목표 설정자 역할을 제대로 수행하기 위한 과제로 다음의 <표 14-9>와 같이 4가지를 들 수 있다(류량도, 2006).

〈표 14-9〉 목표 설정자 역할수행 과제

- 조직이 향해야 할 좌표를 제시하라. 그리고 조직과 구성원이 가슴 뛰는 꿈을 품게 하라.
- 비전실행의 바로미터이자 조기경보기인 성과목표를 설정하라.
- 목표설정의 선택과 집중을 위해 핵심성과지표(Key Performance Indicator)를 활용하라.
- 성과경영의 성패를 좌우하는 '성과목표 달성전략을 수립'하라.

1) 첫 번째 과제: 조직이 향해야 할 좌표제시로 조직과 구성원이 꿈을 품게 하라.

성과 리더는 변화된 환경과 조직내부의 역량을 정확히 파악하여 비전과 성과목표를 설정하여야 한다. 이는 조직이 나아갈, 그리고 모든 구성원들이 도달해야 할 목적지를 분명히 제시함으로서 모든 구성원들이 뚜렷한 목표의식을 갖게 만든다.

비전이란 조직과 구성원들에게 있어서 진정한 의미의 '꿈'이다. 비전이 상징하는 '꿈'은 '미래에 대한 그림'이기도 하다. 조직이 원하고 이루고자 하는 비전을 공유하고 나면, 비전 달성을 위한 구체적이고 명확한 성과목표를 설정해야 한다.

2) 두 번째 과제: 비전실행을 위한 성과목표를 설정하라.

성과 목표란 '비전달성을 위해 조직이 세운 전략이나 방침을 어느 정도 수행했는지 확인할 수 있는 기준이자 지표(indicator)'이다. 즉 비전에 현실적으로 도달할 수 있도록 구체화한 '중간 목적지'이다. 성과목표를 설정할 때는 유의해야할 점으로 비전달성 방법은 다양하기 때문에 즉 도달해야할 여러 목적지 중에서 조직전략과 연계되어 가장 타당성이 있고, 결과 지향적이며, 우선순위에 있는 핵심성과지표(KPI)를 선택해, 역량과 노력을 집중해야 한다.

이렇게 선택된 지표는 성과목표의 상태를 확인하는데 매우 유익하다.

목표 설정자 역할을 위한 수행과제	등 산
명확한 비전과 구체적 성과목표: (구성원들이 도달해야 할 목적지)	오르고자 하는 산 정상 (금정산 정상)
목표달성 전략수립	등산코스 선택(험한 코스 또는 완만한 코스 등)
역량기준 제시	각 코스에 따라 지도, 등산장비준비, 체력단련 등
보상제공	정상에 밟았을 때 주어지는 상금이나 트로피, 칭찬, 인정, 성취감 또는 동료의식

성과지표는 기업의 비전과 성과목표의 달성정도를 측정하는 도구일 뿐만 아니라, 기업전략과 연계해서 계획을 수립하고, 그것이 효과적으로 이행되고 있는지 여부를 점검하고 촉진하게 하는 도구가 되어준다. 즉 성과지표의 궁극적 효과는 현상에 대한 원인을 분석하고 개선점을 도출할 뿐만 아니라 해결책까지 제시해준다는 점이며, 문제점을 조기에 파악하여 신속하게 대처할 수 있도록 해주는 조기경보 기능을 갖고 있다는 점이다.

3) 세 번째 과제: 핵심성과지표를 활용하라.

업무수행결과가 얼마나 가치가 있는가를 판단하는 기준이 되는 핵심성과지표는 성격에 따라 전략목표, 본연목표, 공헌목표로 다음의 <표 14-10>과 같이 구분될 수 있다.

〈표 14-10〉 핵심성과지표의 성격에 따른 구분

구분	내용
전략 목표	• 전략목표란 '상위조직의 성과목표달성을 위해 전략적으로 할당된 과제로, 기업이나 사업부 전체의 비전달성을 위해 중장기적으로 추진해야할 목표와 당해 연도의 경영방침과 조직전략에 연계되어 있기 때문에 상위조직의 성과목표달성을 위한 선행과제의 성격을 지닌다.
본연 목표	• 본연목표란 '단위조직, 즉 사업부나 팀과 같은 하위조직차원에서 올해 자체적으로 가장 중요하게 달성해야 할 지표와 관련된 과제로서의 성과목표'를 말한다. 전략목표와 달리 단위조직차원에서 독립적으로 설정하고 관리한다는 특징이 있으나, 본연목표를 설정할 때도 상위조직의 동의를 받는 것이 좋다.
공헌 목표	• 공헌목표란 '타 부서의 성과목표와 연계되어 제시되는 임무'를 뜻하는 것으로, 만약 이러한 본연목표를 설정하지 않으면 자신 및 팀의 주어진 목표만을 달성하려는 부서이기주의가 생길 수 있기 때문에 미리 예방차원에서 준비해두도록 한다. 공헌목표는 타조직과 연결되어 있음으로 임의로 변경하는 것은 불가능하다.

팀의 상위조직인 사업부나 회사차원의 성과목표와 어떤 연관성이 있는 팀의 성과목표가 어

떻게 설정되었는지 그리고 팀 차원에서의 진행되고 있는 업무관련 성과지표의 상태를 알려주고, 이에 대해 구체적으로 납득되고 공감대가 형성되었다면 팀원들의 성과목표를 구체적으로 부여해줘야 한다. 이때 팀원들에게 막연하게 각자목표를 자율적으로 설정해오게 해서는 안 된다. 그 이유는 팀원의 성과목표는 팀 성과목표를 달성하기 위한 선행전략목표로서 의미가 있기 때문이다.

4) 네 번째 과제: 성과목표 달성전략을 짜라.

팀의 성과목표달성을 위한 팀원들의 성과목표가 구체적으로 부여되었다면, 그 성과목표를 달성하기 위한 구체적인 전략을 수립해야 한다. 이는 운동경기에서 감독과 코치가 상대팀과의 경기를 대비하여 어떤 전략으로 맞설 것인가를 계획하고 방법을 모색하는 등 작전을 수립하는 것처럼, 구성원들에게 성과목표를 부여하고 이를 구체적으로 달성할 수 있도록 리더가 실행전략을 수립해야 한다. 성과목표 달성전략은 객관적인 데이터 자료를 바탕으로 핵심 성공요인과 예상 장애요인을 파악하고 해결방안을 도출할 수 있기 때문에 미래지향적 사고를 심어줄 수 있다. 또한 성과목표 달성전략과정을 어떻게 제대로 운용하느냐에 따라 조직이 전략적이고 창의적으로 변화되느냐, 마냥 과거의 모습대로 남아 있느냐가 결정된다는 것을 명심해야 한다.

목표달성을 위한 팀 운용전략:

1. **측정 가능한 목표설정**: 팀장은 팀원 각자 수행해야 할 전략목표, 본연목표, 공헌목표를 구체적으로 부여. 팀장은 팀원성과목표 달성전략수립시 항상 팀의 성과지표 대시보드와 성과목표와 연계하여 전략적인 연관관계를 갖도록 해야 하며, 이 달성전략이 사전에 팀원과 협의하고 합의 되어야 한다. 그래야 권한위임을 해 줄 수 있다. 또한 이 달성전략을 실행할 때 어떤 지원이 필요한지 팀장은 팀원들과 요구사항을 협의해야 한다.
2. **구성원들의 역량규정**: 팀장은 팀원들에게 성과목표부여하고 이를 달성할 전략수립에 합의했다면, 팀/팀원 성과목표달성을 위해 반드시 지켜야 하는 팀 공통역량기준과 팀원 개인별 역량기준을 구체적으로 행위지표의 형태로 제시해야 한다. 또한 팀원 역량진단자료를 바탕으로 성과목표달성/달성전략실행을 위한 필요역량기준을 충족하기 위해 팀원과 협의하여 개인별 능력개발계획수립하고 구체적인 실행방법과 지원내용을 합의해야 한다.
3. **흥미롭고 구미당기는 보상**: 팀장은 보상기준을 제시할 때도 자신이 생각하는 요인보다도 구성원들이 원하는 보상기준을 함께 참여해 개발하고 도입하는 것이 필요하다. 보상을 단순히 리더입장에서 '주는 것'이라 생각하지 말고, 구성원들과 함께 한 방향으로 나아가기 위한 일종의 커뮤니케이션이라 생각한다면 더욱 창의적인 보상방법이 도출될 것이다.

2.2.2.2. 도우미(Helper) 역할:

수립해놓은 계획을 실행(do)하는 단계에서의 리더역할은 계획된 목표에 제대로 효율적으로 효과적으로 도달할 수 있도록 구성원들의 성과상태를 잘 관찰하여 제대로 가고 있는지를 알려주고, 잘못 가고 있다면 면담이나 적절한 커뮤니케이션 방법을 통해 지도해 주어야 한다. 또한 애초에 세웠던 전략이나 계획의 수정이 필요할 때는 과감하게 궤도를 바꾸고 구성원들이 요청하는 자원을 적절히 지원해주는 도우미(helper)로서의 역할이다.

운동경기가 시작되고 나면 감독이나 코치는 경기장 안에 들어갈 수 있는가? 선수들을 제외한 코칭스텝은 경기장 안에 들어가지 못한다. 이와 마찬가지로 업무 실행과정에서 실행주체는 선수, 즉 구성원이다. 리더가 감독석에서 할 수 있는 최고의 역할은 구성원들이 제대로 뛸 수 있도록 지원을 해줘야 한다. 그러나 조직 내 대다수의 리더들은 실행과정에서 통제역할을 주로 담당해왔다. 즉 실행과정에서 일어나는 일들을 체크하고 지시하고 챙기는 업무에 몰두해 왔다. 이제는 리더들이 실행중심에서 전략계획중심으로 업무를 리모델링해야 한다. 이를 하기위해서는 실행과 관련해 잔뜩 안고 있던 숙제를 과감하게 일선의 구성원들에게 위임하는 것이다. 반면에 리더는 구성원들이 잘 보지 못하는 부분, 즉 리더들의 과거경험과 통찰력을 통해 객관적인 시각을 견지할 수 있는 영역을 코치해주고, 구성원들의 성과를 모니터링해주며, 애초에 세웠던 전략이 실행과정에서 변화할 필요가 있다면 과감히 허용해 주고, 전략실행에 추가적으로 소요되는 자원들을 확보하고 지원해 주어야 한다. 이것이 바로 리더가 해야 하는 도우미의 역할이다.

도우미란 '조직과 구성원들이 정해진 기준, 즉 목표를 달성하는 도중에 부딪히게 될 장애요인이나 문제점에 대해 적극적으로 해결해나가고자 지원해주는 코치로서의 역할'을 의미한다. 리더가 실행에 직접참여를 않더라도 팀이 잘 운영될 수 있도록 구성원을 육성시키고 프로로 만들어야 한다. 또한 구성원을 기계적인 도구로 다루는 것이 아니라 권한위임을 함으로서 인격적으로 존중해주어야 한다.

리더가 감독/코치로서 도우미 역할을 잘 수행하기 위해서는 무엇보다도 업무수행과정상에서 구성원들이 어떻게 일을 처리하고 있는지, 어떤 부분에서 성과를 내고 있으며 성과가 부진하다면 이유가 무엇인지, 상황을 정확하게 실시간으로 파악하는 것이 매우 중요하다. 이를 위한 과제로 다음의 <표 14-11>과 같이 3가지를 들 수 있다.

〈표 14-11〉 도우미 역할수행 과제

• 주기적으로 성과를 모니터링 하라 • 성과를 주제로 한 면담과 시의적절한 코칭을 하라 • 상황에 맞게 전략을 수정하고 자원을 지원하라

1) 첫 번째 과제 : 주기적인 모니터링(monitoring)이다.

모니터링 활동은 구성원들을 잘 관찰하고 구성원들의 업무수행결과에 대한 탁월한 분석을 바탕으로 정확한 정보를 얻어내는 것이다.

운동경기가 시작되면 감독/코치들은 원래의 작전대로 선수들이 잘 움직이고 있는지, 상대팀의 전략/전술의 변화에 따라 선수들이 잘 적응을 하는지, 경기장 사정이나 경기에 영향을 미치는 다른 요인들은 없는지 끊임없이 지켜보면서 메모한다. 그리고 코치진들이 대응방안을 놓고 새로운 작전을 구상하고, 적절한 때 작전타임을 불러 선수들에게 새로운 작전내용을 알려주고 경기상황에 좀 더 잘 대응할 수 있도록 주문한다. 이러한 상황은 기업이나 조직에서도 마찬가지다. 리더는 주기적인 모니터링을 통해 조직의 성과목표에 보다 가까이 도달할 수 있도록 업무추진과정을 꾸준하고 세밀하게 관찰하고, 성과가 부진하다면 그 원인을 분석하고 대책을 수립해야 한다.

2) 두 번째 과제: 업무진행과정을 모니터링해서 분석해 놓은 근거 데이터를 가지고 구성원들이 자신의 역량을 최대한 발휘하여 성과를 달성할 수 있도록 시의적절한 때 조언과 코칭을 해주는 것이다.

조직에서 이루어지는 코칭 형태는 팀 코칭과 개인 코칭으로 나누어 이루어진다. 팀 코칭은 다수 구성원들이 모여 목표별로 원인을 분석하고 대책을 수립하는 워크숍형태로 진행되고 개인 코칭은 구성원들과 개별적으로 진행되는 면담형식으로 이루어진다. 구성원들에게 도움이 되는 코칭은 분석한 자료를 바탕으로 목표와 성과를 이뤄내기 위해 필요한 '방법'이나 '스킬'을 알려주는 것이다. 또한 개인 코칭을 할 때 리더가 꼭 유의해야 할 것은 개인의 특성과 수용력 정도를 고려해서 상대방이 받아들일 수 있는 눈높이에 맞게 객관적이고 명확하게 전달해야 한다. 즉 '상대방 중심의 코칭'이 되도록 해야 한다는 점이다.

3) 세 번째 과제: 상황에 맞게 전략을 수정하고 자원을 지원하는 것이다.

리더가 성과목표를 부여해놓고 '이제 목표가 정해졌으니 알아서 너희가 알아서 뛰어 결과를 내놓으라.'는 식의 태도는 무책임하고 구성원들로부터 신뢰를 얻을 수 없다. 운동경기에서 전반전 경기가 끝난 후 휴식시간동안 선수들은 모여 감독으로부터 후반전 경기전략에 대해 설명을 듣는다. 또한 감독과 코치는 선수들의 몸 상태를 체크하고 음료수를 건네고 근육을 풀어주듯이 지원해야 할 부분이 있는지 확인한 다음 상대팀 선수들의 행동패턴을 분석한 자료를 설명하고, 그에 따른 경기전략을 적극 수정하여 선수들에게 전한다. 즉 감독은 사전에 계획하고 연습했던 대로 잘한 부분을 칭찬하고 격려하며, 다가올 후반전에서 성과를 유지하기 위한 주문내용을 전달한다.

이처럼 조직에서도 성과달성에 장애가 되는 요인을 파악하고, 그에 따라 필요한 인력, 자금, 시간, 정보 등 모든 자원을 적절한 시기에 지원해주고, 변화된 환경에 적응할 수 있도록 목표 달성전략을 유연하게 수정하여 제시해주어야 한다.

2.2.2.3. 평가자(Evaluator) 역할:

계획한 것을 실행하여 얻은 결과 즉, 성과를 평가(see)하는 단계에서의 리더역할은 기대한 목표와 나타난 실적간의 차이를 평가하고, 왜 그런 차이가 생겨났는지 원인을 분석해 구성원들에게 정확히 피드백을 해주는 평가자로서의 역할이다. 평가자 역할을 제대로 수행하기 위한 과제로 다음의 <표 14-12>와 같이 4가지를 들 수 있다.

〈표 14-12〉 평가자 역할수행 과제

- 평가는 리더의 연말과제가 아니다
- 성과평가는 공정하게 하라
- 성과분석은 미래지향적으로 하라
- 성과평가에 대한 피드백은 눈높이에 맞춰 하라

1) 첫 번째 과제: 평가가 수시로 이루어져야 한다.

조직에서는 일정기간이 되면 리더는 구성원의 업무수행결과에 대해 평가를 수행해야만 한다. 그 이유는 성과를 달성하지 못하게 된 사유를 찾아내 그 원인을 분석하고, 다음 번 성과목표를 실행할 때 원하는 성과를 내기 위해서는 무엇을 개선할지 방안을 수립하기 위함이다. 이렇게 분석된 성과역량, 능력 등은 평가대상자에게 피드백으로 주어져 구체적인 변화를 주문하게 된다. 이처럼 평가의 중요성에 비추어 반기·분기·월별 단위로 주기적인 성과목표를 부여하고 확인하는 등 수시로 평가가 이루어져 피드백이 되어야함에도 불구하고 조직에서의 평가는 연말과제 정도로 인식하고 있다. 그 이유는 새해년도의 목표설정에 있어 명확하고 구체적이지 못하고 일반적이며 추상적이거나 재무적 성과와 비재무적 성과평가의 기준이 애매모호하고, 평가요소가 명확하지 않아 객관적인 자료수집 등이 어렵고, 평가에 소요되는 많은 시간과 비용 때문에 또는 리더가 어찌할 줄 몰라 미루는 경향 때문일 것이다.

이러한 문제점들을 극복하고 반기·분기·월별 단위로 주기적인 성과목표를 부여하고 확인하는 등 수시로 구성원들의 성과와 역량에 대해 평가하여 피드백해주는 리더의 역할은 코치로서의 핵심역할이며 '실행'중심에서 '리드와 지원'중심으로 변화해야하는 리더의 혁신 방향이기도 하다.

2) 두 번째 과제: 공정한 평가가 이루어져야 한다.

성과평가란 '성과달성도를 성과목표와 비교해서 객관적으로 측정하고 분석하는 행위'이다. 또한 구성원을 평가하는 목적은 현재의 성과평가를 통해 다음의 성과목표를 좀 더 제대로 그리고, 도전적으로 달성할 수 있도록 구성원들에게 정확한 정보를 제공하고 구체적인 피드백을 주기 위한 일련의 상호 커뮤니케이션이라고 이해하면 된다. 이는 구성원들의 장기적인 경력개발과 육성차원에서 매우 중요한 요소이다. 따라서 평가는 구성원 스스로가 자신의 역량에 대해 오해하는 일이 없도록 냉정하고 객관적으로 실행되어야 하고, 또 객관적이고 공정한 방법으로 구성원들에게 전달될 때 수용성이 높고 평가결과에 대한 신뢰도를 높일 수 있다.

정확하게 평가하고 모든 구성원들이 납득하고 수용할 수 있도록 리더가 냉정해지기 위해서는 리더가 빈번하게 범하는 <표 14-13>과 같은 평가오류를 제거해야만 한다.

〈표 14-13〉 **평가오류 및 제거방안**

오 류	제거방안
후광 효과	• 평가대상자에 대한 선입관/편견 버리고 성과자료바탕으로 분석 및 평가해야. • 전반적으로 뭉뚱그려 평가하지 말고 평가요소별로 독립적으로 평가해야.
관대화	• 기준중심의 절대평가나 평가요소를 사전에 구체적으로 설정해놓고 평가진행해야. • 평가자대상 체계적인 역할연기훈련/실제상황을 대입한 반복적인 평가훈련시켜야.

중심화	• 애매모호한 평가기준으로 평가자 관찰과 분석을 위한 정보수집부족이 원인임. • 평가자가 인사평가의 구조, 요소, 방법 등을 정확히 습득할 수 있도록 교육지원 • 평가등급을 한곳에 집중할 수 없도록 분포에 제한을 두도록 해야 • 모니터링을 통해 수시로 평가근거자료를 확보해야.

3) 세 번째 과제: 성과분석은 미래지향적이어야 한다.

국가대표 축구팀 코치 중에 고트비라는 뛰어난 경기분석관이 있었는데, 그의 일은 대표 팀 선수들의 컨디션 점검, 소속팀에서의 포지션 혹은 주특기나 장단점 등과 같은 결과를 컴퓨터와 비디오를 이용하여 실시간으로 분석하여 감독에게 보고하고, 감독과 부문별 코치가 수시로 전술을 수정할 수 있는 객관적인 근거를 제공하는 것이다. 또한 매 경기마다 각 포지션별 역할에 대한 수행도(전진패스성공률, 경기 중 볼 점유율, 상대방의 주요 공격루트, 중점 마크대상, 상대수비전략에 대한 공격 대응방법, 선수별 컨디션 등)에 대한 세부사항을 경기시작전과 휴식시간에 바로 제시하여 감독이 이를 토대로 전술의 수정에 따른 역할이나 공격 및 수비방법수정, 선수교체 등에 대한 정확한 판단을 내릴 수 있게 하는 것이다.

이처럼 성과분석은 인정기간동안 조직과 개인의 성과를 성과기준 또는 목표수준과 대비하여 성공요인, 실패요인, 보완사항, 강화사항 등의 주요요인을 도출하는 것을 의미한다. 기업에서도 이러한 분석자세가 그 어느 때보다 절실하다. 성공하는 기업인 계속기업(going concern)이 되기 위해서는 지금 당장의 성공도 중요하겠지만 지속적인 성과가 뒤따라야 한다. 따라서 설령 이번연도 성과가 부진했더라도, 다음의 탁월한 성과를 위해서는 그 부진한 실적을 방치한 채 새 성과목표와 전략을 수립하는 것보다, 부진한 실적원인분석을 철저히 분석하여 다음 전략을 수립할 때 반영해야 한다. 물론 성과가 탁월한 경우에도 반드시 성과분석을 실시하여 성과에 기여한 핵심성공요인을 찾아내 다음의 성과목표 달성전략에 반영해야 한다.

4) 네 번째 과제: 성과피드백은 눈높이에 맞춰라.

성과피드백이란 '성과지표 모니터링과 성과목표 실적평가를 바탕으로 한 면담, 분석리포트 등의 형태로 도출'되며, 조직이 성과목표를 달성 혹은 초과달성을 이루는데 도움을 준다. 또한 조직의 비전과 전략이 달성될 수 있도록 담당 조직이나 구성원들에게 향후의 방향을 제시해주고 그들을 지원해주는 기능도 하게 된다. 구성원들의 성장에 실질적인 도움을 주는 성과피드백은 성과목표를 설정하고 달성전략을 실행하는 과정에서 지속적으로 이루어져야 한다. 이때 성과피드백은 평가결과를 가지고 나타난 성과결과들을 확인시켜주고, 성과를 얻어내는 과정상의 문제점 여부를 개선하기 위해 실시되기도 한다. 또한 성과피드백은 성과분석, 성과과제 실행과 성과평가 단계에서 이루어진다. 성과분석 단계에서는 실적결과에 대한 피드백을 통해 중장기적인 목표와 추진전략을 수정할 수 있고, 성과과제 실행단계에서는 실적분석의 피드백을 통해 차기의 단위별 업무추진 계획을 수정할 수 있다.

성과피드백에서 가장 중요한 것은 보상이다. 객관적이고 명확한 평가결과와 연계하여 금전적, 비금전적인 보상을 통하여 조직원들의 만족과 새로운 동기를 부여하게 된다. 리더는 구성원으로 하여금 새로운 성과목표를 달성하는데 필요한 핵심역량과 경쟁우위요소를 확보할 수 있도록 유도하여야 하고, 고객지향적인 관점에서 창의적 사고와 문제해결능력을 향상시켜 조직과 조직구성원이 경쟁력을 갖출 수 있도록 해야 한다. 또한 실행전략에 대한 권한위임을 촉진시켜 구성원들을 자발적이고 창의적이며 도전적인 성과목표 지향적인 실무자로 육성해야 한다.

제3절. 효과적 리더십 개발: 리더육성과 모두 리더가 되는 조직

3.1. 리더육성, 왜 중요한가?

한동안 주춤하던 GE가 최근 Financial Times지가 선정하는 세계 500대 기업 순위에서 마이크로소프트를 제치고 다시 정상을 탈환하는 등 제자리를 찾아가고 있다. 그 동안 GE는 잭 웰치가 퇴임한 이후 지속적인 두 자리 수의 성장이라는 신화를 잃어버리면서 시장가치가 30% 이상 하락하는 등 불안한 모습을 보였다. 월 스트리트의 애널리스트들은 한 동안 GE가 흔들렸던 주된 이유는 제프리 이멜트 회장 체제가 제자리를 잡지 못했기 때문이라고 분석한 바 있다.

이처럼 스타 CEO가 물러나고 나면 리더십의 공백이 발생하고 조직이 흔들리기 마련이다. GE처럼 잠시 불안한 모습을 보이다가 다시 정상 궤도를 찾는 기업이 있는 반면, 스타 CEO가 떠난 빈자리를 메우지 못하고 몰락의 길을 걷게 되는 기업들도 많다. 가장 극명한 예는 아이아코카의 리더십하에서 화려하게 부활하는듯 하다가 그의 퇴임 후 몇 년 지나지 않아 다임러 벤츠(Daimler-Benz)에 합병된 크라이슬러(Chrysler)라 하겠다.

스타 CEO는 재임 기간 동안 그 기업의 성과를 극대화시키며, 자신의 명성만큼이나 기업의 위치도 확고하게 자리매김할 수 있도록 진두지휘하는 역할을 수행한다. 그러나 문제는 그 CEO가

자리에서 물러난 다음에도 과연 그 기업이 지속적으로 시장에서의 지위를 유지할 수 있느냐 없느냐가 되며, 미래를 위해 리더를 육성하는 것이 얼마나 중요한지를 느낄 수 있는 대목이 되는 것이다.

> **모두가 리더인 회사, 인텔(Intel)**
>
> 캘리포니아 산타클라라에 본부를 둔 컴퓨터 칩 제조회사 인텔(Intel)은 독특한 모델로 새로운 리더십을 개발하고 있다. 인텔에서는 앤드루 그로브(Andrew Grove) 회장에서부터 일선 관리자에 이르기까지 모든 지도자가 자기 업무의 일환으로 리더십을 가르쳐야 한다. 실제로 관리자의 경우 다른 사람들에게 리더십 기술을 가르치는데 얼마나 적극적으로 참여하느냐에 따라 보너스 액수가 결정된다.
>
> 그로브는 직원들이 외부인이 아니라 다른 직원들을 통해 리더십을 더 잘 배울 수 있다고 믿는다. 그는 "훈련은 적절한 역할 모델을 대표하는 사람이 담당해야 한다. 관련 주제에 아무리 조예가 깊다 하더라도 대리인은 그런 역할을 수행할 수 없다. 강단에 서는 사람은 신뢰를 줄 수 있어야 한다. 다시 말해 강단에 서는 사람은 가르치는 주제에 대해 권위가 있어야 한다."
>
> 인텔은 전화 에티켓에서부터 컴퓨터 칩 제조에 사용되는 복잡한 이온 주입장치 작동법에 이르기까지 회사의 리더들이 가르치는 수업 내용을 소개하는 카탈로그를 발행한다. 그리고 그로브 자신도 각종 회의를 주재하면서 업무평가서 작성과 교부를 주제로 직접강의를 하고 있다.
>
> 인텔은 경험이 풍부한 현장 리더들이 동료들을 가르치게 함으로써 기업문화를 다음 세대에 전수하고 있으며, 이 과정에서 새로운 리더들은 선배들의 실수를 통해 배우고 있다. 이와 관련해 인텔의 한 중간관리자는 다음과 같이 말하고 있다
>
> "강사들은 다들 눈코 뜰 새 없이 바쁩니다. 그러다 보니 그런 일에서 해방되었으면 하는 마음도 없지 않아 있습니다. 하지만 다른 사람을 가르친다는 것이 얼마나 중요한 일인지를 다들 잘 알고 있습니다." 기술은 외부에서 영입된 강사들도 가르칠 수 있지만 가장 훌륭한 교훈은 내부에서 동고동락해온 사람들에게서 나오는 경우가 많다.

3.2. 리더육성의 실패유형

기업에서 리더육성을 제대로 못하는 데에는 다양한 원인이 있을 수 있다. 리더육성에 많은 투자를 하고서도 가시적인 성과를 제대로 얻지 못하는 주요유형들을 보면 다음과 같다.

1) 선진기업에 대한 단순한 추종.

이는 다른 기업들이 하는 일을 따라 한다면 적어도 뒤쳐지지 않을 것이라는 발상에서 나온 것이다. 이런 경우는 리더육성에 관한 중심철학이 없는 상황에서 출발했기 때문에 언제라도 용두사미가 될 가능성이 높다. 예를 들어 기업의 성과가 나빠지거나 사업상 중요한 투자가 발생했을 때에는 리더육성에 대한 투자를 제일 먼저 삭감하게 된다.

2) 리더육성을 도덕적으로 '아주 좋은 것'으로 믿는 윤리적 관점의 접근.

기업의 이러한 인식은 장기적인 발전을 위해 매우바람직하지만, 그 방법에 있어 전략적인 의지가 담겨있지 못하다는 단점이 있다. 이러한 기업은 리더육성 그 자체에 대해 강한 도덕적 믿음이 있어 그 성과의 측면에서 효과적이지 못함에도 불구하고 관성적으로 육성프로그램을 강행하는 경우가 많다.

3) 어떤 리더를 육성해야 할지에 관한 전략적 인식 부재.

실제 많은 기업들이 이러한 유형에 속한다. 리더육성에 있어 전략적 인식이 부족한 이유로는 우선 리더육성과 기업의 성공과의 관계를 명확하게 보여주는 지표가 없기 때문이다. 또한, 리더육성을 일상 직무에서 벗어난 별도의 교육훈련프로그램으로 인식하는 것도 리더육성에 있어서 전략적 시각 결여의 한 원인이다. 그리고 기업이 추구하는 전략적 목적과 리더육성이 연계되어 있지 못한 것도 중요한 원인이다.

3.3. 성공기업의 조건: 후계자 육성과 조직역량 강화

잭 웰치 이후의 GE나, 허브 켈러허 이후의 사우스웨스트, 로이 바젤로스 이후의 머크 등은 성공적인 리더육성의 대표적인 사례로 손꼽히고 있다. 그렇다면, 과연 이런 기업들은 어떤 특징이 있는 것일까?

1) 많은 관심과 노력을 통한 후계자 육성.

무엇보다도 가장 중요한 특징은 승계계획(Succession Plan) 등을 통해 스타를 이을 후계자를 육성한다는 것이다. 이를 가장 잘 수행한 회사는 바로 GE라고 할 수 있다. 흔히 뛰어난 CEO를 이야기할 때 떠오르는 잭 웰치 역시 세계 최고의 CEO란 칭호를 받던 레지놀드 존스의 후임이었다. 존스 전 회장은 1970년대의 에너지 위기에도 불구하고 GE의 매출을 2배로 끌어올리는 급성장을 이룬 스타 CEO이었다. 그는 시대의 변화에 맞게 GE를 이끌 차세대 리더인 잭 웰치를 키워냈다. 잭 웰치 역시 그의 뒤를 이을 제프리 이멜트를 발굴하여 육성했다.

마찬가지로 세계 최대의 반도체 업체인 인텔 역시 조심스럽게 후임자를 육성한 후 세대교체를 이루었다. 현 인텔의 CEO인 크레이그 바렛은 CEO에 오르기 전에 이미 그 동안 맡아오던 반도체제조 등 회사 내부적인 문제들 뿐 아니라, 대외적인 업무에도 관여하기 시작했다. 그는 경쟁사와의 주요 특허분쟁을 맡아서 해결하기도 했고, 앤디 그로브 회장을 대신해 인텔의 밀접한 협력파트너인 마이크로소프트의 빌 게이츠 회장과 정기적인 모임을 갖기도 했다. 즉, 세계 최대의 반도체 회사를 이끌기 위한 학습의 기회를 충분히 가졌던 것이다.

2) CEO 개인에게만 의존하지 않는 조직적 역량을 구축.

"한 개인의 역량에만 의존하는 국가는 명(命)이 짧다. 재능이 아무리 뛰어난 지도자라도 그 사람이 죽고 나면 모든 게 끝장나기 때문이다. 또한 죽은 지도자의 재능이 후계자에게 계승되는 것은 극히 드물기 때문이다. 마키아벨리의 명저인 '군주론'에 나오는 말이다.

기업에 있어서도 마찬가지이다. 스타 CEO 개인에게만 의존하는 기업은 그가 물러나고 나면 쉽게 몰락하는 반면, 스타 CEO 개인에 의존하지 않는 조직적 역량을 갖춘 기업은 그가 물러난 이후에도 지속적인 번영을 누린다. 즉, 모든 구성원이 리더처럼 행동하고 성과를 올리는 '조직이 일하는 기업'이 '리더가 일하는 기업'보다 장기간 시장에서 높은 성과를 올릴 수 있다는 말이다.

고성과 기업으로 널리 알려진 사우스웨스트의 경우를 보자. 동사의 성공에 있어서 전 CEO인 허브 켈러허가 차지하는 역할에 대해서 의문을 제기하는 사람은 없을 것이다. 오랫동안 켈러허는 70세가 되면 CEO 자리에서 물러날 것이라고 이야기해 왔고, 월스트리트의 애널리스트들은 그가 은퇴한 후 과연 사우스웨스트가 계속해서 고공비행을 할 수 있을 지에 대해 회의적인 의견을 내곤했다. 내부의 구성원들 역시 켈러허가 떠난 이후 모든 것이 변할 것이며, 자신들 역시 회사를 떠날 것이란 말을 자주하곤 했다고 한다. 하지만 켈러허가 은퇴한 지금에도 사우스웨스트는 큰 혼란을 겪고 있지는 않고 있다. 9·11 테러라는 악재를 훌륭하게 이겨냈고 최근에는 사상 처음으로 미국 내 유치 승객 수에서 업계 선두를 차지하는 등 고공비행을 계속하고 있다.

'The Southwest Airlines Way'의 저자인 조디 기텔 교수는 허브 켈러허의 은퇴 이후에도 사우스웨스트가 지속적으로 성장할 수 있는 근본 원동력으로 독특한 조직문화와 이를 바탕으로 한 인간관계중심의 각종 조직 프랙티스(practice), 그리고 뛰어난 후임 경영진의 리더십을 꼽고 있다.

3.4. 리더 육성에 대한 경영자의 확고한 의지

결국 성공기업은 장기적인 관점에서 내부인재들을 육성하여 차세대 리더로 준비시키는데 많은 노력을 기울여 왔으며, 최고 경영진의 확고한 의지가 이를 뒷받침하였다.

최고경영진은 하위리더들에 대해 부하로서 인식하기보다 동반자라는 인식을 가질 필요가 있다. 즉 성과도 중시하지만 공동체의식 형성에 보다 비중을 두고, 자신을 포함한 조직구성원들이 각자 조직 내에서 수행하는 역할이 다를 뿐이며 모두가 평등하다는 사상을 가질 필요가 있다. 또한 누구든지 조직에서 존중받을 권리가 있고 노력과 성과에 따라 최고경영자가 될 수 있다는 인식을 가져야 한다. 이러한 동반자적 마인드를 품고 실행에 옮기는 경영진은 조직구성원들의 자긍심을 고양시키고 주도성을 회복시킬 수 있다. 리더육성은 말이나 물질적 투자만으로 이루어질 수 있는 것이 아니다. 구성원들과 함께 꿈과 가치를 나누고 구성원 개개인의 성장과 조직발전의 일체성을 강조하여 고무하는 등 최고경영자와 임원들의 지속적인 관심과 노력이 필요하다.

3.4.1. 인재 육성형 리더로서의 역할수행

현대적 리더십은 구성원과 우호적인 대인관계를 맺고 업무지향적인 행동스타일을 갖추어야 할 뿐 아니라 구성원들에게 코치나 촉진자와 같은 길잡이로서의 역할을 할 수 있어야 한다. 그러므로 오늘날 조직에서의 관리자는 인재육성형 리더로서의 역할을 충실히 수행하여야 한다(Mink et al., 1993). 이를 위해 관리자는 다음의 <표 14-14>와 같은 자세를 가져야 한다.

〈표 14-14〉 인재 육성형 리더로서의 자세

1. 구성원 역량을 배양하여 그 잠재력을 무한히 신장시켜 줄 수 있는 사람이 바로 리더 자신이라는 사명감을 가져야 한다. 2. 리더는 구성원들을 전인적인 인간으로 보고 그 구성원들이 서로 신뢰하며 어려움을 극복하여 성공할 수 있도록 돕는 사람이라는 소명감을 확립하여야 한다. 3. 인간은 무한한 가능성을 갖고 소망을 이루기 위해 성장·발전하며 창조하고자 하는 동기를 갖고 있음으로, 이를 지원하고 실현시키는 일이 조직목표의 달성을 위해서 뿐만 아니라 인간을 존중하고 나의 책임을 완수하는 일이라는 신념을 가져야 한다. 4. 구성원의 역량신장이 팀의 성공과 리더 자신의 개인적인 경력성공, 나아가 조직의 발전과 사회발전에 기여할 수 있다는 점을 확고하게 인식시켜야 한다.

이러한 자세를 기초로 리더는 다음의 <표 14-15>와 같은 역할을 통해 구성원들의 역량을 개발하여야 한다.

〈표 14-15〉 구성원들의 역량개발을 위한 리더의 역할

• 잠재능력 진단	• 적성검사, 업무태도 검사, 도전적인 과제부여 등을 통해 구성원의 장·단점을 찾거나 잠재능력을 찾아냄.
• 능력향상이 되도록 도와줌	• 구성원들이 자기계발 하는 데에 필요조치들을 취해주거나, 개별접촉을 통해 지도.
• 지적인 자극	• 리더는 문제해결에 대한 통찰력을 키우기 위해 구성원들로 하여금 발상의 전환을 촉진하고 새로운 문제해결방안을 적용하도록 유도.
• 능력발휘 할 조건구비	• 장점을 살릴 수 있는 업무분장, 직무순환, 필요시 직무개편 그리고 개발에 관심표명, 교육훈련프로그램에 참여 여건과 기회제공.
• 업무완수 기쁨 느끼도록 도전적 업무제시	• 구성원의 능력발휘 결과가 업적 및 성과로 연결되도록 하고, 단계적 도전적 업무제공.

리더가 이러한 인재 육성형 리더십을 개발하도록 촉진하기 위해서는 평가 제도를 활용하는 것도 좋다. 리더가 구성원들의 개성을 존중하는가? 구성원 개개인에게 장점 및 약점에 대해 구체적인 피드백을 해주는가? 지속적 성과제고를 위한 개발계획을 수립하고 실행하는가? 구성원들이 필요한 교육·훈련을 받도록 배려하였는가? 등의 요소들을 통해 리더의 지도역량을 평가하는 것도 촉진방안 중의 하나이다.

3.4.2. 구성원의 팔로우어십 배양

조직에서 리더십이 효과적으로 발휘되기 위해서는 리더뿐만 아니라 구성원들의 팔로우십을 배양해야 한다.

위대한 리더를 만드는 사람은 바로 훌륭한 부하들이라는 말이 있듯이 성공적인 조직에서는 구성원들이 훌륭한 팔로우어십을 갖고 있는 경우가 많다(Kelly, 1988; Robbins, 1996). 팔로우어십(followership)이란 '리더십유효성을 높이는 방향으로 리더의 영향력을 따르는 부하들의 특성 및 행동방식'을 말한다.

조직에서의 리더가 발휘하는 리더십이 효과적으로 수행될 수 있는가?는 이에 반응하는 구성원들의 팔로우어십에 따라 좌우되기 때문에(Hollander, 1992), 조직과 구성원 모두는 '팔로우어

십이란 어떤 것이어야만 하는가?' 하는 점을 상호 개발하여 명확히 하고 공유해야 한다. 효과적인 팔로우어십 대표적인 내용은 다음의 <표 14-16>과 같이 세 가지로 들 수 있다.

〈표 14-16〉 효과적인 팔로우어십의 대표적 내용

1. 자신의 문제는 물론 집단이나 조직의 문제 및 관심사에 몰두한다. 2. 자신들의 역량을 배양하기 위한 자기계발을 통해 조직에 공헌하며 업무기량을 완성해 놓고 있다. 또한 조직에서 제시하는 것보다 더 높은 수준의 목표달성에 관심을 둔다. 3. 정직하고 용감하며 신뢰할 수 있다. 즉 자신을 독립적인 비판가로서 성장시키는데, 그의 생각과 판단은 신뢰할 수 있으며, 높은 수준의 윤리적 기준에 기초하고 있다.

스티브 잡스 애플 CEO:

- 리더십은 타고나는 것이 아니라 개발되는 것이다. 보통 사람은 한 번도 경험하기 힘든 벼락성공과 연이은 처참한 실패를 겪으며, 조금씩 참다운 리더로 성장해가는 리더의 모습을 스티브 잡스 애플 회장에게서 살펴볼 수 있다.

- 2006년 보스턴 컨설팅 그룹(BCG)이 전 세계 1500개 글로벌 기업 CEO를 대상으로 조사한 결과, 가장 혁신적 기업가로 스티브 잡스가 2년 연속 선정됐다. 잭 웰치 회장을 넘어 21세기 최고의 기업가로 스티브 잡스가 화려하게 등장한 것이다.

- 스티브 잡스는 세상을 바꾸겠다는 비전과 열정, 뭐가 달라도 남과 다르게 하겠다는 창조적 카리스마로 컴퓨터, 영화, 음악 등 3가지 산업의 아이콘이 되었다. 그러나 이 같은 찬란한 성공의 이면에는 입양아로 자란어린 시절, 1학기 만에 중퇴한 대학생활, 자신이 만든 회사에서 해고되는 아픈 경험, 췌장암 선고에 이르는 파노라마처럼 이어지는 인생 역전이 숨어있다.

- 스티브 잡스는 1978년 21세 나이에 1,300달러를 가지고 스티브 워즈니악과 함께 애플을 창업, 1977년 세계 최초의 개인용 컴퓨터 애플 II를 개발하여 정보화 시대의 개막을 알렸다. 스티브 잡스는 스물다섯이라는 젊은 나이에 포브스(Forbes)지가 선정한 400대 거물 명단에 포함되기도 했다. 그러나 스티브 잡스는 오래지 않아 처절한 실패를 맛본다. 당시 그는 오만, 독선으로 가득 차 사람들로부터 독재자라는 비난을 들었다. 제품 이름에서 포장박스까지 모든 것을 자신이 결정했다. 거친 언사와 심한 감정의 기복은 많은 사람을 떠나게 만들었다. 목표달성에만 관심이 있었을 뿐 다른 사람은 안중에도 없었다. 마음에 들지 않는 사람은 즉흥적으로 해고했다. 그는 1981년 IBM이 PC를 출시했을 때 "IBM을 환영합니다."라는 전면광고를 낼 정도로 기고만장했다

- 스티브 잡스는 과도한 기술우월주의에 빠져있었다. 1984년 새롭게 개발한 매킨토시에는 마우스, 윈도, 그래픽 유저 인터페이스(GUI) 등 당시로선 획기적인 기술이 모두 포함되었다. 잡스는 이런 기술을 애플

컴퓨터에서만 쓰기를 고집하면서 제품이 널리 보급되는 것을 막았다. 결국 뛰어난 기술에도 불구하고 브랜드와 마케팅능력, 특히 MS-DOS라는 오픈 운영체제로 무장한 IBM에 선두자리를 내주게 된다. 이때의 결정은 비즈니스 역사상 최악의 의사결정으로 기록되고 있다. 스티브 잡스는 결국 1986년 자신이 설립한 회사에서 자신이 초빙해온 펩시콜라출신, 존 스컬리 회장에 의해 축출당하는 비운의 주인공이 되었다.

- 스티브 잡스가 놀라운 창의력과 추진력으로 애플이라는 기업을 창립하고, 세계적인 기업으로 성장시켰음에도 불구하고 자신이 만든 기업에서 축출당하는 아픔을 겪게 되었던 것은 과연 경영자가 갖추어야 할 역량이 무엇인가에 대해 다시 한 번 생각해 보게 만든다.

경영자에게 꼭 필요한 핵심 역량인 리더십, 리더십은 왜 중요한지, 그리고 리더십의 핵심개념은 무엇인가?

- 결국 리더십은 기업 경영의 성과를 결정짓는 중요한 능력이자, 경영자가 꼭 갖추어야 할 가장 핵심적인 역량이라고 할 수 있다. 또한 리더는 단순히 직급이 높은 사람, 또는 타고난 사람이 아니라 끊임없이 리더십을 계발함으로써 만들어지는 것이다. 이런 측면에서, 앞서 살펴본 스티브 잡스의 경우, 애플을 설립하고 성장시키고, 다시 그 조직에서 쫓겨날 때까지의 스티브 잡스는 창의력, 열정을 갖춘 능력자였을지는 몰라도 훌륭한 리더였다고 보기는 어려울 것이다.

- 그러나 더 재미있는 것은 이후 스티브 잡스의 행보이다. 스티브 잡스는 애플에서 쫓겨나는 인생 최대의 실패와 역경 속에서도 '세상을 바꾸겠다.'는 강렬한 열망을 잃지 않았다. 그는 실패와 역경을 오히려 하늘이 내린 선물로 생각하고 '대학중퇴'를 인생에서 가장 훌륭한 의사결정으로, '애플에서 해고된 것'을 인생 최고의 일이라 공언했다.

- 그리고 그간 자신이 잘못 생각해 왔던 것들, 다시 말하면 업무와 성과만을 중요시하던 인간관계능력, 독선적인 결정, 자신만이 최고라고 생각하던 생각 등을 고치기 위해 노력했다. 그리고 이러한 스티브 잡스의 리더십 변화를 바탕으로 1995년 픽사(Pixar)에서 제작한 세계 최초의 3D 애니메이션 영화 '토이 스토리'를 통해 다시 한 번 억만장자 대열에 합류할 수 있었다.

- 더욱 극적사건은, 스티브 잡스 이후 3명의 전문 CEO를 거치면서도 파산의 위기에 처해 있던 애플이 다시 스티브 잡스를 영입했다는 것이다. 실패의 상처를 안고 떠났던 그는 12년 만에 연봉 1달러의 조건으로 애플로 돌아왔다. 그는 예전의 실패를 거울삼아 독선과 자신의 능력에 대한 자신감을 바탕으로 한 경영이 아닌, 고객 중심의 사고와 향상된 리더십을 애플에서 발휘했다. 모든 혁신의 중심을 고객, 디자인에 두었으며, 예전에는 자신이 모든 결정을 했던 것과는 달리 전문가에게 디자인 개발의 전폭적인 재량권을 부여했다. 폐쇄주의를 버리고 디즈니, MS, IBM, 소니 등과 긴밀한 협력관계를 구축했다. 이런 노력의 결과 애플은 스티브 잡스의 복귀 1년 만에 속이보이는 '아이맥 PC'를 출시, 선풍적인 인기를 끌었으며, 10억 달러 적자를 1년 만에 4억 달러 흑자로 전환시키는 신화를 쓰게 된다. 지금도 아이팟 등 혁신적인 상품으로 예전의 영광을 되찾아 가고 있는 애플, 그 뒤에는 성장하는 리더로서의 스티브 잡스가 있다.

• 스티브 잡스의 실패와 역경. 그리고 역경을 극복하여 다시 애플을 정상의 자리로 끌어올리는 인생역전의 이야기 속에는 경영자가 갖추어야 할 리더십의 중요성이 잘 드러나 있다. 경영자는 결국 자신이 독단과 권한을 통해 조직의 성과를 이끌어 내는 사람이 아니라, 조직구성원들과의 관계를 통해 바람직한 영향력을 행사함으로써 조직의 성과를 이끌어내는 사람이다. 이것이 바로 기업의 경영자가 갖추어야 할 리더십의 핵심이다. 더불어, 스티브 잡스의 사례에서와 같이 리더십은 태어날 때부터 부여 받는 것이 아니라 끊임없이 자신을 계발하는 가운데 완성되어 가는 것이라는 점 또한 꼭 기억해야 한다.

<출처> 생생경영학 3.0 2010-01-29

히딩크 리더십

2002년 우리에게 '월드컵 4강'이라는 멋진 선물을 안겨주고 떠난 거스 히딩크 감독이 또 '일'을 냈다. F조 1차 예선에서 일본에 선제골을 내주고 끌려 다니던 호주 팀을 경기 종료 6분을 남기고 3골을 폭발시키는 대역전 드라마로 이끈 것이다. 마술과 같은 승리를 일군 그의 리더십이 다시 주목 받고 있다.

◆ 선수들에게 자신감을 심어줘라

호주 선수들에게 히딩크 감독이 불어넣은 것은 이길 수 있다는 자신감이었다. 전반 26분 일본에 어이없는 선제골을 내줬을 때 주심에게 거칠게 항의하고, 비디오 분석과 같은 과장된 제스처를 취한 것도 모두 선수들에게 자신감을 주기 위한 행동이었다. 골을 먹은 것이 실력 때문이 아니라 운이 없거나 심판의 판정이 잘못된 것을 보여준 것이다.

김재범 성균관대 경영학부 교수는 "히딩크 감독은 선수시절 주목받지 못하고 밑바닥에서 잡초처럼 커온 사람"이라며 "이런 배경을 가진 사람들은 어떻게 하면 자신감이 생기는지 알기 때문에 이를 불어넣어주는 능력이 뛰어나다"고 말했다.

◆ 구성원을 끝까지 믿어라

히딩크는 자신의 선수들을 끝까지 믿었다. 이길 수 있다는 믿음도 버리지 않았다. 일본과의 경기에서 후반 6분께부터 수비성향의 선수 3명을 공격성향의 선수로 모두 교체한 것도 선수들에 대한 믿음 때문이었다. 이러한 히딩크의 믿음은 교체선수 중 한 명인 팀 케이힐이 후반 39분과 44분 동점골과 역전골을 엮어내게 했으며, 또 다른 교체선수인 존 알로이지가 후반 추가시간에 쐐기골을 꽂아 넣게 했다. 이러한 히딩크의 믿음은 조직원들의 충성으로 나타났다. "히딩크를 위해 죽을 수도 있다." 호주를 대표하는 공격수인 마크 비두카가 던진 히딩크에 대한 충성 맹세다.

◆ 뚜렷한 목표를 제시해라

히딩크 감독은 호주 팀에 하나의 목표를 제시했다. 월드컵 첫 승과 16강 진출. 호주는 죽음의 F조에 속해 있다. 세계 최강국 브라질과 크로아티아 그리고 월드컵에 3회 연속 진출한 일본과 맞붙어 싸워야 하는 쉽지 않은 조 편성이었다. 단 1승도 쉬운 것이 아니었다.

하지만 히딩크는 16강 진출이라는 다소 무리해 보이는 목표치를 설정함으로써 선수 개개인의 잠재역량을 한 단계 높은 수준에서 발휘될 수 있도록 유도했다.

허영도 울산대학교 경영학부 교수는 "뚜렷한 목표를 제시하고 이를 달성하기 위해 각종 비난을 무릅쓰고, 소신 있게 일을 진행하는 히딩크 감독의 모습에서 경영자로서 존경할 만한 이유를 찾을 수 있다"고 말했다.

◆ 기본에 충실해라

히딩크는 호주대표 팀을 맡은 뒤 체력과 스피드 훈련을 집중적으로 시켰다. 축구에서 가장 기본이 되는 것이 체력과 스피드이고, 이를 바탕으로 각종 전술이 가능하다는 판단에서였다. 특히 호주 팀은 개개인의 기량이 뛰어나다는 평가를 받고 있다. 기본기만 된다면 유럽식의 토털 사커도 가능하다는 판단이었다.

강한수 삼성경제연구소 연구원은 "히딩크 감독이 한국대표 팀을 맡았을 때도 9단계의 체력강화 프로그램을 실시하고 자율적인 분위기를 강조하는 가운데서도 엄격한 원칙을 고수했다"며 "기초공사가 튼튼해야 건물이 똑바로 설 수 있는 법"이라고 말했다.

◆ 조직을 하나로 묶어라

2005년 7월 호주 감독으로 부임하면서 히딩크 감독이 가장 신경을 쓴 부분은 팀워크다. 선수들 대부분이 잉글랜드 프리미어리그 소속으로 '리틀 잉글랜드'로 불리는 호주 국가대표 팀이지만, 개개인의 개성이 강한 경기를 하다 보니 번번이 남미 팀에 덜미를 잡히고 말았다. 히딩크 감독은 이런 모래알 전력을 하나로 뭉치게 했다. 팀워크를 중시하는 훈련을 강조하고 여기에 충실한 선수들을 집중적으로 경기에 내보낸 것이다.

신현암 삼성경제연구소 수석연구원은 "똑똑한 사람이 아무리 많은 조직이라도 하나로 뭉치지 않으면 소용이 없다"며 "히딩크 감독은 이것을 정확하게 꿰뚫고 있는 사람"이라고 말했다.

나의 리더십성향: 비전중심 vs. 실천중심

■ 카리스마리더십이나 변혁적 리더십에서처럼 미래비전을 중시하는 리더십성향을 보이는 사람이 있는가 하면 실행과 현재의 문제해결을 더 중시하는 리더십성향을 보이는 사람들도 많다

개인의 성격이나 가치관, 또는 경험에 기초한 리더십 행동성향이다. 아래의 설문은 당신이 비전중심의 리더십성향을 보이는가, 아니면 현실의 문제해결과 실행중심의 리더십성향을 보이는가를 측정하는 것이다.
각 문항에 제시된 a와 b 중에서 당신에게 적합한 항목 하나에 ○표 하고 해석방법에 따라 자신의 성향을 평가해보자.

1. 나는 뭔가를 기록할 때는……,
   a. 매우 조심스럽게 한다.
   b. 대충 알아볼 수 있을 정도로 한다.

2. 어떤 집단이나 프로젝트를 운영할 때, 나는……,
   a. 일반적인 아이디어만 주고 다른 사람들에게 어떻게 추진할지를 생각하게 한다.
   b. 구체적인 목표, 시간스케줄, 그리고 기대효과를 구체적으로 계획한다.

3. 나의 사고방식은 다음 중 ……에 더 가깝다.
   a. 순서대로 생각하는 직선적 사고
   b. 메뚜기처럼 이 생각, 저 생각 날아다니는 곡선적 사고

4. 내 사무실이나 내 방에는 물건들이,
   a. 여기저기 널려져 있다.
   b. 순서대로 잘 정돈되어 있다.

5. 내가 자랑스럽게 생각하는 것은,
   a. 장애를 극복하고 문제의 해법을 찾아낸 것이다.
   b. 문제의 원인에 대한 새로운 가설을 찾아낸 것이다.

6. 내가 할 수 있는 최상의 행동은,
   a. 폭 넓은 가정과 아이디어가 활짝 열려있도록 하는 것이다.
   b. 새로운 아이디어를 실행할 때 철저함을 유지하는 것이다.

7. 나의 강점 중 하나는,
   a. 일의 실행에 몰두하는 것이다.
   b. 미래의 꿈에 몰입하는 것이다.

8. 내가 일에서 최선을 다하기 위해서는,
   a. 자율성이 중요하다.
   b. 명료한 절차가 중요하다.

9. 내가 제일 잘하는 것은,
   a. 일을 계획하는 것이다.
   b. 예기치 않은 상황에 순발력 있게 대처하는 것이다.

10. 내가 가장 효과적일 때는,
   a. 독창적 해법 창안에 집중할 때이다.
   b. 실무적인 개선책을 찾기 위해 노력할 때이다.

[해 석]

[1] 항목 2, 4, 6, 8, 10의 응답 중에서 'a'로 응답한 항목 수는? [ ]

[2] 항목 1, 3, 5, 7, 9의 응답 중에서 'b'로 응답한 항목 수는? [ ]
 * 비전중심 스타일 점수 = [1] + [2] = [ ]

[3] 항목 2, 4, 6, 8, 10의 응답 중에서 'b'로 응답한 항목 수는? [ ]

[4] 항목 1, 3, 5, 7, 9의 응답 중에서 'a'로 응답한 항목 수는? [ ]
 * 실천중심 스타일 점수 = [3] + [4] = [ ]

[5] 최종판단: 비전점수와 실천점수의 차이가 중요하다.

<1> 이 점수 차이가 2 또는 그 이하이면 양수 겸장형 이다. 즉 비전제시와 실천행동을 다 잘 보여주는 스타일이다.

<2> 이 점수 차이가 4~6 사이이면, 점수가 큰 쪽이 강한 스타일이다. 가령, 비전점수가 [8]이고 실천점수가 [3]이면, 차이가 5가 되어 강한 비전중심 스타일이 된다.
물론 그 반대의 경우에는 강한 실천중심 스타일이 된다.

<3> 이 점수 차이가 8~10사이이면, 큰 쪽이 매우 강한 스타일이 된다.
이 경우 약한 쪽의 행동을 필요로 하는 역할이 주어지면 실패의 가능성이 매우 높다.

참 고 문 헌

[국내]

골먼, 보이애치스 & 맥키(2003), 감성의 리더십, 청림출판사.

권순환(2010), 직원의 마음을 움직이는 소통 '소셜미디어', SERI 경영노트, 제 53호, 삼성경제연구소.

김창욱(2012), 합리적 판단의 암초, 원시인 심리, SERI 경영노트, 제118호, 삼성경제연구소.

다니엘 샤피로 & 로저 피셔(이진원 역, 2013), 원하는 것이 있다면 감정을 흔들어라. 한국경제신문.

류랑도(2006), 1미션 3룰: 성과중심의 리더십, 웅진윙스.

______(2010), 일을 했으면 성과를 내라, 쌤앤 파커스.

박원우(1999), 임파워먼트 실천매뉴얼, 시그마그룹.

백기복, 김용민 & 백종현 편저(1999), 전략적 리더십(기업/시장, 그리고 정치적 시각), 국민대출판부.

삼정 KPMG(2010), 온 가족이 행복한 일터, 서울: 글로연.

스튜어트 다이아몬드(김태훈 역, 2012), 어떻게 원하는 것을 얻는가?, 8.0

신현만(2009), 회사가 붙잡는 사람들의 1% 비밀, 위즈덤하우스.

신유근(1997), 인간존중의 경영, 다산출판사.

신정길, 문승권, 문형남(2004), 감성경영 감성리더십, 넥스비즈.

이관응(2001), 신뢰경영과 서번트 리더십, 엘테크.

이동훈, 이민훈, 박성민, 이준환(2010), 확산되는 소셜 미디어와 기업의 신 소통전략, CEO Information, 제764호, 삼성경제연구소.

엄동욱 외 3인(2011), 조 내 소통활성화를 위한 제언, CEO Information, 제795호, 삼성경제연구소.

예지은(2010), 긍정에너지를 끌어내는 힘, 감성리더십, SERI 경영노트, 삼성경제연구소, 제 57호.

임창희(1999), 조직행동 2판, 학현사.

제프리 페퍼 & 로버트 서튼(안시열 역, 2010), 생각의 속도로 실행하라, 지식 노마드.

채준호(2010), 직원의 열정을 불러일으키는 '정서적 소통', SERI 경영노트, 제78호, 삼성경제연구소.

태원유(2007, 재인용; 독일경제연구소 2003년), 선진기업들의 친가족적 인사제도, SERI 경영노트, 삼성경제연구소.

한창수, 강한수, 예지은(2008), 미래 CEO의 조건: 창조적 리더십, CEO Information, 제650호, 삼성경제연구소.

IGM세계경영연구원(2012), 세상 모든 CEO가 묻고 싶은 질문들, 위즈덤 하우스.

3M 미팅 매니지먼트 팀(1995), Mastering Meeting: Discovering the Hidden Potential of Effective Business Meetings, 이태복 역, '조직문화의 새로운 창조: 회의를 성공적으로 하는 법.'

Yukl, G. A.(1981), Leadership in Organization, 김대문 외(역), 조직과 리더십, 형설출판사.

[국외]

Allen, R. W., Madison, D. I., Porter, L. W., Renwick, P. A. & Mayer, B. T.(1979), Organizational Politics: Tactics and Characteristics of Its actors, *california Management Review*, Vol. 22. pp.77-83.

Amabile, T.(1998), How to Kill Creativity, *Harvard Business Review*, Vol.76 Issue 5, Sep/Oct.

Baron, R. A.(1990), Behavior in Organization: Understanding and Managing Human Side of Works(Boston, MA: Allyn and Bacon, Inc.).

Barker, J. R.(1993), Tightening the Iron Cage: Convertive Control in Self-managed Organizations, *Administrative Science quarterly*, Vol. 38, pp.408-437.

Bass, B. M.(1990), From Transactional to Transformational Leadership: Learning to Share the Vision, *Organizational Dynamics*, Winter.

____________(1990), Bass & Stogdill's Handbook of Leadership, New York: Free Press.

Beauchamp, T.(2004), Case Studies in Business, Society, and Ethics, Cornell University, pp.7-12.

Bromstom, B.(1993), Master Meeting Leader Bob Bromstom Says 'Identify Tangible Outcomes', *Meeting Management News*, Vol.5, No.2, June.

Buller, P. F.(1986), The Team Building-Task Performance relation: Some Conceptual and Methodological Refinements, *Group and Organization Studies*, Sept. pp.147-168.

Burns, J. M.(1978), Leadership, Harper & Row, Publishers.

Steers, R. M.(1991), Introduction to Organizational Behavior, 4th ed.(Glenview, IL: Scott, Foresman and Co.).

Cameron, K. S.(2007), Building relationships by communicating supportly. In Whetten, D. A. & Cameron, K. S.(Eds.), Developing Management Skills, Prentice Hall.

Campbell, J. P. & Dunnette, M. D.(1968), Effectiveness of T-group Experiences in Managerial Training and Development, *Psychological Bulletin*, Vol. 65, pp.73-104.

Carnevale, P. J.(1994), Negotiation In V.S. Ramchandran(ED), Encyclopedia of Human Behavior(Vol. 3. pp.271-281), New York: Academic Press.

Carnevale, P. J. & Isen, A. M.(1986), The Influence of Positive Affect and Visual Access on the Discovery of Integrative Solutions in Bilateral Negotiations, *Organizational Behavior and Human Decision Processes*, Feb., pp.1-13.

Cavanagh, G. F., Moberg, D. J. & Velasquez, M.(1981), The Ethics of Organizational Politics, *Academy of Management Review*, No.3, pp.363-374.

____________________________________(1983), Organizational Statement-ship and Dirty Politics: Ethical Guidelines for the Organizational Politician, *Organizational Dynamics*, Vol. 11. pp.65-79.

Cherrington, D. J.(1994), Organizational Behavior, 2nd ed.(cambridge, MA: MIT Press).

Cohen, S. G.(1993), New Approaches to Team and Teamwork, in J. R. Galbraith, E. E. Lawler III & Associates, Organizing for the Future: The New Logic for Managing Complex Organizations(San Francisco, CA: Jossey-Bass Inc., Publishers), pp. 194-226.

Conger, J. A.(1992), Learning to Lead: The Art of Transforming Managers into Leaders(San Francisco, CA: Jossey-Bass).

DeMatteo, J. S., Eby, L. T. & Sundstrom, E.(1999), Team based Rewards: Current Empirical Evidence and Directions for Future Research, in B.M. Staw & L. L. Commings(eds.), *Research in Organizational Behavior*, Vol. 20, pp.141-183.

Farace, R. V., Monge, P. R. & Russell, H. M.(1977), Communicating and Organizing, Addison-Wesley Pub, Co.).

Farrel, D. & Petersen, J. C.(1982), Patterns of Political Behavior in Organization, *Academy of Management Review*, July, p.405.

Ferris, Russ, & Fandt, Politics in Organizations; and Kacmar, K. M., Bozeman, D. P., Carlson, D. S. & Anthony, W. F.(1999), An Examination of the Perceptions of Organizational Politics Model: Replication and Extension, *Human Relations*, Mar., pp. 383-416.

Fiedler, F. E.(1967), Theory of Leadership Effectiveness, New York: McGraw Hill.

__________(1978), The Contingency Model and the Dynamic of the Leadership Process, In L. Berkowitz(ed.), *Advances in Experimental Social Psychology*, Vol. 11, New York: Academic Press, p.103.

Finkelstein, S. & Hambrick, D. C.(1996), Strategic Leadership: Top Executives and their effects on organization, St. Paul, MN: est Publishing.

Fombrun, C.(1996), Reputation, Harvard Business School Press.

Fordor, E. M.(1976), Group Stress, Authoritarian Style of Control and Use of Power, *Journal of Applied Psychology*, Vol. 61, pp.313-318.

Forsyth, D. L.(1983), An Introduction to Group Dynamics(Monterey, CA: Brooks/Cole).

Frohman, M.(1995), Nothing Kills Teams like Ⅲ-Prepared Leaders, *Industry Week*, Oct. 2. pp.72-76.

Gardner, W. L. & Martinko, M. J.(1988), Impression Management in Organization, *Journal of Management*, June, pp. 321-338.

George, J. M. & Jones, G. R.(1996), Understanding and managing Organizational Behavior(Reading, MA: Addison-Wesley).

Gibson, J. L., Ivancevich, J. M. & Donnelly, J. H.(1991), Organization: Structure, Process & Behavior, 7th ed.(Homewood, IL: Irwin).

Glomb, T. M. & Liao, H.(2003), Interpersonal Aggression in Work Groups: Social Influence, Reciprocal, and

Individual Effects, *Academy of Management Journal*, 46, no. 4.

Goleman, D.(1998), What makes a Leader? *Harvard Business Review*, 76(6), pp. 93-102.

Greenberg, J.(1996), Managing Behavior in Organizations(Upper saddle River, NJ: Prentice-Hall).

Greenberg, J. & Baron, R. A.(1995), Behavior in Organization, 5th ed.(Englewood Cliffs, NJ: Prentice-Hall).

Guzzo, R. A. & Shea, G. P.(1992), Group Performance and Intergroup Relations in Organizations, in M. D. Dunnette & L. M. Hough(eds.), handbooks of Industrial and Organizational Psychology, 2nd ed., Vol. 3(Palo Alto, CA: Consulting Psychologists Press), pp. 269-313.

Hackman, J. R.(1992), Group Influences on Individuals in Organizations, in M. D. Dunnette & L. M. Hough(eds.), handbooks of Industrial and Organizational Psychology, 2nd ed., Vol. 3(Palo Alto, CA: Consulting Psychologists Press), pp. 199-268.

Hamel, Gary & Prahalad, C. K.(1989), Strategic Intent, *Harvard Business Review*, May/June.

Hare, A. P.(1976), Handbook of Small Group Research, 2nd ed.(NY: The Free Press).

Hess, K.(1987), Creating in high Performance Team(NY: Wiley).

Herbig, P. A. & Kramer, H. E.(1992), "Do's and Don'ts of Cross-Cultural Negotiations," *Industrial Marketing Management*, Vol. 21.

Hersey, P. & Blanchard, K. H. (1977), Management of Organizational Behavior, 3rd ed., Englewood Cliffs, N. J.: Prentice-Hall.

Hodgetts, R. M. & Hegar, K. W.(2008), Modern Human Relations at Work, Thomson South-Western.

Hollander, E. P.(1992), Leadership, Followership, Self, and Others, *Leadership Quarterly*, Spring, pp. 43-54.

House, R. J. & Mitchell, T. R.(1974), Path-Goal Theory of Leadership, *Journal of Contemporary Business*, Vol.5, pp.81-97.

House, R. J.(1971), A Path-Goal Theory of Leader Effectiveness, *Administrative Science Quarterly*, Vol.16, pp.321-338.

House, R. J., Dessler, G., Hunt, G. & Larson, L. L.(eds.), Contingency Approaches to Leadership, Southern Illinois University Press, pp.29-55.

Isen, A. M., Labroo, A. A. & Durlach, P.(2004), An Influence of Product and Brand Name on Positive Affect: Implicit and Explicit Measures, *Motivation & Emotion*, Mar., pp.43-63.

Jackson, S. E. & Schuler, R. S.(1985), A Meta-Analysis and Conceptual Critique of Research on Role Ambiguity and Role Conflict in Work Setting, *Organizational Behavior and Human Decision processes*, Vol. 36, pp.16-78.

Janis, I. L.(1982), Group-think, 2nd ed.(Boston: Houghton Mifflin).

________ (1989), Crucial Decision: Leadership in Policy-making and Crisis Management(New York: Free Press).

Johns, G.(1996), Organizational Behavior: Understanding and Managing Life at Work, 4th ed.(NY: Harper Collins College Publishers).

Katzenbach, J. R. & Smith, D. K.(1993), The Wisdom of Teams(Boston, MA: Harvard Business School Press).

Kelly, R. E.(1988), In Praise of Followers, *Harvard Business Review*, Nov.~Dec., pp. 142-148.

Kreitner, R. & Kinicki, A.(1995), Organizational Behavior, 3rd ed.(Chicago, IL: Irwin).

Labich, K.(1988), The Seven Keys to Business Leadership, *Fortune*, October 24, pp. 58-66.

Likert, R.(1967), The Human Organization(New York: McGraw-Hill).

Lewicki, R. J.(1981), Bargaining and Negotiation, *Exchange: The Organizational Behavior Teaching Journal* 6, no.2, pp.9-40.

Lewicki, R. J. & Litterer, J. A.(1985), Negotiation(Homewood, IL: Irwin).

Lewin, K.(1951), Field Theory in Social Science(New York: Harper and Row).

Lewin, K., Lippit, R., White, R.(1939), Patterns of Aggressive Behavior in Experimentally Created Social Climates, *Journal of Social Psychology*, no.10, pp. 271-288.

Manz, C. C. & Sims, H. P.(1989), Super-Leadership: Leading others to lead themselves, New York: Prentice-Hall.

Manz, C. C., Sims, H. P. & H. P. Jr.(1991), Super-Leadership: Beyond the myth of heroic Leadership, *Organizational Dynamics*, 19-4, pp.18-35.

March, J. G.(1991), Exploration and Exploitation in Organizational Learning, *Organizational Science*, Vol.2.

Mayes, B. T. & Allen, R. T.(1977), Toward a Definition of Organizational Politics, *Academy of Management Review*, Vol. 2, pp.93-127.

McGregor, D.(1966), Leadership and Motivation(Cambridge, Massachusetts: MIT Press).

Miles, R. H.(1980), Macro Organizational Behavior, Glenview III: Scott, Foresman.

Mink, O. G. Owen, K. Q. & Mink, B. P.(1993), Developing High Performance People: The Art of Coaching(NY: Addison-Wesley Publishing Co.)

Moscal, B. S.(1993), The Art of the Deal, Industry Week, Jan., Vol. 18. p. 23.

Nahavandi, A.(1997), The Art and Science of Leadership, Upper saddle River, N. J.: Prentice Hall.

Neale, M. A. & Bazerman, M. H.(1992), Negotiating rationality: The Power and Impact of the Negotiators' Frame, *Academy of Management Executive*, Aug., pp.42-51.

Osborn, 1A. F.(1953), Applied Imagination(NY: Charles scribner's Sons).

Peterson, R. S. & Behfar, K. J.(2003), The Dynamic Relationship Between Performance Feedback, Trust, and Conflict in Groups: A Longitudinal Study, *Organizational Behavior & Human Decision Process*, Sep.~Nov., pp.102-112.

Pinkley, R. L.(1990), Dimensions of Conflict Frame: Disputant Interpretations of Conflict, *Journal of Applied Psychology*, April.

Rhoades, L. & Eisenberger, R.(2002), Perceived Organizational Support: A review of the literature, *Journal of Applied Psychology*, 87(4), pp.698-714.

Robbins, S. P.(1994), Management, 4th ed.(Englewood Cliffs, NJ: Prentice-Hall).

__________(1996), Organizational Behavior: Concepts, Controversies, Applications, 7th ed.(Englewood Cliff, NJ: Prentice-Hall).

Roberts, K. H. & Hunt, P. M.(1991), Organizational Behavior(Boston, MA: PWS/KENT Publishing Co.)

Sawyer, J. & Guetzknow, H.(1965), Bargaining and negotiation in international relations. In H. C. Kelman(Ed.), International Behavior: A social-psychological analysis. New York: Holt, Rinegart, and Winston.

Sy, T., Cote, S. & Saaveder, R.(2005), The contagious Leader: Impact of the leader's mood on the mood of group members, group affective tone, and group processes, *Journal of Applied Psychology*, 90(2), pp.295-305.

Shaw, M. E.(1981), Group Dynamics: The Psychology of Small Group Behavior, 3rd ed.(NY: McGraw-Hill).

Steers, R. M.(1991), Introduction to Organizational Behavior, 4th ed.(Glenview, IL: Scott, Foresman and Co.)

Steers, R. M. & Black, J. S.(1994), Organizational Behavior, 5th ed.(NY: Haper Collins College Publishers).

Sztompka, P.(1999), Trust: A Sociological Theory, Cambridge University Press.

Thomas, K. W.(1992), Conflict and Conflict Management: Reflections and Update, *Journal of Organizational Behavior*, Vol. 13, pp.265-274.

Tjosvold, D.(1991), Team Organization: An Enduring Competitive Advantage(Chichester, England: Wiley).

Tosi, H. L., Rizzo, J. R. & Caroll, S. J.(1990), Managing Organizational Behavior, 2nd ed.(San Francisco: Harper & Row).

Watson, W. E., Kumar, K. & Michaelsen, L. K.(1993), cultural Diversity's Impact on Interaction process and Performance: Comparing Homogeneous and Diverse Task Groups, *Academy of management Journal*, Vol. 36, No. 3. pp.590-602.

Wood, J. D. & Colosi, T. R.(1996), Managing Negotiations and It takes more than Two to Agree, Managing Across Cultures.

제Ⅳ부

조직 전체수준: 참여경영을 실현하라

제Ⅳ는 총 3개의 장으로 구성되었다.

조직전체수준에서 인간존중경영의 실현을 위한 실행목표로는 참여경영을 달성하는 것이다. 그렇다면 조직전체차원에서 인간존중경영의 실현하기 위해서는 조직시스템에 대한 변화를 통한 참여경영의 달성방안에 초점을 두어야 한다. 이를 위해서는 다음과 같은 세 가지의 세부실천과제들에 대한 이해가 선행되어야 한다.

- 제15장에서는 먼저 참여경영의 이해를 돕기 위해 먼저 참여경영이란 무엇이며, 어떤 방향으로 이루어지는 것이 바람직한지에 대해 알아본다. 다음으로는 조직변화가 왜 필요하고 중요한지, 조직변화의 단계로는 어떤 것들이 있는지, 조직에서 변화를 가로막는 장애요인들은 무엇인지, 조직변화에 대한 저항을 극복하며 변화관리를 할 수 있는 방안은 무엇인지, 그리고 최근 기업에서 주목받고 있는 조직변화 접근방법을 알아보도록 한다.
- 제16장에서는 조직구조의 개념 및 중요성과 조직구조의 구성요소는 무엇인지, 기존 조직설계의 주요이론들은 어떤 것들이 있는지, 그리고 경영환경변화에 대응할 수 있는 미래형 조직모습으로 새로운 조직설계 대안은 무엇인지, 참여경영실현을 위한 유연하고 탄력적인 조직구조설계의 지침은 무엇인지 알아보도록 한다.
- 제17장에서는 조직문화의 개념 및 중요성, 조직문화를 만들고 유지하는 요인은 무엇인지, 긍정적 조직문화를 형성하기 위해 어떻게 해야 하는지, 새로운 조직문화의 방향과 성과지향적인 기업문화 구축방안은 무엇인지를 알아보도록 한다.

제 15 장 참여경영과 조직변화 그리고 변화관리

우리는 지난날 초우량기업들이 오늘에 와서는 법정관리에 들어가 휘청거리거나 이 땅에서 완전히 자취를 감추는 것을 봐왔다. 왜 그랬을까? 세력이 약화된 기업의 공통적인 원인은 과거의 성공만 믿고 환경변화에 맞춰 변신하지 못하고 과거방식대로 운영을 했다는 것이다. 글로벌 경쟁하에서의 기업환경변화는 더욱 심해졌고 이제는 기업이 변하지 않으면 죽는 시대가 되었다. 그러므로 기업경영자들은 개인, 집단, 조직이 바람직한 방향으로의 조직변화를 촉진하고, 이를 효과적으로 관리함으로서 참여경영이 실현될 수 있도록 해야 한다. 이때 조직변화의 전 과정을 통해서 조직을 구성하고 있는 모든 부분이 함께 변화할 수 있도록 적극적인 노력이 필요하다. 따라서 본장 제1절에서는 참여경영에 대한 이해를 돕기 위해 이의 개념 및 중요성을 살펴보고, 구성원들 모두가 참여할 수 있는 조직 즉 참여적 조직시스템으로의 촉진조건 등에 대해 살펴본다. 제2절에서는 조직변화에 대한 이해를 돕기 위해 조직변화의 중요성, 그리고 조직변화의 과정과 단계를 살펴본다. 제3절에서는 조직에서 변화를 가로막는 장애요인과 변화과정에서 저지르는 실수들을 살펴보고 효과적으로 조직변화를 유도할 수 있는 변화관리방안을 알아보도록 한다. 그리고 제4절에서는 최근 기업에서 주목받고 있는 조직변화 접근방법 등을 살펴보도록 한다.

제1절. 참여경영에 대한 이해

우리가 현실에서 일상적으로 맞닥뜨리는 조직(organization)은 "특정목적을 추구하기 위하여 구성된 사회적 단위 혹은 인간집합"(Etzioni, 1964)으로서, 구성원들로 하여금 공동목적(common goal)과 협력의사(willingness to cooperate)를 갖도록 해주며, 구성원들 간의 인간관계(human relation)의 형성 및 개선에 커다란 영향을 미친다는 점에서 중요성을 갖고 있다고 볼 수 있다. 따라서 본 절에서는 참여경영을 달성하기 위해서는 먼저 참여경영이란 의미는 무엇이고, 또 어떤 방향으로 이루어지는 것이 바람직한가에 대하여 알아보자.

1.1. 참여와 참여경영의 개념

사전적 의미에서의 참여(participation)란 "일부분을 가지다"라는 라틴어에서 유래한 것으로, '어떤 성과를 나눠 가진다든가 어떤 결정을 같이 한다든가, 혹은 고통을 분담하는 것'을 가리킨다. 이와 같은 정의에서 보듯 참여는 이익의 공유와 함께 고통의 분담이라는 두 측면을 모두 포괄하는 개념이다. 그러므로 기업에서의 참여란 '참여의 원리를 적용한 것으로, 조직구성원들이 기업경영과 관련된 의사결정에 참여할 뿐만 아니라 그 결과로서의 손익을 공유하는 것'을 의미한다. 또한 개방시스템으로서의 기업조직이 존속·성장하기 위해서는 외적인 여건과 상호작용하면서 동태적인 균형(dynamic equilibrium)을 유지해야 하며, 이를 위해 조직은 안정과 적응을 위한 다양한 메커니즘을 지녀야 한다. 이러한 참여는 서로 책임을 공유하는 의식을 갖도록 하며(Bradford & Cohen, 1984), 참여하는 당사자들 간의 협동과 협력을 중시한다(Ramsey & Calvert, 1994).

참여의 원리가 조직 내에서 의도적으로 계획되고 실행되도록 하는 경영이 참여경영이다. 즉 참여경영(participative management)이란 "조직구성원이 자신의 상사, 부하, 혹은 동료들과 함께 공동의 목표설정, 문제해결을 위한 의사결정 및 그 실행에 참여함으로서 조직의 전반적 운영에 관여하는 것"을 말한다(Robbins, 1996; Hinckley, 1985; Galbraith et al., 1993). 이러한 참여경영은 조직과 조직구성원의 상호발전뿐만 아니라 조직 내에서 상사, 부하, 혹은 동료 상호간의 발전을 추구한다.

1.2. 참여경영의 적극적 도입배경과 중요성

최근 들어 기업에서 조직구성원의 참여가 적극적으로 추진되고, 참여경영이 능동적으로 도입되는 배경은 무엇인가? 그 이유를 살펴보면 다음과 같이 설명할 수 있을 것이다.

첫째, 직무자체가 복잡해짐에 따라 상사는 부하가 하는 일 모두를 파악할 수 없게 되었다. 그 결과 예전의 주도적 기능(부하에게 필요정보 제공, 업무관련 지시, 결과 피드백 등)의 유지가 곤란해진 결과, 부하의 직무 중 많은 부분이 상사통제에서 벗어나 자율에 놓임으로서 특정직무와 관련해 의사결정이나 결정내용실행 시에 담당자의 의견반영뿐만 아니라 직무담당자의 적극적인 참여 없이는 성과를 기대하기 어렵게 되었기 때문이다.

둘째, 이전의 독립적 직무수행에서 이제는 담당직무의 범위가 넓어지고, 그 직무들 간의 상호

의존성이 증가되었다. 그 결과 소기의 성과달성을 하기 위해서는 관련된 직무담당자들이 함께 공동목표를 설정하거나, 문제해결을 위한 의사결정 및 그 실행에 함께 참여해야 하는 필요성이 증대되었기 때문이다.

셋째, 내부적으로는 조직구성원의 고학력화로 의식수준이 높아짐에 따라 직무, 보상, 상여금 등의 결정에 대한 구성원들의 참여요구가 거세지고 있고, 외부적으로는 구성원의 권리보장을 위한 법률제정 등의 사회적 환경변화가 증대되었다. 그 결과 내·외부의 환경변화를 수용하지 않을 경우, 조직목표에 대한 구성원의 공헌을 기대할 수 없고 기업의 사회적인 이미지 추락 등의 곤경에 처할 수 있기 때문이다.

이와 같은 이유에서 적극적으로 도입되고 있는 참여경영은 인간존중경영에서 다음과 같은 중요성을 갖는다(신유근, 1997).

1) 참여경영이 실현될 때, 자기직무를 자신이 직접 통제하게 함으로서 이전에 갖던 소외(alienation)를 극복할 수 있는 토대를 마련할 수 있다. 그 이유는 상사지시에 의해서만 처리되던 업무를 부하자신이 권한을 갖고 의사결정 및 그 실행에 참여함으로서 예전의 자기 일에 대해 통제권부재로 생겨났던 불만족이나 스트레스를 해소할 수 있기 때문이다.
2) 참여경영은 직무성과를 향상시킨다. 그 이유는 구성원이 의사결정 및 그 실행에 참여할 경우 그 결정한 바를 더 잘 수용하고, 구체적인 실행에 있어서도 더 잘 몰입하게 되어 결과적으로 직무성과가 향상(Robbins, 1996)되기 때문이다. 또한 참여함으로서 자신에 대한 자긍심이 생기고, 이 자긍심이 직무만족에 긍정적 영향(Miller & Monge, 1986)은 물론 성과향상(Hinckley, 1985)으로 이어질 가능성이 커진다. 그리고 이직률이 낮아진다든지 주위와의 접촉으로 심리적 귀속욕구를 만족시키는 것과 같은 효과를 기대할 수 있다(Scully et al., 1995).
3) 참여경영을 통해 조직구성원의 개별적인 목표와 조직목표가 합치될 수 있는 가능성이 증대된다. 그 이유는 구성원이 조직경영에 참여함으로서 커뮤니케이션의 기회를 비롯한 상호이해의 기회가 증대되어 구성원은 조직목표와 자기목표를 비교·검토할 기회가 증가하고, 조직은 구성원의 목표를 알 수 있는 기회가 많아짐에 따라 상호간에 합치되는 점을 찾기가 훨씬 수월해지기 때문이다.

1.3. 참여적 조직시스템의 모습

여기서는 참여적 조직시스템의 모습을 엿볼 수 있게 해주는 대표적인 조직으로 '시스템Ⅳ' 조직과 '고관여 조직'에 대해서 알아보도록 한다.

1.3.1. 리커트의 '시스템Ⅳ' 조직

'시스템Ⅳ' 조직(Likert, 1967)은 조직구성원 모두가 참여해 조직의 목표를 높게 설정하고, 이 목표를 달성하기 위해 상·하위 조직구성원 모두가 능동적으로 아이디어를 개진하며, 그 실행을 거듭하는 과정 속에서 다져진 신뢰를 바탕으로 협조한다는 점에서 인간존중의 경영을 실현하기 위한 참여적 조직특성을 지니고 있다고 할 수 있다. 시스템 Ⅰ 조직과 시스템 Ⅳ 조직의 차이를 다음의 <표 15-1>과 같이 정리할 수 있다.

〈표 15-1〉 시스템 Ⅰ 조직과 시스템Ⅳ 조직의 차이

구분	시스템 Ⅰ 조직	시스템Ⅳ 조직
동기부여 과정	• 공포와 제재를 통해 신체적 안전 및 경제적 동기자극 • 종업원들의 조직에 대한 비호의적 태도	• 참여적 방법을 통해 경제적으로 보상하고, 전범위의 동기자극 • 종업원들이 조직목표에 대해 호의적이고 책임을 느낌
커뮤니케이션 과정	• 정보는 하향적으로만 흐르고 왜곡·부정확·의심되는 경향	• 조직 내 정보가 상하좌우로 자유롭게 이동되고 수용됨 • 정보는 정확하고 왜곡되지 않음
의사결정 과정	• 조직의 상층부에서만 이루어짐	• 집단참여를 통해 높고 현실적인 목표가 수립되고, 그 추진방안이 분권적으로 이루어짐
리더십	• 상·하급자 쌍방 간 신뢰의 결핍 • 하급자도 자유롭게 의견을 발표할 수 있다고 생각하지 않고, 상급자도 하급자의 아이디어나 견해를 받아들이려 하지 않음	• 리더와 하급자간 신뢰감 유지 • 하급자는 자유롭게 의견개진하고, 상급자는 하급자의 아이디어나 견해를 유도함.

	시스템 Ⅰ	시스템 Ⅱ	시스템 Ⅲ	시스템Ⅳ
조직운영방식	톱-다운식	톱-다운식	혼용식	전방위식
경영스타일	착취적인 권위적	호의적인 권위적	조언적인 권위적	참여적

1.3.2. 고관여 조직

고관여 조직(high-involvement organization)은 최근에 논의되고 있는 조직형태로, '종업원의 관여가 높은 수준에서 이루어지는 조직'을 말한다. 이는 조직경영 전반에 대한 조직구성원의 관여를 강화하고 촉진하기 위해서 구성원들과 혁신적으로 권력과 정보를 공유하고, 기술의 축적과 이에 대한 보상, 그리고 새로운 인적자원관리방안 등을 포함하는 조직이다. 다시 말해, 고관여 조직은 "조직변화를 위한 제안 및 그 실행권한, 개인수준의 직무충실화라든가 혹은 작업팀을 통한 직무재설계 등 기업경영 전반에 있어서 조직구성원의 관여가 넓게 이루어지는 조직"을 가리킨다(Lawler III, 1993).

종업원 관여(employee involvement)란 "의사결정권한, 기업정보의 공유, 성과에 대한 보상, 그리고 지식 및 기술을 조직의 하부로 확대하는 것"을 가리킨다(Lawler III, 1986). 종업원 관여는 다음의 <표 15-2>와 같이 이 네 가지 요소에 의해서 그 관여의 높고 낮음이 결정된다.

〈표 15-2〉 종업원 관여의 4가지 요소

구분	내용
의사결정권한 power to make decision	• 매일매일 수행하는 반복적 과업과 조직의 장기적 성과와 전반적 운영에 관련된 전략적 의사결정에 종업원이 갖는 권한을 의미한다. • 이 권한이 부여되지 않으면 종업원 참여는 추상적인 것이 되거나 기업성과에 영향을 끼치지 못하게 된다.
기업정보 business information	• 기업에서 일어나고 있거나 기업이 처한 환경과 관련하여 어떤 의미를 가지는 정보로, 영향정도에 따라 그 수준이 달라진다. 구성원이 사용할 수 있는 정보수준과 정보접근방식에 따라 관여정도가 다르게 나타난다. • 기업 내 커뮤니케이션 방식(상향식 또는 하향식)을 통해 구성원과 충분히 기업정보가 공유되는가 여부에 따라 관여수준이 다르게 되고, 이 결과 기업성과의 차이가 나타나게 된다.
성과보상 rewards for performance	• 구성원이 조직성과를 자신의 이해관계에 연결시키는 고리로, 성과뿐만 아니라 성과를 내기위한 필요지식·기술을 습득 시에도 보상하는 것 의미. • 성과보상이 제대로 이루어지지 않을 경우, 단기적으로 조직성과를 유지할지 몰라도 장기적으로는 구성원의 동기부여가 조직목표와 연계되지 않아 조직성과가 낮아질 수 있다.
지식 및 기술 knowledge & skills	• 직무수행 및 향상에 필요한 지식, 대인관계 및 집단 내 관계 등의 기술로, 구성원들을 참여토록 하는 것은 이들의 지식 및 기술 등을 조직의 의사결정과 운용에 적극적 활용코자 함이다. • 구성원들이 필요지식 및 기술을 갖추지 못할 경우 구성원들의 효과적 참여가 무리이기 때문에 참여적 훈련프로그램 등을 통해 습득토록 해야 한다. 이에 따라 기업의 성과여부가 영향을 받는다.

고관여 조직이 내부적으로 갖는 특징을 구성원의 참여측면, 경영자의 역할측면, 그리고 조직측면으로 나누어 살펴보면 다음이 <표 15-3>과 같다(Lawler III, 1988, 1993).

〈표 15-3〉 고관여 조직이 세 측면에서 내부적으로 갖는 특징

구 분	고관여 조직이 내부적으로 갖는 특징
구성원의 참여측면	• 구성원이 팀 참여와 직무충실화를 통해 자신직무수행방법을 스스로 결정하고, 구성원간 지식·정보의 자유로운 공유를 통해 상호역량을 확대시킴. - 개인 및 조직의 임파워먼트를 지향한다. - 통제·지시를 주 기능으로 하는 중간계층을 없애고 조직을 간편하게 만듦. - 일상적 의사결정뿐만 아니라 기업전략과 정책개발 등 중요이슈에 대해 태스크 포스와 정책집단일원으로 적극 참여한다.
경영자의 역할측면	• 경영자가 기업문화를 모니터링하고 조직 내 심벌관리하며, 기업 가치와 경영철학을 개발하고 이를 구성원들과 공유한다. - 기업의 바람직한 분위는 어떠해야 하고, 어떤 비전을 추구해야 하며, 구성원의 행동양식은 어떠해야 하는가에 대한 지침을 제공한다. - 권력과 독점하던 기업정보를 구성원과 공유함으로서 민주적이고 평등하고 대등한 상하관계를 촉진한다.
조직측면	• 조직구성원간의 상호신뢰를 위해서 고용안정을 꾀하고, 이를 위해 지속적인 교육·훈련을 실시한다. - 성과보상시 일률적 보상 및 개별적 공헌에 따른 보상제공과 구성원의 적극참여로 자신에 맞는 보상을 선택하게 한다. - 기업의 사회적 활동촉진을 위해 근무시간의 탄력적 운영, 구성원 가족에 대한 금전적 지원 및 그들을 기업 활동에 적극적으로 참여·유도한다.

1.4. 참여적 조직시스템의 촉진조건

참여적 조직시스템으로의 지향을 촉진하기 위해서는 다음과 같은 조건이 필요하다.

1) 조직구성원들의 참여를 보장해 주는 조직의 관습이라든가 분위기가 존재해야 한다. 가부장적이거나 권위적인 문화 혹은 분위기에서는 구성원들이 참여엄두를 낼 수 없음으로 구성원들이 자유롭게 신선한 아이디어를 제시할 수 있는 참여적 분위기조성이 필요하다. 특정 의사결정에 실제적인 참여보다는 참여분위기가 구성원들에게 더 큰 만족을 불러일으킬 수도 있다(Miller & Monge, 1986).

2) 조직구성원들의 참여내용과 그 정도가 사전에 구체화되고, 이것이 참여하는 당사자들에게 정확하게 인식되어야 한다. 사전에 어떤 과업에 어느 정도 참여할 수 있는지 구체적으로 명시되어야 하고, 지속적으로 커뮤니케이션을 통해 인식여부를 확인하고 잘못되었으면 수정해 나가야 한다. 이때 주의할 점은 참여의 대상이 조직구성원들의 일과 직접 관련이 있어야 한다는 점이다. 자신과 관련이 없는 일에 참여를 강요하면 처음에는 마지못해 참여하지만 차후에는 관련이 있는 일일지라도 조직에 대한 불신이 팽배하여 원하는 실효를 거두기 어렵다(Marchington et al., 1994).
3) 다양한 계층에 있는 조직구성원들의 이해와 지지를 받도록 노력해야 한다. 참여경영이 정착되는 과정에서 처음에는 없다가 시간이 지남에 따라 저항세력이 생겨날 가능성이 있다. 그 이유는 이전에 행하던 방식을 그대로 답습하려는 경향인 조직의 구조적 관성(structural inertia) 때문에 생기게 된다. 이를 극복하기 위해서는 변화를 선봉에서 이끌고 지속적으로 홍보하는 변화담당자를 활용할 필요가 있다.

이러한 조직의 노력뿐만 아니라 조직구성원도 자신이 하는 일에 대한 열의와 상사 혹은 동료와의 커뮤니케이션 능력과 수행할 일에 대한 지식 등의 포함하는 수행능력 그리고 그 결과에 대한 지속적인 책임감을 가져야 한다.

제2절. 조직변화에 대한 이해

본 절에서는 조직변화에 대한 이해를 돕기 위해 먼저 조직변화가 왜 필요한지, 조직변화의 개념과 중요성, 기존 연구된 조직변화의 모델과 변화의 종류 그리고 과제로는 어떤 것들이 있는지를 살펴봄으로서 조직변화에 대한 이해를 돕고자한다.

2.1. 조직변화의 필요성

모든 조직은 개방시스템으로서 항상 환경과 상호작용을 하면서 존재할 수밖에 없기 때문에 환경변화에 따른 조직의 변화가 요청된다. 또한 환경변화가 없더라도 조직의 자생력과 성과를 높이기 위해서 스스로 개선하려는 변화의 움직임도 필요하다. 이러한 변화에 적응 또는 지속적인 변화를 하지 않고서는 조직의 생존을 보장받을 수 없다는 것이 오늘날의 조직들의 특징이다.

즉 변화에 적응 또는 지속적인 변화를 추구하는 조직들은 번성하고, 그렇지 못한 조직들은 엔트로피 현상에 의해 쇠퇴하며 결국 사라지게 된다. 따라서 조직 관리자들은 변화를 계획하고 실천하기 위한 만반의 준비를 해야 한다.

특히 우리나라 조직들의 경우, 사기업에서 공기업인 정부조직에 이르기까지 커다란 변화 또는 변혁의 물결을 경험하고 있다. 이는 IMF경제위기와 2009년의 세계적 금융위기를 극복하면서 그만큼 변화의 필요성에 대한 인식이 일반화되어 있는 징표라고 볼 수 있을 것이다.

우리나라 기업들에서도 변화의 형태와 관련하여 말로만 떠드는 형식적인 변화가 아니라 인력을 대폭 줄이고 조직을 경량화 하며 전략적 방향을 바로잡는 실질적인 변화가 일어나고 있다. 즉 아웃소싱과 M&A가 일반화되면서 소유구조나 경영방식에 있어서도 커다란 변화가 일고 있다. 뿐만 아니라 변화의 스피드와 관련해서도 연간단위로 변화하던 것이 반기·분기 또는 월단위로 계획을 바꿔야 할 정도로 빨라져 과거와는 속도의 측면에서 많이 달라져 있다. 또한 다변적인 FTA와 중국의 도약, 그리고 정보통신혁명의 거센 물결은 기업환경을 바꿔놓고 있으며, 기업을 비롯한 각종 조직경영자들에게 빠르고 깊은 변화를 추구하도록 요구하고 있다. 이러한 변화의 요구에 부응하여 다양한 조직변화의 기법들이 제시되고 있다.

2.2. 조직변화의 개념 및 중요성

변화(change)는 '어떤 실체가 어떤 특정한 상태로부터 다른 상태로 이동하는 것'을 의미하기 때문에 조직변화(OC: Organizational Change)란 "조직이 어떤 특정한 상태로부터 사람, 구조, 과정, 기술 등의 변화를 통해 다른 상태로 이동하는 것"을 말한다. 즉 조직의 적응수준을 변화시키고, 종업원의 내부적 행동 형태를 변화시켜서 조직의 능률성과 효과성을 제고시켜 조직을 존속·성장·발전시키려 하는 과정이라고 할 수 있다.

조직변화는 <표 15-4>와 같이 조직 내 개인차원의 변화, 집단차원의 변화, 그리고 조직차원

〈표 15-4〉 조직 내 변화의 차원에 따라 구분

구 분	내 용
개인 차원	조직구성원 개인의 행동, 가치관, 몰입, 만족도 등의 변화를 목표로 함.
집단 차원	소집단의 과정손실을 최소화 하고 집단의 활동에서 얻어질 수 있는 여러 가지 장점들을 최대한 활용하는 것을 목표로 함.
조직 차원	조직의 내·외적인 변화의 압력을 고려하여 한 개체로서의 조직의 생존력을 높이려는 것으로서 개인이나 집단의 변화까지를 포함할 수 있다.

의 포괄적인 변화 등으로 구분된다.

또한 조직변화 성격에 따라 <표 15-5>와 같이 비계획적 변화/계획적 변화로 나뉜다.

〈표 15-5〉 조직변화의 성격에 따라 구분

비계획적 변화	계획적 변화
• 예기치 않은 조직외부변화로 인해 생존·성장을 위해 수동적으로 적응해 나가는 것. • 원인이 조직내부에 있는 것이 아니라 조직 외부로 부터에 있다.	• 환경변화에 능동적 대처 또는 어떤 목적을 달성하기 위해 의도적/철저한 계획에 의거해서 조직을 변화시키는 것. • 변화주체는 조직자신이 된다.

우리가 관심을 갖는 조직변화는 경영자의 의도적·목표 지향적 변화활동 등을 말하는 계획된 변화로서의 조직변화이다. 즉 구성원의 만족과 성과 등을 포함하는 조직유효성을 높이기 위해 조직의 구조, 과정, 사람 등 전반에 걸쳐 의식적이고 계획적으로 이루어지는 조직변화전략을 뜻한다. 참여경영의 실천이라는 입장에서 볼 때의 계획적 조직변화는 다음의 <표 15-6>과 같은 면에서 중요성을 갖는다(신유근, 1997).

〈표 15-6〉 계획적 조직변화의 중요성

1. 조직입장에서 뿐만 아니라 조직구성원의 입장에서 동시에 추구한다. • 그 이유는 계획적인 조직변화의 목적은 두 가지로, 하나는 조직의 환경대응능력을 향상시키는 것이고, 다른 하나는 조직구성원의 행위를 개선시키는 것이기 때문이다(Robbins, 1994).
2. 조직구성원들이 조직 이해하는 방식과 조직에 대해 느끼는 심리적 감정변화를 동반함. • 그 이유는 조직변화가 사람이 조직을 이해하는 방식, 조직 내에서 바람직한 것에 대한 판단, 또는 기술과 행동에 대해 갖고 있던 가정에 대한 변화를 동반하기 때문이다. 즉 올바른 방향으로의 조직변화는 구성원의 마인드도 바람직한 방향으로 바꿀 수 있다.
3. 유연하고 활력이 있는 조직을 지향한다. • 유연하고 활력이 있다는 의미는 '조직구성을 하는 각 하위단위들이 서로 경쟁·협력·조정을 통해서 공동목적달성을 하기 위해 조직을 둘러싼 환경에 적극적으로 대응'한다는 것.
4. 중앙집권적인 경영스타일을 극복하고 분권적인 방향으로의 변화를 지향한다. • 분권적 방향이란 권한 및 책임위양을 필요로 한다. 이는 구성원들의 내적동기를 유발시켜 참여를 이끌어 낼 수 있다.
5. 조직전체수준에서 일어나기 때문에 개인수준의 인재개발과 집단수준에서의 자율경영을 적극적으로 지원해주는 메커니즘이 된다. • 그 이유는 시스템은 어느 일부분이 변하면 나머지 부분도 따라서 변화해야 하기 때문에, 발전적 방향으로의 변화는 개인/집단수준에서의 인간존중경영 실현가능성을 높인다.

2.3. 조직변화의 주요 내용과 변화의 종류

기업이 생존하고 성공하기 위해서는 점진적이거나 변혁적인 조직변화를 항상 시도해야 하며, 이때 구성원의 만족과 개발에 대한 고려가 반드시 선행되어야 한다. 만약 조직이 지나치게 급속하고 단절적인 변화를 추구하다보면 단기적으로는 조직성과를 증대시킬 수 있지만, 장기적으로는 조직구성원의 만족과 성취감을 저해한다면 조직구성원들이 조직에 예속되는 '사람 없는 조직(organization without people)으로 전락할 수 있다. 따라서 사람과 조직이 동등하게 존중되는 조직변화는 인간존중경영을 위한 참여경영을 실현하는 밑거름이 될 것이다.

조직변화는 사업영역이나 조직구조의 개편 등 거시적인 변화가 주요내용이 될 수도 있지만, 새로운 기술의 도입 등 미시적인 변화로 인한 기존의 업무수행방식이나 업무흐름, 직무내용이 변화되는 것도 중요한 조직변화의 내용으로 볼 수도 있다. 또한 새로운 과업환경에 적합하도록 조직구성원의 능력과 태도, 가치관 등을 바꾸는 것도 조직변화의 핵심내용이 될 수 있다. 따라서 여기서는 조직변화의 주요 내용과 변화의 종류 등을 살펴보고자 한다.

2.3.1. 조직변화의 주요 내용

조직변화를 시도하고 있는 기업들의 사례를 살펴보면, 변화의 초점을 어디에 두느냐에 따라 변화의 성격이나 변화프로그램이 달라질 수 있다. 조직변화는 변환과정의 4가지 요소 중 어느 한 곳에 초점을 둘 수도 있고, 여러 요소의 변화를 동시에 추구할 수도 있다.

[그림 15-1] 조직변화의 주요 내용

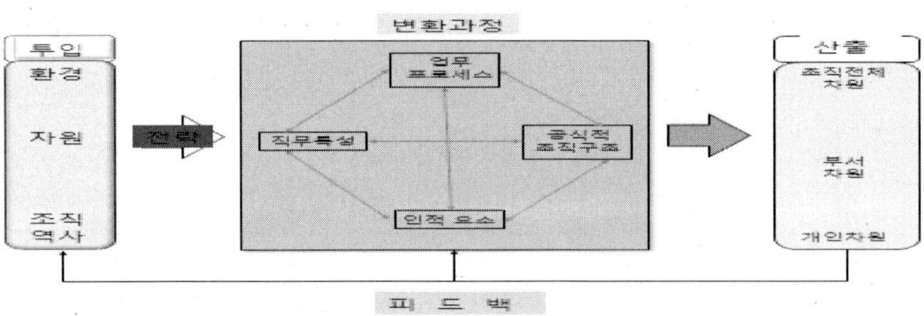

자료: Nadler, D. A. & Tushman, M. L.(1989) Organizational Frame Bending: Principles for managing Reorientation, The Academy of Management Executive, Vol. III-3, p.195.

이 모델을 중심으로 조직변화를 효율적으로 성취시키기 위한 시도로서 비어 등(Beer, et. al, 1990)은 다음의 <표 15-7>과 같은 대안을 제시하고 있다.

〈표 15-7〉 조직변화를 효율적으로 성취시키기 위한 대안

1. 조직변화는 비공식적 구조와 과정, 직무특성, 인적요소, 그리고 공식적 조직구조 등 4가지 요소 중 어느 한 요소를 집중적으로 변화시키는 것이 바람직하다.
2. 조직변화는 4가지 요소를 동시에 일정한 방향으로 변화시켜 나갈 때, 전체적인 균형을 유지할 수 있어 성공가능성이 커진다.
3. 조직변화는 조직이 갖는 자원의 한계 때문에 동시에 많은 요소를 변화시킬 수 없으므로 하나씩 순차적으로 변화시켜 나가는 것이 바람직하다.

이러한 접근대안들은 조직의 환경과 자원을 고려한 경영자의 전략적 판단에 따라 결정될 것이기 때문에 경영자의 환경변화에 대한 이해와 예측이 무엇보다도 중요시 된다.

2.3.2. 조직변화의 종류

조직변화의 종류는 다음의 <표 15-8>과 같이 크게 경제모형(E 이론)과 조직모형(O 이론)의 두 가지 유형으로 대별한다. 경제모형은 '조직의 구조조정 내지 시스템을 바꾸는 하드웨어적 변화'이다. 대개 경제모형에서는 하향식 프로젝트에 의해 급진적으로 변화를 시도한다. 반면에 조직모형은 '구성원들의 자발적인 참여를 통한 조직문화의 변화를 통해 점진적으로 혁신지향적인 풍토를 만드는 것'이다. 연구에 의하면 조직혁신은 경제모형과 조직모형에 의한 혁신이 균형 있게 이루어질 때, 그 효과가 가장 좋다고 한다.

〈표 15-8〉 조직변화의 종류

변화의 양상	E 이론	O 이론	혼합방식
목표	주주가치의 최대화	조직역량 개발	경제적 가치와 조직역량 사이의 패러독스를 인정
리더십	위에서부터의 변화를 추구	종업원들의 자발적 참여를 유도함	위에서 방향을 설정하고 종업원들을 참여시킴
초점	조직구조와 시스템을 강조	기업문화구축 (종업원의 행동과 태도)	두 가지를 동시에 추구
프로세스	먼저 계획을 세우고 프로그램을 세움	실험적 시도를 통해 서서히 발전시킴	자발적 참여를 유도할 수 있도록 계획을 수립함
보상체계	경제적 인센티브를 통해 동기부여	권한위임을 통해 동기부여 (급여는 적정수준유지)	변화강화를 위해 인센티브를 이용하지만 지나친 인센티브는 자제함
컨설턴트의 활용	컨설턴트가 문제를 분석하고 해결책 제시	경영진이 컨설턴트 도움 받아 해결방안 도출	컨설턴트는 종업원의 능력을 키워주는 역할을 함

출처: Michael Beer & Nitin Nohria, "Cracking the Code of Change," HBR 78, No.3(May-June), p137.

2.4. 조직변화의 단계

변화관리를 위해 여러 학자들이 주장하는 조직변화의 단계 즉 레윈의 조직변화 단계, 코터의 조직변화 8 단계, 그리고 킬만의 조직변화 5 단계를 검토해 보기로 한다.

2.4.1. 레윈(K. Lewin)의 조직변화 단계

그는 일찍이 장이론(field theory)을 통하여 개입적 조직변화의 3단계를 제시하였다. 조직변화는 해빙(Unfreezing), 변화(Change), 그리고 재결빙(Refreezing)의 3단계를 거쳐 이루어진다고 한다. 이를 다음의 <표 15-9>와 같이 정리할 수 있다. 각 단계별 구체적 내용을 살펴보면 다음과 같다.

〈표 15-9〉 레윈의 조직변화단계

단 계	내 용
해빙	• 변화추진하려는 세력과 변화저항 하는 세력들 간에 힘겨루기로 갈등이 발생. • 이 단계에서는 힘겨루기의 균형이 깨지도록 개인이나 집단에게 변화필요성을 강조하여 그들의 태도나 감정을 완화시키는 동기를 유발시켜야 한다. • 추진세력의 힘을 키우고 저항세력을 약화시키는 방법으로는 교육, 참여, 공개논의, 협상, 결속, 조작, 강요 등이 있을 수 있다(Kotter, et. al., 1979).
변화	• 여러 가지 기법들을 사용하여 계획된 변화를 실천에 옮기는 과정이다. 이때 변화대상과 변화목적이 무엇인지에 따라 방법 및 기법이 달라져야 한다. • 즉 변화대상이 개인의 가치관 혹은 태도라면 그에 걸맞은 프로그램을 만들어 추진하고, 조직구조의 변화가 목표라면 전결규정을 분석·조정하든가 불필요한 규칙·규정·정책 등을 개정해야 할 것이다.
재동결	• 바람직한 상태로 변화된 개인, 집단, 조직의 새로운 국면을 상시화 하는 단계. • 변화된 상태는 본래상태로 회귀하려는 성향을 가지므로 보다 강력한 재결빙 노력이 요청된다. • 재결빙을 성공시키기 위해서는 최고경영자의 지원, 적절한 보상 및 강화, 그리고 체계적인 계획 등이 필요하다(Randolph, et. al., 1989).

2.4.2. 코터(J. Kotter)의 조직변화 8 단계

그는 조직변화에 있어 리더십의 중요성을 강조하면서 성공적 조직변화의 대부분은 최고경영층의 리더십에 의해서 결정된다고 주장하였다. 조직변화의 실패사례를 살펴보면 대부분 최고경영층이 실행과정에서 많은 실수를 저지르고 있기 때문에, 이를 방지하기 위해 성공적 조직변화의 8단계를 <표 15-10>과 같이 제시하였다. 이들 중 1~4단계는 레윈의 '해빙'에 해당하며, 5~7단계는 '변화', 그리고 마지막 8단계는 '재동결'에 해당한다고 볼 수 있다.

〈표 15-10〉 코터(J. Kotter)의 조직변화 8 단계

단계	개 념	내 용
1	위기의식고취	변화하지 않으면 '망한다'는 위기의식 고취시켜 조직 해빙하라.
2	주도세력결집	조직 각 분야/계층의 힘 있는 사람들 모아 변화주도 세력화.
3	비전과 전략구축	변화를 이끌어갈 비전을 확실히 하고 달성전략을 세운다.
4	비전 전파	새 비전을 지속전파하기 위한 커뮤니케이션 전략의 수립·실천
5	임파워먼트	변화저항제거: 현실화되도록 위험감수/창의적 문제해결 독려.
6	단기성과 축적	단기변화성과 인정/보상: 변화가 가시화될 수 있다는 자신감제공
7	변화 확대	단기성과기반해 더 큰 변화당위성확보: 사람 끌어들여 변화확산
8	문화로 재결빙	변화된 상태를 조직문화로 고착화시키고 지속시킴

출처: Kotter, J. P. & schlesinger, L. H., Choosing strategies for Change, Harvard Business Review, March-April 1979.

2.4.3. 킬만(Kilman)의 조직변화 5 단계

그는 변화관리 과정을 다음의 [그림 15-2]와 같이 5단계 과정으로 제시하고 있다.

[그림 15-2] 킬만(Kilman)의 조직변화 5 단계

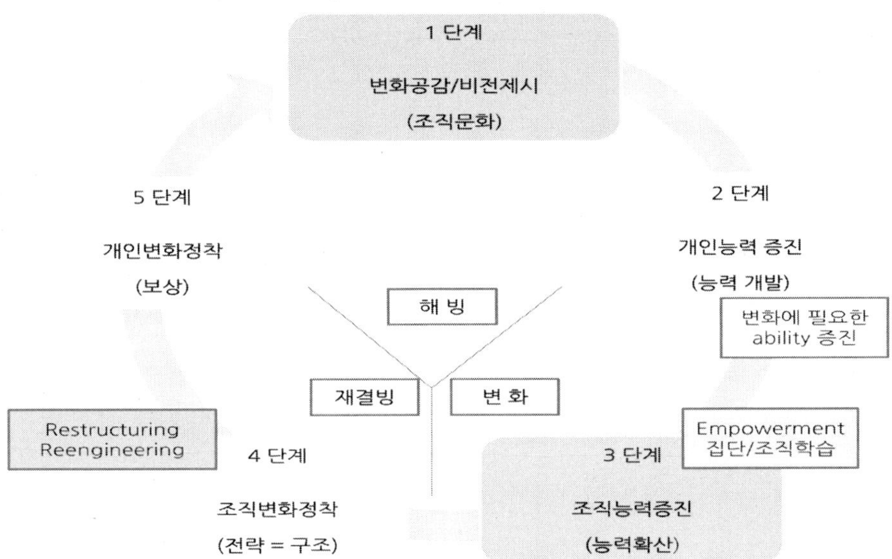

또한 칼만이 제시한 5 단계 조직변화의 세부내용은 아래의 <표 15-11>과 같다.

〈표 15-11〉 칼만의 5 단계 조직변화의 세부내용

<table>
<tr><th>단 계</th><th>주요 내용</th><th>레윈 비교</th></tr>
<tr><td>조직 문화</td><td>• 변화필요성 인식/공감대 조성(변혁에 대한 비전 및 신념부여)
• chaos-making을 통한 새로움 추구 (cognitive learning)</td><td>해 빙</td></tr>
<tr><td>능력 개발</td><td>• 변혁에 필요한 구성원의 능력배양
• 종합적 능력(전문적+사회적+도구적 능력)의 체계적 육성 (individual learning)</td><td rowspan="3">변 화</td></tr>
<tr><td>능력 확산</td><td>• 개인능력의 조직화
• 임파워먼트를 통한 구성원 능력의 시너지 효과추구(group & org‘al learning)</td></tr>
<tr><td>제도·구조</td><td>• 제도적 뒷받침을 통한 변혁의 공식화
• 변화 및 가속화
• 업무 및 조직구조의 재설계(조직차원의 변화 굳히기)</td></tr>
<tr><td>보상(강화)</td><td>• 긍정적/부정적 강화통한 내재화 추구(개인차원의 변화 굳히기)</td><td>재결빙</td></tr>
</table>

위에서 살펴본 조직변화의 모형들이 공통적으로 시사하고 있는 바는 다음과 같다.

첫째, 성공적인 변화는 사람을 통해서 일어나는 것이므로 체계적인 변화관리 과정에서 일어날 수 있는 다양한 인간적인 문제들을 조직구성원들과 함께 극복할 수 있도록 해야 한다는 점이다.

둘째, 급한 마음에 전체 변화과정을 소홀히 하여 단계를 건너뛰면 그것이 결국 치명적인 영향을 미쳐서 추진력을 저하시키고, 그전에 어렵사리 성취한 것까지 백지화시켜 버릴 수 있다는 것이다.

셋째, 변화가 착수되기 위해서는 현 상태에 대한 부정이라는 해빙의 과정이 필요하며, 변화의 정착을 위해서는 재결빙을 위한 내재화의 과정이 반드시 필요하다는 점이다.

넷째, 성공적인 변화를 위해서 갖추어야 할 전제조건은 1) 변화필요성의 인식과 공감, 2) 변화에 대한 명확한 비전, 3) 변화에 대한 신념과 역량, 4) 체계적 실현(제도-구조적 변화) 등의 4 가지로 구성되어 있다.

제3절. 변화장애요인 및 과정에서의 실수요인들 그리고 변화관리방안

오늘날 기업을 비롯한 조직들이 겪는 변화의 압력은 대세이고 피할 수 없음에도 불구하고 조직, 집단, 구성원들은 각각 여러 가지 이유에서 조직변화에 저항한다. 또는 변화를 꾀하는 동안에 조직 내에서 많은 실수들을 함으로서 성공적인 조직변화를 이끌어내지 못하는 경우들도 있다. 따라서 조직 관리자는 이러한 부분들을 정확히 이해하고, 이를 바탕으로 변화를 적극적으로 추진해야 한다. 따라서 본 절에서는 조직, 집단, 구성원 각각이 왜 변화에 대하여 저항을 하는지, 조직에서 변화를 가로막는 장애요인인 극복해야할 타성과 저항유형은 어떤 것들이 있는지, 그리고 조직변화과정에서 흔히 일어날 수 있는 성공을 가로막는 실수들을 살펴보고, 조직변화저항에 대한 극복방안을 알아보고자 한다.

3.1. 변화저항 요인

변화의 중요성에도 불구하고 조직전체에 걸친 대규모의 변화를 실행하는 것은 결코 쉬운 일이 아니다. 조직변화를 수행하는데 있어서 발목을 잡는 여러 가지 조직적 타성이 있기 때문이다. 특히 변화에 돌입한 초기에 변화저항이 가장 크게 나타나고 변화성과도 오히려 하락하게 되어 변화를 시작한 경영진을 당황하게 한다. 하지만 변화에 대한 저항은 어느 조직에 있어서나 나타나는 현상으로서 당연하고 자연스러운 것으로 인식해야 한다.

조직변화를 실천하는 단계에서의 변화에 대하여 저항하게 되는 원인들은 여러 가지 있을 수 있으나, 아래 [그림 15-3]처럼 조직요인, 집단요인, 개인요인별로 요약될 수 있을 것이다.

[그림 15-3] 조직요인, 집단요인, 개인요인별 변화저항 요인

조직요인의 변화저항 문화와 조직정체, 집단요인의 현상고수의 집단규범과 강한 응집력 등은 조직이나 집단 내에 존재하는 대표적인 변화저항 요인들이다. 또한 개인의 측면과 관련해 예정된 변화과정이 제대로 진행되지 못하는 이유는 개인적 이해관계에 집착, 변화추진자를 신뢰하지 않음, 정보차이로 인한 상황을 다르게 해석함, 기득권 상실이나 낙오에 대한 두려움 등으로 변화에 대한 수용력 부족 등 구성원들이 변화에 저항하는 이유는 다양하며, 이는 논리 이전에 감정적인 것이고 어쩌면 당연한 것이다.

구성원들의 변화저항 요인과 관련하여 또 다른 연구자들의 연구결과를 살펴보면 다음과 같다. 로렌스(Lawrence, 1969)는 변화저항 요인으로 1) 변화의 원인과 결과에 대한 불확실성, 2) 현존의 이점을 포기하지 않으려는 태도, 그리고 3) 추구변화에 내재하는 관점의 차이로 구성원은 변화제안자가 등한시한 문제점을 인지 등 세 가지를 제시하고 있다. 또한 다니엘(Daniel, 1993)은 변화저항요인을 '체인지 몬스터(change monster)'라 하여 마치 신비로운 괴물처럼 표현하고 있다. '체인지 몬스터'는 중요한 변화가 시도될 때마다 -마치 갑자기 수면위로 모습을 드러내는 '괴물'과 같이- 나타나는 복잡한 인간감정과 조직관계속의 역학을 복합적으로 표현한 상징적 괴물을 아래의 <표 15-12>와 같이 말한다.

〈표 15-12〉 변화단계에 따라 나타나는 체인지 몬스터들

변화 단계	체인지 몬스터
침 체 기	• 무감각과 무사안일, 과(過)활동이란 몬스터가
준 비 기	• 짜증, 냉소, 불신, 두려움, 불확실성의 몬스터가
실 행 기	• 혼란과 무관심, 분모와 무력감, 변덕 등의 몬스터가
결 정 기	• 피로, 뒷걸음질(retreat) 등의 몬스터가
결 실 기	• 만족감, 안주, 새로운 침체 등의 몬스터가 나타난다.

이들 몬스터는 모두 변화의 소용돌이 속에서 나타나는 지극히 인간적인 모습의 '괴물'들이다. 조직의 변화나 혁신은 결국 사람들의 의식구조와 업무방식이 변해야 가능하기 때문에 변화과정에서 사람의 문제를 극복해야 한다.

따라서 오늘날의 경영환경에서 변화는 발전을 위한 선택이 아닌 필수사항이다. 조직 내 구성원들이 즐겁게 받아드릴 수 없다하더라도 변화하지 않으면 안 되는 시대가 된 것이다. 그런 만큼 이왕에 필요한 변화를 앞서 계획하고 긍정적인 방향으로 촉진시킬 줄 아는 조직은 오늘날의 경쟁에서 분명 유리한 고지에 설 수 있다.

3.2. 조직변화를 가로막는 장애물

조직의 변화와 혁신을 위해 조직 내에서 변화를 가로막는 장애물인 극복해야 할 조직의 타성과 저항에 대해서 유형별로 알아보고자 한다(문근찬, 2006).

3.2.1. 개구리 증후군

이는 외부환경의 변화가 가져올 영향력이 얼마나 심각한지 인식하지 못하고 사태가 돌이킬 수 없이 악화되고 나서야 알아차리는 무신경성을 지적한다.

변화는 갑자기 대규모로 다가오는 것이 아니라 거의 모두가 눈치 채지 못하게 매우 서서히 다가온다. 그렇기 때문에 '비커 속의 개구리'처럼 변화가 일어나고 있다는 사실을 깨닫지 못한 채 살아가는 것이다. 그러다 어느 날 변화가 도래했음을 알아차렸을 때는 너무 늦은 경우가 많다, 보이지 않는 변화의 실체를 미리 감지하지 못한 조직은 안타깝게도 삶아진 개구리신세가 되기 쉽다.

3.2.2. 이카루스 패러독스

이는 성공한 조직에서 나타나는 자만심의 함정을 말한다. 경영현장에서 이카루스 패러독스란 " 성공가도를 달리는 사람이나 조직이 너무 능력 있고, 너무 성공적이어서 실패하고 마는 역설적인 상황, 곧 성공의 덫"을 말한다. 조직이든 사람이든 나중에 돌이켜 보면 명백한 일임에도 불구하고, 성공의 경험에 도취되어 있는 시기에는 상황이 변해서 실패의 징조가 드리워 있는 것을 알아차리지 못하는 일이 많다는 것이다.

3.2.3. 조직 관료주의

이의 사전적 의미는 관료제가 지배하고 있는 조직에서 발생하는 특정한 행동양식과 의식 상태를 말한다. 관료주의는 내용보다 형식을 중요시하고, 필요성보다는 규정에 의거하고, 문제가 생기면 늘 관행이라 치부하고, 사업의 필요여부는 중요치 않고 다만 예산책정이 되어 있기 때문에 집행하는 것이 관료주의이다. 그렇기 때문에 관료주의 아래에서의 사람들은 아무리 급해도 스피드보다는 절차대로 일을 하며, 방어적으로 일하고, 정보를 공유하는 것을 두려워하며, 열정적이지 못하다.

따라서 '왜 이것을 하지?'라고 생각을 많이 하는 도전적이고 성과를 지향하는 사람은 견디기 어려운 반면 아무 생각 없이 주어진 일을 형식대로 조용히 처리하는 걸 좋아하는 사람에게는 관료주의는 최상의 입지를 제공한다.

3.2.4. 조직 냉소주의(organizational cynicism)

이는 " ~~이런 저런 일들은 전에도 그리고 최고경영자가 바뀔 때마다 많이 해봤다. 그러나 실상은 되는 일이 없다"처럼 조직구성원들이 경영진, 정책, 제도 변화 및 혁신활동 등 조직전반에 걸쳐 이유 없는 무관심이나 적대감, 극단적인 불신을 나타내는 것을 의미한다. 이런 현상이 일어나는 원인은 주로 리더십의 부재에 의한 불합리한 문화의 형성에 기인한다. 즉 변화활동으로 하는 일이 일시적/전시적 효과를 위한 것으로 비쳐질 경우, 그에 따라 당연히 예상되는 반복적인 실패의 경험, 그리고 진지하지 못하고 경직된 커뮤니케이션 같은 부정적인 경험들이 쌓여 냉소주의를 싹트게 한다.

이러한 냉소적 반응은 다음의 <표 15-13>과 같이 세 가지 측면에서 나타난다.

〈표 15-13〉 냉소적 반응

반 응	내 용
1. 감정적 동요	• 구성원들이 무력감, 거리감, 소외감, 분노, 적대감 등 감정적으로 동요하는 것을 의미. • 예로 "옳은 소리를 하면 뭘 해~~ 아무 소용이 없는데," 혹은 "나한테까지 그런 정보를 알려 주겠나?"라고 느끼고 반응하는 것.
2. 조직에 대한 부정적 태도	• 조직구성원들이 경영진, 각종 정책의 변화, 혁신활동, 그리고 조직문화 등에 대해 불신을 품는 모습을 의미. • 예로 "지금 경영진에 뭘 바래겠어?" 혹은 조직이 도입/제시한 정책, 제도, 혁신 프로그램에 대해서 "시간만 지나봐~~ 또 딴소리 하겠지"등의 반응을 보이는 것이다.
3. 무관심한 행동	• 냉소적인 감정과 태도가 부정적 행동으로 표출되는 것을 의미. • 예로 "너나 해라, 난 내 할 일만 하겠다."등의 비협조로 냉소적 반응을 보이는 것이다.

이처럼 조직 냉소주의적 반응들은 방치할 경우, 전염병처럼 다른 구성원들에게 전염·확산되어 구성원들의 열정과 의지를 손상시켜 변화를 가로막는 내부의 적이 됨은 물론 조직분위기를 해치고 바람직하지 못한 조직문화를 형성하게 된다. 따라서 조직냉소주의가 퍼지는 원인을 규명하고, 이에 대처할 수 있는 방안을 변화저항에 대한 극복 및 관리방안에서 다룰 것이다.

3.2.5. 코끼리 증후군

코끼리가 사무실에 들어오면 위험한 동물이어서 언제 난동을 부릴지 모르기 때문에 머리를 맞대고 숙의를 해야 함에도 웬일인지 사무실의 사람들은 서로 못 본척한다. 이처럼 코끼리 증후군은 조직에 중요한 현안이 있고, 이 현안을 즉시 해결하지 못하면 조직에 큰 장애를 가져올 수 있는데도 누구도 서로 이에 대해서 문제제기를 꺼리는 풍토를 말한다.

3.3. 변화과정에서 발생 가능한 실수들

조직변화에는 어느 정도의 부작용을 수반하게 되어 있다. 그렇다고 변화과정에서 수반되는 고통과 저항을 무시할 수도 없다. 급하다고 서둘러 가려하면 변화과정은 실패로 끝나게 된다. 변화과정에서 가장 공통적으로 범해온 실수들은 다음의 <표 15-14>와 같이 8가지로 요약할 수 있다(한정곤 역, 1999).

〈표 15-14〉 변화과정에서 범해온 실수와 내용들

실수 들	내용 들
자만심을 방치함	• 구성원들에게 위기를 불어 넣기도 전에 변화과정을 시작해 버리는 것. • 자만심/관료주의가 팽배한 조직에서 위기의식 없이 혁신/변화목적을 달성하는 것은 거의 불가능. • 과거성공에 안주하는 경향, 외부변화를 대수롭지 않게 생각: 혁신에 필연적 수반되는 희생과 과외의 노력을 안 함
변화/혁신을 이끄는 강력한 팀이 없음	• 성공적인 변화/혁신을 하려면 최고경영자의 후원과 변화/혁신에 몰입하는 강력한 변화/혁신지도부(guiding coalition)가 있어야 한다. • 지도부는 공식적인 명칭에서, 정보수집능력이나 전문지식에서, 그들이 쌓아온 명성이나 대인관계능력에서, 그리고 지도력 등에 이르기 까지 모든 면에서 아주 강력한 팀이 되어야 한다.
명확한 비전이 없음	• 비전은 구성원들에게 조직이 나아갈 방향을 제시하고, 한 방향으로 대열을 짓게 하며, 격려·고무하는 역할을 한다. 따라서 왜 변화/혁신을 해야만 하는가에 직접적 이유가 되는 비전을 5분 안에 구성원들에게 설명해서 이해시키고 관심을 끌 때 성공할 수 있다. • 경영자가 방향감각을 갖고 있다 해도 비전방향이 복잡하거나 불분명할 경우, 구성원들에게 커뮤니케이션하는데 실패하고, 소용없다.
비전을 전사적으로	• 전사적인 혁신이 성공하려면 변화에 동참하는 구성원의 비율이 '임계질량(critical mass)'을 넘어서야 한다.

전파하지 못함	• 현 상태에 불만이 가득해도 변화결과가 자신에게 이롭지 않으면, 또 변화의 성공확신이 안서면 어떤 희생도 치르지 않기에 비전에 대해서 신뢰를 바탕으로 하는 철저한 의사소통으로 구성원마음을 사로잡아야 함.
방해물, 특히 무사안일주의 관리자를 방치함	• 구성원들이 새 비전을 수용해도 장애물로 인해 무력감을 느끼고 있다면, 새로운 조치들은 실패로 끝나기 쉽다. • 장애물(머릿속에 무형적인 것, 조직구조, 업적평가나 보상제도) 등으로 새 비전수용을 저해하는 원인이 되기도 함. 더 큰 장애물은 새 환경에 적응거부하거나 조직변화/경영혁신과 상치되는 요구를 하는 고위관료들의 태도임.
조직에 가시적인 성과를 보여주지 못함	• 처음 6개월 내에 가시적결과를 못 보여주면 구성원들이 조직변화에 동참하려들지 않거나, 포기해버리든지, 아니면 변화에 저항한다. • 변화는 시간을 요하나, 짧은 시간에 이룰 수 있는 단기적 목표가 포함되어야함. 그렇지 않으면 추진력을 잃을 수 있다.
삼페인을 너무 일찍 터트림	• 조직변화가 깊게 뿌리내려서 기업문화까지도 바뀌지기까지는 훨씬 긴 시간이 필요하다. 그럼에도 힘든 노력 끝에 온 성공을 맞으면 변화/혁신에 성공했다고 선언하고 싶은 유혹에 빠지기 쉽다. • 삼페인을 너무 빨리 터트리면 혁신 팀은 해체되고 그 이전까지 어렵게 이룩해 놓은 성과는 무효가 되고 과거로 회귀할 가능성이 크다.
새로운 제도를 조직문화로 승화시키지 못함	• 변화완성은 변화정신이 조직의 통상적인 방법이 되었을 때 즉 단위부서/회사전체의 뼛속까지 습관화 되었을 때 정착되었다고 볼 수 있다. • 새로운 조직규범이나 공유가치관에 뿌리를 둔 행동들이 자연스럽게 나오기 전에 압력이 없어지면 그동안 노력들이 와해되어 물거품이 됨.

조직변화를 추진하는 과정에서 이상의 8가지 실수가운데 어느 하나라도 범하게 되면 심각한 결과를 초래하게 된다. 즉 결과적으로 기업이나 조직으로 하여금 <표 15-15>와 경쟁에서 도태되는 결과를 같이 가져오게 된다.

〈표 15-15〉 잘못된 조직변화의 전형적인 결과들

잘못된 조직변화의 전형적 결과	• 힘들여 개발한 전략들을 제대로 실행하지 못함 • 기업의 인수합병이 소기의 시너지효과를 얻어내지 못함 • 리엔지니어링에 시간이 너무 오래 걸리고 비용도 많이 듦 • 조직축소(downsizing)도 소기의 원가절감 효과를 거두지 못함 • 품질관리 운동도 바라던 성과를 얻지 못함

3.4. 조직변화저항에 대한 극복 및 관리방안

오늘날 기업들은 선제적인 변화를 꾀하지 않고서는 생존할 수가 없기 때문에 변화의 압력은 대세이고 피할 수가 없다. 그런데도 조직은 타성에 젖어 있어 변화에 무신경하게 반응함은 물론 과거의 성공에 자만심에 빠져 과거방식을 고집하고 집착하기도 하고, 구성원들은 여러 이유로 조직변화에 저항한다. 또한 변화를 꾀하는 과정에도 많은 실수들을 함으로서 성공적인 조직변화와 혁신을 이끌어내지 못하는 경우들도 있다. 따라서 경영자는 이러한 부분들을 정확히 이해하고, 이를 바탕으로 변화를 적극적으로 추진하는 성공적인 변화관리자가 되어야 한다. 변화관리란 '구성원들의 저항을 극복하고 혁신과 변화가 일어날 수 있도록 변화의지를 불러일으키고(혁신점화), 적절한 변화 안이 마련될 수 있도록 유도(혁신비전설계, 혁신실행, 혁신 내재화)하며, 이러한 일련의 과정이 장애 없이 진행(혁신저항관리)될 수 있도록 행하는 총체적인 관리'를 의미한다. 따라서 조직에서 효과적인 변화관리실행을 하기 위해서는 무엇보다도 변화저항극복의 출발점은 무엇인지, 그리고 구성원들의 이해를 높여 조직 전체의 변화를 창출하는데 유용하게 사용할 수 있는 성격정보 활용방안은 무엇인지에 대해 알아보고, 이를 바탕으로 변화저항에 대한 관리방안 그리고 조직변화의 적인 냉소주의 극복방안을 알아볼 것이다.

3.4.1. 변화저항극복 출발점의 인식필요

3.4.1.1. 변화에 대해 두려움의 두 차원에 대한 이해를 해야 한다.

조직구성원들이 변화에 대한 두려움은 다음의 <표 15-16>과 같이 두 차원으로 구분할 수 있다.

〈표 15-16〉 변화에 대한 두려움의 두 차원

구 분	내 용
1차적 공포	• 주관적으로 자신이 만든 심리적 안정영역을 벗어나는 것에 대한 두려움을 의미 • 익숙한 것으로부터의 이탈은 자유로움보다는 익숙하지 않은 것들에 대한 공포를 유발한다.
2차적 공포	• 자신의 가치관에 대한 성찰 또는 자아의식과 관련 있는 두려움을 의미 • 1차적 공포에 대한 두려움 때문에 변화를 하지 않고 있는 자신을 직면할 때 느끼는 큰 두려움을 의미한다.

조직 내 구성원들이 변화를 두려워하는 이유는 심리적 안정영역을 벗어날 때 생기는 예측 불가능한 것들에 대한 불안 때문이다. 심리적 안정영역(psychological safety zone)은 '우리주변을

구성하고 있는 세계 중에 우리가 이해하고 설명할 수 있고 나름대로 통제할 수 있는 영역'을 의미한다. 사람들은 지금까지 해오던 방식대로 하는데 대해서 편안함을 느낀다. 새로운 방식과 새로운 행동은 항상 지적·심리적 비용을 요구한다. 따라서 습관이나 남이 하자고 하는 대로 하는 것이 심리적 비용을 최소화해주고 편안함을 유지할 수 있게 해주기 때문에 변화를 거부하게 되는 것이다.

조직이 추구하는 변화과정에서 생기는 심리적인 거부감을 극복할 수 있으려면 구성원의 2차적 두려움의 실체를 파악하고 이를 리드할 수 있어야 한다. 반면에 조직구성원들이 대부분 1차적 두려움조차 극복하지 못할 경우, 그 조직은 점진적인 죽음(slow death)의 함정에 빠지게 된다.

3.4.1.2. 혁신 및 변화수용의 필요성에 대한 이해를 해야 한다.

개인이나 조직이나 존속하는 동안 언제나 선택의 기로에 서게 된다. 드러커는 혁신 또는 변화경영을 대기업이 준수해야 할 정언명령(categorical imperative)이라며 강하게 주장한다. 또한 조직 내 반 혁신적인 분위기를 조성하는 근본원인은 변화에 대한 거부감에 있으며, 그런 거부감의 근원은 '미지의 현상에 대한 무지와 두려움'에 있다는 사실을 언급하였다(송경모역, 2002). 경영자가 변화를 하기로 맘을 먹었으면, 변화를 거부하는 온갖 이유들을 억누르고 변화에 대해 보다 많은 논의가 기업문화상 자연스런 주문처럼 반복되도록 구성원들을 격려해야 한다. 변화를 열성적으로 찬양하고 고무하고 북돋우는 일이야 말로 조직 내에서 기업가정신을 강화할 수 있는 핵심수단이다. 기업가정신이라는 문화를 키울 수 있도록 경영자는 물과 비료를 주어야 하는데, 이를 학습이라 한다. 변화/혁신하는 조직은 조직전반에 걸쳐서 학습 분위기가 정착되어 있어야 한다. 일단 그런 분위기가 정착되면, 학습가능성은 지속적으로 창출되고 유지될 수 있다.

3.4.1.3. 구조적 관성과 체계적 포기를 해야 한다.

구조적 관성은 보는 관점에 따라 모순된 측면을 갖고 있다. 먼저 긍정적 측면으로서의 관성은 조직의 과거경험과 학습능력에 가속도를 붙게 하여 성공의 밑거름이 될 수 있다. 이는 관성이 전략과 조직 각 부분과 기능들이 서로 틈새 없이 일치되어 안정적인 질서를 형성하고 있다는 증거로서 조직이 집중화된 힘을 바탕으로 일관성을 추구할 수 있다는 것을 의미한다. 반면에 부정적인 측면으로서의 관성은 과거의 경영방식에 대한 집착으로 인하여 변화를 거부하고 저항하는 부정적 효과를 야기할 수 있다(정영철, 2004).

드러커는 구조적 관성의 함정에서 벗어나는 효과적인 방법으로서 '체계적 포기(systematic

abandonment)'를 권고하였다. 새로운 것에 대한 학습은 구조적 관성으로부터의 탈출하기 위해 필요한 반쪽에 불과할 뿐이며, 기존의 것을 버리는 포기의 미덕을 강조하였다. 혁신과 변화를 보다 생산성 있는 분야에 자원을 재구조화 하는 것으로 볼 때, 긍정적 부분에 자원을 집중해 끊임없는 성장의 기틀을 마련해 주는 것이 필요하다. 이를 위해서는 비생산적인 분야에 지원되어진 잘못 배분된 자원을 체계적으로 포기해야 한다는 것이다. 즉 성과를 내지 못하는 활동을 체계적으로 포기해야 한다. 그 이유는 포기를 기업생산성을 향상시키기 위한 법칙이고 변화관리의 출발점으로 보았기 때문이다. 따라서 체계적 포기는 제품 및 서비스뿐만 아니라 기업의 사명을 포함해 기존에 알고 있는 모든 것에 적용되어야 한다고 한다.

3.4.2. 성격이해를 통한 구성원의 마음을 사라

21세기 급변하는 환경에서 변화는 생존과 지속적인 성장에 없어서는 안 될 요소이지만, 변화에 성공한다는 것은 결코 쉽지 않다. 기업의 변화노력이 실패로 끝나는 가장 큰 이유 중의 하나가 구성원들의 마음을 사지 못했기 때문이다. 즉 조직구성원에 대한 이해의 중요성을 간과하고 있기 때문이다. 조직구성원들의 성격을 모른 채 변화하고자 설득하는 것은 지피지기중 지기도 안 되면서 전쟁에 나가는 것과 같다. 성격유형검사(MBTI)를 통해 얻어진 성격정보는 구성원들에 대한 이해를 높임으로서 조직 내 인간관계뿐만 아니라 조직전체의 변화를 창출하는데 유용하게 사용할 수 있다. 즉 성격정보를 개인차원, 팀 커뮤니케이션 차원, 그리고 회사차원의 변화를 추진하는데 활용할 수 있다(강우란, 2011).

3.4.2.1. 개인차원의 활용

기업은 사내 상담실이나 외부 전문 EAP 기관을 통해 개인의 성격정보를 활용하기 시작하고 있다. 성격정보 활용의 핵심메시지는 '성격을 개조해라'가 아닌 '자신을 객관화하라'이다. 그러므로 성격유형은 개인이 직무와 직장 내 인간관계를 어떻게 인식하는지에 영향을 미치기 때문에 자신의 성격정보 상담을 통해 개인의 직업건강을 향상시키는데 유용하게 사용된다. 나아가 사람들은 성격유형에 따라 변화에 대한 자세가 다르기 때문에 조직 관리자는 이러한 성격정보를 고려해 각자에게 적합한 변화방법제시 및 각 팀원들의 성격에 맞는 리더십을 발휘할 수 있도록 지원한다. 성격유형별 변화자세와 리더의 역할을 다음의 <표 15-17>과 같이 정리할 수 있다.

〈표 15-17〉 성격유형별 변화자세와 리더의 역할

성격 유형	특성	변화에 임하는 자세	해당 개인에 대한 리더역할
SJ (감각/판단형)	높은 소속감과 의무감	변화에 대해 매우 보수적이어서 논리적으로 설득되지 않는 한 변화거부	• 장기적이고 다각적으로 설득 • 재량권을 확대하고, 직무전환 기회도 부여
SP (감각/인식형)	타고난 자유주의자	변화는 무조건 환영하나, 자신이 변화에 이끌려가는 것은 거부	• 과업수행에 대한 즉각적 피드백 제공에 주력 • 역할갈등이 있는지 파악하고 이를 명료화함
NT (직관/사고형)	지식획득을 중시	변화방향은 잘 잡지만 과정에 대한 구체적 설계나 방법모색이 취약	• 업무 재량권을 확대 • 자기개발 진행사항을 자주 체크하고, 도전적 기회부여
NF (직관/감정형)	자아실현 꿈꾸는 이상주의자	원대한 변화를 꿈꿀 뿐 현실성이 부족	• 도달 가능한 목표설정 지원 • 업무량과 업무진척 사항을 수시로 점검

자료: 이현주(2006), 성격유형에 따른 직업건강향상 연구, 고려대학교 박사학위논문 토대로 재작성

3.4.2.2. 팀 커뮤니케이션 차원의 활용

성격정보가 팀 성격을 파악하는데 중요한 단서를 제공하기 때문에 매우 유용하다. 팀원들의 성격분포가 특정유형에 쏠려있다면 팀 성격도 그 유형에서 벗어나지 않기 때문에 팀 내 의사결정과정에서 충분히 다양한 시각이 제기되고 반영되기를 기대할 수 없다. 이때 팀의 성격분포를 염두에 두고 커뮤니케이션을 한다면 한쪽으로 치우치는 의사결정의 문제를 보완하는 것이 가능하다. 특히 팀 내에 없는 성격유형을 파악하여 커뮤니케이션 과정에서 그 유형의 시각을 보완할 필요가 있다. 즉 성격정보 분포를 기초로 팀 커뮤니케이션의 건강성과 균형을 점검할 수 있다.

3.4.2.3. 회사차원의 활용

기업의 대규모 전략적 변화가 계획대로 진전되지 못하는 주요 이유는 계층간 커뮤니케이션의 실패에 있다. 특히 최고경영진과 고위임원진간의 이해가 부족하면 변화추진력 형성자체가 불가능하다. 이런 측면에서 성격정보는 서로의 언어에 대한 이해를 높여 회사 내 계층 간 커뮤니케이션에 도움을 줌으로서 전략적 변화에 충실한 추진력을 이끌어낼 수 있다. 계층 간의 커뮤니케이션에 대한 불만은 상당부문 성격 차에 기인하며, 대개 표면화되지 않은 채 침묵과 비협조를 초래한다.

이처럼 기업은 성격정보 활용도를 높이기 위해서는 다음의 세 가지가 중요하다.

1) 성격정보의 상호성(Reciprocity)을 확보해야 한다.

성격정보를 활용할 때 관련자들의 성격정보를 가능한 한 모두 확보해서 성격차를 공유하는 것이 효과를 배가시키게 된다. 그 이유는 한쪽만의 성격정보로는 팀 차원의 변화나 회사 차원의 변화노력이 허공의 메아리가 될 가능성이 다분하기 때문이다. 또한 개인차원의 활용을 할 때도 상담자는 피상담자의 성격정보를 팀장이나 업무관련자의 성격정보와 같이 제시해 논의하는 것이 효과적이다.

2) 조직진단도구 및 변화프로그램과 성격정보를 병행하라.

성격정보는 매우 유용한 반면, 활용의 맥락(context)을 분명히 해주는 광의의 프로그램이 없으면 변화로의 연결이 불투명해진다. 예로, 콜센터 고객만족도를 제고하기 위한 갈등(고객 대 전화 응대원) 관리프로그램에서 성격정보를 추가하면 자신의 응대스타일을 객관화할 수 있어 행동변화가 훨씬 수월해지는 것을 들 수 있다. 또한 조직의 전략적 변화를 추진할 때, 성격정보는 다양한 프로그램에서 요긴한 보조도구 역할을 수행한다.

3) 개인중시의 조직문화를 구축하라.

성격정보를 조직변화에 효과적으로 활용하기 위해서는 개인을 중시하는 문화가 먼저 정착될 필요가 있다. 그 이유는 조직의 지향점을 추구하는 데 구성원 개개인의 생각과 판단이 핵심이기 때문이다. 또한 21세기의 조직은 개인의 다양성을 이해하고 이러한 바탕위에 창의성과 변화를 발현하도록 이끌어야 한다. 이는 조직 내 개인을 중시하면서 구성원 상호간의 윈-윈을 이끌어낼 때에만 가능하다. 특히 CEO 스스로가 달성하고자 하는 변화방향과 목표가 명확하지 않은 상황에서 구성원들에게 변화를 요구하는 것은 불가능하다. 오히려 변화에 대한 피로감과 불만을 가중시켜 정작 변화가 필요한 순간에 변화 모멘텀(계기)을 상실할 수도 있다.

3.4.3. 변화저항에 대한 효과적인 관리전략

기업에서 일반적으로 혁신의 실패원인은 혁신안이 잘못되었다기보다는 혁신을 조직 내 안착시키는 과정에서 사람들의 저항을 관리하지 못한데서 비롯된다. 그 만큼 혁신에 있어서 구성원의 저항은 실패의 가장 큰 원인을 제공한다. 변화와 혁신에서 저항은 자연스런 현상이고, 거부할 수 없는 필연적인 현상이다. 따라서 저항은 실패의 핑계나 이유가 아니라 적극적인 관리대상이다. 변화저항에 대한 효과적인 관리전략(문근찬, 2006)은 다음과 같다.

3.4.3.1. 혁신의 필요성과 혁신안에 대한 구체적인 정보를 제공하고, 혁신실행을 위한 아이디어를 적극적으로 요청하라.

이 전략은 혁신의 필요성과 혁신안이 가능한 전체구성원들이 이해할 수 있도록 배려하는 것이 필요하다. 이를 위해서는 전체구성원을 대상으로 가능하다면 소규모단위의 워크숍을 통해 혁신의 필요성과 실제 혁신안에 대한 깊은 이해를 할 수 있도록 해야 한다. 이때 일방적으로 정보를 전달하는 소통방식이 아닌 쌍방적으로 소통이 이루어지도록 혁신안 실행을 위한 구성원들의 아이디어를 요청하고, 이를 청취하는 것도 좋은 방법이다. 이런 방식은 구성원들의 인지적 그리고 정서적 저항을 낮추는 좋은 방법이 될 것이다.

3.4.3.2. 저항세력에 대하여 혁신에 참여할 수 있는 기회를 제공하라.

이 전략의 핵심 포인트는 저항세력을 동참시킬 수 있는 진솔한 대화의 필요성이다. 저항은 피할 수 없는 것이며, 때로는 설득이 가능하지 않은 경우도 있다. 그러나 진솔한 대화를 통한 적극적 참여의 유도와 참여기회의 확대는 혁신의 필요성을 이해시키는 가장 좋은 방법이 될 것이다.

3.4.3.3. 일관성을 통하여 신뢰를 확보해라.

이 전략의 핵심은 구성원들에게 혁신에 대한 일관된 메시지를 전달해 신뢰를 확보하는 것이다. 이를 위해서는 상층부, 특히 최고경영층의 솔선수범이 매우 중요하다. 또한 구체적으로 일관성은 메시지, 행동, 보상 및 평가의 측면으로 구분될 수 있고, 이들은 일관성을 띄도록 서로가 연계되어야 한다.

3.4.3.4. 가시적인 혁신성과를 단시간에 확보하라.

이 전략의 핵심은 혁신과정은 대개 오래 걸리고 지루한 과정임으로 단기적인 성과가 발생되는 식으로 프로젝트를 진행하라는 것이다. 혁신을 성공적으로 정착시키기 위해서는 구성원들이 인정할 수 있는 일정한 성과를 가시적으로 보여주는 것이 매우 중요하다. 그 이유는 단기성과가 구성원과 혁신추진 팀의 동기부여, 냉소주의 극복, 동참세력의 저변확보 등의 효과를 갖기 때문이다.

3.4.3.5. 혁신의 전 과정에서 충분히 커뮤니케이션 하라.

이 전략의 핵심은 커뮤니케이션에 과잉이란 없기 때문에 혁신의 전 과정에서 지겨울 정도로 소통을 하라는 것이다. 그 이유는 사람들은 듣고 싶은 것만 듣는 경향이 있기 때문에 한 두 번의 회의나 의사소통으로 혁신의지가 전달되었을 것이라고 생각하는 것은 큰 착각이다. 따라서 혁신의 전 과정을 통해서 동원가능한 모든 매체와 사람을 두루 활용할 필요가 있다. 특히 시각적이고 극적인 매체를 동원하는 것이 필요하다.

의사소통에서 정보전달자가 많을수록 왜곡되기 쉽기 때문에 정보전달자의 계층을 줄이고 직접 전달하는 기회를 자주 갖는 것이 좋다. 또한 전달하는 정보는 사실에 입각한 정보여야하며, 어떠한 조작정보도 전달해서는 안 된다. 그리고 정보전달 내용에 일관성을 유지해야 한다.

3.4.4. 변화의 적, 조직 냉소주의 극복방안

초 경쟁 시대, 절대강자도 급변하는 외부환경에 맞춰 변화하지 못하면 역사의 뒤안길로 사라지는 것이 현실이다. 과거를 풍미했던 수많은 기업들은 변화의 격랑을 견디지 못하고 파산하거나 합병되었고 지속적인 변신과 새로운 혁신을 거듭한 기업들이 그 자리를 대신하고 있다. 많은 기업들이 변화를 시도했지만, 그중 무려 70%가 실패로 끝났다. 이는 구성원들이 본질적으로 변화를 부담스러워하는 것과 깊은 연관이 있다. 구성원의 20%는 변화에 대해 저항하고, 60%는 무관심하며, 나머지 20%만이 변화를 수용한다고 한다(Speculand, 2006). 조직변화에 대한 거부심리 이면에는 냉소주의가 자리 잡고 있다. 조직냉소주의는 “구성원들이 변화관리자를 불신하고, 조직변화에 비관적 태도를 갖는 것”을 의미한다(Dean, Brandes & Dharwadkar, 1998). 이러한 냉소주의는 변화의 진행과정에서 진화하는 특성이 있다. 이를 구체적으로 살펴보면 다음과 같다.

3.4.4.1. 조직 냉소주의의 특징

냉소주의는 다음의 [그림 15-4]와 같이 불신감, 소외감, 무력감 등의 정서로 구성되어 있으며, 변화진행과정에서 진화하는 특성이 있다. 즉 이들은 주로 변화도입단계에서는 불신감, 실행단계에서는 소외감, 확산단계에서는 무력감의 형태로 나타난다(조동만, 2012). 따라서 냉소주의는 점진적으로 조직구성원들 사이에 확산되어 조직문화로 고착될 수 있다.

[그림 15-4] 조직변화과정에서의 냉소주의 확산 메커니즘

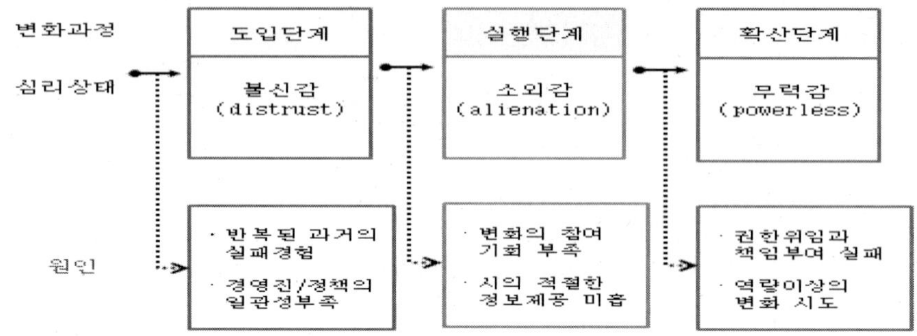

1) 도입 단계: 냉소주의는 불신감의 형태로 나타난다.

변화도입단계는 새로운 시도로 인해 안정감을 위협당하는 시기로, 구성원들은 경계심을 갖고 위험회피성향이 나타나고, 불심감이 클 경우 변화시작 자체를 강력히 거부할 수 있다. 특히 경영진에 대한 불신감을 가질 경우 변화의 시작자체가 불가하다. 불신감(distrust)이란 "상대가 나에게 해로운 영향을 끼칠 것이라고 믿는 부정적 감정"을 의미한다(Lewicki, et al., 1998).

불신감이 생겨나는 원인은 먼저 조직에서 과거의 반복된 실패경험이 많으면 변화에 대한 긍정적 기대를 낮추고 경영진을 불신하게 된다. 그 이유는 과거경험이 미래를 예측하는 판단기준으로 작용해서 실패경험은 시도 전부터 또 실패할 것이라는 부정적 태도를 야기하기 때문이다. 또한 회사의 일관성 없는 정책도 구성원의 불신을 증폭시키는 원인이다. 특히 조직변화의 목표와 전략이 자주 바뀐다든지, 경영진의 언행이 일치하지 않는다든지 할 경우 아무리 훌륭한 비전과 전략일지라도 단지 말뿐이라고 치부하고 심리적으로 외면하게 된다.

2) 실행 단계: 냉소주의는 소외감의 형태로 나타난다.

변화실행단계에서 구성원들은 소외감을 느끼게 되면 스스로 변화의 주체가 되지 못하고 냉소적 반응을 표출하게 된다. 심할 경우, 조직의 변화를 제3자적 입장에서 관망하는 태도를 보이게 된다. 소외감(Alienation)이란 "일이나 사람과의 관계 등에서 상호 연결되지 못하고 혼자 동떨어져 있다고 느끼는 심리상태"를 의미한다(Aiken & Hage, 1966). 특히 소외감은 변화실행 과업 또는 변화주도 집단과의 상호교류가 없을 때 많이 나타난다.

소외감이 주로 발생하는 주원인으로 조직변화과정에서 구성원들에게 참여기회를 제공하지 않을 때 또는 변화진행 과정에 대한 정보부족 등을 꼽을 수 있다. 자신이 배제되었다고 느끼는 구성원들 그리고 정보를 제공받지 못한 구성원들은 그렇지 않은 사람과 이질감을 느끼게 되며 상대적으로 박탈감을 경험하고 결과적으로 참여의욕을 상실한다. 반면에 충분한 정보를 제공받아 변화과정을 잘 알게 될 경우, 조직구성원들은 강한 소속감을 느끼고 역할을 명확히 인식하게 된다. 특히 조직 관리자가 시의적절하고 정확한 정보를 제공하지 못할 경우, 루머와 부정적인 정보가 확산되어 결국 변화에 실패할 수 있다.

3) 확산 단계: 무력감이 변화의 성공을 막는다.

구성원들이 무력감을 갖게 되면 변화 동력을 상실하여 성공적인 변화가 불가능해진다. 그 이유는 구성원들이 무력감을 갖게 되면 새로운 시도를 하지 않고 방어적으로 업무에 임하는 태도가 만연해지기 때문이다. 무력감(Powerless)이란 "업무를 수행할 능력이나 자율성이 없다고 느끼는 심리상태"를 의미한다(Ashforth, 1989).

변화과정에서 구성원들이 무력감을 느끼는 주원인은 구성원들에게 적절한 권한과 책임을 부여하지 않기 때문이다. 권한위임을 받지 못한 조직구성원들은 오너십을 갖기 힘들 뿐 아니라 본인 역할에 대한 가치를 평가절하 한다. 특히 권한에 비해 책임이 과도해지면 업무를 회피하거나 수동적으로 업무에 임할 가능성이 높아진다. 또한 구성원들의 역량을 감안하지 않고 급격한 변화를 자주 시도하면 극심한 무력감에 빠질 소지가 다분하다. 아무리 좋은 변화라 하더라도 구성원들이 감당할 수 있는 수준을 넘어서면 엄두를 내지 못하고 시도조차 하지 않는 결과를 초래할 수 있다. 즉 크고 빠른 변화가 무리하게 진행될 경우 이를 감당하지 못한 구성원들이 극단적인 행동을 할 수 있다.

3.4.4.2. 냉소주의 극복방안

조직변화에 성공하기 위해서는 구성원들의 변화거부심리를 제대로 이해하고, 이를 긍정에너지로 전환시키는 노력이 필요하다.

1) 변화 도입단계에서 불신감은 과거의 반복된 실패경험과 경영진의 일관성 없는 목표와 전략 때문에 발생하기 때문에, 불신감을 제거하기 위해서는 경영진 스스로가 성공에 대한 확신을 갖고 일관된 메시지와 행동으로 변화를 전파하는 것이 중요하다. 이러한 노력은 구성원들이 변화초기에 느낄 수 있는 불안감과 불확실성을 해소하고 변화 수용시간을 단축하

는데 큰 도움을 준다. 또한 변화로 인한 작은 성공경험을 공유함으로서 구성원들에게 자신감과 긍정적 기대감을 제공할 필요가 있다. 그 이유는 사소한 성과라도 실시간으로 공유해 변화의 과정을 보여주면 불신을 신뢰로 전환할 수 있기 때문이다.

2) 변화 실행단계에서 소외감은 구성원들이 스스로 변화의 주체가 되지 못하고 있다고 느낄 때 주로 발생하기 때문에, 소외감을 해소하기 위해서는 구성원들에게 참여의 장을 마련해 주는 것이 중요하다. 이를 통해 구성원은 스스로를 혁신주체로 여기면서 오너십을 발휘하게 해야 한다.

구성원의 참여로 변화를 이끈 IBM Values' Jam

- 2003년 대규모 사업조정의 후유증을 치료하기 위해 핵심가치를 재정비하는데 임직원을 참여시킴.
  - 사업구조변신과 도약을 위해 IBM의 목표와 꿈을 새롭게 정비하고, 조직 내의 문제점을 구성원들이 직접 지적하고 고치도록 유도
- 전 구성원대상 참여의 장을 마련, 새로운 핵심가치에 대해 공감과 수긍을 유도
  - 새로운 핵심가치에 대해 온라인으로 72시간동안 전 임직원 대상 토론회를 진행하였고, 글로벌 종업원 32만 중 70%가 참여

자료: 기타시로 가쿠타로(2007), 춤추던 코끼리는 어떻게 되었을까?, 오토시 다쿠마 역, 비즈니스맵.

3) 변화확산단계에 이르면 구성원 스스로가 추진력을 발휘하지 못하도록 방해하는 무력감을 가장 경계해야 한다. 무력감은 적절한 권한과 책임을 부여하지 않거나 역량수준 이상의 급격한 변화를 추진할 때 발생하기 쉽기 때문에, 무력감을 없애기 위해서는 경영진은 구성원들에게 권한을 위임하고 지속적으로 동기를 부여하는 것이 중요하다.

냉소주의는 전염성이 강하므로 초기에 적극적으로 대응해야 한다. 또한 냉소주의를 구성원들의 단순한 감정 상태로 치부하여 그 영향력을 과소평가하지 않도록 주의해야 한다. 또한 경영진은 조직의 변화를 성공적으로 관리하기 위해 구성원들의 변화에 대한 거부감을 인정하고 지속적인 관심과 지원을 보내야 한다.

3.4.5. 기타 변화저항 극복방안/전략

조직변화에 대한 저항이 존재한다는 것은, 그 집행에 차질이 발생할 수 있음을 의미하기 때문에 경영자는 조직변화에 대한 저항을 극복해야만 한다. 조직변화에 대한 저항을 극복하는 몇 가지 전략을 살펴보면 다음의 <표 15-18>과 같다.

〈표 15-18〉 조직변화에 대한 저항극복 전략

조직변화 저항의 극복전략	• 변화가 구성원 및 고객의 목표와 요구에 일치시키도록 하거나 • 교육이나 커뮤니케이션을 통해 변화당위성을 인정토록 하거나 • 잠재적 반대자들을 변화에 대한 의사결정과정에 참여시키거나 • 무료시음/교육과 같은 인센티브 지급과 지원을 해주거나 • 조직이 위기상황일 경우, 강제나 강압으로 빠른 시간 내 변화를 일으키도록 해야 한다.

코터(Kotter, et. al., 1979)등은 변화저항의 극복방법으로 조직변화에 대한 참여적 반응에 영향을 미치는 관리방법을 다음의 <표 15-19>와 같이 6가지를 소개하고 있다.

〈표 15-19〉 조직변화에 대한 저항의 관리방법

관리 방법	사용되는 상황	장 점	단 점
교육과 소통	정보의 부족 또는 부정확, 분석의 부정확	일단 설득하면 변화의 진행에 협조적	사람이 많은 경우, 시간이 많이 소요됨
참여와 몰입	구성원 정보부족, 변화설계의 필요성, 상당한 저항세력	참여하게 되면 변화를 받아들이게 되고, 유용한 정보 이용가능	참여자의 변화설계에 많은 시간이 필요함
촉진과 지원	두려움이나 의구심으로 인해 저항할 때	다른 방법은 적절치 못함	시간/비용이 많이 필요하고 실패가능성
협상과 동의	변화에 실패하거나 저항세력이 클 때	상대적으로 주요한 저항을 피할 수 있음	타협을 위한 비용이 클 때가 있음
조작과 호선	다른 방법보다 쉽고 저렴	저항문제를 바르고 값싸게 해결	조작된 것을 안후에 문제발생
명시적/묵시적 압력	신속성이 필요하고 변화담당자가 힘이 있을 때	신속하고 모든 저항의 극복이 가능	변화담당자에게 반항하면 위험

제4절. 기업에서 주목받는 조직변화의 접근방법

현재 기업에서 조직변화의 접근법으로 주목받고 있는 조직개발과 조직학습 그리고 그 외의 방법에 대해 알아본다.

4.1. 조직개발(OD: Organizational Development)

조직변화는 비계획적(자연적) 변화와 계획적 변화로 구분할 수 있었고, 계획적 조직변화는 다시 변화추구의 궁극적 목적에 따라 1) 주어진 환경 속에서 조직의 생존 및 발전에 주로 관심을 갖는 경영 혁신론과 2) 조직구성원의 사기앙양과 인간적 성장을 가능하게 하는 조직을 만들려는 인본주의적 가치관에 입각한 조직 개발론으로 나누어 볼 수 있다. 조직개발의 개념과 특질, 조직개발 과정과 조직개발 시 유의점, 그리고 조직개발기법을 살펴보도록 한다.

4.1.1. 조직개발의 개념과 성격

조직개발이란 '조직구성원들의 가치·태도·신념 등을 변화시킴으로서 조직풍토의 쇄신을 통하여 조직의 유효성을 높이려는 노력'을 말한다. 즉 행동과학적 지식을 바탕으로 계획된 변화를 통하여 조직의 생산성과 구성원의 삶의 질을 향상시키고자 하는 과정 또는 활동으로 인간중심적인 관리방식을 행하는 것을 말한다.

조직개발이 조직의 변화를 효과적으로 도모하기 위해 다음의 <표 15-20>과 같이 세 가지를 가정하고 있다.

〈표 15-20〉 조직변화를 효과적으로 도모하기 위한 가정들

1. 조직의 시스템적 속성에 근거하여 조직의 어느 일부분의 변화는 다른 부분에도 영향을 미친다는 것이다.
2. 조직문화가 개인의 감정과 태도 및 성격에 영향을 미친다는 것이다.
3. 조직구조나 직무는 개인·집단·조직의 요구를 충족시키게끔 설계될 수 있다는 것이다.

또한 조직개발이 가지고 있는 성격과 의미를 살펴보면 다음의 <표15-21>과 같다.

〈표 15-21〉 조직개발의 성격과 의미

성 격	의 미
계획된 변화	구체적 목표를 가지고 철저한 진단에 입각하여 변화를 계획하고 실천한다.
공동노력 변화추구	변화에 영향 받는 조직구성원들의 참여와 몰입을 전제로 한다.
성과 지향적	성과를 높이는 방법에 초점을 둔다.
인본주의에 기초	구성원들의 잠재력을 극대화시켜 보다 효과적인 조직성과를 창출해 내는 데 주력한다.
시스템적 접근	조직의 한 부분/문제에 국지적 적용도 하지만 전체 조직시스템의 변화를 더 중시한다.
과학적	조직효과 증진에 효과가 있다고 입증된 기법들을 적용한다.

자료: Harvey, D. F. & Brown, D. R., An Experiential Approach to Organizational Development, Upper Saddle River, N.J.: Prentice-Hall, 1996.

4.1.2. 조직개발의 과정

조직개발의 과정은 조직변화의 수행과정과 유사하며, 일반적으로 진단, 개입, 그리고 강화 등의 세 단계로 구성되어 있다(신철우, 1998).

4.1.2.1. 진단(diagnosis)

이 단계의 목표는 문제에 대한 근본적인 원인을 분석·확인하여 적절한 변화를 계획하고 수행할 수 있도록 한다. 진단을 위해 컨설턴트를 고용할 수도 있다. 진단기법은 면접법, 설문지법, 관찰법, 2차 자료이용법이 이용되고 있다. 또한 진단결과를 분석할 수 있는 워크숍을 계획한다.

4.1.2.2. 개입(intervention)

여러 특정 활동들을 통해 변화목표를 추구하는 단계이다. 워크숍 참석자들에게 자료를 분석하고 적절한 행동방향을 결정하는 방법을 지도한다.

4.1.2.3. 강화(reinforcement)

과정 점검 및 변화의 효과를 평가해서 계속적인 개선을 이룩할 수 있도록 진행하고, 평가를 위해 성과와 태도향상에 목표가 설정되어야 한다. 조직구성원의 적극적이고 상호신뢰성을 기반으로 변화를 수행하도록 하기 위해서는 즉 조직개발을 성공시키려면 구성원의 행동조사가 매우 중요하다.

4.1.3. 조직개발의 목적과 유의점

조직개발을 수행하는 목적은 다음의 <표 15-22>와 같이 정리할 수 있다.

〈표 15-22〉 조직개발 수행목적

- 조직구성원의 신뢰와 협동의 수준을 증대시키기 위해서
- 수평적·수직적·대각적으로 의사소통을 개방하기 위해서
- 개인과 집단이 갖는 책임감의 수준을 높이기 위해서
- 내적 충실화에 의한 조직변혁을 위해서
- 조직의 유효성과 건강도 증진을 위해서
- 조직구성원들의 모티베이션 제고를 위해서
- 조직구성원의 만족수준 증대를 위해서
- 새롭고 창조적이고 조직적인 해결책을 마련하기 위해서
- 조직의 자기혁신능력을 개발하기 위해서
- 조직변화의 교육전략실행을 위해서

이러한 조직개발의 수행목적을 달성하기 위해서는 조직개발을 시도할 때에 유의점들을 분명히 이해하고 고려하여야만 한다. 조직개발에 유의점은 다음의 <표 15-23>과 같다.

〈표 15-23〉 조직개발에 유의점

- 인간은 자기실현과 성장에 대한 욕구를 갖기 때문에 조직구성원들은 책임 있는 직무를 맡고, 그 직무수행을 통해서 성장할 수 있도록 조직분위기가 유지되어야 한다.
- 의사소통의 네트워크는 개방적으로 유지되어야 하고, 조직상의 갈등에 대해서는 모든 사람들이 정면대결 할 수 있도록 조직이 유지되어야 한다.
- 조직구성원들은 집단 내에서 인정을 받고, 협조적으로 일하기를 원하기 때문에 집단 내에서의 인간관계는 개방적이고 솔직한 가운데서 유지되어야 하며, 상호지원적인 감정이 성원들 간에 충만 되어야 한다.

4.1.4. 조직개발의 기법

조직개발에 사용되는 수많은 기법들 중에서 대표적인 것을 개인, 집단, 조직수준에 따라 간략하게 정리해 보면 <표 15-24>와 같다.

〈표 15-24〉 조직개발기법의 대표적인 예

수 준		해결해야 할 문제	조직개발기법
개 인		다른 사람과의 관계에서 발생하는 문제	자문, 역할분석기법, 교류분석, 감수성훈련
집단	집단 내/리더십	집단으로서의 활동 시 부딪히는 문제	과정 자문법, 팀 구축법, 그리드기법, 브레인스토밍기법
	집단 간	다른 집단과의 관계에서 발생하는 문제	제3자 개입(화해기법), 집단 간 거울기법, 집단 간 팀 구축법
조 직		조직을 효과적으로 기능하게 하는데 발생하는 문제	조사연구피드백, 근로생활의질 프로그램

자료: Wagner & Hollenbeck, 1995.

4.1.4.1. 개인수준의 행동개발 관련기법

개인수준에서의 행동개발방법으로는 전통적으로 강의, 사례연구, 역할연기 등의 대부분 교육훈련방법과 감수성훈련, 행동수정, 교류분석 등이 여기에 속한다.

감수성 훈련은 '자기 자신의 행동과 자기행동이 타인에게 주는 영향에 대한 이해를 증진시킴으로서 자신에 대한 자아의식을 높이고 대인관계에서 자신의 행동을 분석하여 자신의 행동을 개선할 수 있는 능력을 길러주는 기법'이다. 행동수정은 '작동적 조건화 측면과 적극적 강화측면을 적용하여 개인의 바람직한 행동을 유도하는 행동개발방법'이다. 이는 행동과학전문가나 변화당사자들의 개입·지원 하에 실무관리자에 의해 실행된다.

교류분석은 정신과 의사인 에릭 번이 개발한 인간행동에 대한 이론으로, 이는 '퍼스낼리티 이론이며 개인의 성장과 변화를 위한 체계적인 심리치료법'이라고 국제교류협의회가 정의하고 있다. 교류분석의 3대 응용영역으로 임상심리, 교육상담, 조직행위를 들고 있으며, 조직행위분야에는 리더십 개발, 기업혁신, 직장활성화, 팀 구축 등을 위한 기법으로 쓰일 수 있다고 한다.

4.1.4.2. 집단수준의 행동개발 관련기법

집단수준에서의 행동개발 관련기법은 팀 구축법, 집단대면기법, 과정 자문법, 제3자 조정법 등이 있다. 이들의 개념 및 내용을 간단히 살펴보면 다음과 같다.

팀 구축법은 '집단구성원간의 비공식적인 관계를 중시함으로서 조직 내 다양한 구성원들로 팀을 이루고 합숙하면서 토론하게 하여 문제의 진단과 개선을 목적으로 하는 조직개발기법'으로 집단행동개발에 있어서 가장 중요한 방법이다.

집단대면기법은 '집단 간 갈등을 해소하기 위한 기법으로, 변화담당자가 중심이 되어 상호이해를 증진시키고 잠재된 문제를 인식시켜 이의 해결책을 모색'하는 것이다.

과정 자문법은 '외부 컨설턴트의 도움을 받아 집단 내 혹은 집단 간에 발생하는 갈등의 과정을 개선하려는 기법'으로, 조직이나 구성원들이 조직 내 혹은 집단 내에서 일어나는 조직운영 및 인간관계상에 나타나는 문제에 대한 분석능력과 해결능력을 향상시키기 위한 기법이다.

제3자 조정법은 과정자문법의 특수형태로서 개인적, 집단 간의 갈등해결을 근본목적으로 삼고 있다. 이 기법은 과정자문법과 마찬가지로 갈등의 원인을 진단하고, 제 3자 컨설턴트를 통해 갈등에 대한 건설적인 대책과 해결을 촉진하고자 노력한다.

4.1.4.3. 전체조직수준의 행동개발 관련기법

전체조직수준에서의 행동개발 관련기법은 그리드 훈련법, 관리자 대면기법, 시스템Ⅳ기법, 목표관리 등이 있다. 이들의 개념 및 내용을 간단히 살펴보면 다음과 같다.

그리드 훈련법은 '리더십의 관리격자이론으로 생산에 대한 관심과 인간에 대한 관심이 다 같이 높은 9·9형의 리더를 개발시키기 위한 기법'이다.

관리자 대면기법은 관리자들을 7~8명의 소집단으로 구성하여 대면을 통한 적극적인 협조와 개방적인 문제분석으로 동기의 장애요인과 효율적인 조직운영의 장애요인이 무엇인지를 분석하고, 이들 요인을 제거하기 위한 방안을 모색한다.

시스템Ⅳ기법은 리커트의 시스템Ⅳ 조직이론을 토대로 하여 조직체에 대한 조직구성원들의 반응을 중심으로 조직행동을 개선해 나가는 것이다.

목표관리(MBO)는 '참여의 과정을 통하여 조직의 목표를 명확히 하고 체계화함으로서 관리의 효율을 기하고자 하는 전사적인 목표관리기법'이다. 이 기법은 드러커가 제시한 이후 여러 학자들과 조직개발전문가들에 의해 많이 보완되고 수정되어 왔다.

이처럼 개인, 집단, 그리고 조직수준에서의 조직개발기법들을 살펴보았다. 조직개발이 조직구성원들의 만족을 극대화하기 위해서는 다음의 <표 15-25>와 같은 조건들이 충족되어야 한다. 또한 경영자는 조직개발이 효과적으로 수행되도록 환경요소와 조직특성을 분석한 후, 구성원의 협조와 참여 속에 실시해야 한다.

〈표 15-25〉 조직개발의 성공조건

• 최고경영자를 비롯한 임원 및 관리자들이 조직의 문제를 명확히 인식해야 한다. • 행동과학자들을 컨설턴트로 활용해야 한다. • 최고경영자의 가시적인 지원과 의지가 있어야 한다. • 각 작업집단 리더의 적극적인 참여가 있어야 한다. • 조직개발의 초기노력이 성공해야 한다. • 조직개발에 관하여 구성원이 올바른 이해를 하도록 교육을 실시한다. • 조직개발 경과에 대한 평가가 정기적·체계적으로 이루어져 전사적 협조·지원을 받아야.

4.2. 조직학습(OL: Organizational Learning)

최근 들어 정보 및 지식기반사회에서의 조직학습이니 학습조직이니 하는 경영의 신조류가 자주 거론되고 많은 책도 출간되고 있다. 경영현실에서 그리고 인간존중경영에 있어서 조직학습이 어떤 의미를 갖는가를 알기 위해 먼저 정의를, 다음으로 조직학습의 단계를, 그리고 참여경영실현에 있어서의 조직변화의 중요성을 살펴보도록 한다.

4.2.1. 조직학습의 개념과 성격

조직학습은 "새로운 지식·정보 및 통찰을 얻음으로서 조직의 행위 즉 관습정책, 일의 운영방식 등과 같은 조직의 일상적인 행위규칙을 변화시키는 과정"이다(마퀴드 외, 1994; Stata, 1989). 조직이 환경변화에 대응하기 위해서 이전까지 지녀오던 행동패턴을 변화시킬 수 있을 때, 조직학습은 발생한다. 이러한 조직학습을 하는데 능숙한 조직을 학습조직(learning organization)이라 한다.

조직학습의 근거가 되는 기본가정은 변화하는 상황 속에서 조직이 생존 및 성장하기 위해서는 조직구성원이든 아니면 조직자체이든지 끊임없이 학습해야만 한다는 것이다. 조직학습의 성격과 그에 따른 내용들을 <표 15-26>과 같이 정리할 수 있다.

〈표 15-26〉 조직학습의 성격과 내용

성 격	내 용
집단적/ 지속적 학습	• 조직구성원 상호간의 학습을 통해서 나타나며, 이런 배움의 과정은 지속되어야 한다는 면에서.
부과된 학습	• 조직구성원이 학습하지 않을 경우, 과제를 직접주거나 학습하지 않고서는 견딜 수 없는 조직분위기를 만들어서라도 학습하게끔 한다는 면에서.

다면적 학습	• 조직의 여러 단계와 구성단위에서 원칙, 규칙, 통찰에 대한 개방적이고 계속 학습이라는 의미에서.
폐기 학습	• 새로운 지식과 통찰을 얻기 위해서는 예전에 가졌던 관습, 선입견, 낡은 지식을 먼저 버려야 한다는 의미에서.

4.2.2. 조직학습의 주체와 순환과정

조직학습의 주체는 개인, 집단, 조직모두로, 필요할 경우 조직에서 팀을 만들어 집중적으로 학습시킬 수도 있고, 어느 한 개인이 학습한 바를 조직전체로 확산시킬 수도 있으며, 조직차원에서 전략이라든가 정책이 조직구성원이나 집단으로 하여금 학습하게끔 할 수 있다. 또한 조직학습은 아래의 <표15-27>과 같이 일정한 순환단계를 거쳐서 일어난다.

〈표 15-27〉 조직학습의 순환단계

순환 단계	내 용
지식 창출	• 개인이나 조직 내 특정집단이 다른 조직 혹은 과거의 실패나 성공경험 등으로부터 새로운 지식을 습득하고
지식 공유	• 이렇게 습득한 지식을 다양한 네트워크를 통해 조직 내 다른 개인과 집단에게 전파해 공유하며
지식 저장	• 공유된 지식을 매뉴얼이나 업무관행 등으로 공식화시켜 사용하고
지식 폐기	• 기존에 조직이 갖고 있었던 지식을 폐기하는 순환과정을 통해 이루어진다.

4.2.3. 조직학습의 중요성

위의 특징을 가진 조직학습은 참여경영의 실현에 있어 다음과 같은 중요성을 갖는다.

1) 조직학습은 조직 임파워먼트와 연계되어 조직변화를 가능하게 한다. 한 개인이 개인학습을 하지 않고 자신을 임파워먼트 시킬 수 없듯이 마찬가지로 조직도 조직학습을 하지 않고서는 조직 임파워먼트와 그로 인한 조직변화도 기대할 수 없게 된다(박원우, 1992).
2) 조직이 조직학습을 촉진하는 과정에서 참여경영의 기초를 다질 수 있는데 그 중요성이 있다. 개인의 학습과 집단의 학습이 확장되어 조직학습이 이루어지게 되는데, 이 과정에서 조직은 구성원의 개인역량을 강화시켜 개발시키고 또한 집단수준에서 집단의 자율기반을 구축함으로서 참여경영을 실현하기 위한 기초를 튼튼히 할 수 있다.

4.2.4. 학습조직(learning organization)의 촉진 및 실행

학습조직은 "지속적으로 지식을 창출하고 획득하며 이전하는데, 그리고 새로운 지식과 통찰력을 기초로 해서 조직의 전반적인 행위를 변화시키는데 능숙한 조직"을 의미 한다Garvin, 1993). 학습은 조직구성원의 역량과 조직의 변화능력, 그리고 조직의 경쟁력을 제고시키는 기능을 담당하는 매우 중요한 활동이며, 학습의 양과 질은 잘 관리하면 증대될 수 있기 때문에 조직성과를 향상시키는데 필수적이다. 이러한 학습조직의 필요성이 증대되는 이유는 1) 이전에 습득된 개인 혹은 조직의 지식, 정보, 또는 능력이 빠른 속도로 진부화 되고 있다. 2) 정보기술의 발전(자동화 등)으로 인해 조직 내에서 사람들이 수행하는 일의 성격이 반복적이고 일상적인 업무에서 비일상적이고 새로운 지식을 요하는 업무로 많이 바뀌었다는 점을 들 수 있다. 그리고 3) 기업이 불확실한 환경에 능동적으로 대처하기 위해서는 조직차원에서 학습능력의 제고가 중요하다는 점을 들 수 있다.

학습조직은 이처럼 조직학습이 아주 능숙하게 이루어지는 조직으로 이를 촉진·실행시키기 위한 방안으로는 아래의 <표 15-28>과 같이 정리할 수 있다.

〈표 15-28〉 학습조직을 촉진 · 실행시키기 위한 방안

1. 조직 내 개방적인 분위기를 유지시켜야.	토론·비판 장려
2. 학습하기 위한 학습에 맞는 제도적 장치가 마련되어야.	학습할 시간, 교육프로그램 충분히 제공-학습의욕 제고
3. 학습단위로서 팀의 역할을 강화해야.	학습결과 실험할 단위로 운영
4. 환경탐색을 강화해야.	경계역할부서 활용
5. 조직비전을 관리하고, 이를 구성원들과 공유해야.	조직비전이 학습능력제고·촉진
6 학습결과로 나오는 성과들이 보상과 적절히 연계되어야.	학습효과 측정기준 마련

4.3. 최근 경영자관심을 끌었던 조직변화 프로그램들

기업에서 조직변화를 성공적으로 이룩하기 위한 다양한 프로그램들이 제시되고 있지만, 최근에 경영자들의 관심을 끌었던 조직변화 프로그램들을 정리해 보면 다음의 <표 15-29>와 같다.

〈표 15-29〉 최근에 경영자들의 관심을 끌었던 조직변화 프로그램들

개 념	내 용
학습조직	학습이 조직성패의 핵심이라는 개념. 경영자는 전체그림을 이해할 줄 알아야 하며, 시스템 각 부분들 간의 관계를 간파해야 한다.
리엔지니어링 (업무과정 혁신기법)	직무특성과 직무과정에 초점을 두고 관리시스템과 과정을 근본적으로 재설계하는 것. 일이 기능이나 과업중심이 아니라 최종결과(또는 고객) 중심으로 재구축 되어야 한다.
리스트럭처링 (조직구조 개혁기법)	업무프로세스, 공식적·비공식적 조직구조의 변화에 중점을 두는 프로그램
핵심역량	조직이 제일 잘할 수 있는 역량을 찾아내어, 그들 중심으로 조직화 되어야 한다는 개념. 전략은 이러한 핵심역량중심으로 구축되어야 하며, 제품이나 시장중심으로 구축되어서는 안 된다.
임파워먼트 (능력/동기부여 기법)	인적요소에 초점을 두고 권한위임, 능력함양 등을 통해 조직구성원의 질적 변화에 관심을 갖게 됨.
6 시그마 (Six Sigma)	생산품의 불량률을 백만 개 중 3~4개 수준으로 낮추려고 시작한 경영혁신운동으로, 측정-분석-개선-관리(MAIC)의 과정을 통하여 문제를 찾아 개선해가는 과정.
ERP	기업 전체의 경영자원을 효과적으로 관리하기 위하여 기업전반의 업무프로세스를 통합 관리하여 경영 상태를 실시간으로 파악, 관리함으로서 효율성을 높이는 방법
BSC	조직의 비전·사명과 전략을 측정, 관리할 수 있도록 포괄적인 측정지표로 바꾸어 관리함으로서 조직의 비전·사명, 전략과 관리활동을 연계시켜주는 혁신기법.
TQM	전사적인 품질경영으로서 제품이나 서비스뿐만 아니라 경영과 업무수행, 구성원 자질까지도 품질개념에 넣어 관리해야 한다고 주장하는 혁신방법.

제16장 조직구조와 설계

프로팀은 누구를 위하여 존재하는 것인가? 당연히 팬을 위해 존재한다. 팬들을 즐겁게 하고 만족시키기 위해서는 선수들이 경기에 이기고 멋들어진 팬서비스를 해야 한다. 즉 성과를 창출해야 한다. 그래야 팬들이 열광하고 구장을 찾아준다. 그렇다면 그러한 프로팀의 내부조직은 누구를 위해, 누구를 중심으로 운영되어야 할까? 구단주? 감독이나 코치? 물론 그들 모두 중요하며, 조직역시 반드시 유능하게 자기역할을 하는 사람들로 포진되어야만 한다. 하지만 유능한 프로팀은 무엇보다 성과를 창출해내는 선수를 위해, 선수중심으로 운영된다.

기업은 누구를 위해 존재하는가? 기업들 역시 고객을 위해 존재한다. 여기서의 고객은 내부의 고객과 외부의 고객 모두를 일컫는다. 기업은 고객들에게 지속적인 가치창출을 제공함으로서 고객만족을 시켜야 한다. 이를 위해서는 끊임없는 성과를 창출해야만 하고, 지속적 성과창출을 위해서는 기업내부조직이 내부고객인 조직구성원들을 위해, 구성원 중심으로 운영되어야 한다.

이처럼 기업경영을 하는데 있어서 조직구성원들이 상호협력적인 참여 속에서 조직목표를 원활하게 달성하도록 하기 위해서는 조직의 구조적인 측면에 관한 문제에 관심을 두어야 한다. 또한 참여경영을 실현하기 위해서는 현재의 조직을 단순히 개선하는 차원에서 그치는 것이 아니라, 발상을 전환하여 새로운 형태의 조직구조로 재설계해야 한다.

따라서 본장 제1절에서는 조직구조의 이해를 돕기 위해 조직구조의 개념과 중요성, 조직구조의 구성요소 등에 대해 알아보고, 제2절에서는 조직설계와 관련된 주요이론들을 살펴본다. 그리고 제3절에서는 새로운 조직설계 대안과 참여경영을 실현할 수 있는 조직구조 설계지침을 살펴보도록 한다.

제1절. 조직구조에 대한 이해

조직구조의 이해를 돕기 위해 조직구조의 개념과 중요성, 조직구조의 구성요소 등에 대해 어떤 것들이 있는지를 살펴보도록 한다.

1.1. 조직구조(organizational structure)의 개념과 중요성

조직구조란 '어떻게 업무가 공식적으로 나누어지는가, 묶어지는가, 그리고 조정되는가를 결정하는 것'을 의미한다. 즉 기업의 성공적인 경영활동을 위해 일과 부서, 직위 등을 배열해 놓은 틀 또는 뼈대를 말한다. 우리는 집의 전체적인 모습을 한옥이냐 양옥이냐, 보다 구체적으로 초가집, 기와집, 아파트, 단독주택, 빌라 등으로 구분해 볼 수 있는 것과 같이, 기업의 조직구조도 형태에 따라 다양하게 분류할 수 있는데, 이를 조직의 형태(organizational form) 또는 구조적 형태(structural form)라고 한다(hall, 1991).

조직설계(organizational design): 조직목표달성을 위해 가장 적합한 조직구조를 구축하는 것을 가리키는데, 여러 구체적인 조직형태들 중에서 필요한 형태를 선택·결정하거나 기존의 조직구조를 변화시키는 활동.

이런 조직구조 또는 조직형태가 참여경영을 실현하는데 있어서 중요성과 그 이유는 다음의 <표 16-1>과 같이 정리할 수 있다(신유근, 1997).

〈표 16-1〉 참여경영실현에 있어 조직구조/조직형태의 중요성과 이유

중요성	이 유
1. 조직유효성 결정하는 중요요인.	구성원 및 부문들이 일정관계 속에서 전사적 경영목표달성을 위해 상호 유기적으로 협력하게끔 기본적인 틀·바탕 제공해 주기 때문
2. 어떤 부문이 조직 내 갖는 규모, 위상, 타부문과 관계/역할규정.	이 과정을 통해 권력균형유지, 자원배분순위결정, 업무수행절차와 갈등관리·조정방법을 명백히 해, 구성원간, 부문간 이익 및 책임공유토록 함
3. 조직 내 각 부문간의 상호작용과 구성원의 행동 및 사고를 규정.	분권적/수평적 조직구조는 부문간의 상호작용을 촉진, 구성원들이 개방적 참여와 수용하는 사고와 행동을 갖도록 영향을 미침.
4. 조직학습을 촉진하는 요인	조직 속에서 자기역할수행을 함, 이때 역할을 둘러싼 상황변화에 의해 새 역할에 따르는 가치, 규범, 지식, 행동방식을 학습한다.
5. 바람직·참여적인 기업문화 창달에 중요역할을 함.	조직구조재설계나 타 계기로 변화시에 구성원의 행동체계 변화요구로 구성원들이 새로운 가치, 태도, 신념을 공유하게 됨.

1.2. 조직구조의 구성요소

조직구조의 개념을 우리들의 집에 비유해보면 구조물의 구성요소로 철근, 모래, 시멘트 같은 건축 재료들을 들 수 있는 것처럼, 깁슨 등(Gibson et al., 1991)은 조직구조를 "조직 내 직무들 사이에 존재하는 비교적 고정되어진 관계들"로 보고, 그 구성요소로서 다음의 <표 16-2>와 같이 4가지 즉 조직목표달성을 위해 필요한 업무들을 할당하는 방법(노동의 분화), 업무의 효율성을 추구하기 위해 개인들의 직무들을 유사한 직무끼리 재조합 또는 묶는 방법(부문화), 업무를 어느 정도나 담당자의 재량에 맡길 것인가를 정하는 방법(권한의 배분), 업무수행을 위해 필요한 규정과 절차를 명시하는 방법(공식화)등을 제시하고 있다. 반면에 다프트((Daft, 2010)는 관리자들이 조직구조를 설계할 때 6가지의 주요요소(업무전문화, 부서(문)화, 명령체계, 통제범위, 의사결정의 집권화와 분권화, 그리고 공식화 등)를 고려하여야 한다고 주장한다. 이들 구성요소들을 구체적으로 살펴보면 다음과 같다.

〈표 16-2〉 조직구조의 구성요소

조직구조의 구성요소		내 용
구조(Structure)		• 조직 내 직무들 사이에 존재하는 비교적 고정되어진 관계들 (relatively fixed relationships)과 관련.
고정되어 진 관계들 (fixed relation-ships)	노동의 분화 (Divison of labor)	• 전체과업은 단위내 사람들 사이에 더 작은 직무들로 분할되거나 분화되어진다.
	부문화 (Departmen-talization)	• 개인들의 직무들은 재결합 또는 함께 집단화되어진다. 집단화를 합리화하기 위해 공통적인 근거(기초)를 명료하게 밝히게 된다.
	통제의 범위 (Span of control)	• 한 상사(감독)에게 보고하는 집단의 적절한 규모는 결정되어져야 한다.
	위임(Delegation)	• 권한은 직무들의 집단들 사이에서 분산되어진다.

전문화(Specialization)			
노동(과업)의 분화	High --------------------------	--------------------------	Low
기초, 근거(Basis)			
부문화	Homogeneous---------------	--------------------------	Heterogeneous
수(Number)			
통제의 범위	Few--------------------------	--------------------------	Many
위임(Delegation)			
권한	Centralized ------------------	--------------------------	Decentralized

1.2.1. 노동의 분화(과업의 분화 혹은 업무전문화)

이는 "경영목표나 경영계획을 고려하여 필요한 일(작업)을 결정하고, 이를 명확히 하여 담당자에게 할당하는 활동"을 말한다(Koontz & Weihrich, 1990). 이는 조직 내 활동이 독립된 작업으로 분리되어 있는 정도를 의미하는 것으로서, 이런 전문화로 경제적 효율성이 향상되는 분업효과를 얻을 수 있다.

노동 분화 또는 업무전문화의 핵심은 전체업무를 한 개인이 수행하는 것이 아니라, 여러 단계로 나누어져서 각 단계가 다른 사람에 의해 완수되는 것이다. 요약하면, 개인들이 전체 업무보다 업무의 일부분을 전문적으로 수행하는 것이다. 또한 노동의 분화가 많이 되었느냐 그렇지 않느냐는 분화된 직무의 복잡성(complexity)을 통해 알 수 있다.

20세기 초까지 관리자들은 업무전문화를 생산성 증가의 끊임없는 원천으로 보았지만, 1960년대에는 어떤 업무에서는 전문화로 인한 인간 비경제성(human dis-economies)이-싫증, 피로, 스트레스, 저생산성, 저 품질, 높은 결근율, 그리고 높은 이직률 등- 경제적 이득을 앞지르게 될 경우, 생산성은 업무활동범위를 줄이기보다 확대함으로서 더 증가될 수 있다. 또한 종업원에게 다양한 업무활동을 제공하고 팀을 구성해 기능을 주고받게 함으로서 생산성과 종업원 만족도가 증가한다는 것을 알게 되었다.

오늘날 대부분의 관리자들은 업무전문화가 업무에 미치는 경제성과 너무 지나쳤을 때 나타나는 부작용을 모두 인정하고 있다.

1.2.2. 부문(서)화(departmentalization)

업무전문화를 통해 업무를 나누었으면, 공통 업무가 조화를 이룰 수 있도록 함께 묶을 필요가 있다. 이처럼 업무들을 서로 묶는데 사용되는 기본 원칙을 부문(서)화라 한다. 활동을 그룹화 하는데 가장 널리 쓰이는 방법 중 하나가 수행되는 기능(function)별, 조직이 생산하는 제품(product) 또는 용역(service)의 종류, 지리(geography)나 지역별, 공정(process)별, 그리고 회사가 목표로 하는 고객(customer)별 등에 의해 부문(서)화 될 수 있다. 부문화를 위한 그룹화유형에 따른 장점과 예는 다음의 <표 16-3>과 같다.

〈표 16-2〉 그룹화 유형에 따른 장점과 예

그룹화 유형	장 점	예
기능별	비슷한 전문가들이 함께 일함으로서 효율성을 높일 수 있고, 규모의 경제성 추구	회계, 생산, 인적자원, 구매관리 등
제품/용역별	각 제품관련 모든 활동이 한 관리자의 책임 하에 있어 제품성과에 대한 소재가 분명하다.	P&C의 타이드, 팸퍼스, 차민, 프링글스 등
지리/지역별	회사의 판매기능이 동부, 남부, 중서부, 서부지역 등으로 나누어짐	
공정별	운전면허증 발급시 여러 부서를 거쳐 면허증을 교부받음	자동차관리부서, 면허부서, 재정부서 등
고객별	MS의 4종류 고객시장	소비자, 대기업, 소프트웨어 개발자, 중소기업

1.2.3. 통제범위(span of control)

이는 '한명의 관리자가 효율적이고 효과적으로 지휘할 수 있는 부하직원의 수'를 의미한다. 이 개념은 조직 내 계층의 수와 관리자의 수를 결정하기 때문에 중요하다. 넓은 통제범위는 원가의 면에서는 더 효율적이지만 유효성이 떨어질 수 있다. 즉 통제범위가 너무 넓으면 관리자가 리더십과 지원을 제공할 시간을 잃게 되어 종업원의 성과가 떨어질 수 있다. 반면에 좁거나 작은 통제범위는 밀접한 통제를 할 수 있지만, 계층이 늘어나기 때문에 비용이 많이 들고, 의사소통의 속도가 느려지며 상위관리진은 현안에서 동떨어질 수 있다. 또한 좁은 통제범위는 심한간섭을 초래하여 종업원의 자율성을 저해할 수 있다.

최근 수년간의 추세는 넓은 통제범위이다. 그 이유는 기업들이 원가를 절감하고, 간접비용을 줄이며, 의사결정속도를 향상시키고, 유연성을 증가시키고, 고객에게 밀착하며, 종업원에게 권한을 위양하는 노력을 보인 것과 일치한다. 그러나 넓은 통제범위로 인해 종업원의 성과가 줄어드는 것을 막기 위해 기업들은 종업원의 교육훈련에 많은 투자를 하게 되었다.

1.2.4. 권한위임(Authority delegation)

이 개념은 권한의 집중과 분산 혹은 위임의 정도에 따라 집권화와 분권화로 구분할 수 있다. 집권화(centralization)는 '의사결정 권한이 조직 내 어느 한 지점에 집중되어 있는 정도'를 말한다. 반면에 분권화(decentralization)는 '의사결정 권한이 조직 내 어느 한 지점에 집중되어 있지 않고 분산되어 있는 정도'를 말한다.

이 개념은 공식적 권한-개인의 공식적 지위에 내재되어 있는 권리-에 국한되며, 집권화된 조직과 분권화된 조직은 본질적으로 다른 구조를 갖고 있다. 집권화된 조직에서는 최고경영층이 거의 모든 의사결정을 내리고 하위수준의 관리자들은 내린 결정을 단순히 집행하는 역할만을 수행한다. 반대로 분권화된 조직에서는 업무의 실행과 가장 밀접한 실무자 선까지 의사결정권이 내려온다. 따라서 분권화된 조직에서는 문제해결을 위한 조치가 신속하게 내려지고, 더 많은 사람이 의사결정에 참여하며, 종업원들은 그들의 직장생활에 영향을 미치는 의사결정을 내리는 사람들과 거리감을 덜 느낄 수 있을 것이다.

관리자들이 조직을 더 유연하고 환경에 잘 반응하게 만들려는 노력과 함께, 의사결정의 분권화 추세가 뚜렷이 나타나고 있다.

1.2.5. 공식화(formalization)

이는 '조직 내의 업무가 표준화 되어있는 정도'를 나타낸다. 공식화가 높은 조직은 직무기술서가 잘 정리되어 있고, 조직 내 규정이 많으며, 업무절차가 세부적으로 명시되어 있기 때문에 종업원이 자기 업무에 미치는 영향은 줄어든다. 반면에 공식화가 낮으면 업무는 프로그램화되어 있지 않고, 종업원들은 자기업무에서 자유를 누리고 재량권을 가지고 있다. 개인의 업무에 대한 재량권은 조직에 의해 미리 프로그램화된 업무관련 행동의 양과 반비례 한다. 따라서 표준화는 종업원이 다른 대안의 행동을 취할 가능성을 줄여줄 뿐만 아니라 심지어 대안을 생각해 볼 필요를 없애기도 한다.

1.2.6. 명령체계(chain of command)

이는 '조직의 가장 높은 지위로부터 가장 낮은 지위까지 연결하는 선'으로서 권한체계와 누가 누구에게 보고하는가를 명시한다. 권한과 명령의 통일성을 생각하지 않고서는 명령체계를 논할 수 없다. 권한은 관리직위에 속하는 고유의 권리로서 명령을 내리고 그 명령에 복종을 기대할 수 있게 한다. 그리고 명령의 통일성은 부하직원은 오직 한명의 상사에게 직접적인 책임을 짐으로서, 이 원칙은 권한의 체계가 끊어지지 않게 도와준다. 명령체계 개념은 조직설계의 기본토대역할을 했지만 오늘날은 그다지 중요하지 않다. 하지만 아직도 많은 기업이 명령체계를 강조함으로서 생산성을 향상시킬 수 있다고 믿는다.

제2절. 조직설계와 관련된 주요이론

참여경영의 실현에 적합한 조직구조를 재설계하기 위해서는 그 이론적 기반이 되는 조직설계 이론에 대하여 알아둘 필요가 있다. 조직설계와 관련된 이론적 논의들로는 조직의 기본 형태로 기계적 조직과 유기적 조직, 보편론적인 조직설계이론, 그리고 상황론적인 조직설계이론에 대하여 살펴본다.

2.1. 조직 기본형태: 기계적 조직과 유기적 조직

환경의 불확실성에 적응하기 위한 조직설계의 형태로서 기계적 조직과 유기적 조직에 관한 개념을 살펴보면, 기계적 조직(mechanistic organization)이란 "마치 기계가 어떤 정형화된 절차에 따라서 작동하는 것처럼, 안정적인 환경에서 표준화되고 규정된 절차 및 방식에 의해 경영조직을 운영하는 개념적 조직형태"이다(Kreitner & Kinicki, 1995). 반면에 유기적 조직(organic organization)이란 "환경 또는 상황변화에 매우 탄력적으로 반응하면서 필요하다면 수시로 조직의 형태를 변형시킬 수 있는 유연성을 가진 조직형태"를 말한다. 즉 가변적인 상황에서 정형화시키기 어려운 업무를 수행하며, 그때그때의 상황에 적합한 행동방식을 개인의 능력에 크게 의존하는 경향이 강하다.

기계적 조직과 유기적 조직의 차이점을 다음의 <표 16-4>와 같이 정리할 수 있다.

〈표 16-4〉 기계적 조직과 유기적 조직의 차이점

구 분	기계적 구조	유기적 구조
적합한 한경	안정적 환경	동태적 환경
작업의 분업화	높음	낮음
커뮤니케이션	명령, 지시	충고, 자문
권한의 위치	조직의 최고층에 집중	능력과 기술을 가진 곳
갈등해결방식	상급자의 의사결정	토론, 기타 상호작용
정보의 흐름	제한되고 하향적	상하로 자유로움
공식화	높음	낮음

자료: T. Burns & G. M. Stalker, The management of Innovation(London: Tavistock, 1961.

기계적 조직은 효율의 극대화와 생산성 향상에 조직목표를 두고 기계적 방식에 주로 의존하여 과업을 수행하며, 공식화의 정도가 높고 합리성을 중시하면서 고정적인 업무분담이 이루어지는 특성을 보인다. 반면에, 유기적 조직은 유연성이나 적응력의 향상을 주요목표로 하고, 주로 구성원들의 창의적인 능력에 의존하여 과업을 수행하며, 문서화된 규칙이나 절차가 적어 공식화의 정도가 낮고 인간의 잠재성을 중시하는 특성을 보인다.

이러한 기계적 조직과 유기적 조직 중 어느 것이 더 효과적인가는 일률적으로 말할 수 없다. 그 이유는 조직이 처해있는 상황(규모, 기술, 전략 등)에 따라 달라지기 때문이다. 가장 효과적인 조직구조란 '직면한 환경의 특성에 적합한 구조'라는 것이다. 즉 안정적이고 확실성이 높은 환경에서는 기계적인 조직이 적절한 조직설계방법이며, 동태적이고 불확실성이 높은 환경에서는 유기적인 구조가 효과적인 조직설계방법이라는 것이다. 그러나 최근의 급변하는 경영환경 속에서 조직이 경쟁하고, 살아남고, 참여경영을 실천해 나가기 위해서는 유기적인 조직의 중요성이 점점 강조되고 있다.

2.2. 보편적인 조직설계이론(Universal Design Theories)

조직설계이론들은 크게 두 가지 유형으로 구분할 수 있다. 하나는 조직화를 위한 유일최선의 방법(one best way to organize)을 추구하는 보편적인 이론으로, 이에는 고전적인 조직이론(classical organization theory), 관료제 이론(bureaucratic organization theory), 그리고 시스템Ⅳ 이론(system Ⅳ organization theory)을 포함한다. 다른 하나는 현대적인 접근방법인 환경적응적인 설계이론(Contingency design theory)이다. 보편적인 이론에 속하는 세 가지 중요 이론들은 현대적인 접근방법인 환경적응적인 설계이론을 이해하기 위한 기초로서 설명되어진다. 아래의 <표 16-5>는 미시적 조직설계의 중요이론들(Macro-Organization Design Theories) 사이에 관계를 표시하였다.

〈표 16-5〉 미시적 조직설계 이론의 개발

고전적 이론		시스템 Ⅳ 이론
• 조직의 원칙들 • 공식적인 조직 • 생산과 효율성 초점		• 행위 강조 • 집단 중심 • 참여적인 과정 지향적 • 만족과 적응 초점
관료제 이론		
• 이상적인 유형 • 계층적 조직 • 생산과 효율성 초점		
	환경적응적인 설계이론	
	• 정보, 기술, 환경	

자료: Gibson, J. L., Ivancevich, J. M. & Donnelly, J. H., Organization: Structure, process & Behavior, 4th ed.(Homewood, IL: Irwin), 1982.

2.2.1. 고전적 조직이론(Classical Organization Theory)

20세기 초 계획화와 통제화를 포함하는 다양한 관리 과업들 중의 하나로서 조직구조를 설계하는 문제들을 학자들이 고려하였다. 대표적인 학자로는 페욜(Henri Fayol)로서, 그는 상호 관련된 과업들과 권한시스템을 설계하기 위한 가이드라인으로 5가지의 구조적인 원칙을 제시하였다. 제시된 <표 16-6>의 원칙들은 과업과 권한의 구조를 만들어내는데 있어서의 제해결해야 하는 주된 이슈들을 명확하게 한다고 믿었다.

〈표 16-6〉 페욜의 5가지 구조적 원칙

제 원칙들	내 용
과업의 분화 (Division of Work)	전문화, 과업 단순화 방법들, 기술적인 과업의 차원들
방향의 통일성 (Unity of Direction)	하나의 계획은 한 관리자에 의해서 지휘되어져야 한다.
집권화(Centralization)	분권화는 종업원부담과 역할을 무겁게 한다는 생각이 포함됨.
권한과 책임 (Authority & Responsibility)	관리자의 책임과 권한 사이의 관계
계층조직(Scalar Chain)	조직 내 모든 수직적인 커뮤니케이션을 위한 경로

조직구조를 설계하는 문제들을 고려한 초기학자들의 기여는 합리적으로 설계되어진 조직의 중요성을 꼽을 수 있다.

2.2.2. 관료제 이론(Bureaucratic Organization Theory)

막스 웨버의 분석에 의하면, 관료제는 공동(단체)활동에 대한 합리성의 사회학적인 개념과 관련이 있다. 이는 조직 내에서 구성원들의 행동예측성을 확인(신)하는 조직의 형태나 설계를 묘사한다.

관료제는 전문화, 공식화된 규칙과 규정, 기능적 부서로 그룹화된 업무, 집중화된 권위, 좁은 통제범위, 명령체계에 의한 의사결정 등을 통해 얻어지는 고도로 정형화된 업무의 구조이다. 관료제는 유쾌하지 않은 단어로 남아 있지만, 분명 장점은 표준화된 활동을 아주 효율적으로 수행하는 능력을 가지고 있다는 것이며, 반면에 약점은 지나치게 규칙을 따르는데 집착을 한다는 것이다.

따라서 관료제형태의 최대이익들을 성취하기 위해서는 다음의 <표 16-7>과 같은 설계전략들을 적용해야만 한다고 믿었다.

〈표 16-7〉 관료제 형태의 최대이익 성취를 위한 설계전략들

• 목표성취를 위해 필요한 모든 과업들은 높게 전문화되어진 직무들로 분화되어야 한다.
• 각 과업들은 다른 과업들의 협력과 통일성을 보장하기 위해 "추상적인 룰의 일관된 시스템"에 따라서 수행되어져야 한다.
• 조직의 관리자나 각 구성원은 감독에게 보고할 책임(의무)이 있다.
• 조직 내 각 관리는 부와 고객과 사회적 거리를 유지하면서 비인격적인 공식적 매너 속에서 비즈니스를 수행해야한다.
• 관료제 조직에서의 고용은 임의적인 면직(해고)에 대응해서 보호받을 수 있는 기술적인 자격증에 근거해야한다.

2.2.3. 시스템Ⅳ 이론(System Ⅳ Organization Theory)

리커트에 따르면, 효과적인 조직과 그렇지 않은 조직은 구조적인 차원에서 차이가 있다고 주장한다. 효과적인 조직은 관리자들에게 높은 성과목표들과 함께 효과적인 작업집단들을 만드는데 노력하도록 용기를 불어넣는 것에 근원적인 관심을 둔다.

고전적인 조직이론과 시스템 Ⅳ 조직이론의 차이점을 살펴보면, 아래의 <표 16-8>과 같이 정리할 수 있다.

〈표 16-8〉 고전적인 조직이론과 시스템 Ⅳ 조직이론의 차이점

과 정	고전적인 설계 조직	시스템 4 조직
리더십	• 인식된 자신감과 신뢰가 없다 • 상사와 직무문제논의 안 자유로움	• 상하간 인식된 자신감/신뢰포함 • 상사와 직무문제 논의 자유로움.
동기	• 두려움과 제제를 통한 육체적, 안전, 경제적 동기를 두드림 • 조직을 향한 비호의적 태도가 우세	• 참여방법을 통한 동기들의 전체 범위를 두드림 • 조직과 목표를 향한 호의적 태도
커뮤니케이션	• 정보흐름은 아래로 흐르고, 비 정확하고, 왜곡경향, 부하에 의해 의심	• 정보는 위/아래/측면 등 자유롭게 흐르며, 정확하고 왜곡 안 됨.
상호작용	• 닫히고 제한적이어서 부문목표, 방법, 활동 등에 적게 영향을 미침	• 열리고 광범위해 부문목표, 방법, 활동 등에 많은 영향을 미침
의사결정	• 조직의 위에서 발생, 집중화됨	• 그룹과정을 통한 모든 레벨에서 발생, 분권화 됨
목표설정	• 조직의 맨 위에 위치함. 집단참여를 방해함.	• 높고 현실적 목표설정에 집단참여를 독려함.
통제	• 집중화되고, 실수에 대한 책망의 고정화를 강조	• 조직구석까지 분산되고, 자신통제와 문제해결 방법을 강조
성과 목표들	• 낮고, 인적자원개발 몰입에 소홀한 관리자에 의해 수동적으로 찾음	• 높고, 인적자원에 대한 훈련과 개발몰입의 필요성을 인지하는 상관에 의해 활동적으로 찾음

이러한 과정들의 인식을 활용하기 위해서는 조직설계에 있어 3가지 개념 즉 1) 지원적인 관계의 원칙, 2) 집단의사결정과 집단적 감독방법, 그리고 3) 높은 성과목표 등이 이행되어야만 한다. 구조적으로 조직은 관리자들에 의해서 연결되어 있는 집단들의 세트로서 보여 진다. 이 견해는 관료제적 관계와는 대조적일 수 있다.

2.2.4. 매트릭스 구조(Matrix structure)

이는 본질적으로 두 가지의 기능적 그리고 제품별 부서화 형태를 결합한 것이다. 매트릭스 구조는 각 부서화의 장점은 살리고 약점은 피하고자 한다. 이 구조는 광고대행사, 연구개발 실험실, 건설회사, 병원, 대학, 경영컨설팅회사, 그리고 연예 기획사 등에서 볼 수 있다. 기능적 그리고 제품별 부서화의 장단점을 비교해놓은 것이 다음의 <표 16-9>이다.

〈표 16-9〉 기능적 그리고 제품별 부서화의 장단점을 비교

구 분	기능별 부서화	제품별 부서화
장점	같은 분야의 전문가를 함께 묶어서 필요한 수를 최소화하고, 전문화된 자원을 한자리에 모아 모든 제품을 배분해 주는 것이다.	전문가들의 조율을 통해서 일정과 예산을 준수하게 한다.
단점	다양한 기능별 전문가들의 업무를 조율하여, 그들의 활동을 예산범위 내에서 제시간에 마칠 수 있게 하는 것이 어렵다는 것이다.	제품과 관련된 모든 활동에 대한 분명한 책임을 제공하지만, 각 활동과 원가가 중복되어 발생하게 된다.

이 구조의 특징은 명령의 통일성을 파괴한다는 것이다. 이 구조하의 종업원은 기능관련 관리자와 제품관련 관리자 두 명의 상관이 있다. 즉 매트릭스는 이중 명령체계(dual line of command)를 가지고 있다.

매트릭스 구조의 강점은 조직이 복잡하고 상호의존적인 활동을 수행할 때, 조율을 용이하게 한다는 것이다. 이는 전문직종간의 직접적이고 빈번한 접촉을 통해 의사소통을 향상시키고 유연성을 증가시킨다. 또한 관료주의의 병폐를 감소시킨다. 즉 명령체계의 이원화는 부서원들이 자기들만의 작은 세계를 지키기에 바빠서 조직 전체목표를 등한시 하는 경향을 줄여준다. 또한 자원의 효율적 배치로 규모의 경제를 달성하게 하고 전문가의 효율적 배분을 가능하게 한다는 것이다. 반면에 단점은 그것이 가져올 수 있는 혼란, 구성원들의 권력에 대한 집착, 그리고 개인들이 받는 스트레스 등이 있다(T. Sy & L. S. D'annunzio, 2005; T. Sy & S. Cote, 2004).

2.3. 환경적응적인 조직설계이론(Contingency Design Theory)

경영리서치와 프랙티스에서 최근의 경향은 '조직이 상황에 적합하게 설계되어져야 한다.'는 것이다. 이는 어느 경우에나 항상 효과적인 조직구조가 존재할 수 없고 상황에 따라 달라진다는 조직설계의 관점이다. 환경적응적인 조직설계접근법의 본질은 다음과 같은 질문에 의해 표현되어진다. '어떤 주위환경 아래에서 그리고 어떤 상황들 속에서 고전적 이론이나 시스템 4 조직이 더 효과적인가?' 이 질문에 대한 대답은 관리자들에게 특별한 조직설계에 있어서 비교적 효과성에 영향을 미치는 환경속의 요소들을 구분하고 파악하기를 요구한다. 따라서 환경적응적인 조직설계접근법은 보편론적인 접근법보다도 상당히 더 복잡하다. 환경적응적인 조직구조 설계 접근법에서 고려하여야 할 환경요소로는 전통적인 상황이론에서 다루어 온 규모, 기술, 환경의 차이 등이 있고, 최근의 현대적 상황요인으로는 경영전략, 자원 및 정보, 사회문화적 요인의 차이 등이 있다. 그 이유는 이러한 환경적 요소들이 조직구조설계의 효과성에 많은 영향을 미치기 때문이다. 조직설계시 영향을 미치는 전통적 상황요인과 현대적 요인들을 살펴보면 다음과 같다.

2.3.1. 전통적 상황요인

조직설계시 고려해야 할 상황요인들로 전통적 상황이론에서는 규모, 기술, 환경의 차이 등을 들고 있다. 이들 요인들을 구체적으로 살펴보면 다음과 같다.

1) **규모**: 조직구조가 규모에 따라 달라진다는 것이다(Bluedorn, 1993). 예로 조직이 대규모화 될수록 작은 조직보다 전문화가 높고, 부서화가 높으며, 수직적 계층이 더 많아지며, 규칙과 규정이 더 많고, 의사결정이 분권화 된다. 규모가 커질수록 구성원 행동을 관리하기 힘들어지고 불확실성이 높아짐으로 이를 감소시키기 위해 규율, 절차, 직무기술서 및 기타 공식화기법을 도입해 구성원들을 통제하려한다. 이처럼 조직이 커질수록 규모의 영향에 대한 중요성은 줄지만 조직구조는 상당히 기계적인 구조로 변화될 것이다.
2) **기술**: 기술이란 용어는 '조직이 투입물을 산출물로 전환시키는 방법'을 의미하는 것으로, 조직이 활용하고 있는 제품생산기술이 어떤 특성을 갖고 있는지 즉 여러 기술을 구분하는 일상성의 정도(degree of routineness)에 따라서 일상적 업무를 수반하든지 비일상적 업무를 수반하기 때문에 조직유효성을 가장 높게 하는 조직구조는 달라진다. 예로 주문에 따라 달라지는 비일상적인 업무를 수반하는 수공양복점이나 신발주문제작 등의 단위소량 생산기술, 자동화나 표준화된 작업이 특징인 일상화된 업무를 수반하는 자동차산업 등의 대량

생산 조립공정 기술과 정유·화학 산업 등의 연속공정 기술에 따라 조직구조가 영향을 받으며, 이들 조직구조와 기술 양자 간에 적합관계가 있을 때 조직유효성이 높게 나타난다는 것이다. 예로 제품생산기술이 고정적으로 한 가지 제품만을 생산토록 되어 있어 제품변화가 거의 일어나지 않는 경우 조직은 전문화된 부서의 수, 관리계층의 수, 공식화를 위한 규정, 의사소통단계의 수가 많아진다.

3) **환경**: 환경의 요구에 대응하도록 조직을 설계해야만 조직유효성을 높일 수 있다. 조직의 환경은 제도나 외부의 요소로서 조직성과에 영향을 미칠 수 있는 것으로 구성되어 있다. 이런 것들은 보통 공급자, 고객, 경쟁자, 정부기관, 압력단체 등을 포함한다. 또한 조직구조는 환경적 불확실성에 영향을 받는다.

조직의 환경에는 세 가지 주요측면이 있다. 이를 다음의 <표 16-10>과 같이 정리할 수 있다.

〈표 16-10〉 조직 환경의 세 가지 주요측면

주요 측면	내 용
1. 용량 (capacity)	• 환경의 용량은 성장을 지원할 수 있는 정도를 가리킨다. • 자원이 풍부하고 성장하는 환경에서는 상대적으로 어려운 시기에 조직에 도움을 줄 수 있는 잉여자원이 생성된다.
2. 변화가능성 (volatility)	• 환경이 불안정한 정도는 이에 속한다. • 예측 불가능한 변화가 많을 때 환경은 역동적이다. 이런 환경서는 경영진이 여러 의사결정과 관련된 정확한 확률을 예측하기 어려워진다.
3. 복잡성 (complexity)	• 한경 요소들 사이의 이질성과 집중의 정도를 말한다. • 단순한 환경은 동질적이고 집중적인 반면, 이질적이고 산만한 특징이 있는 환경은 복잡하다 할 수 있다.

세 가지 주요측면에서 용량관련 풍부와 부족을 한 축으로, 변화가능성관련 역동적과 안정적을 한 축으로, 그리고 복잡성관련 단순과 복잡을 한 축으로 볼 때, 조직의 환경자원이 부족하고, 역동적이며, 복잡할수록 불확실성이 높아진다. 왜 그럴까? 거기에는 실수의 여지가 적고, 예측이 불가능해지며, 계속해서 주의해야 할 다양한 요소가 있기 때문이다. 이 세 가지 측면의 환경에 대한 정의를 가지고 일반적인 결론 몇 가지를 내리면 환경이 불확실할수록 즉 자원이 부족하고, 역동적이며, 복잡할수록 조직의 구조는 더욱 유기적이어야 한다. 반면에 환경이 확실해질수록 즉 자원이 풍부하며, 안정적이며, 단순한 환경에서는 기계적인 구조가 더 바람직하다. 예로

환경의 불확실성이 낮은 대량생산체계를 갖춘 기업의 생산부서는 높은 공식화와 높은 집권화 및 위계적 조정방식 등에 의존하는 조직을 설계해야 하는 반면에 불확실성이 높은 연구개발부서는 낮은 공식화와 분권화 및 수평적 조정방식에 의해 조직을 설계하는 것이 바람직하다.

2.3.2. 현대적 상황요인

요즘 들어 고려되고 있는 현대적 요인으로는 경영전략, 자원 및 정보, 그리고 사회문화적 요인이 있다. 이들 요인들을 구체적으로 살펴보면 다음과 같다.

1) **경영전략**: 조직구조는 경영진이 조직목표를 달성하는데 도움을 주는 하나의 수단이고, 목표는 그 조직의 전반적 전략에서 나오기 때문에, 조직과 구조는 긴밀히 연계되어 있어야 한다. 더 구체적으로 말하면 구조는 전략을 따라야 한다. 만약 경영진이 조직의 전략에 변화를 주면 구조는 변화에 맞추어 수정할 필요가 있다(Amburgey & Dacin, 1994). 대부분의 전략 틀(framework)은 세 가지 측면-혁신, 원가 최소화, 그리고 모방-과 그 각 측면에 적합한 조직구조설계에 초점을 두고 있다(Galunic & Eisenhardt, 1994; Toh et al, 2008). 이를 정리하면 다음의 <표 16-11>과 같다.

〈표 16-11〉 **전략과 조직구조와의 관계**

전 략	구 조
혁신	• 의미 있고 독특한 혁신을 가져오는 전략: 주요 신제품과 서비스도입 강조
	• **유기적**: 느슨한 구조, 낮은 전문화, 낮은 공식화, 분권화
원가 최소화	• 원가를 철저히 통제하고, 불필요한 혁신이나 마케팅비용을 발생시키지 않으며, 기본적 제품의 가격을 낮추고자 노력하는 전략
	• **기계적**: 엄격한 통제, 광범위한 업무전문화, 높은 공식화, 높은 집중화
모방	• 다른 조직들에 의해서 신시장의 성장이 어느 정도 증명되었을 때 거기에 진입하는 전략
	• 기계적 그리고 유기적: 느슨하고 엄격한 요소의 혼합, 현재 활동에 대한 엄격한 통제 및 새로운 시도에 대한 관대한 통제

각 전략에 가장 잘 부합하는 조직구조는 다음과 같이 설명할 수 있다. 혁신가들은 유기적 구조의 유연성이 필요하고, 원가 최소화 전략은 기계적 구조의 효율성과 안정성이 필요하다. 반면에 모방자들은 두 구조를 혼합한다. 그들은 현재 활동에서 통제와 저 원가를 유지하기 위해 기계적 구조를 채택하고, 그와 동시에 새로운 시도를 하기 위해 유기적인 하위 부서를 개발한다.

2) **자원 및 정보**: 자원 및 정보가 조직구조에 중요한 요인이 된다는 것은 자원의존이론에서 밝혀지고 있다. 자원의존이론은 조직이 환경으로부터 자원을 획득하는 능력 및 그에 따른 조직 내 권력구조의 변화에 초점을 두고 있는데, 조직유효성은 조직에게 중요한 자원을 가지고 있는 외부의 이해집단에 반응하는 조직운영방식, 즉 자원을 획득하는 능력이 좌우한다는 것이다(Narayanan & Nath, 1993). 따라서 오늘날의 기업은 자원 및 정보를 안정적으로 확보할 수 있도록 조직구조를 설계할 필요가 있다.

3) **사회문화적 요인**: 이는 기업경영 전반은 물론 경영조직의 구체적인 형태를 결정하는 중요 상황요인이 됨은 Z이론에서도 뒷받침 되고 있다(Ouchi, 1981). Z이론에 따르면 사회문화적 환경에 따라 경영시스템이나 조직구조, 경영스타일이 영향을 받는다는 것이다. 예로 서양의 사회문화적 환경에서 경영활동을 하는 A타입(미국식) 조직에서는 경영자에 의한 개인적 의사결정이 이루어지고, 주로 명시적 공식화를 통해 구성원들의 행동방식을 통제하고, 책임소재가 개인에게 주어진다. 반면에 동양의 사회문화적 환경에서 경영활동을 하는 J타입(일본식)의 조직에서는 집단을 통해 의사결정이 이루어지며, 주로 암묵적 공식화로 조직구성원의 행동방식을 통제하며, 책임소재가 집단에게 주어진다.

이상과 같이 기존의 조직설계이론인 보편적인 조직설계이론과 환경적응적인 조직설계이론을 알아보고, 환경적응적인 조직설계를 위한 고려요인으로 전통적인 상황요인과 현대적인 상황요인을 살펴보았다. 그렇다면 조직의 전체수준에서 인간존중경영의 실현을 위한 방안의 일환으로 참여경영을 위한 조직설계의 지침으로는 어떠한 것들이 있고, 새로운 조직설계의 대안은 무엇인지 알아보도록 한다.

제3절. 참여경영을 위한 조직설계의 지침과 새로운 조직설계 대안

3.1. 참여경영을 위한 조직설계의 지침

참여경영을 위한 새로운 조직을 설계하기 위해서는 먼저 조직설계의 지침이 필요하다. 지침으로 다음의 5가지를 제시할 수 있다(신유근, 1997).

3.1.1. 기계적 조직으로부터 유기적 조직으로

어떤 조직이 효과적인가는 조직이 처한 상황요인이 어떠한가에 따라 결정된다. 그러나 유기적 조직이 인간의 잠재력을 최대한 활용할 수 있다는 점에서 인간존중경영의 차원에서 볼 때, 더 적합한 조직이라 할 수 있다. 즉 인간존중경영을 실현하기 위해서는 창의성과 자발성제고가 필요함으로 기계적 구조는 유기적 구조에 비해 그 적합성이 떨어진다고 볼 수 있다.

유기적 조직으로의 변화를 촉진하는 배경요인은 다음의 <표 16-12>와 같이 두 가지로 설명할 수 있다.

〈표 16-12〉 유기적 조직으로의 변화를 촉진하는 배경요인

배경 요인	내 용
1. 사회 전반적으로 권력평등화 또는 권력공유(power sharing) 경향이 나타나고 있다는 점이다(Narayanan & Nath, 1993).	• 민주주의가 강화되고, 사회적으로 다원화·분권화가 진전되며, 조직에서 권위·관료주의, 상명하달식의 의사결정이 붕괴되고 분권적 의사결정방식이 보편화 되면서 집권적 조직구조가 흔들리고 있다는 것이다.
2. 빠른 의사결정, 판매와 동시에 서비스 제공요구 등 시장 환경의 성격변화.	• 이는 의사결정권한을 조직의 일선담당자에게로 위양하고, 톱-다운층까지의 의사소통단계를 축소시킬 것을 요구하고 있기 때문.

3.1.2. 집권적 조직으로부터 분권적 조직으로

참여경영을 실현할 수 있는 조직은 전통적인 집권적 조직으로부터 벗어나 분권적 조직으로 설계되어야 한다.

분권적 조직을 설계하기 위해서는 의사결정권한 및 실행권한의 일부 혹은 전부를 해당 직무담당자에게 위양해야 한다. 이는 권한위양 및 통제의 감소를 통해 조직구성원에게 신뢰, 후원, 개방 및 협력의 자세를 보여줌으로서 구성원들의 자율 및 창의를 북돋게 된다. 또한 분권적 조직이 원활하게 운영되기 위해서는 커뮤니케이션방식이 '톱-다운식'이 아니라 수평화 되어야 한다. 커뮤니케이션의 수평화는 정보기술의 발전으로 수평적 정보네트워크가 가능하다. 그리고 경영자가 보다 참여적·협동적 리더십스타일로 이행해야 한다.

분권적 조직으로 이행하기 위해서는 1) 경영진이 권한위양뿐만 아니라 위양된 권한을 구성원들이 효과적으로 행사할 수 있도록 그들의 능력과 자질을 개발해야 한다. 즉 구성원들은 운영과 책임을 맡은 과업수행에 필요한 전문지식을 습득해야 하고, 글로벌화에 대비한 다른 문화에 대

한 이해의 폭을 넓혀야 하고, 이에 대한 개방적 자세를 가져야 한다. 또한 2) 타인들과의 협동을 통해 조직목표달성에 필요한 사회적 대인관계능력을 자발적으로 함양해야 한다.

3.1.3. 정보통제형 조직으로부터 정보처리형 조직으로

지금까지는 정보를 통제하기 위한 피라미드조직이 주류를 이루었으나 향후에는 정보의 처리를 지향하는 조직으로 바뀌어야 한다. 정보처리형 조직화를 해야 하는 필요성은 현대사회는 정보중요성이 커져 가고 있으며, 정보처리기술과 통신기술을 기반으로 하는 사회가 형성되고 있다는 점을 들 수 있다.

정보처리형 조직화는 "정보과중이나 복잡화현상에 대처하기 위해 정보처리기술과 통신기술을 활용하여, 폭주하는 데이터를 유용한 정보로 산출할 수 있는 정보처리능력 및 그것을 조직 내에 원활하게 전달·공유할 수 있는 시스템"을 갖추는 것이다(Robey, 1991; Bateman & Zeithaml, 1991). 즉 컴퓨터 및 정보통신망의 기술에 힘입어 부서간, 본사와 현장간, 기업간, 지역간 벽이 없는 조직인 무경계조직이 형성되게 함으로서 조직의 공간개념을 변화시키며 지역에 구애받지 않는 경영조직을 만드는 것이다.

정보처리형 조직화의 가장 대표적인 방법은 조직 단위간, 즉 개인간, 부서간, 부문간, 현장과 본사간의 커뮤니케이션과 정보를 네트워크화 하는 것이다. 이는 컴퓨터기술을 활용하여 경영정보시스템을 구축하는 것과, 통신기술을 활용하여 조직내부와 외부에 있는 컴퓨터 워크스테이션을 연결시킴으로서 이들의 수직적·수평적 연결 관계를 창출하는 것이다.

3.1.4. 비대조직으로부터 슬림조직으로

지금까지의 조직은 수평적 분화가 낮고 수직적 분화가 높은 고층구조(tall structure)와 수평적 분화가 높고 수직적 분화가 낮은 평면구조(flat structure)가 비정상적으로 합쳐진 비대조직이었다. 참여경영을 실현하기 위해서는 비대조직으로부터 슬림조직으로 이행해야 한다. 슬림조직화가 필요한 이유는 '규모의 경제' 이점이 사라졌기 때문이다. 비대한 조직규모가 오히려 조직성과를 저하시킬 수 있다.

슬림(slim)화란 '불필요한 수평적·수직적 분하로 늘어난 불필요한 계층과 부문을 줄임으로서 날씬하고 작은 조직구조로 이행'하도록 하는 것이다. 이와 같은 슬림화는 관리부문의 감소, 조직의 중요하지 않은 부문의 제거에 주 관심을 두고 있다(Jackson & Musselmman, 1992). 즉 조직의 군살빼기, 다이어트라고 할 수 있다.

- 수평 조직화: 조직구조상 계층의 수를 줄이는 것을 의미함.
- 슬림 조직화: 계층의 수를 줄이는 것과 더불어 조직 내 중복되는 불필요한 부서, 일, 자리 등을 재배치/줄이는 것을 의미한다. 수평조직화를 포괄하는 개념.

조직에서 슬림화가 이루어지기 위해서는 스텝조직의 규모를 점차 축소하거나 불필요한 중간관리층을 얼마간 감소시키는 반면에 경영층의 수와 전문가의 수는 다소 늘리도록 하며, 이때 기존인원의 방출로 인한 기능공백현상은 사무 및 공장자동화로 보완하여야 한다. 그리고 전 구성원의 동의와 참여 그리고 조직몰입을 이끌어 내기 위해서는 경영자의 강력하고 직접적인 통제보다는 참여적·협동적·후원협력적인 스타일로 조직을 이끌어야 한다.

3.1.5. 기업위주의 조직으로부터 고객지향 조직으로

최근 기업들이 고객의 욕구와 고객이 바라는 가치를 추구하는 경향은 기업의 성장·발전의 중요한 관건이 되기 때문에, 기업은 다양하고 계속 변화하는 고객욕구에 부응할 수 있는 조직을 설계해야 할 필요성이 커지고 있다. 따라서 기업을 위주로 조직구조를 설계해온 전통적인 조직에서 벗어나 고객지향적인 조직으로 설계하는 것이 참여경영을 실현할 수 있는 방법이다.

고객지향적 조직화란 '회사의 내부조직, 인적자원관리, 기술개발과 제품의 판매, 디자인 개발에 이르기까지 기업의 모든 활동에 고객욕구와 가치를 중시하도록 조직을 설계하는 것'을 말한다. 즉 고객생활의 질 향상을 지향하는 조직을 설계하고 운영하는 것이다.

이와 같은 고객지향적 조직화가 중요해지는 이유는 사회구성원들이 다양성과 개성을 추구하고 있다는데서 기인한다. 이러한 경향은 획일적 제품보다 개성을 표현할 수 있는 고품질의 제품을 찾으며, 조직내부에서도 구성원들의 개성이 다양해지고 자아실현욕구가 증대하는 것으로도 알 수 있다.

3.2. 새로운 조직설계 대안

많은 조직 관리자들은 효과적인 경쟁과 새로운 구조적인 대안을 개발하기 위해 노력해 왔다. 그 결과는 대개 조직위계의 축소와 경계 없는 조직의 강조로 나타났다. 또한 조직설계의 지침을 기초로 해서 볼 때, 참여경영실현을 위한 조직형태로는 팀 조직, 사내벤처·분사조직, 그리고 오케스트라 조직 등을 들 수 있다(신유근, 1997). 또한 관료제의 특성을 줄이고 전략적 집중을 강화하기 위한 일련의 노력들이 어떻게 다운사이징에 기여했는지도 살펴볼 것이다.

3.2.1. 가상조직(Virtual Organization)

빌려 쓸 수 있다면 구입할 필요가 있을까? 이 질문이 소규모 핵심조직으로, 다른 주요사업 기능을 외주하는 가상조직(네트워크 혹은 조립식 조직으로 불리기도 함)의 핵심을 말해 준다. 조직구조용어로 말하자면, 가상기업은 부서화가 거의 없으며 집중화가 높다.

가상조직구조의 모델로는 오늘날의 영화제작업체가 있다. 할리우드 황금시대에 영화는 대규모의, 수직적으로 통합된 기업(MGM, Warner Brothers, 20th Century Fox 등)에 의해 제작 되었다. 그러나 요즘 대부분의 영화는 프로젝트별로 영화를 만들기 위해 뭉치는 개인들과 소규모 회사들에 의해 제작된다(Bates, 1998).

세계에서 가장 큰 DVD플레이를 제조하는 업체인 에이펙스 디지털(Apex digital)을 운영하는 슈와 지(Hse & Ji)는 가상조직을 운영하고 있다. 이 회사는 세계에서 가장 크지만 공장도 없고 기술자도 고용하지 않고 있다. 그들은 모든 것을 중국에 있는 회사들에 이주를 준다. 최소한의 투자로 3년 만에 연매출 5억$의회사로 성장했다. 또한 폴 뉴먼의 식품제조업체인 뉴먼즈 오운(Newman's Own)은 매년 1.2억$의 매출을 올리지만 종업원 수는 19명에 불과하다. 이는 그 회사가 모든 것(제조, 구입, 배송, 품질검사 등)을 외주하고 있기 때문이다.

왜 이런 일이 일어나고 있는가? 그 이유는 회사들이 유연성의 극대화를 추구하고 있기 때문이다. 가상조직은 관료제와 대조를 이루며 가장 잘하는 것에 집중한다. 가상조직들은 대부분의 시간을 컴퓨터 네트워크를 통하여 외부관계를 조절하고 통제하는데 보낸다. 가상조직의 주요장점은 유연성이다. 예로 슈와 지(Hse & Ji)처럼 혁신적인 생각을 가졌지만 돈이 없는 개인들이 소니, 샤프전자, 히타지 같은 기업들과 성공적으로 경쟁할 수 있게 만들었다. 반면에 단점은 늘 지속적인 유입과 재-조직화(re-organization)의 과정 중에 있어 역할, 목표, 책임의 불분명하며, 구성원간의 접촉부족으로 문화적인 정렬(alignment)과 공유된 목표가 없음을 지적한다. 또한 잘 구조화된 커뮤니케이션과 협동 네트워크에 비해 덜 수용적(adaptable)이고 덜 혁신적이다. 따라서 가상조직에는 조직의 목표를 강조하면서 동시에 커뮤니케이션을 촉진하는 리더십이 절실히 요청된다.

3.2.2. 무경계 조직(Boundaryless Organization)

무경계 조직은 '명령체계를 없애고, 통제범위를 무한정 늘리며, 부서를 권한을 가진 팀으로 대체하려고 노력하는 조직'이다. 잭 웰치(Jack Welch)가 바람직한 GE의 미래상을 표현하기 위해 이 용어를 만들었다. 그는 회사를 '가족이 운영하는 식품점'으로 만들고 싶어 GE내의 수직적·수평적 경계를 제거하고, 회사와 고객 및 공급자들 사이에 존재하는 외부적 경계를 허물고 싶었다. 비록 무경계조직의 단계까지는 이르지 못했지만 그러한 목적달성을 위해서 상당히 발전해 온 것이 사실이다. HP, AT&T, 3M, 모토롤라 같은 기업들도 이런 발전을 이루어 왔다.

무경계 조직이 어떤 모습을 가질 것인지 그리고 기업들이 이러한 조직을 만들기 위해 어떠한 노력을 하고 있는지 살펴보자.

1) 수직적 경계를 제거함으로서 경영진은 위계구조(hierarchy)를 수평적으로 만든다. 이로 인해 지위와 서열차이가 최소화 된다. 위계구조가 없어 일의 조정은 기능이나 부서가 아니라 프로젝트 팀을 통해 이루어진다. 또한 교차위계 팀(최고경영자, 중간관리자, 하위관리자, 종업원 등이 함께 포함된 팀), 참여적 의사결정, 그리고 360도 평가시스템(동료나 상사 그리고 부하가 한 개인의 성과를 평가하는 제도) 등이 GE가 수직적 경계를 파괴하기 위해 시행하고 있는 것들이다.
2) 기능적 부서로 수평적 경계가 형성된다. 이러한 경계는 기능, 제품, 그리고 부서간의 상호작용을 억누른다. 이러한 장벽을 허무는 방법은 기능적 부서를 교차 기능적 팀으로 교체하고 업무활동을 프로세스 중심으로 조직화하는 것이다. 경영진이 수평적 장벽을 허물 수 있는 또 다른 방법은 수평이동을 이용하여 사람들을 다른 기능분야로 전환배치 하는 것이다. 이러한 방법은 전문가를 다재다능한 사람으로 만든다.

3.2.3. 유연한 조직: 조직 다운사이징(Downsizing)

새로운 조직형태의 목표는 더욱 유연하고 집중화된 조직을 창조함으로서 변화하는 환경에 기민하게 대응하려는데 있다. 기업은 더 이상 가치를 창출하지 않는 사업장을 잘라내야 한다. 다운사이징은 '사업부 매각, 영업장 폐쇄, 또는 임직원의 방출을 통하여 조직을 더욱 유연하게 만들려는 체계적인 노력'이다. 다운사이징을 하는 목적도 생존을 위해, 핵심역량에만 집중하기 위해, 관료주의를 줄이고 의사결정속도를 높이기 위해 등 다양하다.

유연한 조직이 갖는 장점에도 불구하고 조직성과에 대한 다운사이징의 영향력에 대해서는 많은 논란이 있다. 구조조정, 근로자 해고 등은 임금지출을 줄여 단기간 긍정적 성과를 내지만 문제는 다운사이징이 근로자들에게 미칠 영향에 있다. 남게 된 사람은 자신의 미래에 대해 걱정하게 되고, 조직에 대해 이전보다 덜 몰입하게 될 수 있다. 또한 스트레스에 대한 반응이 병과 결근율을 높이고 업무집중력을 떨어뜨리며, 창의력 저하를 가져올 수도 있다. 근로자에게 많은 투자를 하지 않는 기업의 경우 다운사이징이 자발적 이직을 촉진하여 핵심인력이 이탈하는 경우도 있다. 이 결과 유연하기보다는 병든 조직을 만들 수도 있다.

다운사이징과 그 실행에 있어서 몇 가지 효과적인 전략지침들을 아래의 <표 16-13>과 같이 정리할 수 있다. 이는 조직공정성을 위한 전략들과 긴밀히 관련되어 있다.

〈표 16-13〉 다운사이징과 그 실행에 있어서 몇 가지 효과적인 전략지침들

지 침	내 용
투 자	핵심역량에 집중함으로서 다운사이징을 하는 회사는 고관여/몰입 근무제도(high involvement work practice)에 사후적인 투자를 할 때, 다운사이징 효과를 증진할 수 있다.
의사소통	경영자가 이른 시기부터 종업들과 다운사이징에 대해 함께 논의 시작한다면, 불안감이 줄어들고 회사 측이 그들의 입장을 반영한다고 느끼게 할 수 있다.
참 여	종업원들이 다운사이징과정에 참여할 수 있다면 그들의 불안이 줄어들 수 있다. 어떤 회사는 자발적 조기퇴직프로그램이나 서비스패키지들을 이용하여 강제해고 없는 유연성을 성취한다.
도 움	퇴직금 제공, 확장된 건강보호혜택, 그리고 직업탐색보조와 같은 정책들은 회사 측이 종업원들을 생각하고, 그들의 기여를 높이 평가한다는 것을 보여준다.

스스로를 더욱 유연하게 만들 줄 아는 조직은, 그들이 신중하게 인원감축을 결정하고 구성원들을 다운사이징과정에서 도울 줄 아는 한, 더 민첩하고, 효율적이고, 생산적일 것이다.

3.2.4. 팀 조직 도입 및 운영

경쟁심화와 환경변화의 가속화는 복종을 강조하는 기능중심의 조직구조를 탈피하여 구성원의 참여와 협동을 이끌어 낼 수 있는 조직의 필요성을 야기 시켰으며, 이의 일환으로서 팀 조직이 도입되었다.

참여경영을 위한 팀 조직은 "조직 내 거의 모든 하위단위들을 팀으로 재편성하고 이들 팀을 중심으로 하는 조직"(Scott & Walker, 1995)으로, 업무중심, 과제중심, 주제중심으로 팀을 형성하고, 이들 팀 간에 유기적 연결 관계를 갖도록 조직을 편성하는 것이다. 팀 조직은 업무중심의 조직이므로 과잉 관리업무를 과감하게 폐지하거나 축소시키며, 결재단계를 파격적으로 축소시

켜 슬림화함으로서 의사결정의 신속성과 기동성을 제고할 수 있으며, 이질성과 다양성의 결합과 활용을 통한 시너지효과를 촉진할 수 있다. 또한 팀 조직은 근거리통신망(LAN)을 활용하여 수평적 연결 관계를 창출함으로서 전사적·특수한 정보를 구성원들이 서로공유하고, 서로의 사고를 교류·공유하기가 다른 조직보다 훨씬 수월하다. 최근 많은 기업들이 팀 조직으로 전환하는 이유들을 아래의 <표 16-14>와 같이 정리할 수 있다(신유근, 1997).

〈표 16-14〉 기업들이 팀 조직으로 전환하는 이유

• 구성원들의 창의성과 자율성이 조직성과의 중요변수가 되기 때문. 지식·정보화시대의 경쟁력원천은 창의적·자율적 구성원을 적극적으로 육성·관리하는 것인데, 이를 효과적으로 촉진시켜주는 단위가 바로 팀이다.
• 구성원들 간의 커뮤니케이션 및 이를 통한 의사결정의 질을 향상시키기 때문. 조직 내 다양한 팀들이 네트워크를 통해 서로 연결됨으로서 팀원간 또는 팀간 커뮤니케이션 활성화로 정보 및 지식을 즉각 입수하고 교환해 의사결정의 신속성과 정확성을 꾀함.
• 환경대응능력이 탁월하기 때문. 빠른 시간 안에 구성해 과업수행 후 쉽게 해체 가능해 환경대응능력을 제고시킴. 또한 복잡한 환경에 유연한 대처로 고품질 제품과 다양한 서비스를 제공할 수 있어 경쟁력제고도 가능.

팀 조직이 원활하게 운영되기 위해서는 많은 조건이 충족되어야 하지만 여기서는 팀 조직의 위상문제와 관련된 운영방안과 관리시스템과 관련된 운영방안에 대하여 알아보고자 한다. 이를 요약한 것이 다음의 <표 16-15> 이다.

〈표 16-15〉 팀 조직 위상문제와 관리시스템과 관련된 운영방안

구 분	내 용
팀 위상 문제 관련된 운영방안	• 팀의 자율권을 최대한 보장해 주어야: 권한과 책임부여를 의미함으로 이와 관련해 자기의 영역을 정확히 인식할 필요가 있음. • 팀 리더의 역할강화가 필요: 업무분장 및 조정, 인사권부여, 팀 단위 예산편성과 내부운영은 팀 리더의 재량에 의하도록.
팀 관리시스템 관련된 운영방안	• 개인공헌과 조직목표간 연계를 명확히 하고, 일괄보상이 아닌 공헌도에 따른 차별보상으로 생산적 경쟁을 유도하는 보상시스템, 인사제도 개선. • 자발적 개인 업무능력향상을 위한 교육·훈련프로그램 강화필요.

3.2.5. 사내벤처 · 분사조직의 도입

사내벤처·분사조직은 기업가적(entrepreneurial) 조직이라고도 하는데, '조직구성원의 기업가 정신을 고취함으로서 조직의 내부 또는 외부에 자율적인 사내기업을 설치·운영하여 지속적인 혁신과 조직변화를 촉진하려는 조직'이다.

사내벤처·분사조직은 기존사업부문의 일부 혹은 신규사업부문을 본사로부터 독립시켜 독립법인화 시키거나, 신규사업팀조직을 완전 자율경영체제로 운영하는 조직이므로 긍정적인 효과를 다음의 <표 16-16>과 같이 기대할 수 있다.

〈표 16-16〉 사내벤처 · 분사조직의 긍정적인 효과

• 대기업에서 인사적체문제의 해결을 통한 중간관리자들의 사기진작이 가능하다는 점, • 자기 책임하에 불량률을 낮추고 품질향상효과와 원가절감효과를 기대할 수 있다는 점, • 납기단축과 적기조달이 향상된다는 점, • 구성원의 창의력과 도전의욕을 높여 조직의 지속적인 혁신성향을 높인다는 점, • 노사관계관리에 대한 부담을 줄일 수 있다는 점 등

최근 기업들이 사내벤처·분사조직을 도입하는 이유는 <표 16-17>과 같다.

〈표 16-17〉 사내벤처 · 분사조직을 도입하는 이유

• 조직구성원의 창의성과 기업가정신을 제고할 수 있다. 비대해지고 타성화된 계층형 피라미드 조직: 업무세분화와 표준화로 현실안주와 현상유지에 만족함-- 대기업 병이 만연하고 창의성이 저하됨. 따라서 기업가적 정신을 가진 중·소조직의 운영처럼 대규모 조직에서 운영함으로서 구성원들의 혁신적/창의적 태도를 촉진할 필요가 있음.
• 신규 사업으로의 진출 시 위험을 줄일 수 있다. 기업전체차원에서 신규사업진출은 위험을 상당정도 내포함으로 기업이 전적으로 나서기 보다는 사내벤처·분사형태를 통해 맡기고 운영함으로서 실패로부터의 피해를 예방할 수 있고, 분사의 효율성도 제고시킴.

사내벤처·분사조직이 효과적으로 운영되기 위해서는 다음의 <표 16-18>과 같은 조건이 충족되어야 한다.

〈표 16-18〉 사내벤처 · 분사조직이 효과적으로 운영되기 위한 조건

• 본사는 소사장의 육성에 대한 구체적 프로그램을 제시하고 운영해야 한다. 구성원들이 이를 인식함으로서 동기부여는 물론 그들 나름대로 준비할 수 있다. 또한 교육프로그램의 운영으로 실제 운영능력신장과 구성원을 믿고 지원한다는 신뢰분위기를 정착시킬 수 있다.
• 본사와 사내벤처·분사간의 갈등을 관리해야 한다. 일반적 갈등원인은 경영방식의 차이, 사업영역의 차이 등에서 비롯된다. 효과적 조정을 위해서는 전반적 조직목표달성에 있어 특정 사내벤처·분사가 차지하는 위상을 명확히 하고, 이에 준해 운영되도록 할 필요가 있다.

3.2.6. 역피라미드(upside-down structure)형 조직

고객욕구가 빠르고 다양하게 변함과 아울러 기업간 경쟁이 격화되어 고객만족이 기업생존을 좌우하는 핵심과제가 되었다. 이로 인해 '기업의 외부자로 인식되었던 고객을 기업의 내부자로 인식하도록 조직도표를 재-개념화한 것'이 역피라미드 조직이다. 즉 전통적 위계적 피라미드 조직도표를 거꾸로 보는 것이다. 이는 소비자주도형 조직(customer driven organization)이라고도 하는데, "경영조직이 경영자에 의한 명령보다 고객의 요구에 따라 설계되고 운영되는 조직"이다(Galbraith & Lawler, 1991).

수직적인 전통조직에서의 구성원들은 상사들만 바라보고, 그들에게만 신경을 쓰기 때문에 고객만족은 뒷전이고, 자기보신 및 자기부서의 이익에만 관심을 두는 경향이 강했다. 그러나 앞으로는 고객만족이 기업성공의 핵심관건이 될 것이기 때문에 기업생존을 위해서는 고객지향적인 조지구조를 갖추어야 할 것이다.

기존 전통적 조직에서 지시명령과 감독기능을 하던 경영진은 자율 팀들이 고객에 대한 서비스를 향상시키는데 필요한 자원과 정보들을 제공하는 지원적 역할을 해야 한다. 즉 소비자 주도형 조직에서의 경영자의 지위는 구성원들 위에 군림하는 자리가 아닌 서번트 리더십(servant leadership)을 발휘하는 자리인 것이다. 이처럼 역피라미드형 조직은 고객가치를 존중하는 조직운영을 전 조직에 확산되도록 하며, 조직구성원들이 자신의 행동과 생각을 고객 지향적으로 될 수 있도록 촉진한다.

3.2.7. 심포니 오케스트라(symphony orchestra)조직

드러커(rucker)는 미래에 살아남을 수 있는 기업의 조직구조로 오케스트라형 조직을 꼽았다. 심포니 오케스트라형 조직은 '구성원들의 고도의 자율성과 팀워크를 기반으로 한 수평적이고 슬림화된 조직'으로서, 마치 심포니 오케스트라단이 연주할 때처럼의 모습을 보이는 조직이다.

오케스트라단이 훌륭한 연주를 하기 위해 단원모두가 동등한 입장에서 함께 조화를 이루어야 하듯이, 이 조직에서는 부서 또는 구성원들이 동등한 지위와 책임하에서 협동하고, 경영자들도 지휘자처럼 군림이 아니라 지원과 후원역할을 한다. 또한 훌륭한 연주를 위해 필요한 종류의 악기가 필요한 수만큼 있어야 되듯이 '최적의 경영성과를 산출하기에 적합한 종류와 수의 부문들로 구성되는 조직'이다.

전통조직에서는 수직적 통제에 의한 조직운영으로 구성원들이 타율적인 업무수행을 하게 되어 급변환경에 능동적 적응이 어렵고 불필요 부문과 계층이 과다하게 형성되는 경향이 있었다. 반년에 심포니 오케스트라조직은 '높은 분권화, 낮은 복잡성, 낮은 공식화, 더욱 평면적이고 꼭 필요부문만으로 이루어진 조직'으로 급변하는 경영환경에 적합하다.

심포니 오케스트라형 조직이 성공적으로 운영되기 위해서는 '구성원간 경영조직의 바람직한 가치 및 규범, 규율을 공유'하도록 해야 한다. 즉 오케스트라에는 전단원이 공통의 정보공유수단인 '악보'를 갖고 있듯이, 조직에서는 구성원들이 공유할 수 있는 수단으로서 경영비전이나 경영이념과 같은 공동의 조직목표 또는 공유가치가 있어야 한다.

이처럼 심포니 오케스트라조직은 자율경영과 참여경영을 실현하고, 효율성과 유연성 모두를 달성할 수 있는 조직이라는 장점을 갖고 있다. 이러한 고도의 자율성을 달성하기 위해서는 구성원들의 능력향상이 필수적이다. 구성원들의 능력이 갖추어지면 향후에는 상황조건에 어울리는 조화된 연주를 하는 재즈악단형 조직으로 발전하게 될 것이다.

3.2.8. 유기적인 프로팀 조직

기업은 누구를 위하여 존재하는가? 프로팀은 누구를 위하여 존재하는가? 정부는 누구를 위하여 존재하는가? 이들의 존재목적은 각각 '고객', '팬', 그리고 '국민'이다. 그럼에도 불구하고 이제까지 기업이나 행정기관들은 자신들이 스스로의 사명 때문에 존재한다고 여기고 있었기 때문에 스스로 튼튼하면 됐고 내부적으로 탄탄하기만 하면 됐다. 그러나 이제 우리의 제품을 사주는 고객, 우리 정책의 영향을 받는 국민들은 선택의 폭이 넓어졌고, 그들의 요구를 만족시켜주는 것이 기본중의 기본이고, 이제는 그들을 감동시켜야 한다. 그렇다면 프로팀처럼 어떻게 고객중심의 유기적 조직시스템으로 설계할 수 있겠는가? 이에 대한 방안은 다음과 같다(류량도, 2006).

3.2.8.1. 인식전환을 통해 하드웨어인 무늬변화가 아니라 소프트웨어를 바꿔라.

성과중심의 조직경영문화가 도입되면서, 가장 큰 변화중 하나는 기업은 물론 행정기관의 사업본부제, 팀제 도입이다. 사업본부제나 팀제 도입은 말 그대로 '책임경영'과 '고객중심 조직운영'을 하겠다는 의지이다. 기업의 존재목적은 스스로의 사명 때문이 아니라 '고객이 중심이고 그들의 만족과 감동'이다. 그러나 90년대부터 기업들이 조직운영형태로 팀제를 도입해왔지만, 여전히 '무늬만 팀제'로 하드웨어는 바뀠는데 소프트웨어가 아직 제대로 정착되지 않았다. 그 이유는 경영자들이 아직도 수직적인 피라미드조직의 긍정적인 측면을 잊지 못해, 이를 내부적으로 유지하려고 하기 때문이다.

수직적인 피라미드조직형태는 실행과정을 통제하고 일사분란하게 움직이게 하는데 아주 유용하다. 또 환경이 그다지 복잡하지 않고 시장이 확장일로에 있으며, 내부의사결정에 따라서 시장의 상황이 결정되던 시기에는 장점도 많이 발휘한 운영형태이기도하다. 그러나 수직적이고 내부통제중심의 피라미드조직이 고객만족과 고객감동을 시켜야하는 이 시대의 흐름에 맞는 조직형태라 할 수 있을까? 과거의 전통적 계층구조인 피라미드 조직을 가지고는 달성하기 어림도 없는 꿈이다. 팬, 국민, 고객중심으로 조직이 바뀌어야 하는 이유가 여기에 있다.

3.2.8.2. 소프트웨어를 바꾸기 위해 프로팀의 조직구조를 분석해 보라.

프로팀의 조직구조는 여러 조직이 있겠지만 핵심은 구단주, 프런트 조직, 감독과 코치조직, 선수조직 등을 들 수 있다. 프로팀은 당연히 팬을 위해 존재한다. 그렇다면 프로팀 내부조직은 누구를 위해, 누구를 중심으로 운영되어야 할까? 구단주? 감독이나 코치? 물론 이들 모두 중요하며, 이 조직역시 반드시 유능하게 자기역할을 수행할 수 있는 사람들로 포진돼야만 한다. 하지만 유능한 프로팀은 무엇보다도 선수를 위해, 선수중심으로 운영된다. 그 이유는 선수들이 경기에 이기고 멋들어진 팬 서비스를 제공할 수 있어야 하기 때문이다. 즉 경기의 승리와 다양한 팬서비스를 통해 팬들을 즐겁게 하고 만족시킬 수 있어야 팬들이 열광하고 구장을 찾아준다. 프로팀의 조직구조는 [그림 16-1]과 같이 요약할 수 있다.

[그림 16-1] 프로팀의 조직구조

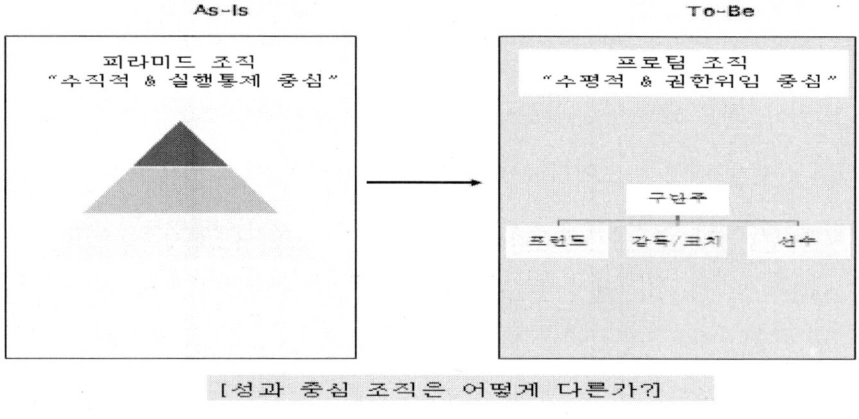

3.2.8.3. 프로팀과 기업 및 행정기관의 조직구조 비교를 통해 역할변화를 추구하라.

기업이나 행정기관을 프로팀과 비교해 보자. 구단주는 기업의 CEO나 조직의 최고책임자, 프런트는 총무나 경영지원 등 지원 부서에 해당하고, 감독은 본부장이나 임원, 코치는 팀장이나 부서장에 비유할 수 있다. 물론 선수는 바로 구성원들이다. 고객중심의 환경 하에서 기업이나 행정기관들이 누굴 중심으로 조직운영을 하는 것이 옳은가? CEO중심으로? 감독이나 코치중심으로? 선수인 구성원중심으로? 프로팀이 팬을 위해 존재하듯이 기업이나 행정기관은 고객이나 국민이 중심이므로, 이들의 만족과 감동을 이끌어내기 위해서는 고객의 생각을 접할 수 있어야 하고 고객접점에 위치하고 있는 현장실무자인 구성원들의 의견이 반영되어야만 한다. 따라서 직접 고객을 만나고 있는 현장의 목소리가 전략적인 의사결정에 반영되어야 하는 것은 너무나 당연한 일이기 때문에 구성원중심으로 조직운영이 되어야만 한다. 성과창출을 위한 구성원중심으로 조직이 운영되기 위해서는 역할의 변화 또한 필요하다. 그렇다면 성과중심의 조직이 되도록 어떻게 역할의 변화를 추구해야만 하는가? 이를 정리하면 다음의 <표 16-19>과 같다.

〈표 16-19〉 성과중심의 조직이 되기 위한 역할의 변화

구 분	역할 변화
구단주	CEO의 자기중심적 의사결정과 운영에서 벗어나 고객접점의 구성원의견이 반영되는 전략적 의사결정과 구성원중심으로 조직을 운영해야.
프런트 조직	과거의 통제 중심적 사고에서 벗어나 현장을 최대한 지원해 성과가 달성될 수 있도록 해야.
본부장이나 팀장	지시자나 통제자의 역할에서 벗어나 감독이나 코치로서의 본질적인 미션(적재적소배치)과 역할(목표 설정자, 도우미, 평가자)을 수행해야.
현장 실무자인 구성원들	감독의 어떤 전술이라도 언제든 실행하는 선수가 되도록 즉 어느 상황에서든 자신의 역량을 최대한 발휘할 수 있도록 자기계발에 충실해야.

3.3. 기타 최근 조직재설계 방안

세계화, 초 경쟁 등과 같은 급변하는 환경과 그러한 환경 속에서 경쟁력우위를 확보하기 위하여 여러 가지 해결방안들이 제시되고 있다. 여러 가지 해결방안들 중 리스트럭처링, 리엔지니어링, 리씽킹 등 세 가지 조직재설계방안의 주요특징을 정리하면 다음의 <표 16-20>과 같다.

〈표 16-20〉 최근 조직설계의 세 가지 접근법

구 분	리스트럭처링 (조직 부서)	리엔지니어링 (조직 과정)	리씽킹 (조직 인지)
목표	계층의 부서와 계층적 단계	조직의 기능과 업무시스템	개인, 집단, 조직의 사고방식
특징	계산적	기술적	개념적
이론적 근거	생존 혹은 위치 재정립	전술적인 경쟁력	전략적 우위
수익자	주주	주주와 고객	주주, 고객, 종업원
성과 기준	효율	효율과 고객의 만족	효율, 고객만족, 종업원 개발
관련된 조직의 변수	통제	통제와 자율	통제, 자율, 협력
방법	비율계산	업무 흐름도 (의존성)	다양한 시각균형으로 조직설계
장점	비용절감	단순하고 빠른 업무과정	풍부한 계획과 의사결정, 혁신능력
단점	조직적인 상처	조직적인 불안	조직적인 혼란
리스트럭처링 (Restructuring)	• 조직도상에 나타나는 단위 부문들(units)의 변화 즉, 부문들의 결합·해체 또는 기능들(functions)의 통합을 의미하며 대체로 직무의 상실을 동반하게 된다.		
리엔지니어링 (Reengineering)	• 조직 내의 활동이 이루어지는 방식을 의미하며, 기능적 조직은 일반적으로 부서 이기주의 혹은 부서의 기능에 의해 형태 지워지는 특성을 가진다. 따라서 소비자의 관점에서 질, 비용 및 시간을 향상시키는 방향으로 과정의 개선을 시도한다.		
리씽킹 (Rethinking)	• 여러 다양한 조직설계 대안들의 성공여부는 '생각하는 방식의 변화'가 동시에 이루어져야 함에 달려 있음을 강조하는 접근방법이다.		

이상과 같이 우리는 급변하는 환경 속에서 경쟁력우위를 확보하기 위한 조직재설계 방안을 살펴보았다. 초 경쟁 상황하에서의 조직재설계에 관한 논의에서 두드러지게 나타나고 있는 테마는 다음과 같다.

첫째, 초 경쟁 상황은 전쟁과 유사하기 때문에 가장 최악의 상황아래 있었던 조직의 경험을 학습함으로서 최악의 상태를 생각할 필요가 있다는 점이다. 또한 지속적으로 모순되는 목표를 달성할 필요가 있다는 점이다. 즉 안정을 통한 유연성, 집중화를 통한 다각화, 강한 문화라는 맥락 속에서 규칙파괴 등을 생각할 수 있다.

둘째, 새로운 형태의 유연한 조직을 만들 필요성이 있다는 점이다. 우리는 다음의 [그림 16-2]에서 이러한 문제를 살펴볼 수 있다.

[그림 16-2] 조직재설계의 최신 모형

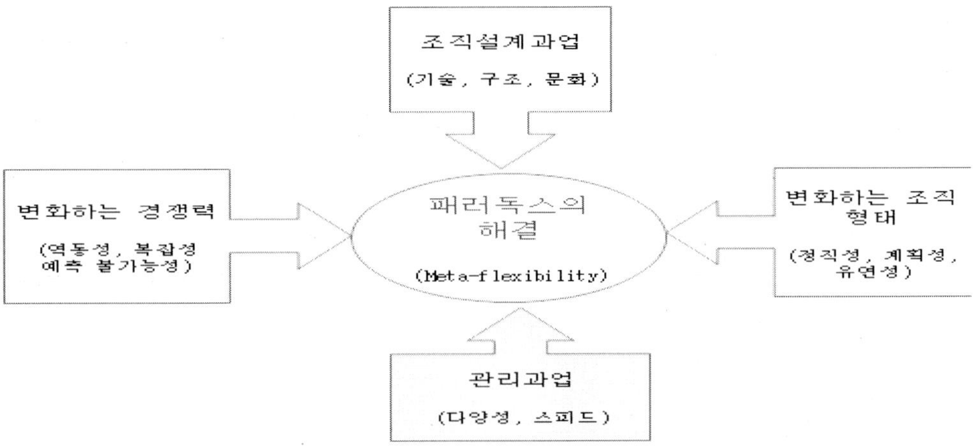

제 17 장 조직문화

사람들이 저마다 가치관이라든가 행동방식을 갖고 있듯이 기업도 나름대로 독특한 색채, 즉 기업문화를 가지고 있다. 이러한 기업문화는 참여경영을 실현하는데 있어서 조직과 구성원을 결합시키는 접착제와 같은 역할을 한다. 그러므로 조직에서 구성원들의 참여를 존중하는 기업문화를 창달하는 것은 참여경영을 통해 인간존중경영을 실현하는데 있어서 반드시 필요하다. 본장 제1절에서는 조직문화에 대한 이해를 돕기 위해 조직문화란 무엇이며 어떤 공통적인 특성을 갖고 있는지, 조직문화의 중요성과 사람과 조직에 미치는 순기능과 역기능의 비교, 조직문화를 만들고 유지시키는 요인들은 무엇인지, 제2절에서는 긍정적 조직문화는 무엇인지와 새로운 조직문화의 방향을 살펴보고, 좋은 기업문화 만들기 방안은 무엇인지를 알아본다. 그리고 제3절에서는 성과지향적인 조직문화를 구축할 수 있는 방안은 무엇인지 알아보고자 한다.

제1절. 조직문화에 대한 이해

조직문화에 대한 이해를 돕기 위해 조직문화의 개념과 중요성, 조직문화를 만들고 유지시키는 요인들에 대해 살펴보도록 한다.

1.1. 조직문화(organizational Culture)의 개념과 공통적 특성

일반적으로 문화(culture)란 ‘한 사회에서 그 구성원들에 의해 역사적으로 형성되어 공유되고 학습되는 가치, 규범, 사고방식, 관습이나 행동방식 등을 지칭’한다. 이는 기본성격은 유지되면서 시간의 흐름, 기술변화, 정치 및 경기변동 등의 상황에 따라 끊임없이 변화하는 특성을 지니고 있다. 조직 및 기업문화 개념은 다양하지만 종합해보면, 조직문화(organizational culture)란 “구성원이 공유하는 공통적인 의미체계(system of shared meaning)로서 다른 조직과 구별되게 하는 것”을 말한다(Becker, 1982; Schein, 1985). 또한 기업문화(corporate culture)란 “특정기업에서 그가 속해 있는 나라의 일반사회문화의 영향을 받아 형성된 것으로서, 최고경영자와 일반

구성원 모두를 포함하는 조직전체 구성원들 사이에 공유된 가치의식 및 행동방식, 그리고 조직 차원에서 표출된 관리관행 및 상징특성"이라 정의할 수 있다(신유근, 1992). 이러한 기업문화의 핵심적 특성은 '독특성(uniqueness)'과 함께 '가꾸어 나갈 수 있다(cultivation)'는데 있다(신유근, 1996).

독특성이란 '특정기업의 조직구성원들이 공유하는 정신적·행동적 특성이 다른 기업과는 상이한 모습으로 표출됨'을 의미한다. 또한 가꾸어 나갈 수 있다는 의미는 '기업문화가 기업성과나 기업경쟁력 등에 미치는 효과와 결부되어, 급변하는 외부환경에 적응해 살아남기 위해서는 인위적 조작하거나 변화로 조직의 모든 부문이 변해야 되는데 조직문화도 예외일 수 없다는 것'이다. 즉 기업이 원하는 바에 따라 좋은 방향으로 유도될 수 있는 가변성을 지닌 것으로 이해될 수 있다.

연구에 의하면 조직문화에는, 다음의 <표 17-1>과 같이, 본질을 보여주는 7가지의 주요특성이 있다(O'Reilly, C. A. & Caldwell, D. F., 1991; Chatman, J. A. & Jehn, K. A., 1994).

〈표 17-1〉 조직문화의 본질을 보여주는 7가지의 주요특성

구 분	내 용
혁신과 위험선호 (risk taking)	구성원들이 혁신적이고 위험을 감수하고자 하는 정도
세부사항에 대한 주의 (attention to detail)	구성원들이 정확성과 분석에 강하며 세부사항에 대한 주의를 보이는 정도.
결과지향 (outcome orientation)	경영진이 기술이나 절차보다는 일의 결과에 더 집중하는 정도.
사람지향 (people orientation)	경영진의 의사결정이 일의 결과나 조직구성원에 미치는 영향을 고려하는 정도.
팀 지향 (team orientation)	작업 활동이 개인보다 팀 위주로 조직되는 정도
공격성(aggressiveness)	구성원들이 쉽게 지내는 것보다 공격적/경쟁적으로 되는 정도
안정성(stability)	조직의 활동이 성장보다는 현상유지를 강조하는 정도.

이 각각의 특성은 낮은 수준부터 높은 수준까지 연장선상에 존재한다. 조직을 이끄는 이 7가지 특성을 평가함으로서 우리는 조직문화의 전체적인 그림을 얻게 된다. 이 그림을 바탕으로 조직구성원의 조직에 대한 공통적인 이해, 일이 조직에서 어떻게 처리되는가, 그리고 구성원들의

행동양식 등이 결정된다.

조직은 단일한 문화를 갖는가? 조직문화가 공통적인 특성을 가지고 있다고 해서 어느 특정문화 내에 하위문화가 없다고 할 수 없다. 대부분의 대기업에는 지배적인 문화가 있고, 그 외에 많은 하위문화의 집단이 있다. 지배적 문화(dominant culture)는 '조직구성원의 대다수가 공유하고 있는 핵심가치'를 표현한다. 조직문화에 대해 말할 때는 거시적 문화인 지배적인 문화를 지칭한다. 반면에 하위문화(subculture)는 '주로 부서나 지리적 분리에 의해 결정되는 조직안의 소규모 문화'를 의미한다. 또한 하위문화는 지배적인 문화의 핵심가치(core value)를 포함하며, 부서나 집단의 독특한 가치를 가지고 있다. 핵심가치는 '조직 전체에 걸쳐 받아들여지는 주된 지배적 가치'를 의미한다.

최근에는 강한 문화와 약한 문화를 구별하는 것에 주목하고 있다(Sorensen, 2002; Rosenthal & Masarech, 2003). 그 이유는 강한 문화가 구성원들의 행동에 더 큰 영향을 미치고 이직률을 낮추는데 더 직접적인 영향을 미치기 때문이다. 강한 문화(strong culture)는 '조직의 핵심가치가 더 강조되고 더 널리 공유되는 문화'로, 구성원들이 핵심가치를 받아드리고 더 많이 헌신할 때 문화는 더 강해진다. 강한 문화의 결과물 중 하나는 낮은 이직률이다. 그 이유는 강한 문화는 구성원사이에 그 조직의 존재목적에 대한 의견일치가 높다는 것을 의미하며, 이는 응집력, 충성심, 그리고 조직에 대한 헌신을 높여준다. 이러한 특질은 조직을 떠나고자 하는 성향을 낮추어 주기 때문이다.

1.2. 조직문화의 중요성과 사람과 조직에 미치는 순기능과 역기능

1.2.1. 조직문화의 중요성

조직문화는 기업구성원들의 정신적, 행동적 방향을 가늠하는 지주로서, 조직을 움직이는 인적주체에 반영되어 조직구성원에게 안정을 부여하면서 동시에 기업경영시스템의 지속적 변화를 추구하게 하는 동인으로 작용한다. 조직문화는 일반적으로 다음의 <표 17-2>와 같은 측면에서 그 중요성을 파악할 수 있다(신유근, 1997).

이를 요약하면, 기업문화는 일체감을 전달하며, 몰입을 촉진시키고, 사회적 시스템의 안전성을 높이고, 행위를 유도하고 형성하는 센스를 갖게 하는 수단으로서의 기능을 한다. 즉 기업문화는 조직구조나 관리시스템과 같은 공식적 영향요인에 대비하여 내면적 영향요인으로 작용한다.

〈표 17-2〉 조직문화의 중요성

• 경쟁력의 원천이 될 수 있다.	- 장기적으로 경쟁력을 구축하거나 손상하는 작용을 한다. - 조직몰입(만족도, 동조성, 애사심)의 기반이 된다. - 근로생활의 질(QWL)의 원천
• 전략과정에 영향을 미침.	- 이념의 형태로 전략수립과정과 관점에 영향을 미침.
• 조직의 공식·비공식적 운영과정에 광범위하게 영향을 미친다.	- 일을 처리하는 관행이 된다. - 옳고 그름에 대한 조직원들의 가정과 믿음을 형성한다. - 공식적 의사소통이나 통제의 부하를 경감시킨다. - 공식적 규정과 달리 구성원의 탄력적 행동을 가능케 한다.

따라서 구성원과 기업 간에 공유된 가치를 기반으로 한 기업문화는 참여를 통한 인간존중경영의 실현에 필요한 기본바탕이 된다. 기업문화의 중요성은 참여경영의 측면에서 다음의 <표 17-3>과 같이 요약할 수 있다(신유근, 1977).

〈표 17-3〉 참여경영의 측면에서 기업문화의 중요성

• 기업조직의 신규참여자들을 조직으로 끌어들이는 역할, 즉 개인과 조직을 연결시키는 역할을 한다. 이는 조직사회화를 통하여 가능하다. 기업은 기업문화를 통해 경영이념과 규범체계를 학습시켜, 이를 통한 공유된 가치의식과 사고방식은 신규참여자를 기존구성원 및 조직과 결합시키는 역할을 한다.
• 공유된 가치와 신념을 통해 구성원간의 갈등소지를 줄여주며 협동심을 유발시켜 준다. 즉 기업에서는 업무수행방식이나 인간관계 등을 둘러싸고 구성원들 간에 의견이 다를 수 있는데 기업문화는 조정기준역할을 수행하여 갈등을 해소시킨다.
• 기업구성원의 정신적·행동적 방향을 가늠해 주는 지주로서, 기업 내 공유된 행동규범과 규칙의 체계를 규정하여 불필요한 조정의 필요성을 줄인다.
• 일반구성원 및 중간관리자의 행위기준을 설정해주고 구성원간의 상호작용을 촉진시킨다. 구성원간의 커뮤니케이션을 촉진시킬 뿐만 아니라 상호이해의 폭을 넓혀주고, 조직에 대한 몰입감을 증대시켜 줄 수 있다.
• 경영자 및 조직이 지향하는 가치와 구성원들이 지향하는 가치를 통합하여 조직과 구성원을 하나로 연결시켜 준다. 조직과 구성원간의 가치의 차이로 발생하는 반목을 없애주는데 기여하고 진정한 공감대형성을 가능하게 한다.

이처럼 바람직한 기업문화는 구성원들이 함께 만들어 나가는 참여과정을 통해 조직유효성의 증대나 경영혁신의 촉진과 같은 기능과 역할을 수행한다.

1.2.2. 조직문화가 사람과 조직에 미치는 순기능과 역기능

문화는 구성원들의 말과 행동에 대한 표준을 제공함으로서 조직을 붙잡아주는 사회적 접착제 역할을 하며, 구성원들의 태도와 행동에 의미를 부여하고 그것을 조절하는 역할을 한다. 따라서 조직문화가 사람과 조직에 미치는 순기능은 조직분위기를 창조한다는 것이다.

조직분위기(organizational climate)는 '조직구성원들이 그들의 조직과 그 직무환경에 대해 가지는 공유된 인식으로, 조직수준에서의 팀 정신(team spirit)과 같은 조직문화의 한 측면'이다. 모든 구성원이 무엇이 중요하거나 얼마나 일이 잘 되고 있는지에 대해서 동일한 일반적 감정을 공유한다면, 이러한 태도의 효과는 개인적 부분의 합보다 더 큰 효과를 가질 것이다. 심리적 분위기는 개인수준에서 직무만족, 참여도, 몰입도, 그리고 동기부여와 관련을 갖고, 긍정적 직무환경 분위기는 보다 더 높은 고객만족과 재무적 성과로 이어진다.

조직분위기와 관련한 연구들을 간단히 살펴보면, 성과에 대한 긍정적 분위기의 조직에서는 일도 더 열심히 하고 타인의 성공을 지지해줄 것으로 믿는다. 또한 다양성에 대한 긍정적인 분위기의 조직에서는 누구와도 인구통계학적 배경에 관계없이 편안하게 협력할 수 있을 것이다. 안전에 대한 긍정적인 분위기를 가진 조직에서는 모두가 안전장비를 착용하고 안전수칙을 적용할 것이다.

이처럼 조직문화는 조직에 헌신을 가져오고 구성원들의 행동을 일관되게 만들어 준다. 이러한 요소들은 분명 조직에 이익이 된다. 구성원들의 입장에서는 문화는 모호성을 줄여주는 가치가 있다. 즉 구성원들은 문화를 통해 일이 어떤 방식으로 처리되며, 무엇이 중요한지 알게 된다. 그러나 문화가, 특히 강한 문화가 조직에 끼치는 잠재적인 역기능적 영향을 무시해서는 안 된다. 조직문화가 사람이나 조직에 미치는 역기능을 다음의 <표 17-4>와 같다.

〈표 17-4〉 조직문화가 사람이나 조직에 미치는 역기능

역기능	내 용
제도화	조직이 설립자나 구성원과는 별도로 그 자체의 삶에 접어들면서 영속성을 획득하는 상태로, 즉 조직이 생산하는 재화나 용역보다 조직자체를 더 중요시함. 이는 혁신을 방해하고 조직문화 그 자체를 수단이 아닌 목적으로 인식되게끔 할 수 있다.
변화에 대한 장벽	공유된 가치가 조직성과를 높여주는 가치와 일치하지 않을 때 부담이 될 수 있다. 역동적 환경에서 행동일관성, 오랫동안 정착된 강한 문화 등은 변화에 장벽이 될 수 있다.

다양성에 대한 장벽	경영진은 구성원들의 다양성을 장려하지만 강한 문화는 가치와 스타일을 한정하고, 조직에 동화로 다양성은 줄어들어 조직에 부담이 될 수 있다.
인수합병에 대한 장벽	기업 인수·합병의 의사결정에 핵심요인이 변화. 과거 재무적성과나 시너지 관련에서 최근 문화적 적합성이 주요관심사로 부각. 일차적 실패원인: 충돌하는 조직문화와 사람과 관련된 이슈 때문.

1.3. 조직문화를 만들고 유지시키는 요인

한 조직의 문화는 하루아침에 갑자기 생기는 것이 아니다. 한 번 생기면 쉽게 없어지지 않는다. 어떤 힘이 문화형성에 영향을 미치고, 무엇이 이런 힘을 강화시키고 유지시키는가를 알아보도록 한다.

아래의 [그림 17-1]은 조직문화가 어떻게 형성되고 유지되는지를 요약해 보여준다. 초기의 조직문화는 창업자의 철학에서 나온다. 조직의 초기에는 규모가 작기 때문에 창업자는 자신의 비전을 조직구성원 모두에게 심어줄 수 있다.

[그림 17-1] 조직문화는 어떻게 형성 · 유지되는가?

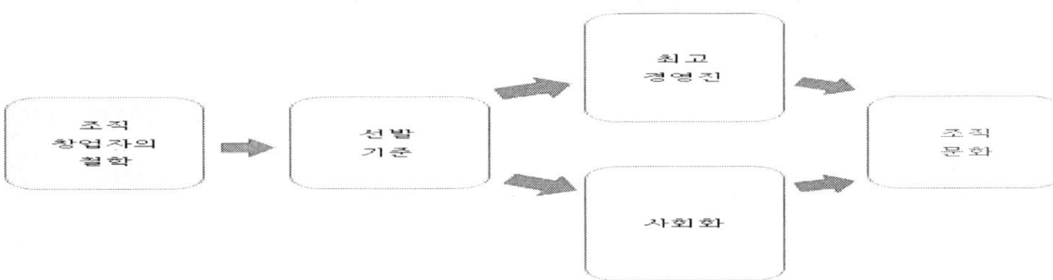

문화는 3가지 방식을 통해 형성된다(Schein, 1996). 1) 창업자는 그들과 생각하고 느끼는 직원들을 채용하고 유지한다. 2) 창업자들은 직원들에게 자기들의 사고와 느낌을 주입하고 가르친다. 3) 창업자의 행동이 역할모델로 작용하여 직원들이 그런 행동을 받아드리고 창업자의 신념, 가치, 그리고 가정을 내부화한다. 우리나라의 거대 기업집단인 현대(Hyundai)의 과격하고 경쟁적인 스타일, 그리고 엄하고 권위주의적인 분위기의 문화는 종종 창업자인 정주영회장의 특징으로 여겨지곤 했다. 조직문화에 커다란 영향을 미친 다른 창업자들 예로는 MS의 빌게이츠, Apple의 스티브 잡스, Federal Express의 프레드 스미스 등이 있다.

일단 새로운 문화가 형성되면, 조직 내에서 구성원들에게 공통적인 경험을 제공함으로서 그 문화를 유지하게 하는 관행이 있다. 문화를 보존하는데 특별히 중요한 역할을 하는 세 가지 방법인 선발과정, 최고경영자의 행동, 그리고 사회화에 대해 살펴보도록 한다.

1) **선발**: 조직에서는 의도적이건 아니든 간에 가치체계가 조직 가치와 일치하는, 아니면 적어도 많은 부분 공통점을 갖는 사람을 채용하게 된다. 이처럼 선발과정은 조직의 핵심가치를 공격하거나 훼손할 수 있는 개인을 제외시킴으로서 조직문화를 보존시켜준다.

Gore & Associates: 고어텍스(Gore-Tex)제조업체:
• 민주적인 문화와 팀워크를 자랑으로 여기고 있다. 고어사에서는 업무명칭이 없고, 상관이나 명령체계가 없다. 모든 업무가 팀에 의해 수행된다. • 고어사의 선발과정에서는 팀 구성원들은 지원자들을 다방면으로 인터뷰하여 고어의 공장에서 직원들이 다루는 불확실성, 유연성, 그리고 팀워크를 소화할 수 있는지를 검토한다. • 고어사는 포춘지가 선정하는 '일하고 싶은 100개 회사'에 정기적으로 등장하는 것은 전혀 놀라울 일이 아니다.

2) **최고경영진**: 최고경영진의 행동도 조직문화에 큰 영향을 미친다. 임원들의 말과 행동을 통해 위험선호가 바람직한가, 경영자가 구성원들에게 얼마나 많은 자유를 주어야 하는가, 복장은 어떤 것이 적절한가, 어떤 행동이 연봉인상, 승진 또는 다른 보상에 도움이 되는가? 등과 같은 규범이 조직전체에 퍼지게 된다.

Wegmans 슈퍼마켓 체인의 문화:
• "열심히 노력하고 행복하며 충성적인 종업원들이 서로를 더욱 열심히 도우며 모범적인 고객 서비스를 창출한다."는 웨그만가의 공유하는 믿음의 결과이다.

3) **사회화**: 조직이 선발과채용에서 훌륭한 일을 하였다 할지라도 신입사원들이 조직문화에 완전히 동화된 것은 아니기 때문에, 그들이 문화에 적응할 수 있도록 도와주어야 한다. 이 적응과정을 사회화(socialization)라고 한다. 사회화는 3단계의 과정으로 개념화시킬 수 있다. 이를 다음의 <표 17-5>와 같이 정리·요약할 수 있다.

〈표 17-5〉 사회화 3단계의 과정

단　계(stage)	개　념
도착 전(pre-arrival)	신입사원이 조직에 들어오기 전에 학교, 사전정보 등을 통해 일어나는 학습기간의 사회화 단계
만남(encounter)	신입사원이 조직의 실체를 보고 자신의 기대와 현실이 다를 수 있다는 가능성에 직면하는 사회화 단계
변형(metamorphosis)	신입사원이 업무, 작업그룹, 그리고 조직에 적응하며 변화하는 사회화 단계

제2절. 긍정적 조직문화와 새로운 조직문화의 방향

2.1. 긍정적 조직문화(Positive Organizational Culture)의 형성

긍정적 조직문화란 "종업원의 장점을 중시하고, 처벌보다는 보상에 초점을 두며, 조직생활에서의 활력 및 개개인의 성장에 관심을 가지는 문화"이다((Luthans & Youssef, 2007). 이의 세부영역을 살펴보면 다음과 같다.

1) 종업원의 장점을 기반으로 한 문화

다수의 경영관행이나 조직행동학의 많은 부분이 종업원들이 가진 문제점을 치유하는데 관심을 두지만, 긍정적인 조직문화에서는 종업원들이 그들의 장점을 잘 활용할 수 있도록 하는 데 보다 큰 중점을 둔다. 많은 사람들이 자신의 장점이 무엇인지 아는가라고 질문하면 잘 모르기 때문에, 이를 발견하게끔 해주고, 이를 잘 활용할 수 있도록 해 주는 조직이 좋은 조직이 아니겠는가?

2) 처벌보다는 보상에 중점을 두는 문화

대부분의 조직이 임금이나 승진과 같은 외적보상에 집중하고 있지만, 종종 칭찬과 같이 작은 혹은 저렴한 보상의 위력을 잊고 있다. 긍정적인 조직문화를 창출하는 한 방법은 바로 '무엇인가를 옳게 하고 있는 종업원'을 찾는데 있다. 이를 위해서는 칭찬의 효과를 활용할 필요가 있다. 조직에서 많은 관리자들이 칭찬하기를 주저하는 이유는 칭찬으로 인해 구성원들이 일을 설렁설렁하게 될 것을 두려워하거나 그 효과에 의문을 갖기 때문일 것이다. 칭찬에의 실패는 혈압을 높이는 것처럼 조용한 살인자(silent killer)와 같은 작용을 할 수 있다.

3) 조직생활에서의 활력 및 개개인의 성장에 관심을 가지는 문화

긍정적 조직문화는 조직효과성뿐만 아니라 개인의 성장 역시 강조한다. 스스로를 조직의 단순한 부분이거나 도구로서 생각하는 종업원들로부터는 어떤 조직도 최상의 결과를 얻을 수 없다. 긍정적 문화는 직무와 개인경력간의 존재하는 차이를 인지하고, 종업원들이 조직효과성에 기여하는 것뿐만 아니라 조직이 구성원들의 효과성(개인적 혹은 전문적) 증진을 위해 무엇을 할 수 있는지에 관해 관심을 갖는다.

이처럼 긍정적 조직문화의 세부영역에 대하여 살펴보았지만 긍정적 조직문화가 만병통치약인가? GE, 제록스, 보잉, 그리고 3M 같은 많은 조직이 긍정적 조직문화의 측면을 가졌지만, 언

제 그리고 어떠한 방식으로 조직문화가 최상의 결과를 내는지는 아직 불분명하다. 모든 문화가 미국처럼 긍정성에 높은 가치를 두지 않으며, 심지어 미국문화 내에서도 어느 선까지 긍정적 조직문화를 유지해야 하는지에 대해서 그 한계가 존재한다. 우리의 핵심은 긍정문화를 추구하는 데에도 장점도 존재하지만 조직은 더욱 더 객관적일 필요가 있으며, 효과성을 저해하는 범위까지 나가지 않도록 주의할 필요가 있다.

2.2. 새로운 조직문화의 방향

많은 기업들이 개인별 성과에 따른 차별적 보상을 실시하는 등 성과관리시스템 도입에 한동안 열을 올렸다. 이는 연공서열중심의 안이한 조직문화타파와 성과중심의 문화를 정착시키는데 일조했다. 하지만 딱 거기까지다. 외환위기를 겪으면서 많은 기업들은 그 부작용의 쓴 맛을 톡톡히 봤다. 불필요할 정도로 심화된 구성원들 간의 경쟁은 결국 그들의 개인주의를 부추겼고 메마른 조직문화가 만연해졌다. 직장은 그저 일하는 곳이고, 동료는 그저 내 옆자리에 앉아 일하는 사람일 뿐이라는 생각들이 팽배해졌다.

게다가 평생직장개념이 사라지고 이직률이 높아지면서 구성원들 사이에 협력과 화합을 이끌 수 있는 도구가 절실하다. 각기 다른 조직문화에 길들여져 있던 구성원들이 모여 삐거덕거릴 때 윤활유 역할을 하며 그들을 한데 아우를 수 있는 조직문화와 그 틀 말이다. 즉 구성원들이 업무에 열정과 자부심을 가지고 몰입하게 하고, 서로 협력하고 배려하는 풍토가 조성되는 가운데 성과향상을 도모하는 방안들이 요구된다. 이러한 것들을 충족할 수 있는 새로운 조직문화의 방향을 몇 가지 제시하기로 한다.

2.2.1. 인간존중과 자율경영의 문화

전통적으로 우리나라 기업은 집권적 통제와 권위주의적 관료체계 아래에서 구성원들의 창의력 발휘와 자아실현이 제한되어 왔다. 다양하고 급변하는 고객욕구를 만족시키는 데에는 집권적 조직과 획일적 통제는 적합하지 않고, 고도의 전문성과 기술개발이 필요하고, 따라서 구성원들의 창의력이 최대로 발휘되어야 한다. 또한 급변하는 기업환경에 신속히 적응하려면 사업단위 중심의 자율적인 경영이 이루어져야 하고, 따라서 구성원들의 능력개발과 자발적인 성과달성에 대한 몰입 그리고 자율경영에 대한 경영이념의 전환이 요구된다.

우리나라 기업이 과거의 성장위주의 기업경영에서 벗어나 새로운 기업환경 하에서의 국제경쟁력을 되찾고 높은 성과를 달성하려면, 무엇보다도 구성원들을 인간적으로 존중하고, 그들이 보람 있는 일을 하도록 하며, 그들의 능력개발과 더불어 그들의 능력이 최대로 발휘되어 높은 성과에 기여하도록 하는 인적자원관리에 특별한 노력을 기울여야할 것이다.

따라서 연공과 연고보다는 업적과 능력을, 그리고 권위와 안전보다는 합리적 사고방식과 적극적인 행동을 우선적으로 중요시하는 인적자원관리가 필요하다. 이와 같이 인간존중과 자율경영의 문화는 경영층으로부터는 구성원들에 대한 기본경영이념의 변화를 요구하는 한편, 구성원들로부터는 능력개발과 창의력의 발휘, 그리고 성과달성을 자아실현의 기준으로 강조하는 가치의식의 변화를 요구한다.

2.2.2. 개방과 신뢰속의 인화

우리나라 기업은 인화를 기업의 가장 중요한 가치로 강조해 왔다(신유근, 1992). 권위와 위계질서에 바탕을 둔 전통적인 인화개념은 근래에 와서 민주화와 평등을 강조하는 많은 기업구성원들로부터 공감을 얻지 못하였고, 따라서 우리나라 기업은 인화를 강조하는 전통적인 경영이념에도 불구하고 특히 노사관계와 상하계층 간에 많은 불신과 심한 갈등을 겪어 왔다.

구성원들 간의 상호관계는 기업성과에 결정적인 영향을 주는 조직문화요소이다. 그리고 우리나라는 근본적으로 화(和)를 중요시하고 집단의식이 강한 사회문화를 가지고 있다(Hofstede, 1980). 따라서 조직문화개발에 우리나라의 전통적인 인화개념을 지식·정보화 사회의 새 가치관에 잘 융화시키어, 집단의식에서 구성원들 간의 상호신뢰감과 팀워크를 강화하고 위계질서의식을 개방·평등의식으로 전환시키며 권위적·온정적 경영을 인간존중경영으로 전향시킴으로서 구성원들 간에 보다 진지하고 성과지향적인 친화적 문화를 형성해 나가야 할 것이다.

2.2.3. 신바람 문화 만들기

많은 직장인들이 아침이 되면 피곤한 몸을 이끌고 마지못해 일터로 간다. 하지만 힘들게 일한들 그런 마음가짐으로는 창의적인 생각도, 능동적인 태도도 이끌어낼 수 없다. 그러므로 남보다 뛰어난 성과도 낼 수 없다. 또한 당장 반짝 성과를 내고 있다 해도, 일하는 것이 고달파 시름시름 앓아가는 구성원들에겐 조직의 지속적인 성장을 기대할 수 없다.

따라서 기업에서도 신바람 나는 기업문화를 만들자는 운동이 도처에서 일고 있다. 칭찬하기 운동을 제도화하는 운동도 이에 속한다. 이는 개인간, 부서간 벽을 허물고 신바람 나는 기업문화를 만들자는 뜻에서 나온 것이다. 신바람 나는 직장을 만들기 위해서는 어떤 관행을 뜯어 고쳐야 할까?

미국 경영컨설턴트 로버트 레버링은 1980년대 초 악조건 속에서도 경쟁력을 잃지 않고 있는 초일류기업들을 주목하며 그 기업들의 공통점에 대해 10여 년간의 연구결과, 신뢰관계가 그들을 지탱해 주는 힘이라는 것을 발견하게 되었다. 즉 조직내부의 다양한 관계가 신뢰를 바탕으로 맺어졌기 때문에 그들이 훌륭한 성과를 낼 수 있었다는 것이다.

이처럼 경영진과 구성원사이의 두터운 신뢰, 업무와 회사에 대한 자부심, 동료들끼리 재미있게 일하는 풍조가 초일류기업을 만들었고, 그들을 위기에서 지켰다. 따라서 구성원들이 업무에 열정과 자부심을 가지고 몰입하게 하고, 서로 협력하고 배려하는 풍토가 조성되는 가운데 성과 향상을 도모하는 방안으로 '훌륭한 일터(GWP: great work place)'가 확산되기 시작했다.

GWP의 키워드는 신뢰, 자부심, 재미로 이는 일하고 싶은 일터, 일할 맛 나는 일터, 일하기 좋은 일터를 말한다. 조직은 하루아침에 바뀔 수 없다. 목표를 세우고, 생각하고, 말하고, 행동하는 유형을 정한 다음 지속적으로 실행해 익숙해져야 비로소 문화로 정착될 수 있다. GWP 핵심 실행파일을 살펴보면 다음의 <표 17-6>과 같이 요약할 수 있다.

〈표 17-6〉 GWP 핵심 실행파일

실행파일	내 용	How to
• 리더가 시작해야 조직이 변한다.	• 기업/팀 내 분위기는 리더에 의해 결정된다. 그 이유는 리더의 성향에 따라 구성원의 사고방식과 행동양식이 달라지기 때문. • 탁월한 성과를 내도 과제수행과정에서 불만이 많았다면 구성원들은 수동적으로 바뀔 것이고, 이는 리더가 더 많이 지시하고 통제하게 됨. • 이런 관계지속은 결국 팀의 활력을 잃게 만든다. 이는 과연 누구의 책임인가?	• 재미있는 일터를 만들고 싶은가? 그렇다면 리더는 자기성찰을 통한 자신의 경영철학을 확고히 해야 한다. • 리더의 생각과 행동을 바꾸지 않으면서 구성원들에게만 재미있게 일하라고 한다면 아무것도 되지 않는다.
• 서번트 리더십을 실현하라	• 서번트 리더십정신의 기본은 봉사. • 구성원과 고객의 욕구를 만족시키기 위해 헌신해야만 진정한 리더로서 대접받을 수 있다. • 서번트 리더는 무조건 용서, 지원해주는 마음씨 좋은 사람이 아닌 자신에게 엄격하고 구성원에게도 원칙을 준수하며, 공정히 대한다.	• 리더는 자신의 직책이 구성원들의 성장과 발전을 지원하고 돕는 것임을 인식해야. • 회사규정과 지침을 지키며 솔선수범하고, 직책권한의 힘은 없는 것이라 명심해야. • 서번트 리더의 진정한 힘은 신뢰에서 우러나오는 것.

• 신뢰가 가장 어렵고도 중요하다	• 신뢰는 믿음/존중/공정성 통해 형성됨. • 조직 내 갈등극복과 조직 공동목표 달성토록 구성원들의 자발적인 노력/협력을 이끌어 내는 가장 중요요소. • 리더는 구성원들과 믿음구축을 위해 능력을 의심하는 간섭/관여보다는 믿고 맡기는 것이 중요.	• 구성원에게 업무처리 권한과 책임감 부여, 공정하게 대하는 것도 믿음형성에 필요. • 공평한 기회제공, 객관적 잣대로 성과평가와 보상연계, • 언행일치 않을시 리더의 진의 의심
• 자부심과 긍지를 고양하라	• 틀에 박힌 업무로 스스로 쳇바퀴 속에 갇혀 있다는 생각이 들 때, 입사 시 열정과 목적의식은 사라지고 업무에 대한 흥미도 떨어진다. • 자기업무에 자부심을 가지면 회사 일을 자신의 일처럼 여기고, 업무 중 성과개선 아이디어를 제안 등 스스로 고민/연구함.	• 각자업무가 얼마나 중요한지, 그 일이 전체목표에 어떻게 작용/중요한지 알아야. • 조직은 구성원 경력개발에 필요한 직무교육 및 훈련기회제공하거나, 새롭고 도전적인 일의 제시가 일에 자부심을 높일 수 있는 방안임.
• 일터의 재미, 결국 동료애다	• 재미있는 일터는 이벤트로 한바탕 웃고 마는 것이 아닌, 곧 동료애다. • 가장 많은 시간을 함께하는 동료와의 시간이 괴롭다면 회사가 싫고 일하기 싫어질 것이다. • 서로 격려, 힘 북돋아주고, 동료와 손발이 잘 맞아 일하는 것이 신나고 재미있는 일터로, 건강한 동료의식 필요로 함.	• 동료의 상황에 관심 갖고, 험담을 일체 않는다. • 더불어 성장하는 파트너로 인식, 결점보완 해줘야. • 함께 기뻐하고 아파하는 관계니 경조사 및 삶의 기쁨과 슬픔을 함께하는 공동운명체임을 명심토록.
• 관계의 질, 대화기술로 업그레이드하자	• 신뢰, 자부심, 재미는 모두 관계에서 비롯됨. 자부심은 구성원과 업무간의 관계, 재미는 구성원과 구성원간의 관계, 관계의 질 높이면 협력용이, 공감대형성, 경험확대 등 원활한 의사소통활동 이뤄짐. • 상사와의 관계개선노력은 하나 후배나 부하와의 관계개선에는 소극적. 궁극적으로 후배나 부하직원이 잘되어야 나도 회사도 빛날 수 있다.	• 좋은 인간관계를 맺는 것은 어떻게 대화를 이끌고 갈 것인가의 기술임. • 대면 시 편안하고 자연스런 자세와 시선으로 대화하고, 상대의 말에 즉각 반응을 보이는 습관을 갖자. • 인간관계는 공감을 통해 형성됨을 기억하고, 상대가 나의 태도와 말을 자연스럽게 받아주고 공감해 줄 때까지 정성을 쏟아야.
• 쌍방향 소통은 열린 조직을 만든다.	• 실행파일을 돌리는 것은 구성원들의 몫. 일방적 지시는 구성원의 동의와 공감대 형성치 못해. 그 어떤 조직문화혁신도 이룰 수 없다. • 목표공유, 수행과정과 성과공유 그리고 피드백까지 소통결과는 업무효과와 효율을 극대화시킴. 이때 소통은 심리적 거리를 축소하는 꼭 쌍방향이어야 함. • 열린 사고 없이는 다양한 의견이나 아이디어가 분출되지 않고, 자율과 창의가 존중되는 문화를 가꾸어 갈 수 없다. 즉 경직되고 권위적 조직은 GWP문화를 창출할 수 없다.	• 지시사항과 방침 또는 특정현상에 대한 사실전달과 함께 경영진의 의도와 고민, 구성원에 대한 배려의 마음도 같이 전하자. • 최고경영자도 간담회 등을 통해 평소 구성원들이 갖고 있는 생각이나 가치관에 대해 이야기를 나눠보도록.

2.2.4. 자율적 공동체문화 확립

조직은 혁신을 뒷받침하는 문화적 풍토조성에 역점을 두어야 한다. 이를 위해 현 단계의 기업문화를 진단하고, 자율공동체적 기업문화(We-I형)로 바꾸어야 한다(신유근, 1992). 자율공동체적 기업문화를 창달하기 위해서는 협동정신과 질서의식, 경쟁률을 바탕으로 구체적 창달방안을 마련해야 한다. 이를 위해 기초기반을 정립하고 기업문화교육을 활성화하며 기업문화의 제도화 및 생활화 방안을 마련해야 한다. 특히 학습문화와 문화의 네트워크화에 역점을 두어야 한다. 또한 이 문화를 수용할 수 있는 기업문화의 지구화에 힘써야 한다.

최근 선진기업들은 임파워드 팀(empowered team)을 통하여 자율적 공동체성을 확산시키고 있다. 임파워드 팀이란 '품질, 생산성, 그리고 종업원의 참여를 개선할 수 있도록 스스로 방향을 정해 일하는 자율 팀(self-directed work team)'이다. 일이 어떻게 수행되어야 하는지 알기 때문에 구성원들은 더욱 책임을 느끼고, 이 때문에 그들은 자신의 일을 주도적으로 더 많이, 더 확실히 하게 되고, 일을 즐기면서 하게 된다. 이러한 과정에서 경영혁신이 이루어지고 생산성이 향상된다.

조직이 임파워드 팀을 채택하는 이유는 전통적 조직보다 생산성 향상을 기할 수 있고, 구성원들의 융통성을 높일 수 있으며, 기술변화에 대한 빠른 대응을 할 수 있기 때문이다. 또한 다기능 보유자를 확보하는 한편 자율권을 부여함으로서 새로운 사고를 하는 신세대사원의 가치에 부응하여 자질과 능력이 뛰어난 인재를 확보할 수 있기 때문이다.

임파워드 팀은 전통적 조직과 다르다. 이를 다음의 <표 17-7>과 같이 정리할 수 있다.

〈표 17-7〉 전통적 조직과 임파워드 팀의 비교

요 소	전통적인 조직	임파워드 팀
조직형태	삼각형 수직조직 개인중심 관료조직	타원형 수평조직 프로운동 팀, 오케스트라 형
업무분장	개인별 업무분장 단일 업무 개별업무영역 분명	팀 전체 내 업무 복합 업무 팀 업무분담
관리자 역할	관리자의 계획, 지시, 통제, 상의하달	코치, 팀의 계획, 통제 팀 내 의견수렴
대우	연장자순, 개인별 대우	팀의 능력별 대우

특히 자율적으로 운영되기 위해서는 그 기업의 설립이념, 경영철학, 기업문화, 경영자의 리더십이 임파워드 팀을 지원해 주어야 하고, 인사관리, 조직구조, 직무분장이 이 팀에 맞게 개편되어야 한다. 또한 이 팀의 계속적인 개선활동을 도모하기 위해서는 계속적인 임파워드 팀의 교육이 필요하다. 교육내용으로는 문제해결능력, 의사소통기술, 회의기술, 갈등관리, 팀 구성원의 역할과 책무, 팀 업무 수행평가, 업무흐름 및 업무과정분석, 팀 구성원 선발, 업무보고 기술, 영향력 행사방법 등이 있다.

자율공동체적 기업문화의 창달방안으로는 먼저 1) 바람직한 경영이념과 강조정신을 기업구성원들에게 확산시키고, 2) 기업문화의 변화에 대한 조직의 구조적 관성과 구성원의 저항을 극복하며, 3) 가치창조자를 양성하고 기업아이덴티티를 확립하는 것이 필요하다. 이와 더불어 4) 자율적 조직기반을 확립하고, 5) 해외진출 시에는 문화적 다양성을 관리해 나가야 할 것이다.

2.2.5. 자기계발의식의 확산

경영자는 조직구성원으로 하여금 끊임없이 자기계발 하도록 해야 한다. 자기계발은 자기의 열망수준을 높여줄 뿐 아니라 기업의 열망수준을 높여준다는 점에서 조직의 발전과 매우 깊은 관계를 가지고 있다.

일본 (주)DDI의 회장은 "성공을 향한 열망"을 통해 삶과 비즈니스에서 성공하는 법을 제시하면서 누구든지 자기계발을 꾸준히 추진하라고 강조하고 있다(Kauzo, 1995). 그는 삶의 결과는 능력 x 노력 x 태도라고 말한다. 특히 인생에서 성공하는데 가장 중요한 것은 태도라고 했다. 그는 비즈니스에서 성공하기 위해서는 열망이 우선되어야 한다고 강조하였다. 열망(passion)은 아래 <표 17-8>과 같이 단어의 첫 글자로 이루어졌다면서 사업의 경우 이 같은 열망이 뒷받침되어야 성공할 수 있다고 주장했다.

〈표 17-8〉 열망(passion)

P	Profit	이익
A	Ambition	야망
S	Sincerity	성실
S	Strength	강인
I	Innovation	혁신
O	Optimism	낙관
N	Never Give up	불 포기 정신

2.3. 좋은 기업문화 만들기

조직구성원이 가지는 내면화된 가치관, 사고방식, 행동양식 등을 좌우하는 기업문화는 경영환경이 복잡해지고 조직의 분화가 심할수록 경영의 무게중심 역할을 할 뿐만 아니라 전략선택, 위기극복, 대규모 인수합병 등 주요 경영의사결정의 성패를 좌우하기도 한다. 특히 감성 등 소프트요소가 중시되는 지식산업사회가 본격화되면서 차별화된 개성과 이미지를 창출하는 기업문화의 중요성은 날로 확대되고 있다. 전략적 자산으로 기업문화의 중요성을 재인식하고 있는 글로벌 기업들은 '좋은 기업/조직문화 만들기'에 많은 노력을 기울이고 있다. 그 이유는 시장에서 경쟁이 치열할수록 기업문화가 성과에 미치는 영향은 더욱 커지기 때문이다. 즉 고성과로 연결되기 때문이다. 글로벌 기업들의 좋은 기업문화사례를 살펴보고 좋은 기업문화 만들기 방안에 대해 알아보도록 한다.

2.3.1. 주요 글로벌기업의 문화개선 사례

글로벌 대표기업의 CEO들은 기업문화의 중요성을 강조할 뿐만 아니라 실제로 일하기 좋은 직장 즉 훌륭한 일터 만들기에 적극적이다. 훌륭한 일터(GWP: Great Work Place) 는 신뢰, 자부심, 동료애의 3대가치를 제시하고 리더의 실천을 통해 조직구성원들의 삶의 질을 개선하는데 목적이 있다. 특히 GWP는 열정적인 임직원(engaged associates)과 역동적인 임파워드 팀(empowered team)을 통해 탁월한 경영성과를 창출하고 있다(Terrly Kelly, 2007).

'100 Best Companies to Work For'

- 포춘지는 1998년부터 'GWP' 운동의 실천정도를 평가하여 일하기 좋은 기업의 순위를 매년 발표.
  - 2007년(10회)에는 Google사가 1위를 차지
  - 일하기 좋은 100대 기업순위는 미국뿐 아니라 유럽, 남미, 일본 등으로 확산 중.

주요 글로벌기업의 문화개선 사례를 다음의 <표 17-9>와 같이 정리할 수 있다(김은환 외 3인, 2007).

'유기적 성장 문화'를 도입한 GE는 아이디어 보호 장치인 상상력 돌파 프로그램을 통해 경영리더(사업본부장)의 신사업 아이디어 제안을 활성화 하고, 리더십스타일도 기존의 '관리'에서 '산업'전문가로 바꾸고 있다. IBM은 '고객성공을 위한 헌신', '혁신 최우선', '모든 관계에서 신뢰와 책임구현'등 새로운 3대 핵심가치를 확립하고, 이를 실천하기 위해 '신뢰를 위한 1억$ 투

〈표 17-9〉 글로벌기업의 문화개선 사례

구 분	문화 개선	노 력
GE	'유기적 성장문화' (organic growth)	• 새로운 전략에 적합한 문화변혁을 시도 • '상상력 돌파 프로그램' 도입과 '성장리더'의 육성
IBM	'핵심가치 재창조' (renewal)	• 밑으로부터의 가치혁신 • 핵심가치실천을 위해 구체적 프로그램 마련
Google	'기업문화의 브랜드화'	• 기업문화의 차별적 이미지를 브랜드로 연계 • '20% 룰'을 통해 조직의 창의성 극대화
사우스 웨스트	'가족주의 경영'	• 임직원 중시의 기업문화 • 임직원의 자발적 업무참여 등 가족적 문화의 정착
P&G	'여성중심 문화'	• 주 고객층과 연결된 기업문화 구축 • 혁신방법의 차이가 성패를 좌우
삼성 전자	'디지털 유목민 문화'구축	• 글로벌 초일류기업 도약위한 문화측면에서 체질개선시도 • 현장중심의 추진체제 구축
아모레 퍼시픽	'문화를 파는 기업'	• '문화기업'의 이미지 구축 • 획일적인 문화개조보다 개성 있는 하위문화형성을 고취
대덕 밸리	미래로 열린 '한국경제의 특구'	• 업무와 학업간 문턱 최소화하는 샐러던트 문화구축 • 일, 휴식, 놀이를 한 공간내 해결 인프라구축 • '나눔 문화'의 실천과 지역사회와의 교감확산

자'와 같은 구체적인 프로그램을 실천하고 있다. 구글은 IT생태계의 뉴 아이콘이라는 기존 기업과 차별되는 이미지를 구축하고, 네티즌의 지지를 기반으로 브랜드 가치를 세계 1위로 만들었다. 임직원에 대한 배려를 최우선적으로 실천한 사우스웨스트는 기업문화야 말로 경쟁사가 모방할 수 없는 원가경쟁력의 원천임을 입증했고, 주 고객층이 여성인 P&G는 '여성중심의 기업문화'를 구축하였다. 국내에서도 기동성을 추구하는 삼성전자의 '디지털 유목민 문화', '문화를 파는 기업'이라는 고유 이미지를 각인하는 아모레 퍼시픽, 그리고 업무에 대한 열정과 개인발전을 도모하는 대덕밸리의 '샐러던트 문화' 등 기업문화를 개선하기 위한 시도가 이루어지고 있다.

2.3.2. 좋은 기업문화 만들기 방안

글로벌 기업들의 문화변화전략은 다음의 <표 17-10>과 같은 특징을 보이고 있다.

〈표 17-10〉글로벌 기업들의 문화변화전략 특징

정체성(Identity)	기업 브랜드로서의 매력 및 경영전략과의 적합성
실행주체(Agent)	CEO의 주도적 몰입과 이에 대한 조직구성원의 호응과 신뢰
과정(Process)	기업문화에 대한 공감대 형성과 부단한 실천노력

우리는 글로벌기업들의 문화변화전략을 벤치마킹하여 다음의 [그림 17-1]과 같이 기업문화 전략의 추진방향을 제시할 수 있다(김은환 외 3인, 2007).

[그림 17-2] 기업문화 전략의 추진방향

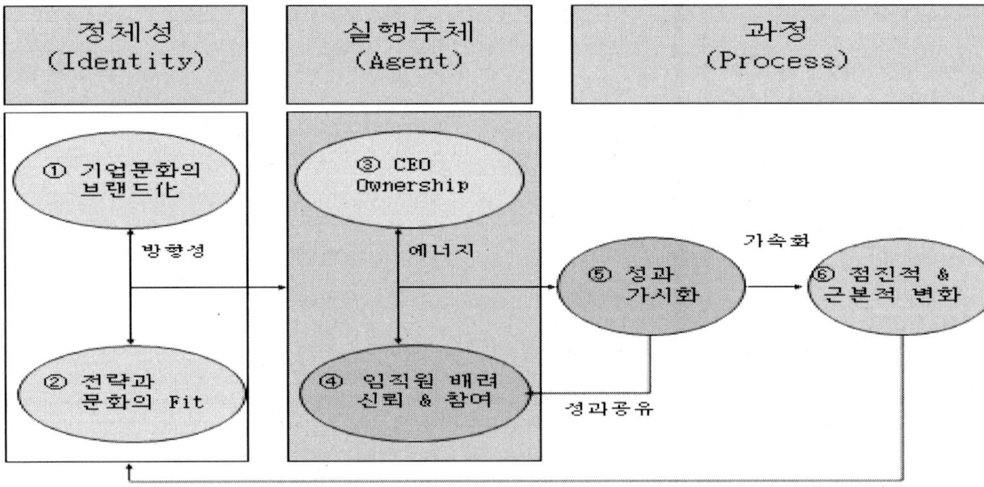

성공적으로 좋은 기업문화를 만들기 위해서는 기업문화의 1) 올바른 방향설정, 2) 추진주체의 확립, 그리고 3) 지속적인 실천노력이 요구된다. 이를 구체적으로 살펴보면 다음과 같다.

2.3.2.1. 올바른 방향설정

1) 기업문화의 브랜드화: 기업문화를 통한 사회와의 소통

기업문화는 내부의 가치공유에만 그치지 않고 기업의 브랜드로서 외부와 소통할 수 있어야 한다. 매력적인 기업문화는 기업의 이념 및 가치를 사회에 알리는 수단이다. 특히 기업문화가 기업의 성공과 결합될 때, 그 기업은 사람들이 선망하는 브랜드로 자리 잡게 된다. 브랜드화된 기업문화는 내부 구성원의 결속을 다지는 계기로 작용하게 된다. 그 이유는 이해관계자와 지역사회에서 공론화된 브랜드는 다시 내부로 회귀하여 구성원들의 자긍심을

높이는 효과가 발생하기 때문이다.

2) 경영전략과 기업문화의 적합화: 전략의 실행력 좌우

경영전략과 기업문화가 서로 시너지를 낼 수 있도록 양자 간에 적합성을 제고해야 해야 한다. 경영전략의 선택 못지않게 이에 부합하는 문화적 기반의 구축이 중요한 이유는 전략추진 속도가 배가되기 때문이다. 즉 전략 후원형 기업문화가 구축되면, 자발적으로 전략에 대한 공감대가 확산되어 추진력이 가속된다.

2.3.2.2. 추진 주체의 확립

1) CEO의 오너십: 기업문화 변화의 동력

최소 5년에서 10년 이상 상당기간이 소요되는 기업문화의 변화는 CEO의 오너십 발휘가 필수적이다. CEO가 기업문화를 지속적으로 챙길 것이라는 확실한 신호를 조직구성원들에게 보내야 한다. 또한 CEO의 강력한 지원을 받는 변화추진조직(change agent)의 구축이 필요하다. 그 이유는 조직구성원들에게 CEO의 의도를 여과 없이 전달할 의사소통채널로서 기능을 하기 때문이다.

2) 임직원 배려를 통한 신뢰회복: 기업문화의 토대를 형성

CEO는 '밀어붙이기(push)'가 아니라 임직원의 자발적 참여를 유도하는 '끌어들이기(pull)' 방식으로 조직에너지를 결집해야 한다. 상부에서 모든 실천지침을 정한 후 일방적으로 하달하는 것은 구성원들을 방관자 혹은 추종자로 만들 가능성이 있기 때문에 조직구성원들의 자발성과 능동성이 발휘될 때까지 인내심을 가지고 설득해야 한다. 또한 기업문화개선이 또 하나의 부가업무로 인식되지 않도록 조직구성원들을 진심으로 배려한다는 가시적 신호를 지속적으로 발신하고 실천해야 한다.

2.3.2.3. 지속적인 실천노력

1) 성과 가시화

조직구성원들이 기업문화개선에 대한 관심과 열정을 지속적으로 유지하려면, 구체적인 성과가 가능한 단기간 내에 가시화될 필요가 있다. 그 이유는 기업문화개선에 성공한 기업들은 대부분이 변화를 추진한 후 2년 내에 가시적인 성과를 달성하고 있는 반면에 문화개선이 성과와 연계되지 않을 경우 변화의 추진력이 급격히 퇴조될 수 있기 때문이다. 또한 변화의 지향점과 역할모델이 될 수 있는 영웅이나 성공신화를 발굴하여 소개하는 것도 필요

하다.

2) 점진적 그리고 근본적 변화추구

조급한 마음에 모든 것을 짧은 시간에 변화시키기보다는 변화의 필요성을 공유하면서 점진적으로 진행하는 것이 바람직하다. 그 이유는 급격한 변화는 기업내부의 반발을 초래하기 때문이다. 또한 추진과정에서 모든 구성원들이 참여하는 토론과 합의의 장을 제공하여 말하기 보다는 듣고, 명령보다는 설득을 앞세워 불만 및 문제들을 파악하여 해결하는 근본적인 변화를 추구해야 한다.

조직구성원 등 이해관계자들이 기업문화변화의 필요성을 공유하고 전 구성원들이 자발적·지속적으로 참여할 때, 기업문화는 전략적 자산이자 중요한 경쟁원천으로서 기능하게 될 것이다.

제3절. 성과지향적인 조직문화 구축

기업성과에 크게 기여하는 성과지향적인 조직문화는 기업환경에 적합하고 환경변화에 잘 적응해 나가는 기업문화로서 구성원들의 행동과 관리자들의 리더십, 그리고 최고경영층의 전략경영행동을 통하여 실제로 나타난다. 환경변화에 잘 적응하는 기업과 그렇지 못한 기업의 특성을 비교하면 다음의 <표 17-11>과 같이 정리할 수 있다.

〈표 17-11〉 환경변화에 잘 적응하는 기업과 그렇지 못한 기업의 특성차이

구 분	특성 차이
환경변화에 잘 적응 못하는 기업	• 기업문화가 경직되어 있고 관료화되어 있으며, • 구성원들의 행동이 소극적, 비 모험적이며, 의사소통과 정보유통이 마비되어 있다. • 획일적, 통제적, 집권적 체제아래서 구성원들의 의욕, 열성, 창의성을 찾아볼 수 없는 것이 특징
환경변화에 잘 적응하는 기업	• 구성원들이 적극적, 모험적, 의욕적, 열성적이어서 전체적으로 조직체가 활성화되어 있다. • 구성원들 간의 신뢰감과 협조정신이 강하고, 서로 개방적이고 의사소통도 잘되며, 구성원들이 창의성을 강조하면서 무슨 문제라도 공동으로 해결해 나갈 수 있다는 자신감을 갖고 있다.

성과가 낮은 기업체의 문화적 특성을 다음의 <표 17-12>와 같이 요약할 수 있다.

〈표 17-12〉 성과가 낮은 기업체의 문화특성

• 관료화, 경직화된 기업문화	- 고객, 구성원, 회사(주주)에 무관심 - 기업의 기본사명감과 목적의식 결여
• 획일적, 통제적, 집권적 경영	- 구성원의 의욕, 동기, 창의력 저하 - 소극적, 안전적, 비 모험적, 형식적
• 불신적, 침체적 조직분위기	- 의사소통과 정보유통의 미비

반면에 성과가 높은 기업체에서는 성과가 낮은 기업체에 비해서 다음의 <표 17-13>과 같은 차이를 보이고 있다.

〈표 17-13〉 성과가 낮은 기업체에 비해 높은 기업체의 차이

• 구성원들이 고객만족과 고객서비스를 더 중시하고, 자신들의 자아실현에 더 많은 관심을 보이며, 주주들을 위한 경제적 이익을 더 강조하는 경향이 있다.
• 고객강조, 개인존중, 주주의 경제적 이익을 강조하는 구성원들의 가치 중심적 행동이 최고경영층에서 공유가치로 이념화 되고, 각 계층의 관리자 리더십행동에도 직접적으로 반영되는데, 이러한 것들이 더 적극적이다.
• 성과가 높은 기업체의 경영자는 성과 지향적 기업문화를 강화하고, 이를 유지해 나가는 데에도 적극적인 리더십행동을 보이고 있다. 즉 그들은 고객중심성과 개인존중, 그리고 주주의 경제적 이익 모두를 동시에 강조하면서 구성원들로 하여금 가치 중심적 행동을 실제로 실천하도록 그들을 이끌어 나가고 있다.

이와 같이 환경변화에 적응하는 경영자의 역할도 성과가 낮은 기업보다 성과가 높은 기업에서 더 강하게 그리고 적극적으로 나타나고 있다. 따라서 성과가 높은 기업들이 강한 기업문화를 계속 유지해 나갈 수 있는 것이다.

어떤 기업의 문화적 특성이 협력적이냐 아니냐는 그 기업의 성공여부에 아무런 영향을 미치지 않고, 대신 행동 지향적이냐 아니냐? 혹은 위험 감수형이냐 아니냐가 그 기업의 성공여부와 직접적인 연관이 있다. 승리라는 목적을 위한 수단인 성과지향적인 조직문화를 어떻게 구축할 것인가? 이를 조성하기 위해 필요한 5가지 지침에 대해 알아보자.

3.1. 모든 구성원이 최선을 다하도록 격려하라.

관리자와 부하직원 사이에는 항상 다음과 같은 질문이 반복되어 왔다. “구성원들은 아무 생각없이 그저 명령에만 따르도록 할 것인가, 아니면 자신의 일을 더 효율적으로 잘할 수 있는 방법

을 찾도록 할 것인가? 구성원은 임금을 받는 노예에 불과한가, 아니면 조직의 목표와 자신의 목표를 동일시하는 존재인가?" 의식적이든 무의식적이든, 모든 조직의 리더들은 구성원들을 대하는 방식과 자신의 행동에 대한 기준을 바탕으로 이러한 질문들에 답하고 있다. 리더들의 행동은 기업문화라고 알려진 개념과 정서의 맛을 결정하는 중요한 재료이며, 그것은 다시 구성원들이 자신이 맡은 일에 임하는 태도를 결정한다.

최고의 성과를 창출하는 고성과 기업들은 개인과 팀이 훌륭한 성과를 이룰 수 있는 분위기를 조성하고, 그것을 유지하려고 애쓴다. 그런 책임과 함께 구성원과 관리자들에게 더 많은 의사결정을 독립적으로 할 수 있는 권한을 부여하고, 자신의 업무를 포함한 회사의 운영방식들을 개선할 수 있는 방법들을 찾아내도록 독려한다. 이러한 이상적인 문화는 구성원들이 속한 팀과 회사 전체에 대한 충성심을 길러주는 역할을 하기도 한다.

3.2. 성과에 대해 칭찬과 함께 경제적인 보상을 하라.

우리는 일의 완수함으로서 정신적인 성취감 외에 또 다른 더 구체적이고 명확한 보상을 원하게 된다. 왜냐하면 우리는 생계를 해결해야 하기 때문이다. 게다가 수입이 많아지면 우리가족은 더 편안하게 살 수 있음으로 이를 무시할 수 없다. 사실 맡은 일을 잘한 것에 대한 심리적인 만족감도 중요하지만 봉급을 올려주면 아마도 그 일들을 더 잘할 수 있을 것이다.

고성과 기업들도 이러한 견해에 따라 금전적 보상을 통해 구성원들이 한 단계 높은 성과를 거둘 수 있도록 독려하고 있다. 그들은 또한 구성원들의 심리적인 측면에 신경을 쓰는 일도 게을리하지 않는다. 그래서 높은 성과를 올린 구성원들에게 공개적인 표창이나 승진의 기회를 제공하는 등의 다양한 프로그램을 개발하고 있다.

3.3. 도전 장려와 만족할 업무환경을 만들어주라.

우리가 원하는 것은 고성과 문화지만, 거기에 도달하기 위한 과정이 지나치게 혹독해서는 안된다. 지나친 혹독함 때문에 회사분위기가 침울해지고, 그 때문에 구성원들이 일에 대한 흥미를 잃게 되면 곤란하기 때문이다. 고성과 문화와 고불안 문화 사이에는 아주 가는 선이 있을 뿐인데 많은 리더들이 위험을 무릅쓰고 그 선을 넘나든다.

고성과를 창출하기 위해서는 유쾌하고 만족스런 업무환경을 강조하는데 성과지향적인 문화를 추구하는 승자기업들은 이러한 지침을 잘 따르고 있었다.

3.4. 명확한 기업 가치를 확립하고, 항상 이를 따라라.

회사의 바람직한 행동이 바람직한 비즈니스를 만든다는 사실이 요즘처럼 분명했던 적은 없다. 그리고 기업이 추구하는 가치가 설득력이 없거나 아예 중요시하는 가치가 없는 경우 결국에는 그 회사 사람들의 인생을 망치고 회사역시 망한다는 사실을 명백해지고 있다. 승자기업들은 강력한 가치체계를 구축하고 그에 따라 움직인다는 것이다.

가치가 중요하다는 사실을 깨닫는 것만으로는 충분하지 않다. 한 회사가 추구하는 가치는 충분히 숙고한 후에 명확하고 설득력 있는 언어로 씌어져야 하며, 기업문화 관리의 핵심적인 부분이 되어야 한다. 이런 가치들은 모든 구성원들에게 알려져야 하고 그들이 궁금해 할 때는 언제라도 쉽게 찾아볼 수 있어야 한다. 명시적이든 묵시적이든, 기업 가치는 회사가 구성원들과 나누는 모든 커뮤니케이션 및 회사와 구성원들이 상호작용하는 과정의 일부가 되어야 한다.

3.5. 계속적인 의식개혁을 하라.

기업문화는 일회적인 것이 아니다. 계속적인 변화가 필요하다. 조직문화의 변화(re-culturalization), 전략의 변화(re-strategegizing), 기업전략의 변화(re-scoping), 사업전략의 변화(re-positioning), 과정의 변화(re-vitalizing) 등 다양하다. 이를 위해서는 변화를 주도할 세력이 필요하다.

2:6:2의 원칙이 있다. 앞의 2는 새로운 사고에 적극 찬성하면서 남보다 앞서 의식을 개혁할 수 있는 사람들이 약 20% 정도임을 나타낸다. 6은 즉 60%는 무관심파, 그리고 뒤의 2는 반대파들이다. 이 비율은 개혁을 둘러싸고 나뉘는 사회 및 조직구성원의 일반적 비율이다. 일반적으로 의식개혁에 동조하는 앞의 20%를 내편으로 끌어들일 수 있다면 회사는 변하기 마련이다. 개혁은 성공이라 생각해도 좋다.

그러면 어떻게 구성원들을 상대로 의식개혁을 진행시킬 것인가? 먼저 구성원들과의 끊임없는 대화를 통해 개혁의 필요성을 인식시킬 필요가 있다. 거기에다 구성원들을 벤치마킹이 될 만한 곳에 직접 투입하여 눈으로 확인하게 하는 작업도 병행해야 한다. 기업은 항상 개혁되고 변화되어야 한다.

나의 조직문화 선호도

▣ 아래의 14개 각 문항에 대해 당신이 가장 선호하는 것 순으로 아래의 양식에 따라 순위를 부여하시오. ([응답의 예] 참조).

〈응 답〉

1. 전혀 좋아하지 않는다. 2. 간혹 좋아한다.
4. 종종 좋아한다. 8. 대부분의 경우 좋아한다.

〈응답 예〉

	I	II	III	IV
1.	______ 공격성	______ 비용효율성	______ 실험성	______ 공정성
2.	______ 완벽주의	______ 복종	______ 위험감수	______ 동의

____

	I	II	III	IV
1.	______ 공격성	______ 비용효율성	______ 실험성	______ 공정성
2.	______ 완벽주의	______ 복종	______ 위험감수	______ 동의
3.	______ 미래목표추구	______ 현재문제해결	______ 유연성유지	______ 직원경력개발
4.	______ 치밀한 분석	______ 입증된 방법사용	______ 창의적 방법 찾음	______ 합의구축
5.	______ 주도적	______ 합리성	______ 적응	______ 협력
6.	______ 높은 수준역량	______ 생산성/정확성	______ 브레인스토밍 결과수용	______ 팀 몰입
7.	______ 내 분야 최고추구	______ 안정된 직업	______ 혁신적 성과로	______ 평등한 지위
8.	______ 결단과 빠른 행동	______ 계획과 우선순위에 충실 제공	______ 억압에 저항	______ 안내와 지원
9.	______ 실제적	______ 체계적	______ 폭넓고 유연	______ 타인 욕구에 민감
10.	______ 에너지, 열정	______ 공손, 깔끔	______ 열린 마음	______ 쾌활, 자신감
11.	______ 핵심위주	______ 정확, 완전한 자료사용	______ 다양한 대안 폭넓게 사용	______ 제한된 자료와 개인 판단사용
12.	______ 경쟁적	______ 규율적	______ 상상력	______ 지원적
13.	______ 도전적 과업	______ 타인에 영향력	______ 창의적 성과	______ 타인의 수용
14.	______ 최고의 해법	______ 최고의 근무환경	______ 새로운 접근법 새로운 아이디어	______ 개인욕구충족

[해 석]

Ⅰ, Ⅱ, Ⅲ, Ⅳ의 응답을 아래로 합하여 [총계Ⅰ], [총계Ⅱ], [총계Ⅲ], [총계Ⅳ]를 구한다.
각각은 아래의 조직문화 선호성향을 측정한다. 점수가 제일 큰 것이 당신이 제일 선호하는 조직문화이다.
Ⅰ = 성취지향의 조직문화 선호
Ⅱ = 관료적 조직문화 선호
Ⅲ = 적응적 조직문화 선호
Ⅳ = 인간적 조직문화 선호
당신이 선호하는 조직문화는 어떤 것인가? 동료들과 비교하여 보고, 개인적으로 어떤 가치관 차이가 있는지를 알아보자.
성취 지향적 문화: 현재의 과업목표달성을 중시하는 문화,
관료적 조직문화: 안정, 질서, 정해진 규정준수 등을 중시함.
적응적 조직문화: 새로운 일이나 사업에 도전아고 창의적 방식을 추구하는 것을 중요시하는 문화
인간적 조직문화: 조직원들 간의 화합, 유대, 인간적 관계를 중시함.

나의 변화지향성향

■ 아래의 <응답양식>을 이용하여 주어진 항목에 응답하시오.

〈응 답〉

1	2	3	4	5
전혀 그렇지 않다	그렇지 않다	보통이다.	그런 편이다	매우 그렇다

항 목	1	2	3	4	5
1. 나는 일을 할 때 종종 보다 개선된 절차를 적용하려고 노력한다.					
2. 나는 종종 좀 더 효과적으로 일하기 위해서 무엇을 바꾸면 될까를 생각한다.					
3. 나는 다른 사람들과 함께 일 할 때도 종종 전체를 위해서 일 방식을 개선하려고 노력한다.					
4. 나는 보다 효과적인 새로운 일 처리 방식을 도입하려고 노력한다.					
5. 나는 종종 비생산적인 규범이나 규칙을 바꾸기 위해서 노력한다.					
6. 나는 일을 더 효과적으로 할 수 있는 건설적 제안을 한다.					
7. 나는 종종 잘못된 일의 절차나 관행을 바로 잡으려고 노력한다.					
8. 나는 종종 중복되고 불필요한 일 처리 절차를 없앤다.					
9. 나는 가끔 고질적 문제에 대한 해법을 찾아내곤 한다.					
10. 나는 가끔 효율성을 높일 수 있는 절차나 방법을 제안한다.					

[해 석]

당신의 응답을 다 합한 뒤, 10으로 나눈 것이 당신의 점수이다.

- 당신의 점수가 4.0이상이면 변화지향성이 매우 높은 것이며,
- 2.0이하이면 매우 낮은 것이다.
- 그사이에 오면 보통이라고 보면 된다.

참 고 문 헌

[국내]

강우란(2011), 성격을 알면 변화가 보인다, SERI 경영노트, 제93호, 삼성경제연구소.

기타시로 가쿠타로(오토시 다쿠마 역, 2007), 춤추던 코끼리는 어떻게 되었을까, 비즈니스맵.

김은환, 진현, 예지은, 이상우(2007), 좋은 기업문화 만들기, CEO Information, 제603호, 삼성경제연구소.

류량도(2006), 1 Mission 3 Role: 성과중심의 리더십, 웅진윙스.

마쿼드(Marquardt, M. T.) 외(송경근역, 1994), The Global Learning Organization(Homewood: Richard . Irwin), 글로벌 학습조직, 한언, 1994.

문근찬(2006), 혁신과 변화관리, 한티미디어.

박원우(1992), Empowerment: 파워다툼에서 파워증대로의 사고·행동전환, 서울대학교 경영대학, 노사관계연구소, 노사관계연구, 제3권.

신유근(1992), 한국의 경영: 그 현상과 전망, 박영사.

______(1996a), 한국기업의 성공과 실패, 대한 상공회의소.

______(1996b), 현대경영학: 원론적 접근, 다산출판사.

______(1997), 인간존중의 경영, 다산출판사.

신철우(1998), 조직행동론, 문영사.

양창삼(1997), 조직혁신과 창조적·경영, 민영사.

이현주(2006), 성격유형에 따른 직업건강향상 연구, 고려대학교 박사학위논문.

장강일(2006), 혁신활동을 업그레이드하라, LG경제연구원.

정영철(2004), 조직관성의 늪에서 탈출하라, LG주간경제.

조동만(2012), 조직변화의 적, 냉소주의 극복비결, SERI 경영노트, 제152호, 삼성경제연구소.

Flaherty, J. E.,(송경모역, 2002), 피터 드러커: 현대경영의 정신, 예지.

Gore & Associates CEO Terrly Kelly, 2007년 GWP컨퍼런스 강의 내용 중에서 발췌.

Kotter, J. P. (한정곤 역, 1999), 기업이 원하는 변화의 리더(Leading change), 김영사.

[국외]

Aiken, M. & Hage, J.(1966), Organizational Alienation: A Comparative Analysis, American Sociological Review, 31(4).

Amburgey, T. L. & Dacin, T.(1994), As the Left Foot Follows the Right? The Dynamics of Strategic and Structural Change, *Academy of Management Journal, Dec.*, pp. 1427-452.

Ashforth, B. E.(1989), The Experience of Powerlessness in Organizations, *Organizational Behavior and Human Decision Process*, 43.

Bateman, T. S. & Zeithaml, C. P.(1991), Management: Function and Strategy(Homewood, IL: Richard D. Irwin).

Bates, J.(1998), Making Movies and Moving On, *Los Angeles Times*(Jan. 19).

Becker, H. S.(1982), "Culture: A Sociological view" Yale Review, Summer.

Beer, M., Eisenstat, R. A. & Spector, B.(1990), Why Change Programs Don't Produce Change?, *Harvard Business Review*, Nov.~Doc.

Bluedorn, A. C.(1993), Pilgrim's Progress: Trends and Convergence in Research on Organizational Size and Environments, *Journal of Management*, summer, pp.163-192.

Bradford, D. L. & Cohen, A. R.(1984), Managing for Excellence: The Guide to Developing High Performance in Contemporary Organization(NY: Wiley).

Burns, T. & Stalker, G. M.(1961), The management of Innovation(London: Tavistock).

Chatman, J. A. & Jehn, K. A.(1994), Assessing the Relationship between Industry Characteristics and Organizational Culture: How Different Can You Be?, *Academy of Management Journal*, June.

Cummings T. G.(1978), Self-regulating Work Group: A Socio-technical Synthesis, *Academy of Management Review*, Vol.3.

Daft, R. L.(2010), Organization Theory and Design, 10th ed.(Cincinnati, OH: South-Western Publishing).

Daniel, D. J.(1993), The Art of Balancing, HBR, Nov-Dec.

Dean, J. W., Brandes, P. & Dharwadkar, R.(1998), Organizational Cynicism, *Academy of Management Review*, 23.

Etzioni, A.(1964), Modern Organizations(Englewood Cliffs, NJ: Prentice-Hall).

Garvin, D. A.(1993), Building a Learning Organization, *Harvard Business Review*, July-Aug.

Koontz, H. & Weihrich, H.(1990), Essentials of management, 5th ed.(NY: McGraw-Hill).

Galbraith, J. R. & Lawler III, E. E.(1993a), The New Logic for Managing Complex Organizations, in J. R. Galbraith, E. E. Lawler III & Associates(eds.), Organizing for the Future(San Francisco, CA: Jossey-Bass Publishers).

________________________(1993b), Effective Organizations: Using the New Logic of Organizing, in J. R. Galbraith, E. E. Lawler III & Associates(eds.), Organizing for the Future(San Francisco, CA: Jossey-Bass Publishers).

Galunic, D. C. & Eisenhardt, K. M.(1994), "Renewing the Strategy-Structure-Performance Paradigm," in B. M. Staw & L. L. Cummings(eds.), *Research in Organizational Behavior*, vol. 16(Greenwich, CT: JAL Press, pp. 215-255.

Gibson, J. L., Ivancevich, J. M. & Donnelly, J. H.(1982), Organization: Structure, process & Behavior, 4th ed.(Homewood, IL: Irwin).

Gibson, J. L., Ivancevich, J. M. & Donnelly, J. H.(1991), Organization: Structure, process & Behavior, 7th ed.(Homewood, IL: Irwin).

Goldsmith, M. & Beckhard, R.(1996), The Leader of the Future(San Francisco: Jossey-Bass).

Harvey, D. F. & Brown, D. R.(1996), An Experiential Approach to Organizational Development, Upper Saddle River, NJ.: Prentice-Hall.

Hinckley, Jr., S. R.(1985), A Closer Look at Participation, *Organizational Dynamics*, Winter, pp.57-67.

Hofstede, G.(1980), Culture's Consequences: International Differences in Work Related Values(Beverly Hills, CA: Sage.

__________ (1991), Cultures and Organizations: Software of the Mind(London: McGraw-Hill, UK).

Jackson, J. H. & Musselmman, M. E.(1992), Business: Contemporary Concepts and Practice(Englewood Cliffs, NJ: Prentice-Hall).

Kauzo, I. A.(1995), A Passion for Success, NY: McGraw-Hill).

Kotter, J. P. & schlesinger, L. H.(1979), Choosing strategies for Change, *Harvard Business Review*, Mar-April.

Lawler III, E. E.(1993), Creating the High-Involvement Organization, in J. R. Galbraith, E. E. Lawler III & Associates(eds.), Organizing for the Future: The New Logic for Managing Complex Organizations(San Francisco, CA: Jossey-Bass Publishers), pp. 172-193.

____________ _(1988), Choosing an Involvement Strategy, *Academy of Management Executive*, Vol. 2, No. 3, pp. 197-204.

______________(1986), High-Involvement Management(San Francisco, CA: Jossey-Bass).

Lawrence, P. R.(1969), How Deal with Resistance to Change, *Harvard Business Review*, 47, Jan-Feb.

Lewicki,R. J., et al.,(1998), Trust and distrust: New relationship and realities, *Academy of Management Review*, 23(3).

Likert, R.(1967), The Human Organization(NY: McGraw-Hill).

Luthans, F. & Youssef, C. M.(2007), Emerging Positive Organizational Behavior, *Journal of Management*, June.

Marchington, M. et al.(1994), Understanding the Meaning of Participation: View from the Workplace, *Human Relations*, Vol. 47, No. 8, pp. 867-894.

Michael Beer & Nitin Nohria, "Cracking the Code of Change," *Harvard Business Review*, 78, No. 3(May-June), p137.

Miller, K. I. & Monge, P. R.(1986), Participation, Satisfaction, and Productivity: A Meta-Analytic Review, *Academy of Management Journal*, Vol. 29, No. 4, pp. 727-753.

Nadler, D.A. & Tushman, M.L.(1989), Organizational Frame Bending: Principles for managing

Reorientation, *The Academy of Management Executive*, Vol. III-3, p.195.

Narayanan, V. K. & Nath, R.(1993), Organizational Theory: A Strategic Approach(Homewood, IL: Richard D. Irwin).

O'Reilly, C. A. & Caldwell, D. F.(1991), People and organizational Culture: A Profile Comparison Approach to Assessing person-Organization Fit, *Academy of Management Journal*, sep..

Ouchi, W. G.(1981), Theory Z: How American Business Can Meet the Challenge of Japanese Management(Reading, MA: addison-Wesley).

Ramsey, V. J. & Calvert, L. M.(1994), A Feminist Critique of Organizational Humanism, *Journal of Applied Behavioral Science*, Vol. 30, No. 3 Mar., pp.83-97.

Randolph, W. A. & Blackburn, R, S.(1989), Managing Organizational Behavior; Homewood, III.: Irwin.

Robey, D.(1991), Designing Organizations: A Macro perspective, 3rd ed.(Homewood, IL: Richard D. Irwin).

Robbins, S. P.(1996), Organizational Behavior: Concepts, Controversies, Applications, 7th ed.(Englewood Cliff, NJ: Prentice-Hall).

____________(1994), Management 4th ed.(Englewood Cliff, NJ: Prentice-Hall).

Rosenthal, J. & Masarech, M. A.(2003), High-Performance Cultures: How Values Can Drive Business Results, *Journal of Organizational Excellence*, spring.

Schein, E. H.(1985), Organizational culture and Leadership: A Dynamic View (San Francisco, CA: Jossey-Bass Publishers).

____________(1992), Organizational Culture and Leadership, 2nd ed.(San Francisco, CA: Jossey-Bass Publishers).

Scully, J. A., Kirkpatrick, S. A. & Locke, E. A.(1995), Locus of Knowledge as a Determinant of the Effects of Participation on Performance, Affect, and Perceptions, *Organizational Behavior and Human Decision Processes*, Vol. 61, No. 3, pp. 276-288.

Sorensen, J. B.(2002), The Strength of Corporate Culture and the Reliability of Firm Performance, *Administrative science Quarterly*, Mar.

Speculand,R.(2006), Strategy Implementation: we got the people factor wrong! How to lead your saboteurs, groupies, double agents and mavericks. *Human Resource Management International Digest*, 14(6).

Stata, R.(1989), Organizational Learning: The Key to Management Innovation, *Sloan Management Review*, Spring.

Sy, T. & D'annunzio, L. S.(2005), Challenges and Strategies of Matrix Organization: Top-Level and Mid-Level Managers' Perspectives, *Human Resources Planning* 28, no.1.

Sy, T. & Cote, S.(2004), Emotional Intelligence; A Key Ability to Succeed in the Matrix Organization, *Journal of Management Development* 23, no.5.

Toh, S. M., Morgeson, F. P. & Campion, M. A.(2008), Human Resource Configurations: Investigating Fit with the Organizational Context, *Journal of Applied Psychology* 93, no. 4. pp. 864-882.

Wagne III, J. A. & Hollenbeck, J. R.(1995), Organizational Behavior, 2nd ed.(Engle-woodCliffs, NJ: Prentice-Hall).

찾 아 보 기

(ㅊ)

(ㅋ)

(ㅌ)

(ㅍ)

(ㅎ)